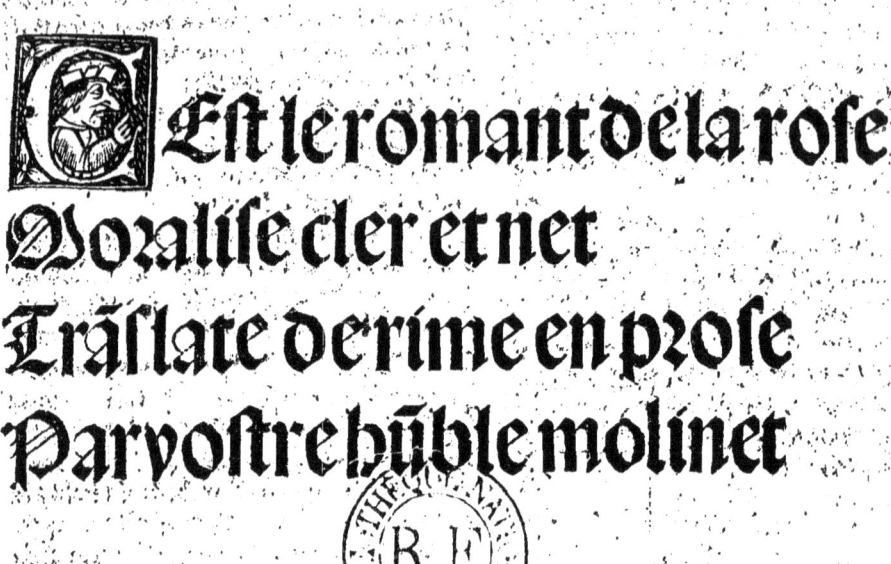

Cest le romant de la rose
Moralise cler et net
Translate de rime en prose
Par vostre humble molinet

Tabula

Cy commance la table de ce pre∕
sent liure intitule le Romāt de
la Rose translate de ryme en
prose moralise. Et premierement
le prologue   Fueillet premier

⁋ Le premier chapitre.   ⁋ Le son∕
ge de lamant/son descoucher a son approuche a
la Ruiere sont comparez au ieune enfant ys∕
su du maternel vētre pour estre laue es sainctz
fons de baptesme/fueillet   vi.

⁋ Le second chapitre. Est lentree de lamant
au vergier de deduyt figuree au ieune hōme
esprins de bon zele entrant au sainct cloistre de
religion/fueillet   vii.

⁋ Le tiers chapitre En la karole du dieu da∕
mours seesse bien chantant est equiparee a le∕
glise/et deduyt son bon amy a nostre seigneur
iesuchrist/fueillet   ix.

⁋ Le quatriesme chapitre/ Est comment le
dieu damours tirant ses trois flesches dorees
est aucunement comparable au benoist sainct
esperit distributeur de ses graces ou bon luy
semble/fueillet   xi.

⁋ Le cinquiesme chapitre/les mesmes psonages de la karole nous donnent moral enseignement dacherir la grace du sainct esperit/f. xii.

⁋ Le sixiesme chapitre / Doulx regard bendant son arc doré est appropriè a diuine inspiracion voulant tirer apres lamant au vergier
de contemplacion/fueillet   xiii.

⁋ Le septiesme chapitre /le hault pin soubz
qui fut la fontaine ou le beau narcisus venāt
de chasser en soy mirant expira: est proprement
acōparé a larbre de la croix ou nostre seignr
iesuchrist fontaine de misericorde doulourueuse mort endura/fueillet   xv.

⁋ Le huytiesme chapt. la fontaine damours
estant au vergier se appropriè a la fontaine de
sapience/fueillet ibidem

⁋ Le neufuiesme chapitre / lespeciale Rose
croissant entre les autres sur vne droicte tige
est cōparee a nostre seigneur procedant de vir
ginale Vierge/fueillet   xvi.

⁋ Le dixiesme chapt. les cinq flesches bar∕
fees du dieu damours sont les cinq playes de
nostre seigneur/dont lamant espirituel est nature par contemplacion/fueillet   xvii.

⁋ Le vnziesme chapitre / Lhommaige que
fait lamant au dieu damours se conforme a
la profession que fait le ieune religieux a son
superiore/fueillet   xviii.

⁋ Le douziesme chapitre / Es commandemens que le dieu Damours donne a son vassal sont comprins les trois veux que doit te∕
nir le bon religieux/fueillet   xix.

⁋ Le treziesme chapitre / lestat et conduyte
du loyal amant vers sa dame est vif patron
et exemplaire a lhomme iuste pour paruenir
a lamour eternelle/fueillet   xx.

⁋ Le quatorziesme chapitre Cōment doulx
penser/doulx parler et doulx regard donnent
auance en amour charnelle: Si font ilz en
amour spirituelle/fueillet   xxii.

⁋ Le quinziesme chap. cōparacion des guerdons tēporelz aux spirituelz/fueillet   xxiii.

⁋ Le sepziesme /chap. cōment dangier/honte. et Male bouche gardant la rose cōtre les a∕
mans vicieux: pareillemēt dōnent iceulx empeschemēt aux ames vertueux/fue.   xxv.

⁋ Le dixseptiesme chapitre/ Ainsi que Raison sefforce de briser lhommaige que lamant
a fait au dieu damours: semblablemēt lenne
my saulce de rompre lallyance que le iuste a
promis tenir a son createur/fueillet   xxvi.

⁋ Le dixhuytiesme chapitre / lapproche que
fait lamant a la Rose par le moyen de pitie et
franchise donne signifiance que par penitence
nous serons reconsillez a nostre benoist createur/fueillet   xxviii.

⁋ Le dixneufuiesme chapitre/ainsi que male bouche a murmure griefuēt les amoureux
mōdains: pareillemēt dōnēt ilz empeschemēt
au salut des humains/fueillet   xxix.

⁋ Le vingtiesme chapitre/le chasteau a quatre portes q̄ fist faire Ialousie pour emmurer
Bel acueil: Est figuré aux quatre principales
parties du tout naturel/fueillet   xxx.

⁋ Le translateur du Romant de mettre en
prose/fueillet   xxxii.

⁋ Le. xxi. chapitre/ Comparaison de bel a∕

Tabula

cueil emprisonne au chastel de ialousie: a lame raisonnable detenue es grans lacz de sa mortelle ennemye/fueillet xxvii.

¶ Le.xxii.chapitre/Ainsi que raison sefforce de mettre le fol amant hors de son maulnais train en temps de tribulacion. Semblablement lennemy se auāce de mettre lhomme en desespoir en teps de desolacion/fu. xxviii.

¶ Le.xxiii.chapitre/la diffinition de amour vaine se peut attribuer a diuine amour souueraine/fueillet xxviiii.

¶ Le.xxiiii.chapitre/Cōuenience de lestat de fortune a lestat de court/fueillet xxx.

¶ Le.xxv.chapitre/Raison contre les auaricieux/fueillet xxxvi.

¶ Le.xxvi.chapitre/linsolence des geās acōparez aux princes de la terre/f. xxxviii.

¶ Le.xxvii.chapitre/lhystoire de Juppiter qui couppa les genitoires de saturne son pere est semblable aux modernes coadiuteurs de noz prelatz: Ausquelz ilz ostent/detrenchent et decouppent leur virile substāce/f. xxxix.

¶ Le.xxviii.chapitre/est cōment lhystoire de virgine/de claudius ꝗ de apius est figure d lame raisōnable/du mōde ꝗ de lēnemy/f. xl.

¶ Le.xxix.chapitre/Similitude de la roche estāt en mer a lestat de ce mōde/fueillet xli.

¶ Le.xxx.chap.Cōparacion de lestat de fortune a la gloire mōdaine/fueillet xliii.

¶ Le.xxxi.chapitre/Similitude de neron a lucifer/fueillet xliiii.

¶ Le.xxxii.chapitre/Equipolence de male fortune du roy Cressus a la miserable fin de aucūs folz oultrecuydez ꝑme fut maistre Oliuier barbier du Roy frācoys/fueillet xlv.

¶ Le.xxxiii.chapitre/Raison met auāt les malheureuses fortunes ꝗ aduindrent au princes pendāt le temps de lacteur de ce liure. Et le trāslateur en lieu d moralite recite les estrages ꝗ douloureuses fins daucus grās ꝑsonnages ꝗ regneren̄t en son temps/fueillet xlvi.

¶ Le.xxxiiii.chapitre/figure des deux tonneaulx de iuppiter a lheur ꝗ malheur du monde/fueillet xlvii.

¶ Le.xxxv.Chapitre/les grans biens qui procedent au monde de la langue de lhomme et daucuns membres conuenables a generacion humaine/fueillet ibidem.

¶ Le.xxxvi.chapitre/la mode de cōplaire a belacueil ꝗ aux portiers gardās la rose est acōparee a nostre seigneur iesuchrist/a sainct pierre ꝗ sainct pol portiers de paradis/fu. xlix.

¶ Le.xxxvii.chapitre/Male bouche acōparee a sinderesis/fueillet lii.

¶ Le.xxxviii.chapitre/Similitude de la age doree a pardurable gloire/fueillet liiii.

¶ Le.xxxix.chapitre/Cōuenience de lucresse ꝗ de penelope aux tresnobles citez de rōme et de constantinoble/fueillet lv.

¶ Le.xl.chapitre/le vray entendimēt de ces deux metres preudefemme par sainct denys est il trop moins ꝗ de phenis/fueillet lvi.

¶ Le.xli.chapt.Similitude de sur Heloys a lame pecheresse/fueillet lviii.

¶ Le.xlii.chapitre/Cōment la femme pōpeuse dhabits est acōparee a lame pecheresse despouillee de son corps/fueillet lix.

¶ Le.xliii.chapitre/lassault que firent cupido et venus contre beaulte dame ꝗ laidure de corps/fueillet ibidem.

¶ Le.xliiii.chapitre/Comparaison de sanson a nostre seigneur Jesuchrist. Et de hercules au dyable denfer ennemy de toute nature humaine/fueillet lvi.

¶ Le.xlv.chap.le ialoux ꝗ menasse ꝗ bat sa femme est acōpare a nostre seigneur ꝗ chastie son espouse lame pecheresse/fueillet lvii.

¶ Le.xlvi.chap.Primitiue origine de noblesse ensemble inuectiue cōtre icelle/ꝗ d cinq manieres de nobles ꝗ sont au mōde/fu. lviii.

¶ Le.xlvii.chapitre/Cōuenīēce de richesse mondaine qui decore le corps a celle qui decore lame/fueillet lxvii.

¶ Le.xlviii.chapitre/Ainsi que le Dieu damours conforte au besoing son vassal tenant ses mandemēs: si fait nostre seigneur lhemme iuste par diuine inspiracion/fu. lxix.

¶ Le.xlix.chapitre/les mesmes batdes euocquez par le dieu damours pour conquester la rose pou durable viennēt a point a lamāt spiri

a ii

Tabula

tuel pour acquerre la gloire pourable/f. ibidē
¶ Le.l.chapitre/Guillaume de lonis et maistre Jehan de meun facteurs de ce Romāt se peuent acomparer a Moyse (et a saint iehan leuangeliste principaulx acteurs du Vieil et nouueau testament/fueillet lxx.
¶ Le.li.chapi.les barons du dieu damours disposez dassieger la tour ou se tiēt Bel acueil Viendront appoint a conquester le royaulme paradis/fueillet lxxi.
¶ Le.lii.chapitre/Similitude de faulx semblant Roy des Rybauldz a lennemy denfer/fueillet lxxii.
¶ Le.liii.chapitre/les gestes et malicieuses trafficques de faulx semblant et la reprehēsion contre luy a cause qͥ semble vouloir mordre sur lestat des mendians/fueillet lxxiii.
¶ Le.liiii.chap.comparaison de faulx semblant et abstinence qui coupperent la gorge a male bouche: a Judith et Abra qui trencherēt la teste de holofernes/fueillet lxxix.
¶ Le.lv.chapitre/la grāt adresse qͥ prouient a tous amans tāt bōs qͥ mauluais par largese et courtoysie/fueillet lxxxi.
¶ Le.lvi.chapitre/Similitude du chappel que receut Bel acueil a la courōne despine que porta nostre seigneur au iour de sa tresdoulourēuse passion/fueillet lxxxii.
¶ Le.lvii.chapitre/linstruction que fait la Vieille ridee a bel acueil est sēblable a la creature rusee et nourrie a lamour diuine enseignāt la simple nouisse/fueillet lxxxiii.
¶ Le.lviii.chap.les persuasions que fait la Vieille a bel acueil/affin de mettre son cueur en plusieurs lieux se cōforment a nature dyabolicque qͥ senforce de perturber le iuste/affin quil delaisse les commandemens de son createur/fueillet lxxxv.
¶ Le.lix.chap.loccision que fait dido de soy mesmes pour enc͠e son amoureux est cōparee a la deuote ame religieuse qͥ se fourre en peche mortel par appeter lhōneur mondain/dont elle est fort enamoure/fueillet ibidem
¶ Le.lx.chap.lhystoire de paris qͥ delaissa zeprone sa pmiere amoureuse et rauit helaine se

cōforme au peuple paganicque qͥ relinquit ydolatrie pour prēdre la foy catholicq̄/f. lxxxvi.
¶ Le.lxi.cha.la cōqueste de la toyson dor faicte par iason no⁹ est figure de la redemption humaine faicte par iesuchrist/fueillet ibidem
¶ La.lxii.chap.Ainsi que les femmes doiuēt couurir leurs impfectiōs pour cōplaire a leurs amoureux si doiuēt les ames pecheresses musser leurs vices p penitēce/affin destre agreables a leur createur/fueillet lxxxvi.
¶ Le.lxiii.cha.lhystoire de Vulcan⁹ di Ven⁹ et ō mars/est acōparee a nostre seigr̄/a lame pecheresse et a lēnemy denfer/fue lxxxix.
¶ Le.lxiiii.chap.Inuectiue ctre la Vieille qͥ met auāt la frāchise des femēs/f.ibidem
¶ Le.lxv.chapitre/similitude des oyseletz tenuz en caige aux ames raisonnables vnies a leurs corps/fueillet xc.
¶ Le.lxvi.chap.le pecheur mis en religion pour penitence faire est sēblable a lame raisonable tormētee en purgatoire/fueillet ibidem
¶ Le.lxvii.cha.le religieux entrant en religion et puis se repēt est cōpare au gros poisson leql est prins dedās la nasse/fueillet xci.
¶ Le.lxviii.chapitre/lhomme entre en religion naturellement quiert sa liberte quelque bien quil ait cōme fait le petit chat qui hobandonne sa tresdoulce nourriture pour courre apres la souriseette/fueillet ibidem.
¶ Le.lxix.cha.le teune poulain banissant apres la iument pose qͥ iamais veu ne laura est comme le religieux qui naturellement appete le feminin sexe/fueillet xcii.
¶ Le.lxx.cha.la communication de la femme auec son amy en absēce de son mary est approprie a lame soy recreant auec son bon ange au desplaisir du corps/fueillet xcii.
¶ Le.lxxi.cha.lhystoire de yo/de mercure et de argus attribuee a nature humaine a nostre seigneur et a lennemy/fueillet xciii.
¶ Le.lxxii.cha.bel acueil enclos au chasteau de ialousie soy laissant seduire par la Vieille/est cōme la creature ferme en lestat de grace qui aucunesfois se laisse vaincre par temptacion dyabolicque/fueillet xcv.

¶ Le.lxxiii.cha. la vieille adressant lamant vers le doulx bel acueil est côme bonne inspiracion par qui le poure pecheur se retourne et reconsillie a son createur/fueillet xcvi.

¶ Le.lxxiiii.chap. l'aspiracion que fait le poure amant aux roses que bel acueil a en possesse nous est exemple de lindigent miserable côtedant ravir l'avoir de l'homme riche/fu. xcviii.

¶ Le.lxxv.chap. Côparacion des chiës glatissans aux grãs larrons/du cõtin en terre au tresor du riche/¿ du furet au petit larronceau. Item les chiës sont acomparez aux ennemys par qui le cõtin qui signifie genre humain fut boute en terre/¿ le furet qui le fait sortir hors est nostre createur. Item en ce mesme chap. est la iustificacion ¿ execution de lacteur pour avoir couche aucuns motz au desplaisir des dames ¿ des ordres mendientes/fueillet xcix.

¶ Le.lxxvi.chap. le tournoy des barons du dieu damours contre les portiers de talousie sont semblables aux vertus ¿ aux vices aux bons anges ¿ aux mauluais q̃ se cõbatẽt pour avoir lame du pecheur/fueillet c.

¶ Le.lxxvii.cha. cõmet les rouueceaulx se doiuẽt garder de chasser aux lios/ours/loupes et sangliers silz ne veulent aduãturer leur vie pareillemẽt se doiuẽt preavuser les ieunes pecheurs de trop mordre sur lestat des princes se mettre ne se veulent en dãgier de mort/ f. ciii.

¶ Le.lxxviii.cha. den? montee sur son chariot attele de huyt couloõbeaulx nous donne exẽplaire de charite qui par les huyt beatitudes cõduyt les parfait amant a sõmiette felicite/f. ciiii.

¶ Le.lxxix.chapitre/ Nature forgeãt en sa forge est côparee a nostre seigneur/ le phenyx au monde: Art qui veult ensuiure nature a antechrist qui cuydera ensuyvre nostre redempteur/fueillet cv.

¶ Le.lxxx.chapitre/ Ainsi que nul paintre ne scauroit pourtraire la beaulte de nature si ne scauroit il specifier la beaute de la tresglorieuse vierge marie/fueillet cvi.

¶ Le.lxxxi.chapitre/ la femme qui sefforce de scavoir les secretz de son mary est côme la presumptueuse ame a qui ne suffist croire roidement ou comme le prenostiqueur qui savance de iuger des particulieres fortunes de lhôme inuectiue côtre celle superstition en ce mesmes chapitre/fueillet cvii.

¶ Le.lxxxii. chapitre/ la femme q̃ ne cesse de obprobrier ¿ accuser son mary se conforme a sinderesis qui souuent mort ¿ remort la conscience de lhomme/fueillet cix.

¶ Le.lxxxiii.chapitre/ Similitude de la lune a la tressacree vierge portant blason armoye de sa glorieuse victoire/fueille cxi.

¶ Le.lxxxiiii.chapitre/ De predestinacion ensemble lhystoire deucalion ¿ de pyrra moralise/fueillet cxiii.

¶ Le.lxxxv.cha. le troublemet des elemens acompare a la guerre des princes qui pluit bien le monde/ensemble le desbordement des fleuues et des poissons semblable a la descente des anglois qui iadis fut en france/de la paix darras faicte du teps du bon roy philippe ¿ de celle q̃ fut illec trouuee par le moyen de ma dame marguerite daustriche/fueillet cxv.

¶ Le.lxxxvi.chapitre les miroirs que nature met avant sont comparez aux mirois de ce monde ou lon voit destranges faces/aucunes bien formees ¿ les autres mal atournees fueillet cxix.

¶ Le.lxxxvii.cha. similitude du soleil qui sault lare au ciel es nues a nostre seigneur q̃ donne ses aureoles aux ames bienheureuses: ensemble la proprieté des comettes/fue. cxxi.

¶ Le.lxxxviii.chapitre/ lestat de noblesse/ et cômment le bon noble doit avoir neuf proprietez semblables aux proesses et vertus des neuf preux/fueillet cxxiii.

¶ Le.lxxxix.cha. le dragon volãt en laer souffle du vet de hault en bas approprie a ypocrite ambicieux dhõneur môdain/fue. cxxv.

¶ Le.xc.chap. Nature soy côplaignant des enormitez de lhôme dit q̃l trebuchera en enfer pour ses demerites ou il sera tormente côme tantalus/siziphus ¿ ticius/fu. cxxvii.

¶ Le.xci.chapitre/ Les greffes/ les tables/ les enclumes/ les marteaux/ les charrues ¿ les tachieres dõt genius fait mencion sont at

a iii

tribuez a lestat des penitens/fueillet cpppix.
¶ Le.pcii.chapitre/Cadmus & ses cinq compaignons qui fonderent thebes sont coparez a nostre seigneur & a cinq personnaiges lesquelz il choisit entre les autres pour edifier tãt legli se militãt q la triumphãt/fueillet cpppii.
¶ Le.pciii.chapitre/ses trois seurs/les furies & les trois preuostz denfer donnent aduertan ce des horribles tormens que les pecheurs au ront illecques a porter/fueillet cpppiii.
¶ Le.pciiii.chap.laignel/Les brebis et les florettes du champ herbu sont comparables aux pardurables ioyes que dieu prepare aux ames bienheurees/fueillet cpppiiii.
¶ Le.pcv.chapitre/ Coparation de ceulx q sont escouillez a ceulx qui nont force dengendrer bonnes oeuures/fueillet cppp v.
¶ Le.pcvi.chapitre/ le regne de iuppiter du tout adonne a lasciuie & lubricite se conforme a la loy de mahommet persecuteur de la foy catholicque/fueillet cppp vi.
¶ Le.pcvii.chap. la fontaine de paradis a trois sourtons qui se reduisent a ung seul no9 donne aucunemēt congnoissance de la trinite glorieuse, & la tresdoulce oliuette en lombre de laquelle se recreent les brebiettes est figure de la tressacree vierge/fueillet cppp vii.
¶ Le.pcviii.chapitre/la tresreflãboyãt charboucle resplendissant en la fontaine est figuee au pteuix corps de nostre seignr/f. cpppix.
¶ Le.pcix.chap. Ainsi que ceulx sont excō muniez par genius q ne daignēt acomplir les euures de nature:pareillemēt seront deboutez hors de la societe des iustes ceulx q ne veullēt obeyr aux comandemēs de leglise/f. cpl.
¶ Le centiesme chapitre/ le trait que venus enuoye de son arc bende pour conquerre le chasteau ou se tient belacueil se conforme a leuã gille de missus est: mistere de redemption humaine/fueillet cpli.
¶ Le.c.i.chapt. similitude de lymage pymalion a nostre mere saincte eglise/f. cplii.
¶ Le.c.ii.chapi. lystoire de mirra semblable a la cōuersion de la magdaleine/fue. cpliii.
¶ Le.ciii.chapitre/ lembrassement que fait Venus au chasteau de ialousie nous preauise de la finale destruction de luniuers mondain fabrique/fueillet cpliiii.
¶ Le.ciiii.chapitre/le bourdon du pelerin et les deux marteaulx de lescharpe no9 demonstrēt les trois puissanses de lame, entēdemēt memoire & voulēte q sont au corps humain q est descharpe par lesqlz il visite les mãsions & bouticles des sept pechez mortelz/fu. cplvi.
¶ Le.cv.chapi. les vielles ridees & les touuencelles, les larges voyes & les estroictes se conforment assez aux religions difformees et reformees/fueillet cplviii.
¶ Le.cpvi.chapitre/le pelerin arriue au di/ gne sainctuaire desirãt bouter son bourdon en larchiere dōne vif epeuple au iuste viateur par uenu a la porte de paradis fort estroicte, cōmēt il luy est permis lancer son ame leans / mais le corps demeure derrire/fuellet cplix
¶ Le.c vii.chap. lenseignemēt de cueillir la rose no9 reduyt en memoire le mistere q feist Joseph dorimathie quant il cueillit de la croix le corps de nostre seigneur: la glorieuse & redo lēte rose de q chascun se doit enamourer pour paruenir en gloire pardurable/fueillet cl.

¶ Cy finist la table

E prologue.

Ne suffist a Vostre treshaulte sei
gneurie pspera̾t en fleur de ieu
nesse militer soubz le triu̾phant
estandart de mars le grant dieu
des batailles dont Vous auez Veu les ex
ploitz plus q̾ nul prince de Vostre eage: se a
uecques ce comme embrase dardant desir es
prins damoureuses estincelles ne besirez
estre cha̾pton des dames ensuyuant le tres
plaisant guidon de Venus deesse damours.
Dont iasoit ce que les arcz/les dartz/les la̾
ces/⁊ les arnoys de lamoureuse artillerie
soyent de plus tendre tre̾peure que ceulx
de guerre que lon forge a mila̾. Toutessoys
quant ilz sont soubtillement enuoyez par
doulx regard le secret sagittaire ilz penetre̾t
les cueurs des soyaulx ama̾s ⁊ les attaint

si au Vifz de ses saiettes ꝓfites en tresdoulx
amer q̾ lardant feu damours si boute dont
ilz so̾t mutz/pales/⁊ mates/⁊ nest espoir de
guetison se la tresiuste arbalestriere q̾ le Vt
reton en descoche ne luy rent medicine ⁊ Vie
Et pourtant mon tresredoubte prince aua̾t
que plus aua̾t marchiez ou puisne damou
reuse pensee ie Vous aduise quil y a du doulx
⁊ de lamer/du miel/⁊ du fiel/des ris/⁊ des
cris/des Valeurs ⁊ des malheurs/des sou
las ⁊ des helas/des prouffitz ⁊ des perilz/
du doulx Vin ⁊ du Venin/des faueurs ⁊ des
fureurs: des afficques et des trafficques/
des ceintures ⁊ de pointures/du butin ⁊ du
butin/car oncques en exploit de guerre/en
iournee de bataille/en siege de bonne Ville/
en assault de forteresse/ne en rencontre den

nemys dont vous avez soustenu le grant faiz ne feustez mieulx festoyez/ assailliz ne escarmuchez que vo⁹ serez des fors engins de ven⁹ deesse amoureuse/ mais affin que trop ne resongniez le pourchas de vostre entreprinse pour les mortelz et horribles dangiers que ie vous metz avant il fault pmier congnoistre q̃ cest damours ⁊ selon ce faire aulcunes distinctions qui toutes seruiront en la reduction de vostre desiree queste.

¶ Saint augustin dit que amour est une maniere d̃ vie copulãt ou desirãt assembler ou accoupler deux choses ensemble/cest assauoir laymant ⁊ ce qui est ayme. ¶ Rabanus dit que en vraye amour rien nest trop dur/rien nest trop amer/rien nest trop grief rien nest trop mortel. Et puis donc q̃ amour est tant fort/quel fer/quelle playe/qlle peyne ou quelle mort le pourroit on surmonter.

¶ Saint denis dit au liure des diuins noms que amour incline les superiores aux inferiores eslieue les inferiores aux suprios et coordonne les esgaulx aux esgaulx.

¶ Quide recite que theseus ⁊ pirotheꝰ sen treaymerent tellement que lung descendit en enfer pour y trouuer laultre priant que de eulx deux ne fust que ung seul corps.

¶ Valere dit pareillement que aymon ⁊ phisius furent unys ensemble en si loyalle amytie q̃ lung fut plaige pour laultre a denys le tyrãt ⁊ fut contẽt de mourir. ¶ Tule dit que en vraye amytie les absens sont psens/les pouures sont riches/les malades gueriz/⁊ q̃ plus est les mors viuẽt en la memoire d̃ leurs amys. ¶ Seneque dit ainsi veulx tu q̃ sans medicine ie te mõstre ung aymant ayme se tu veulx estre ayme.

¶ Salomon dit que dilection est forte cõme la mort/amour est auberion impenetrable q̃ les dars reiecte/qui les glaiues agut se/qui les perilz attend/qui de la mort se gabe. que veulx tu plus. ¶ Virgile dit que amour vaint tout. ¶ Eneas silmas recite au liure des deux amans qlnest cueur nul

sil est charnel q̃l ne sente les esguillons damours. Quiconques ayme tousiours meurt ⁊ iamais nest mort. Selõ les diffinitiõs ⁊ diuerses proprietes damours dessus alleguees peult on cueillir troys brãches amoureuses. Cestassauoir amour diuine: amour naturelle: ⁊ amour fatuelle. Amour diuine est ardant feu resplẽdissant lumiere/doulx miel/fort vin/irradiant soleil/⁊ riche tresor insatiable q̃ les cherubins embrasa/qui le filz de dieu fit descendre/q̃ les portes denfer brisa/qui lignage humain redima/q̃ la gloire des cieulx ouurist/⁊ q̃ les bons guerdõnera: toute rien perist: toute rien enuieillist: toute rien se passe ⁊ fine si nõ lamour de dieu ineptinguible: immaccessible: ⁊ incõprehensible. Amour naturelle licite ⁊ honneste entretient humain lignaige en son espece: soustient les enfans en vie: nourrist les faons des animaulx: vnysst les prouinces en paix lye les citez en concorde: embrasse diuers cueurs ensemble ⁊ tellemẽt q̃ sans amour rien nest delectable/ vtile ne pmanable. Amour fatuelle est fole delectation: frequente cogitation: ardant feu sans eptinction: insatiable ambition: incredible deception: dyabolique illusion: de rage amere portion. de vray repos destruction: de melodie inuention de bons assuefaction: de solz accumulation: de honeur retrogradation: de sens admissilation: de tristesse augmẽtation: de famine nutrition: de salut retardation: d̃ bõnes meurs corruption: de vices generation: de souldge remotion: de pouurete replection: de bourse euacuation: de fraude ymagination: de couleur grant mutation: de lumiere priuation: de force diminution: despoir perturbation: de membres desiccation: de vie abbreuiation: de corps humain perdition: ⁊ de lame dãnation. De ceste fole ⁊ desordonnee amour confite en moult grant rage et en train de forcennerie furent iadis enflambes nõ pas seullement les innocens ⁊ aussi les ydolz: mais aussi aulcuns renommez philosophes roys princes et ducz/ et qui plus est plusieurs glorieux parsonnaiges deifiez au miserable monde/lesquelz pour estaindre le chault tison de lesprise amoureuse ont queru pour remede et forsenement puys de larmes/ source de plains et portion deaue mortelle dont sans desployer les anciennes hystoires de Jupiter et calistonie/de Orpheus et Euridice/de Piramus et Tisbee/et de plusieurs autres. Nous auons exemples sans nombre plus prouchaines de nous et de plus fresche memoire. ¶ Naguieres que ung florentin fut tant abuse de la beaulte dune damoyselle que pour paruenir a fin de son empriseise il luy offrit tout ce que demander luy plairoit se possible estoit den recouurer. La damoyselle voulant esprouuer se la pouche et le cueur estoient dung accord luy demanda les deux yeulx de son chief. Le florentin sans auoir regard a la difformite de son visaige se arracha les deux yeulx de sa face si les luy enuoya en vne boite. La damoyselle fort admiree de sa fidelite de son amy/ pour satisfaire a son amour vouloit faire le semblable/mais le conseil de ses parens len retarda pour la necessite de viure. Si le print a mary comme le plus loyal amy et le plus esprouue de tous autres. ¶ Ung castelan estoit tant amoureux dune dame de France que par faulte de iouyssance sen longna oultre la mer ou il rendit lame. Mais auant sa mort commanda que apres son deces son cueur fust enuoye en france et presente a sa dame par amours. La dame qui le receut a grant ioye le fist richement enchasser et garder entre ses ioyaulx. Son mary qui sauditaire le trouua sachant que cestoit le cueur de lamoureux de sa femme en fist secretement faire vng brouet/ si luy donna a manger en disant. Dame vous auez le cueur de vostre amy plus pres de vous que ne cuidez/ car il est en vostre ventre et le auez mangie. La dame respondit. Sire se il est ainsi oncques plus precieux morceau ne mangay ia piecza: ne iamais plus morseau ne mangeray. Si que bien peu de iours apres la dame rendit lame. Aultres personnages plus de dix xpitez plus de cent de playes et plus de mille langoureux pourrois ie mettre en compte se la longue hystoire ne vous causoit ennuy/ lesquelz acheuez damoureuse folie confite en grant raige desmesuree ont miserablement fine leurs iours. Non seulement par amour fatuelle et mondaine se sont priuez du benefice de viure loyaulx et certains amoureux mais aussi par amour espirituel et diuine se sont offers a glorieux martires. Les champions de nostre foy pareillement pour le bien de la chose publique et vtilite des pays par amour naturelle/ amytie/ affinite ou propinquite de parentage sont voulentairement trebuchez au pesage de la mort. Les femmes pour leurs marys/ les marys pour leurs femmes/ les parens pour leurs enfans les enfans pour leurs parens/ les subiectz pour le seigneur et le seigneur pour les subiectz. ¶ Anciennement gens infideles des nacions barbares esperans retribucions condignes se couchoient au trauers des chariotz chargez de leurs simulachres pour receuoir la mort se desmembroient pour complaire aux ydoles/ et sacrifioient leurs enfans a leurs dieux. Aucunes femmes se bruloient auec les os de leurs marys/les autres se tuoient en la fosse auec eulx. Et maintenant la charite que nous chrestiens deuons auoir a vng seul dieu. La vraye amytie que deuons rendre a noz proesmes/ et le loyal amour dont nous deuons seruir les dames sont de nous tant esloingnez et refroidiez que nul ne veult receuoir martyre pour le nom de dieu nul ne veult mourir pour le peuple/ nul ne se tue pour les dames. Et combien que leurs paciens dient souuent quilz sont fort malades pour lamour delles si ne meurent ilz iamais. La plus angoisseuse playe et le plus grief torment quilz ayent a

B ij

fueillet

porter apres souspirs et larmes faintes sont tremblement de blanches fieures. Et pour ce mon tresredoubte prince qui desirez estre escolier en luniuersite et magistrale faculte damours qui est ung dur perilleux labourinth a passer a ceulx qui ne congnoissent la quarte marine: il a pleu a vostre treshaulte et noble seigneurie moy commander de reduyre le romant de la rose de rethorique en prose. Laquelle chose mise a execution semblera de prime face fort estrange, de grant labeur et diuutilite fruict: considere que ledit romant a este ourdy tant subtillement et tiuissu de si bonne main, et est lourtrage tant incorpore en la memoire des hommes que de le coucher en autre stille ne sera moindre nouuellete que de forgier ung nouuel a, b, c. Car les sentences ensemble les auctoritez de art rethorical acoustrees sont desia contournees en prouerbes communs. Et dautre pt lexperience vsuelle damours est si fort commune et la lecon qui sen aprēt escripte de si grosse lettre et de si legiere apprēhure a gens a pou de tous estatz, par ce que nature y donne grant adresse que les disciples y sont maistres. Les maistres y sōt aprentilz et les aprentilz grans docteurs. Non seulement damoiseaulx damoiselles, iouuenceaulx iouuēcelles, filles garsettes et gars, mais aussi vieillottes et vieillars se delictent, desgoisent et resiouyssent en recordant les deuises de leurs plaisans amourettes. Puis donc que chascun congnoist lindustrie damours et que le romant de la rose nous en demonstre si cler enseignemēt que ce nous est commune patenostre que pour ta prouffiter ce que ien scauray faire. Certes mon tresredoubte price il ne semble pas aux bacheliers formez damours: nõ a ceulx qui en sont liseurs ou licēciez que sache mettre auant lecture suffisant pour aprēdre seulement les nouices considerees les raisons dessusdictes. Si puis bien dire auec Ouide, Bella michi video. Car ie me sens des=

la bersaude de plusieurs menaces, et appar= coys les engins des mesdisans affutez en= semble les lagues serpētines affilees pour dilapider mes ouurages et debriser les vo= lans de vostre treshumble et poure moulinet se par vostre cheualereux bras et en la splendeur de vostre reflamboyant espee ie ne suis secouru et deffendu. Toutesuoyes ie me confie tant en la serenite de vostre illu= stre seigneurie, dont le commandement me va fort pres du cueur que employeray toutes mes forces a lauancement de la queste amoureuse et au reboutemēt des mauldits enuieux. Suppliant que de vostre grace il me soit pardonne se generalement ie metz en ouure tous les pprēs termes que ie trouueray en la masse. Car puis le temps que le romant fut premier compile nostre langage est fort agensy, fort mignon et renouuelle. Et auec ce ie me passeray legieremēt daucunes repeticions illec inserees a cause o la rime. Mais en ce lieu pour mieulx louer les sentences: lesqulles nullement ie ne vueil amoindrir ne les commuer, mais en= trelacheray a la foys aucunes dictions mo= dernes laissāt les autres a leur entier se trop rudes ne sont ou hors dusage. Et assin que ie ne perde le froment de ma labeur et que la farine, qui en sera molue puisse auoir fleur salutaire iay intencion se dieu men donne la grace de tourner et conuertir soubz mes rudes meules le vicieux au vertueux, le cor= porel en spirituel, la mondanite en diuinite, et souuerainement de le moralser. Et par ainsi nous tirerons le miel hors de la dure pierre et la rose vermeille hors des poignās espines ou nous trouuerons grain et graine, fruict, fleur et fueille, tressouefue, odeur odorant, verdure verdoyent, flouriture florissant, nourriture nourrissant fruict et fructifiant pasture. Par le moyen de laquelle mon tresredoubte prince qui estes principal motif de ceste besongne, et moy le simple tude efficient ie prie nostreseigneur dieu que nous puissons vous et moy lassus veoir la rose immarcessible z gouster le fruict de vie pardurable.

℟ Le premier chapitre.
Le songe de lamant son des
coucher et son approuche
a la riuiere sont compa/
rez au ieune enfant yssu
du maternel ventre pour
estre laue es saintz fons
de baptesme.

℟ Lamant

On dit que en songe na si non fable. Mais on peut songier telz songes qui a/ pres sont fort apparens et ne sont pour mensonges te nus: si en puis pour garant prendre vng acteur nomme Macrobe qui pour lobes ne tient songes ou fables en es/ cripuant la vision qui iadis au roy scipion aduint. Quiconques cuyde et dit que folie est de croire que songes aduiennent me tien gne qui veult pour fol iay france en droyt moy que plusieurs songes qui de nupt se fot de maintes choses donnent couuertement signifiance aux gens des biens et des ennu

ys lesquelz on voit clerement apparoir.
℟ Aduint au vingtiesme an de mon a/ age lors que amours prent son deu et mais/ trier ieunes gens, ie mestoie vne nuyt cou/ che et me dormoye tresfort ie veis vng son ge qui moult me pleut car rien nauoit en luy que tout ne soit aduenu ainsi ꝗme le fait le recensoit. Si vueil mettre le songe en ry me affin que il soit mieulx imprime en voz cueurs, car ainsi le veult amours, Et se ꝗl que vng demande comment ie vueil que le Romant soit appelle. Cest le romant de la rose: ou tout lart damour est enclose. la ma tiere est bone et fort nouuelle dieu doint que celle pour qui ie lay entrepris le vueille en gre receuoir: car elle est digne ð estre aymee et clamee rose. ℟ Il y a bien cinq ans que ce sõge me aduint au moys de may lamou reux temps de ioye lors que toute chose ses/ toyst et quon ne voit buisson ne haye qui ne soit pare et couuert de fueille nouuelle: car les boys secz en temps de yuer receuoyent nouuelle verdure. Mesme la terre lors moillee de la rosee se sioye ensemble oubliãt la durte de lyuer et deuient si noble et coin/ te quelle veult auoir neufue robe de cēt pai/ res de couleurs de herbes et de fleurs blan/ ches et perses. Les oyseletz qui durant le froit temps ont tenu silence sõt ioyeux pour la serenite du moys de may qui les conui/ ent chanter par force: lors se reforce le rous/ signol de faire noise. Pareillement le pape gay et la calandre. Et pourtant doyuēt ieu/ nes gēs entendre a estre gays et amoureux selon le temps doulx ꞇ plaisant. Car celluy a le cueur fort dur qui ne ayme au moys de may quant il oit les delicieux chans des oy/ seletz sur la ramee. ℟ En ce gracieux tēps que toute rien semploye de aymer songay vne nupt que estoye esprts damours, et me fut aduis en dormant quil estoit moult ma tin. Si me leuay de mon lict me chaussay ꞇ lauay mes mains. Puis dung mignot et gent esguillier tiray vne esguille dargent,

B iij

fueillet

laquelle ie prins a enfiller pour mes man/
ches couldre voulāt aller hors de la ville/
et pour ouyr les sons des oiseaulx chantans
dessus les buissons en nouuelle saison mes
aslay tout esbahāt les escoutāt. Car fort sef
forssoient de chāter pour la fleuriture des
iardins. Moy donecques ioly gay et plain de
liesse madressay vers vne fōtaine q ie ouys
bruyre asses pres dillec/car ie ne veoye plus
plaisant dedupt q sur la riue de ladicte fon/
taine descēdant rudemēt de vng tertre dont
leaue clere et froide nestoit gueres moindre
de seine; mais elle estoit plus espādue. Dōt
pour la nouuellete de leaue clere et nette que
iamais nauoye veue/ et qui tāt embellissoit
le plaisant lieu voulēte me print de moy ra/
freschir et en lauay ma face: ie vers le cou/
uert le paue/le fons/la grauelle et la grāde
prayerie qui batoit iusques au pied de leaue
Et pource que la matinee estoit clere/serai/
ne/nette et attrēpee ie tiray du long la praye
rie costeual leaue costorant le riuage.

sant et songeāt les fortunes q luy sont a venir
au mōde. si se descouche au gracieup moys
de may le tēps amoureup et plain de grace q
les oselets chātans q signifiēt les pscheurs
et docteurs de saincte eglise noꝰ incitent en a/
mour de nostre seigneur. Et quant il est des
couche; vestu: chausse et enuelope des mise/
res de ce siecle q sont froit/chault/faim/ soif
il entent cheminer auāt le monde. Et affin
quil soit accueilly du vent de vaine gloire et
quil se puisse restraindre sans estre souille de
mauluaises operacions. Il laue ses mains et
couldre ses māches grandes et larges selon lu
sage du tēps dadōcques. Et ioyeusemēt che
mināt au chant des oyseaup sadresse a vne
fontaine clere et nette qui est le saint fons de
baptesme descendant rudemēt du hault ter/
tre celestiel en ceste eaue doulce et saine trop
plus grāde et spacieuse q la riuiere de saine.
Car elle sestend par les angles du mōde se
rafreschist de corps et laue sa face par qui iē/
tens son ame la plus digne preciosite de lhō
me. Et lors qil est mōdifie d ses pechiez prēt
son train auāt la riuiere pour querēt sa bien
euree fortune.

Moralite
❡ Pour reduire a moralite ceste premiere
histoire par ce psonnaige q se faint estre cou
che dormir et songer est estādu le ieune enfāt
en son primitif estat nōme embrio selon les
philozophes couche en son lict maternel.
Cest assauoir ou ventre de sa mere illec repo

❡ Ceste mesme histoire pourra ie cōpa/
rer au mistere de la natiuite nostre seigneur cō
ment aps qil fut dscouche du lict virginal ou
il pscauoit p maniere de songe ses choses ad/
uenir se vint rafreschir au sainct lauaire ou

il fut baptisé. Mais il me suffist de cueillir
vng seul sens moral pour chascune histoi
re, affin d'attaindre les fis de mes pceptios
¶ Le second chapitre est l'entrée de
l'amant au vergier de deduit: figu
rée au ieune homme esprins de bon
zele entrât au saît cloistre de religion.
¶ L'amant

Dant ieuz vng petit allé auant
ie veiz vng vergier grant et lar
ge clos d'vng hault mur bastil
let pourtraict p dhors et entrail
le de maintes riches escriptures, paintures
et ymages. Ie regarderay voulentiers ledit
mur. Si vous compteray les semblances
des ymages selon ce que ien ay remêbrâcé.

le monde. Brief nul clerc ne sçauoit dire la
despiteuse manière qu'il mostroit côme pareil
sement mostrêt p tout to mauuais orgueil
leux, et aussi ceulx et celles qui sont de sa nature
nôt iamais cure de leur pareil ou semblable.

¶ Premierement estoit orgueil pour
traict en la murale portât la baniere de tous
maulx: a q selon ce q ie pouoie voir ne chalo
it gueres des autres. Si ne les prisoit deux
festus. Il estoit fort bien vestu et chaussé, et
moult bien se sçauoit deduire de ses gands q
il tenoit en ses mains. Mais toutesvoyes il
se destordoit par cointise, car il mettoit l'une
iambe sur l'autre en marchât de trauers du
du pied. Il excedoit tous autres en grâdeur
et n'adaignoit son pareil: ains despitoit tout

¶ Haine fut pourtraicte ensuiuant, la
quelle sembloit bien estre ducteresse de cour
roux, de tençon et de noise. Elle estoit atour
née tresmal, et côme fême forsennée, rebour
se et froncie le viz et le nez, hideuse, estouil
lée et estrangement entortillée d'une touaille

Folônie auoit son ymage d'autre taille au
senestre lez, et c'estoit son nom escript dessus sa
teste.

fueillet

¶ Villenie seiz ie au senestre coste
dautel estre & d telle figure que les deux au
tres. Moult bie sembloit estre mauluaise fol
le/crueuse/oultrageuse/mesdisant & rampo
neuse. Cellui q sceut faire son ymage sca
uoit moult bien pourtraire & paindre/car el
le sembloit Villaine plaine dayr et qui bien
scauoit denyer ce quelle deuoit.

pucelles. Ceste ymaige auoit les mains
crocheues et recourbelees par droite raison/
car couuoitise enraige tousiours de prendre
lautruy. Si ne Veult aquelque rien enten
dre fors a crocher & agripper sauoir dautruy
quelle a moult chier.

¶ Couoitise qui les gens attise de
prendre/de point donner et damer grans tre
sors fut apres painte. Cest celle q fait pres
ter a Usure par grant ardure de conquerre
et damasser auoir/les larrons et les ribau
deaulx semont elle dembler. Si leur fait
commettre de grans pechez et de si grans
maulx/tellement que plusieurs en conui
ent pendre en la fin. Cest celle qui fait pre
dre lautruy/rober/tollir et mesconter/tel
lement que par elle ne peut on auoir pris
ne loege. Cest celle qui fait les playdoeurs
estre plains de faulsetez et de tricheries/les
quelz par leurs cautelles ont plusieurs fois
tollues droiz heritages des Varletz et des

¶ Auarice laide/ pasle et foulee
estoit assise coste a coste de couuoitise. Son
ymaige estoit maigre/chetiue et Verte com
me Ung cyuot et estoit tant descoulouree q
le sembloit entree en langueur comme mor
te de faim/ et qui seulement se Viuoit pour
tour dung pain pestry au suc et fort aigre.
Et auec ce quelle estoit maigre aussi estoit
elle pourement Uestue dune Vielle robe fort
rese/ destompeue & plaine de Vieilz tasseaulx.
Aupres delle sur Une gresle perche pendo
ient son manteau & sa cotte de brunette. En
son manteau Viel & de poure affaire ny auo
it point de panne Vaire/ains estoit plain de
noirs aigneaulx Velus & pesans. Sip ans
auoit eu sa robe & encores la Uestoit elle fort
enuis et luy pesoit moult quelle se pestoit.
Si endurroit grant mesaise quant elle pen

soit quelle deuenoit vsee et mauuaise. Et en eust souffert grant disette auant quelle en eust faicte vne autre. Auarice tenoit vne bourse en sa main laquelle elle nooit tant durement quil sembloit que iamais nen deuoit riens tirer.

¶ Enuie estoit au pres delle qui oncques en iour de sa vie ne fist vne risee ne oncques ne se iouyst selle ne veoit ou oyoit reciter quelque grant dommaige. Riens tant ne luy plaisoit que la meschance de maladuenture et la desconfiture de quelque bon preudhomme. Elle est en couraige fort ioyeuse quant elle voit decheoir et aller a honte aucun grant lignaige. Et quant par sens ou par proesse aucun monte en honneur cest la chose dont elle a griefue desplaisance. Sommierement quant bien aduient elle est dolente et fort yree. Enuie est tant cruelle quelle nest loyalle a quelque vng tant luy soit compaignon ou compaigne / et nest ame viuant a qui elle ne soit ennemie. Si ne vouldroit pas que aucun bien aduenist a son pere / mais elle compare lardement son malice. Car quant aucunes gens font quelque bien elle se font en dueil a endure si grief et torment quelle se laidenge a mauldit en son cueur par grant felonnie. Enuie iamais ne cesse de blasmer gens / et quant elle con

gnoistroit le plus preudhomme qui soit de ca la mer ou dela la mer si le blasmeroit elle pose que il seroit si saige et si tresbien apris que du tout elle ne le pourroit pas despriser a sa voulente : si trouueroit elle quelque tour pour abeisser son honneur et proesse en luy imposant quelque deshonneur. Enuie entre les autres auoit vng regard trop lait / car elle ne regardoit les gens si non en borgnoyant clinant vng oeil par desdaing sans regarder pluinement en la face. Et quant aucun plus preux quelle / plus beau / plus gent / plus ame ou plus loe la regardoit elle fondoit et ardoit en yre.

¶ Tristesse au pres denuie estoit escripte en la maniere / laquelle selon sa couleur sembloit auoir grant douleur au cueur et estre plaine de iaunisse. Tant estoit poure et maigre que auarice nestoit riens empres elle / Car la douleur / la destresse / la pensee et lennuy que elle auoit souffroit iour et nupt lauoient fait iaunir et deuenir maigre et passe. Oncques rien ne fust en tel martyre ne nendura plus grant yre. Nul ne scauoit faire chose qui plaire luy peust / tat estoit fort courroucee / cestoit son dueil tãt parfont enracine en son cueur quil ne luy chaulloit de nul reconfort. Elle sembloit estre fort dolente/ car elle auoit la chiere toute esgratignee/ et par grant yre auoit desfire en maint lieu sa robe non riche et desrompu ses cheueulx gisans et estendus sur son col par grant maultalent et courroux. Si plouroit tant amerement quil nest si dur cueur quil nen deusist prendre pitie. Et qui plus est en soy deschirant et batant hurtoit ses deux poingz ensemble. La douloureuse chetifue estoit fort entente a demener grãt dueil/ et nauoit cure de chanter/dacoller ne de baiser comme cellup qui a le cueur fort doulent ne talent de danser ne de karoler. Et aussi nul cueur douloureux ne se pourroit adoner a faire iope Veu que dueil et iope sont deux contraires.

Vieillesse ensuyuant estoit pourtraicte qui de sa grandeur dont elle solloit estre estoit retraicte bien dung pied tant Vieille rabotee et passe de beaulte que a paine se pouoit paistre/ fort laide estoit deuenue. La teste auoit chanue/ et florie. Grant pitie ne grant pleur ne fusist aduenu de sa mort Veu que son corps estoit sec et aneanty par longz ans. Son Visaige qui tadis fut souef et plain estoit tout crecy et plain de fourches/ auoit les oreilles moussues/ toutes les dens perdues. Et tant fort estoit attainte de Vieillesse quelle ne pouoit cheminer quatre toises loing sans potences. Le tẽps sans prendre repoz ne seiour sen Va iour et nuyt/ et se emble de nous tant celeement quil nous semble quil sarreste en Vng poit et toutesfois il nen est riens: ains ne cesse daller touiours auant/ et ne peut on penser quil soit autre temps maintenant que le present comme dient ses clercz/ car trois temps seroient passez deuant quon y eusist pense. Le temps sans retourner et sans seiourner sen Va touiours comme leaue aual la Valee le temps gaste et mangeue tout nest chose tant soit dure qui luy dure. Le temps qui tout fait croistre / qui tout nourrit / tout Vse et tout pourrit mue toute chose. Le temps qui noz peres enuieillist/ les rops et les empereurs nous enuieillira se la mort ne nous prent teurs. Le temps qui toutes gens enuieillist auoit tant durement enuieilly Vieillesse que plus ayder ne se pouoit/ ains retournoit en enfance et si nauoit puissance/ force/ sens/ naduis. Et toutesfois elle auoit este iadis saige et gente. Neantmoins son corps estoit bien atourne et chaudement Vestue/car autrement elle eust endure grant froidure comme font Vielles gens de leur propre nature.

Papelardie qui semble estre ypocrite estoit escripte apres les aultres. C'est celle dont nul ne se prent garde qu'il n'est couarde de malfaire. Sa face est fort simple et piteuse faisant le solin par dehors come une creature saincte, mais il n'est maulvaistié soubz le ciel de quoy elle ne s'aduise. L'ymage qui fort la resemble fut de contenance simple vestue, et comme femme rendue. Elle tenoit par faintise ung psaultier en sa main fort ententive de faire prieres a dieu et d'appeller sainctz et sainctes sans estre joye ne gaye sembloit estre fort empeschie de faire bonne oeuures, car la hayre auoit vestue, et sans estre fort grasse sembloit estre fort trauaillee de ieusner Sa couleur estoit moult palle et morte. A elle et aux siens est close la porte de paradis, car telle gent come dit leuangile scauent amesgrir leur face pour auoir plus grant loz au monde, et ainsi ung petit de vaine gloire leur touldra la vision de dieu eternel.

¶ Pourete derriere pourtraicte n'eust sceu finer d'ung seul denier s'on la eust deu pendre. Voyre quant elle eust ores vendu sa robe, nue estoit comme ung ver de terre En temps d'yuer auoit grant froit, car en lieu de cotte et de manteau n'auoit que ung sac estant plain de tasseaulx. Aultre chose n'a

uoit pour soy affubler, et de trembler auoit grant loysir. Elle estoit esgaree des aultres come ung pouure chien en ung coing. La crouppoit la se tapissoit, car ou que pouurete soit tousiours elle est honteuse et despite. L'heure que pouure gens furent conceuz fut bien maudicte pour eulx, car iamais ne sont bien repeuz, bien vestuz, bien chaussez, bien armez ne bien epaulsez. ¶ Les ymages dessus escriptes furent moult richement paintes d'or et d'azur au mur hault et quarre dont ung vergier en lieu de hayes estoit tout enclouz et barre. Iamais vergier dedans ce vergier ne estoit entre, combien que il fust fort bel et seant en plaisant lieu situe. Se ie eusse trouue quelque ung qui m'eust voulu mettre dedans par eschielles ou par quelque degre bon gre luy en eusse sceu la verite. Car ie cuyde que iamais homme n'ouyt tel desduyt ne telle iope, come leans estoit Iamais ne fut lieu plus riche d'arbres, ne d'oyselets chantans dont il y eust plus largement que en tout le royaulme de france. La concordance de leurs armonieux chantz estoit tant belle amoureuse et doulce tant qu'elle souffisoit pour esiouir tout le monde. Moy mesmes m'en resiouys tellement que ie n'eusse pas prins en ving cent liures pour n'en auoir le passaige ouuert a veoir la contenance desdits oyseaulx qui leans estoient et chantoient fort melodieusement les nottes et mignotes chansons d'amours iolyes et plaisantes.

¶ Quant i'ouys chanter ces oyseaulx ie fuz en moult grant soucy par quel art ou engin ie pourroye entrer au iardin. Si ne pouuoye trouuer lieu conuenable a ce faire ne scauoir s'il y auoit aulcune voye ou pertuys et ne estoit homme qui m'en monstrast adresse. Car seul i'estoye en ce fort angoisseux destroit. Finablement ie pensay que iamais si beau vergier n'auoit este fait sans huys pertuys ou eschelle. Tant cheminay a l'entour de la quarrure du mur que ie trouuay ung petit estroit huysset moult fort serre,

fueillet

si ny aparceuz aultre entree. Plusieurs foys ferp z hurtap a cest huys z escoutap se quelque ung ozrope venir. Si quem la fin le guichet me fut ouuert par une pucelle fort belle z gète apāt les cheueulx blondz comme lin, la chair sans bube z sans gale tendre comme ung poucin. Le front reluysant, les sourcilz votiz, les entreyeulx de bōne mesure ne trop grās ne trop petis, le nez traittiz z droit, la laine doulce, la face blanche z fort bien coulouree, la bouche petite et grossette, la fossette au menton, le coul poly est souèfle plº bel que iamais porta femme, la gorge blāche cōme noyau de noyx ou comme neige. Et le corps de tant noble taille q̄ possible nestoit de trouver plus bel sur terre. Elle auoit ung chapeau dorfroit le plus mignot z la plus cointe q iamais eut pucelle. Ung miroir en main, le chief ioliement tresche dung riche trescheoir, les manches cousues, les blans gandz es mains blāches pour les garder du hale, la cotte verde tout a lentour cousue a lignel. A son atour vedit on bien que gueres nestoit embesoingnee z qūe sa iournee estoit ainsi que faicte. Quant elle cestoit bien pignee, bien paree z bien atournee elle auoit temps a souhait, car ne luy estoit soing ne esmoy sinon de soy atourner noblement. Quant la pucelle me eut desferme lhuys dont grandement la remerciay ie demanday de son nom. Et ceste qui nestoit fiere ne desdaigneuse de parler respōdit. Je me fais appeller oyseuse, ie suis femme riche z puissant qui du bon tēps me donne z nentens a nul rien sinon a moy iouer, soulacer, esiouyr, pigner, et tresser. Je suis fort acointe de desduit le mignon z cointe qui ce present iardin fist faire z apporter de la terre dalepandrie les arbres qui plantez y sont. Lesquelz quant ilz furent creuz les fist enuironner de ce mur, au dehors du quel fist pourtraire z painōre les ymaiges telles que les auez veues non mignones ne ioyes, mais douloureuses z tristes, souuent si vient dedupt esbaloyer z umbroyer en ce lieu. Pareillement ceulx de sa sequelle qui viuent en ioye z en soulas. Et de fait y est de ceste heure desduit oyant les chantz des oyselletz, des maulvis, z des rossignolz ou il se ioue z esbat auecques les siens, car nest possible de trouuer plus beau lieu pour passer temps ne plus belles gens que les cōpaignons de sa conduyte. Quant oyseuse eut finē son compte, auquel ie donnay entif escout le luy dis. Puis que deduit le gracieux z le gent auecques sa gent est assemblee en ce vergier force mest q̄ ie voye ains quil soit nupt la belle compaignie bien enseignee z fort courtoise. Et lors sans plus mot dire entray au vergier q̄ dame oyseuse mauoit ouuert.

⸿ Moralite.

⸿ Par le iouuencel refreschy lequel cheminant au long dune riuiere se trouua deuant le vergier de desduit et damoureuse plaisance est entendu le ieune homme mondiffie au sainct lauaire de baptesme comme pur z innocent. Lequel se treuue deuant le vergier de deuotion. Et ainsi comme les ymages, cest assauoir orgueil, haine, felonnie, vilnie, couuoitise, auarice, enuie, tri

steſſe/ vieilleſſe/ papelardie/ et pourete ſont
pourtraictes au dehors du mur/ pour ce que
amour ne les voult parmettre ne ſouffrir en
ſon vergier. Semblablement ſont banis et
eppulſez du vergier de religion et ny doiuent
eſtre receuz nulz orgueilleux/ vilains/ hai/
neux/felons/couuoiteux/ auaricieux/ enui/
eux/triſtes/vieillars/papelars/ et poures in/
digens. Et iaſoit ce q̄ les mendians de main/
tenant ſoient fort eſtrois et reformez ayant
voue dentretenir pourete entre eulx. Toutes
foys en enſuyuāt les ymages du iardī amou
reux regectent ilz pourete arriere. Et encli/
nent plus toſt les aureilles aux riches q̄ aux
poures miſerables. Et ainſi que le toutƺcel
circuit le vergier clos et fort baſtilz pour trou
uer entree que dame oyſeuſe luy ouure luy
comme elle fait ſouuent a ceulx qui ſe fierēt
en amoureuſe plaiſance. Pareillement le ieu
ne homme vertueux voulant entrer en par/
faicte religion pour congnoiſtre deduit qui le
iardin crea. ceſt noſtre ſeigneur dieu pour ve/
oir les arbres portans bon fruyt/ qui ſont les
ſaintz preudhommes/ et oyr les oyſeaux chā/
ter: qui ſont les melodies des anges. Il entre
par vng eſtroit guichet que luy ouure la da/
me oyſeuſe. ceſtaſſauoir contemplacion. La
quelle fort bien veſtue et paree de nobles ver
tus eſt tant eſleuee et ententiue a pſiderer ces
choſes eternelles et celeſtielles q̄ il ne luy chault
du monde ne de faire q̄lque labour corporel.

¶ Le troyſieſme chap. En la ka/
role du dieu damours leiſſe bien
eh mantant eſt equiparee a leſgliſe et
deduit ſon bon amy a noſtre ſeigneur
ieſuchriſt.

Quant ie me trouuay en ce vergi
er ie fus tant reſiouy que ie cuido
ye eſtre en paradis terreſtre: car
le lieu eſtoit tant delectable quil
ſēbloit eſtre eſpirituel. Et me fut aduis que
nul paradis ne faiſoit meilleur eſtre. Il y auo
it plante doyſeaux chātās amaſſez en diuers
lieux/en lung les roſſignolz/ en lautre les eſ/
tourneaux. Puis eſtoient les eſcoles des roy

teaulx de tourterelles/ darrondelles/ de char
donneretz/ dalouetes/ de ſarderneles/ et de ca
landres. Dautre part eſtoient merles et mau
uis qui ſefforcoient de ſurmonter les autres.
Dautre lez eſtoient papegaulx enſemble plu
ſieurs oyſeletz q̄ par le boys ou ilz habitoiēt
ſe delectent en leur beau chant. Leſquelz fai
ſoient ſi beau ſeruice quilz ſembloit eſtre an/
ges. Ne fut mye merueille ſe men reiouyſſo
ye/car iamais de homme mortel ne fut oye ſi
doulce melodie. Tant belle eſtoit leur reſon/
nance que ce ne ſembloit ſon doyſeaulx/mais
chant de ſeraines de mer qui pour leurs voix
ſeries ſont ſeraines nōmees. Tant furent les
oyſeletz ententifz de bien chanter que quāt ie
oy leur chant et vey le lieu verdoyant ie fus
fort ioyeux. Si nauoye iamais eſte ſi gay q̄
ie deuins adoncques. Pour le grant deſir et
conſolacion q̄ lors ie vis et ouys ie fus eſpris
de grant lieſſe et me ſembla bien que dame oy
ſeuſe mauoit grandement ſerui en moy deſ
fermāt le guichet du vergier duquel au plus
brief que poſſible me ſera ie vous compteray
la facon et laffaire. Et piuet de quoy ſeruoit
deduit et de ceulx de ſa cōpaignie. ¶ La tres
doulce melodie des oyſeletz faiſant vng grāt
et plaiſant ſeruice diuerſement chantans lūg
hault lautre bas les amoureuſes chanſons et
ſeruentois/ me miſt le cueur en grant lieſſe.
Quant ie euz vng petit eſcoute les graciēux

motetz des oyseaulx ie ne me peuz tenir d' cher
cher deduit que tãt ie desiroye pour veoir son
estat et contenance. Et lors cheminant et ti/
rãt a lą main dextre par vne petite sente plai
ne de mente et de fueillie me trouuay en vng
lieu ou estoit deduit qui sesbatoit auec ses ges
tant excellentement belles que elles sembloi
ent estre anges empennes. Et fus esmerueil/
le dont ces personnages estoient illec Venus,
Deduit et les siens sestoient prins a la karo/
le. Entre les autres vne dame nomme liesse
qui bien scauoit lart de chanter chantoit tant
plaisantement & ioyeusement que nulle plus:
Nul plus beau refftain de chant ne dit. Nul
le plus en musique tel merueille ne fist car el
le auoit la voix haulte, doulce, clere, & nette, &
auec ce elle scauoit la mode de karoler et le
brasle de la dance, le debriser & le ferir du pied
Si estoit son vray mestier de chanter & dela
roler et la chose que elle faisoit plus voulen/
tiers. En ceste karole sur lherbe fresche
veoit on mainte ioyeusete faire et ses beaulx
corps mignotement danser. La veoit on fleu
teurs menestriers, iangleurs chantans bon
ges, notes et harengues les plus belles qui
soient. La veoit on vielleresses et tambure/
resses tant bien iouer quelles ruoient le tim/
bre en hault & le recueilloient sur vng doit.
Entre les autres deduit fist dancer ou milli/
eu de la karolle deux mignotes damoiselles
en pur leur cottes tressees de vne seule tresse
lesquelles dansoient tant cointement que lu
ne venoit rencontrer lautre. Et a laborder
sentregettoiẽt les bouches si pres lune de lau
tre quil sembloit quelles sẽtrebaisassent. Que
diray ie plus: chose admirable estoit de veoir
le bransle et le debrisement de leur danse, de
laquelle iamais ne queroye le departir tant
que veoir ie le peusse. Ie regarday ceste karo
se tant est si longuement que vne gracieuse
dame vaillant et debonnaire nomme cour/
toisie mappella et me dist que faictes vous
la beaulx amys: approchez vous si vo° plaist
et vous presentez a nostre danse. A ces motz
sans quelque arrest ie me auancay fort vous

sentiers a la karole qui fort me plaisoit pour
ce que courtoisie men auoit prie. Dont en ka/
rolãt ie me prins a regarder les corps, les fa/
cons, les chieres, les semblances, les manie
res des danseurs, qui furent telles que vous
orrez. Deduit estoit le plus bel homme de
iamais, long, droit, coit et pare de riche ateur
ayant la face blanche, vermeille & ronde cõ/
me pomme, les yeulx vers, la bouche gente,
le nez bien compasse les cheueux troussez, les
espaules par raison larges, le corps gresle par
la ceinture, et comme painture dymage bien
formee de tous membres. Il estoit sur tous
preu, vaillant, appert & legier: ieune damoi/
seau, non volage sans barbe et sans grenon,
richement estoit vestu de vng samit batu a
or tout pourtrait doise aulx, sa robe par coin/
tise ou fringuerie estoit fort desguisee detrẽ/
chee & decouppee en maint lieu. Les souliers
pareillement detaillez et decouppez. Et pour
toit vng chappeau de roses moult formement
beau que luy auoit fait liesse sa chiere amie la
ioyeuse et la bien chantant que il amoit fort.
Car de lors que elle nauoit que sept as daage
il lauoit choisie et luy auoit donne son amour
Si la menoit tenant p se doit a la karole. Ilz
se entrarmoient fort pource que ilz estoyent
egaulx et pareilz en beaulte. Liesse estoit tẽ
dre de chair: coulouree comme rose vermeil/
le. Le front auoit tout plain sans quelque fro
sure. Les sourcilz bruns. Les yeulx vers et
rians. Le nez mieulx pourtrait que de cire.
La bouche petite, doulcete & fort propice pour
donner vng baiser a son amy. Le chief auoit
blond fort bien atourne et enuironne dung fil
dor, sur lequel estoit vng chappeau dorfaue/
rie et de soye le mieulx ouure de iamais. Le
corps auoit vestu et pare dung samit pareil a
celluy de son amy deduit.

Moralite

 Par la diuersite des oyselez du ver
gier melodieusement chantans laitz, virelaitz
et chancons amoureuses sont entenduz les de

uotz religieux/ possessans/ mẽdians/ refor
mez/riglez chanoines et nommez enseignãs
lisans et chantans les louenge de dieu et des
glozieux sainctz. Au chant desquelz le iouuen
cel esseue par contemplacion ne cessa de cher
cher tant que il trouua deduit/ cest nostre sei
gneur dieu faiteur du iardin karolant entre
les deuotz cueurs des biẽ heures personaiges
et prenant recreation. Dont liesse acomparee
a lesglise pour lartificielle mode quelle a d bien
chãter esmouuoit amans a la feste auecques
menestreux/ianglleurs et Vielleurs qui sont
cloches/ozgues et tympanes. ¶ Par les
deux damoiselles que deduit fit baler en pur
leurt coctes au millieu de la karolle sont figu
rez la loy escripte et la loy de grace / dont les
prophetes dune part et les euangelistes de lau
tre ont este vrays meneurs et conducteurs.
Ce sont celles qui sont toutiours en feste qui
karolent au chant de lesglise / et tellement se
ioindrent ensemble et de si pres que il semble
aux regardans que lune baise lautre.

¶ Par courtoysie qui lamant appella a la
danse peut on entendre Charite qui par la gra
tuite de sa Beniuolence desire et appete que
chascun se mette en estat pour estre en la socie
te d deduit le createur pardurable le plus bel
de face de corps et demembrez qui iamais fut
sur terre. Et qui sa robe / cestassauoir son
corps humain ensemble ses souliers aux pied
auoit decoupez/detrẽchez ou deplayez en plu
sieurs lieux : amenoit par la main liesse sa mi
gnote et fort acointe qui est leglise sa tresdoul
ce espouse/ laquelle il auoit fort aymee des sa
primiere jeunesse.

¶ Le quatriesme chapitre est
comment le dieu damours tirãt
ses trois fleches dorees est aucu
nement comparable au benoist
saint esperit distributeur de ses
graces ou bon luy semble.

¶ Lamant

Autre pt se tint le dieu damours
cessuy qui depart les amouretes
qui les fische es cueurs/ qui iusti
cie les amans/ qui abat les ozgueil
leux/ qui fait les sergent du seigneur/ et des da
mes fait les meschines le dieu damours di
gne de louenge pour sa grant beaulte. Point
ne estoit vestu de soye/ mais il auoit robe de
florectes faicte a losenges/ escussons/ cyselets
l'onceaux/ liepars et autres bestes pourtrai
ctes de fleurs de diuerses couleurs diuerse
ment assises. Comme fleurs de genestres/
violettes/ cousandes/ lys/ glay et de toutes
manieres de fleurs croissantes/ este iaunes/
yndes et perses: auecques grandes fueilles
de roses entremeslees en plusieurs lieux. Il
auoit en son chief vng chappellet: duquel ros
signoletz Voletans a lentour abatoient les fu
eilles/ et estoit couuert doyseaux comme pa
pegays/ serins et tarins. Bref il sembloit
estre ange descendu du ciel. Il auoit aupres de
luy vng iouuencel nomme doulx regard re
gardant la karolle/ auquel il auoit baille en
garde deux arcs turquois/ dont lung estoit de
roide bois noir comme meure et neuilleux
et bossu dessoubz et dessus et dont le fruict es
toit malsauoureux. Et lautre estoit dug pla
chon de belle facon long et get bien dole et bien
pipole/ bien pourtraict et bien paint de dames

c ij

cointes et de parletz bien ennoisez.

¶ Doulx regard tenoit les deux arcs de son maistre le dieu damours ensemble dix fleches. Les cinq a la main dextre paintes d fin or ayant pennons fort bons et les pointes fort tranchans et agues sans fer et sans acier. Mais estoient les saietes bien esquartelees et barbelees toutes dor si non les pennes et le fust. La meilleur de cinq plus legieres, la plus belle et la mieulx empennee eut nom beaulte. La seconde et lune de celles qui plus blesse eut nom simplesse. La tierce franchise. La quarte compaignie, saiete fort pesante et qui gueres loing ne pouoit attaindre. Mais elle pouoit fort grever quant elle estoit traitte de pres. La qnte estoit beaute semblant combien quelle soit moins greuant que nulle des autres, toutesfois fait elle assez grat playe a cellup qui en est attaint il espoire briefue allegeance si en est sa douleur moindre.

¶ Les autres cinq flesches furent hidousement laides, desquelles le fust et le fer furent plus noires que lennemy denfer. ¶ La premiere se nommoit orgueil, la seconde felonnie enuenimee de vilennie, la tierce honte, la quarte desesperance, et la quinte nouueau penser. De ces cinq fleches dung mesme affaire et maniere sont les trois premieres plus dangoiss e au cueurs de ceulx qui en sont blessez q les deux dernieres: car orgueil felonnie chote sont reprouez et directement contraires a vraye amour, Lequel ne peut attraire a luy quelque cueur feru de leurs fers. Amour de sa propre nature na cure destre seul: ains demande compaignie et se humilie devant son pareil, mais le cueur qui dorgueil est attaint ne scauroit auoir compaignie pourceque tousiours veult seigneurir en despitant et reboutant humilite, laquelle quiconques la fuira iamais amour ne le supura veu que elle et orgueil sont deux contrarietez. ¶ Que felonnie soit contraire a amour ie le preuue ainsi. Amour est une aliance par laquelle on a paix et concorde a chascun, et le cueur herbergie en rancune et en felonnie ne peut tenir ceste or

donnace: car deux contraires ne peuuet estre ensemble. Et come dit Tulle: il nest si grant laidure que dauoir bataille a celluy de qui on a este bien ayme et trop est vilaine chose de courroucer son amy. Daultre part vous scauez puis que amour tient ung vray cueur en charge le vray cueur nest iamais saoule de descouurir tout son couraige quat il peut trouuer ung vray amy. Mais celluy qui est coustumier de reprouuer honte et de souuent inferer vilanie, ie ne puis scauoir ne cognoistre qlait vraye amour. Salomon dit. Il conuient que amour se departe du lieu ou reprouche suruient. Qui gette une pierre en ung voldoys seaulx il les fait serrer ensemble. Et aussi d conques desdaigne son amy il fait desseurance de vraye amytie Et est digne de se perdre quant il reuele son secret. Cellup doc est plain de mauuaises taiches qui de ces troys flesches est entaiche. Les deux autres flesches sont dung autre affaire, car elles seruent de retraire et de despointer le cueur esprins de vray amour tant pour faire nouuelles accointances que destre asseure de ce a quoy on a esperance de attaindre. Desir a tel ardeur de paruenir a son fait qnil ne regarde de nasens na folie. et quant il ny peult aduenir assez tost a sa voulente il se boute en une pensee ou est entee et fichee la flesche de desesperance qui tost perseuerance au cueur par ung petit de vaine pensee. Et lors quil pense que sa paine est perdue et quil nattant quelque guerdon de la chose ql a longuement aymee il est fort entaine de desespoir et se restraint de plus aymer. ¶ De la flesche de nouueau penser vous diray mon ymaginacion pource que prouffit, plaisance et delict font attrapance de cueurs aduient q quant aucun a mis son entente a auoir lacointace de ce en quoy lune de ces trois choses sont et que trop longuement tarde la fin et ne vient ce en quoy il a mis son desir et attente. Lors pense a toute diligence a mettre son cueur autre part affin que la premiere amour se departe. Et lors le fiert et blesse la cinquiesme flesche nommee nouueau penser. Et quicoques ce bien considere il soit clerement quon ne se peut mieulx departir damours que de mettre ailleurs sa pensee/car vng penser fait oblier lautre: ainsi que vng clou lautre reboute. Ainsi doncques quant vng cueur se destourne de penser a ses premieres amours et en concoit de nouuelles se ceste nouuelle pensee est bien enferree au cueur tant comme elle y sera sans tre senyra. Et peult on bien prouuer que on ne peut pas bonnement donner son cueur ensemble en diuers et plusieurs lieux/car qui en plusieurs choses veult mettre sa pensee petite part en a en chascun. Telz cueurs sont court lieu nommez pource quilz ne demeurent en vng seul lieu et sencourent ou ilz esperent mieulx auoir. Ainsi vous ay ie fait vng brief compte des dix flecches: dont les cinq premieres fort bien dorees seruent pour attraire amours les trois autres pour les retraire com grandes quelles soient: si que iamais bien aymez ne seront les cueurs qui bleschiez en sont et entamez. Les deux derrenieres ne ont autre vice si non que par faulte de souffrir/ elles font repentir daymer les corps en delaissant perseuerance. Sans laquelle quelque oeuure ne quelque vaillance nest iugee pour bonne ne bien faicte/ car la fin couronne loeuure. Assez en pourrois ie dire d choses: mais il fault que ie retourne aux nobles psonnages d la parole

¶ Moralite

¶ Par le dieu damours qui depart les amourettes a sa plaisance ou bon luy semble nous est signifie le saint esperit. Et comme dit saint Gregoire: le saint esperit est amour: lequel en humiliant les orgueilleux faisant du seigneur le serf/et d la dame la chamberiete fische ses dars et embrasse les cueurs. des loyaulx amans. ¶ Par ce quil estoit vestu dune robbe de flourettes dont les couleurs/ yn des/ taulnes ou blanches subtilement assises causoient ymages doyseaulx/ lyons/ leopars et autres bestes qui selon la differcce de leurs proprietez estoient aucunes pitoyables creme

teuses mansuetez/ forces ou subtiles nous sont designees les vertus dons et gratuitez du saint esperit infuz es creatures embrasees de son amour. Dont les aucunes ont don de sapience en amant, don dentendement en congnoissant/ don de conseil en enseignant/ don de force en soubstenant/ don de science en conseruant: don de pitie en condoulant/ et don de cremeur en reuerendant. ¶ Par les roussignolz et autres oyseaulx dont il estoit chargie/ lesquelz voletans autour de son chief abatoient les fueilles de son chappeau de roses nous sont notifiees ses infusions et graces que nous soubdainement deuons recueillir/ les logier/ et encasser au parfond coffre de noz deuotes pensees. ¶ Par doulx regard soy escuier qui tenoit deux arcs de diuerses façons ensemble dix flecches destranges sortes nous est figure inspiracion diuine. Car ainsi comme les ducs mondains et temporelz sont espris du feu damours par beaulte/ simplesse/ franchise/ compaignie et beau semblant qui sont les cinq flecches dorees semblablement inspiracion diuine tire ses flecches aux amans espirituelz: lesquelz ont beaulte de ame/ simplesse datour/ franchise de couraige/ compaignie de bonnes meurs et beau semblant de parfaicte perseuerance. Mais quant ilz sont orgueilleux/ felos ahontagis/ desesperez et plains de nouueaulx pensemens caducques et variables qui sont les cinq abhominables flecches inspiracion ne si peut prendre et ne sont attains au vif ne enflammez damour diuine et espirituele.

¶ Le cinquiesme chapitre. Les mesmes personnages de la parole nous donnent moral enseignement dacquerre La grace du saint esperit

¶ Lamant

E dieu damours sestoit prins a la dance et acoste de beaulte dame de hault pris nommee comme lune des cinq bonnes flecches. Elle

fueillet

estoit par semblāt ce plaine de bonnes tai/ches:comme sont plaisance et facon de corps et de vis. Touchant sa beaulte ne me souuit/ent point que iamais ie veisse la pareille/ieu ne damoiselle estoit vestue dune robbe de sa/mit achesinee a vng fil dor. Elle auoit vne huue d soye tant delye qua paine parceuoit on les cheueulx parmy/et portoit dessus son chi ef vng chappeau dor/dessus lequel estoit despl ploye vng blanc volet delye:tellement espa que on veoit a tous les la grāt beaulte de son viaire. Ne scay comment nature a peu faire si plaisante dame. Elle auoit le chief relui/sant et blond/les oureilles petites/rōdes/net tes & blanches/le col blanc naturellement re/ployant: gros par raison et bien amesure/le front plany sans tache ne fronce/la face ten dre et doulcette/la maisselle blanche comme lys et vermeille comme nouuelle rose. Et pource quelle sestoit eschauffee au dancer le blanc sestoit entremesle auec le vermeil/ie me donnay grant merueille dune chose & le re gardap beaucoup. Mais quelque entēte que ie meisse a la regarder iamais ne me regar/doit/ancoures destournoit mon regard. Et quant iauoie retire mon oeil de elle: elle ret/toit ses yeulx sur moy qui estoient verdz/ri/ans/secz/agus/attrapans/amoureux/gays et plaisans a dangier cloans et ouurans pour plus adommagier les cueurs. Elle auoit les

sourcilz haulx gotis/brunes/traictis & basses de poil. Lung vng petit encline sur lautre. Le nez a lauenant droit et bien naissant. Son entroeil baissoit vng petit vers la fin de son beau front descendant iusques au nez en deseu/rant les deux sourcilz tant gentement que ce sembloit de sa faicture vne pourtraicture dy mage. Elle auoit vne petite fossete entre le nez et la bouche riant qui luy venoit iusques sur la leure. Et quant elle ryoit luy apparoit a chascune maisselle vne fossette bassette et fort plaisāt. Elle auoit les dēs menuz/netz & blans et biē serrees/les leutes bassettes assez ioingnans/le menton vng petit fourcheu le gintetoucel et assez et blanchet replopant vng petit par deuant/la gorge tendre et blanche/les mammellettes rondes poingnans et peti tes:tellement quelles faisoient vng petit le/uer son sain:si que reployer conuenoit sa rob be en vne valee descendant de sa gorge droi/ctement iusques a sa ceinture/soubz laquelle elle auoit vng petit la boudine esleuee. moult bien estoit formee par les rains: si cuyde que le demourant delle nestoit gueres moins ad/uenant. Je imprimeray tant fort son estre et contenance en mon cueur quil me semble ie la voy quant ien faiz le record. Droit & ali/gne est fort bien taillee de tous ses membres voire vermeille/amyable/bien faicte/bien aimant et fort bien aymee/belle/blonde/blan che/simplette/sage/discretez/ Sauoureuse/courtoise/Coulouree/ioincte/cointe/gaye/io lye/gente/doulce/delictant et debōnaire. Si que on pouoit en elle remir lexemplaire de toute beaulte. ¶Le dieu damours preux et vaillant et qui nauoit pas failly a la choisir le menoit comme cellup a qui bien assoit/et le tenoit main a main. Nature legitement les auoit a sorty de pareil vestement/car rai/son veult que beaulte et amour soient vnys ensemble. Et nest femme selle est fort belle quelle nayme ou quelle soit aymee. Beaulte nestoit fardee/ne blanche/ne affaictee de cou/leur quelconques:car mestier ne luy en estoit Et aussi ame viuant ny scauroit que amen der pource que nature auoit applique tout son art et pouoir a faire apparoir le miroir de toute beaulte en elle. Et pource que le cueur sans conseil dont apres souuent se douloure naturellement desire de soy mirer en belle facture plusieurs en ont este enchantez et deceuz. Richesse se tenoit au pres de beaulte qui estoit dame de grant affaire, de grant haultesse et de hault pris. Cellup estoit fier et hardi qui par fait ou par dit osoit meffaire a elle ne auy siens, car moult pouoit ayder et nuyre. Et nest mie de maintenant que riches ont puissance grande de faire ayde ou nuysance. Grans et petis lup portoient honneur, chascun se vouloit seruir pour desseruir sa grace pource que tout le monde le cremoit. Chascun le nommoit dame, et aussi elle tenoit chascun en dangier. Elle auoit en sa court losengiers, flateurs, traistres, et enuieux fort curieux de blasmer et despriser tous ceulx qui sont dignes de estre aymez. Ilz louent en deuant les gens et les oingnant, mais en derriere ilz les poingnent tellement q̃ plusieurs en perdent leurs louenges, et que ceulx qui doyuent estre prouchains de la court en sont estrangie, et reboutez. Et dautre part telz losengiers plains de enuie sont souuent mauldis et mal arriuez, car nulz preudhommes naymet leur vie. Richesse auoit vne robbe de pourpre ortoisie la plus belle et la plus riche du monde pourtraicte dhystoires de roys et de ducz nouellee a esmaulx dune bende dor, oursee fort richement au collet chargie a grant plante de pierres precieuses rendant grãt clarte. Elle auoit vne riche ceinture dont la bouclette estoit dune pierre tant vertueuse que cellup qui le portoit sur lup iamais ne pouoit estre attainte de venin, et estoit digne destre amee: car elle valoit a lhomme riche autant que tout lor de la cite de Romme. Le mordant estoit dune autre pierre, laquelle guarissoit de to^{9} maulx Et cellup qui la regardoit en ieun estoit asseure de sa veue pour la iournee. Le cloue du tyssu estoyent dor esmere tant pesant et gros que

chascun clou pesoit vng besant dargent. Richesses auoit sur ses tresches vng cercle d̃ fin or reluisant le plus bel que iamais fut, Veu tant y auoit de pierres assises en lor que on ne scauroit priser la finance quelles valoient. La estoient rubis, saphirs, iagonches, esmeraudes, et plus de deux onces de dyamens. En front du cercle estoit vne escharboucle tant clerc que au besoing sen conduyroit on de nupt vne lieue loing et plus. Finablement la clarte des pierreries estoit tant grande que la place ensemble la face de richesse en resplẽdissoit comme le soleil. Richesse tint par la main vng varlet plain de grant beaulte sien amy veritable, lequel fort se delictoit de maintenir beaulx hostelz et demaines. Il estoit bien vestu et chausse. Il eust mieulx ayme estre repris de murdre ou de larrecin ou brigeux qui neust eu cheuaulx de pris et roucins en le stable. Pourtant aymoit il laccointance et bienueillance de plusieurs richesses, il sappensoit de tousiours demander grans despens: et elle sen pouoit bien fournir et maintenir, car elle lup donnoit des deniers autant que se on les puysoit es greniers.

¶ Largesse ensuyuant se stoit prinse a la dance. Elle estoit du lignaige aspandre le grant fort bien duicte et aprise de faire honneur et espandre or et argent: iamais nauoit si grant ioye que quant elle pouoit donner ou dire tien. Iamais auarice la chetiue et mauluaise nestoit plus ententiue de prẽdre que largesse estoit de donner. Iamais ne scauoit tant donner de ses biens que dieu ne lup feist foisõner ses biens. Tant plus dõnoit tant plus auoit. Largesse auoit pris et loz des sages et des sotz quelle auoit en son habanodeh. Elle auoyt tant fait par ses grans dons que se quelq̃ vng leust prins en hayne elle en eust eu par courtoisie fait son bon amy. Et pourtant estoit elle aymee tant des poures comme des riches. Homme hault puissant ou noble doncques bien est fol destre chiche? Veu q̃ nul vice ne se peut tant greuer que fait auarice. Homme auari

c iiii

cieux ne peult conquerre grant terre ne grant seigneurie: car il na gueres damys dont il puisse faire sa voulente. Et pourtant qui plante damys veult auoir ses acquiere p beaulx dons, et nait son auoir trop chier. Car ainsi q̃ la pierre de layma͂t attrait subtilement fer a soy: semblablement lor et largent que lon donne attrait a soy le cueur des gens. Largesse vestue de drap de pourpre sarrasinoise estoit belle et bien formee de face et de corps, mais elle auoit le col nud pource que puis nagueres auoit fait present de son fermail a quelq̃ dame. Et ia soit ce quelle eust la cheueleure ouuerte et descouuerte la gorge: toutessoys ce ne luy mal seoit, car on veoit sa blanche chair tendre parmy sa chemise. A largesse se tint a la feste vng vaillant et saige cheualier du lignage du roy artus de bretaigne, portant lenseigne et le confanon de valeur, lequel est de si grãt renommee q̃ les co͂ptes se font encores deuãt les roys et les contes des ioustes tournoys et enuayes quil fit pour lamour de sa dame: esq̃lz maint heaulme descira, maint escu boucle tres perca et maint cheualier abbatist par sa force et vertu. ¶ Franchise apres les dessus nommez se tint a la danse. Elle estoit blanche de chair comme vne noix, le nez auoit long et traictiz, les yeulx verdz et rians, les sourcilz faictiz, les cheueulx blons et longs, le cueur doulx et debonnaire; et simple comme vng coulomb. Rien ne faisoit a autruy fors ce que faire deuoit. Et selle eust congneu quelque homme surpris de son amytie pitie en eust prins. Et auoit le cueur tant pitoyable, doulx et amyable que se quelque vng oyoit mal reciter, et celluy disoit elle p̃soit que grant vilennye on luy faisoit. Elle estoit en vne soustaine bien faicte et bien taillie tant cointe et tant cueillie quil ny eust vne pointe seulle quelle ne fust assise a son droit. Franchise estoit fort bien vestue, car nest pl9 belle robbe ne mieulx seant a damoyselle que la soustanie ou la femme est beaucoup plus mignotte quen sa cotte. La blanche soustane signifioit que celle qui lauoyt vestue estoyt doulce et fraiche. A franchise sestoit prins vng ieune bachelier de qui ne scay le nom fors bel en son temps filz du seigneur de guidesore.

¶ Courtoysie q̃ premiere mappella a la larose dont ie le mercie grandement se tenoit en supuiant les autres. Elle estoit prisee de tous et sans estre orgueilleuse, fole, niche ne vmbrage estoit sans oultrage sage ioyuse plaine de belles responses et de gracieux ditz. Iamais ne desdit personne, iamais a autruy ne porta rancune. Elle estoit blanche, gente, belle et aduenant autant plaisant que iames fut femme. Digne estoit de estre emperiere ou royne en quelque court. A elle se tint vng cheualier fort accointable beaulx et gent et gracieusemẽt parlant, preux aux armes, fort ayme delle, et qui bien scauoit recueillir et entrenir les gens. ¶ Oyseuse en suyuant se tenoit assez pres de moy. Ie vous ay recite la facon et taille delle si nest besoing deu faire compte Ce fut celle qui me ouurist le guichet du vergier dont ie mercie humblement. ¶ Ieunesse riant et clere de vis qui nauoit encores douze ans passez se tint apres moy en suyuãt fort. Nichette fut sans penser a nul mal engin. Neantmoins elle estoit fort belle, ioulie, gaye, ioyeuse et enuoisie, et comme chascun scet ieune chose ne se souffye que de iouer. Son amy estoit tãt priue delle que toutes les foys quil luy plaisoit il la baisoit voyant to9 ceulx de la karose, et nestoient de riens honteux des parolles des gens: car ilz se embrasoient comme deux coulombeaulx. Elle estoit sortie damant selon elle bel et plaisant dautel aage et dautel courage. Ainsi karoloient ces deux personnages ensemble, leurs mesgnes fort bien enseignies comme gens de tres belle faicture et contenance. Quant ie euz veu leur maniere de faire voulente me print de chercher le vergier pour regarder sautiers, pins, cedres, et noisiers illecq̃s croissans. Car ie voye que la feste cessoit, et q̃ plusieurs sen alloient vmbroyer soubz les arbres auecques

leurs amyes; et queroient de eulx des ioyer se. Lung oyseuse delicatiue, lautre oyseuse con
Dieu scet silz auoiēt bon temps: qui pourroit templatiue. Lung ieunesse tendre et esprise,
telle vie maintenir iamais meilleur on ne sou lautre ieunesse bien apprise.
haisteroit, car il nest paradis au monde que
sauoir sa dame a son deuis.

¶Le sixiesme chapitre
Doulx regard bendant
son arc doré est appro prise
a diuine inspiration son
lant tyrer apres lamant
au vergier de contempla tion.

¶Moralite

¶En la precedente moralite est fai
cte mention des precieux dons que le sainct es
perit contribue a ceulx qui sont espris ꜩ enfla
mez de son amour comme viuificateur, mun
dificateur, illuminateur, auspiciateur, inno
uateur, liberateur, eruditeur, inflamateur,
roborateur, consolateur, conseruateur, eleua
teur et glorificateur. Maintenant pour ap
proprier lhistoire dessus recitee au sens mo
ral nous fault desployer les riches ioyaulx ꜩ
preciositez que nous viateurs mondains en
ce val miserable luy deuons offrir et presen
ter: affin que nous soyons vnys en son amour
du sur ly en de charite. Et comme on peut ve
oir par la parole du dieu damours: beaulte,
richesse, largesse, franchise, courtoysie, oyseu
se et ieunesse sont les meutes, les tresbuchetz
et les attrappes: par lesquelz les simples amās
sont enlaschez au neud damours. Sembla
blement le saint esperit desire auoir nostre be
aulte nostre richesse ensemble toutes leurs se
quelles. Et ainsi que beaulte naturelle tant
gente ꜩ propre que riens plus retire ses yeulx
arriere de ceulx qui la regardēt ꜩ merueilles
pareillement la beaulte de lame doit tourner
les yeulx arriere de ceulx qui la lobent et glo
rifient. Ainsi donc et le dieu damours et le
saint esperit tiennent par les mains et festoy
ent ces damoyselles a la danse que tant fort
ayment et desirent. Mais tout indifferente
ment et autrementlung que lautre, car lung
choysit beaulte corporelle, lautre beaulte espi
rituelle. Lūg richesse tēporelle, lautre riches
se eternelle. Lung largesse de biens plusieurs
lautre largesse de bonnes meurs. Lung fran
chise de corps, lautre franchise de cueur. Lūg
courtoysie vicieuse, lautre courtoysie vertueu

¶Lamant

Tant de la me party ꜩ men allay
esbatant parmy le vergier. Le
temps pendant le dieu damours
appella doulx regard, ꜩ luy com
manda quil bendast son arc doré. Laquelle
chose il fit legierement en luy baillant cinq
saiettes fort tranchans et prestes du traire.
Et en cest estat il me suyuist de loing larc au
poing. Dieu me gard de mortelle playe sil ad
uient quil tire vers moy. Quāt ie me fuz so
lacie p̃ le vergier le dieu damours tousiours
me suyuant et aguettāt: ie trouuay quil estoit
equalement quatre, autant du long comme
du large. Et ny eust arbre q̃ ne portast fruictz
si non vng ou deux hideux ꜩ laidz. Et ceulx
qui chargiez estoient furēt pōmiers de grenade,
noyriers a foison portans noix mouscades a
mādies a plāte, figuiers ꜩ dadiers. Pareille

ment estoit il sorty de cloux de genofre/recu/
lisse/grains de paradis/cithoual/auecques
canelle & de mainte autre nouuelle espisserie.
Autres arbres estoient chargiez de piesres/
cingz/chastaignes/noix/pommes/poires/nes/
fles/cherises/cormilles/allyettes & noysettes
Il estoit peuple de haulx lauriers/de haulx
pins/de oliuiers/de cyppres/de ormes/& char/
mes/de faultz/de cozres/de trambles/de ches
nes/de heraules/de haulx sappins/d fresnes
et de tant de diuersite darbres que grant force
me seroit de les nombrer. Toutesuoyes ilz es/
toient de bonne mesure assiz par compas de
cinq a six toises lung arriere de lautre. Et auo
ient les rameaulx et rainceaulx tant longz/
haulx & espes par dessus que ilz preseruoient
le vergier de chault:si que le soleil iamais ne
descendoit sur terre pour greuer lherbe tendre
En ce vergier estoiet daings/cheureux/escu
reux a plante grauissans sur les arbres. Con
nins yssans de leurs duyeres toutnoyans en
tre eaulx sur lherbe fresche en plus de quaran
te manieres. Cleres fontaines sans nombre
sans barbelottes et sans raynes en lombre des
arbrisseaulx estoiet illecques en diuers lieux
decourans par petis ruysseaulx et conduys q
deduit auoit compose/desquelz leaue cousoit
vne tresdoulce et plaisant noyse. Et a len/
tour des ruysseaulx et riues de ces fontaines
poingnoyt lherbe fresche et drue/et la pouoit
on coucher sa drue. Cest a dire sa dame par
amours/car la terre estoit doulce. Pour la
multitude des fontaines y auoit herbe a grat
suffisance. Et auecques ce le lieu estoit fort
embelly de la plenitude des fleurs illecques
croissans tant en yuer come en este. La esto
ient tresbelles violettes espanies fresches &
nouuelles/et tant que merueilles de floure/
tes iaulnes blanches et vermeilles tellement
que la terre en estoit pintelee paincte par la
diuersite de leurs couleurs/et rendoient les
dessusdictes violettes moult bonnes odeurs &
moult fort admirables. ¶ Que vous feray
ie long compte tant pour la diuersite de lesba
tement de lamant que pour la diuersite des

arbres/fruictz/herbes/fleurs/violettes/be/
stes sauluages/fontaines et ruisseaulx qui
estoient audit vergier impossible ne mest de
tout reciter/car il estoit moult bel et plaisant
et moult delectable.

¶ Moralise

¶ Lamant contemplant la facon du
vergier/le dieu damours q est le sainct espe/
rit voyant son affaire appella doulx regard:
cestassauoir inspiracion diuine. Et luy fit ben
der son arc et preparer ses fleches amoureu/
ses pour le toucher quant temps seroit. La/
mant cherchat par le vergier trouua arbres/
bestes sauluaiges/fontaines et flourettes.
Par la multitude des arbres de diuerses ma
nieres tous chargiez de fruictz:si non vng cu
deux sont entendues les sainctes personnes d
religion portans fruict salutaire pour nour/
rir les humains plantez en notable distance
par deduit leternel iardineur/cestassauoir no
stre saulueur Jesuchrist/lesquelz d leurs rain/
ceaulx et fueilles preseruent le lieu de chale/
reuse concupiscence. Par les bestes saulua/
ges grises/noires ou blanches qy sans par les
buyssons/et habitans les duyeres sont demo/
strez les deuotz hermites renclus et esgarez
du monde/viuans es desertz valees & diuers
boscaiges ou le saint veneur pardurable pret
noble recreation. Les cleres fontaines decou
rans par petis ruysseaulx en lombre des ar/
bres. Cestassauoir de confesseurs sont larmes
de contricion/de penitance & de compassion de
la mort de nostre seigneur/lesquelles esleue
es du parfond du cueur iusques aux peulx de
la face p deuotz souspirs & amoureux gemis
semens causent vne tresdoulce noyse assez
pour endormir la rigueur de criminelle iusti/
ce. Et les herbes poingdans et riches fleuri
tures naisans par cours des eaues sont riches
flourissans meurs & redoulentes vertus que
rissans meurs et redoulentes vertus q ceulx

engendrent et nourrissent qui sont euocquez et esleuz au saint vergier contemplatif.

Le septiesme chapitre.

Le hault pin soubz qui fut la fontaine ou le beau narcisus venant de chasser en soy mirant expira: est proprement acompare a larbre de la croix ou nostre seignr Jesuchrist fontaine de misericorde douloureuse mort endura.

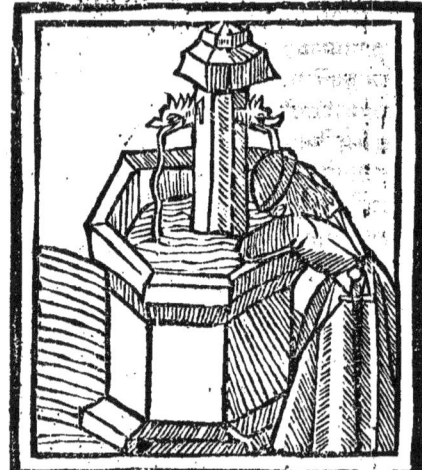

Lamant

Ant allay iouant a dextre et a senestre du vergier q̃ ien veis tout laffaire le dieu damours tousiours maguettoit pour moy traire ainsi que le veneur attend que la beste soit en lieu couenable pour descouchier sa saiette. Je arriuay en vng destour ou ie trouuay vne fontaine soubz vng beau pin tant hault et parcreu quil expcedoit tous autres arbres. Nature par grãt artifice auoit illecques assiz ceste fontaine dedans vne pierre de marbre. Sur le bort d̃ laquelle estoit escript en petites lettres. Cy mourut le beau narcisus. Amours sit narcisus vng beau dãmayseau tant estroictement en ses roseaulx quil se sist plourer et plaindre si que en la fin luy couint rendre lame. Echo vne haulte dame se ennamoura pl9 que mille rien et luy dit quelle mourroit sil ne luy donnoit son amour: mais pour priere quelle en sceust faire ne luy voulut ottroyer tant fut sier et plain de grant cruaulte. Quant Echo se sentist escondite elle en print tel dueil et tel yre que par grant despit elle mourut. Mais auãt sa mort requist a Dieu que narcisus qui tant auoit le cueur dur et sauuage fust quelque iour appoingne dãtre telle angoisseuse amour cõme elle estoit, et sans mercy auoir affin quil peust cõgnoistre quel dueil ont a porter loyaulx amãs qui si vilement sont ressusez. La priere estoit raisonnable si fut de dieu epaulsee, et aduint que par cas dauãture narcisus sen vint vng iour esbatre a la fontaine soubz le pin fort trauaille de chasser et de courre amont et aual: si q̃ par grãt chaleur il eut asprement soif, et estoit quasi hors de alayne, si pensa quil se refreschiroit a la fontaine. Et ainsi que il sabaissoit pour boire il apperceut en leaue clere et nette son plaisant vis et riant bouche, et lors moult esbahy par la deception de son vmbre cuyda veoir la semblãce de vng enfant fort bel et amoureup oultre mesure. Amours ce voyant lors se vẽgea du grant orgueil que auoit tenu vers dame Echo. Si luy tourna en piteux guerdõ le muser en la fontaine, car il senamoura de son vmbre par telle maniere que quãt il se sẽtit si angoisseusement attaint voyant quil ne pouoit acomplir son desir ne apperceuoit quelque confort par grant yre desordonnee et grãt chaleur damours cõme hors du sens il mourut moult piteusement. Et par ainsi fut echo vengee de narcisus qui parauant lauoit escondit. Lors adressa la prophetie dung deuin auquel on auoit requis des quil estoit enfant q̃ luy dist sa destinee. Et il respõdit, Il viura tant q̃ se cõgnoistra. Ainsi aduint a narcisus dont siriope sa mere la plus belle de son tẽps demena grant douleur oyant ceste nouuelle. Elle fut fille au duc narcisus tãt orgueilleuse et tant desdaigneuse q̃ ne luy sembloit pas q̃ hõme viuant tant eust de beaulte ou dauoir

Fueillet

fust digne d'sauoir. Et de fait iamais ne voulut aymer. Toutesfois quant elle fut assaillie d'amours/et que flora deust florir pour coucher auecques elle son orgueil gueres ne luy valut. Sa fierte fut fort rabaissee si fut malheureusemēt deceue. Et combien que son couraige fust fort fier toutesfois elle perdit son pucellage/et d'elle naquist narcisus celluy qui miserablemēt fina par son orgueil et mourut lors quil se congneut comme vous auez ouy. Et pourtant dames retenez cest exēple sans mesprendre vers voz amys. Car se ainsi les laissiez petit dieu se vengera de vous.

¶Quant ie sceuz par lescripture que cestoit la fontaine par laquelle il estoit mal aduenu et narcisus cōme paoureux ie me retiray vng petit sans lapprocher pensant au malheur dudit narcisus/mais toutesfoyes ie me asseuray/et me sembla que folie estoit de me eslongner/et que bien regarder la pouoye.

¶Moralite

¶Le dieu damours est qui sentens le saint esperit tousiours aguettoit lamant/lequel passoit temps au vergier de contemplacion. Et illecques soubz vng moult beau et hault puy excedant tous plantages: cestassauoir larbre de la croix naissoit la fontaine de grace et de misericorde ou lorgueilleux narcisus lucifer prince de beaulte/en temps de lhumain signaige par outrecuydance auoit perdu toutes ses forces. Dame Echo nous represente la voix du saint esperit/laquelle souuēt admonneste/requiert et prie damour. Narcisus vng plaisant iouuencel mondain aorne et pare de toute beaulte: tant de nature comme de fortune qui par son orgueilleux desdaing reboute et reffuse la poure Echo tant amoureuse de luy que rien plus. Mais quant il se cuyde rafreschir a la fontaine de misericorde le dieu damours voyant que il ne vouloyt ouyr sa voix de sa poure chambriere se venge de luy tellement que il se perist et abuse par son vmbre soy confiant en sa beaulte. Et ay/

me tant soy mesmes que il ne luy chault d'lamour de nostre seigneur. Et fine miserablemēt sa vie comme siriope sa mere par qui ie entens richesse mondaine tant orgueilleuse que iamais ne daigne aymer ne epaulcer poures supplians. Mais en fin fut humiliee et cauteleusement deflouree: comme sont au iour d'huy plusieurs qui se cōfient en leur puissance et beaulte corporelle.

¶Le huytiesme chapitre. La fontaine damours estant au vergier se approprie a la fontaine de sapience.

¶Lamant

E mapprouchay de la fontaine et me abaissay pour veoir le courant de leaue ensemble la grauelle boullant. Elle estoit en fons plus clere q̄ fin argent. Nest pareille beaulte au mōde. Leaue fort nouuelle sour nuyt et iour par grandes vndes a quatre buses rondes en fons/dōt naist alentour lherbe menue drue et fresche q̄ ne meurt en yuer/ne iamais ne peut tollir a leaue son cours. Ie fuz entētif de regarder au fons de la fontaine ou ie veis deux pierres de cristal dont ie fuz fort esmerueille/car quant le soleil qui tout aguette auoit iette ses rays

en ladicte fontaine plus de cent couleurs sap/
paroient au cristal qui deuient vnde iaulne et
vermeil. Il est de si mirable force que to9 les
arbres/fleurs/beaultez ꝯ paruites du vergier
y appairēt. Et ainsi que le miroir mōstre tou
tes choses qui sont a lencōtre ꝯ sans nulle cou
uerture son y apparcoit leur couleur ꝯ figure.
Semblablemēt le cristal sans deception qͥl/
cōque accuse tout lestre du vergier a celluy q̄
se amuse de regarder leaue. Sil est dūg co/
ste il voit lune partie/ꝯ sil se tourne de lautre
il voit le remanāt. Et nest chose tant soit me/
nuyere ne secretemēt enclose quelle ne samō/
stre cōme selle estoit vruemēt pourtraicte au
dit cristal. cest le perilleux miroir ou lorgueil
leux narcisus mira ses verdz yeulx ꝯ sa face
dont il mourut. Quiconque se mire en ce mi/
roir auoir ne peut mire ne garāt/mais puis q̄
amours le met en voye il est cōstraint de ve/
oir les choses dessusdictes. Le miroir a mis
en grant rage maint vaillant hōme tellemēt
que les plus preux subtilz ꝯ sages y sōt ague/
tiez ꝯ prins: si que par ragerie ont leurs coura
ges changez. En ceste fontaine ny a sens ne
mesure/ame ne si scet conseiller. Car cupido
filz de venus y sema la graine damours q̄ la
couure toute. Et si fist tēdre latz ꝯ engīs pour
prēdre damoyselles ꝯ damoyseaulx les vrais
oyseaulx que amours desire. Et a cause de ce
ste graine leans semee est appellee la fontai/
ne amoureuse/de laquelle ia soit ce que plusi
eurs en ayent parle en romās ꝯ en liures: tou
teffois iamais vous ne orrez mieulx descrire
la verite de la matiere que quant ie vous en
auray aprins le mystere. Fort ma pleu illecq̄s
demourer ꝯ remirer en sa fontaine pour la na
ture des cristaulx qui mille choses estās a le/
uiron me demonstroiēt/ mais ie my suis mu/
re a telle heure que depuis ien ay souspire. Le
miroir ma durement deceu/ se ieusse par auāt
congneu ses vertus ꝯ forces iamais embatu
ne my feusse/ car ie suis cheu au lac qui maīt
homme a prins ꝯ trahy:

℣ Moralite
℣ La fontaine damours nette ꝯ clere ou

se voient toutes choses cōme en vng miroir
est acomparee a la fontaine de sapiēce noͫ dō/
nant cōgnoissance de choses diuines ꝯ huma/
nes. Les quatre buses naissās au fōs d leaue
sont quatre vertus cardinales: prudence/for
ce/attrempance ꝯ iustice: par lesquelles lher
be vertueuse ꝯ imarcessible recree les cueurs
des vrays amās. Le cristal precieux au fons
de la fontaine illumine la clarte du soleil est
figure a lhōme iuste qui quant il est touchie
des rays du createur cler soleil d iustice tous
gracieux arbriseaulx/toutes redolētes fleurs
toutes beaultes singulieres ꝯ admirables: se
voyent resplēdent ꝯ apparent en luy/ car il est
la lumiere du mōde. Il accuse tout/ ꝯ aussi ce/
ler ne se peut non plus que la cite situe sur la
montagne. Sur le bort de ceste fontaine pe/
rist miserablemēt le tresorgueilleux Narci/
sus deceu par sa beaulte ꝯ repudiāt lamoureu
se societe de son pareil: comme font plusieurs
ses semblables qui ne se daignent mirer au
vertueux cristal ou chascun se doit exempler
La graine semee en la fontaine est lespiritu/
elle ꝯ salutaire admonition dōt plusieurs vail
lans preudōmes sont tellemēt esguillonnez
quilz chāgēt leurs couraiges mōdains: ꝯ de/
uiennēt loyaulx seruiteurs au dieu damours
dont la sensualite se voyāt soubdainemēt des
saisie de toutes ses plaisāces se repēt a la foys
et se deult plaint ꝯ souspire.

℣ Le.ij.chapitre. Lespeciale
Rose croissant entre les autres
sur vne droicte tige est cōparee a
nostre seigneur procedant de vir
ginale virge.

℣ Lamāt.

Entre mille choses apparētes en
ce miroir ie choysi en vng dstour
clos dune haye plusieurs rosiers
chargez de roses: alors si grant
enuye me print de les auoir que ne me peuz te
nir pour tout lor de pauie ou de paris que ie ne
allasse celle part. Quāt ie fuz sur pris de cel
le rage ie me tiray vers les rosiers ꝯ la tressa
uoureuse odeur des roses entra dedās moy tel

fueillet
de mesprendre.

¶ Moralité

tement que se ie neusse cuydé estre assailly ou mal aymé de quelque vng ien eusse cueilly du moins vne pour tenir en main et la sentir, mais ie men repentiz legierement affin quil nen despleust au seigneur du vergier. Il y a uoit grant plante de roses les plus belles que iamais furent veues de home. Pareillement petis boutōs cloz autres plus grosses, autres dautre moison qui fort tiroient a leur saison et sur le point de espanir. Les roses ouuertes et larges se passoient en vng tour, mais les bou tons q duroient du moins deux ou trois iours estoient les plus beaulx que ie veis oncques. Quicōques en pourroit cueillir vng seul il se roit bien paré dhonneur. Se ien pouoie auoir vng chappeau iamais autre auoir ne ayme roye. ¶ Entre les autres ien choysi vng si tresbel que ie ne prisoye riens le demourāt. Il estoit enluminé dune couleur vermeille tant fine que nature en auoit fait son possible, elle y auoit par grāt maystrie assiz quatre paires de fueilles. La tige qui ce bouton portoit est droicte comme vng ionc sans decliner auant ne arriere. La place estoit toute remplie de son odeur qui se spandoit a lenuiron. Quāt ie sen ty sa tresbonne flaireur ie neuz talent de men partir: aincoys me approuchay pour le prēdre et o fait ie y eusse estēdu la main, Mais chat dons poingnans, espines trenchons, ortyes agues et ronces cornues men eslongnerēt tel lement que ie ne osay aller auant doubtant

Lamant estant au vergier de contem placion soy mirant en la fontaine de sapience pour singuliere beaulté choysist entre plusi eurs boutons et roses vng chief douure de int table excellence sur tous autres vng bouton vermeil de couleur fine et de precieuse odeur. Le bouton vermeil est figuré a nostre seigne lequel sur toutes roses caducques richesses tē porelles tost passees et delectacions mōdaines de poure duree le vray amant doit desirer che rir et aymer, Car ce bouton est tout autremēt que les autres illumine du resplēdissāt soleil nourry de rousee celeste, garny dodeur tāt res doulete que suauite sen espant par tout le iar din de religion. Et pour especialité il a quatre paires de fueilles qui sont les huyt beatitudes pour remunerer les amans. Cest nostre a mour, nostre foy et nostre esperance, Cest la rose que nous deuons cueillir en fin de nostre cense. Nostre fruict, nostre guerdon, nostre salut, nostre gloire et nostre redemption cest le vermeil bouton iadis assiz sur la tige virgi nale la glorieuse mere nom iamais corrōpue par vicieuse tarche, non iamais vacillāt par vent de vaine gloire, mais tousiours vigou reuse et droicte, dessus laquelle se saint esprit sest reposé. Cest le vermeil bouton a cinq fueillons poindans barbuz et verdoyant qui signifiēt les cinq figures dont il fut fiché au puissant rosier de la croix. Sur toutes beaul tez que nature produit en plaisās iardinages la Rose est la royne des fleurs. Cest la refe ction du corps, la recreation de loeil, la substē tacion du chief la delectacion du nez, la conso lacion du cueur. Et nest riens plus couenable a restaurer nature humaine par art de mede cine que la fleur de la Rose. Et pourtant ciel le iustemēt accomparee a nostre seigneur en a son amour, mais il y a beaucoup de repugnā ce obstacles et empeschemens auant que ony puisse attaindre: cōme sont les esguillōs char nelz, les poindans temptacions de lennemy et les agrippans ronces dambicion mõdaine: cõme il apperra en la deduction de la matiere

¶ Le dixiesme chapitre. Les cinq flesches barbees du dieu damours sont les cinq plaies de nostreseigneur dont lamãt espirituel est naure par con/templacion.

¶ Lamant.

LE dieu damours portãt son arc tendu en prenãt curieux soing d moy aguetter (et pour supire se stoit arreste soubz vng figuier. Et quãt il par ceut que iauoie esleu le bou/ton qui mieulx me plaisoit que nulz autres. Il print acop vne flesche si la tint en coche et lentoisa iusques a loreille par telle facon que larc merueilleusement fort enuoya la saiette parmy mon oeil & le ficha droit en mõ cueur. Et lors vne froideur me print de lagile soubz mon hault plicon iay depuis mainte frisson sen tue. ¶ Quãt ie me senty ainsi berse le cueur me faillit: car ie cheuz a reuers longuement pasme. Et quant ie fuz reuenu de pasmaison en mon raisonnable sens ie fuz tant fol que ie cuidoie auoir songe/mais la saiette q me poin gnoit au cueur ne tira point de sang/ ains de/moura la playe seiche. Lors ymecay a crier & souspirer tresfort. Je prins la flesche a deux mains & tiray tãt que ien rapoztay le fust em penne. Toutesfoys le fer de la saiette nõmee Beaulte demoura fiche en mon cueur tellemẽt que ie ne le peuz estachier ne en faire sang yssir. Je fuz anguoisseusement trouble pour le peril qui en pouoit aduenir. Si ne sca uoie que faire ne que dire/car mire ne pouoye trouuer pour saner ma playe/si nestoit herbe ne medicine que ien attẽdisse: neantmoins le cueur me tyroit vers le bouton. Lequel se ie leusse eu en main il meust rẽdu la vie/car seu lement la veue ou lodeur de luy alegeoit ma grief douleur. Et lors que ie cõmencay a ap/prochier vers ledit boutõ souef flairãt amour auoit desia recouure simplesse la seconde/ sait te q maint hõme & mainte fẽme a fait aimer parmy le monde dont pour moy entamer me tira parmy loeil sans menace quelcõque. Ce ste flesche ou nya point daciet si entra en mon cueur & le naura. Puis sans grãt content ie ti ray le fust hors/mais le fer y demoura. Or saichez õ vray que se iauoye par auãt este fort ennamoure du bouton ie le fuz a lors plus q õc ques mais. Car tant plus estoye aggresse de douleur tant plus mopressoit la voulẽte dal ler vers la rosette tendre trop mieulx flairãt que nulle violette Toutesfoys le reculer me valoit mieulx/mais ie ne pouoye conttester a la monicion de mon cueur. Pour quoy for/ce me fut de approchier le bouton. Et lachier q moult sefforcoit et penoit de moy greuer ne my laissa aller sans paine. Dont pour moy mieulx affoler me fist voler au corps la tier ce flesche appellee courtoisie par qui la playe fut large & parfonde tellemẽt que soubz vng oliuier rame ie fuz pasme lõguemẽt sãs moy remuer. Et quãt ie me peuz aider ie prins la flesche & ostay le fust de mon coste/mais pour tries que ie sceusse faire ie ne peuz retirer le fer d la saiette. Lors ie massis soubdainemẽt fort pensif & angoisseux par la destresse de la plaie qui me sembloit de moy retraire vers le bou ton que tant ie desiroie. Et dautre part larchı et me dõnoit espouentement & non sans cause car lesschaulde doit le feu doubter. Neãtmois quant ieusse veu plouoit quatreaulx & pier tes comme gresil z aussi espesses si conuenoit il que ie y allasse. Car amour qui excede toutes choses me donna cueur z hardement de son mandement faire. Et lors aussi foible z blesse que ie estoye me dressay sur piedz z sans craindre larchier vins a la rosete ou ie tendoye. Si mefforcay de marcher/mais il y auoit tant de spines/de chardons z de ronces q ie ne euz oncques loisir de passer lespinoy. Et demouray lez la haye faicte de poingnans espines ioingnant aux roses sans attaindre le bouton. Toutesfoys ie fuz moult ioyeux quant si pres me trouuay que ie sentoie la tresdoulce odeur qui en yssoit. Si mestoit grant plaisance/grāt desir z grāt aise que bon eur mauoit donne ce don Tel guerdon en auoie que ientrembloie mes maulx iamais ne trouuay riēs q tāt me pleust que de seiourner illecq̄s sens en partir. Quāt ie y euz este longue espasse le dieu damours q de mon corps a fait bersault nouuel assault me donna. Si que pour moy du tout mettre a meschief tant y tira de rechief z referit qui me fist nouuelle playe au cueur soubz la mamelle. La saiette auoit nō cōpapaignie/n'est nulle des autres q plus tost mette dames z damoiselles a mercy q̄lle. La douleur de mes playes renouuella: tellement que ien cheuz trois fois pasme en vng tenant. Au retour soupirant me plaindoye cōme cellui a qui sa douleur croist z empire. Car de garison ne alegeance nauois ie esperance quelcōque. Mieulx aymoye estre mort q vif: pensant quamour me seroit son martir quant departir ne men pouoye. Le temps pendāt il print vne saiette de grant pris z qui me sembloit estre fort pesante. Beau semblant se nōmoit. Et est de telle nature que iamais ne cōsent a quelque amāt qui se repēte de seruir amours. Elle est ague persant z tranchāt cōme vng cousteau dacier mais amours auoit d son precieux oiguemēt tresbien oingt la pointe/affin q gueres ne me nuysist/car point ne desiroit ma mort: Ains vouloit qu'en vertu de loingture de loingnemēt tout plat de sfort ie feusse alege. Amour auoit fait de ses mains pour donner sfort aux fins amans. Ainsi donc pour supporter mes

fueillet

maulx il me tira ceste flesche dōt il me fit grāde playe au corps/neantmoins loinguemēt sespandit par mes playes z me rēdit cueur q̄ failly me estoit du tout. Et se neust este la doulceur de loingnement ie feusse mort. Je tiray hors le fust de la saiette/ mais le fer y demoura auec les autres: z sont cinq autres en mon cueur qui iamais ne seront ostez. Et combien que se oingnemēt beaucoup me valloit/ toutesfoys la playe me fist si griefue douleur q ma couleur en changea. Ceste derniere flesche me fist auoir doleance et amertume pour sa pointure angoiseuse/mais aussi trouuay ie aide en loingture. Ainsi euz a porter grant aduersite z nuysance.

¶ Moralite.

¶ L'histoire precedēte qui bien y veult mediter nous est figure z enseignement de la vie cōtemplatiue/car ainsi cōme le fol amāt temporel est enamoure de la belle dame vermeille cōme rose pour la grāt beaulte q̄l voit en elle/pour son simple maintien z contenāce pour la courtoisie quelle luy donne/pour la cōpaignie z entretenāce quelle luy preste z pour le beau semblant q̄lle luy monstre qui sont les cinq flesches ■■■ adressant au cueur dont il est tant fort naure que il en pert entendement et sens se gary nest par la plaisant rose sa souueraine medicine. Semblablement lamāt espirituel esleue en contemplacion regardant de loeil de son entendement les cinq playes vermeilles et lexcellente beaulte du bouton eternel/congnoissant sa simplesse/son vnite/son humble maintien z la purete d son innocence/considerant sa largesse charitable qui sestent sur toutes creatures/pensant comment il est en la compaignie danges/archanges/glorieux saintz z sainctes/bieneurez et esleuz z voy ant le beau semblant qu'il monstre aux siens par escriptures/promesses et miracles facteurs il est digne d'estre aime. Et ainsi lamant qui ce medite z pense a le cueur naure damour espirituel. Nō pas au chief/es bras ne es piedz/mais seulemēt au cueur: cōme il est escript es cantiques. Vulnerasti cor meū in vno oculorum tuorum: Et puis quant le douloureux patient se voit ainsi attaint d ces saiettes qui luy demeurent au cueur lune apres lautre il doit querir son retour et singulier refuge au digne & precieux bouton/ lequel tant plus lapprouche & tant plus en est bersaulde. Finablement amour luy traict la saiette de beau semblant embasme de vif oi/ gnement q luy conforte ses angoisseuses poin tures. Et est cest amour diuine/le paraclit vi ue fontaine/feu charite & spirituelle vnction/ de laqlle ceulx q en sōt embasmiez ou enyurez perdent sens et congnoissance des plaisances temporelles.

¶ Le vnziesme chapitre: lhom maige que fait lamant au dieu damours se conforme a la profes sion que fait le ienue religieux a son superiore.

¶ Lamant.
Ors vint amours vers moy & mescria en tel manie te. ¶ Amours. ¶ Vas sal tu vois que tu es pris/ riens ne te vault le deffen/ dre/ne fais quelq different de toy rendre/car quant plus voulētiers te rē deras tant plustost viendra a mercy. Fol est qui le dangier pourchasse de celluy qui le peut auancer esquelz mains passer luy conuient/

musser ne te peulx. Je vueil bien q tu saiches quon ne gaigne gueres en felonnie nē orgueil tens toy puis que cest mon vouloir paissible ment & debonnairement.
¶ Lamant.
¶ Je respondy plainement. Voulentiers me renderay a vous sans y mettre quelque deffence/ia dieu ne plaise que ie mie deffende: ce seroit contre raison & droit. Il est en vous d moy prendre ou tuer. Eschapper ne puis que par vostre main. Viure ne puis se nest p vo/ stre voulēte. Joye & sante ie attens par vous seul: ce que ie nauray par quelque autre se vo stre main par laquelle ie suis naure ne mie dō ne garison. Et se voꝰ me daignez retenir vo/ stre prisonier ie ne me tiēs pour deceu ne pour apre. Jay ouy reciter de vous tant de biens q ie vueil mettre cueur & corps en vostre seruice. Se te fay vostre vouloir iamais dolent nen seray/car iespoire q au tēps aduenir iau ray la mercy que iattens: & par ce conuenant ie me rens a vous. Le mot fine ie voulu bai ser son pied/mais il me dist. ¶ Amours.
¶ Je te ayme fort & prise quant tu as si bien respondu/iamais ceste responce nyssit dōme vilain mal apris. Tu as beaucoup gaigne/ car ie vueil pour ton auance que tu me faces hommaige si me baiseras en la bouche a laql le oncqs vilain cueur ne toucha: ne ie ny laisꝰ sa atouchier ne bergier ne vilain/car celluy q te prens a hōme doit estre courtois & franc. Je y a en mon seruice paine fais & bonneur. Tu dois estre fort ioyeux quant tu as si bon mai/ stre & seigneur d si haulte renommee comme est amours portāt le confanon & la baniere de courtoisie. Et est tant gentil & franc que quis conques met son entente a le seruir & honorer iamais naura en soy vilanie mesprison ne qls que maulaise doctrine. ¶ Lamant.
¶ A tāt les mains ioinctes ie deuins son hō me. Grant liesse me fut au cueur quāt sa bou che baisa la mienne. Le fait il me demāda ho maige en disant. ¶ Amours. ¶ Mon amy iay receu plusieurs hōmaiges dungs & dau/ tres/desquelz iay este depuis malcureusemēt deceu. Les felons plains d faulsete mōt fait

fueillet

maint barat/desquelz iay ouy mainte noise/ mais se ie les puis prendre a ma voulente ilz scauront combien ilz mōt despleu si leur sera chier vēdu. Et pour ce q̄ ie tayme beaucoup ie vueil estre asseure de toy ⁊ te veulx tellemēt lier a moy que tu ne me puisses tenir ne faillir de promesse ne de couent ne faire quelque tromperie. Car ce seroit grāt oultraige a toy se tu me deceuois veu que il me semble que tu soyes loyal. ¶ Lamant. ¶ Ie luy dis. Or mentendes sire. Ne scay pour quoy vous me demandes plaise ou seurete/ vous tenez mon cueur prisonnier tant estroictement que sil me vouloit biē faire si ne pourroit il: voire se nest par vostre cōmandemēt. Mon cueur est vostre et non point mien/soit mal soit bien il conuient que face vostre plaisir/nul dessaisir ne vous en peut: vous y auez mys si bōne garde que riē plus. Se vous doubtez quelque chose faictes y vne clef en lieu dostaige ⁊ si la portez

¶ Amours.

¶ Par mon chief ie my accorde tu ne dis que raison. Cellui certainement est bien seigneur du corps qui tient le cueur en sa cōmande qui plus en demāde il est oultrageux.
¶ Lamant. ¶ Adoncques il tira de son aumosniere vne petite clef esmeree de fin or et me dit ainsi. ¶ Amours. ¶ Ton cueur sera ferme par ceste clef de laq̄lle iay enclos mes

toy qui y. Car sur mō ame elle est de grāt puissāce. ¶ Lamant. ¶ Lors amour si toucha a mon costé ⁊ de sa clef ferma mon cueur tant doulcemēt qua paine la senty ie: ainsi fais ie toute la voulente damours. Et quāt ie seus asseure ie luy dis. Sire ie suis prest de faire vostre bon vouloir receuez en gre mon seruice selon la foy ⁊ promesse q̄ me deuez. Ne pensez que ie resongne a vous seruir/mais le seruiteur se trauaille a sa fois en vain quāt il offre son seruice au seigneur a qui il ne plaist.
¶ Amours. ¶ Or ne te esmaye de riēs puis que tu es en ma subiection. Ie recoy en gre ton seruice se tu ne te desuoyes par q̄lq̄ mauluaistie. Par moy en hault ōgre seras nō pas si tost que tu vouldroies bē/car en peu d heure ne viennēt les grās biens: il y eschiet bien paine ⁊ attēte. Seuffre patiēment la destresse q̄ te nuyt maintenāt:ie scay la medicine par laq̄lle tu auras garison. Se tu es loyal ie te donneray telle chose que tu seras en fin guery de ta playe/mais ie vettray premier cōment tu me seruiras en acōplissant les cōmandemens que ie donne aux fins amans.

¶ Moralite.

¶ En ceste histoire se peut cōprādre le sainct mistere de profession qui se fait en religion. Car quāt lamoureux espirituel est trouue enclos au vergier/au quel il a tāt beau loisir regarder les beautez ⁊ esprouue les vertus qui se trouuēt. En desirāt ⁊ soy tirāt vers la rose vermeille sa sommiere felicite il se voit aguette ⁊ naure au cueur dardāt amour incōparable. Tellemēt que pour recouurer sanite et paruenir a chief de sa haulte pretēte il a fait hōmaige au souuerain seigneur/⁊ le seigneur la receu en le baisāt en la bouche en ensuyuāt ce q̄ est escript. Osculetur me osculo oris sui. Et qui plus est lamant luy donne son cueur:le q̄l affin q̄ il ney soit deceu cōme il a este de plusieurs autres il luy a ferme et ferre de la clef de profession. O cōbien euree ⁊ cree a la bonne heure est lame du loyal amant quāt le souuerain dieu damours le suprnel cōsolateur se daigne tant humilier q̄ le veult baiser en la bou che ꝙ luy vient demāder son cueur. Fili da mi hi cor tuū. O com malheureux aussi ꝓdigne d̓ reprouche ꝓ hōte est le faulx amāt desloyal ꙇ̃ se desloye desserte ꙇ̃ desfie du charitable ꙇ̃ tres puissant seigneur en faisant hōmaige a l'enne my de humaine nature ꙇ̃ deuenant fault apo stat ou de la foy ou de son ordre ou de bōne ver tueuse oeuure.

¶ Le douziesme chapitre:es cōmā demēs ꙙ le dieu damours dōne a son vassal sont cōprins les trois veulx que doit tenir le bon religieux.

¶ Lamant.

A sire pour dieu mercy: auant ꙙ dicy vous partez chargez moy voz cōmandemens:ie suis prest pour les acōplir Se ie ne les sca uoie ie me duoie crope acoup pꝛ ignorāce. Affin que ie ne mespreine ie suis fort desirāt d̓ les sca uoir. ¶ Amours. ¶ Tu dis moult bien En tens et retiens ma lecture. Le maistre pert sa paine quāt le disciple ne le met en retenance. ¶ Lamant. ¶ Adonc le dieu damours me chargea ses cōmādemēs, mot aps autre ainsi que vous orres. Qui veult aymer ce romant bon fait ouyr desormais:car la matiere du son ge ensemble:la fin est fort belle ꙇ̃ nouuelle:cel luy pourra apprēdre assez des ieux damours ꙙ tant atteēdre vouldra ꙙ ie de ciaite la signifian ce du songe, duꙙl la verite vous sera descouuer te;puis dit. ¶ Amours. ¶ Premierement te deffens villennie et vueil que tu la delais ses du tout/car c'est vng vice ꙙ ie ne puis ay/ mer. Ains vueil blasmer ꙇ̃ reprēdre to͛ ceulx quis̓e mettēt ꙇ̃ aymēt. Et pour ce ꙙ le vilain fait la villānie iamais en ma cōpaignie ne se ra. Vilains sont folz sans pitie, sās amytie ꙇ̃ sans seruice: et a ceste cause ie ney vueil nulz receuoir. Mais affin ꙙ l'entēdes sainement ie ne tiens hōme villain pourtāt sil ne est filz ou nepueu de chastellain: nul n'est villain si non de cueur. Et ainsi dōcques garder te dois de re corder des gens ce que est a taire. Ce n'est pas proesse d̓ blasmer autruy. Si te dois mirer en keux le seneschal ꙙ iadis fut hay ꙇ̃ mal renom me pour ses moc̓qries. Et gauuain par sa cour/ toisie eut bien autant de pris ꙙ ledit keux fel/ cruelx, rāposneur ꙇ̃ mal parlāt eut de blasme Soyes courtois, accointable, raisonnable et doulx parlant aux grās ꙇ̃ aux petis. Et se tu vas sur les rues soyes coustumier d̓ premier saluer les gēs/ ꙇ̃ se tu es premier salue n'ayes pas la bouche close:mais soies diligēt sans q̄ attente de rendre le salut. Garde toy som mierement d̓ dire nulz ors motz touchāt ribaul dies ne iamais ta bouche ne soit ouuerte pour dire chose vilaine. Ie ne tiens hōme pour cour tois qui nomme ordes choses ꙇ̃ laides. Metz paine ꙇ̃ labeur a seruir ꙇ̃ hōnorer toutes fem/ mes. Se tu oys mesdisant despisant quelq̄ vne reprēs le ꙇ̃ luy dis ꙙ̃l se taise. Et fais cho se ꙙ soit plaisante aux dames ꙇ̃ aux damoisel les affin ꙙ de toy soiēt les nouuelles ouyes et que tu puisses mōter en bruit par le bō rapport qu'on ora de toy. Cōsequemment garde toy d'or gueil Orgueil ꙙ bien y regarde est grāt peche et folie:ꙙcōques est entache il ne peut prosper son cueur a faire quelꙙ seruice, ains pense tout le ꝯtraire ꙙ doit faire loyal amāt/ mais qui se veult trauailler en amours il se doit gētemēt entretenir. Cellup ꙙ pour chasse sa queste ne vault riens sans cointise ꙙ n'est pas orgueil se l'homme n'est fol ꙇ̃ oultrecuide. Et pourtāt se lon ta tente ou ta richesse maintiens toy mi/ gnotement de belle robe ꙇ̃ de chaussēures/car belle robe ꙇ̃ bien garnie fait l'homme propre Tu dois bailler ta robbe a tel qui biē la saiche

d iiij

tailler & assoier les manches & les pointes con-
tines et fringuans. Pareillement porte sou-
uent nouueaulx souliers soient a latz ou au-
trement, & soit ton pied tant estroictement chaus
se que les musars ayent beaucoup a muser par
quelle maniere il y est entre. Soies fort com-
te de gandz, de aumosniere & de ceinture. Et
se tu ne es gueres riche adresse toy a quelque
ung qui te face auoir le chappeau de fleurs
pendant le temps que les roses sont en bruit.
A la penthecouste chascun en fine veu que ilz
sont de petit pris. Ne seuffre quelconque or-
dure sur toy. Laue tes mains, escure tes dés.
Ne laisse quelque rien de noir entre tes ongles
coudz tes manches, pigne tes cheueulx, mais
ne te farde pas. Ce seulement appartient aux
dames & a celles de mauluais renom qui cau-
teleusement veulent recouurer amour par des
faulte de beaulté naturelle. Et te souuiengne
de toy tenir plaisamment. Soyes ioyeux &
plain de deduit, car amour na cure dhomme
morne. La maladie est fort doulce puis quoy
si ioue & ennoise. A la fois aduient q les amans
ont une heure ioye lautre torment et sentent
le mal damer fort corageux q est une heure
doulx & lautre amer. Ainsi est lamant une fois
en ses ris, lautre fois en destresse. Lune heure
rit & lautre se tormente. Sil est quelque de-
duit ou ioye que tu saiches faire pour quoy tu
puisses complaire aux gens ie te commande
que tu le faces, car chascun se doit auancer de
faire ce que mieulx luy aduient, car il en vient
los, pris & grace. Se tu es appert ou legier ne
fais dangier du saillir. Se tu es a cheual bien
seant tu dois poindre a mont et a val. Se tu
scez briser la lance tu y peux acquerir bruit et
los. Se tu es preux aux armes tu en seras
beaucoup aymé. Se tu as bonne voix & clai-
re tu ne dois cremir quelque excusance que tu
ne chantes se tu en es requis, car bien chanter
est une chose qui fort plaist au monde. Sil
affiert a quelque iouuencel de bien sçauoir bil-
let ou iouer a quelque instrument ou de migno-
tement danser il en est fort auancé. Ne te fais
tenir pour auaricieux tu en seroies grandement
greué. Il appartient bien que ung amant don-
ne plus largement du sien que ne font vilains
en vrlez & sotz. Oncques homme ne sceut q
cest dayment si le donner ne luy a beaucoup va-
lu. Et pourtant qui se veult mesler damours
il se doit garder dauarice. Car cellui qui par
ung seul regard ou par ung ris doulx et plai-
sant donne entierement tout son cueur doit bi-
en donner apres si riche donce quil luy est ha-
bandonne. On dit communement quil vault
mieulx oeuf donne q oeuf mange. Je te vueil
bien faire saige que lon doit bien prendre gar-
de quoy quant & a qui lon donne, car celluy se
deçoit trueusement qui moult donne et petit
reçoit. Aussi rien prendre et plante donner
fait tost ung grant argent despendre. Et dau-
tre part celluy se mesprent beaucoup qui trop
prent & rien ne donne, car tousiours prendre &
rien donner acquiert grant blasme aux gens.
Et pource que briefue parolle est de legier re-
tenue te te vueil recorder en brief ce q iay dit
par auant. Qui veult faire son maistre da-
mours il doit estre large, courtois, ioyeux et
sans orgueil.

¶ Moralité

¶ Es commandemens que amours
donne a lamant au chapitre precedent sont con-
prins les trois principaulx veux que le deuot
religieulx doit faire en sa profession, car par
ce quamour deffent a son seruiteur q̇l soit sans
vilennie & se garde de motz vilains, & ce est
notiffie le veu de chasteté qui doit estre obser-
ué tant de fait comme de parolle n'est riens q tant
face de blasme aux religieux que ce vilain pe-
ché. Par ce quil commande quil soit courtois et
large est entendu le veu de poureté, car qui di-
scretement en temps & en lieu donne aux po-
ures sa substance pour lamour de nostre seignr
il doit estre reputé pour poure, & non plain da-
uarice qui est ung vice fort rebouté tant en a-
mour mondaine que diuine. Et par ce q̇l def-
fet quil ne soit orgueilleux est apparu le veu
de obediance fondee en vraye humilité. Autres
commandemens & offices menuyeres tant en habitz
comme en maintien fait amour a son seruant. Le sal-
ua soit ce quilz soyent dis pour amour fatuelle.

Toutesfois les peut on licitement appliquer a amour espirituelle/car le loyal serviteur du souuerain dieu damours doit estre vestu selon lestat et maniere de sa religion pprement et sans estre deguise doit estre chausse estroictement affin que sans licence trop ne seslargisse de son cloistre doit auoir gandz en main sil est constitue en dignite episcopalle. Doit auoir large aumosniere pour distribuer les biens de leglise qui appartiennent aux poures. Doit tenir netz ses dens et sa bouche sans proferer quelque vilaine parolle. Doit nettoier ses ongles sans les auoir maculez de rapine. Doit lauer sa face sans estre farde dypocrisie. Doit pigner sa teste pour abesser les orgueilleuses fumees. Doit liberalement chanter a leglise sil est que bien le sache faire et quil ait voix melodieuse. Doit iouer d'instrumens qui sont la gorge/le palais/la langue/les deux leures et les quatre dens. Et les employer au seruice et louenge de nostre seigneur se doit prosterner a terre par humilite et maniere de saillir. Et sil est docteur preux et prompt aux atries de la foy il doit briser sa lance contre les heretiques.

℣ Le .viij. chapitre. Lestat et conduicte du loyal amant vers sa dame est vif patron et exemplaire a lhomme iuste pour paruenir a lamour eternelle.

℣ Amours

Et te charge en penitance que sans cesser nupt et iour mettes en amour ton penset: et te souuiengne de la doulce ioye que tu attendz. Et affin que tu soyes loyal amant ie veil et te commande que ton cueur soit mis en vng seul lieu entierement sans moyenner/sans fraulde et sans tricherie/car qui son cueur depart en moint lieu par tout en a mauuaise part/mais ie suis asseure de celluy qui le met tout en vng seul lieu. Si veuil que sans le prester en vng seul lieu le mettes/car la chose prestee est tost rendue: et grant guerdon vient de la chose donnee en fin don. Et pour tant donne ton cueur franchement et debonnairement veu que la chose liberament donnee doit estre pour chier tenue. Et ne doit on priser vng poix la chose qui dessoubz son poix est donnee. Quant tu auras donne ton cueur comme iay dit lors vendront les dures fortunes qui suruiennent aux loyaulx amans/car quant il te souuiendra de tes amours secretement te conuiendra partir de la compaignie de ceulx ou tu seras affin que ilz ne puissent apperceuoir langoisseux mal que tu auras a porter. Et lors seulet te tireras a part ou tu seras assailly de plaintes/de souspirs de frissons et de maintes douleurs tant estroictement que lune heure seras chault lautre froit/lune vermeil lautre pale. Iamais homme neust si males fieures ne quartes ne cotidiennes que tu auras lors. Et saches quauant ton depart tu auras assaie les douleurs damours. En oultre souuent aduiendra que tes pensees te entroubleras tellement que tu seras grant piece sans parler comme vne ymage mue/sans mouuoir et sans croller ne pieds ne mais ne dois ne face. A la fois reuiendras a ta memoire tressaillant et fort effraye comme vng homme paoureux et espouente. Puis souspiteras de parfont cueur comme font et ont fait ceulx qont assaie les maulx dont tu es fort esmaye il te souuiengne que se ta dame est de toy fort loingtaine tu diras. O mon dieu que ie suis malheureux quant ne me tire vers celle ou mon cueur est: pour quoy y enuois ie mon cueur seulement il est en moy oy aller. qui me

fueillet

tient que ie ne la voy: ie ne puis enuoyer mes yeulx auecques mon cueur pour se conuoier. Et ne prise rien mon fait se mes yeulx mon cueur ne conuoient et ne voyent mon seul plaisir. Se doiuent ilz icy arrester? Nenny non. Mais ilz doiuent visiter ce que mon cueur desire tant. Et pourtant tenir ne me puis que ie ny voise: considere q̄ ie suis loingtain de mon cueur et de ma plaisance. Si maist dieu ie suis bien fol. Or ca ie men yray vers elle, ia mais ne seray a mon aise tant que ien auray veu quelque enseigne.   ¶ Amours.
¶ Lors te mettras a voye a telle heure que tu fouldras souuent a tes veues. Ainsi gasteras tes pas en vain et ne verras pas ce que tu quiers: si conuiendra que sans riens faire tu retournes morne et pensif. Lors tu seras a grāt meschief. Car de rechief te viedront friſſons souspirs et plaintes plus poignans que herissõs. Qui ne scait q̄ ce vault si se enquiere aux loyaulx amans. Ainsi tu ne pourras appaiser ton cueur sans assaier se par cas dauāture tu pourrois veoir celle pour q̄ tu es en si grāt soussi: et se tu peulx tant faire que tu la puisses veoir tu seras ententif de repaistre tes yeulx. O que tu auras grant ioye au cueur quāt tu verras ta dame par amours. Certes en la regardant tu te feras le cueur frire et larder et taliseras lardant feu, car quāt plus regarde on ce que on ayme tant plus se alume et larde le cueur, car se fart alume et enflamme le feu q̄ fait aymer les gēs. Chascū amāt est cause de lardant feu qui salume. Car quant plus est pres de sa dame tant plus fort sent le feu qui proprement est ce que qui le fait defrire Lors quil remire la beaulte delle adōc est il aggreſſe damours. Chascun scait et se saige et le muſart qui plus est pres du feu plus sart. Tant que tu seras en ceste ioye iamais nen querras departir. Et sil conuient que le departement sen face tousiours auras tu souuenance de ce que tu auras veu, mais tu te tiendras lourdement deceu de ce que tu nauras eu le hardement de laraisonner et dauoir este si longuement au pres delle sans sonner mot comme fol et mal appris. Grandement cuideras

auoir mespris que ne lauras entretenue ainſi que de toy soit de ptie: et te doit tourner a grāt contraire. Car quant tu ney eusses tire q̄ vng salut si eust il valu cent marcz. Adoncques tu seras fort trouble querant achoison daller en la rue ou tu auras veu la dame, laquelle tu noses mettre a raison. Voulentiers yrois en son hostel se tu trouuois cause pour quoy. Toutesfoys il soit que toutes tes voyes, tes tours et tes allees sadressent la entour en celant ton fait aux gens. Quiers autre achoison que celle pour quoy tu y vas, car tu seras grant sens de la celer. Et sil aduient que tu treuues la belle en tel point quil se te la faille saluer tu chāgeras couleur. Le sang te fremira tu perderas sens et parole. Et se tu lauā ces tellement ton fait que tu commences a cōpter ta raison de trois propos que tu vouldras mettre auant tu ne diras que les deux tant seras vergondeux vers elle. Il nest hōme tant ait fresche memoire quil noublie assez en ce cas: sil nest tel quil vueille seruir de bourdes comme les faulx Amans qui polient leurs motz a leur voulente. Ce sont losengiers affaictez qui lung dient et lautre pensent: cōme troistres felons et mortelz ennemis. Quant tu auras fine ta raison sans touchier mot de villennie se tu as rien oublie qui soit a dire tu seras fort doulent en plus grief martyre que deuant. Telle est la bataille, lardure et le cōtent des amans qui dure a tousiours. Iamais amant naura ce quil quiert. Iamais en paine sera: tousiours luy fault quelque chose, iamais ne prendra fin ceste guerre se ie ne pourchasse la paix. Quant la nuyt sera venue tu auras des annuys p̄lus de mille, tu te coucheras en ton lict a peu de delit. Et lors que dormir cuyderas tu te prendras a tressaillir fremir et demener entretournant puis duug coste puis dautre comme cellui qui se plaint de ses dés, et adōct te viēdra en memoire la facō et semblance de ta dame nō pareille. Et pour chose merueilleuse il te sēblera q̄ tu la tiēdras en tes bras toute nue ōme se deuenue estoit ta cōpaignet amie. Adōcq̄s feras tu chasteaulx en espaigne et auras ioye de riens tant et si lon

guement que tu seras en ceste fole delectable
pensee qui nest riens que mensonge et fable:ou
toutesfois gueres ne demoureras. Car au re
ueiller qui sont les douleurs commenceras a
plourer en disant.
¶ Lamant
¶ Ha mon dieu que ay ie songie: dont
mest venue ceste pensee: Je vouldroye quel/
le reuenist dix ou vingt foys la nuyt, car elle
me paist et nourrit de ioye et de bonne aduanture
Ce mest vne mort quant elle est de si poure
duree. Mon dieu ne viendra iamais lheure q̄
ie soye en tel point q̄ iestoie quant ie songeoie
Je vouldroye estre par condicion telle q̄ ie deus
se mourir incontinent apres. Car le mourir
pour ma chiere dame ne me seroit nul grief.
Amours me griefue et tourmente fort angois
seusement de quoy ie me plains et geme̅ie. Au
mains sil faisoit tant que ieusse parfaicte ioye
de ma treschiere dame a qui ie suis habando̅/
ne ie me tiendroye guerdone haultement. Je
ne me dois reputer pour homme saige veu que
tel oultrage iay requis. Qui musardie dema̅
de musardie luy viengne. Ne scay comment to/
se dire ces motz veu que plus preux et renom/
mez de moy auroient grant honneur den auoir
moindre loyer que ien attens. Toutesfois se
la belle dame me daignoit consoler dung seul
baiser seulement iauroye desserte fort riche de
la paine que iay soufferte et endure ce q̄ iamais
ne aduiendra. Or me puis ie bien tenir pour
fol de auoir mis mon cueur en tel lieu que ia/
mais preu ou ioye ne auray. Or suis bien fol
de proferer ces motz, car mieulx vault vng
seul regard delle que le deduit entier dung au/
tre. O q̄ voulentiers ie la verroye/ mon cueur
seroit nettement guery se ie voit la pouoir. Mon
dieu quant viendra le iour. Jay trop seiourne
en ce lict le gesir ie ne prise gueres quant ie nay
ce que ie desire. Le gesir est fort desplaisant
a celluy qui ne dort ou repose. Que ne se tres
passe la nuyt. Se il estoit iour ie men yroye
vers elle. Ha soleil auance ton cours, tu me
fais perdre temps/ fais departir la obscure nuyt
fort ennuieuse qui tant me dure. ¶ Amours.
Ainsi te conteras la nuyt/ si nauras cure de re

pos. Et quant la nuyt ne pourras passer sans
beaucoup veiller il te conuiendra descoucher
du lict: habiller vestir et chausser auant le iour
Et adonc ten yras secretement par pluye et par
gellee a lhostel de ta dame par amours qui peut
estre sera endormie. Si ne pensera gueres a
toy. Lune fois te trouueras a lhuis derriere
pour scauoir sil sera desferme ou clos, et la trou/
uras comme vng fol illec seulet a la pluye et au
vent. Lautre fois teuiendras a lhuys deuant
et sil y a quelque fenture/ fenestre ou serrure
regarde et escoute se lon y est endormy. Et se
la belle est esueillee et que seule te puist ouyr ie
te conseille de toy douloser et plaindre affin q̄lle
ne saiche q̄ tu ne peulx reposer en lict pour la
mour delle. Car se la femme nest merueilleu/
sement dure elle doit prendre pitie de celluy q̄
tant grief trauail endure pour elle. Et dois
au retour pour lamour du hault saintuaire du
quel tu esperes alegeance baiser la porte de los/
stel. Et affin que ne soyes aperceu deuant la
maison ou en chemin repaire en ton logis ains
que le iour soit esclaire. Le venir/ cest aller/
ce veiller et ce penser sont aux amans soubz
leurs drappeaulx les peaulx ainsi grant dure/
ment comme bien le sauras quant tu lauras
assaye Et dois scauoir quamour ne laisse cou
leur ne gresse sur son amant. Mais vng tas
de paysans qui trahissent les dames ne sca/
uent que ce vault. Ilz dient pour les decenoir
quilz delaissent pour lamour delles et le boire
et le manger: mais ie vois que telz trompeurs
sont souuentesfois plus gras que abbez ne que
prieurs ne moines. Auecques ce ie comman/
de et te charge que tu faces tant que la pucelle
de lhostel te tiegne pour homme large et cour/
toys, et luy donne tel garnement ou coeuure
chief que elle die que tu es tres vaillant et de
moult bonnaire. Tu dois honnorer et tenir chi
et ta dame ensemble tous ses biens vueillant
car grans biens te peult venir par eulx. Lors
que ceulx qui sont amys priuez delle luy di/
ront comment ilz te auront trouue preux/ sai/
ges et courtois si en seras mieulx ayme. Ne
tesloigne gueres du pays. Et se tes affaires
et besongnes sont si grans quesloigner te con/

fueillet

mengne fay tost reuenir ton cueur et pense de brief retourner sans long seiour. Fay semblant que beaucoup te poise que tu nes vers celle q̃ garde ton cueur.

⁋ Moralite.

⁋ Le contenu du chapitre reduit a moralite et aucunement acõpare a lestat et monde les spirituel amãt contemplatif. Lequel ensuiuant lhistoire doit mettre son cueur en vng seul dieu nostre seigneur dieu en luy separãt d̃ toute societe mondaine/se doit secretement retraire en quelque lieu deuot: affin quil puisse a son loisir penser a son amour. Et lors ardãt desir de celeste pensee laguillõnera tellemẽt que en contẽplant la beaulte de son createur il se trouuera aggresse de pleurs et parfons gemissemẽs tant fort que il perdera maintemẽt sens et memoire de delices mõdains et richesses temporelles/et sera ainsi cõme rauy en esperit immobile cõme est vne ymage. Et se dauanture il se treuue fort eslongne damours nouueaulx regretz luy suruiẽdront: et se reputera maleureux miserable et meschãt de ce que les yeulx de son entendemẽt ne puoyẽt son cueur vers la bonte diuine. de laquelle sil peut parceuoir lexcellẽte beaulte il aura ioye estimable. Et lors sera heure de multiplier prieres et aussi oraisons franchement de bon cueur et sans crainte/sans dite lũg et penser lautre cõme font amãs dessoupaulx. Et aussi quant le vray amant sera couche de nuyt amour espirituelle leueillera: selon q̃ est escript. Ego dormio cor meũ vigillat. Et tellement que a la fois luy semblera en son dormãt par la vertu dardant desir quil embrasera nostre seigneur en tel estat quil pẽdit en la croix Et lors sans attẽdre q̃ le iour soit venu se leuera sur piedz alheure de minuyt: ainsi q̃ doiuẽt faire ceulx q̃ sont attains de vif amour. Puis sans crainte de vent de pluye ou d̃ gessee se trouuera sil ne peut entrer dedans deuant lhostel de ces amours leglise saincte. en qui se repose la tressacree et digne hostie. Et illec par maniere de procession allant dung huys a lautre regardera par les creueures des fenestres soy doulousant deuotemiant affin quil soit regarde en pitie de la bonte diuine qui dira ce beau mot des cãtiques. En ipse stat post patrem nostrũ respiciẽs per fenestras etc. Cela fait affin q̃ ne soit touche du vent de vaine gloire retournera secretemẽt en son logis/mais au cõgie prẽdre pour reuerẽce de honneur du glorieux sanctuaire baisera le portail d̃ leglise. Le saint pelerinage luy prouffitera beaucoup/ car oncq̃ bien fait ne fut perdu. Et auecques ce par force damer il deuiẽdra maigre par ieusnes et ieuns de chair par aumosnes. Et deuera labourer quil soit en grace de la pucelle d̃ lhostel la glorieuse vierge affin quelle soit son aduocate et luy auãcera quelque propine salutaire ou du moins dõnera vng salut angelicque. Et pareillemẽt reuerendera les biẽ vueillans, familiers et reparans en la maison eternelle/cõme sont anges et archãges saintz et sainctes, bienheurez et esleuz: lesquelz feront de luy si bon rapport que beaucoup mieulx luy en sera Et sil seslongne par quelque fresle tẽptacion il pensera sil est saige de retourner en brief affin que il ne soit mis en oubliance.

⁋ Le quatorziesme chapitre cõment doulx penser/doulx parler et doulx regard donnent auance en amour charnelle: si font ilz en amour espirituelle.

⁋ Lamant.

Uant amour eut acôply ses commandemês ie luy demanday, Sire cômêt est il possible que les amans puissent endurer les maulx que vous mettez en contpte: ien suis grandement espouente. Côme peut homme viure et durer quie côtinuellemêt est en paine et en ardure et en dueil et en souspirs en larmes et tristesse et en reueil. Certes ie suis fort esmerueille côme homme quant il seroit de fer pourroit ung an en tel enfer viure. Adoncques me respôdit amours. Par lame de mon pere beaulx amys nul ne a bien sil ne se dessert ou côpare. Lon ayme fort la labeur cherement achaptee. Et recoit on fort en gre le bien acquis a grant trauail. Il est vray que nulle douleur tât soit grande ne actaint le mal des amans. Car on ne pourroit compter en tomant ney siure les douleurs qui sont en amer, non plus que on pourroit espuiser leaue de la mer. Et toutesfoys il leur est besoing de viure. Chascun fuit voulentiers la mort. Cellui qui est en obscure chartre en vermine, en ordure, et q̃ na que pain dorge ou dauoyne ne se meurt mye pour tant. Car lesperâce quil a quelque iour destre deliure luy donne côfort. Ainsi est il de lamât emprisonne en las damours il espoire sa guerison. Ceste esperance le côforte, et luy apporte cueur et voulente doffrir son corps a martyre. Esperâce luy fait souffrir tant de maulx que sans nombre pour se couper quil en attêd. Esperance vaint par souffrir, et fait tant que lamant demeure en vie. Esperance soit benoiste qui ainsi les amans auance. Esperance est fort courtoyse: car iamais pour quelque peril ne meschief ne delaissera que le vaillât hôme ne vienne a chief de son fait. Esperance fait mesmes attendre mercys au larron que lon doit aller pendre. Esperance donc te garantira, iamais ne partira de toy que au besoing ne te sequeure. Et auecques ce ie donneray trois aultres biês qui grant soulas font aux amâs estans en mes latz. ¶ Le premier bien q̃ les amãs soulacye et recôforte est doulx penser: lequel se recorde de la grãt beaulte de la dame

en qui lesperance cest arestee. Car quât lamât pleure ou souspire et est en martyre, et en dueil doulx penser vient auant qui tout debrise, et lyre et lardeur quil seuffre. Et a sa venue luy fait souuenir de la grant ioye que esperãce luy promet. Si luy met audeuât les yeulx ride: le nez traictiz bien a mesure, la bouche biê coulouree, lallaine souhe et doulce, et prêt gãt plaissâce a luy mettre en memoire la beaulte de chascũ mêbre particulier. Et qui plus est il luy fait redoubler sa ioye quât il luy souuient d ung beau seblât ou dune belle risee q̃ sa chiere dame luy aura monstre. Ainsi doulx peser adoulcist lhorrible douleur et grant rage dam mer pour quoy ie vueil que tu le recoyues, et se tu reffusoies lautre bien q̃ nest gueres moindre de cestuy tu seroies fort dangereux. Le second bien doulx pler, lequel a secouru maint bachelier et mainte dame quant ung chascun se resiouyst en parlant de ses amours. Si me vient en memoire ung courtoys motet q̃ vne dame fort amoureuse disoit en sa chançon, A bonne escole fut cellui q̃ de mon amy me dit parole: si maistdieu il ma guerye qui men parle. Ceste dame scauoit de doulx parler tout ce q̃ en est, car elle lauoit esprouue en plusieurs et diuerses facons. Et veulx ie aussi q̃ tu quieres ung compaignon sage et discret qui grant auantaige te fera se tu luy descouures tõ couraige. Quant tu seras fort angoisseulx mal tu yras vers luy pour côfort auoir. Et lors ensemble parlerez d la belle, et en luy recitant ton fait luy demãderas conseil, et par quel moyen tu luy pourras côplaire. Et se cellui qui sera ton amy est amoureux d'e quelq̃ fille sa compaigne en vauldra mieulx: et sera bon quil te dye lestat de sa dame et de son nom se elle est pucelle ou non et d quelles gens elle est: affin que tu soyes asseure quil ne teffuse ne ne vise a la tienne, ains serez feables et loyaulx amys ensemble. Cest chose fort plaisant dauoir hôme de côseil a qui lon ose descouurir son secret. Tu y trouueras bon côpte et le prendras fort en gre se tu lessayes. ¶ Le tiers bi, en est doulx regard qui beaucoup tarde a ceulx

qui sont loingtains de leurs amours. Pour/
tant ie te conseille que tu aymes de pres affin
que doulx regard te puisse ayder car il est fort
amyable/sauoureux et delectable. Les yeulx
ont bon rencontre au matin quant ilz sont si
cureux que de veoir le precieux sainctuere du
quel ilz sont tant amoureux: ja ne leur mes/
cherra le jour q̃ veoir le pourront/ilz ne doub
teront ne pouldre ne vent ne quelque rien qui
les griefue. Et quant les yeulx sont refectio/
nez de leur plaisance ilz sont si bien apris que
seulez ne veulent auoir ce deduit/ains veu/
lent que le cueur sen esioye et conforte. Et cõ
me messagiers luy enuoyent les nouuelles de
ce q̃ il voyent. En ce soulas oublie la douleur
du cueur et le trauail du corps et ainsi q̃ la lumie
re efface les tenebres: doulx regard dechasse
les tenebres du cueur languissant en amours
nuyt et jour q̃ n'a cause de luy plaindre quant
les yeulx luy annõcent ce qui aduient.

¶ Moralite

¶ Non seulement en amour fole et mõ
daine vient apoint esperance. Mais en estu/
de/en bataille/en conqstes/en labeur/en mar
chandise/et generalement en toute faculte de
quoy les humains se entremettent esperance
les soubstient. Mesmes elle paist les chitifz
et souuerainemẽt en acquisition damour spi
rituelle donne elle subside et confort/car lespe/
rance du guerdon supporte la paine. Esperã/
ce est certaine expectacion de beatitude a venir
venant de grace et des merites precedentes.
Et auecques ce doulx penser/doulx parler et
doulx regard sont les trois biens procedãs du
sainct esperit qui mitiguẽt et solacient les dou
leurs des vrays amans. Et sont ces trois bi
ens mis a effect par trois mẽbres espirituelz
le cueur/la langue et loeil. Et quil soit vray
ceulx qui sont touchez du sainct esperit sont
doulx benings et humains/doulx en penser/be
nings en parler et humains en ouure. Oultre
plus trois glorieuses vertus: foy/charite et
esperãce qui sont les trois degrez pour paruẽ

nir a fin de ses amours reposent et se exercitẽt
par les membres dessusditz la charite et feruẽ
te amour se tient au cueur. La foy se demons/
tre par la langue qui expose les beaulx ser/
mons. Et lesperãce se cõferme a loeil q̃ hault
attaint par son regard et prenoit la gloire futu
re. ¶ Item trois autres biens procedẽt de ces
trois membres fort necessaires et vtiles au sa
lut de lame: cestassauoir contricion amere et
lamentable qui doit venir de la fontaine du
cueur. Cõfession entiere et veritable q̃ se doit
faire par la langue. Et satisfaction plainiere
et honorable qui se doit perpetrer par loeil en
regardeut ceulx ausquelz il a mesfait/et se lo/
eil ne .iii. satisfaction y cõprins loeil se fõt par
ces .iii. mẽbres. La deuote oraison procede du
cueur/la ieusne de la bouche et laumosne de lo
eil. Luc des videto. Ainsi doncques le loyal
amoureux espirituel doit auoir au pourchas
de sa felicite sommiere doulx penser en cueur
sans nulle enuye/doulx parler en bouche sãs
vilenie et doulx regard en loeil sans felonnie.
Et doit applicquer ces .iii. biẽs ensemble ces
iii. membres pour reconfort de sa doulance et
contẽpler les doulceurs/bontez/beaultez/vti
litez/vertus/perfections et gratuitez de sa da
me par amours la pardurable essence infinie
considerant que par doulx penser elle propo/
sa de noꝰ retirer hors des latz de noz ennemis
par doulx parler elle nous a conuerty a son
amour/et par doulx regard elle nous a regar
de de loeil de sa misericorde en nous pardon/
nãt nous pechiez. Auecques ce trois biens la
cteur conseille a lamãt pour renfort et adioict
de consolation de auoir vng cõpaignon de mes
mes amoureux cõme luy auquel se puisse de/
clairer son couraige. Le cõpaignon est le bon
confesseur saige et discret: auquel en tel cas lõ
doit reueler son secret pour auoir conseil et sub
side. Cest cestuy qui peut radresser lamant et
le consoler en ses tribulacions.

¶ Le quinziesme chapitre.
Comparacion des guerdõs
temporelz aux espirituelz.

Amours.

E t’ay declaire par compte ce qui est necessaire ce sont les biens qui peuuent garantir de mort/ et donner efforz aulx loyaulx amans: comme sont esperãce/ doulx penser/ doulx parler/ et doulx regard ie vueil que tous soient tes gardes iusques a ce que tu pourras mieulx. Se il appar coys que tu me serues loyaulment ie te mettray auant plus grans biens. Et pource que ie t’ayme et prise ie te vueil aduertir du payemẽt que ie donne a mes souldoyers/ ausquelz ie rẽ du leurs louyers par degrez selon ce qui me seruiront, Le premier aura pour guerdon et souldee que toutesfois que bon luy semblera il pourra iouer et parler auecques sa damie par ce quelle luy aura par aulcun conuenant promis son amour. Et ainsi il aura l’entrée de l’hostel et y pourra aller et venir a sa voulente: qu’est grant chose/ et iouyra des soulas/ risees et bõnes chieres de celle qui voulentiers le verra. Tel ioyeulx payement doit bien l’amant en gre prẽdre esperant mieulx/ car ia vng tel guerdon fut fort prise de bien grans souldoiers. Le second louyer excede le premier bien auant/ car quant ilz sont ensemble eulx deux ilz nont cure d’aultre compaignie. L’amant qui voulentiers est ouy de sa dame m’a garde destre reboute arriere. Et souuent aduient que pour deuiser ensẽ

ble plus priueement ilz quierent de commun accord aucunes places secretes non trop asseu rees/ mais sont contens que on les y sache: car ilz ne veulent commettre chose dont on puisse deshonneur retraire. De ce guerdon se doit bie contenter l’amant veu qu’il est ainsi qu’en possession et saisine de sa maistresse. Et s’il a au cueur hardement et qu’il ne soit de quelque vng aparceu il pourra prendre vng doulx baiser: qui ne luy donne mais habandone a tollir ou a prẽdre a force quelque deffence qu’elle y mette. Et ia soit ce que nulz amans n’ayent droicture sur eulx: toutesfois la fille peut bien mostrer semblant de reffuz veu que elle est encores en sa liberte de franchise: c’est bien raison que son amy se humilie vers elle: en le priant iusques a ce qu’elle sera plus surprise de son amour Neantmoins ie prise fort ayme celluy a qui ie donne si grant auãtage/ et n’y a haulsage elque vng. Considere que sans honneur al baiser luy peut laisser l’autre. Et ia soit ce que sa venue soit plaisãt a la fille: toute suryees n’est elle mye du tout en sa iouyssace. Et se on vou loit opposer a l’encontre elle seroit du tout ou en partie par courtoysie excusee/ laquelle a auctorisee de beau parler aulx gens et iouer auec ques eulx honnestemẽt. Et ia soit ce que a las fois amours ou plaisance si lance toutesfois elle couure tout par la vertus de ses operaciõs ¶ Le tiers don affiert aulx gens esprou uez et trouuez loyaulx en amours. Iespoire la personne a qui ie donne tel don estre loyal/ car il est non pareil aux autres/ et est tel que quãt vng amant trouue sa pareille en lieu conuena ble de laquelle il est tenu et clame son amy. et aduient que celle sans deshonnorable fait luy presente corps nouer bras sain et mamelle a fai re sa voulente. Et que tout ce qui est dessoubz la ceinturelle est en son comandement sans que nullement preigne son deduit au val se mõt luy sera deliure/ mais ia n’aura la vale en son habandon. Il doit laisser sa valee et tendre a la montaigne a laquelle il doit prendre sa ioye et son deduit. Les accolemees sont es bras/ le res iouyssement au sain/ le baiser est au viaire.

Que puis je plus faire a ceulx qui me seruēt ie ne vueil ottroyer le remanent qui appartiēt au quart souper a quelcq̄ vng ne luy bailler voulentiers sil ne le vault grandement. Et se ie nauoye esperance que doresenauant comme deuant il me seruira plusieurs men ont deceu lesquelz ne me prisoient, iamais depuis lheure quilz auront eu ce souper, ilz se diront estre hors de mes dangiers. De quarāte ie nen treuue pas vng seul qui lise ou chante ou fait feste de moy. Et pource qlz ne prisent vne estaloigne ne moy ne mō affaire depuis quilz ont ce don ie resongne beaucoup a leur donner. Et pendent le temps que ie retiens se souper ie tiens amans soubz verge tellemēt quilz sont lyez, iolys, mignotz et polis ainsi cōme est le rossignol. Si son queuemēt que le rossignol chasse il est mignot, gay, et iolys, mais quant il a prins sa proye il a perdu son pris et sa ioye. Si veulx bien q̄ chascun saiche que en la chasse est tout mon deduit. Tant plus chasson aspremēt tant plus aigrement me delicte. Toutesuoyes ie ne chasse si non pour prendre et ne veulx tendre a autre fin. Mais pour auoir plus loing esbat ie ne demande q̄ le chasser. Et quoy que la prinse soit aggreable plus delictable mest chasse, car autant comme elle dure ie me contiens noblement. Mais quant elle vict a fin que la prinse se fait et que ie suis refroide du chault dōt ie estoye resiouy ie suis fort dolent et vouldroye lors quil ne fust beste nulle, car ie nay talent de chāter pource le dis que ceulx qui chassent plus se solacient et doiuent que quant la chasse est finee. Ainsi donques se gouuerne le fait de la chasserie que le chant du rossignol qui se tient gay et ioly tant comme il quiert sa proye, et quant elle est prinse il met ius son chant. Et pource quil quiert sa proye en sifflant et en chantant le romāt dit quil est soyselet des amans. Mais ma mere qui ne content a nulle chasse mest cōtraire en ce cas. Elle prent si grant plaisance au prēdre quelle ne veult entendre a la chasse, en la qlle selle se delicte pource nest que sur esperance d̄ la prinse. Et ceulx qui au besoig le requierēt ne quierent que se prēdre. Et toutesuoyes nul ne reçoit la prinse quil ne soit dolent aps coup. Neantmoins pour le grant delitz du fait elle la chopsist pour la meilleure part. Mais les trois autres bien doit on chopsir deuant a cause que sans tristesse il y a ioye et liesse qui point ne descroissent, mais accroissent grandement le delit. Et me semble que sans riens mesprēdre son les doit prēdre, car mieulx valēt que nest sa prinse accostee de tormēt, et pourtant ie prise plus les autres. Mais dame Venus mere a tant fait que nulz ne veulent entendre au chasser silz ne cuident prendre. Quāt aucuns amans sont si haultement guerdōnez que ilz sont venuz au tiers souper dont ilz ont plaine re iouyssance voyans que trop ie differe a payer leurs souldees ilz se cōplaignent a ma mere Venus: laquelle ne fut iamais saoulee de les ouyr comme nō orgueilleuse ne fiere. Elle a fait mainte paie sans mon consentement a telz qui oncques puis ne me seruirent, mais elle me ayme tant fort que si tost q̄ on se reclame de moy par aucune facon elle leur accorde leur priere et ie toute habandōnee a eulx. Et pource que ie layme de tout mon cueur ie me delicte en ses faitz et luy faiz tel hōneur que se ie nauoye son ottroy ie ne donrroye le quart souper aux vrays amans. Venus ma mere ma maistresse et ma dame iette sa flame souuentessoys sans mon ottie, mais nō pas moy sans sa voulente: pourquoy les soupers dont ie guerdonne sont trop plus grans que le sien, car apres la prinse aucuns esprīs domours se plainēt apres d̄ moy seruir soy aulment pour recouurer ce bien, mais ce ne sera mye si chietemēt: gueres ne leur seroit de moy silz ne cuidoyent recouurer leur prinse: neātmoins ie ne leur dis mye ce que iay pense, toute suoyes iay espoir que durant ta vie tu me seras loyal.

¶ Lamant. ¶ Sire se ie vous pouoye tāt seruir q̄ ie peusse desseruir ce quart souper ie seroye voste subiect autant que ie viuroye. Lors respōd. ¶ Amours. ¶ Tu dis moult bien et assez de biens tu auras, mais il te cōuiendra attendre le temps et le lieu. Dōc sil aduiēt aucunesfois que esperance te soit faillie a que par grant douleur tu vueilles habandonner ton seruice: a ton amy hastiuement yras a luy diras en quel point tu es: si ne tele rien/il te fera grant alleigeance a tellement te conseillera que tu seras a ta paix et reduit a bonne esperance: mais toutesfois tiens moy foy a conuenant en gardant mes commandemens. Se tu me sers sans mesprison ie te feray rendre le louyer que tu attendz. Et a tant congie.

Moralite

Pource que au precedent chapitre sont contenuz les loupes que les amoureux mondains recoiuent pour leurs souldees iusques a lacomplyssement du fait a en termes gros a ouuers sans quelque paliacion: besoing me seroit pour les reduyre a Vertueuse amour espi rituelle de vser de quelque art darcquempe. Car force me sera de traire fin or reluysant de rude metal mal plaisant. Si ne se doit nul admirer se pour esmouuoir a deuotion simples gens rurales ie faiz comparaison en langaige vulgaire de lamour espirituelle a la temporelle. Car nest rien plus propre ne plus similitudinaire pour en auoir la congnoissance.
Les cantiques qui semblent estre plaines damoureuse plaisance sont magnificquement exposees et par grans personnages a lutilite de lame deuote. Les fables de methamorphoze plaines dastures a vicieuses confabucions sont moralement reductes a conuerties pour en tirer fruict salutaire. Les hault ardus a glorieux misteres de la gloire triumphant/la vie des contemplatif/la cognoissance de lardant amour de admirable et pardurable essence a de plusieurs choses subtiles a inuisibles ne peuuent venir a nostre notice se nest par choses sensibles/humaines a visibles souuerainement aux gens de simple entendement. Lesquelz aucunesfois ayment plus ardamment la bonte infinie sans gueres en enquerir ou scauoir que ne font les grans clercs qui beaucoup en scayuent et gueres ne laymēt.

Donc pour reduire a moralite les quatre souyers dessus nommes que fole amour pour retribution promect a ceulx qui le seruēt a qui estzēt les vngs plus les aultres moyns: il fault scauoir que ilz sōt en lamour espirituelle quatre modes ou manieres de seruiteurs pour/ chassans lamoureuse queste tous tendans a prinses de celeste gloire. Desquelz les aucūs sont imparfaitz/les aultres parfaitz les aucuns plus que parfaitz a les aultres futurs. Les imparfaitz sont ceulx qui lentree ont en la maison de dieu par certaine familiarite et conuenant quilz ont a la bonte diuine p la Vertu du sacrement de baptesme. Telz amans pour eulx esbatre en prieres a oraisons y peuuent aller a venir sans quelque dangier: voire silz ne sont excommuniez. Et pource q guere ny ont fische leur amour a legierement retournerent aux negoces temporelles ie dis q sont imparfaitz Les parfaitz amoureux que rans le second guerdon qui se premier excede sont les ministres de leglise/prelatz/cures et chappelains: lesquelz auecques ce quilz ont lentree de lhostel en faisant le diuin office ont priuee communication a la tresdigne a tressacre hostie: et lors quilz sont au sainct canon ne sōt honteux de prendre vng baiser pacifique qui leur est prins soubz vmbre de chacitable courtoysie. Telz administrateurs gardans les cōmandemens de dieu tiennent la vie actiue/mais pource quilz sont entre meslez auecques les seculiers participans auecques les mondains a fort curieux des choses temporelles ie noseroye maintenir quilz feussent contemplatifz. Et ia soit ce q plusieurs de noz platz modernes ayēt les testes mittrees a cornues cōme moyse. Ce nest pas de la vision de dieu cest plus tost d la clarte des princes ou des tutilans gemmes quilz portent en leurs doigs. Les plusque parfaitz sont les contemplatifz ausquelz par lextreme labeur aspre solicitude et ardant affection qlz ont prins au pourchas de lamour espirituelle en delaissant toute cure mondaine sont premiez a retribuez du tiers guerdon qui est tel que on leur presente cōme

e iij

en leur habandon corps/bras/sain ⁊ macelle. Le corps est le precieux corps de nostre redẽp/ pteur. Ceste macelle est la glorieuse face qui se amonstre aux vrays cõtemplatifz qui des yeulx de leur entẽdemẽt le regardent p̃ grãt compassion. Ilz considerent les buffes quil a receuz en ces macelles/les batures d̃ ses bras les poinctures de ses mains/louuerture d̃ son costé ⁊ aultres bontez incõprehensibles ou ilz prẽnent plaisir ineptimable. Et auec ce pour magnifier ses admirables ouures leur est permis de regarder soubz la ceinturelle ceste spere du firmament q̃ ce bas monde circuit et embrasse. La sont les secretz de nature/la sont les admirables corps celestielz qui par leurs influences besongnent sur les humains et engendrent merueilleux monstres q̃ se pre/ sentent a noz yeulx. Soubz ceste ceinturelle sont les plaisans mottelettes ou les vrays a/ mans se doiuent arrester par contemplacion sans descẽdre en la valee/entre lesquelles est la montaigne de sinay ou dieu sa loy dõna/ le mont de la quarãtaine ou quarãte iours ieuf/ na/ le mont de thabor ou il se transfigura/ le mont de syon ou sa pasque prepara/ le mõt de caluaire ou la mort endura/ ⁊ le mont doliuet duquel es cieulx monta. Sur ces mottellet/ tes dignes de recommandacion se doiuent re/ creer les vrays amoureux sans descẽdre en ces/ te miserable valee mondaine plaine de ordu/ re puante de vieulx pechez ⁊ de viles corrup/ tions. Et prendre exemple a laigle qui natu/ rellement fait son nid es haultes roches pour aguetter de loing sa proye Il surmõte tous oy/ seaulx tant par son vol que par lacuite de sa veue/car il regade frãchemẽt ⁊ longuement le soleil en face sans appeller ses yeulx.

¶Les futurs amãs sont ceulx q̃ pour auoir le quart louyer descẽdent en la valee: en laq̃l/ le apres grãt delectacion prinse ilz sont esguil/ lonnez dãgoisseuse tristesse/ ⁊ ny a imparfait p̃fait plusque p̃fait futur actif ne contẽplatif qui ne passe par la ⁊ sen puisse excuser. Ceste valee est le tenebreux lac d̃ la mort: auq̃l ap̃s toute ioye ⁊ plaisance: tant tẽporelle cõme espi

rituelle tous amoureux finablement trebu/ chent ou val de mortel amertume. Et pour/ ce que le dieu damours espirituel prent pl9 de plaisir a la chasse selon le texte du romãt qui ne fait en mortelle prinse Selon q̃l est escript Nolo mortem peccatoris. Et aussi quil se deli/ cte d̃stre reuẽq̃ honoré ⁊ serui. Il differe a dõner ce quart louyer ⁊ liesse premier nature ⁊ sa me/ re la terre q̃ en ce monde le porta pourrit ⁊ sub/ stenta/ ⁊ la bonne dame les enclot en son ven/ tre. Les aucuns sont illecques engloutis ⁊ ab sorbez en perpetuelle flãme murmurans con trẽ sa maieste royalle/ ingratz des benefices quilz ont receuz ⁊ les aultres sont succitez ⁊ es/ leuez en gloire pardurable ou ilz voyent leur createur face a face: lequel ilz voient au mon de par ymaginaciõ/ ⁊ ont planiere fruiction de la diuine bonte qui leur reuele ses secretes beaultez tant excellentes que nul ne les scau/ roit comprendre. Dela le quart louyer/ dela la prise/ dela le bieneure guerdon que le dieu damour retribue a ceulx qui laymẽt de bon cueur.

¶Le.vi.chapitre. Cõment dangier/honte/paour/ ⁊ male bouche gardãt la rose cõtre les amans vicieux pareillemẽt dõ/ nent iceulx empeschemẽt aux amans vertueux.

¶Lamant.

Sitoſt que amours meuſt dit ſon bon plaiſir, Je ne me donnay garde quil ſe ſuanouyt de moy. Et quát ie me trouuay ſeulet ie fuz grandement ennuye. Si me prins à douloir mes playes ſachant que ie ne les pouoye guerir: fors par le bouton en qui iauoye mis mon cueur et toute mon attente: ſi nauoye eſperance de lauoir ne fiance en quelque vng ſi nõ au dieu damours: ſachant veritablement que ſil ne ſen entremettoit poſſible ne meſtoit den auoir recouurãce. Les roſiers eſtoient comme il appartenoit clos ⁊ enuironnez dune haye, laquelle ieuſſe vouletiers paſſe a cauſe du bouton flairant trop mieulx que baſme ſe ie neuſſe cuyde en auoir dãgier ou blaſme, car il euſt ſemble que ieuſſe voulu embler la roſe.

¶ Ainſi que ieſtoye en ceſte penſee a ſcauoir ſe ie paſſeroie la haye ou non, Je vets venir vers moy vng varlet filz de courtoyſie nomme Bel acueil tant gent bel et aduenant quil ny auoit que blaſmer en luy. Ceſtuy me habandonna doulcement le paſſage de la haye ⁊ me dit amyablement. ¶ Bel acueil.

¶ Beaulx amys paſſez oultre legierement ſil vous plaiſt pour ſentir lodeur des roſes: ie vous y puis garantir plus que nulz, ia ny aurez mal ne viſcnnye. Mais gardez vous du foloyer. Se aider ie vous y puis en riens ie ſuis preſt de vous faire ſeruice: paſſez hardiment oultre la cloſture. ¶ Lamant.

¶ Lors ie dis a Bel acueil. Sire ie retiens voſtre promeſſe a mon prouffit vous rendãt graces et mercys de la courtoyſie ⁊ bonte que vous me mõſtrez, il vous vient de grãt frãchiſe de moy donner ceſte auance. Quant il vous plaiſt ie ſuis voulentiers preſt de prendre voſtre ſeruice. Adonc ie paſſay oultre la haye pmy ronces ⁊ eſglentiers dont il y auoit grant plante ſoubz la conduite de Bel acueil: ⁊ incontinent ie mapparceu du bouton mieulx odorant que nulz des aultres. Si vous dy q̃ ie fuz grandemẽt eſioy quant ie me ioigny ſi pres du bouton que ie le pouoye vng petit attaindre. Bel acueil me ſeruit fort bien quant

ie le veis d̃ ſi pres, mais vng rude vilain cloſtier de hayes ⁊ garde des roſiers eſtoit moult pres dicelle en aguet en vng deſtout couuert dherbes ⁊ de fueilles pour eſpier ⁊ ſurprendre ceulx qui vouloient tendre la main aux roſes. Le vilain neſtoit pas ſeul: il auoit auecq̃ luy male bouche vng horrible iãgleur, honte et paour ſes cõpaignõs. Deſquelz le plus vaillant eſtoit honte fille de raiſon ⁊ de meſfait ſõ pere tant horrible hideux ⁊ laid q̃ oncques ne geuſt auec raiſon, mais ſeulement a le veoir conceut honte. Et quãt honte fut nee chaſtete qui doit eſtre dame des boutõs ⁊ des roſes fut aſſaillie de aucũs gloutons ⁊ enuye de ſes ennemys qui nuyt ⁊ iour luy embloient roſes et boutons tout enſemble tellemẽt q̃lle auoit grant beſoing de aide. Et quãt elle ſe trouua ſans cõſeil ⁊ pillee de venus elle requiſt a raiſon dauoir hõte ſa fille: ⁊ raiſon epauleã ſa requeſte ⁊ priere. Si luy preſta hõte ſimple et honneſte. Et pour mieulx garder les roſes ialouſie y fiſt venir paour fort entẽtif de faire tout ſon cõmandement. ¶ Or ſont au roſier quatre gardes qui ſe laiſſeroient bien batre, amis que lon emportaſt quelq̃ bouton. Jeſtoye arriue a bõ port ſe ie neuſſe eſte guette p eulx Car Bel acueil le frãc ⁊ le bien affaicte ſe mettoit en paine d̃ moy cõplaire ce q̃l ſcauoit, ⁊ ſouuent me enhortoit dapproucher vers les boutons, ⁊ battoucher au roſier fort charge. De tout ce faire mauoit il dõne congie cuidãt que fort le deſiroye. Si me dõna vne fueille verte: laquelle il auoit cueillie au pres du bouton puis ie me tins cõtent fort ioynte ⁊ bien parce. Quant ie me ſentis fort familier de Bel acueil ie cuiday eſtre bien adreſſe: ſi pris couraige et hardement de luy dire cõment amours mauoit prins ⁊ naure: ⁊ luy dis. Sire iamais nauray ioye ſe neſt p vne choſe. Jay vne plaiſant maladie au cueur: mais ie ne le voº ſcay cõmẽt dire craignãt grandemẽt voº courroucer, ſi aimeroye beaucoup plus eſtre de piecche piecche a piecche q̃ deſtre mal en voſtre grace. Lors reſpõt. ¶ Bel acueil. Mõ amy dictes voſtre vouloir: ie ne prẽdray a deſpleſãce riẽs que vous me saichez dire. ¶ Lamant.

¶ Adonc ie luy dis: beau sire saichez que amours me tormente durement. Il ma fait cinq playes au corps, desquelles les douleurs iamais ne cesseront se ne me baillez le bouton des autres le plus excellent. Cest ma mort, cest ma vie, cest la chose que plus au monde ie conuoyte. A ces motz comme tout effraye me dit, ¶ Belacueil. ¶ Frere vous beez a ce possible nest de aduenir. Commēt me voulez vous deshonnorer. Ie seroye bien tenu pour fol: se vous auiez oste le bouton de son rosier. Ce seroit contre raison et droit de le desnaturer. Vostre demāde est fort vilaine. Laissez le croistre affin que il samende. Ie ne le vouldroie assorber du rosier qui la apporte pour hō me viuāt tant soit fort mon amy. Adonc saillit auant de la ou il estoit musse dangier le vilain grant noir et huriche ayant les yeulx rouges cōme feu, le nez fourchie, le vis hideux, et soy escriant comme forsenne commeça a dire. ¶ Dangier. ¶ Belacueil pourquoy amenez vous ce vassal entour ce rosier. Cest mal fait a vous: il contend a tollir ce que nous gardons. Celluy puisse estre de haytie si non vous qui en ce vergier le amena: qui felon sert autant en attend. Vous le cuidez honnourer et il quiert vostre honte. Fuyez vassal fuyez de icy a pou que ie ne vous tue. Mal vous congnoissoit Belacueil qui se efforçoit de vous seruir: et vous ne contendez si non a le deceuoir: iamais nauray fiance en vous. Car maintenant est apparue la trahyson que vous auez couuee de long temps. ¶ Lamant.

¶ Adoncques Belacueil senfuyt: et ie demouray fort ennuye, esbahy, honteux et mate. Si commencay a moy repentir en ma pensee: et me souuient de ma folie voyant que mon corps estoit liure a grant douleur et martyre. Dont la chose qui plus me desplaisoit estoit de ce que ie nosay passer la haye. Nul na mal qui ne essaye que cest damours. Ame ne congnoit les angoisses de aymer se il na ayme. Et ainsi doncques amours se acquicta tresbien vers moy quant il me preaduisa d la paine que iay

soufferte. Illecques ie nosay plus seiourner pour le dangier du vilain hideux, et pourquoy et a grant paour ie sailly oultre la haye. En ce faisant le vilain me dist: se iamais plus y retourne durement il mien mescherra. Cueur ne pourroit penser ne bouche recenser la quarte partie de ma douleur. A pou que se cueur ne me part quant il me souuient de la rose: et que ie men trouue si esloigne.

¶ Moralite.

¶ Ainsi que le fol amant attaint au vis du mal daymer esperant allegier ses douleances se auance par le moyen de Belacueil des risees et des beaulx semblans quil treuue en sa biē aymee de cueillir la rose qui est le hault guerdon et dernier exploict damours, et ne peut venir afin de son desir pour le dangier q luy en peut ensuiure. Et pour male bouche, honte et paour qui se tiennent du party de la dame. Semblablement lamoureux espirituel naure de vicieuses pointures et mortelles playes persuade de Belacueil par qui soyentēd son vouloir se doit tirer pour guerison de ses delices vers la rose vermeille le eternel essence infinie et sans craincte despines venimeuses ou rapineuses ronces doit penetrer les hayes dambicion mondaine pour paruenir a chief de queste. Et lors quil se efforce de y donner approuche et de soy conuertir a penitence se esleue contre luy vng merueilleux obstacle de quatre gardes qui luy donnent repulse. Comme font dangier de perdre corps, honte du monde, male bouche murmurant et paour de ny perseuerer. Et sur tous les aultres dangier est le plus redoubte. Car quant le corps ort, velu, et vilain musse et enueloppe entre les peaulx des bestes nourry dherbes delicatiues se doit macere de abstinences, flagelle de corrections et destitue de delices charnelz: il maine vne tresorde vie deshoneste doubtant que par penitence il ne soit trop mortifie et ne tire a putrefaction. Et dautre part le penitent

ne endurera prendre habitz de deuocion/chan-
gier ses meurs ne sa conuersation pour la hon
te du monde. Craindra pareillement la male
bouche des murmurans/ et le paour de non per
seuerer sil entasme son fait. Chastete par la
purite et mundicite delle doit pareillement a-
uoir regard a lodiferant bouton affin que nul
paillart vilain ne sauace o le toucher a main
polute. Dont pour ce faire elle prent en son ai
de honte fille de raison/ car quant quelque mes
fait est conceu contre raison honte en est enge
dree. Non obstant ces gardes bon vouloir don
ne a la foys au penitent vne verte fueille de
bonne esperance cueillye au pres de la vermeil
le rose pour le solacier. Et arguent ensemble
pour la cueillete dicelle/ mais dangier de per-
te corporelle sesleue tellement contre eulx q̃
il reboute et bon vouloir et bel amant: si q̃ bon
vouloir sensuit et habandonne son honnie mal
heureux et confuz en plus grãt dueil que par
auant.

ℂ Le dixseptiesme chapitre
Ainsi que raison sefforce de bri-
ser lhommage que lamant a fait
au dieu damours.
Semblablement lennemi sa-
uance de rompre lalliance que
le iuste a promis tenir a son crea
teur.

ℂ Lamant.
Ie fuz en ce point iusques a ce que
vne dame nommee raison regar-
dant de hault en bas descendit de
sa tour en la valee: venant tout
droit vers moy. Raison nestoit trop ieune
trop chetiue: trop haulte: trop basse: trop gres-
le ne trop grasse. Ses yeulx reluysoient com
me deux chandeliers. Vne couronne auoit
en chief et apparoit a son maintien q̃lle estoit
haulte et noble personne/ et de duoir estre cree
en paradis: car nature ne sçauroit compasser
tel ouure. Et est a presupposer selon la lettre
que dieu mesmes le fist a sa semblance et yma
ge/ et luy donna telle prerogatiue quelle a sei
gneurie et pouoir de garder lhomme de folie
sil est tel quille vueille croire. Et ainsi que ie
me complaindoye commença a dire.

ℂ Raison.
ℂ Beaulx amys feable folie et en-
fance te font estre ainsi esmaye. A la male
heure as tu veu de Mal le gracieux moys
quant par luy eus le cueur si resiouy que em
brager ten alla au vergier dont dame oyseu
se porte la clef. Fol est qui delle se accointe/
car son accointãce nuyst. Elle ta trahy et de-
ceu malemẽt. Jamais amours neust emprins
sur toy se elle ne te eust conduit au vergier de
deduit qui lusage scait de affoler gens/ mais
folie nest pas vasselage. Se tu as folement
besongne si te recouure/ car celluy empire fort
son fait qui hastiuement ne se retire d sa folie.
Garde toy bien de croire le conseil par lequel
tu puisses folier. Cest bien folie quant lon
ne se chastoye. Nest merueille se ieune hom-
me foloye. Toutesfoys ie te conseille oublier
lamour dont tu es grandement affoibly tant
surprins et tormente que iamais sante nauras
se tu ne loublie. Tu as essaye comment dan-
gier le felon te reboute duremẽt/ et encores nest
ce rien de luy au regard d ma fille honte qui cõ
me saige deffend et garde les roses auec paour
et male bouche q̃ en tous ces lieux a sa retrai
te et ne souffriroit iamais attoucher ou bouton

fueillet

Tu as affaire a tresmauluaises gens. Regarde lequel vault mieulx/Ou du tout suyuir, ou du tout fuyr le mal damour q̃ te peut nuyre grãdement quant en luy na si non que folie. Et quil soit vray quiconques ayme il suit le souper de tout mal/(et n'est rien de bien a quoy entendre vueille. Se il est clerc il laisse lapprendre. Et se il est de autre stil le gueres ny peut epploicter, car il a paine trop pl(us) grief ue que nont hermites ou moynes blancs. La paine desmesuree en est longue/mais la ioye en est courte. Qui ioye en a petit luy dure: et encores gist grãt aduenture de lauoir, car ien voy plusieurs qui fort sen trauaillent et souuent y faillent. Oncques ne fut de mon consel de toy rendre au dieu damours. Ton volage cueur te fist entrer en telle folie q̃ tost fut entreprinse/mais il y chiet grant maistrise den yssir. Or ne te chaille damours qui sans en mieulx valoir ne peut assez nuyre. Qui folie engrange le mal en retient: prens le frain aux dens. Dempte ton cueur. Monstre force (et def fence encontre les pensees de ton cueur. Qui tousiours croit son courage ne peut estre qui ne folie. ¶ Lamant. ¶ Quant ie ouy ce chastoy: ie respondis par grant yre. Dame ie vous prie que vous vo(us) deportez de moy chastier (et reprendre: vous mehortez de restraindre mon cueur surpris damours. Cuydez vo(us) que ie consente que le cueur qui est tout sien q̃ete (et franc se retire de luy. Nenny non. Il ne se peut faire. Car amours a tellement dempte duyt, surmonte (et iustifie mon cueur par vne clef quil y a mise que vo(us) pourriez bien gaster en vain vostre francois. Je aymeroie pl(us) chier a mourir que amour par lascheté de courage me redarguast de quelq̃ faulsete. Je vueil scauoir q̃l loz ou quel blasme ie auray en fin de bien aymer, car moult me fait grãt ennuy qui men reprent. ¶ A tant raison se partit de moy pensant que son sermõner ne pouoit frustrer mon intencion, et ie demouray plain de yre (et de dueil (et pleurs: souuẽt faisãt mes ameres complaintes, et ne scauoye remede si non quil me vint en remembrance cõment amours mauoit commande que ie quisse vng certain amy pour conseil auoir et refuge de mes doulences: si mapensay que i'auoye vng loyal cõpaignon nomme amys, auquel ie vins hastiuement: si luy declairay lenclosure dont enclos ie me sentoye ainsi q̃ amours men auoit aduerty, et entreieclay mes douloureuses cõplaintes de dangier qui pres me menga quãt il dechassa bel acueil lors quil tenoit son parlement a moy du bouton apres lequel ie regardoie, et me dit que se iamais plus il me veoit autour de la closture ie le compertroye durement. Quant amys sceut la verité du fait il ne me donna quelque espouentemẽt (et nia dit ¶ Amys. ¶ Or soyez seur et ne vous esmayez de rien. Je congnois dangier de long temps il a appris a laidenger/vilener (et menasser ceulx qui ayment: ie lay esprouue pie(ce)ca. Se vous lauez trouue felon au commencement il sera tout autre en la fin: ie le cõgnois mieulx que vng denier, et scay que par beau parler et fort supplier il se amollira. Et auec ce ie vous conseille que luy requerez par fines amours quil vous pardonne vostre maluei llance si luy aurez conuenant que doresnauant ne luy ferez chose qui luy tourne a desplaisir. Nest rien qui plus tost lappaise que doulces parolles et blandissemens. ¶ Lamant. ¶ Amys me parla tant bel quil me recõforta vng petit. Et adonc ie prins hardimẽt et voulẽte de faire vng essay: se ie pourroye pacifier dangier, et me tiray vers luy fort honteux et couuoiteux de faire ma paix. Mais pource que il mauoit deffẽdu le pas ie me gar day bien d passer oultre la haye. Je le trouuay dresse sur piedz felon de maintien et fort courrouce tenant vng baston despine en main. Je luy dis. Sire ie suis venu vers vous la teste encline pour vo(us) prier mercy fort desplaisant que ie vous courroussay oncques: ie suis prest pour lamender ainsi que commander ne scaurez. Certainemẽt amour de qui ie ne me puis retraire mon cueur le me fist faire: ta mais ne me prendra voulente de commettre chose q̃ vo(us) puisse tourner a grief/ i'ayme mi

eulx a souffrir paine z mesaire que faire cho／
se qui vous puisse desplaire. Or ie vous prie
que vous moderez vostre ire qui tant ma es／
pouente vueillez auoir pitie de moy. Je vous
iure z creance de moy contenir tellement vers
vous que iamais rien ne mesprendray. Puisl
lez greer ce que reffuser ne me pouez. Souf／
frez que iay me seulement：ie ne demāde aultre
chose／z du surplus ie obeiray a vostre voulē／
te. Touteffoys vous ne me pouez destourber
que ie nay me ou bon me semble qui que men
vueille ayder ou nupre／mais ie ne vouldro／
ye pour mon pesant dargent que ce fust a vo／
stre desplaisir. Je trouuay dāgier dur z lent de
moy faire pardonnance／mais ie sermonnay
tant que en fin il me pardōna son maltalent.
Et me dit. ¶ Dangier. ¶ Je ne te vueil es／
condire ta requeste qui rien ne me griefue／ie
nay pre ne courroup contre toy. Se tu aymes
tu ne me faiz ne froit ne chault. Aymes tant
que tu veulx／mais que tu soies loing de mes
roses. Touteffois se tu passes la haye iamais
ne te laisseray paisible. ¶ Lamant. ¶ Ain／
si me ottroya dangier ma requeste z ie mē al／
lay a grant haste vers amys cōpter mon fait
qui de iouyr grandemēt se resiouyst. Adōc res／
pōdit. ¶ Amis. ¶ Or voys ie bien vostre
affaire／car dangier qui plusieurs tient en des／
tresse：desquelz il rabaisse les boubans vo⁹ se／
ra encores debōnaire. Sil estoit prins en bō／
ne paine il auroit pitie de vostre labeur z par
ne vous pouez souffrir z attendre tant q̄ prē
dre le pourrez en point. Chascun scait que sē
vainct par souffrir：ie lay esprouue.
¶ Lamant. ¶ Amis me conforta doulce／
ment qui autant desiroit mon auāce que moy
mesmes, Et a tant print congie de moy.

¶ Moralite.

¶ Quant le fol amant parcoit q̄ sans
dangier／sans honte／sans paour et sans male
bouche des enuieux il ne peut venir a son em
prise il est fort desplaisant. Et adōc raison q̄
se tient du party de lame z est le motif du cou

raige z loeil agu de la pēsee discernāt le vray
du faulx vient vers luy et si se reprent de sa
meschant folie ou il se boute dōt il ne fait que
tes de compte. Aussi par vng contraire quāt
lamoureux espirituel ne peut venir au ver／
meil bouton de grace diuine tant pour la hon／
te du monde que pour dangier de perte corpo／
relle z autres empeschemēs qui se reboutent
dont il luy desplaist grandement. Suruient
pour le parborter oultre z le confondre plus q̄
nul autre／vng personnaige nompas raison
combien quil en soit ou ait este partipāt／mais
est nomme en grec Behenoith qui fault au／
tant a dire que lucifer ou lennemy du genre
humain iadis cree au ciel de lincree creature.
Car nature ne scaroit telle oeuure faire. Il
porte couronne en chief cōme roy des enfans
dorgueil／il a les yeulx surtilans comme chā／
delles. Il est escript de luy. Videbay sathanā
quasi fulgur de celo cadentem. Il est descēdu
de sa haulte tour en ceste valee d̄ misere pour
tribouler les loyaulx amoureux Cest celluy
qui par subtiles tēptacions et seducieuses cau
telles prohibe z deffend de non aymer sō crea
teur le bouton eternel. Cest celluy qui quant
il est viuement recueilly z vigoureusement re／
bate de prime face. Comme fut raison du fol
amant il sen retourne honteux z confus. Et
le vertueux demeure victeur sur le champ.
Et en ensuyuant lhistoire quant lamant espiri
tuel se voit mis quasi aux extremes fort agu
illonne de tous poins／affin q̄l ne vacile en la
foy z ne luy soit rauy le cueur d̄ la voie au sē／
piternel dieu damours q̄ la clef en porte il doit
auoir refuge a amis sen bon cōfesseur en luy
recitāt au vray les grās assaulx cruelz z mor
telles batailles q̄l a souffert pour lamoureu／
se querelle. Et le bon discret amy sachāt que
il a supedite lennemy pour ceste fois et que il
na mais a faire qua dangier de q̄ se tiēt soubz
le pauillon de sensualite et ne veult entendre
a penitence faire affin quil ne perisse il luy do
it conseiller de luy prier quil se contente et af／
foiblie sa rigueur par doulces／discretes z mo
derees abstinēces sans le trop chargier du pre

mier/comme cellup qui trop embrasse et mal
estraint. Et cela fait le corps oubliera legiere
ment ses delectacions charnelles. Et se ioin-
dra auec le bon vouloir pour conduire lamāt
au port de beatitude.

¶ Le dixhuitiesme chapitre ap-
prouche que fait lamant a la rose
par le moyen de pitié et franchise
donne signifiance que par peniten-
ce nous serons reconsilliez a nostre
benoist createur.

¶ Lamant.
E retourneray a la haye que
dangier fort soigneusement
gardoit/car moult me tardo-
it q ie ne voie le bouton puis
qautre chose ne pouoie auo-
ir. Dangier se tenoit de pres garde pour veoir
se ie luy tiendroye guenat/mais ie redoubtoie
tant ses menaces que ie ne fuz en soin de luy
faire que la chose. Amis me mist en mō de-
uoir de faire son commandement pour acquerir son
acointance. Si me vint a grant contraire de
ce que trop longuement me tint en sa mercy.
Lune fois ie pleuroye/lautre ie me complain
gnoye & souspiroye pour ce que tāt me faisoit
croupir au pres de la haye/laquelle ie nosoye
passer par ce veoir la rose tant quil a congneu
certainement a moy maintien qui ment amer

matement me tormente & ie suis sans fainti-
ses sās desloyaulté. Mais il est si fort obstiné
en sa cruaulté que il ne daigne flechir pour
mon complaindre ne pour mon lamenter. Ainsi
que ie estoie en ceste douleureuse paine cōme
se dieu les eust amenees franchise et pitie sen
allerent tout droit vers dangier:ny auoit cel-
le des deux qui voulentiers ne me aidast au
besoing. Franchise la sienne mercy print pre-
miere la parolle & dist. ¶ Franchise. ¶ Dā-
gier vo9 auez tort/car par vous est trop mal
mené & vilené cest amant/ie ne vey point q̄l
ait riēs mespris vers vous. Samour la fait
aimer par force le deuez vous pour tant blas
mer. Plus y peit il q̄ vo9/car il en a tire mau-
ses paines. Amour ne peut cōsentir que repē-
tir sen puist: garder ne sen pourroit q̄ seureroit
larder tout vif. Mais beau sire q̄ vous auan-
ce de luy faire greuāce & ennuy. Se il vo9 re-
doubte & prise cōme vostre subgect deilez vo9
prendre guerre contre luy. Samour le tient
en ses lyens & le fait obeir a vo9 le deuez vous
pour tāt hayr: vo9 le deueriez esp̄ar q̄ner trop
plus q̄ vng pautonier orguilleux. Cest grāt
courtoisie de secourir cellup de q̄ lon est audes
sus: & cest le cueur fort & dur q̄ ne se ploye à la
requeste du suppliant. Lors respond. ¶ Pi-
tie ¶ Cest verite: humilite vainc q̄riēt
mais quant il est enduicy en sa mauluaistie
de le prier cest folie. Et pourtāt dāgier ie vo9
requier que plus ne maintenez la guerre con-
tre cest amāt la q̄ douteur q̄ en ces amours
ne fauldra Il miest aduis que trop plus le gre
uez qua vous happartiēt. Il a souffert peine
ce fort dure puis lheure quil vo9 rencōtra/car
vous luy auez tollu le bel acueil dont ie par
auant il estoit fort trouble redouble en est son
ennuy. Il vault pis que mort puis q̄ bel acueil
luy est failly. Amour luy fait du mal assez
pour quoy le contrariez tu: Bruef il a tant de
douleur a porter quil ne luy estoit mestier de
auoir pis si le vous plaisoit. Or ne se guer-
royez plus/car cettes rien ny gaignes riens.
Souffrez que bel acueil luy face grace dore
nauant. Faictes misericorde au pecheur puis

que franchise si accorde. Je vous admoneste
et prie que ma requeste ne refusez. Cellui est
trop folet despit qui de nous deux le vouloir
nacomplit. A ces motz il changea son couraige
et dit. ❡ Dangier. ❡ Dame ie ne vous ose
esconduire de ce que vous me requerez: ce me
seroit grant villennie. Je vueil puis que cest
vostre plaisir quil soit acompaigne de bel acueil
iamais ie ny contrediray. Lors franchise la
doulce langaigere se tira vers bel acueil et luy
dist. ❡ Franchise. ❡ Bel acueil trop vous
estes eslongne de cest amant. Il a este fort pen
sif et triste si ne lauez daigne regarder. Long
temps a que nauez solicite son fait. Se vous
me voulez complaire pensez de conioiuyr et fai
re ce quil desire. Nous auons dompte dangi
er qui estrangier de luy nous faisoit. Adonc re
spondit. ❡ Bel acueil. ❡ Je feray ce quil vous
plaira puis que dangier la ottroye.
❡ Lamant. ❡ Lors franchise menuoya bel
acueil qui doulcement me salua: si me monstra
plus bel semblant que par auant nauoit fait.
Tantost me print par la main et me mena au
pourpris que dangier mauoit chalenge. Or
ay ie conge daler par tout, or suis ie venu de
ser en paradis, car bel acueil pour moy splat
re me miena par tout. Et quant ie fuz approu
che de la rose ie trouuay quelle estoit vng pe
tit engrossie et plus creue que par auant. Elle ses
largissoit assez par hault, mais point nestoit
tant ouuerte que descouuerte en fust la grai
ne enclose entre ses fueilles. Lesquelles se le
uoient en hault et emplissoient tellement la pla
ce que la graine ne pouoit apparoir pour la ro
se: laquelle toute suoiee estoit plus belle, plus
plaine, plus ioyeuse et plus vermeille que par de
uant dont ie me donnay grant merueille, car de
tant plus estoit elle embelie de tant plus estois
ie boute en son amour. Je setournay illec grant
piece sur la confiance que iauoye en bel acueil
qui macompaignoit. Et quant iaparceuz quil ne
me denioit ne son soulas ne son seruice ie luy
requis vne chose digne de mettre en record: et
luy dis. Sire vueillez scauoir que ie desire fort
vng baiser gracieux de la rose qui souef flaire.

Se ie ne cuidoie mesprendre vers vous vou
lentiers vous en requerroye. Et pour tant di
ctes moy plainement sil aduient que ie la baise
se ce sera vostre bon gre. Lors dit. ❡ Bel
acueil. ❡ Mon amy se ie ne doubtoie chastete
iamais vng baiser ne vous seroit refuse, mais
riens contre elle mesprendre ne vouldroye, car
tousiours me deffent que ie ne donne ogte de ce fai
te a quelque amant qui men sache requerre.
Considere que celluy qui si hault peut attain
dre ne se tient content a tant sans proceder oul
tre. Et celluy a qui len ottroye le baiser a de la
proye le meilleur, le plus aduenant, la clef et le
remanent. ❡ Lamant. ❡ Quant ie le oys
ainsi respondre ie me tins a tant doubtant de le
courroucer, car il ne loist pas a home oultre son
gre: veu que au pmier coup, len ne couppe le
chesne et ne peut on auoir le vin de lesne tant que
le pressoir soit estrait. Trop me pesoit le retar
dement de lottroy du baiser que tant desiroie.
Mais Venus mere au dieu damours qui tous
iours fait la guerre a chastete en secourant
maint amant me vint au secours. Elle tenoit
en sa main vng brandon ardant dont la flame
a mainte dame eschauffee. Venus sembloit
estre deesse ou fae tant estoit bien tiffee, coin
te et mignote. Lon cognoissoit bien a ses habitz
que point nestoit religieuse. Nest ia besoing
de faire mention de sa robe, de son atour, de son
bandel, de son fermail ne de sa ceinture, car
trop long en seroit le compte. Mais sachez de
vray quelle estoit merueilleusement cointe et
sans orgueil. Vers bel acueil se tira et luy prist
a dire. ❡ Venus. ❡ Beau sire pourquoy
vous faictes vous si dangereux vers cest amant
dauoir vng gracieux baiser: refuser ne luy de
uez. Vous scauez et voiez que il ayme soyaul
ment. Regardez coment il est proprement ve
stu, bel, gent, doulx, franc et aimable a tous.
Et auecques ce il nest pas ancien: ce nest que
vng ieusne enfant dont il vault mieulx. Il
nest dame ne chastellenie que pour vilaine ie
ne teinsse selle faisoit dangier de luy. Point
nest a changier. Se le baiser luy est ottroye il
est bien employe en luy. Je cuide moy que son

alaine est fort doulce. Il a bonne bourse & non vilaine, car il semble quelle soit faicte pour rire & pour prendre soulas et deduit. Il a la leure vermeille, denture blanche, nette & sans ordure, cest bien raison q̃ vng baiser luy soit ottroye. Donnez luy par mon conseil, tãt pl⁹ attenderes & tant plus y perderes. ¶ Lamãt

Bel acueil sentant lardeur du brandõ de Venus sans plus tarder me donna en fin bon vng baiser doulx & savoureux, lequel ie prins hastivement a la rose: dont la doulceur de lodeur me entra tant plaisamment au corps q̃l en degecta hors toute douleur & adolcit le mal daymer qui tant amer me souloit estre: tellemẽt q̃ iamais aussi aise ne fuz. Cellup est biẽ guery qui telle fleur baise fort souefue sade & flairãt, iamais si doulent ne seray sil me souuient que ie nen soye plain de ioye & de plaisãt delict. Neantmoins iay souffert depuis maĩt ennuy & mainte male nuyt. Iamais la mer nest si fort appaisee qua pou de vent ne soit troublee. Amour se rechange souuent. Elle oing vne heure, elle poit lautre. Amour nest gaeres en vng point.

¶ Moralite.

¶ Ainsi que le fol amant enueloppe au suaire de melãcolie se soit eslongne de lamoureuse rose, a laqlle il nose donner approuche pour le dangier quil en peut ensuiuir. Et aduise que sa dame cõsiderant son franc couraige le recoit en grace par pitie qui a cela cõuertit tellement que dangier se contente: si que finablement il parcoit delle vng gracieux baiser. Semblablement lamoureux espirituel honteux de son delict nose approucher le redolent bouton fruict de vie pour crainte de crueulx dangier, Cestassauoir yre de dieu terrible et criminelle. Mais quantil est recõsillie a son amy le bon confesseur & que il est franc & quitte de son peche pitie la debonnaire par treshũbles & tresdeuotes prieres mollifie tellement le robuste dangier quil se contente. Et non sans cause. Car pitie vaincq armes & dames

et est le fort matteau qui deffroise & derõpt toute rigueur damours: soit diuine ou humaine, mondaine, naturelle ou fatuelle. Mesmes les ieunes cygongnes par pitie & compassion couuent dessoubz leurs esles leurs anciẽs peres & meres: & si les nourrissent en leur administrant ce quil leur est necessaire. Et ceste cause que pitie est de si grãde efficace q̃ les Romains attribuent au souuerain dieu des dieux tulle de pitie & misericorde. Et luy firent vne ymage ayant le cueur descouuert et detrenche autour, duquel estoit escript, Compatior miseris. Dautre part liberte de couraige & destitucion de peche est chose aggreable au createur. Et comme dit lapostole. Vbi spirit⁹ domini ibi libertas. Ainsi dõc en ensuiuant Lhistoire de pitie & franchise se tirerent vers bel acueil affin quil se adhere a lamant Et eulx ensemble approuchant la rose la tressaincte & diuine hostie fort large de grace espante a tous loyaulx amians, de laquelle ia soit ce que les fueilles ou la fleur du formẽt dont elle est faicte soit fort blanche et eleuees en hault. Toutesuoies la precieuse graine, la diuine semence, la deite, le precieux corps de nostre seigneur ne se demonstre clerement en sa triumphant & tres clere maieste, Aincois est comme cele ou musse soubz aultre forme. Pourquoy le loyal amant considerant ce mistere admirable plus enflamme damours q̃ par auant requier a Bel acueil quil se puisse atoucher. Et Bel acueil luy met au deuant que chastete nutrice de Vertus & affine des anges ne pourroit consentir que bouche polute luy sonnast attouche. Et adonc Venus mere du dieu Damours par qui ientens charite voyant ce differant considerant les Bonnes meurs du penitent prent son brandon ardant en sa main dextre: & embrase tellement bon voulour que lamant sauance de prendre vng baiser a la precieuse Rose: du quel il est refectione & acommunie. Et lors se sent purge, corrobore & tellement suscite en grace q̃ plus ne luy souuient des douleurs precedentes

¶ Le .plx. chapitre. Ainsi que
male bouche a murmure grief
uient les amoureux mondains.
Pareillement donnent ilz em
pechemēt au salut des humais

¶ Lamant.
Or est il temps que ie vous
compte la meslee et debat que
ieu a honte par qui ie fuz dure
ment greue. Comment les
murs du chateau riches et fors
furēt leuez, lequel depuis fut
prins par les effors damours. Ja ne se tay pa
resseux descrire lhistoire ensuiuant esperant
complaire a la belle que dieu vueille garder
qui le guerdon me rendera de qui ie attende
tay le don. Male bouche qui tousiours pense
et adeuine sur le fait des poures amoureux
et en dit tout le mal quil scet se print garde de
la faueur q̄ bel acueil me daignoit faire, telle
ment que plus faire ne sen pouoit, car il estoit
filz dune mauluaise vieille: si en auoit la lan
gue fort puante, moult poindant et moult a
mere, dont sa mere bien ressembloit. Male
bouche des lors en auant me commença a ac
cuser disant quentre moy et bel acueil y auoit
vne tresmauluaise accointance, si y print cu
rieulx regard. Tant parla folement de moy et
du filz courtoisie que ialousie a la voix de ce

iangleur sen eueilla et leua toute effroye. Et
come de sue courut vers bel acueil mon moy
neur qui lors eust voulu estre en bauiere. Si
le assaillit de parolles et dist. ¶ Jalousie.
¶ Gars de neant tu as le cueur failly quāt
tu as la leçon dung garçon mauluais de q̄ iay
mauluaise suspicion escontee. Je voy bien que
tu crois legierement les losenges des estran
ges gars, iamais nauray fiance en toy. Je te
promets que ie feray lier et enferrer en quelq̄
tour te ny voy aultre remede. Honte sest trop
esloingnee de toy qui a fait poure diligence de
toy garder et court tenir. Elle secourt poure
ment chastete quant elle souffre venir en no
stre pourprinse ung meschant garson q̄ nous
porte vilennie. ¶ Lamant. ¶ Bel acueil
ne scauoit que respondre. Sil neust este sur
prins et trouue auec moy il se fust musse.
Mais quant ie parceuz venir la mauluaise
griffe qui plaide et estriue contre moy ie sour
nay en fuyte, car sa riotte me causoit ennuy.
Lors vint auant honte fort humble et simple
craindant estre mesfaicte. Elle auoit come
vne nonnain dabbaye vng voille en lieu de
guimple. Elle commença a parler bas pour
ce quelle estoit fort esbahie et dist. ¶ Honte.
¶ Pour dieu dame donnez credence a male
bouche le faulx losengier. Il ment. Il a amu
se maint preudhomme par ses bourdes. Ce
nest pas la premiere fois quil a accuse bel ac
cueil. Sa coustume est de mentir voulenti
ers et de cōpter nouuelles faulses des dames
et des damoiselles. Je confesse assez que bel ac
cueil a trop seiourne. Lon luy a souffert telz
gens attraire dont grant contraire en auta.
Mais ie ne croy pas que il ait regard a quelq̄
chose mauluaise. Courtoisie sa mere luy en
seigne que il ne se faigne de accointer gens.
Car iamais ne ayma homme en vile. Sa
chiez que bel acueil na quelq̄ faulsete ne mali
cieuse enclose fors quil est ennoisie et que vou
lentiers il entretient gens et se ioue. Je cognois
que ie ay este trop folle et negligente de le gar
der et chastier: si vous en vueil crier mercy.
Se iay este pesante de bien faire ien suis dou

f ij

seule ⁊ men repens. Et sachez que sans plus
tarder ie mettray desormais tout mon pense/
ment a garder bel acueil. ¶ Ialousie. ¶ Da
me honte iay grant paour destre trahie. Ie
pourroye estre deshonnoree par lescherie ⁊ fol
le ieunesse qui maintenant sont en cours. Nest
pas merueilles se ie redoubte Luxure de qui
paour croist tant en abbayes comme en cloi/
stres. Nest nul tant chaste qui se tiengne bie
asseure. Et pourtant ie feray clorre ⁊ rosier et
roses dung nouuel mur/pas ne serot ainsi des
closes. Ie ne me confie gueres en Voustre gar/
de que se ie ny mettoye meilleur garde que ie
nay fait: on me tiendroit pour musarde auant
que lan fust iamais passe. Mestier est que ie
me pouruoye ⁊ que la Voye soit close a ceulx
qui pour moy deceuoir Viennent espyer mes
roses. Ia ne seray paresseuse de faire Vne forte
resse q̃ les rosiers clorra a lenuiron: ⁊ au meil/
lieu Vne tour ou Bel acueil sera prisonnier pour
doubte de traison. Ie le garderay de si pres que
de cy a long temps nen Vuydera pour compai
gnier Vng tas de garcons qui lentretiennent
de parolles ⁊ le gabent. Lesquelz sont trouue
pou soutil/fol ⁊ leger a deceuoir/mais se dieu
me doint Vie il comperra le beau semblant q̃
il leur a monstre. ¶ Lamant. ¶ A ce mot
Vint paour fort tremblant tant esbahye douyt
ialousie que oncques mot ne sceut respondre/
car elle la Veoit fort ayree. Neantmoins elle
se tira ensus a part ⁊ ialousie se departit lais/
sant paour ⁊ honte ensemble tremblant de to9
membres. Paour clinant la teste se print a par
ler a honte sa cousine ⁊ luy dit. ¶ Paour.
¶ O honte il me poise moult quant il nous
conuient oyr noyse de ce dont nous ne pouons
mais. Nous auons passe icy peusement par cy
deuant maint moys daurill ⁊ de may sans ql/
que blasme. Et maintenant ialousie qui tous
iours mescroit nous laidenge horriblement.
Allons Vers dangier ⁊ luy remonstrons bien
comment il sest mesprins grandement quant
na prins plus curieux soings ⁊ paine de garder
ceste pourprinse. Il a trop seporte Bel acueil et
sanorise a son gre. Il conuiendra quil sen a/

mende: ou aultrement il sera contraint de sen
fuyr hors de la terre. Car se ialousie le cueil
loit en hayne il ne seroit pas homme pour soub/
stenir la guerre. ¶ Lamant. ¶ Le conseil
tenu honte ⁊ paour Vindrent Voir dangier se
paysant gisant soubz Vng aubespin pourtant
en chief en lieu daffubblement Vng monceau
dherbe. Il commencoit a sommeiller quant
honte qui luy courut sus le reueilla par ses sau
denges ⁊ luy dist. ¶ Honte. ¶ Comment
dangier dormez Vous a ceste heure. Fol est q
en Vous se confie pour garder rose ne bouton
car il nya de soing en Vous ne quen la queue
dung mouton. Trop estes Vous recreant fo/
restier/Vostre mestier est de tout le monde es/
conduyre. Ce fut grant simplesse a Vous dot
troyer a Bel acueil sauctorite de mettre icy tel
homme dont il est blasme grandement. Dor/
mez Vous dangier: estes Vous couches lors q
nous oyons les noises dont nous ne pouons
mais: Leuez sus leuez ⁊ Bouchez tous les per
tuys de ceste haye sans porter a quelque Vng
faueur/il naffiert a Vostre nom destre pitoya
ble. Se bel acueil est franc ⁊ doulx Vous de/
uez estre fel ⁊ rude plain de rampone ⁊ soul/
traige. Quant Vng Vilain est courtois cest
contre sa nature: car on ne peut faire dune es
couffle Vng espreuier. Tous ceulx qui Vous
ont trouue debonnaire ne Vous prisent Vne
moufle/Voulez Vous donc complaire aux gens
et leur faire honte ⁊ seruice ce seroit grant sim
plesse a Vous/car en ce faisant Vous auriez p
tout los ⁊ bruit destre lasche ⁊ mol ⁊ de croire
les iangleurs. ¶ Paour. ¶ Certes dangi/
er ie me donne grant merueille q̃ Vous ne pre
nez plus grant soing de garder ce a quoy Vo9
estes tenu. Se ialousie terrible/fiere ⁊ appa/
reillee aux tencons Vouloit monstrer son yre
grandement greue seriez. Elle a autourduy
assailly honte en deschassant Bel acueil de sa
place par menace. Et qui plus est elle iure de
le faire emmurer tout Vif: ⁊ tout ce Vient par
la mauuaistie de Vostre meschant guet/ne
scay se le cueur Vous est failly. Toutesuoies
il Vous en prendra mal ⁊ en autres paine ⁊ mes

chief. Car iafousie a le chief fort tēdre/ z maul/
uais. ¶ Lamant. ¶ Adonc dangier le vi/
lain leua la hure/ crespit le front/ grigna les
dens/ fronca le nez/ rouilla les yeulx/ z quant
il se ouyt mener si mal il mōstra son horrible
cruaulte z dit. ¶ Dangier. ¶ Je deueroie
bien forsener quāt paour me vaincq/ iay trop
vescu se pour elle ie suis couart. On me puist
tout vif larder se iamais homme viuant y
entre. Je doy bien auoir le cueur courrouce et
triste quant oncques honte y mist le pied. iay
meroye plus chier estre feru dung espieu par/
my le corps. Je congnois auoir cōmis grant
folie: par vous deux ie lamenderay. Je seray
plꝰ curieux de garder la pourprinse plus q̄ onc/
ques mais. Car se ie y puis trouuer quelque
vng nieulx luy vauldroit estre a paine. Ja/
mais iour ne seray recreant de bien guetter ie
vous asseure. ¶ Lamant. ¶ Lors dangier
faisant semblant destre fort courrouce se dres/
sa sur piedz z print vng gros baston en main z
chercha par tout le pourpris pour veoir sil y a
sentier trace ou pertuis qui soit a restoupper.
Or est bien le vergier change. Car dangier
deuient maintenant trop plus diuers z fel q̄ il
ne souloit estre y maul dicte ialousie/ iamais
loisir nauray de choisir de pres ce que iayme.
Quant ie sens bel acueil si piteusemēt detyre
ie en ay le cueur du ventre tant dolent que tos
les mēbres me fermissent. Et aussi quant il
me souuient de la rose q̄ ie veoye de pres quāt
ie voloye z que ie me recorde du doulx baiser
plus souef que bausme qui de son odeur me en/
oingdit le corps a pou que ie ne me pasme. car
encores en est sa saueur de le éclose en mō cueur
finablement quant il me vient en memoire
que eslongner il me la cōuient iay meroye plꝰ
chier estre mort que vif. A la malle heure me
toucha la rose la face/ les yeulx z la bouche sa
mour ne seuffre que ie la touche de rechief.
Car par la doulceur q̄ iay trouue en elle mon
poure cueur est tellemēt attise de couuoitise q̄
se ie ne puis en a mon desir nouueaulx pleurs
et nouueaulx souspirs me reuendront ensem
ble longues resees sans dormir. Et auray fris

sons/ pointures/ complaintes z plusieurs sem
blables douleurs. Car ie suis comme trebus/
che en enfer. Mauldicte soit male bouche z sa
faulse langue desloyalle quant elle me pour/
chasse ceste saulse.

¶ Moralite

¶ Entre les aultres gardes que lennemy
de lhumain lignage met sur lamant espiritu
el reconsilie a son createur en ensuyuant lhi/
stoire precedēte sont male bouche ou murmu
re/ honte de gehir son peche et paour ou cremeur
de penitēce faire. Combien que lhomme soit
fort iustifie en ce siecle/ toutessuoys est il com
me vng petit vaisseau flotant en mer haban
donne a tous vens/ Lequel iasoit ce quil soit
neuf z bien souldé: toutessfois par longue suc
cession leaue entre dedans subtillemēt par les
portes z petis pertuys qui sōt les organes des
cinq sens de lhōme. Et se les bons cōducteurs
ou confesseurs ne sont diligens de le souuēt es
puiser il perit en fin z se enfonse en la mer. Le
nemy aussi comme ialoux anciē possesseur de
lame raisonnable se sueille a la fois par mal/
le bouche z murmure qui se fait de lamant cō
tre dieu/ contre son souuerain ou contre son pa
reil/ car murmure est fille dyre. Et adoncs
lennemy fort ialoux z ennuieux redargue ses
espies qui sont honte de congnoistre son delict
et paour de penitēce faire. Lesquelz tiennēt la
mant tant pres serre que il nose descouurir sō
peche. Et remōstrent a dangier/ cest assauoir
a lyre de dieu comment il a este fort legier de
pardōner z souffrir approucher la rose: luy re/
querant de rechief quil face meilleure garde
que par auant. Et ainsi le dolent amoureux
pert bel acueil/ bon vouloir/ le plaisāt regard
et le soulas de leternel bouton immarcessible.
Et pourtāt voit on cleremēt que silence paisi
ble prouffite beaucoup en oraison/ en deuocion
et en acquisicion de sciēce. Pythagoras cōmā
doit a ses disciples tenir silence par lespace de
cinq ans affin q̄ ce temps pendant ilz apprens
sent a bien parler. Secōdus le grant philoso/
phe en sa silence z taciturnite volūtaire mist

f iij

par escript maint beau dictie moral. Saint pierre dit. Omnia agite sine murmuratione Murmure est fort prohibee en religion/z ainsi que le loup rauissant prent le gras mouton non point par les pieds/par loreille ou par la leure/mais par la gorge: pareillement lennemy prent le religieulx murmurãt sur son prelat par la bouche losengiere.

Le .vv. chapitre: le chastel a quatre portes q̃ fist faire ialousie pour emurer bel acueil/est figure aulx quatre principales pties du tour naturel.

¶ Lamant.
Or est il temps que ie vo9 die la mauluaise suspicion z côtenãce de ialousie. Il ne demoura masson au pays q̃l ne fust mande hastiuemẽt/ mais premier fist faire autour des rosiers grans fossez larges z assez parfons sur dure roche non pas sur croleis/du quel le fondement bien amesure fort bien cõpasse z dõ droicte ligne descẽt iusqs au pied des fossez. Chascun pan de mur est de cent toises en quarreure autant long cõme large. A ces quatre cornetz a quatre tournelles faictes de pierres bien taillees fortes a merueilles: richement bachicolees z tournees a deffẽse. Il y a pareillemẽt quatre portaulx vng deuant/deux aulx deux

costez z lautre derriere. Et sont de tresfort et puissant muraille depuis le bas iusques en hault. Entre lesquelz celuy de deuant est le plus deffensable. Il y a portes coulices pour attraper/retenir z tuer les assaillãs se venir y osoient. Et au milieu du pourpris vne forte tour grande/spacieuse z haulte plus belle z la mieulx faicte par art z de main de maistre q̃ iamais puist estre sur terre. La muraille iamais ne fauldra nadõmaigee ne sera de quelque engin tant soit horrible/car le cyment fut destrempe de vin aigre z de viue chaulx. Et la pierre du fondemẽt fut de roche nayue. La tour est toute ronde la plus riche z la mieulx ordõnee par dedans qui soit au mõde. Et par dehors est enuironnee dune forte baille tellement que les rosiers fort espes z a grant plante sont plantez entre ladicte baille z la tour. En ce fort chasteau sont pierres et engins de plusieurs facons/car len voit par dessus les cresteaulx mangonneaulx z arbalestres par les archiers tout au tour de la muraille. Celluy dõt seroit tenu pour nice qui approche y feroit. Au dehors des fossez sont fortes lices de bõne muraille a cresteaulx bas: si que de prime venue les chauaulx ne se peuuẽt ioindre ausditz fossez sans auoir butyn. Ialousie mist garnison en son chasteau z fut porte a dãgier acompaignie de trente sergens. La clef de la premiere porte ouurant vers oriẽt. Honte fort sarge auec grãt plante de soudars preste dacõplir sa voulẽte print en garde la porte ã deuers midy. Paour a tout grant qnestablie establie fut a la porte a la main senestre vers la bise. Elle estoit tãt estroye q̃ iamais ne fut asseuree se la porte nestoit bien fermee a sa serrure Laquelle toutessuoyes elle nouuroit gueres souuẽt/car quant elle oyoit le vent bruyre ou saulter q̃lque locuste petite elle estoit en grant doubte. Male bouche que dieu mauldie auecques soudoiers de normandie gardoit le pas tant destroit que nul nosoit passer sans estre aguette z epamine pour scauoir quelle part il alloit. Male bouche montoit de bonne heure aulx creneaulx z trompoit chasmeaulx busines Et cors pour iouer ses nottes/L'une fois chātz lautre fois discors/sons nouueaulx de controuuailles. Et disoit a la fois en sa fleu⸗ ste iamais femme fort triste ne trouua. Nest nulle qui ne rie quāt elle oit parler de luxure ou de lescherie. Ceste est pute/ceste est farde/ ceste est garde follemēt/ceste est vilaine/ce⸗ ste est folle/ꝶ ceste parolle trop/ꝶ comme celle qui rien ne spargne trouuoit sur chascun a dire Ialousie parellement garnie de ses certains et priuez amys sa tour ronde en laqlle au plus hault estage elle ēprisonna Bel acueil si cruel⸗ lemēt enferre/serre ꝶ ferme que possible nest den yssir. Il auoit autour de luy vne vieille q autre mestier ne faisoit si non guetter ꝶ espi⸗ er que follemēt ne se maintiegne. Nul ne luy pourroit cōseiller deschapper par cauteles qlz conques. Car ladicte vieille plus fine q haul⸗ pis de regnard congnoissoit tout barat/tout le bien tout le mal ꝶ langoisse que amours dept a ses seruās. Bel acueil qui tout voit ꝶ escou⸗ te redoubte tant la vielle que a paine se ose il pas bōnement remuer/affin que elle ne treu⸗ ue en luy quelque suspicion de forfait. Car el⸗ le est tant rusee qlle a en son tēps tire a maint chappō la queue. Si tost que ialousie eut fait emmuser Bel acueil elle se tint pour bien asseu⸗ ree. La fortification du chasteau luy donnoit grant confort. Et luy sembloit bien q iamais glouton ne embleroit boitō ne rose veu q les rosiers estoient puissammēt enclos si peut biē veiller ꝶ dormir a son aise. Et moy las triste et dolent ⸗ plus ꝶ hors de la muraille liure a tormēt ꝶ a paine ay ie bien cause de lamēter. Qui pourroit penser ou scauoir le ptrēme du⸗ eil qui iay a porter certes il en prendroit pitie. Amour me veult maintenant chieremēt vē⸗ dre les biens que il ma par cy deuant prestez. Ie les tiens pour bien achaptez Car il les me vent de rechief a trop chier coust. Ie suis a plꝰ grief meschief de La roye que se iamais ie ne leusse veue. Que diray ie plus? Ie resemble le laboureur paysant il gette sa semence en ter⸗ re ꝶ se resioye fort quant il la voit belle/drue/ verte ꝶ herbue/mais auant qlle soit en point

pour estre en gerbe vne nyelle la empire ꝶ gri⸗ efue a telle heure que quāt le ppy doit florir le grain meurt en terre ꝶ cela luy tol lesperance de son ioyeux moissonnage. Sēblablemēt ie crains aussi auoir pou lesperāce d lattente que amours si mauoit tāt quacce q desia ie cōmen⸗ coye a descouurir ꝶ dire mes grās secretz a Bel acueil q tāt ie chetissoye q moult estoit apprest̄ de receuoir mes ieuz. Mais quāt ie cuidoye estre au dessus de mō fait amour fort courat⸗ geur me tollit tout a vne heure. Amour me dōc se maintiēt ainsi cōme fortune q tormente les gēs. Elle trouble vng cueur/elle aplaine lau⸗ tre/elle loye/elle de sloye/ vne heure rit/ vne aultre pleure. elle a vne roue ou elle met quāt bon luy sēble cestluy q est le plus bas au plus hault⸗ ꝶ cestluy q ē au plꝰ hault de sa roue soub⸗ dainemēt se treuue reuerse en la boe/ꝶ ie poit⸗ suis ie reuerse p amour. A lamal heure viz ie les murs ꝶ les fosses/car oncqs puis neus ioye q Bel acueil fut mys en pson. ie nose ne ne puis passer oultre pour veoir la gracieuse rose en⸗ close en ce mur ou gist mō soulas ꝶ toute ma guerison/mais samours vrult q ie guerisse il puedra q Bel acueil ysse dillec/car dautre part ne qers auoir biē/seurete ne ioye. Ha Bel acu⸗ eil mō amy se vous estes ēprisōne ie vo9 reqere que me gardez vostre cueur/ne souffrez nulle⸗ mēt q ialousie le mette en seruaige cōme elle a fait le corps/ꝶ se p dehors elle vo9 chastoye ayez p dedās le cueur de aymer se q̄l soit tous⸗ iours frāc a ne delaisse laymer pour doulx ne pour amer. Se dure ialousie vo9 met en en⸗ nuy donnez luy encōbremēt soit en appt ou en couuert: tellemēt q p pēser vo9 en puies vēgē⸗ ce. Et se ainsi le faictes ie me tiēdray biē paye mais ie suis en grant soussi se vo9 estes aptē⸗ ꝛre moy. Se aisi en est ce nest pas p chose q iaye en riēs mespris ēre vo9 ne q iaye reuele chose qui soit a celer/ains la meschāce me des⸗ plaist trop plus qua vous/Car ien souffre pe⸗ nitence si grande que Nul dire ne le scauroit tant qu a pou qui ne me pasme de yre quāt il me souuient de lhorrible perte. Ie doubte q en fin ie ne meure de grant paour q me surprent

f iiij

Or doy ie bien estre desplaisant quant ie voy que losengiers traistres & enuieux sont fort io yeux de moy nuyre. Ha bel acueil saichez de vray quilz contendent du tout a vo[us] deceuoir et tant faire par faueur quil vous puissent li rer a leur cordelle. Et se ainsi en aduient que feray ie moy? Je ne scay comment il en yra, mais sur toutes choses ie doubte fort que ne mayez mis en oubly de quoy iay tel dueil tel desconfort qui nest riens qui me puist resiouyr Veu que ie me confie du tout en vostre bene uolence, Laquelle ie suis en train de perdre.

¶ Moralite.

¶ Nest merueille se le ialoux est fort des plaisant lors que il apparcoit que quelq[ue] ung sauance de luy tollir la iouyssance de sa dame, laquelle pour rompre cest accointance il tient pres close, & y assiet vng tresfort & aspre guet. Et faint lacteur que ialousie pour enfermer Bel acueil fit faire vng grant mur de quatre quartieures ayant quatre portes, quatre tour nelles, quatre gardes & quatre tregars sur les quatre parties d[e] ce monde. Par ialousie est en tendu lennemy de tout lhumain lignaige, Lequel iadis fut possesseur de Bel acueil (Cestas sauoir de lame raisonnable auāt la passion de nostre benoist redēpteur iesuchrist le digne et saict bouton) maculee dorgueil, peche de licst Penser & vice mortel, voyāt aussi q[ue] elle est pu rifiee p[ar] penitēce & reconsilliee a son facteur & createur: son certain & loyal amy senforce de toute sa puyssance cōme vng tuteur ialoux de la prendre & faire trebuscher en ses latz. Et se daūture sa poure ame y trebusche, il y met si diligente garde que iamais tant quil puist le septiel amoureux infalible nen aura la iouys sance. Le mur quatre en quy le bel acueil est enclos est vng iour naturel contenant vingt heures deuise egalement en quatre quartres qui sont le matin, le midy, le iour, le vespre & la nupt. Ens duquel iour nest si iuste quil ne trebusche sept fois. A ce mur quatre & a ce iour naturel sont semblablement acomparez les

quatre tēps de lan & les quatre aages de lhō me: esquelz selon la diuersite de temps & d[e] son estat lhomme est aguillonne du temptacions Lheure du matin est figure au printēps chault et moiste de la nature de layer, cōme est laa ge de ieunesse plain de sang fort habandonne a supfluyte. En ce quartier ayāt regard vers oriēt sa primitiue naissance met lennemy vne grosse garde nōmee dangier de perdre sa plai sance auec aucuns soudars dont lupure porte sa baniere qui sont amour de luy mesme hay ne de dieu, incontinēce, incōsideracion, instabi lite, affection de siecle & precipitacion. Mais sen ce lieu chastete & bōnestete pudique y quo yent leur attainte il seroit mitigue & resistant de lastuce & folle delectation. La secōde partie du iour est le midy equipare au tēps deste ar dant & sec cōme le feu q[ui] prent coueniēce auec lestat de virilite. Et pource que ce tēps lhōme est fort colerique lennemy establit en la tour meridionale auec hōte de bien faire vng fel, fort & fier capitaine nōme yre associe de tē son, enfleure de pensee, clameur, indignacion blaspheme, fureur & haine. Quant dōcques lame raisonnable se voit assiege de telz gar nemens possible nest de luy dōner secours, et pource disoit dauid. Ab incursu demonio me ridiano. La tierce partie du iour est le vespre auquel le temps d[u] ver prent similitude. Car il est comme la terre sec & froit, & adōc lhom me fort melēcolieux est en aage de maturite, Et ne fait que pēser de faire son amas des bi ens temporelz pour viure en sa vieillesse. Mais affin que trop ne se hourde de precieu ses vertus pour viure en gloire future lenne my garnit la porte d[e] septētrion auec paour da uoir disette dune terrible satrappe & merueil leuse grippe nōmee auarice auec ceulx d[e] sa bā de q[ui] sont fraulde, rapine, deceprio, piurimēt, vsure, larrecin & symonie. La derniere partie du iour est la nupt acōparee a vieillesse froi de & moiste & plaine de fleume comme leaue et le temps diuer. Et affin que lhōme ne per petre oeuure salutaire en ce tempoire lēnemy luy lye bras & mains p[ar] paresse & ses satalites qui sont pusillanimite, vagacion de couraige oyseuse, erreur en la foy, tristesse, pte de biẽs et desesperance fait lennemy monter au plus hault de la tour doccident z sur la muraille ou est sonretour ung terrible trompete nomme male bouche ennueuse qui reueille le guet z ne cesse durant la nupt de murmure sur lestat de son proesme. Et pource que lhomme en son senecte aage a perdu la force de ses membres et le poiy de leuer le baston. Il sefforce lors de mesdire z menacer, car il na riens plus trenchant que la langue. Quant donc que le poure pecheur durant le cours de sa vie se voit imure en cest ediffice opose y lart de lennemy construicte par couuoitise de pierres precieuses enchassees en cyment doz z dargent sorties des delicieux baings de luxure dont les fossez sõt plains pour rueue de furieux z ardans brãdons dire dont les engins sont eschauffez: z enuironnez de la pesanteur de paresse dont la terre est solide, immobile z non facile a penetrer ou miner: quelles vertus meurs ou suffrages pourront entrer en la forteresse. Comment pourra attrempance assieger la premiere porte en laage d ieunesse pour mitiguer z corriger char nelle concupiscence z le grant dãgier de perdre sa plaisance. Comment desploira force son estandart en aage de virilite pour succomber yre qui le maistrie auecques honte de bien faire. Comment donnera prudence lassault en aage de maturite a couuoitise z a paour de auoir disette. Comment portera iustice son espee droicte en aage de vieillesse pour detrencher paresce z male bouche enuyeuses qui ne cessent de murmurer. Et qui plus est au milieu de ceste artificielle structure est esleuee y dessus tous bastillons murailles z propugnacles vne forte z haulte tour a maniere de dõgion en qui bel acueil est estroictement empri sonne et soubz le guet du ne faulse vieille qui de si pres le suyt z garde que sil auoit voulẽte ou pouoir deschapper si ne pourroit il pour la malicieuse gauppe qui le tient soubz verge. Ceste haulte z forte tour esleuee est la tour de orgueil: en qui le bel acueil de nostre seigneur: cest assauoir lame du poure pecheur est piteuse

ment incarceree, enlaschee z enferree soubz la tuycion z garde de la faulse vieille obstinacion qui ne seuffre procurer son salut, ne mediter q sa redemption. En ceste captiuite miserable obstinee en son delict z attendant la hart de perpetuelle damnacion languit la poure ame pecheresse sans que quelque vertueuse bõne oeuure luy puisse donner ayde ne secours pour lempeschement et obstacle des vicieuses guettes: se nest que la grace celeste par infusion diuine descende en elle z soit tellement inspiree quelle puisse ferailles debriser, gardes corrompre z vaincre detenteurs. Et quãt dieu nostre createur amateur z reparateur de humain lignaige voit son bel acueil lame raisonnable formee a sa semblance tant dangereusement emprisonnee z detenue nest mierueille en ensuyuant lhystoire sil fait ses tres douloreuses complaintes z dit, O amour charitable z ardãt ta tresdoulce acointance mest par trop chierement vendue quant en contemplacion z faueur de toy ie me suis enamoure de bel acueil qui maintenant est enchaine en la main de mes ennyeux. Le grain que iay seme sur terre le ql iesperoye recueillir en tẽps de murison est rauy ou peri ou mangie de vermine. Ha ha bel acueil le desir de mon cueur: le desir de mon cueur bel acueil ayez souuenance des sueurs, des labeurs, des grãs maulx z de la tresdouloreuse z angoisseuse paine que iay souffert pour vous. Amour ma trauaillele fort. Amour ma fait dire plate. Amour ma naure a mort. Et pourtãt mon tresamoureux souuenir se noz ennemys tiennẽt vostre corps en seruage au moins gardez moy vostre cueur, z me soyez tousiours ferme z loyal. Noubliez qui vous ayme. Aymez qui vous desire. Desirez qui vous regrete. Regretez q vous complainct. Complaindez qui vous lamente. Et lamentez vostre piteuse detencion car se vous finez en leurs lacz iamais naurez plaisance ne soulas.

¶ Le traslateur du romant de mettre en prose.

fueillet

Ly commāca maistre Jehan de meun le parfait de ce Rommāt lespace de. xl. ans apres que guillaume du lozis q̃ premier lauoit encōmence eust fine. son oeuure les trois derrenieres lignes dudit guillaume furēt telles. Jamais nest rī ens qui me cōfort. Se ie pers Nostre bien uei lāce, Car ie nay mais ailleurs fiance. Et en cōtinuāt ce propos maistre Jehan de meun dit Et si lay ie perdu espoir. A pou que ne men despoire.

¶ Le. xvi. chapitre. Cōparaison de bel acueil emprisonne au chastel de Jalousie: a lame raisonnable detenue es grās lacz dē sa mortelle ennemye.
¶ Lamant.

Esperer las non feray Je ne me desespereray iamais/car se esperance mestoit faillie iamais ne seroye vaillant. Il me fault reconforter en elle Aussi amours pour mieulx suppozter mes maulx me promist moy garātir/z q̃l ptoit p tout auecq̃s moy, Mais q̃ ay ie affaire se elle est debōnaire ou courtoisie. Elle nest certaine de nulle rien, Elle met en grāt paine les amans. Elle se fait dame z maistresse de eulx/z en decoit tant maint psa promesse. car elle promet souuēt tel chose q̃ iamais q̃ nāt ne tiēdra:q̃ est vng tresgrāt peril veu q̃ plusi eurs amās se tiennēt z tiendront en amours

le sqtz iamais ne aduiēdront a leur desir. Lon ne se scait asseurer. en elle / car elle ne scait les choses aduenir. Et pourtāt celluy est fol q̃ si appuye. Et quāt celle fait aulcū bon silloguis me sō doit doubter q̃lle ne xcue le pire ce q̃ souuentesfois est aduenu. Pourquoy plusieurs en ont este deceuz. Et nō pourtāt vouldroit q̃ celluy eust le meilleur de la q̃relle q̃ la tient a uecq̃s elle/donc suis ie bien fol de loser blasmer

¶ Que me vault de rechief son vouloir se desdouloir ne me fait/trop pou vault quāt ny peut mettre psel si nō de pmettre seulement. Promesse sans don gueres ne vault/z q̃ plus est elle me fait auoir tant de ptraictes q̃ nul ne scait le nōbre. Dāgier/honte paour z ialousie men cōbrēt/auec male bouche q̃ ennuenime z lī ure a martire par sa lāgue to9 ceulx dōt il fait sa matiere. Ilz tiennēt en prison bel acueil qui est le recueil de toutes mes pēsees. Et ie scay de vray q̃ se ne le puis auoir en brief tēps ie ne pourray viure. Mais sur to9 aultres me par tue lorde vieille moussue puant q̃ de si pres le garde q̃ ailleurs regarder nose. Des mainte nāt se tenforcera mon ducil certes/car ie pers icy trois dōs q̃ me dōna le dieu damours la si enne mercy/doulx penser/doulx pler z doulx regard, ces trois dōs iamais ne me vauldrōt se bel acueil ne yst hors d̃ prison a grāt mespri son detenu. Je mourray pour luy/car a mō ad uis iamais vif de la ne ystra: Nō voir. Par q̃l puesse ystroit il de sa fortresse. Par moy ne sera ce pas q̃ nay science ne demye. Je mō stray bien ma folie plaine de tage lors q̃ ie fiz hōmage au dieu damours. Hōny e soit da me oy seuse z sō affaire q̃ le fist faire z me fist a ma priere herbergier au iolys Vergier/car selle eust eu science en elle iamais creu ne me eust. Lon ne doit croire hōme fol de la value dune pomme:ains doit on blasmer z repredre auāt quon luy seuffre emprendre quelque fo lie. Or suis ie fol et elle me creut legierement tellement que par elle oncques puis nul bien ne me creust. ¶ Elle a par trop acomply mon vouloir si men conuient douloir et plain dre. Dame raison le mauoit bien notifie si en suis pour rassote tenu. Quant des lors ne creuz son conseil moy retirant hors du train daymer. Raison auoit bon droit de moy blasmer de ce que oncques daymer mentremis. Il me conuient sentir trop grief maulx Parquoy ie me vueil repentir. Repentir: las que feray ie/traistre seroye et fol homme/grans meffaitz me auroient enuay si trahy iauoye mon seigneur. Bel acueil qui ne doit estre hay seroit trahy de moy: il languist en la prison de ialousie pour moy courtoysie faire: si grande que nul ne le pourroit croire/lors quil voulut que ie trespassasse la haye et que ie baisasse la rose ie ne luy en dois scauoir mauluais gre. Et semblablement ne feray plaintes ne clamours du dieu damours/ne desperance/ne de oyseuse qui tant gracieuse ma este. Certes iauroye grant tort se ie me plaindroye de leur bienffait. Ne reste a moy que souffrir et offrir mon corps a martyre et attendre en bonne esperance tant que amours me aura donne allegeance. Il me conuient attendre mercy/car bien me souuient quil me dist. Ie prendray ton seruice en gre/et en hault degre te mettray: se mauuaistie ne le te tould/mais iespoire que si tost ne sera ce my e. Vela les propres motz quil me disoit: pourquoy appert quil me amoit tendrement. Or se ie vueil desseruir son gre ne reste que le bien seruir/car en moy seroit les deffaultz. Or il ny a quelque deffault au dieu damours. Quant dieu ne faillit oncques il fault donc que le deffault viengne de moy et si ne scay dont il me vient. Or voie ainsi qui en pourra aller: amours face de moy ce quil vouldra/ou deschapper/de courir ou de mourir: iamais a chief ie nen viendroye/et toutesuoies ie vaulx que mort se ie ne lacheue: ou se aultre pour moy ne le fait. Mais se amours qui si fort me griefue le vouloit acheuer pour moy ie nauroye nul gre en son seruice/or en face du tout sa deuise et sil y veult mettre conseil si luy mette. Ie ne me scay plus entremettre/mais quoy quil en aduiengne ie luy prie quil luy souuiengne apres ma mort de bel acueil/lequel ma mort sans mal faire. Et toutesuoies pour luy deduire ains que ie meure et des que ne puis son fais

porter ie me rend confez a vous amours sans repentir: comme font loyaulx amans/et faiz mon testament au departir tellement que ie luy laisse mon cueur et aultre lais ie ne feray.

¶ Moralite

¶ Ainsi comme lamant fatuel se treuue en grant desolacion et sur le train de desespoir quant il voit sa dame qui est son bel acueil emprisonne en la forteresse de ialousie gardee par les personnages dessusditz. Semblablement lamant espirituel sentant son ame chargee de pechez: es lacz de lennemy comme bannye de clarte supernelle est en grant soussy/et fait plusieurs sillogismes en sa pensee. Lune fois par esperance/lautre fois si appuye/et luy souuiens des trois dons que le dieu damours luy donna: qui sont doulx penser par contemplacion/doulx parler par oraison/et doulx regard par affection: desquelz prouffitez ne pourra se lame nest desseree de captiuite mortelle/et luy vient audeuant que raison par qui ientend lennemy luy auoit predit ce quil trouuoit. Et luy estant en ce debat luy souuient quil a fait hommage au dieu damours qui est nostre seigneur lequel a promis aux siens de receuoir leur seruice en gre. Et comment lon a beaucoup a souffrir/ains que lon puisse paruenir a la gloire future considere que les passions de ce siecle ne sont condignes pour les merit. Et apres toute resolucion il remet le tout en sa misericorde.

¶ Le. xxvij. chapitre. Ainsi que raison sefforce de mettre le fol amant hors de son mauluais train en temps de tribulacion. Semblablement lennemy se auance de mettre lhomme en desespoir en temps de desolacion

¶ Lamant.

fueillet

Ainsi que ie me lamentoye pour les douleurs que ie me sentis: & ne scauoye trouuer mire pour guerison de ma tristesse raison descendit dō sa tour & vint vers moy. Et quant elle entēdit mes complaintes elle se print a dire.
¶ Raison. ¶ Beaulx amys cōment se porte ta querelle ne seras tu iamais lasse daymer nas tu souffert assez de maulx. Que te sēble, il du mal daimer & il trop amer ou trop doulx scaurois tu eslire le meilleur. As tu serui vng bōn seigneur quāt tu es ainsi prins & asserui si q̄ tu es tournellemēt tormente. Il te mescheut grandement le iour que luy fiz hōmage. Las poure hōme tu ne cōgnoissoies gueres le seignr auquel tu auoies affaire/car se bien conguey leusses tu ne fusses pas son hōme si ne leusses seruy vng este vng iour ne vne heure/& croy que sans demeure luy eusses renuoye son hō mage ne iamais neusses ayme/le congnois tu point. ¶ Lamant. ¶ Ouy dame.
¶ Raison. ¶ Non fais. ¶ Lamant.
¶ Si fais. ¶ Raison. ¶ De quoy par tō ame. ¶ Lamant. ¶ De tant quil me dist: tu dois estre ioyeulx de moy auoir a maistre & seigneur d̄ si hault renom. ¶ Raison. ¶ Le conguois tu plus auant. ¶ Lamāt. ¶ Nō fors tant que ses reigles me bailla/& senvola cōme vng aigle/& ie demouray en ballance.
¶ Raison. ¶ Cest poure congnoissance: ie

vueil que tu congnoisses puis que tant dan goisses en as que tu es deffigure. Non sans cause/car lon ne peut entreprendre plus grāt fais. Il est bon congnoistre son seigneur/car se tu te congnoissois bien tu pourrois legiere ment yssir de la prison ou tu es empire.
¶ Lamant. ¶ Dame puis quil est mō sei gneur: & que ie suis son hōme lige ie ētēdz̄ vou lentiers a ses ditz. Et sil est ame qui plus mē puisse apprendre ie requiers de en scauoir q̄lq̄ lecon. ¶ Raison. ¶ Puis que tu y veulx entendre apprendre le te vueil. Je te demon streray ce q̄l mest demonstrable. Tu scauras sās science : & cōgnoistras sās cōgnoissāce ce q̄ ne peut estre sceu monstre ne cōgneu: cōbien q̄ iē saiche pl⁹ q̄ nul hōme q̄ son cueur y enlace ne q̄ sē dueille. Mais sil nest tel q̄ le vueille faire ie tauray tantost desnoue le neud q̄ touiours noue trouueras: metz y bien ton entente. Ve cy sa description. Amours est paix hayneuse hayne amoureuse/loyaulte desloyaulx/desloyaulte loyaulx/paour asseuree/esperāce desesperee/raison forsenable/forsenerie raisona ble/doulx peril a soy noyer/grief fais legier a pasmoyer/caribdis perilleuse/desagreable gracieuse/langueur santiue/sante maladiue/ faim saoulle/en habondance conuoiteuse suffi sance/soif qui touiours est yure/puresse qui sen pure fault delit triste liesse/liesse courrou cee/doulx mal doulceur malicieuse doulce sa ueur mal sauoureuse/peche entache de pdon/ pardon de peche entache. Cest paine ioyeuse/ felonnie piteuse/jeu non estable/estat trop muable/force enferme/enfermete forte/fol sens/sage folie/prosperite triste & iolye/Rys plain de pleurs/repos trauaillant/doulx enfer/paradis douloreux/Charte qui soulage prison/printemps plain dyuernage. Cest tai gne qui ne refuse les pourpres q̄ les bureaulx vse/amourettes sont autant soubz bureaulx que soubz brunettes: car nul nest de si hault lignaige si saige tāt esprouue de force ne trou ue si hardy: ne qui ait tant de bontez q̄l ne soit dompte par amours. Tout le mōde chemine ceste voye. Ainsi les desnoye le dieu damours

si nō ceulx que genius excōmunie qui sont de tresmauluaise vie pource quilz sont contre nature ⁊ si ie nay cure deulx. Si ne veulx ie pas que gens ayment de tel amour, car la fin dolente en seroit. Mais se tu veulx euiter que amours ne te grieue pour estre guery d cesie rage: tu ne peulx meilleur beuurage boire q̄ penser de fuyr amours. Se tu le fuys il te fuy ra. Se tu le fuys il te supira.

℘ Moralite
Ainsi quil nest riēz qui tant contiēne fole amour que raison: si nest il rien qui tant reboute amour espirituelle que lēnemy: lequel ie nōme lucifer. Car lung ⁊ lautre sont de scē duz de la haulte tour plaine d clarte. Et pour plº ample similitude ainsi q̄ le nom d̄ lucifer nest sans lumiere: si nest le nom de raison sās raÿ. Quant doncq̄s lennemy voit la bonne persōne la plus dsolee q̄lle peult estre soit par contrauy, desplaisāce, melācolie, pte damps ou de biēs ou a lextremite de la mort: il sesfor ce de lesguilloner de tous poins affin d le met tre hors du vray sentier d foy catholique. Et ainsi q̄ raison selon lhystoire cōplaint lamant en sa desercion: puis luy met auant quil a ceste mal oseille d faire hōmage au dieu damours qui au besoing le delaisse. Semblablement fait lennemy: ⁊ q plus est pour le tumber en heresie luy dōne la desriptiō damours qui est ainsi que par cōtraire: ⁊ a deux entendemens. Car lony peult choysir la vertu pour lespiri tuel, ⁊ le vice pour le fatuel. Cōme quātil dit Amours est paix hayneuse, hayne amoureu se. Cest a dire q̄ amours est paix amoureuse pour lung, ⁊ hayne hayneuse pour lautre. Et ainsi se pourroit on deduire en chascun mēbre qui trop seroit chose ennuyant aux escoutans lennemy doncq̄ues deprime lamour q̄ nous auons a nostre seigneur affin de nº attraire en ses lacz en nostre extreme necessite de quoy nostre seigneur dieu nous veuille preseruer.

℘ Le.xxiij.chapitre. La diffini tion de amour vaine se peult at tribuer a diuine amour souuerai ne.

℘ Lamant
Dant ie eus bien entendu raison qui pourtant sestoit debatue Je luy dis. Dame ie me puis bien vē ter que ie ney scay non plus q̄ de uant, car au vray retraire la contrariete y est tant grāde que riens ny puis apprēdre: toutes uoyes ie scauroye bien rendre par cueur ma le con: oncques riens ney oubliay. Voire ⁊ sentē dre du tout pour le lire cōmunemēt se besoing estoit. Mais puis q̄ mauez descripte amours tant loue ⁊ tant despite: ie vous prie den auoir la diffinition, car oncques diffinir ne soys.

℘ Raison. Voulentiers or y entendz. Amours est maladie d pensee annexee entre deux psonnes de sexe diuers franches ⁊ libres entre elles: venāt auy plēs par ardeur ⁊ visiō desordonnee pour accoler, baiser, ⁊ eulx aiser charnellemēt. Car tel amant nentend aultre chose q̄ ne sesforce de fruict auoir. Aulcuns amās touteffois ne ayment ceste maniere de faire, ilz se faingnēt estre fins amās ⁊ ne dai gnent aymer par amour. Ce sont ceulx q̄ des dames se gabent en leur promettēt corps ⁊ a me: ⁊ iurent fables ⁊ mēsonges a celles q̄ sont deceuables: se quilz en ont leur delit, mais ilz sont moins deceuz q̄ celles q̄ les croient. Car cōbien que tout ne vaille riē: mieulx vault deceuoir que estre deceu. Chascun appete son semblable engēdrer selon son espece: mais pour

g

ce que tout est corrompable affin que genera／
tion ne deffaille par longue succession apres q̃
les peres sont mors nature veult q̃ les enfans
qui de eulx sont yssus continuent leur oeuure／
en lacoplissement de laq̃lle elle a mys certain
delict：car aultrement les ouuriers le prendroient
en hayne／ꝙ se delict ne les y attrapoit iamais
trait ne y traroient. Et sachez que celluy ne
va le droit chemin ne a bonne intencion q̃ seule
ment ne y quiert q̃ le delict：mais il se fait serf
chetif ꝙ nyche au prince de tous vices q̃ de tous
maulx est la racine. Come tulle dit au liure
de vieillesse：laquelle il prise trop mieulx que
ieunesse. Car ieunesse boute home ꝙ feme en
tous pechez soit de ame ou d corps ꝙ est moult
dāgereuse a passer sans casser membres ou vie／
ou sans faire dōmaige ꝙ honte a luy ne a son
lignaige. Lhomme type a toute dissolucion par
ieunesse. Il suyt moult de mauluaises ꝙ puer
ses cōpaignies ꝙ vices desordonnees. Il change
moult voulentiers ꝙ souuent propos. Aulcu／
nesfois se rend en vng conuent si ne scait gar／
der la franchise que nature a mys en luy. Et
lors que il sera boute en mue il proposera a pren
dre les grues au ciel／ꝙ demeure illecques tāt
que il sera profects. Aucunefois luy aduient
que le fais luy est trop grief a porter par quoy
il sen fuyt：ꝙ se ce non il fine illecques ses iours
et sa vie pour la honte que il a de retourner au
siecle. Et la demeure contre son couraige ꝙ vou
lente／ꝙ vit a moult grāt meschief ꝙ desplaisā
ce plourant sa franchise perdue qui rendue ne
luy peult estre：se nest que dieu luy face grace
cest quil luy efface son mesaise／ꝙ en obediēce
le tiengne par vertu de paciēce. Ieunesse mect
lhōme en folies／en rybauldies／es boules／es
luxures／en oultrages ꝙ mutations de couraige
ges. Elle fait comēcer mellees dōmaigeuses
a desmesler. Ieunesse adresse le cueur en delict
enlace le corps ꝙ la pensee humaine. Ieunesse
est la chābriere d delict：laq̃lle est coustumie
re dattraire ges a delict ꝙ ne vouldroit iamais
faire aultre oeuure. Mais vieillesse seu petite
qui ce ne scait le demāde aux anciens. Ilz ont
eu ieunesse en main et leur souuient asses des

grans perilz passez ꝙ des folies peulx faictes
qui leur ont soubztraictes les forces ensemble
des foles vouleniez dont ilz ont este agitez.
Vieillesse qui les accompaigne les reduyt ꝙ
droute voye ꝙ conuoye iusques en la fin：mais
elle emploie mal son seruice／car nul ne le pri
se ne ayme：nōmie tant que pour lessayer／car
nul ne veult deuenir vieulx ne finer ieune.
Ainsi les anciens se esbahissent a meruelles
quātilz leur souuient coment en ieunesse ilz si
rent tel besongne sans vergongne receuoir／
coment ilz peurent eschapper de tel peril sans
honte／dōmage ／ꝙ sans auoir pis que ilz neu／
rent ou de ame ou de corps ou dauoir. ¶ Se
tu veulx scauoir ou demeure ieunesse q̃ tant
est prisee：ie te dis que delict la tient en sa mai
son tāt quelle est en saison／ꝙ veult que ieune
se la serue：ce que voulētiers fait／car elle tra
ce par tout ꝙ habandōne son corps come q̃ sans
luy viure ne vouldroit. Et se desirez scauoir
ou se tient vieillesse pource que la te couiēt al／
ler se la mort ne te dōne empeschement. Ie te
dis que trauail ꝙ douleur le herbergēt au tēps
de ieunesse en la cauē fort tenebreuse dicelle.
Illec tant lenferrent batent ꝙ tormētent quilz
luy presentent la mort prouchaine ꝙ luy font
auoir voulēte de soy repentir par les flayaux
quelle sent. Adonc luy souuient quant elle se
voit chenue que ieunesse la deceue ꝙ deiette en
vanite son preterit／ꝙ cōment son ame est per／
due se scourue nest du futur qui la soubstiēne
en penitāce des pechez que en son enfance a cō
mis ꝙ par bien faire en endurāt ceste paine le
ramaine au souuerain bien Affin de effacer
les delitz dont ieunesse qui labbeuuroit se dece
uoit de vanitez／car le temps present fort pou
luy dure veu que il ny a mesure ne compte.
Et cōment que la chose voit qui veult ioyr
damours ily doit querir fruict soit dame ou
soit pucelle. Et ia soit que du delict elles ney
vouldroient quicter leur part／toutesfois son
en voit plusieurs qui ne vouldroient estre en
ceintes／ꝙ se elles le sont il leur en poise grāde
ment si non aulcunes foles ou honte na point
de iustice. Brief tous ceulx qui se amordent a

ceste oeuure se accordēt au delict si nō celles qui soubdainemēt pour argent a ne sont loue/es par leurs desordonnees vies. Mais certes la femme qui se habandonne pour les dons nest eȳmee bonne/ne quelque homme ne se deueroit prendre a femme voulant vendre sa chair. Pense lhomme que femme fait chier q̃ le veult escorchier tout vif. Lhomme est biē chetif a vilement foulé qui cuyde estre aȳme de telle femme pourtant selle se clame son a/mye ou selle luy ryt ou fait feste. Certaine/ment nulle telle ne doit estre aymee ne amie clamee si ne la doit on priser femme qui veult despouiller lhomme. Je ne dis mie que biē ne puisse porter vng ioyel se son amy luy a don/ne: mais que elle ne luy ait demande/car aul/trement la chose seroit laide. Et pareillemēt sans vilennye son amy luy peult rendre: car par ce moyen leurs cueurs sentreioingnēt en/semble/a suis content voyent a facēt tout ce que bon leur semble/ mais se doyuent garder de fole amour qui art a esprent les cueurs cō/me lamour d couuoytise qui attise les cueurs de tousiours prendre bōne amour doit naistre de bon cueur se ney doyuēt estre maistres dōne que sont soulas corporelz. Mais delict re/presente lamour qui te tiēt es lacz charnelz si que tu nas entēte ailleurs: pourtant veulx tu auoir la rose tu ny chasses autre auoir mais tu nes pas a deux doigs pres: pourquoy tu en as la pel amesgrie a es priue de toute vertu. Tu as receu douloureux hoste quant iamais hostelas amours pource te conseille que hors le debouttes/ car il te oste toutes pensees qui te doyuent tourner a preu ne luy seuffre plus se/iourner/ Car les cueurs enyurez de amoure sont liurez a grant meschief. Tu le scauras en fin quant tu y auras perdu ton temps et ta ieunesse degastee en ceste dolente lyesse. Et se tant peulx viure q̃ te voyes quicte damours tu ploureras le temps perdu que ne pourras recouurer. Ne scay mye se tu en eschapperas/ car en lamour ou tu te bouttes plusieurs y per/dent sens/ temps/ chastel/ corps/ ame/ a loz.

¶ Moralite

¶ Par ce que deuant est dit peult le vray amoureux e spirituel congnoistre la vraye a/mour qui luy fera cueillir le bouton de la ro/se. Jl dit par diffinition q̃ amour est vne ma/ladie de pensee enlacee entre deux personnes de sexe diuers. Ceulx qui ont chouchie a los/pital damours congnoissent au vif quelle est la maladie. Semblablement amour espiri/tuel est ardeur a langueur de cueur vnye estre deux personnes de sexe diuers. Cela voyons nous clerement quant la tresdeuote personne soit homme ou femme languist apres nostre seigneur qui nous est diuers de sexe ou diffe/rent quant a la diuinite telle personne peult baiser a accoller son amy par contemplacion/ et soy aisier charnellement en portāt paine de corps/ tribulacion dame/ corrections a disci/plines pour lamour de son amy: qui pareille/ment les a porte en ce monde pour elle: car la loy des vrais amoureux est vng cueur vng vueil vng desir a vng pensemēt sans esperer quelque fruict en ce siecle. ¶ Vne aultre a/mour est de gens lyez ensemble par mariage qui se fait principalement pour auoir genera/tion a fruict en terre. Mais elle nest si loua/ble que la premiere/ car la ieune vierge delais/sant parens a amys/ nupcial lict a biens tempo/relz pour seruir lamoureux sepiternel est mi/eulx digne auoir que celle qui tiēt ses enfans entre ses bras son mary en son lict/ ses parens et amys deuant son huys. ¶ Vne aultre a/mour est qui se fait pour argēt. Sine plusieurs chanoynes qui vont a leglise nō pour singuli/er amour qlz ayent a nostre seigneur/ Mais pour parceuoir le molumēt le prouffit a le fru/ict qui en depend. Et sont accorparez aux chuet/tes qui se tiennent au moustier non par deuo/cion: mais pour manguer la graisse des lam/pes. ¶ Apres la diffinition damours parle raison assez clerement de ieunesse a de vieilles/se a se lon se demeine de la matiere peult on ac/comparer ieunesse au temps de deuiacō que le ieune homme fort simple a ignorāt ensuyt la sensualite/ a vieillesse fort sapiente experi/mentee. Et veneranda senectus est. Le tēps

de reconfiliation quelle rompt ⁊ refrene a ieu/
neffe ſes voluptez deſordonnees.

❡ Le .ʀʀviii. chapitre. Con/
uenience de leſtat de fortune
a leſtant de court.

❡ Lamant
Ainſi me preſchoit Raiſon: Mais
Amours mempeſchoit tant que rie̅
ne mettoye a effect / Ja ſoit ce que
mot a mot la matiere bien enten/
doye. Touteſfois amours paſſent par toutes
mes penſees comme celluy qui par tout chaſ/
ſe me tyra vers luy / car il tient mon cueur en
ſaiſine. Il ietta dune pelle en la rue par lune d
mes aureilles tout le ſermon que raiſon ma/
uoit boute en la teſte: ſi que elle perdiſt ſa par/
ne / ⁊ ie fuz remply de courroux ⁊ de yre. Lors
ie luy prins a dire, Dame bien me voulez tra/
hir: dois ie hayr toutes pſones puis q̅ amours
bonnes ne me ſont. Jamais naymeray de fi/
nes amours / ains ie viuray en hayne comme
pecheur mortel pire que les lyerres. Car il
fault q̅ ie face lung ou lautre: ou daymer ou
de hayr. Mais ie eſpoire que en fin plus me
fauldra comparer la hayne que lamour quā̅t
amour ne vauldroit vng denier. Vous ma/
uez donne bon conſeil ⁊ ſermon ne que me doye
retraire de amours: ⁊ que ceulx ſont folz q̅ croi

re ne vous veulent ⁊ mauez mis auant vne
aultre amour que nay p̅gneue que fort priſez
par laquelle aulcunes gens ſe peuent entre/
aymer ſe diffinir le me vouliez / Pour fol
me pourriez tenir ſe ne vo9 eſcoutoye pour ap/
pre̅dre la nature damours ſil vous y plaiſoit
ente̅dre. ❡ Raiſon. ❡ Certes beaulx amis
tu es fol quā̅t tu ne priſes vng feſtu ce q̅ ie ſer/
monne pour ton bien: ie ſuis preſt de tout mo̅
pouoir dacō̅plir ta requeſte ne ſcay ſe gueres
te vauldra. Je te dis quil y a pluſieurs manie/
res damours ſans celle q̅ ta mue le ſens droi/
cturier. A malheure tu fuz ſon accointe. Lu/
ne deſdictes amours eſt nommee amytie: ceſt
comune voulente de gens entre eulx ſās nul/
le diſcordance: tellement que la cōmunite de
leurs biēs ſoit entre eulx ſans quelque excep/
tion. Lung doit eſtre diligent de ſecourre lau/
tre cōme homme fort vaillant ⁊ loyal / Car
ſans loyaulte fauldroit lamour. Et ſe doit
tellement conduire que ce q̅ lung oſe penſer il
le peult bien dire a ſon amy ſeureme̅t comme
a luy meſmes ſans nulle ſuſpicion de accuſe/
ment. Telles meurs doyue̅t auoir entre eulx
ceulx qui loyaulme̅t veulent aymer / car nul
home ne eſt amyable ſil neſt eſtable ⁊ ferme
ſans luy changer ou muer p̅ur q̅lque fortūe
ſoit lamy riche ou poure. Il luy doit rendre a/
mytie en ſa poureté ſans attendre q̅l ſe requie
re / car bonte faicte par priere neſt courtoiſie: q̅
baillie: ains eſt chiereme̅t vendue, ⁊ fort ma
lement a ceulx qui ſont de grāt value. L hom
me vaillant a grāt vergongne en ſoy quant
il ſe embeſōgne du requerir. Il peſe beaucoup
il ſe ſouſſye fort / il endure grā̅t meſaiſe auant
quil prie / Car il redoubte de eſtre eſcondit.
Mais quā̅t il a trouue home lequl il a aultreſ/
fois eſprouue / ⁊ eſt fort certain de ſon amytie
il luy deſcouure ſa doleance ſans quelq̅ ho̅te.
⁊ ſe lautre eſt tel q̅l doit iamais le tiers ne ſcau
ra le ſecret que dit luy aura, ne iamais de rie̅
ne le reprouchera / car le ſage garde ſa lāgue
ce que le fol faire ne ſcauroit. Et ainſi le bon
amy ſecourra lautre a ſon poſſible plus preſt
de luy donner amytie que lautre ne ſera de le

receuoir. Pose que nulle reqste ne luy en fait
La maistrise de amytie est tant grande que le
bon amy porte la douleur de lautre & le recon
forte a son pouoir & sil y a quelq ioye il en est p̄
sonnier. ¶ Tulles parlāt de ceste amytie dit
que nous pouōs bien faire certaine requeste a
noz amys en toute honnestete voire de chose
licite & raisonnable & non aultremēt:si non en
deux cas dont il fait exception. Lung est se on
les doit liurer a mort:il les fault deliurer.
Lautre se on vouloit blecier leur renommee:
son est tenu de le garder de diffame. En ces
deux cas les cōuiendroit deffendre sans auoir
regard a raison, car bon amour les peult excu
ser:& ne doit on de ce faire reffuz. Ceste amy-
tie dont ie te faiz mēcion veulx ie bien que tu
ensuiues/mais ie vueil q̄ tu fuyes lautre. Lu
ne se amort a toute vertu, & lautre met gēs a
mort. ¶ Je te vueil retraire dune aultre ma
niere de aymer quāt le cueur est fort ardant
par la maladie dauarice & de couuoytise en es
sperant de auoir aulcun gaing. Ceste amour
est de telle nature que si tost quelle ne peult at
taindre lesperāce du prouffit ou elle pretend:
elle fine & est totalement estaincte/ car vng
cueur ne peult loyaulmēt aymer qui mieulx
ayme les biens q̄ ne sont ceulx a qui ilz sont/
mais seulemēt faingt les aymer & les flatte
pour mieulx en valoir. Ceste amour vient
de fortune qui cōme la lune se esclipse q̄ la ter-
re obnuble & enumbre quāt la lune en son vm
bre chiet:en perdōt autant de sa lumiere quel-
le pert la vue du soleil. Et si tost q̄ son vmbra
ge est passe elle reuient toute enluminee du so-
leil fort bel qui luy mōstre ses rays/ & dautre
part resplēd a lencōtre delle. Ceste amour est
de telle cōdicion quelle est tost clere & puis ob-
scure. Si tost q̄ vng amy est affuble du hi-
deux māteau de pourete/q̄ nulles richesses
ne luy sent autour de luy considerant q̄ il y fait
obscur lautre sen fuy arriere. Mais quant ri
chesses luy reluysent il reuient a la clarte dicel
les. Et ainsi dōc quāt richesse est clere amour
approuche/quāt elle est brune elle recule. De
ceste amour est fort bien ayme le riche hōme:

souuerainemēt lauaricieulx q̄ ne veult lauer
son cueur de la grant ardeur dauarice dont il
est plain. Ainsi donc le chiche hōme qui cuide
estre ayme est plus cornart que cerf. Il est bien
seur quil nayme pas/& sil cuide estre ayme il
doit estre clame pour fol. Car il nest sage ne
que vng veau. Mais celluy qui desire amys
veritables est vray amy, et celluy q̄ est plain
de richesses & les tiēt & garde cōtre ses poures
amys nest mye vray amy, car il propose les
garder tant quil aura la bouche close: & q̄ ma-
le mort le creuera. Il se laisseroit plus tost des-
mēbrer le corps & le departir quil departist son
auoir a son poure lignage, ainsi il na quesque
porcion de amour, car amytie ne peult estre en
cueur qui est sans partie loyalle/ & quant il se
fait il en est certain: car chascun congnoit son
ppre. Certainement lhōme doit estre blasme
qui ayme & nest ayme. ¶ Or puis q̄ venons
a parler de fortune: ie te diray grant merueil-
le de son amour. Jamais pareille ne ouys: ne
scay se croire le pourras. Mais il est verite q̄
fortune aduerse fort contraire est plus prouf-
fitable aux gens que la mole & la debōnaire.
Et se tu en doubtes: largument est prouuable
assez q̄ la doulce & mole fortune decoit les gēs
si leur est mensongiere & les affolle. Et cōme
mere non amere les allaicte. Et quāt elle dō-
ne ses ioyaux cōme deniers, richesses & digni-
tez & noblesses: elle fait semblant destre loyal
le si leur pmet stabilite/ ampablete en les pais
sant de vaine gloire en mondaine prosperite.
Lors que ilz triūphent au sommet de ladicte
roue ilz cuydent estre moult grās maistres et
fort biē asseurez en leur estat q̄ iamais ne tres-
bucheront. Et quāt fortune les a illecques co
loquez elle leur signifie & dōne a entendre que
ilz ont tāt damys que nōbrer ne les scauroiēt.
Mesmes ne se peuent destourber que lesditz
amys ne voysent & viēnent autour de eulx q̄
pour vng grant seigneur le tiennēt pmettant
seruices iusques aux chemises despēdre. voi-
re iusques espandre leur sang pour eulx deffē
dre & garātir/prest dobeir & les ensuiure tout
leur viuant. Ceulx q̄ oyent ces parolles fort

sen glorfient et croyent que ce soit toute euan/
gile et ce sōt bourdes et flateries: combien que
apres le scauroient au vray se ilz auoient leurs
biens perduz sans nul recouurer: lors veroit
on ce que les amys feroient, et lon trouueroit
que se de cent amis ou parens ung seul leur
pouoit demourer fortune en deuroit estre aou
ree. Quant ceste fortune habite auecques les
hōmes: elle trouble leur cōgnoissance et sōt en
ignorance nourris. Mais la fortune cōtraire
et peruerse quāt elle les renuerse de leur grāt
estat elle les verse et tūbe de sa roue en la boe.
Et cōme marastre leur assiet au cueur ung
douloureux emplastre destrempe de poureté
lasse et maigre. Telle mōstre au vray linsta
bilité de fortune que nul fier ne si doit, et que il
ny a nes une seureté. Telle fait congnoistre
quāt ilz ont perdu leur auoir de quelle amour
ceulx les aymoient qui par auant se disoient
leurs amys. Et certes quāt ilz apparcoyuēt
leur malheureté il deuiennēt leurs ennemis
ilz se fuyent de eulx et les renyēt. Et q̄ plusest
en tous lieux quil vont ilz tiennēt leurs plais
de eulx: si les blasmēt et diffament, et les cla
mēt malheureux voire ceulx ausquelx mes
mes il auront le plus de biēs fait durant leur
prosperité. Si tesmoingnēt deuant tous que
leur folie est bien apparue, et ne trouuēt ame
qui leur dōne secours. Mais le vray amy qui
ne ayme pour attente de quelq̄ richesse, mais
par vraye et vertueuse amour demeure tous/
iours: si le secourt et deffend, car fortune na ri/
ens mys en luy. Et tousiours ayme vray a/
my: tellemēt que quāt lung trairoit une espee
sur lautre si ne pourroit il coupper lamour.
Aulcunesfois aduient que par orgueil, ypre/reu
prouche, reuelation de secretz dignes destre ce
lez et par venimeuse detraction aulcūs amys
reculent et sen fuyēt: mais lon nen trouueroit
ung entre mille pour bien prouuer ladicte a/
mour, la vaine amour du monde est toute plai
ne de ingratitude, mais nulle richesse ne sadres
se a valoir damy: ne iamais ne mōte si hault
que bien damy ne le surmōte. Mieulx vault
en voye ung bon amy q̄ denier en courroye.

Quant meschante fortune eschiet sur les hō/
mes elle leur fait veoir clerement et trouuer
lelz amys et esprouuer par experiēce le sq̄lz va
lent mieulx q̄ nul quoir de ce mōde. Et ainsi
doncques aduersité prouffite aux hōmes trop
mieulx q̄ prosperité, car ilz ont par lune igno/
rāce: et par lautre sciēce. Et ainsi dōc le poure
hōme espreuue le vray amy entre les faulx.
Il le cōgnoist, choysist et diuise pource q̄ la esté
riche. Et sil eust sceu ce q̄ scet maintenant: il
eust achapté si chierement leur amytie, car sil
sen fust apparceu moins dceu se trouuast. Et
ainsi poure fortune q̄ de fol la fait deuenir sa/
ge luy fait plus grāt aduantaige q̄ richesse q̄
decoit Richesse ne fait riche celluy q̄ fiche son
cueur en tresor, mais seule suffisance fait lhō/
me richemēt viure. Tel na une miche vail/
lant q̄ tel a cent muys de fromēt. Car se dad/
uanture il en est marchāt: il a esté si meschant
en son cueur, ains q̄ lauoir ait esté amassé q̄ il
na cessé destre en soussy de accroistre et de mul
tiplier: ne iamais assez nen aura tāt acquerir
en saiche. Mais lautre q̄ point ne se fie en son
auoir, et na q̄ au tour la vie se ptente de son gai
gnage, et cōbien q̄l nait vaillant une maille,
il luy semble que iamais rien ne luy fauldra.
Car il espoire gaigner pour mangier auoir
chausseure et vesture. Et sil aduient q̄ malade
soit et ne treuue viāde a son appetit il luy sem
ble quil naura besoing de manger pour yssir
hors de ceste dāgereuse voye, ou sil imāgeu si
ne sera ce que petite vitaille dōt il se passera.
Ou sil est porté a lhostel dieu illec sera tresbiē
recōforté. Ou danāture il ne pēse point a cela
venir, et sil croit que ainsi luy doye aduenir il
luy semble, ains q̄ le mal luy viengne q̄l esp/
gnera tout a tēps pour soy cheuir quāt la vien
dra. Et sil ne luy chault despgner et laisser ve
nir froit et chault si q̄l le cōuiengne mourir ie/
spoire q̄l se resiouyst q̄ tant plustost finera tāt
plustost sera en paradis cuydāt q̄ dieu luy doit
donner quāt il vuydera de ce mondain exil.

⁂ Moralité.
⁂ Quelque sermon que raison face elle

ne peult extirper du loyal amant le radical amour dont il est enflamme. Et q̃ riens n'y puissite elle met auant deux aultres manieres d'aymer. L'une est vraye amitie licite et honneste, et pource q̃ tel amour tiendra moralite q̃ est ma principale queste ie ne fais sentence ne glose. L'autre maniere est amour fainte contraire a bonne amytie, quãt par flaterie, gengleries, bourdes et mensonges lon faint aymer aulcunes riches gens pour auoir ce q̃'ont. Et dit ainsi q̃ le soleil est figure a la bonne fortune lors q̃'il monstre ses regardz a la lune q̃ est la personne riche. Et par ces regardz sõt entendues ses richesses mondaines, et adocques trouue il cousins par quarterons q̃ luy offrent seruice iusques aux piedz baiser, mais quãt le soleil a retire ses rayps et que la lune est obscurcie et priuee de richesse elle ne scauroit trouuer ung seul loyal ami. Tempora si fuerint nubila solus eris. Le soleil pareillemẽt se peut comparoir a nostre sauueur amoureux de l'humain lignage si tost q̃'il espand les rays de son amitie sur la deuote creature elle est remplie de grace. Et quãt icelle creature est enueloppee de la terre q̃ côtiẽt les biens mondains elle est ainsi cõme en eclipse fort tenebreuse pẽdant la clarte du soleil de iustice, mais quãt cellup soleil la daigne regarder d'ung oeil de sa misericorde elle resplent et luyt par dessus. Et ce regard de fortune mole et debônaire ie ne la scauroie mieulx equiparer qu'a l'estat de court, car cõme fortune choisit les personnages quelle veult sans auoir regard aux merites, sens generosite de lignage pour les faire monter au plus hault de sa roue, puis les desselle et renuerse aulcunesffois soub dainemẽt de hault en bas. Semblablemẽt en vse la court. Elle rit a l'ung elle cõplaist a l'autre, et a maniere d'une fine gouge rusee les despouille aussi nudz que vers, et fourt en ce mesmes throsne aulcunesfois ung tas d'anolles q̃ ne scauẽt dont ilz sont ne de q̃lz parens ilz sont engẽdrez. Et quãt la court les voit ingratz elle en fait ainsi q̃'elle a fait des aultres, et adonc recognossent leurs amys et parcoiuent les caducques muances de fortune, en chantãt auec

ques Boece. Qui cecidit stabili, non erat ille gradu. Et ainsi appert q̃ fortune dure et diuerse est mieulx cause du salut a ceulx q̃'ont suffisance q̃ de ceulx qui se treuuent aueuglez et en chainez ẽ biens temporelz. Et quãt nostre seigneur les fait appeller a son iuiue ilz sont tãt empeschez a cõpter leurs florins et faire leurs amatz de biens mondains qu'ilz s'excusent de s'e giier. Mais les poures voluntaires debilles, orphelins, pusillanimes, aueugles, bossus, tortus, impotens et deffaitz tiendrõt leur lieu et seront inuocquez au royaulme pardurable.

¶ Le .xxv. chapitre raison contre les auaricieux.

¶ Raison.

Pitagoras dit en son liure nõme les vers dorez q̃ quant tu departiras du corps tu yras droit au ciel et laisseras humanite viuãt en pure deite. Cellup est fol naif q̃ croit q̃ son pa(r)adis soit icy. Nostre pere n'est pas en terre. Ce peut on enq̃rre par les clerz lisans Boece de consolacion q̃ grãt bien seroit aux gẽs lais s'il estoit translate. Du se l'homme est tel q̃'il sache viure de sa rente sans aultre chastel desirer cuidant estre en pourete, car nul n'est chetif ce dit le bon maistre q̃ ne se cude estre, soit cheualier ou ribault, mais les ribaulx portãt en greue se charboi

fueillet

ont les cueurs si beaulx que la paine ne leur grieue rien. Ilz ont pacience en leur trauail. Les aultres dansent, ballent et saillent et vōt aux trippes a sainct marceau et ne prisēt deux pipes le tresor du monde, mais despendēt leur espargne et gaing en la tauerne. Et puis retour/net a leurs portages fort loyaulmēt gaignāt leur vie, car ilz ne daignent embler ne riens tollir de lautruy. Puis se reuiennent raffres/chir au tonneau, et en ce point viuent. Cellup qui cuide auoir suffisance est habondammēt riche: trop plus que nest vng vsurier q̄ riche ne pourroit estre, mais tousiours est souffre/teup, auers et couuoiteup, et pareillemēt nul marchant ne vit a paix de son cueur, il est en guerre et fort ardant pour tousiours acquerre iamais naura assez acquis et craint de perdre le demourant, car il na aultre desir que dacq/rir le chastel dautruy. Il semble q̄ lait empris a boire toute saine, Il nen scaura tant boire q̄ tousiours plus ny en demeure. Cest la destres/se laidure et angoisse perpetuelle et la dolen/te bataille qui la courtaille detrenche. En tel le destraincte que tant plus acquiert tāt plus luy fault. De ce mesme lyen sōt liez aduocatz et phisiciens et tous ceulp qui leur science vendent pour argent pendent a ceste mesme hart. Les phisiciens ayment tant le gain que pour vng malade ilz en vouldroient auoir cinquā/te, et les aduocatz pour vne cause trente voire deux cens. Semblablemēt font aulcuns de/uins qui vont preschāt par terre pour acquer/re honneurs, graces, loz ou richesses. Telz gens viuent en grāt destresse, souuerainemēt ceulp qui le font pour vaine gloire ilz pour/chassēt la mort de leurs ames. Lon voit beau coup de telz receueurs. Et iasoit ce quil prouf fitent pour les aultres si ne font ilz nul prouf/fit pour eulp. Car bonne predication a maul/uaise intencion faicte tourne a salut aulcunes fois: et riens ne vault a cellup qui la proferee Lung y prent exemple et lautre assemble vai ne gloire. ¶ Or laissons a parler de telz pres/cheurs et parlons de ceulp qui en tassent. Ceulp qui telz deniers et pecunes mal acq̄ses boutent en tresor ne ayment ne ne craignent dieu: si les gardent par trop plus que besoing ne fust lors que ilz voient poures gens trem/bler de froit et mourir de faim, dieu leur rende ra leur loyer selō leur merit. Trois grās mes chances aduiennent a ceulp qui maintiennēt telz vies. Premierement ilz acquierent les ri chesses a grant trauail. Secōdement paour de les perdre les tient en grant misere, car in/cessamment les gardent, et tiercement en fin les delaissent, dieu scait a quel douleur. A tel tormēt viuent et viueront to⁹ ceulp qui les en suiuent. Tout ce deffault ne vient q̄ y amour qui decline et deffault en ce monde, car son ay/moit ceulp q̄ lauoir amassent et que eulp mes/mes amassent leur proesme et bōne amour re gnast par tout: si q̄ mauluaistie ne les hernast mais cellup q̄ plus en auroit dōnast a cellup q̄ besoing en auroit. Ou p̄stast non point a vsu re, mais par pure charite, par quoy ceulp qui au bien entendroient les deffendissent doy seu se il ny auroit nul miserable poure au monde ne nul auoir nen pourroit. Mais no⁹ voyons au iourdhuy q̄ amours font vendables, nul nayme que pour son prouffit singulier, pour dons receuoir ou pour attraire seruices. Mes mes les femes vendre se venēnt, male ioye puissent elles auoir de tel vente. Ainsi barat a honny tout le bien comman qui tadis fut ap/proprie aup gēs. Ilz sont tant boutez et liez en auarice q̄lz ont mis leur frāchise naturelle a vile seruitude. Ilz sōt serfz a leurs deniers en leurs greniers enclos. Ilz les tiēnent et ilz sōt tenuz p eulp, lors q̄lz sōt venuz a tel meschief telz chetif bourreaulp terrestres ont fait leur maistre de leur auoir q̄ ne est fait q̄ pour des/pēdre ce q̄ entendre ne scauēt, ains respondent lauoir est fait pour musser ce q̄ vray nest quāt chasser le seulet si ne le veulēt ne dōner ne des pēdre. Mais se to⁹ estoiēt pēdus tost seroit des pēdu leur auoir. Car quāt mors seront ilz ta en main de quelq̄ vng q̄ bien le despēdera: ne nul preu ney aurōt. Encores ne sont ilz asseu/rez de les garder iusques en fin, car tel y pour roit la main mettre q̄ demain tout emporteroit.

Telles manieres de gens pourchassent grãt laidures au richesses quant il leur ostent leur natures qui est d courre pour aider et secourir les gens sans estre prestees a vsure. Ilz tiennent prisonnieres/mais elles deueroient selon leurs destinees estre trainees apres eulx.
Telles richesses se vengent de eulx honnorablement/car honteusemẽt apres eulx les trainẽt les trois glanes dessusdictes. Trauail da guerre. Paour quon ne les emble quãt ensemble sont mises. Et grant douleur au delaisser dont ilz sont grandemẽt deceuz. Et ainsi donc pecune se reuenge comme tresnoble et franche dame des serfz qui enclose la tiennent. Lors se repose et tient en paix et les maleureux veillent se souffient et trauaillent et elle les dompte soubz piedz si court que elle a grant honneur et ilz ont honte auec tel torment dõmaige et langoisse de leur couraige. Il ny a gueres de prouffit a cellup q̃ les gardes/car elle dmourra quãt il mourra a qui que soit/lequel assaillir ne losoit ne faire saillir. Touteffois aulcuns vaillans lassaillent/cheuauchent pour saillent et tant la battent aup esperont q̃lz sen deduisent et esbattẽt pource quil ont le couraige fort ample: si prenent exemple a dedalus q̃ par art fit des esles a ycarus son filz et tindrẽt comme une voye par mer. Ainsi font lesditz hommes vaillans a dame pecune/ilz luy fõt esles pour voller et plustost affoller se laysseroient quilz nen eussent pris et los/car reprins ne veulent estre dardeur de couuoitise ne dauarice/Ains en font larges courtoisies/dont leurs pesses sont celebrees et prisees par le mõde. Et leur vertu sen augmẽte: laquelle dieu a grãdement aggreable pour leur honorable largesse/Car toute auarice peult deuãt dieu qui re peut le mõde quant il leur forgie tãt luy estoit liberalite courtoise et plaisãt. Dieu hait auers et villains et le tiens pour ydolatres.
Telz chetifz desmesurez folz/paoureux couars et maleurez cuydent et dient q̃lz ne se tient aux richesses fors que pour estre en seurete et en bienheureté viure. Ha doulces richesses mortelles dont estes vous saillies qui bien heu

rees faictes les gens qui emmurees vo9 ont. Certes tant plus en assembleront tant plus trembleront de grant paour. Mais visens cõment cellup q̃ nest en seur estat pourroit estre bien heure. Puis q̃ bieneurete luy defauldroit si feroit seurete/mais aulcun me pourroit cõtredire et opposer disant que les roys ou princes pour afoser leur noblesse meittent leur estude de faire armier gens autour deulx aulcunesfois cinq cens et de sergens six mille. Et dit le commun peuple que ce leur procede de grant hardement/mais dieu congnoist le cõtraire/car pour q̃ les tormete et griefue leur fait faire. Vng ribault de greue pourroit seullet et seur par tout plus hardemẽt aller et baisser de uãt les larrons sans redoubter leur affaire q̃ ne feroit le roy voire quãt il porteroit la grãt masse du tresor que il amasse tant de pierreries comme de or chascun latron en auoit sa pt et encores le vouldroiẽt ilz tuer. Et qui plus est ie cuyde ains que dissec se remuast quil seroit occis pource que se les latrons le laissoiẽt eschapper ilz doubteroient que il ne les fist pẽdre quelque part/non par sa force que ie ne prt se deux pommes ostre la force de vng ribault mais par celle de ses hommes: voire se ie ne mens. Car a parler proprement les hoũmes ne sont pas siens tãt ait sur eulx grãt seigneurie. Seigneurie non/mais seruitude. Il est tenu de les garder en frãchise/car il est leur. Et se dung accord estoient defaillir au roy d leur aides le roy demourroit seulet: considere que leurs bõte/proesse/corps/force/sagesse ne fõt au roy qui tres ny a. Nature luy a nye/ne fortune tant soit debõnaire ne peult tãt faire que nulle desdictes choses soient a elle: Commẽt qui les ayent conquises dont nature les fait estrãges. ¶ Lamant. ¶ Ha dame au nom du roy des anges apnez moy q̃lz choses puent estre miēnes/et se ie puis auoir propre du mẽ cecy puis ie bien scauoir de vous: ¶ Raison ¶ Ouy tu peulx auoir propre/Mais nẽtes champ/maison/Robes/Garnemens/tenemens terriens ne meuble/car tu as meilleur chose et plus chiere. Finablemẽt to9 les biens que tu sens dedans toy: comme vertus sciences et meurs lesquelz tu congnois certainement demourer en toy et ne te peuuent laisser pour faire seruice a aultre sont tiens/mais touchāt les biens forains ne toy ne quelque aultre ny auez vaillant vng cyuot. Or sachez que dedans vous sont toutes voz choses encloses. Tous aultres biens sont a dame fortune qui les esparpille et assemble et tolt et donne a son vouloir dont elle fait rire et douloir les folz. Mais quoy iamais homme sage ne priseroit chose que fortune feroit et ne seroit ne ioyeulx ne doulent pour le tour de sa roue/car ses faitz sont doubtables et fort variables. Et aussi iamais ne semble belle a nul preudhomme pource q̄ lamour delle riens ne vault. Et puis q̄lle chiet et eclipse si souuent il nest besoing q̄lle embellisse: et pourtant ny atache iamais ton cueur et aussi tu nen es gueres entaiche pour lheure/ce te seroit grant peche. Mais se dauenture cy auāt ty atachois et te clamasses estre amy des gens pour auoir le leur ou aulcun bien venāt deulx nul ne te tiendroit a preudhomme. Fuy comme vile et despite lamour que ie tay icy recitee nay me plus par amours: croy moy et soies saige. Or te te voy fort nice dune chose/cest que ie te boute en haine: dis moy en q̄l lieu et cōment.

¶ Moralite

¶ Le chapitre precedent est fondetotalement en doctrine morale qui riens ne deroque a lamour diuine qui est ma principale intention et ne parcois histoire digne destre figuree: par quoy ie le laisse dautelle condicion q̄ te le trouue.

¶ Le .xxvi. chapitre sinsolence des geans acomparez aux princes de la terre.

¶ Lamant

Vous ne finastes au iourdhuy de me dire que ie dois desdire monseigneur pour ce ne scay q̄lle sauuaige amour. Certes q̄ chercheroit insq̄s en cartaige donēt en occident et peust on

tant piure q̄uoy neust dēt en bouche: mais p̄ vieillesse fussent tōbees et courut on tousiours portās pains noez a sa ceinture autāt q̄ le monde durera en se visitāt p̄ mydy et septētrion tāt q̄l eust tout veu plainemēt a son plaisir, si nauroit il cogneu lamour dōt auez icy parle. Le monde en fut bien laue des lors q̄ les dieux le ha bādonnerēt et les geās les assaillirēt tellemēt q̄ iustice chastete et foy sen fuyrēt, et mesme ceste amour fort espoue, car elle sen fuyt entre lesq̄lz iustice fort pesāte fuyt la dernière, et ainsi les dieux delaisserēt les terres nō vueillās porter guerres et quirēt au ciel leur habitacles ne onq̄s puis ne voulurent ca ius deualler si non p̄ miracle Barat fut le principal q̄ les fit departir, car p̄ force et oultraige il tiēt lheritage de la terre. Mesmes tulles qui mit grāt paine a chercher plusieurs secretz ne peust tāt subtilemēt enq̄rre q̄ de toᵇ les siecles passez il trouuast p̄ escript plus de trois ou quatre paires d̄ telles amours q̄ dire voulez. Ia soit ce q̄ plusieurs en esprouuast de ceulx q̄ de bouche se disoient estre son amy, et encores ne seus ie iamais q̄l en soit vng seul tel. Suis ie dōc plus saige q̄ tulles: ie seroie fort entulles grātz et fort de querir telles amours. Et se te le vueil trouuer es cieulx ie ne puis voller: et me les grues ne saulter oultre les nues cōme le saige socrates, et portāt iamais ne mē plez: car ie ne suis desespoir si fol. Les dieux cuyderoiēt q̄ ie voul xxxix.

sisse assaillir paradis comme iadis firent les geans ie me mettroye en dangier destre foul/ droye/ne scay se le vouldriez: mais ie ne men mettray en doubte.

⁋ Moralite.

⁋ Ouide de methamorphose recite en son premier liure que les geās assemblerent mōtaignes les vnes sur les aultres pour debel/ ler les dieux et entrer de force et de fait lassus et gaigner paradis. Juppiter le grant dieu du ciel ce voyant par cruel fouldre et horrible tēpeste debrusa les montaignes et les confondit. Ceste pareille histoire dit lamant a Raison pour luy mōstrer q̄ possible nest de recouurer en terre lamour Quelle luy veult mettre en main. Et que foy triumphant en son arche/chasteté florissant au vergier de virginité et iustice seant en siege tribunal: q̄ des laage dore estoient reputez cōme dieux se sont retirez au ciel pour limpetueux assault que leur firent Les geans. Par les geās sont entēdus les fors et puissans princes du mōde dont la plus pt sont entaichez de insolence. Et cōme le monde sest enuieilly par longitude de teps/il est empire par multitude de mauluais suppotz. Par infidelite subicite et tirānie. Lesditz geans quī sont princes tyrans ne croiet en dieu q̄ sur bōs gaiges/desflorent les vierges de palas. Et rauissent la chair et le sang et biēs du poure peuple. Ne leur suffit de leur propre ains veulēt accumuler villes sur villes terres sur terres et maison sur maison. Et qui plus est heurtēt a lhuys de paradis pour combatre les dieux. Mais le grāt Juppiter/cestassauoir nostre benoist saulueur iesuchrist en prēt telle vēgēce q̄ les fait fouldroyer desfaire et tormēter nō pas par nobles gēs. Mais a la fois par gros vilains q̄ les mettēt au dernier supplice. Et lors ilz treuuent sa malediction y saye. De q̄cō iungitis domum ad domum.

⁋ Le .xxvii. chapitre. Lhistoire d iuppiter q̄ couppa les genitores d saturne son pere est semblable aux modernes coadiuteurs de noz platz: ousq̄lz ilz ostent de trēchēt et decouppēt leur virile substāce

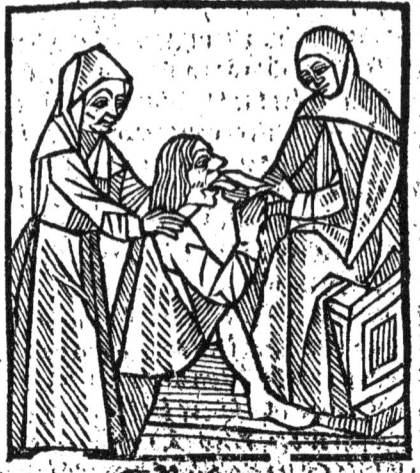

⁋ Raison

[B]Eau filz Amys dit elle se tu ne peulx attaindre a ceste amour la faulte peult venir autāt par toy que par aultruy. Je ten enseigneray nō pas aultres amours ces mesmes et lesquelles chascū pourra choisir sil a lentendement de prēdre amolirs vng petit plus largement. Cest q̄ il ayme en generalite sans especialite nulle sans cōmunion faite de grāt pticipaciō: Et p ainsi tu peulx generalemēt aymer et loy aulmēt tous ceulx du mōde/il fault communement aymer autant lung q̄ laut. et estre telz enuers tous cōme tu vouldrois q̄ lon te fist: et se ainsi voulois aymer clairer lon te duroit. qtte. Ceste amour dois tu ensuyuir/car sans elle tu ne peulx viure. Et pource q̄ ceulx qui sengressent de mal faire delaissēt ceste amour sont les iuges establis en terre pour desfēdre et estre refuges a ceulx q̄ sont interessez affin damender le messait et pour punir et chastier ceulx q̄ en despāt ceste amour meurtrissēt et affollent les gēs/rauissēt leurs biēs/les blasment par detraction/par faulse accusatiō/ ou par aulcunes aultres mesauētures appertes ou couuertes sil en conuient iustice faire.

⁋ Lamant. ⁋ Ha dame puis q̄ nous tenons paroles de iustice dont il est si grant renom. Mettez paine sil vous plaist de men apprēdre vng mot. ⁋ Raison. Dis moy ql. Lamāt.

fueillet

¶ Je vous requiers que me faciez ung iugement damour (& de iustice/ cestassauoir leql vault mieulx des deux. ¶ Raison. ¶ De quel amour dis tu: ¶ Lamant. ¶ De ceste que voulez mettre en moy/ car ceste qui cy est mise ne bee pas a mettre en mise. ¶ Raison. ¶ Certes come ung fol on te peut bien croire/ mais se tu quiers vraye sentence bonne amour vault mieulx. ¶ Lamant. ¶ Prouuez. ¶ Raison. ¶ Tresvolentiers. Quant vous trouerez deux choses couenables/ neces saires (& prouffitables/ ceste qui est necessaire vault mieulx. ¶ Lamant. ¶ Cest vray. ¶ Raison. ¶ Or regarde bien la nature delles/ ou que ces deux choses habitent. elles prouffitent (& sont necessaires. ¶ Lamant. ¶ Vray est. ¶ Raison. ¶ Doncques accorde toy que mieulx vault les plus prouffitant. ¶ Lamant. ¶ Je le puis bien accorder. ¶ Raison. ¶ Je ne ten vueil plus recorder: si non que amour venāt de charite tient plus grant necessite q̄ ne fait iustice. ¶ Lamant. ¶ Prouuez le ains que allez plus auant. ¶ Raison. ¶ Voulentiers. Je te dis bien q̄ le bien qui par soy peult souffrir est plus necessaire (& se doit eslire que cestuy qui a grant besoing dayde. Tu ne le me contrediras pas. ¶ Lamant. ¶ Dame faictes le moy entendre affin q̄ nullupy reprēdre ne men puist/ voulentiers en oirope vne exemple assauoir se ie my pourroye accorder. ¶ Raison. ¶ Certes tu me charges grandement de le prouuer par exēple/ toutesfois affin q̄ mieulx le puisses scauoir (& aussi entēdre tu en auras. Si estoit ainsi que aulcun peust faire vne nef sans auoir ayde daultruy ne de toy qui ne scaurois traire cestuy ouurier trairoit il mieulx que tu ne ferois. ¶ Lamāt. ¶ Ouy ma dame au moins au chable. ¶ Raison ¶ Et près dōc ques icy semblable exēple. Quant iustice iamais ne se releueroit si seroit amours assez souffisant a mener belle (& bōne vie sans nul luy iusticier ne punir. Mais iustice riens sās amours ne peult. ¶ Lamant. ¶ Prouuez le moy. ¶ Raiso ¶ Voulētiers ie te feray

Justice regnoit du temps q̄ saturne estoit en regne/ auql Jupiter son ainsne filz coupa les ▬▬▬ fort durement puis les gecta en mer dont yssit venus la deesse cōme le liure recite. Or se iustice estoit reuenue sur terre cōme elle estoit lors si seroit il mestier aux gens quilz sentreaymassent quoy q̄ ilz gardassent iustice/ car puis quamours se vouldroit eslongier iustice en vouldroit trop destruire/ mais se les gens sentreaymoient tresbien iamais ne sentremesferoient/ (& dōc puis q̄ ne seroit nul mesfait de quoy seruiroit iustice. ¶ Lamant. ¶ Il me semble quelle ne seruiroit de riens. ¶ Raison. ¶ Je ten croy bien. Se to9 ceulx du monde viuoient paisiblemēt iamais nautoroient roy/ prince/ bailly ne preuost tant deuot seroit le peuple/ iamais nul iuge ne orroit plainte ne clameur. Pour quoy ie cōclus q̄ amour vault simplement mieulx que ne fait iustice quoy quelle soit contre malice mere des seigneuries dont les frāchises sont perdues. Et de fait se le mōde neust este entaiche de mal (& de peche iamais lon neust veu ne cōgneu roy ne iuge en terre. Et quelq̄ roy ou iuge quil y ait. Ilz se mesprennēt mallement/ car ilz deussent premieremēt auoir iustice en eulx puis q̄ lon se confie: (& estre loyaulx/ diligens/ non lasches/ non negligens/ non couuoiteux/ nō faintis pour mōstrer droit a ceulx qui se plaindrōt. Mais certes ilz pourront bien estre iugez cy apres (& estre payez ō leurs mesvres: car ilz taillent (& rayent (& playēt poures gens (& senforcēt totalement de prendre lautruy. Et de fait tel iuge sefforce de aultruy prēdre qui mesmes a desseruy destre pendu se son proces estoit fait des rapines (& forfaitz q̄ a perpetre par cy deuant: dieu en q̄ tout bien habunde scait et congnoist que plusieurs viuent au monde q̄ fort bien ont desseruy la mort du gibet.

¶ Moralite

¶ A grant diligēce sefforce raison au chapitre precedent de prouuer a lamāt que par bonne (& pacifique amour charitable len viueroit au monde sans quelque iustice/ mais nō poit en iustice seulemēt sans amour/car elle seroit trop rigoureuse. Et au demene de ceste matiere. Raison met auant vne histoire estrāge et despecte cōme il peut sembler aux dames: tāt pour vng mot que pour lexecution dicelle. Mais pource que parolles ne sont puātes ne viles si non ce q̄ est represente par elles ⁊ que ie ne doy obmettre le mistere sans en dire quelque chose. Il est ainsi q̄ iustice si regnoit en terre quāt saturne prosperoit en son royaulme entre quatre enfans q̄l auoit. Juppiter son aisne filz luy couppa les genitoires si les gecta en la mer / ⁊ dicelles nasquit dame venus deesse de foles amours. Naturellemēt a parler par saturne est entēdu le temps qui est de fort longue duree. Il auoit quatre enfans: Juppiter/iuno/neptunus/⁊ pluto q̄ desinēt les quatre elemens. Par Juppiter est entēdu le feu / par iuno laer/ par neptunus leaue/ ⁊ par pluto la terre. Et entre les aultres enfans Juppiter qui represente le feu est celluy qui peut refrener chastier ⁊ subiuguer le temps cōme le plus actif: cōme lon voit q̄ de tous fruictz que saturne produit sur terre / le feu en est le maistre. Et ainsi il a recouppe la force et virilité de son pere si la rue en la mer: dōt dame venus deesse des folz amoureux est engendree/ laq̄lle nous prepare grant delices au mōde / car la force genitive du vieulx patron sestent autāt en mer quen terre. Saturne vieil ⁊ ancien se peut licitemēt acōparer a quelque grāt prelat deglise soit euesque ou abbe souuēt aduiēt que iuppiter par q̄ tentens lung des plus aisnez de son college soit nepueu ou aultre aspire apres sa croce fort bien acoutree de richesse ⁊ soubz titre de coadiuteur: car iuppiter vault autant a dire cōme ayde du pere trouue tāt de moyens que par amour ou par force / sadicte croce luy est resinee. Et adonc il luy detrenche sa virilite / force/ puissance ⁊ geniture/ ⁊ rue tout en la mer qui est le gouffre de couuoitise insaciable. Le filz aulcuresfois engēdre venus quāt il se trouue garny de pecune / ⁊ le pere trebusche en amertume. ⁋ Telz coadiuteurs ie lose dire couppent les couilles a leur pere abbe. Car p

la grant melancolie quil a dauoir dit resigno: et lindigēce dargent qui le partue/ il nā voulte dacomplir les oeuures venerienes.

⁋ Le .xxviii. chapitre est comment lhistoire de virgine / de Claudius ⁊ de Apius est figure de lame raisonnable/ du monde/ ⁊ de lennemy.

⁋ Raison

NE fut apꝰ digne dēstre pēdu quāt il fit vng sien sergent/ nōme claudius emprendre vne querelle par faulx tesmoings cōtre virgine vne tresnoble pucelle/ humble/ ⁊ doulce/ fille d̄ virginius ainsi cōme titus liuius le recite. Pour ce quelle ne auoit cure dudit claudius ne de sa luxure/ icelluy dit en plaine audience cōme mauluais ribault deuāt apius/ qui lors estoit iuge. Sire dōnez sentence pour moy/ car virgine des quelles fut nee me fut emblee par rapine en mon hostel/ ⁊ baille a virginius. Ie le prouueray par ceulx q̄ lors estoient en vie que elle est ma serue. Si vous requiers q̄ la me deliurez cōme serue/ affin quelle me serue/ et nōn pas celluy qui la nourrie. Et se virginꝰ le nye/ ie trouueray tesmoings pour prouuer a lencōtre. Ainsi claudꝰ mauluais traistre ministre du iuge parloit baudemēt Et apius

h

·fueillet

qui estoit le iuge donna la sentéce hastiuemét
quant q̃ Virginius parlast qui bien estoit prest
de parler ⁊ de respondre pour confondre ses ad
uersaires. Et commanda ledit traistre Apius q̃
la pucelle fust rendue a son seruiteur Claudi⁹
Quant Virgini⁹ cheualier bien renommé plain
de grant preudhōmie apperceut q̃ il ne pouoit
deffendre sa fille contre apius/ ains luy cōue-
noit rendre ⁊ estre ahontaige il changea honte
pour dāmaige ⁊ se appēsa de vne merueilleu
se chose. Car p bōne amour ⁊ sans quelq̃ suspi
cion ou crainte de estre vaincu du cas: il coup

pa le chief a sa fille/ puis se presenta au Iuge
deuant tous en plain cōsistoire/ ⁊ Apius par
grant yre cōmanda le prendre pour le pēdre.
Mais le peuple illec psent aguillonne d grāt
pitie deffendit la querelle dudit Virginius.
Le fait bien approuué, api⁹ fut mis en prison
ou il se occit auāt attendre son iugemēt. Clau
dius son complice en eust souffert mort se Vir
ginius ne leust respite. Mais il pria tant au
peuple quil fut enuoye en exil ⁊ les faulx tes-
moings furent condānez a mort. Conclusion
iuges font trop de grās oultraiges. Lucan q̃
moult fut reputé saige en son temps dit q̃ Ver
tu ⁊ grant pouoir iamais ne se trouueront en
semble. Donc silz ne samendent ne tendēt a
quilz ont mal pris le puisant iuge perdurable
leur mettra auec le dyable denfer les colz en
latz sans excepter roys/ prelatz/ iuge seculier

ne deglise. Telz iuges ne doiuent receuoir les
honneurs pour ainsi faire/ mais sans don ou
quelque propine doiuēt traire a chief les que-
relles qui leur sont apportees ouurir la porte
aux plaintifz et les ouyr en propre psonne soi
ent bōnes ou maulauises. Ne se doiuent gor-
giant pour leur hōneur ilz ne les ont pour ne-
ant/ car ilz sont seruiteurs au menu peuple q̃
repeuple ⁊ accroist le pays. Ilz luy iurēt ⁊ fōt
serment de faire droit autāt qlz dureront. Le
peuple doit viure par eulx en paix en pour sui
uant les malfaicteurs: lesqlz se dauāture nul
ne vouloit entreprēdre de les pendre/ eulx mes
mes de leurs ppres mains en feroient loffice.
Or puis qlz sont a ce quilz doiuēt iustice faire
ilz y doinēt mettre leur entente/ car ilz en par-
couient les rētes. Ainsi le pmirēt faire ceulx
qui premier eurent les hōneurs. Finablemēt
se tu mas bien entendu ie tay rendu ce que tu
mas requis: ⁊ les raisons qui a ce mont mene
as veu bien au long.

¶ Moralite.

¶ La trespitoyable histoire de Virgine
par dessus recitee est digne de estre acōparee a
lestat damour diuine nostre principale inten-
cion. Virgine tresbelle, doulce, ⁊ humble pu-
celle, est cōme lame raisōnable fille legitime
de nostre redēpteur. Virgini⁹ le trespreux et
vaillāt cheualier. Claudius le mauluais ca-
ueistre, de la famille apius est le monde, lequel
fort enuieux de ceste noble Virgine senforce d
la deflorer/ ⁊ en faire sa serue/ comme il a fait
tour nellemēt de plusieurs aultres. Et pource
que le dit Claudi⁹ est nō puissant de ce faire
il requiert laide de apius lennemy denfer, car
pius a par soy vault autāt cōme debōnaire.
Et quāt lon met a deuāt pius autāt vault cō
me tresfier ⁊ nō debōnaire. Lēnemy doncqs
et le mōde sefforcent de grir faulx tesmoigna-
ges pour laccuser cōme lō en trouue plusieurs
aux lues. Si dresserent toutes cautelles
malicieuses pour emāciper la doulce Virgine
hors de son estre ⁊ bien heure sain paternel: et
par hastiuete dauoir ladicte fille, Apius ten-

dit la sentence sans que le pere fust ouy. Vir/
ginius voyant leur mauldicte pretente ama
mieulx sacrifier virgine sa fille / et la faire
martyre que de la voir a hōtaige τ serue a tel
le ribauldaille. Le cas bien verifie a lhōneur
de la fille / apres le iniq̃ iuge fut mene en char
tre ifernalle ou il soccit p maniere d̃ desespoir
Claudius qui represente le monde seq̃l auoit
bien desseruy de estre brusle / comme il sera cy
apres fut respite de mort a la cōtemplacion d̃
Virgineus / τ condāne en exil / ou il est encores
de ceste heure / car chascun content a le piller.
Et les faulx piures tesmoings furēt a mort
miserable condānez.

¶ Le .xxix. chapitre. Simili
tude de la roche estant en mer a
lestat de ce monde amer.

¶ Lamant

Certes dame ie me tiens de vous
bien paye cōme celluy qui vo⁹ en
remercie / mais ie vous ay ouy icy
nōmer / cōme il me semble vne pa
rolle / laq̃lle q̃ vouldroit muser des
sus vo⁹ ny pourriez trouuer deffense pour vo⁹
en excuser. ¶ Raison. ¶ Bien voy dit elle
a quoy tu pēses vne aultre fois quāt il te plai
ra en auras excusacion sil le te plaist ramēte/
uoir. ¶ Lamant. ¶ Donc ie vous mettray
ie en memoire cōme viste remēbrant par tel/

le facon que vous le dictes / Toutesfois mon
maistre ma deffendu cōme bien entendu lay
que la mot q̃ sapprouche de ribauldie ne suy/
de de ma bouche / car puis q̃ ie ne suis du mesti
er ten puis bien estre le reciteur Ie nommeray
tout oultre le mot. Celluy fait bien q̃ remōs/
stre sa folie a celluy q̃l voit folloyer. Ie vous
puis bien chastier de tant / quoy q̃ vous fain/
gnez estre saige vo⁹ parcourerez vostre oul/
traige platnemēt. ¶ Raison. ¶ Ie veuil bi
en cela entēdre en moy deffendāt que tu moy
poses de hayne. Merueilles est q̃ tu loses dire
se laisser vueil vne folie il ne sensuit mye que
ten doye faire vne aultre telle ou plus grāde
ne pource se ie vueil estaindre la folle amour
ou tu bees ie ne cōmande mie q̃ tu doyes quel/
qun hayr. Il te souuiengne de Orace plain de
sens τ de graces. Il dit q̃ ceulx ne sont point ni
ces folz qui eschiefuēt les vices / mais silz se
tournent a leur cōtraire leurs affaires ne val
lent mieulx. Ie ne te vueil pas deffendre ay/
mer τ que bien entēdre ne y doiues fors celle
la qui blesse les gēs. Et pareillemēt pourtāt
se ie deffens pureste / a boire ne vueil deffen/
dre ce ne vauldroit vng grain de poiure. Lon
me tiendroit bien pour besue se ie deffendoie
folle largesse pour cōmander de prendre aua/
rice / car lung τ lautre est vice grāt telz argu/
mēs ne fais mie. ¶ Lamāt. ¶ Si faictes
voir. ¶ Raison. ¶ Certes tu mens flater
ne te vueil tu nas pouoir assez pour moy ma/
ter / quiers les anciens liures / tu nes pas logi
cien / ie ne ay pas ainsi lieu damour q̃ tu lētēs /
onques ne yssit d̃ ma bouche que no⁹ doyons
hayr quelque chose lon y peut biē moyē trou
uer / cest lamour que ie prise τ ayme / laquelle
te tay apprinse pour aymer. Il ya vne aultre
amour naturelle q̃ nature a mis es bestes qui
cheuissent d̃ leurs facons les allaictēt τ nour
rissent / se tu veulx q̃ ie te racompte de lamour
compte ie te fais / retiens q̃l est sa diffinition.
Cest iclination naturelle de vouloir son sem
blable garder par q̃nable intention soit par
voye dengendremēt ou par cause de nourritu
re tant les hōmes cōme les bestes sont prestz

b ij

dentretenir cest amour. Et quoy que ceste a/
mour prouffite nul ny a los ne blasme ne me/
rite/nul ne sen scauroit deffendre tant sceut ap/
prendre de sens. Ilz ne sont a blasmer ne a loer
nature a ce les incline force leur fait faire qui
na victoire sur leurs vices/mais sans faulte
silz ne le faisoient ilz en deueroient receuoir bla/
me ainsi que quant ung homme mangeue, il nen
doit receuoir nulles louenges/mais sil oultra/
geoit le manger lesdaigier on le deueroit. Je scay
bien que tu nentens pas a ceste amour, tu as
emprins plus grant folie de lamour que tu as
prins/et se tu veulx auancer ton preu ie te cõseil/
le de la laisser. Non pourtant ne veulx ie mie
que sans amye tu demeures/mais sil te plaist
mettre ton entente en moy ie suis belle dame
et gente/digne pour seruir ung grant preudhõ
me: voire quant il seroit ung romain empe/
reur. Je vueil ton amye deuenir/ Et se tu te
veulx tenir a moy tant te vauldra la mienne
amour qiamais ne te fauldra quelque chose
necessaire pour meschance qui aduenir te puis/
se/Tu deuiendras si grant seigneur q de plus
grant tu nouys, iamais en ta vie parle. Je fe/
ray ce qte plaira quelque hault vouloir que
tu ayes, moyennant que tu feras mes oeuures
et ma voulente entierement, ie ne te demande
aultre besoignement/ et auras tel auantaige en
moy q seray ton amye et ta dame par amour/
quil nest nulle qui pareille soit. Je suis fille de
dieu le pere souuerain, qui me fit et forma tel/
le comme tu vois que ie suis. Regarde icy ma
forme et te mire en ma clere face. Iamais pu/
celle de si hault paraige neut tel habandon de
aymer q moy/car iay congie de mon pere sãs
qlque reprinse nulle ou blasme de faire amy
et destre aymee/tu nas garde dauoir quelque
blasme, ains te gardera dieu mon pere qui en
semble nous nourrira. Dis ie bien/respons
moy que ten semble: Le dieu damours qui so
loyer te fait scait il aussi bien payer ses gens
donne il aussi bons gaiges aux folz q luy font
hommaige comme toy: Pour dieu ne me re/
fuse mye, car pucelles qui de prier ne sont ru/
sees sont dolentes et confuses quant refusees

sont, ainsi q tu las prouue par equo sans aul/
tre lesmoing querir. ¶ Lamant. ¶ Or me
dictes soit en francois ou en latin quel seruice
cest que vous voulez que ie vous face.
¶ Raison. ¶ Scuffre et endure que ie soy
ta serue et chamberiere et tu seras mon amy
loyal. Tu delaisseras le dieu qui icy ta mis et
boute. Tu ne priseras la roue de fortune une
prune. Tu seras semblable a Socrates tant
stable et fort qui nestoit ioyeulx en psperite ne
en aduersite triste. Il mettoit tout en une ba/
lance mescheance et bonne aduanture/ et les
faisoit peser egalement sans esiouyr et sans cõ
doleance. Car de nulle chose du monde nestoit
ioyeulx: ne riens ne luy en pesoit. ¶ Solin
dit que ce fut celluy qui fut iuge le plus sage
du monde par les responses de appolo. Ce fut
celluy a q le visage se tenoit tousiours en ung
point de tout ce quil luy auenoit. Mesmes
ceulx qui le tuerent a cause qlnyoit estre plu/
sieurs dieux ne trouuerent sa face muee/ et pres
choit quilz se gardassent de iurer par plusieurs
dieux. ¶ Eraclitus et dyogenes furent si netz
et purs de cueurs/ q iamais en tristesse ne fu/
rent pour quelq pourete ou destresse quil eus
sent. Tousiours se tindrent fermes en ung pro
pos, et sans nulz courroux souffrirent paci/
ment tous les meschiefz qui leur aduindrent
et tu feras le semblable/autrement ne me peulx
seruir. Garde toy bie aussi que fortune ne tab
bate quoy quelle te batte, et tormente. Cellui
nest fort luycteur ne bon quant fortune mõstre
sa force pour labbatre et descõfit, sil ne se scet cõ
batre a elle. Lon ne se doit point laisser prendre:
ains deffendre vigoreusement. Elle scet bien
pou de luycte, car quicõques veult luycter cõ
tre elle, soit en paillier ou en fumier il le peut
abbatre au premier tour. Cellui nest hardy
qui la redoubte, car qui scauroit et cõgnostroit
toute la force nul ne cherroit a son iambet/ se
voulentairement ne se boutoit ius. Nest ce
point grant honcte a homme qui bien deffen/
dre se peut de se laisser mener pendre. Il auroit
grant tort qui plaindre le vouldroit quant il
nest au monde plus grant paresse. Garde toy

donc bien/q̃ iamais ne prises ne ses emprises ne ses honneurs. Laisse luy tourner sa roue q̃ sans seiourner tousiours tourne/te laisset au millieu comme aueugle. Elle aueuglit les vngz de grant richesse/dhonneur/et dignitez. Aux aultres donne pouuretez grandes/Et quant il luy plaist elle reporte tout. Moult est fol celluy qui sen desconforte/& qui sen esrouyst de riens puis quil sen peut deffendre sil a bon vouloir. Dautre part vous faictes fortune vne deesse/et leseuez iusques es cieulx/ce que ne deuez faire. Car cest contre raison & droit quelle ait maison en paradis/iamais si eureuse ne sera/car elle est trop perilleuse.

¶ Vne roche siet au millieu & bien par fond en la mer qui sur elle se lance en hault/Et la mer dautre part grouce & tence a lencontre delle. Aulcuns flotz la hurtent & batent & se combatent a elle tousiours/& maintesfois y coptissent tant quilz sensepuelyssent en la mer. Aulcunesfois aussi la roche se despouille de leaue quant le flot se tire arriere/adonc elle sault en lair & se respire/Mais elle est de telle nature quelle se transmue/difforme/se desguise/se rechange & ne tient nulle forme tant est estrange. Et quant elle se monstre par aer/elle fait de ses flourettes apparoir comme estoilles reflamboyans/& par ellement des verdoyans herbettes a lheure que zephirus cheuauche sur la mer/mais quant la bise resoussle a lencontre elle fausche de lespee de froidure la verdure et les flourettes/si q̃ nulle fleur ny peut estre ne prendre croissance. La roche porte le redoubtable boys/dont les arbres sont merueilleux. Lung est brehaigne qui ne porte riens. Laustre se deporte de porter fruict. Lautre ne cesse de reuerdir. Lautre est orpheline de fueilles. Et quant lune dure en sa verdeur plusieurs y sont sans verdure. Et quant lune flourist les fleurs meurent a plusieurs. Lune se haulce latre sencline a terre. Et quãt bourion vient a lune lautre est flaistrie. Les genestres sõt la grans cõme geans et petis nains sont pins et cedres. Chascuny arbre se difforme ainsi/Et prent forme lung de lautre. La fueille du laurier qui doit estre verde est toute flaistrie. Le liue y deuient seiche q̃ doit estre viue & empraignãt. Les saultz q̃ naturellemẽt doyuent estre brehaignes ilz flourissent & recoyuent fruict. Lorme estriue contre la vigne q̃ luy toulz la forme du raisin. Le rossignol chãte tard/mais moult y bret & se lamẽte. Le chathuan prophete de maladuenture/& de douleur hideux messaige. Par la soit vuer ou este sencourent deux fleuues diuers en saueur de forme & couleur sourdãs fontaines diuerses & vaines. Lung rend eaue si doulce si sauoureuse & si mielleuse q̃ nest celluy q̃ nen boyue trop plus q̃ ne doyue & ne peut estãcher sa soif. Ceulx q̃ plus en boyuẽt plus q̃ deuant ardent de soif. Nul nen boyt quil ne soit pure/Mais ne se deliure nul de sa soif. La doulceur est si fort bonne q̃ nest nul q̃ en taste qui nen vueille encores gouster pour la doulceur q̃ en pst. Et brief la seicherie les picque si fort q̃ ydropicques en deuiennent toꝰ. Le fleuue court iolyemẽt menãt si grant resiouyssance q̃ l en sonne plus souef q̃ tãbour ne tĩbre/nest nul q̃ voise celle pt q̃ se cueur ne luy degoyse. Plusieurs se hastent dentrer ens q̃ se arrestẽt a lentree & ne osent aller auãt A grãt paine ilz leuẽt leurs piedz/car ilz touchent en uys les doulces eaues. Ilz en boyuẽt vng petit. Et quãt ilz apparroyuent la doulceur ilz ytont vouletiers si pfond que tous se plongeroiẽt dedans. Les autres võt si auãt que ilz se lauẽt a plain iour & se louent grãdement de laise q̃ lz en recoyuẽt quãt ainsi se nosent & baignẽt/et puis soubdainemẽt suruient vne legiere vndee qui les reiette arriere de la riue si les remet a seiche terre quãt le cueur leur art & brusle. ¶ De lautre fleuue te diray en quel maniere on le trouue. Les eaues sont tenebreuses en sulphurees/Mal sauourees/ comme cheminees/ fumans/ escumans de grant punaisie. Il ne court doulcement/mais hydeusement descend comme tempeste/& tẽpeste plus fort en laer que nulz horribles tonnoirres/zephirus ne vente nulle fois/ne iamais ne fait recte spit ses vndes laides & parfondes/ne le douloureux vent de bise ne prent

h iij

bataille contre luy tellement quilz luy conui/
ent esmouuoir toutes ses ondes Et luy fait
ses flotz/ses vagues saulter en guise de mon
taignes/les fait batailler ensemble tant veult
trauailler le fleuue. Plusieurs demeurent a
la riue plourc̃s souspirant tant douloureuse
ment quilz sont tous plongez en larmes/ z ne
cessent desmayer. Car noyer les conuient.
Maint homme entre en ce fleuue qui nen a
pas seulement iusques au ventre/mais il est
ensepuely totallement. La sont pressez et de/
boutez du redoubte fleuue qui maint en absor
bit z affonde. Aultres sont resortis par lunde
et aussi les fleuues en absorbissent z flatissent
si parfond quilz ny scauent tenir trace par ou
ilz puissent reuenir/ains sans iamais retour/
ner seiourner les couient. Le fleuue tournoye
et se deuoye par tant de destroitz a tout son dou
loureux venin quil entre en ce doulx fleuue z
luy transmue sa nature par sa grant froidure
puant z plaine de telle mechante quil luy de/
part sa pestilence/z tant le nuenyme qͥl le fait
amer et trouble si luy tould sa temperee va/
leur par sa chaleur desattrempee. Et luy oste
sa bõne odeur tant rend de pueur a son hoste.

¶ Moralite

¶ Le debat z argumentacion de raison et
lamant au chapitre precedent tournẽt a salut
pour quoy ie ny vueil augmenter ne diminu
er/mais ie vueil bien dõner similitude a celle
grosse roche qui est au millieu de la mer. Et
me semble que par ladicte roche nous pouons
entendre lestat du monde present enuirõne du
terrible gouffre sathanicque z amertume in/
fernale que nous pouons nõmer la mer mor/
te pource quelle ne recoit homme vif/mais
toꝰ sont mortifiez par peche mortel. Et si tost
comme nous sommes ius du descouuert de la
terre se nous ne tyrons en hault il nous fault
tresbucher en elle. Bieneurez sont ceulx qͥ sõt
passee z sont venuz a port de salut sans grief
nauffrage. Le flot dicelle mer plain d epera
bles z mauldits pirates hurtent souuẽt contre
celle mondaine roche pour labsorber z englou
tir cõme aultresfois ilz ont fait auant laduene/
ment nostre seigneur q̃ tout le mõde estoit en/
sepuely en son vẽtre. Et si tost q̃ les flotz sont
retraitz par la grace de dieu la roche se appert
en laer estrangemẽt sans tenir quelq̃ forme a
la semblance du mõde q̃ est sommieremẽt va
riable. Et quãt zephirus le tresdoulx vent de
predication desgorge ses doulces allaines les
belles flourettes/cest a entẽdre les nobles ver
tus des deuotz personnages sont veues cõme
estoilles sintillans. Et par vng ꝑtraire quãt
le tresdur vent de bise ennemy de lhumain li
gnage euomit ses horribles vẽtositez il desflo
re/deffait et adnichile herbettes et verdures
des gracieux flourons. ¶ Chose admirable
est que en ceste roche croissent arbres q̃ quant
aulcũs sont en fleur les aultres sont despouil
lez. Et ceulx q̃ on dit steriles/cõme saultz et
autres portẽt les nobles fruictz/z les vignes
le fruict de sorme. Ainsi se desnaturent z trãs
forment les arbres de flouritures z de fruictz
¶ Par les arbres sont entẽduz les diuers p̃
sonnages du monde qͥ iamais ne sont en vng
point. Tot sensus tot capita. Et changent cõ
tinuellemẽt leurs meurs/leurs fruictz z leurs
semẽces tenãt la mode de ce mõdain vergier
ou ilz sont nourriz/ia soit ce qͥl y ait destrange
vermine/touteffois il y a deux fõtaines pour
arrouser les bons plãtages. Lung est doulx z
amyable/tant plus en boyt on/tant moins es/
tanche on sa soif. Ame nen boyt q̃ ne soy pure
sans estre deliure de son ardeur. Ceste manie
re d beuurage est pour soubstenir en force les
deuotes persones/et est la fontaine de charite
grace z misericorde. Il y a vng aultre fleuue
de charnalite/dont les ondes z ruisseaulx sõt
plains de soulphre z de puateur. Il enuenyme
et corrumpt laer si le remplit de pestilẽce/et q̃
plus est il se lance z entremesle auecq̃s la fon
taine de grace/dont cest pitie z dõmaige. Cor
rumpunt bonos mores colloquia mala.

¶ Le .xxx. chapitre. Comparacion
de lestat de fortune a la gloire mon/
daine.

Raison

AU pendant du chief de la montaigne non en plaine descēd la maison de fortune: laqlle maison est tousiours trebuchante preste de meschāte receuoir. Car il nest rage de ventz et tormēt nul q illecques offrir se y puisse que souffrir ne cōuiēgne. La recoit ou les assaulx et molestes de plusieurs tēpestes/ zephirus le tresdoulx vent par ses Souffletz paisibles et molz y vient a tard pour attrēper les horribles assaulx des durs ventz. Lune ptie de sa salle aualle et lautre va cōtre mont/ et semble q che oir doye en regardāt le pendant dicelle. Et ie croy q iamais hōme ne veit si desguisee maison. Dune part reluysēt ses murailles/ car elle sont dor et dargēt moult gentes/ et la couuerture est de mesmes et de pierres precieuses ardant fort clere et vertueuses tant q chascū les loue. Mais dautre part sont les murs de boe qui nōt vne palme despes/ et la couuerture est toute de chaulme. Elle se tient orgueilleuse pour sa merueilleuse beaulte. Et dautre part tremble cōme effrayee tant est esbahye et foyble/ et de creuaces pourfendue en plus de cinq cens mille places. Illec a fortune sa maison cōme en chose non estable/ mais mouuable et foliant. Et quāt icelle veult estre honoree elle se trait et tourne en la pt doree. Illecqs serour ue et lors se attourne et paree cōme royne dune

robbe qui luy trayne/ laquelle est de moult de diuerses et desguisees couleurs/ tāt de soyes cōme de laynes selon les graines et les herbes et maintes aultres diuerses choses dōt sont taincteēs les drapperies/ et aussi dont toutes riches gens se vestent q sapprestent pour auoir honneurs. Ainsi se desguise fortune q ne prise vng festu tous ceulx du mōde quāt voit son corps ainsi vestu/ ains est tant fiere et orgueilleuse qui nest orgueil q ne se fiere/ car quāt elle voit ses grās richesses/ hōneurs/ noblesses elle habōde en telle folie quelle ne croit q soit au mōde hōme ne femme q se vaille cōment q voit se. Fortune fait tant la roue auāt la salle quelle entre en lorde et meschant partie foible descreue et croiant. Illecques va tumbant et se boute ius cōme se goutte ny voit. Et quant elle se voit la cheute chāge chiere et habit: et se desnue de sa robbe cōme orpheline poure/ et semble que riens ne hait vaillāt tāt a grāt deffaulte de biens. Et quant elle voit sa mescheance querant cheuissance honteuse elle sen va croupir au bordeau plaine d dueil et de soupir/ et illecques pleure a grandes espandues larmes les grans hōneurs quelle a perdues/ ensemble les delictz ou elle estoit quant se vestoit de riches robbes. Et pource que si peruerse est quelle verse les bons en la boe si les deshonnore et griefue. Et esleue les mauuais en hault en leur donnāt habondance dignitez honneurs et puissances: puis quant luy plaist leur tould et emble comme celle qui ne scet quelle veult. Les anciens qui bien la cōgnoissoient luy firent bender les yeulx.

Moralite

Par la maison de fortune pendāt au chief de la mōtaigne agitee et peuree dhorribles vētz en trai d tourner en decadēce est ētēdue la souueraine monarchie des hōneurs du mōde/ laqlle est fort desguisee/ car dune pt a murailles dor et dargēt d pierres riches/ et dautre pt elle a murs de boe foybles meschās et couuerture d mesmes. Intendz p fortune qui en est maistres

fueillet

se Une personne constituee au plus hault degre de la roue, laquelle voyant sa queue luy tremē come le paon ne admirt creature viuant: neantmoins elle deualle tousiours. Et finablement soit par vieillesse egritude melancolie impetueuse aduersite ou aultrement se treuue tumbee en linferioze partie de la maison ou la muraille est de boe. Car il nest home tant soit magnificquemēt colloque que en fin ne retourne es miserables fragilitez humaines: esquelles il a este des son primitif aage nourry et esleue qui sont parois de Terre assez viles et plaines de boe. Et illecques regrette, souspire, et ploure les grās richesses triūphes et honneurs qui luy sont eschappez. Aulcuns fort saiges et bien mortiginez le portent paciemment. Et les aultres se lancent en desespoir mauldissant leur malheur come folz: ignorans la mutabilite de fortune aueugle come ceulx qui riens ny voyent, et non sachant q̄ les hōneurs et triūphes mōdaines se passent come legiere fumee. Omnia sunt homini tenui pendencia filo.

⁌ Le. xxxi. chapitre. Similitude de Neron a Lucifer.

⁌ Raison

Et quil soit ainsi que fortune face ancantir et effacer les bōs et entretenir les mauluais en honneur: ie vueil quil te souuiēgne quoy q̄ par deuāt ie

lay dit de Socrates que tant iaymoye et moy luy q̄l me reclamoit en tous ses faitz. Toutesfois ie puis trouuer et tout ce approuuer p̄ plusieurs exemples tant par senecque q̄ par Neron de quoy ne parlerons gueres pōnt la prolixite de la matiere, car ie mattroie long tēps a reciter les affaires de Neron le cruel home qui fit bouter les feux a Roine, occir son frere et les senateurs. Ouurir et desmēbrer sa mere pour veoir le lieu ou il auoit este conceu. Et quāt elle fut ouuerte selō lhistoire il iugea la beaulte des mēbres dicelle. ⁌ O mon dieu quel felon et terrible iuge est ce icy: oncqs ney yssit larme Doeil en cest affaire inhumain: mais cōmanda q̄ lon luy apportast le vin: et loze beut pour son corps et cueur aisier et resiouyr. Il auoit par auant congneu sa seur puis la mist en main de quesque homme qui en fist sa voulente.

⁌ Il mist Senecque son bon maistre a martyre: et luy fist eslyre de q̄lle mort il vouldroit mourir. Senecque voyant q̄l ne pourroit eschapper, et q̄ cōgnoissoit sa mauluaistie dist. Faictes moy chauffer ung baing et moy seigner dedans icelluy affin que ie meure en eaue chaulde et que ie rende mon ame ioyeusement a dieu qui la forma pour le deffendre de tous maulx. Ces motz finez Neron fist app̄ste le baing, et bouter le preudhōme en icelluy, et le seigner tellemēt que par sang espāduz il luy conuient rendre lame. Si nauoit neron occasion de ce faire/si non que des son enfance il auoit coustume de luy porter reuerence cōme le disciple doit faire a son maistre. Et disoit Neron q ce ne deuoit il faire/ car il nest beau ne decēt que hōme estant empereur face reue/rence a quelq̄ vng/ quāt ce seroit son maistre ou son pere. Mais pource q̄ ce luy estoit pai/ne q grief de luy leuer contre son maistre/a te/nir ne sen pouoit par force de acoustumance/ fist il destruire le bon preudhōme. Et toutes/fois se desloyal tirant tint la iurisdiction de lē pire de Rome/dorient/de midy/doccidēt/q̄ de septētrion. Et se bien entēdre me scez tu peulx apprendre par ces paroles q̄ nulles graces de fortune sans nef vne excepter/ comme sont ri chesses/reuerēces/dignitez/honneurs q̄ puis/sances ne sont de si grant force q̄lles puissent faire ceulx qui les ont fort bons/ ne dignes da uoir telles richesses/ne telz honneurs/ne telz haultesses. Mais silz ont en leurs courages aulcunes griefetez/ Soit orgueil ou aultres mauluaistiez estans en hault estas/ ilz le des cloent plustost que sil eussent petit estat/ Car adonc ne pourroient tant nuyre. Mais quāt ilz vsent de leur puissance le fait accuse leurs voulentez qui sont signes q̄ demōstrances q̄lz ne sont ne bons ne dignes de richesses auoir/ dignitez/ honneurs ne poestez. Neantmoins lon dit cōmunemēt vne parole q̄ moult fole est/ cōbien que aulcuns la tiennēt pour veri/table par le desuoy de leur sens. Cest q̄ les hō neurs muent les meurs. Mais ceulx q̄ le di/ent arguēt fort malement/ car honeurs muā ce ne sont mye/ ains sont demonstrances et si gnes quelz meurs ilz auoiēt lors q̄lz estoient en bas estat/ q̄ quelz chemins ont tenuz pour estre paruenuz a telz honeurs/ car silz sont fe/lons/ orgueilleux/ despitex ou mal sommeil/leux/ saichez q̄ telz estoiēt ilz auant q̄lz receuf sent les honneurs ōme il appert sil en eussent eu le pouoir si nappelle ie moy puissance/ po/uoir faire m n'ou quelq̄ desordonnance. Les/cripture dit que toute puissance est de bien/ ne nul ne fault a bien faire si nō par foiblesse ou par defaulte/ q̄ qui seroit bien cler voyant il diroit que mal nest rien/ cōme dit le scripture. Et se tu nas cure de auctorite esperant que ne veulx croire icelle estre veritable/ ie suis pre ste dy trouuer Raison: disant q̄l nest riens im possible a nostre seigneur. Mais au vray dire il na puissance de mal faire/ q̄ se tu es bien con gnoissant q̄ voys que dieu tout puissant na po uoir de mal faire: tu peulx veoir clerement q̄ qui nombre le estre des choses mal ny est Ja/mais a nōbrer. Et ainsi q̄ lombre ne sappl ne ne met quelq̄ chose en lacr obscur cy fors priua cion de lumiere/ pareillemēt mal ne met rie en la creature qui ne fait/ ou na nul bien si non deffaillance de bonte. Et dit la lettre oultre plus/ que qui cōprēt la somme des mauluais ne sont pas hōmes/ q̄ le prēuue par viues rai/sons. Mais ie ne me veuil trauailler de prou uer tout ce que ie puis trouuer par escript. Neātmoins se trop ie ne te griefue/ ie te puis en briefue parole amener aulcune raison/ cest quilz laissent la cōmune fin a quoy tendent/ q̄ doyuēt tēdre les choses qui recoyuēt estre/ cest le souuerain de to⁹ biens/ primerain appelle. Aultre raison y a/ par quoy les mauluais nōt pas estre qui bien la cōsequence entend. Ilz ne sont en ordōnance/ en quoy toutes les choses q̄ sōt ont mis leur estre/ par quoy sensuit a ceulx qui le cler voyēt q̄ les mauluais sont pour ne ant. ¶ Or tu voys maintenāt de quoy fortu ne sert en ce de sert mōde/ q̄ cōment elle est a de spiter entant quelle choisit le pire/ quāt sur to⁹ hōmes elle fist neron seignr q̄ maistre faisāt destruire son maistre Senecque. Nest dōc sa grace bien a fuyr quāt nul tāt soit de bōne heu re ne nen peut estre asseur. Pourtant veulx ie que tu la despites q̄ ne prises riens qui soit ses graces ne ses affaires. ¶ Claudi⁹ mesmes sen esmerueilloit fort/ q̄ vouloit blasmer les dieux qui cōsentoient les mauluais ainsi mō ter en grans honeurs/ richesses/ puissances/ q̄ haultesses/ mais il respōd luy mesmes y met tant cause raisonnable excusant les dieux: di/sant quilz permettent q̄ cōsentent ainsi esleuer affin qte plus ne les puissent en apres tormē/

t

ter/ que chascun les puisse veoir tresbucher et cheoir de hault en bas. ¶ Et se tu veulx faire tant seruice que de croire ce q̃ iay icy tesmoigne z deuise/ Jamais ne trouueras plus riche hõme que tu seras/ ne iamais tant soit ton estat empire ne seras courrouce ne ayre/ ne deffait de corps/de amis/ne deauoir, ains vouldras auoir pacience. Laquelle tu auras legierement quãt vouldras estre mon amy/ pour quoy demeure tu en tristesse. Je voys maintesfoys que tu pleures cõme vng alemãbic. Lon te deueroit toullir en vng ruisseau cõme vng punsse. Car ie tiendroye a truffe celluy qui diroit que feusses bon quant oncques hõme vsant de entendemẽt ne mena martrisement/ courroux/ ne dueil. Le grant dyable z sa mesgnye ont tellemẽt eschauffe ton cueur que il le conuient larmoyer/ z toutesfois tu ne te deueroies esmayer de nulle rien qui te aduenist se tu auoyes entẽdemẽt en toy. Le fait le dieu damours ton bõ maistre z amy q̃ ta mis en ce point. Cest celluy qui ratise la breze d̃ tõ cueur/pour faire rendre les larmes aux yeulx et te veult rendre son accointãce chierement. Ce ne appartient faire a hõme renõme d̃ ses et prouesse/tu en es malemẽt diffame. Laisse plourer femmes/enfans/ z foibles bestes variables/ soyez moult estable z moult fort quãt tu verras venir fortune. Veulx tu tenir sa roue/ce qui est impossible de faire par nulles gens ne grande ne menue. Tu voys q̃ lempereur Neron seigneur de tout le mõde z pres z loings ne la sceut onqves arrester/tant peust il conquester de hõneur, Car selon lhistoire il receut vilaine mort/hays de tout son peuple/ duquel il creinoit lenuayssemẽt. Il mãda ses amis priuez/mais de tous messagiers qui en uoyes y furent vng seul ne trouua qui luy ouurist son huys. Et lors vint en personne hurter z busquier cõme les aultres/ mais ny firent ne plus ne moins. Car tant plus les appelloit tant plus se celoiẽt. Ne trouua nul qui luy donnast responce/ Et ne scauoit ou le pied mettre. Finablement se bouta en vng vergier auec deux siens seruiteurs/ mais plusieurs Romains alloient z venoient illec le grans pour loccire/ z crians Neron Neron ou est il tant impetuesemẽt que bien ouyr les pouoit/ dõt il estoit fort espouete/ mais ny pouoit aultre chose faire. Et quant il se veist ainsi aigresse/il pria a ses seruiteurs q̃z le tuassẽt ou aidassent a le tuer/ z de fait se occist mesmes. Mais auãt auoir perpetre ce cas execrable il pria de rechief que lon mussast sa teste/ affin de nõ estre cõgneu/ z que son corps fust brusse si tost que ardoir le pourroient. Cõme est il escript au liure des douze cesariens/ ainsi cõme dit Suetone qui nõme la loy chrestiẽne faulse religion nouuelle/ z me mauluais desloyal hõme. Toutesfois en la mort de Neron fina la lignie desditz Cesariens/ z pourchassa tant par ses demerite qil effaca ladicte lignie. Non obstant ce il gouuerna les premiers cinq ans de son empire tãt notablemẽt/ que iamais fit prince/ tant estoit piteux z loyal. Qui depuis fut fort d̃sput. Ung iour aduint a rome ql fut requis descripre la mort dung hõme condãne/ ou il dist que mieulx valoit non scauoir lettre que sa main pour escripre mettre. Il vequist trente z deux ans/ z tint seize ans lẽpire/mais en fin orgueil z felõnie lenuayrent tellement quil cheut de hault en bas/ cõme tu mas ouy compter. Car fortune le fist soubdainement monter/ pour le faire vilainement descendre

¶ Moralite

¶ Les vicieux faitz de Neron furent tant enormes z execrables/que sur tous tiras peruers il est renõme au mõde/pour son inhumanite/le pire des pires/ z ne apparcoy sattrappe pirate ne satellite/ iudaique/paganicque/ Ne Batbarice qui en mauluaistie cõuenable soyt de luy dõner approuche. Ne scais mie se les inuisibles ennemis dhumain lignage sont assez ordõyez de detestables soulleures/pour en faire similitude. Et puis qil fault q̃ ien dye q̃lque chose/ne le scay mieulx accõparer q̃ a lucifer prince des tenebres/ eppulse par son orgueilõ la triũphãte celeste monarchie. Il cõgneut et puis defflora nature humaine sa seur cree & pduicte dung mesmespere. Fist la premiere persecution dydolatrie es enfans de dieu & me neron suscita la premiere tyrannie en la loy chrestienne. Il a fait occir par ses ministres plusieurs senateurs/come saincts pphetes & glorieux homes/& come Neron fist mourir seneque en ung baing chault. Le maudit lucibel a pourchasse la mort de son maistre Jesuchrist/pource q́ lestoit ǫstrait d́ luy faire la reuerēce. Et estoit sōdit maistre mort ēchaul de sueur sur le mont de caluaire/ ou il espādit son sang. Il a fait cōme Neron bouter le feu/nō pas en rome seulement/mais en ce monde vniuersel tellemēt q́ lny a ptie quelq̄ elle soit q̄ bruslee ne soit/attainte & souillee de sa cruelle iniquite. Il a este cause par quoy sa mere q̄ la porte/cest a entendre la gloire celeste a este ouuerte pour veoir le secret lieu ou il fut conceu & cree. Mais certes il en est bien loingtain combien quil ait veu aulcuns membres dicelle/car il est auecques neron son compaignon pour ses demerites abisme & plongie en tenebres pardurables.

¶ Le .xxxii. chapitre. Equipolence de la male fortune du roy cressus a la miserable fin de aulcuns folz oultrecuydez comme fut maistre Oliuier barbier du Roy francoys.

¶ Raison.

Cressus roy d́ lyde ne peut iamais retenir la Roue de fortune quil ne tournast sus & ius. Lon luy mist la bride au col. Il fut liure pour estre bruslle en ung grant feu/mais il fut deliure/car la pluye suruint tant impetuese que le feu estaindit. Chascun sen fuyt & cressus se trouua illec seulet qui pareillement se mist a la fuyte habādonnant la place/sans chasse ne quelq̄ encombrier. ¶ Depuis ceste aduāture fut seigneur de sa terre & permettre sus nouuelle guerre fut prins & finablement pendu/voire apres que deux dieux luy apparurent en songe qui le seruoient luy estant sur ung arbre. Lung de ces dieux estoit iuppiter qui le lauoit/& phebus auoit la touaille qui se penoit de lessuyer. Mais il se cōfia malemēt en ce songe/car il en cueillit tel vent q́l sen orgueillist come fol/toutesfois sa fille subtile nōmee phanie/laq̄lle scauoit moult bien exposer les songes sans q̄lque flaterie/luy en donna response/& dit la damoiselle. Beau pere de cy douleureuse nouuelle. Vostre songe ne vault une cocque. Car fortune se mocque de vous. Vous pouez entēdre par ce songe/q̄ serez pendu au gybet. Et quāt serez baillāt sās couuerture nés une/& q́l plouuera sur vous le beau soleil vous assuyra de ses rays corps et face/& de la la fin ou vo9 menera fortune qui dōne & tould les hōneurs faisans des grās mineurs/& des mineurs les Greigneurs/& seigneurie auoit sur les seigneurs. Que vous proies le flatant fortune vo9 attend au gybet ou elle vo9 mettra la hart au col/& reprendra la courōne/dont vostre teste est enuitōnee/ et ung aultre q̄ ne vo9 dōnez garde en sera couronne. Et affin q̄ plus amplemēt ie vo9 expose la besongne/iuppiter q́ pleut & tōne est seur qui vo9 dōnera leaue. Phebus q́ tiēt la touaille est le soleil q́ vo9 essuyra/& larbre le gybet/ quelle chose voulez vo9 plus/ie ny entēdz aultre chose. ¶ Il vo9 cōuient doulcemēt passer ceste planche. Fortune vēge ainsi le peuple. Du boubant que vous menez come forsenne

orgueilleux/pareillement destruit celle mau
preudhomme/dont cest dommaige/& si ne prise
vne pomme tricherie/ bas estat/ loy aulte ne
roy aulte. Elle se ioue comme vne ieune pucel
le fait dune pelotte/& sans auoir regard a qlq̄
personne donne richesses/honneurs/ & puissan
ces/car quant elle despend ses graces elle les
espand en les despendāt/&les iecte p̄ puteaulx
prapaux/ prapries tellemēt q̄lle ne prise tout
vne bille: si non sa fille gentillesse/ cousine a
prouchaine cheance quelle tient en ballance/
mais elle ne le baille a nul quoy que soit du re
tollir si l ne scait tellement pollir son cueur quil
soit courtois/preux & vaillant/ car il nest ho̅
me tant soit bon bataillant si l sapprouche de
vilenye que gentillesse ne le delaysse. Gentil
lesse est tant noble q̄ iamais nentre en vilain
cueur/ pourtant ie vous prie mon treschier pe
re que vilenye ne se puisse iamais apparoir
en vo9. Ne soiez orgueilleux ne chiche/ ayez
pour les riches enseigner lange cueur/ gent &
courtois/& soyez piteux a poures gens comme il
appartient a vng roy/ car il doit estre debonai
re/ et auoir le cueur pitoyable s il quiert auoir
lamytie du peuple/ sans lequel vng roy ne
peut ne que vng homme simple. Ainsi le cha
stioit phanie sa fille/ mais le fol voit sans rai
son en sa folie p̄nt il luy semble/parquoy
rien ny prouffitoient ses remonstrances. Cres
sus plain dorgueil & de folie sans quelq̄ humi
lite/ combien quil face de grās oultrages cuy
de estre saige en tous ses faitz/ & dist a sa fille
Ne me reprenez de sens ne de courtoisie/ ien
scay plus que vo9 ne scauez qui me auez cha
stie/ & quant par vostre respondz mauez expo
se mon songe/ vous mauez seruy dune menso̅
ge vo9 le voulez mettre en faulse glose/ mais
il doit estre entendu a la lettre ainsi q̄ ie lenten̄dz.
Oncques si noble vision neust exposition si
vile que le mauez donne. Ie vo9 dy q̄ les dieux
viendront a moy/ et me rendront le seruice q̄ l
mont promis par leur songe tant sont ilz bien
mes amis/ car pieca lay deseruy vers eulx.
¶ Raison. ¶ Or voy comment fortune le ser
uit/ elle luy donna si bon souyt q̄ l ne se sceut co̅

fueillet

ment deffendre quil ne pēdist au gybet. Nest
ce point donc chose veritable que sa roue nest
permanēte quāt nul ne la peut tenir tāt sauche
venir a grāt honneur. Et se tu scez rien de logic
que qui est authēticque science/ puis q̄ les grās
seigneurs y faillent/ les petitz se trauaillent
en vain.

¶ Moralite.

¶ Au roy cressus peut estre figure vng
oultrecuyde fol orgueilleux ayant vogue & p̄
sperite a plaisance/ lequel n admire ses sembla
bles ou plus grās en vocation/ mais songe q̄
les dieux/ c estassauoir les plus grās princes d̄
la terre luy doyuent faire honneur & seruice.
Mais quāt ilz voyent sa folie & oultrecuydā
ce desordonne iuppiter maistre des pluyes et
des ventz le souffle ius de la roue/ se plonge en
amertume de dueil/ si luy mouille les yeulx d̄
larmes de tristesse/& phebus le reschauffe & en
flame dayr/ & de courroux/ si que par grāt me
lancolie il va tout sec quant la voye.

¶ Nous auons exemple en nostre temps as
sez conuenable a l histoire. Maistre oliuier bar
bier du roy loys de france a cause de la fami
liarite quil auoit a son maistre q̄ les dieux par
qui tentendz/ les princes francoys estoient fort
ioyeux destre en sa grace luy faisant honneur &
seruice. Aulcuns prelatz luy donnoient leaue
benoiste curiale pour luy rafreschir sa memoi
re. Aultres princes temporelz luy bailloiēt le
feu par doulces p̄suasions/ tellement q̄ l estoit
tout enflame dardant desir & deseiche de am
bicion par conuoitise de regner. Il auoit vne
fille nomee cognoissance de luy mesmes q̄ sou
uent luy cornoit a l aureille/ disant q̄ son fait
estoit caducq̄ & en train de auoir d̄stince/ mais
ne s i arrestoit gueres. Aduint q̄ fortune desco
cha sa roue en retirāt la cheuille q̄ luy soubste
noit le menton au plus hault de son estage si
cheut le poure oliuier/ non pas du premier bout
a terre/ mais sur le banch du gybet de mont
faulcon/ & ille sceu iuppiter comme il fist a
cressus luy laua teste et corps de ses rosees et
pluyes/ Et le dieu phebus de sa touaille le tou

la et lentoꝛtilla ⁊ leſſup a tant nettement quil
deuint ſec comme ung ſoꝛet.

⁋ Le .xxviii. chapitre. Raiſon met
auāt les malheureuſes foꝛtunes qui
aduindꝛēt a aulcũs princes pendent le
tēps de lacteur de ceſture. Et le trāſla
teur en lieu d́ moꝛalite recite les eſtrā
ges ⁊ douloureuſes fins daucũs grās
pſonnages q̄ regnerēt en ſon temps.

⁋ Raiſon.
Et ſe tu ne prifes riē̄s les preuues
prinſes des anciēnes hyſtoires tu
les as nouuelles de ton temps de
freſches ⁊ belles batailles: voire
de telle beaulte q̄l peut en bataille auoir. Ceſt
de Mainfray roy de cecile q̄ tint long tēps en
paix toute la terre/tāt par foꝛce cōme par guil
le quāt le bon charles cōte daniou ⁊ de puēce
luy meut guerre q̄ par dunne pudēce eſt mal
tenant dudit cecille Roy ainſi q̄l a pleu a dieu
et q̄ le vray dủ droit ſeſt touſiours tenu auec/
ques luy/car il tollit audit Mainfray nō ſeu
lemēt ſa ſeigneurie/mais la vie du coꝛps loꝛs
q̄l aſſaillit dune eſpee bien taillāt dedās la pre
miere bataille pour le deſcōfire Jceluy mōte
ſur ſon deſtrier luy alla dire eſchec ⁊ mat dũg
trait de pionnet au millieu de ſon eſchec. Je ne
tegꝛe pler d́ Coꝛadin ſon nepueu dōt jay ſer̄
ple preſte/⁊ duq̄l le roy Charles prīnt la teſte
malgre les princes dalemaigne/⁊ fiſt mourir

en ſa priſon Hēry frere du roy deſpaigne plain
de traiſon ⁊ doꝛgueil. Jceulx deux q̃e garcō
netz folz pourent rocs folz ⁊ cheualiers au ieu
deſchetz q̄lz eurēt entreprins ayās telle paour
deſtre prīns q̄lz ſoꝛtirēt hoꝛs de leſquier. Tou/
teſfois q̄ bien regarde la verite garde nauoiēt
deſtre matz/car ilz ſe combatoiēt ſans roy ne
doubtoient ſchetz ne mat/ne celluy ne les po
uoit hauer q̄ iouoit oꝛe eulx aux eſchetz fuſt
a pie ou ſur archōs/car garcons ne hauōs ia
mais folz/cheualiers/ſerges ne rocs. Et ſe ie
oſe cōpter la verite ſans q̄ ie quiere flater q̄ l
vng/dela cōmēt il vada mater. ⁋ Oꝛ puis
q̄l me ſouuiēt du ieu deſchetz ſe tu en ſcez riē̄s
il cōuient q̄ celluy que lon fait haue ſoit Roy
quāt tous ſes hōmes ſont eſclaues q̄l ſoit ſeul
en la place ne ny voit choſe qui luy empeſche/
ains ſen fuit pour ſes ennemys q̄ ſont mis en
tel pourete. Le large ⁊ lauaricieux ſcaiuēt q̄ lon
ne peut prēdꝛe aultremēt. Ainſi pleut il a At/
talus q̄ trouua luſage du ieu deſchetz quāt da
riſmeticque traictoit/⁊ verras en policraticq́
q̄ veult d́ la matiere des nōbꝛes traicter cōmēt
cedit ieu trouua/⁊ le prouua p̄ demōſtracion.
Et pourtāt le mirēt leſditz batailleus en fuye
affin deuiter la prinſe ⁊ la moꝛt q̃ lis valoit ⁊
q̄ plus greuer le pouoit/car la choſe alloit ma
lemēt au moins de leur ptie q̄ de ptie ſeſtoit de
dieu quāt il auoit empꝛins la bataille cōtre la
foy d́ ſaincte egliſe/⁊ auſſi q̄ leur euſt dit ung
ſeul eſchet il ny auoit ame q̄ le peuſt ſecourre/
car la fierce p q̄ tētēdꝛ la ꝛoyne auoit eſte prī
ſe a la pmiere empꝛinſe du ieu ou le ꝛoy perdit
rocs/cheualiers/pīons/folz/⁊ ſi ne pouoit eſtre
illec pſente ⁊ la doleēte ⁊ malheureuſe onc def
fendre ne ſoy ne les ſiens ne peut quāt lon luy
eut fait entēdꝛe q̄ Mainfray giſoit moꝛt fꝛoit
de chief de piedz ⁊ mains. Et quāt le bon roy
charles eut ouy q̄lz auoiēt dōne la fuye il les
prīnt eulx deux ſi en fiſt ſa voulēte/enſēble de
pluſieurs pꝛiſoniers pꝛionniers d́ leurs folies
Et ainſi dōc ce vaillāt roy q̄ pmier eſtoit ap/
prīſe cōte q̄ dieu vueille garder lame/deffen/
dꝛe le coꝛps mains ⁊ foirs/⁊ pſeilleſt luy ⁊ ſes
hoirs debouta loꝛgueil de Marceille ⁊ prīnt

fueillet

ſes teſtes des plus grãs de la ville auant que le royaulme de cecille luy fuſt dõne duql il eſt maintenãt couronè ⁊ vicaire de lẽpire. ¶ Oz ne pler ap plus rieñs de luy/car qui vouldroit reciter ſes fais il en fauldroit faire vng grãt liure. Tu voys icy gens eſleuez en grãt honneur ⁊ a qlle fin il viendrẽt. Neſt dõcques fortune mal ſeure. Cellui q ſi aſſeure neſt il biẽ fol quãt cellui qlle ſcait oindre p deuãt elle le poingt en derriere. Et toy meſmes q baiſas la roſe dont tu as fait ſi grãt dueil q appaiſer ne ten ſcez. Cuyde tu touſiours ainſi baiſer ⁊ prẽdre ſoulas ⁊ delices/neñy non. Tu es trop fol et trop niche/faitz q ce dueil ne te triegne plus et te ſouviẽgne de Mainfray/de hẽry/de cõradin pires q ſarraſins entãt qlz encõmencerent la ſaincte egliſe leur mere/ te ſouviẽgne auſſi des marceilliens/de grãs anciens hõmes: cõme Neron/creſſus/deſſus nõmez pinẽt de toute leur puiſſance ne peurẽt tenir fortune/parquoy franc hõme q ſe priſe pt ſa frãchiſe puis quil ſen orgueilliſt. Il ne ſcet en ql aage creſſus vint en ſeruage/qñe tiẽt en ſa memoire la fortune de Hecuba fẽme du roy priam ne lhiſtoire de Siſicambris mere de daire roy de perſe/auſquelz tãt aduerſe fut fortune quilz tindrẽt franchiſe ⁊ royaulme/⁊ deuindrẽt en fin ſerfz miſerables. ¶ Moralite.

¶ Neſt merueille ſe gẽs de bas eſtat eſleuez p ſeneſtre main au plus hault cheuron de lhoſtel de fortune ſõt ſoubdainemẽt reuerſez es flotz dãgoiſſeuſe douleur par leurs demeritez/car ceſt retribucion cõdigne. Mais len ſe doit fort eſbair quãt nobles hõmes vertueulx ⁊ bien entẽduz eſſours au plus hault degre du roet fortunal pleur noble generacion bonnes meurs ⁊ viues ſciẽces ſont treſbuchez au val des malheurez. Il ſẽble q iuſtice y eſt treſmal gardee. Dõt pour auoir certain exẽplaire que ainſi en eſt aduenu neſt beſoing alleguer gẽs du tẽps ancien recõmandez en preudõmie cõme furent ſcipion/põpee/⁊ cathon deiectez en tenebres apres auoir receu glorieuſe reſplẽdiſſance en leurs primerains iours. Mais nous auõs veu en noſtre tẽps trois illuſtres pſõnages roy/duc ⁊ conte tãt bien adreſſez q riens plus ⁊ terminer leurs iours en pitoyable doleance. Quel roy auõs nõ veu plus catholicq/plus deuot/amyable ⁊ pacifiq q fut le roy henry dãgleterre ſixieſme de ce nom auql fortune fut tãt fauorable en ſes ieunes iours quil fut couronè roy de frãce ⁊ dãgleterre/⁊ puis luy fut tãt rigoureuſe q elle luy rauit ſes deux regnes ⁊ vint a fin ſi miſerable ql mourut priſonnier en la tour de londres maiſtreſſe ville de ſon royaulme/⁊ ſe lẽ dit q ce fut ſon demerit appt q nom/car il eſtoit ſi fort en la grace d noſtre createur q auiourdhuy en ſon nom ſont faitz pluſieurs miracles apparans en legliſe ou il eſt ſepulture. Quel duc auõs nous veu plus magnanime triũphãt ⁊ de hault empriſe q le duc charles de bourgongne/leql auoit en ſon vivãt chief dhõneur patron d nobleſſe/oeil cler voyãt ſur ſa meſgnie/face cremue et redoubtee/bouche veritable ⁊ ſãs faite/bras cheualeureux ⁊ hardis/poing iuſticier ⁊ lertifique main fort large prõpte au dõner⁊ cueur enflãme de proeſſe/grãt nom grãt renõ/grãt port/grãt ſupport/grãt gent/grãt argẽt/grãt eur/grant hõneur. Tellemẽt q ſon bruit ſeſpãdoit iuſqs es nacions barbarez. Et touteſfois ſes dars/ſes ſouldars/ſes eſtandars/ſes bardes/ſes halbertdes/ſes bombardes/ſes vites/ſes nauires/ſes amatz/ſes plumas/ſes clarons/ſes barons/ſes aſſaulx/ſes vaſſeaulx/ſes guidds/ſes penons ne ſes pietõs ne le ſceurent bien deſſendre ⁊ garder ql ne fuſt ſuccũbe dune rude ⁊ fiere nacion populaire/prõpte/pſle et viſte a la torche. Choſe admirable de toꝰ ceulx de ſon pty q furẽt a la iournee ie na trouue vng ſeul q oſaſt/ſceuſt ou vouſiſt affirmer ſauoir veu par ſes ennemis tuer ius abatre ferir ne lacer ſur le chãp/p quoy pluſieurs le tiennent vivãt. Mais quoy ql en ſoit il eſt dõt le dõmaige eſt grãt obſcuremẽt decline p les grippes d fortune. Et oultreplus ql conte auõs nõ veu mieulx adreſſe en toutes nobles qualitez ⁊ excellentes mœurs ꝗuenables aux princes q mõſeigneur loys de luxẽbourg cõte de ſainct pol ⁊ neſtable de france. Dieu ny auoit riens oublie. Nature en auoit fait son mieulx et fortune lauoit aorne de tāt de riches gratuitez q̄ plus faire ne luy en pouoit sans luy mettre courōne sur le chief. Mais nōobstāt to⁹ les grās benefices q̄ il auoit receu tant de dieu q̄ de nature, sās auoir regard a sa haulte pmocion, generacion et domination fortune plus double q̄ nest fine gouge affinee prestāt loreille a aulcuns suspicōnneux luy dōna telle verse q̄l fut epecute c̄me miserable pecheur a sainct iehan en greue a paris. Aulcūs esperitz le chargerēt disāt q̄ seruir ne pouoit deux maistres sans grāt discord engendrer, p̄ quoy les seigneuries tourneroiēt en ruine. Mais le respōs q̄l les tint en accord pour sauuer les pais et q̄l soit vray ilz ne furēt passe a. v. c̄es ās auffi soulez q̄ ilz ont este depuis son trespas, car il derōpoit et brisoit les portes de la guerre q̄ puis naguieres no⁹ ont fort piteusemēt aguillōnez

¶ Le .xxxiiii. chapitre figure des deux tōneaulx de iuppiter a l'heur et mal heur du mōde

¶ Raison.

Autre pt puis q̄ tu scez que lettre vault tres a grāt hōte puis q̄l te puiēt estudier quāt ne te souuiēt de Omere, se tu las estudie auffi las tu oublie. Nesse poit dōc a toy vain labeur de mettre liures en estude et p̄ ta negligence tout oublies, q̄ vault ce q̄ tu estudies quāt le sēs te fault au besoīg. certes tu deuerois tousiours auoir sa sentēce en remēbrāce. Pareillement to⁹ saiges hōmes y doiuent si ficher leurs couraiges q̄l ne leur eschapast iamais iusq̄s a tāt q̄l seroient attrapper de la mort, car q̄ scauroit la sētēce et lauroit en son cueur tousiours et biē le sceust soubz peser iamais peser ne luy pourroit de chose q̄ luy pleust aduenir q̄l ne se tenist fier ōtre toutes adūatures bōnes ou malles ou dures. Si est elle selō les oeuures de fortune si c̄mune q̄ chascū le voit ou verroit sil auoit bō entēdemēt. Merueilles est q̄ ne lentās quitāt y as mis ta cure, mais tu las tournee aultre pt ta desordōnee amour. Et affin q̄ le apparoisse le rafreschiray ta memoire. Omere dit q̄ iuppiter a sur le sueil de sa Maison en toute saisō deux plains tōneaulx. Si nest ancien hōme, garcō, dame, damoiselle, vielle, ieune, laide ou belle viuāt au monde q̄ ne boit ue de ces deux tonneaulx. Cest une plaine tauerne dōt fortune la tauerniere en tire en potz et en couppes pour faire souppes a chascū. De ces mais le q̄ beuure l'ūg pl⁹ lautre mois, nest cellug q̄ ne boiue iournellemēt de ses tōneaulx quarte, pīte, muy, ou chopine ou plaine paulme ou q̄lque goute selon q̄l plaist a fortune les gouter, car c̄me elle est dure et puerse elle verse a chascū le bien q̄ le mal. Ne iamais hōme ne sera si ioyeux q̄ quāt il paura pēse il ne treuue en sa plus grāt liesse q̄lque chose q̄l luy desplaira: Et dautre pt iamais naura tāt de meschief quāt il aura biē regarde que sa doleance ne treuue aulcūe chose q̄ le p̄forte soit fait ou a faire, voire se biē a sō afaire pēse ou se y grāt meschief il ne chiet en desperāce q̄ desauāce les pecheurs, car nest hōme tāt ait veu p̄font en lettre q̄ y puist nul p̄seil mettre, q̄ te puisste dōcq̄s le courroucer, le larmoyer et le degrōcer. Auāce toy de bō cueur p̄dre et receuoir en paciēce ce q̄ te dōne fortune soit chose belle, lait de maluaise ou bōne. Je ne pourroye pas affez bōnemēt racōpter to⁹ les tours de fortune ne de sa roue, cest cōme le ieu de boute en courroye q̄ fortune scait tellemēt ptir q̄ nul scet ne ne peut auoir apperte science sil y aura perte du gaing.

¶ Moralite.

¶ Par Juppiter dessus allegué lequel selon la sentēce de omere auoit deux tonneaux a lētree de son huys est entēdu le mōde present en lhostel duqͣl nͦus entrons pour faire nostre demouree. Les deux tonneaulx q̄ nͦus sont representez aussi tost q̄ sommes nez de mere sont eur z̄ malheur/desqͤls le mōde nous abreuue par fortune sa chāberiere q̄ nͦus dōne vne heure le doulx/lautre la mera/ lūg plus a lautre moins selon q̄ bon luy semble/z̄ ne pouōs faillir dauoir de lung z̄ de lautre/iusqͣs a ce q̄ partirōs du mōde pour auoir perpetuel domicile/ q̄ sera se dieu plaist le royaulme des cieulx.

¶ Le .xxxv. chapitre. Les grans biens q̄ precedēt au mōde de la lig̃ne de lhōme z̄ dauscūs mēbres puenables ~~~ humaine.

¶ Raison

A Tant me tiray de fortune z̄ reuiēdraÿ a mes requestes/lesqͤlles te feray en trois hōnestes motz/car la bouche recorde voulētiers ce qͥ luy touche au cueur. Nest riēs q̄ te puist excuser de les refuser q̄ trop a blasmer ne te faces. Lune est q̄ tu me vueilles aymer. Lautre q̄ desprises le dieu damours. Lautre est q̄ riens ne prises fortune. Et silest ainsi que tu soyes trop foible a soubstenir le fais/ie suis preste d̃ lalegier pour le porter plus legierement. Prēs seulemēt la pmiere de mes reqͤstes/z̄ se tu len

tēs sainemēt tu seras de sture des aultres. et se tu ne es fol ou pure tu dois scauoir q̄ quicōques saccordera a raison/ iamais nay mera p̃ emoure ne ne prisera fortune. Et pource q̄ socrates tint ces termes il fut mō vray amy/iamais ne creinut le dieu damours. Iamais ne se meut pour fortune/si vueilq̄ tu le resēbles et assembles toy cueur au miē z̄ se tu las plāte au miē a grāt plāte me souffrira/ tu vois q̄ la chose est p̃ste se tu veulx te ne te fais que vne reqͤste seule/pres la p̃miere dessusdicte et me laisse q̄tte des aultres sans plus tenir bouche close. Respōs sur ceste chose quelque mot

¶ Lamāt. ¶ Dame il ne peut estre aultremēt il me quiēt seruir mō maistre q̄ me fera plus riche quāt luy plaira/ car se biē me scay trauailler il me doit bailler la rose laquelle se auoit pouoye mestier natoye dautre richesse Trois chiches ne priseroie socrates/ cōbien qͦl fust riche. Iamais pler nen vueil. Ie retourne ray vers mō maistre pour acōplir ses p̃mādē mes/il est bel/ plaisāt/ droit z̄ aduenant. Sen Enfer me deuoit mener si ne puis ie restener mō cueur q̄ siē est z̄ nest plus a moy/ie ne vͦus amay onc q̄s. Mon testamēt entamer ne vueil pour aultre aymer/ie se laissay a bel acueil. Ie scay p̃ cueur tͦus mes saiz. Et q̄ plus est ieuz p̃fession sans repētance/ z̄ ne vouldroye pour nulle chose chāger la rose a vͦus. Ie quiēt que mes p̃ēces voisēt illec. En oultre vͦus auez p̃ ey deuāt nōme ce deshōneste mot de ▬▬▬ q̄ est mal asseāt a pucelle courtoise q̄ volēz estre gracieuse fort ētēdue z̄ belles Ne scay q̄mēt ce mot yssit de vostre bouche / ou au moins q̄ ne lauez glose p̃ quelq̄ ioyeuse rolle q̄me en parlēt les preude fēmes. Ie voy aulcunes nourrices assez baudes z̄ nices q̄ aultremēt les nōment quāt elles baignēt/ aplamēt z̄ sachēt les enfās vͦus scauez cōment il en est. Lors raison se prit a soubzrire z̄ en soubzriāt me dist. ¶ Raison

¶ Beaulx amis sans estre mal renōmee ie puis nōmer p̃ ppre nom chose q̄ nest si nō bonne/ voire z̄ quāt elle seroit male/car ie nay hōte de nulle chose se elle ne tourne a peche/mais se pechie y estoit iamais nen p̃leroye. Cōside

re q̃ oncq̃s ne pecchay ne ne pecche maintenant
se te nõme les choses nobles p̃ plaĩ texte sãs
quelq̃ glose/lesq̃lles ▆▆ mõ pere fit en ▆▆
de ses ppres mains ensẽble to⁹ aultres instru
mẽs q̃ sont pilliers a soubstenir humaine na
ture/laq̃lle seroit cassee & vaine quãt nõ enuis
mais voulentiers nust▆▆▆▆▆▆ et en
▆▆ force de generaciõ/& pour cause merueil
leuse/affin q̃ p̃ nayfue renouuelãce len puist
tousiours auoir viue espece humaine tãt par
naissance receable q̃ p̃ reuaissable, cheãce/par
quoy dieu les fait durer tãt lõguemẽt quel ne
peut endurer la mort. Pareillemẽt les bestes
mues sõt ẽtretenues p̃ ceste maniere/car quãt
les vnes meurẽt les aultres dmeurẽt en leur
forme. ⁋ La mãt. ⁋ Or va pis q̃ deuant.
Jappcoy p̃ vostre bauld polle q̃ vo⁹ estes ri
bauld de folle/car cõbien q̃ dieu ait fait les cho
ses deuant dictes au moins ne fist il les motz
plains de vilẽnie. ⁋ Raison. ⁋ Beaulp̃ a
mis folie nest pas vasselaige nõcques ne fut
ne ne sera iamais/tu diras ce q̃l te plaist tu as
temps & espasse & moy mesmes q̃ desire auoir
ton amour & ta grace te veuil doubter/car pre
ste suis descouter/õ souffrir & õ faire/voire se
tu te gardes de faire pis. Et cõbien q̃ tu te pre
nes a me laidãgier il sẽble q̃ tu vueilles q̃ te
tespõdes quelq̃ folie/mais pourtãt ne le feray
ie pas/& p̃siedere q̃ chastier ie te veuil pour ton
bien. Si ne suis ie pas tãt a toy q̃ ie õmette vi
lẽnie/q̃ ie mesdie ou q̃ ie tence. Verite est q̃ tẽ
cer est mauluaise vsgeãce/et encores est pire
le mesdire. Je me vẽgeroye aultremẽt sil me
plaisoit/car se p̃ meffaitz ou dis tu meffais ou
mesdis ie ten puis repreñdre secretemẽt sãs blaf
me ou diffame pour toy chastier & apprendre/
ou aultremẽt vẽgier ie mẽ pourroie se croire
ne me volois de ma polle veritable p̃ plaidre
en tẽps & en lieu au iuge q̃ me feroit droit/ou p̃
quelq̃ aultre reisõnable fait predre hõnorable
vẽgeãce. Je ne qers tãces auxqgẽs ne les desa
uãcer p̃ mon dit ne diffamer qlque p̃sone/soit
bõne ou mauluaise porte chascũ son fais sen fa
ce p̃s & se bõ luy sẽble/silne veult si le laisse.
Ja p̃sse ne leur en feray/nay voulẽte de faire

folie/p̃ quoy ie mẽ puisse retraire. Et iasoit
ce q̃ luy taire soit petite vertu/Toutessois la
laidure ne sera dicte p̃ moy. Mais trop grãt
deablerie est dire choses q̃ a taire sõt, Langue
doit estre refrenee/car no⁹ lisons au cmẽce/
mẽt õ la maieste ptholomee vne fort hõneste
polle. Cellup est saige q̃ met paine a refrener
sa lãgue se nest quãt il ple de nostre seigneur &
quãt il le prie ou loue/car nul ne le peut trop
louer/trop lauoer a seignr/trop craindre trop
obeyr/trop aymer/trop beneyr/trop mercy re
querre ne trop redre graces, a ce faire ne peut
len trop entẽdre/car ceulx q̃ les biens en reco i
uẽt tousiours le doiuẽt reclamier, et sil est nul
q̃ se recorde du liure cathon il si accorde tout di
sãt/q̃ la p̃miere vertu est appaiser la lãgue/&
cellup q̃ se scait taire p̃ raison est tresprouchaĩ
de dieu Et p̃ ainsi chascũ doit mettre frain a sa
lãgue. Dõpte la tiẽne & la refreñe de dire fol
lies & oultraiges/& tu feras sagement. Ainsi
doit on a la fois croire les papes quãt p̃ leurs
escriptures audẽ de bõs enseignemẽs. Mais
ie te puis dire vne chose sans hayne/sans pre
sans blasme & sans ataine/car cellup est repu
te fol q̃ ataine les gẽs. Cest q̃ saulue ta grace
toy q̃ ayme ta paip̃ vers moy te mesp̃res grã
demẽt quãt tu mapelles folle ribauld tu me
laid ẽges sans desserte/car mõ pere le roy des
anges de q̃ vient toute courtoisie les benefit. Je
ma nourry & enseignee dõt engignee ne fute.
Et pareillemẽt ma app̃ris ceste maniere de
dire & ie suis coustumiere de p̃ luy & p̃ser des
choses pp̃remẽt & sãs gloses ainsi q̃l me plaist
Et quãt opposer te veulp̃ a moy disãt q̃ dieu
a fait toutes choses:au mois ne fist il point le
nom. Je respõs q̃ nõ. Au mois cellup q̃l les ont
maintenãt/toutessois illes potioit biẽ nõmer
quãt il crea le mõde & tout ce q̃l y a. Neãtmois
il voulut q̃ te leur dõnasse nom a mõ plaisir p̃
pre & p̃mun pour croistre nostre entẽdemẽt il
me donna la polle q̃ est vng p̃cieup̃ don. Ce q̃
ie te recite trouueras p̃ auctorite/car platon di
soit q̃ parolle no⁹ fut dõnee pour faire entẽdre
nostre pensee & vouloir pour enseigner & ap
prendre tu trouueras ceste setẽce escripte en thi

me de platon qui ne fut pas nice. Et quãt dau
tre part tu fais obiection que le mot est lait et
vilain, Je le dis deuant dieu qui me oit que se
ie appelle ▒▒▒ relicques, z relicques ▒▒
▒▒ quãt ie mis nom aux choses, dont tu me
fais blasmer z reprẽdre tu qui si fort me mors
et picques, me diroys q̃ relicques seroit vng
lait mot et vilain. ▒▒▒ est vng beau
mot z que fort iayme, si sont ▒▒▒▒ et ▒▒
car oncques hõme nouyt plus beaulx noms.
Je fis les noms fort asseurez de non auoir fait
vilaine chose. Et quãt ie eusse nomme ▒▒▒
les ce qui est ▒▒▒▒▒ vous eussiez baise z ao
re les ▒▒▒▒▒▒▒▒▒▒▒▒▒▒ assises
en ▒▒▒ argent. Mais dieu qui pere est z fea
ble tient bien fait ce que ien ay fait. Et cõmẽt
noserois ie nommer ces choses que mon pere
a faictes, fault il que ie se compare? Il estoit si
cite quelles eussent nom, ou aultremẽt lon ne
les scauroit nõmer. Et se les femmes ne les
nomment ainsi en france, cest par ce que poit
nẽ sont acoustumees, car leur nom leur plat
roit fort bien se en vsance le auoiẽt. Et quant
elles nõmeroient proprement, iamais ne pe
cheroient, car acoustumãce est fort puissante,
car ie congnois que mainte chose nouuelle des
plaist qui est fort belle par vsance. Chascune
femme qui les nomme les appelle bourseres
harnois, riens, piches, pines, ainsi cõme se ce
fussent espines. Mais quãt elles ▒▒▒▒▒▒
roingnans elles, ne dient pas que elles soient
poingnantes, z les nõment ainsi comme bon
leur semble, ia force ne leur en seray, car ie ne
mefforce a riens, tant quant ie vueil apperte
ment parler, que a nõmer proprement les cho
ses. En noz escolles si dient maintes choses p
parabolles qui sont belles a entẽdre. Toutes
fois lon ne doit mye tout prẽdre a la lettre, ce
que len oit. Et quant ie parloye de ▒▒▒▒▒▒
y auoit aultre sens, q̃ cellup q̃ tu veulx met
tre. Et q̃ la lettre bien entendroit, il verroit se
sens d l'escripture q̃ la fable obscure, esclarcist
la verite qui dedãs repose seroit clere, selle es
toit desueloppe. Se bien repetes les palliaci
ons z couuertures des poetes, vne grant par
tie verras des secretz d philosophie, ou prẽ
dras delict, z si prouffiteras, z en prouffitãt te
delicteras. Car delictz moult prouffitables
gisent en leurs ditz z fables, soubz lesquelles
ilz couurirent z vestirent la verite d leurs pẽ
sees, par quoy se tu veulx entendre la parolle
a ce tendre te conuiendroit. Je tay rendu deux
motz que tu as bien entenduz, lesquelz sans y
mettre glose doiuent estre prins tout propre
ment a la lettre. ¶ Lamiant. ¶ Dame ien
tens bien quilz sont a prendre tant legieremẽt
quil nest nul sachant langaige francois, qui
ne les y deusist prẽdre. Je ne ay mestier dauoir
aultre declaracion. Mais ie nentẽs pas a glo
ser maintenant les fables, les sentẽces ne les
methaphores des poetes, cõbien que se ie suis
guery z tay mery le seruice dont iattens le ri
che guerdon tout a temps les gloseray ie, voi
re ce qui appartiendra a mon cas, si clerement
que chascun le sçoirra. Je vous tiens pour biẽ
excusee de la parolle dont auez vse ensemble
des deux motz dessusdictz, par vous nommez
tant proprement. Iamais par dessus ne muse
ray, ne nuseray mon tẽps sur la glose. Je vo'
prie pour dieu ne me blasmez iamais daymer
Se ie suis fol cest mon dommaige grant.
Touteffois fis ie grãt sens, ien suis seur quãt
ie fiz hommaige a mon maistre. Ne vous
chaille de ma follie, ie vueil comment en voi
se aymer la rose a q̃ ie suis voue, iamais dau
tre doue ne seray. Et se dauanture vo' p met
toie mon amour, certes ie ne vous tiendroye
promesse, ie seroye deceueur vers vous. Et si
roberoye mon dieu se ie vo' tenoye conuenãt.
Car ie vous ay ia dit que ie ne vueil penser si
non a la rose, ou mon penser siest. Et quant
par les parolles dessus retraittes, lesq̃lles ie
suis las douyr me faictes ailleurs pẽser, tost
me verres fupr dicy. Et puis donc que ainsi
est que mon cueur se attent ailleurs taisez vo
ustant. Car tous les parlemẽs qui es elemẽs
pourroyent estre auec tout ce qui sermõner se
pourroit destourner ne me pourroient tenir
daymer de tout mon cueur plus que nulle au
tre chose la doulce rose.

Moralite.

Raison a fait mention au chapitre pce/
dēt de deux voire de trois mēbres humains
qui sont la langue ~~~~~~~~~~~~ Par
lesquelz merueilleux gros litige cest engēdre
entre lamant et pcelle raison Or puis que nous
touchons de lespirituelle vertueuse amour/
ensemble de la corporelle vicieuse et folle/ et q̄
sur tous les mēbres de lhomme/les dessus nō
miez sont fort plus propices a cōquerre lune et
lautre amour. Ilz ne sont pas a mettre hors
du compte/ains couient vng petit cōgnoistre
leurs proprietez.   De quel mēbre peut estre
nostre seigneur mieulx seruy/odoré/loue/hon
noré/prise/requis/beneyt/et regracie/que Du
precieux mēbre de la langue en formie duquel
membre le paraclit descendit sur les apostres

De quel membre peut estre nature mieulx
seruie/augmentee/entretenue/soubstenue/
continuee en son humaine espece/que par les
dessusditz ~~~~~~~~~~~ / qui sont Les
marteaulx/enclumes/pinces/fournaise/souf
fletz et engins/desquelz nature forge/busque
et maille continuellement/affin dauoir nou/
ueaulx suppotz. Ne sont mye telz instrumēs
par les quelz tant de nobles et bieneurez persō
nages ont este fabriquez sur terre/dignes de
estre congneuz/nommez/prisez sur tous aul/
tres et exaltez. Ne scay comment lamāt qui
sans iceulx ne peut cuillir la Rose/ les veult
rebouter si villainement/si non que pour les
mesus de ceulx qui les ont eu en commande
innumerables maulx sont venuz en ce mon/
de. Je ne puis ignorer que la lāgue ne soit vng
baston meurtrier fort large/agu/trenchant a
deux costez ainsi comme vne espee/de qui la
bouche est le fourreau/et les dens sont la cu/
stode/ De laquelle mulle hommes ont receu
mort par son venin aguillonnant et serpentin
mais ce pitoyable cas ne vient pas par elles
mais par lindiscretion de ceulx qui ne lot sceu
refrener/conduire/ne desgainer. Aussi pa/
reillement ie ne vueil dire/que viriles gent
toires ne soient merueilleux bastons/a facon

de daguettes a flamens/et que par lexorbitāt
train de ceulx qui les ont mis en oeuure/ citez
sont fondues. Royaulmes destruis et gastez.
Vierges desflorees. Et toutesfois si nesse
pas la coulpe ~~~~~~~~~~~ Des/
quelz aulcunes femmes si aymeroient beau/
coup plus chier estre feruez ~~~~~~~~~
que dung seulet coup de langue poingnant.

Le.xxxvi.capitre
La mode de cōplaire a
bel acueil et aux porti/
ers gardās la rose est a
cōpe a nostre seignr ie/
suchrist/a sainct pierre
a sainct pol portiers de
paradis.

Lamant
Vant raison me oupt elle sen re/
tourna et me laissa pesāt et morne/
Et adōc me souuit damis et mes/
uertuay daller vers luy a quelq̄
paine q̄ ce fust/mais dieu le mamena, et quāt
il me vit en tel point q̄ douleur my poingnoit
au cueur. Il se prit a dire. Ains. Et qū/
se cy mon doulx amy q̄ vous a mis en ce tormēt
Je croy q̄l vous est mescheu/quāt dceu vous vey
Dictes moy qūl nouuelles. Lamāt. Ne
bonnes ne belles. Amis. Cōptez moy
tout. Lamant. Le cōpte est tel comme
lauez ouy plus ne le recorderay. Amis.

¶ Que vous y ferois ie plus: Vous avez appaisé dangier & baisé le bouton. Vous estes entreprins de neant puis q̃ bel acueil est prins. Sil cest tant habandonné a vo⁹/que donne vo⁹ a le baise/iamais ne tiẽdra prison/mais se en voulez venir a chief/il vous cuiendra saigement maintenir. Cõfortez vous/& sachez q̃l est tyré & mis hors de prison/ou il a esté bouté par vous. ¶ Lamant. ¶ Ha ha iay trop de fors ennemis. Au fort se il ny auoit que male Bouche qui me touche au cueur, car il esmeut les aultres. Iamais ny eusse esté sceu si il ne se fust meslé de chalemẽter/paour & hõte celas/sent mon fait. Et qui plus est dãgier le cruel laisse a saiuãgier mauoit. Chascũ deulx trois si se taisoit tout coy. Quant les dyables y sont venuz qui le glouton male bouche y ont fait assembler/& bel acueil õmenca a trẽbler quãt escrie fut de ialousie. Dautre part la vieille cria si mal que ce fut grãt pitié. Par quoy sãs plus attendre ie men fuys. Et adonc fut maisõne le chasteau ou le tresdoulx bel acueil est emprisonné. Pour tant amis ie viens vers vo⁹ pour auoir cõseil/car aultremẽt ie vaulx pis que mort. Lors amis come bien aprins respondit. ¶ Amis. ¶ Compains ne vo⁹ desconfortez/ne ne vous deportez de bien aymer. Seruez loyaulment nuyt et iour le dieu damours en luy portant loyaulté. Car trop grant desloyaulté feriez/se il vo⁹ trouuoit variant/& se tiendroit pour deceu/en tãt quil vo⁹ a receu a hõme. Faictes & gardez ses cõmandemens ainsi cõme il vo⁹ a chargé. Car iamais quoy que il tarde/celluy ne fauldra de son propos & intencion/qui bien les gardera. Voire se il ne luy mescheit par quelq̃ aultre mesauanture/Ainsi q̃ fortune depart ses males aduersitez. ¶ Or pẽses dõcques de le seruir/cest vne tresdoulce pẽsee que de penser a luy. Et pour tant grãt folie seroit de le laisser quãt point ne vo⁹ laisse. Toutesfois il vo⁹ tiẽt en lieffe cest besoing de luy cõplaire/car vo⁹ ne le poues laisser. Or ie vo⁹ diray que vous ferez/Vous vo⁹ abstiendrez grant temps de veoir le chastel/dy passer iouer & dy seoir/ny soyes né

veu nouy/tant que ce vent sera cheut. Voire au moins tant cõme vous souliez. Ne alles pres des meurs ne deuãt la porte. Et se y cas dauanture vous y alle/faictez semblant que de bel acueil ne vo⁹ chault. Toutesfois se vo⁹ le voyez de loing beãt au crestel a la fenestre regardez le piteusemẽt. Et se couuertement vous voit il en sera bien ioyeulx quelq̃ paour qui sen deffende/mais ny fera chiere ne semblant si nõ a lamblee/& sil vo⁹oit parler aux gens il closra sa fenestre/regardãt par les fẽtures tant & si longuemẽt cõme vous serez en la place/se il nest destourné par quelque vng. Toutesfois prenez vo⁹ garde q̃ ne soyez veu de male bouche saluez le/sil vous voit ne vo⁹ muez de riens/ne faictes chiere ne semblãt de hayne ne de rancune. Et se vo⁹ le rencontrez quelque part ne luy mõstrez nul mal talent. Le saige hõme son mal talẽt coeuure/& ceulx font bonnes oeuures qui les decoeuures decoeuuent. Ainsi le doiuent faire to⁹ saiges amãs/et se male bouche & son lignage vo⁹ doiuẽt deuorer pour les hõnorer & seruir offrez leur frãchement cueur/corps/auoir/& franchise. Len souloit dire & ie le cuyde q̃l est verité. Encontre vezié recuit ce nest pas grãt peche de tromper ceulx qui trompẽt/Male bouche est vng bouletres ostes boulettes demourra. Or est il vray lettres cõme chascũ voit si ne doit aultre nom auoir/car il emble le renom aux gẽs ce que iamais rendre ne pourra quãt il en a q̃ que puissance. Len le deueroit mieulx mener pendre que latronceaulx qui par monceaulx emblent les deniers. Sil aduient que vng latronceau emble deniers/robe ou blé en grenier il sera quitte pour en rẽdre quatre fois autant selon les loix/Voire quant il seroit prins en chault fait. Mais mal bouche forfait trop par sa despite & mauuaise lãgue enuenimee/Car des lors q̃ il a dit vne goulee il ne peut restorer sa bõne renõmee ne estaindre vne seulle parolle se il la boute hors par sa ianglerie. Bon fait appaiser male bouche. Car il cõuient a la fois baiser telle main q̃ lon vouldroit bien q̃lle fust arse. Or fust en tarse le vilain glouton et ianglast illecques a son plaisir, mais que a nulz amans il ne touchast. Et par ainsi soit il estoupper male bouche par beau ou autrement, affin que il ne die blasme ou reprouche. Si le content tant luy que ses partes ausquelz dieu iamais garant ne soit bareter par barat, seruir chier, blandir, flater, par bourde adulacion et simulacion faulse, sencliner et le saluer. Bon fait huer le chien tant que lon ait passe sa voye. Sa langue seroit bien cassee se il luy pouoit tant seulement sembler que neussiez voulente dembler le bouton, dont il vous mescroit vous seriez au dessus de luy. Seruez aussi la vieille que mau feu larde que garde bel acueil. Pareillement ialousie que dieu mauldote la douloureuse et sauluaige que tousiours enrage de la ioye dautruy, tant gloute et crueuse que elle veult auoir seulle telle chose que selle en faisoit prendre a tous la moindre ne lauroit. Cest grant folie de telle chose espargner, laquelle est ainsi come chandelle en lanterne, Car qui mille chandelles y alumeroit ia ny trouueroit moins de feu: Chascun en scait la similitude sil na fort rude entendement. Se ces deux ont besoing de vostre mestier seruez les courtoisement moyennant que ilz napparcoiuent que les voultez deceuoir. Ainsi vous content maintenir et demener, Car lon doit mener perdre ou noyer son ennemy les bras au col en le flatant, applanoyant se aultrement cheuir on ney peut Je vous puis bien dire iurer et pleuir que aultre cheuissance nya. Car il sont de si treffin aguet que qui les assauldroit en appert ie croy et cuyde que il pourroit bien faillir a son intention. Item aussi pareillement quant voz viendres aux aultres portiers ou voꝰ contendres a venir se pouez vous leur feres dons de chappeaulx de fleurs en escliquettes, tabouretz, bourses gentes, rubans de soye et esplinguettes et plusieurs aultres sortes de petis ioyaulx gentis et faictis. Voire se laisement en auez sans voꝰ destruire, telles choses leur presenteres, affin de les appaiser. En oultre dementez vous du trauail et paine que voꝰ fait amours que la voꝰ maine. Et se donner ne pouez parles beau.

Promettez sans delay comment que il voise du payer. Jurez fort et baillez la foy, ains que vous retourniez confus. Priez les que ilz vous secourent, Car se voz yeulx pleurent deuant eulx grant auantaige vous sera. Ploures donques et vous agenouilles les mains ioinctes. Mouilles voz yeulx de chauldes larmes, tellement que ilz les voyent couler et cheoit amont vostre face. Car ses larmes esmeuuent piteuses gens. Et se vous ne scauez plourer prenez couuertement de vostre saliue, ius doings ou daulx ou dautres choses dont voꝰ oingderes voz paupieres. Se ainsi en faictes voꝰ pleureres toutes les fois que voꝰ vouldres. Ainsi le ont fait plusieurs fins amoureux, lesquelz ont prins les dames aux latz que tendre leur vouloient, tant que elles prenoient misericorde deulx si leur ostoient la corde du col. Plusieurs aultres plourent par telz baratz que iamais ne aymerent par amours, ains les pucelles decoiuent par pleurs faintes et aultres faussetez. Car lermes tirent les cueurs des gens, voire se il ne scauent le barat. Car silz se scauoient iamais naurorient mercy de voꝰ. Voꝰ labouteries en vain. Se criez mercy tiex ny prouffiteries ne iamais leans nentreries. Et se vous ne pouez aller vers eulx faictes par quelque ung qui soit quenable messagier, soit de bouche, par lettres ou par tables, mais ne y mettez nul propre nom ne de luy ne delle ce que soit estre dit pour il soit dit ou escript pour elle Il sera dame et elle sera sire, la chose si en sera beaucoup mieulx celee. Cest la maniere descripre en tel et semblable cas pour remonstrer son martyre et la paine en quoy on languist. Plusieurs amans ont deceu maintz barons, unes et aultres qui ont veu et leu les lettres sans parceuoir ne congnoistre le neud du fait. Et par ainsi faire les amans rusez damours en sont excuses. Item ne vous confies en enfans que ney soies doses et courtouces. Il ne sont point seurs messagiers. Tousiours sont ilz en point de iangler et monstrer aux ineschans que les enhortent ce quilz portent, ou ilz sont ainsi comme folz mesmement leurs messaiges. Et silz ne

fueillet

font faiges & bien aduises tout ce quilz portent seroit incôtinêt & sans delay publie. Et deuez sçauoir que portiers sont de telle nature q̃ silz daignent prêdre & receuoir voz dons deceuoir ne vous vouldront/ vous seres prestement receu apres voz dons fais. La chose est faicte puis que de vous ilz prenêt. Car ainsi côme le loyre affaictez lespreuier de venir en main soir & matin/pareillemêt sôt par dôs en ceste maniere portiers affaictez. A dôner graces & par dons aux fins amoureux chascun est par eulx vaincu. Et se il aduient que vous les trouuez tãt orgueilleux que vous ne les puissez flechir par prieres/ par dons/ par pleurs/ lamêtacions & plaintes ou aultres manieres de faire & vous regettent arriere/ soit par refus ou fiere parolle en vous rudemêt laideangeant & mal menant portez courtoisement ce dueil en ce soing les delaissant. Car oncques fromaige ne se cuyst mieulx que ilz se cuyrôt et se reduyront pour voʒ espauller & esleuer par voftre fuyte qui sera grãdemêt voftre proufit & auance. Cueurs de villains sont tant fiers côtre ceulx qui les tiennêt en chierete que tant plus les prient tant moins les prisent/ Ains les desprisent quât ilz les seruent. Toutesfois quât ilz les treuuêt habandonnez leur orgueil est prestement rabaisse/ car ceulx leur plaisent lesquelz ilz desprisoient. Toust sont domptez & appaisez qui est laide chose a eulx/ considere que on les a delaissez. ¶ Le marinier qui par mer naige cherche mainte saulvaige terre/combien quil ait tousiours son regard a vne estoille/toutesfois il ne court pas dung voile tousiours/mais le tresçhãge souuent pour vent & tempeste escheuer. Pareillement homme qui ne cesse de aymer ne court pas dune laisse tousiours/mais q̃ veult iouyr de bonne amour/il doit lune fois chasser & lautre fuyr/cest vne plaine chose & grosse lettre. Il ny fault nulle glose/fiez vous au texte. Il fait bon prier ces trois portiers/ car q̃ si veult aherdre en amours il ny peut riês prêdre quoy que boban chiers soient ilz peuuent bien auã cer. Puet qui veult les peut comme bien asseure/car pour vray il sera refuse ou receu/ne sera deceu en riens. Les refusez ny ont temps perdu sinon que trop si sont amusez/ne ceulx q̃ priez serôt ne sçaurôs ia mauluais gre a ceulx qui priez les auront quoy que deboutez les ayent. Ilz sont boutez en leur cueur/côsidere que ceulx q̃ se oyêt prier ont grât ioye au cueur pensant en eulx mesmes tout coy taisans q̃lz sont vaillans & preux & que ilz ont toutes bonnes taiches quât de telz personnaiges sont aymez Quoy quil aille du nyer/de lottroyer ou du refus silz sont receuz il ont ce quilz q̃roient. Et sil leur meschiet de la faulte soient frans et quittez/car apres reffus vient souuent le rappel. Ne soient aussi coustumieres au premier de dire aux portiers que ilz se veulent acoster deulx pour oster la fleur du vergier. Mais cest pour fine amour loyalle et entiere procedant de nette pensee. Et saichez sans doubte quilz sont domptables. Pourtant qui biê les requert iamais arriere deboute ne sera ne refuse. Mais se vous vsez de mon conseil ne vos penez de les prier se ne menez la chose a fin. Car se ilz ne estoiêt vincus ilz se venteroiêt du prier/mais qnant ilz seront parsonniers du fait ilz ne se venterôt iamais. Et qui plus est ilz sont d̃ tel maniere quelque fiere chiere que facent que qui ne les prieroit/ ilz donneroient pour neant ce de quoy on les prie. Mais les folz chetifz sermonneurs larges donneurs et trop prodigues les enorgueillissent/ tellemêt quil rencherissent leurs roses eulx cuidans auãcer/mais ilz se font grant dômage. Et ie voʒ dys bien que ilz les auroyent pour neant quât la requeste ne y feroient. Pour quoy se chascû faisoit que iamais requis ne fussent par auãt silz se vouloient a ce lyer bon loyer ilz en auroient. Et se tous ensemble se soubmettoient par côuenances lung a lautre que nul ne leur en sermonnast ne ne se donnast pour neant/ Ains laissassent aux portiers leurs roses flaistrir ou fener pour iceulx mieulx maistrier/combien que fort me desplairoit se quelq̃ vng faisoit ce marchie. Il ne me feroit nul plaisir qui telle besongne vouldroit faire & conuenã

cer. Mais ne attendez pour tant a les requer/
re pour quelque chose que ie vous en aye dit.
Tendez voz latz pour prendre vostre proye.
Tant attendre pourriez vous bien que tost si
embateroient ou ung ou deux ou trois ou qua/
tre/six/sept/voire cinquante et deux douzaines
dedans autant de septmaines. Le par trop se/
iourner le feroit ailleurs tourner. Iamais ny
viedries a temps se tant attendiez. Ie ne prise
en rien lhomme qui tant attent que la femme luy
demande son amour/celluy se fie trop en sa be
aulte qui tant attent que femme le prie. Mais
quiconques commencer veult pour auancer sa
besongne naye paour que femme le fiere tãt soit
fiere ou orgueilleuse ne que la nef ne viengne
a port/mais que saigement se veuille contenir
Ainsi doncques exploicteres quant seres aux
portiers venu. Et se dauãture ilz sont en cour
roup ne les enquerez mye/espiez lheure quilz
soient en liesse non pas en tristesse/voire se la
tristesse nestoit engendree par forsenee ialousie
qui les auroit batus a vostre cause dont grãt
courroup leur en seroit Et se pouez a ce venir
que les puissez tenir secretement en lieu conue
nable si que ne doubtez nulz suruenans/ et bel
acueil qui pour vous est attrempe est eschape
dauanture suppose quil vo9 aura fait le meil/
leur semblant quil aura peu comme celluy qui
bien le scait faire. Lors deuez/car il est heure
de cueillir la rose/voire quant verriez q dan/
gier laidanger vous vouldroit que honte et
paour sen degronceroient/mais que fainte/
ment sen courroussassent en eulp laschement
deffendant/et que en ce faisaut vaincus se ren
dissent ainsi que lors vous semblera. Et qui
plus est quant vous verriez paour trembler
honte rougir danger fremir ou plaindre et ge
mir ces trois ne les adiurez de rien/cueillez la
rose a toute force monstrez que soyez homme
en temps et en saison. Il nest rien qui tant leur
plaise q telle force qui faite le fect. Plusieurs
gens sont de telle coustume et de si diuerse ma
niere que ilz veullent donner par force ce que
habandonner ilz ne osent faignãs que on leur
a tollu ce que ilz ont souffert et voulu donner.

Mais ilz seroient moult forment courroucez
et dolens se par telle et semblable deffence es/
chappoient quelque tristesse quilz en montras
sent/ie me doubte quilz ne vous en baptroi/
ent ia/car combien que groncé vous eussent ilz
en seroient fort courroucez. Et sil aduient que
par haultes et apparentes parolles les voyez
courroucez bien a certes et deffendre vigoureu
sement ny tendez ia la main/ains tenez vous
pres criant mercy/et attendez iusques a tant q
les trois portiers qui si tresgriefuement vous
nuysent se soyent retrais et que le doulx bel a/
cueil qui vous veult habandonner la seu de/
meure. Ainsi donc contenez vous vers eulx
comme preu saige et vaillant. Apres prenez gar
de de quel semblant bel acueil vous regarde
comment il luy est et de quel chiere/conformez
vo9 a son maintien soit ancien ou meur mettez
totalement vostre cure a vo9 maintenir meu
rement/et sil se tient nicement faictes le semblable
trauaillez vo9 a lensuyuir. Sil est lye soye le
peullement/sil est courrouce soyez dolent/sil rit
riez. Plourez se il pleure. Riglez vo9 sur son
fait dheure en heure. Aymez ce qlayme/blas
mez ce quil blasme. Loez ce la quil louera et
tant plus se confiera il en vous. Ne cuidez ia
mais q dame de vaillant couraige ayme ung
fol garcon qui de nuyt va ruser/courir et ro/
der et va veoir les filles ainsi q se desuer deust
Et va chantant des mynuyt come ung fol a
qui que bel soit ou a qui que il ennuye. Telle
dame craindroit en estre blasmee/diffamee et
vile tenue. Et non sans cause se doubte aucu
ne en fait/car telles amours ainsi fleustees p
les rues sont tantost sceues. Et ne leur chault
pas de ung cynot qui le saiche/tout ung leur
est celle qui son cueur y ataiche est grandement
fole. Et sil aduient que sage homme parolle
damours a vne fole damoiselle sil monstre
semblant destre sage icelle son couraige iamais
ny tournera/ne iamais homme ny aduiedra
tant quil se maintiengne sagement. Car sil
ne fait ses meurs semblables et unys aux si/
ens/il est honis. Elle cuydera que celluy soit
lobeur/regnart/ou e.ichanter/par quoy icelle

Fueillet

le delaissez prent qultre ou elle sabaisse moult Le vaillant homme se tire arriere, & elle choysit le pire de la route, auql elle nourrist et couue amours a la semblance dune louuesse qui tāt empire sa folie qlle prent le pire des loups.

¶ En oultre se vous pouez trouuer Bel acueil & iouer auec luy aux eschetz, aux dez, aux tables, ou a quelque delictable ieu de quelque ieu que ce soit ayez tousiours du pis & en soyez au dessoubz, & de tel ieu duquel vous vous en tremettez tout ce que vous y mettez perdez le faictes tant quil ait la seigneurie du ieu, & q̄ il se gabbe & rye de voz pertes. Louez ses cōtenances, ses attours, semblances, seruez le de vostre puissance. Mesmes quāt seoir se deura apportez luy quarreaux ou chayere vostre querelle mieulx en vauldra. Sil a sur sa robbe quelque busquette ou poutie soiez prest de luy oster, voire quant elle ny seroit mye il est bō de faire le semblant, ou se sa robbe se empouldre trop fort soubzleuez luy hastiuemēt. Brief pensez de luy faire tout ce q̄ complaire luy pourra, Et se ainsi le faictes ne doubtez dē estre reboute de son amour, mais finablemēt paruiendrez a vostre desir.

¶ Moralite.

¶ Se lamant espirituel vouloit, scauoit ou pouoit complaire a leternel beu acueil nostre createur quāt il se sent estre pres de luy p̄ grace cōme feroit le fol amant ou Bel acueil temporelz, iamais beatitude perpetuelle qui est la souueraine rose ne luy eschaperoit. Et ainsi comme il est persuade au fatuel amant soy laisser vaincre aux ieux deschetz, de dez & de tables, semblablemēt quant lespirituel bel acueil veult esprouuer, discipliner, & chastier son amy il se ioue a luy d̄ trois ieux dāgereux qui sont mortalite, guerre & famine. Et quant il aduient que pour corriger le monde il met sus lesquier de la mort, & que en iouant il prēt et touche la royne, rocs, cheualiers & pions iusques a faire le Roy mat, & que en fin il reboute tout au sac, dont ilz sont yssus qui est la terre. Lamy espirituel ce voyant quant il seroit happe mesmes si nē doit murmurer. Ung seul mot, mais louer dieu de ce qui luy eschppe.

Et sil aduient que Bel acueil eternel vueille iouer non pas aux dez, ne aux osseaulx dōt ilz sont faitz, mais p̄ horrible guerre aux os des princes, tellement q̄ la bataille de lunig d'eulx soit par quelque hasart deffaicte & succombee de son aduerse partie puis que cest la voulente dudit bel acueil qui donne les victoires lamant espirituel quant il seroit mesmes naure a mort si doit il comme vaincu prendre sa pacience le regraciant haultement sans hōgnier

¶ Et sil aduient que Bel acueil eternel vueille iouer aux tables des poures laboureurs et paysans si q̄ les tables diceulx rōdes ou quarrees soient mal en point & deffournies de viures par angoisseuse famine q̄ ioue de ses dez plominez quant lamant espirituel seroit p̄sonnellement en ce conuiue tout affame si doit il tout en gre prendre disant que cest la voulēte de dieu ce qui luy plaist bien luy doit plaire.

¶ Et sil aduient que lamant espirituel soit hors de grace de son Bel acueil, Auquel il ne peut auoir approuche pour lenormite & multitude de ses vices tellemēt que dangier, male bouche & honte luy tiennent le pas cloz. Il doit vser du conseil que amys donne a lamant fatuel comme il appert au cōmencement du chapitre precedent, car apres que raison luy eust entretenue ses doulces p̄suasions, & mesmes p̄ie quil voulsist aymer en deprimāt son maistre le dieu damours. Cellug tint pied ferme en la foy, comme doit faire le bon champion catholicque quant il est tempte de lennemy. Et comme lamāt vient a amys a refuge reciter son fait, lamant espirituel doit pareillement en ses temptacions venir a son bon cordial amy ung discret confesseur, & celluy luy cōseillera quil appaise sa male bouche murmurāt sur tous estatz en blasphemant, malgreant, despitant le nom mesmes de Bel acueil son maistre. Il luy mettra auant quil decoupe dāgier son mortel ennemy par bonne & vraye cōfession, car lors sera le temps passe mis en ou

bly. Dangier aura les yeulx clos & les bras
faillis sans quelque pouoir de malfaire. Il
fault semblablemēt suppediter la honte q lon
peut auoir au mōde par les pechez charnelz/&
se ce fera p ieunes & abstinēces Apres ces gar
des sont les portiers ausquelz il fault donner/
car ilz ouurent & closēt le iardin ou se tient bel
acueil espirituel soubz la ramee de sa rose glo
rieuse. Ces portiers sont les bienheurez de pa
radis/comme sainct pierre & sainct pol q peuēt
clorre & couurir le ciel. Iceulx portiers cōuient
il vaincre & encliner p dons. Cōme dit amys
a lamant/ces dons seront chappelets de pate
nostres en lieu d violettes/florins dor en lieu
de flourettes/aulmones & oraisons en lieu
de fruictz & de boutons/affin de gaigner les par
dons par le moyen desquelz lamāt verra bel
acueil a loeil. Rose & fruict en bruyt & valeur
en fleur.

℟ Le .xxx. dit. chapitre. Male
bouche acōparee a sinderesis.

℟ Lamant
D ulx amy quest ce q vous dictes
Nul hōme ne feroit ceste dyable
rie sil nestoit ypocrite/ onques si
grāt tricherie ne ouy. Voulez vo9
q ie hōnoure & serue qlt serue & faulse. Seu
lement tous sont ilz faulx sinō bel acueil me
donnez vo ce q il/traistre mort el setoye se te
seruoye pour deceuoir. Et si vous vueil bien

dire que quant ie vueil guerroier les gens iay
coustume de les deffier. Aumoins souffrez q
ie deffie male bouche de q ie suis espye/ains q
ie la decoupe/ou q ie luy prie que le vent q par
luy sest leue soit rabatu/ou il cōuient que ie le
batte. Ou sil luy plaist q il me mende/ou la
mende ie prēdray. Mes si ce nō il fault q ie me
plainde au iuge qui en prendra vengeance.

℟ Amys. ℟ Mon amy ceulx dopuēt quer
re vengeāce qui sont en apperte guerre/mais
male bouche trop couuert nest descouuert en
nemy/car quāt il bait hōme ou femme il se bla
me & diffame en derriere. Cest fy traistre/
cest droit q trahy soit. Ie dis fy de lhōme trai
stre/car puis quil ne tient sa foy iamais fiā
ce ny auray. Il hayt gens en cueur/si leur rit
de bouche/iamais il nabellist moy soit. Il se
garde de moy/& moy de luy. Cest bien raison
que celluy q se amort d trahyr ait sa mort par
traison. Voire se plus hōnorablemēt on ne se
peut vengier. Et si lest ainsi que de luy vous
plaindez luy cuydez vous restraindre la lāgue
Ie croy que ne pourriez prouuer ne trouuer suf
fisans tesmoings contre luy/& quāt vous les
auriez tous prestz si ne se vouldroit il taire/tant
plus prouuerez tant plus tanglera. Trop pl9
quil ne fera y perderes/car de tant plus est la
chose sceue de plus est augmētee vostre hōte.
Laqlle tel cuide abbaisser q la mōte. De prier
quil soit abbatu ou blasme ou batu iamais ne
se laisseroit abatre trop plus tost batre se laif
seroit. De prier quil se vous amēde vous la
boureriez en vain. Ie luy pardonneroye plus
tost lamēde que ie ne lapprēdroye quāt il me
offreroit loffre. Et se vous le deffiez il fera
sermēt sur tous les sains que bel acueil enfer
re sera si que iamais ne le verrez ou il sera tu
ue en aulcūs aneaulx/ars en feu ou noye: lors
serez plus dolēt en cueur q ne fut charles pour
rolant quāt il receut mort en roceuaulx par
la deception de ganelon. ℟ Lamant. ℟ Ie
ne quiers point cela. Au dyable soit il puis de
ie le vouldroie auoir perdu puis q il mas pēdu
mon popure. ℟ Amys. ℟ Compaings ne
vous chaille d pēdre/prēdre puient entre ueu

geance/les office ne vous affiert/laissez iuste ce couuenir. Mais se me voulez croire y trassy son le despescherez. ¶ Lamant. ¶ A vostre conseil ie me accorde a autre ne vueil. Toutesfois se vous scauez art ou voye pour trouuer maniere assez facile a prendre le chastel voulentiers y entendroye se apprendre le me voulez. ¶ Amps. ¶ Ouy ung chemin bel et gent/mais pour poure gent nest il mye. Et sachez q̄ pour descōfire ce chastel lō peut eslire plusieurs voyes sans moyart & doctrine/& rompre de venue la forteresse iusq̄s a la racine & fons sans tenir les portes q̄ toutes seront prinses sans en deffendre vne seule/car nul ne sonnera mot. Le chemin a nom trop donner. Fole largesse q̄ maint attaint y attena se fonda. Je cognois fort bien le sentier/auāt hier te mey yssy/ Je y ay este pelerin plus dung yuer & dung este. Vous laisserez largesse a la dextre/puis vous tournerez a la main senestre. Vous naurez chemine q̄ vng seul trait darc que trouuerez la sente batue & marchee sans vostre soulier vser. Vous verrez la muraille croler & chāceler tours & tournelles tant soyent belles & fortes. Et mesmes les portes ouurir cōme se les gens feussent mortes. Le chastel est tant foible de celle part q̄ vng rostys gasteau est plus fort a ptir en quatre q̄ nest la muraille a abbatre. Par la seroit il tost prins et ny fauldroit si grant host comme il feroit a charlemaine se la maine vouloit conquerre. En tel adresse nentre nul poure hōme/car nul ne luy pourroit mener ne enseigner le sentier/ tellemēt que a pr̄ soy se y trouuast. Mais q̄ lauroit mene illec legierement le scauroit/comme te scauoye ia ne souroye si bien aprins. A donc se cest vostre plaisir tantost le scaurez et laurez aprins: voire se pouez auoir grāt auoir pour faire despens oultrageux. Mais ie ne me fais fort de vous y mettre/car pourete ma dēe & denye le pas/seqle elle me deffendit a lysir hors q̄ ie y despēdis le mien. Voire tout ce que iauoye receu de mes creāciers/lesq̄lz ie de ceulz malesmt/car selon me duoit noyer payer ne ptenter ne les scauroye. Icelle me dist que

iamais ny allasse puis que plus riens a despē dre nauoye. ¶ Moy amy a grant paine y entrerez vo9 se richesse ne vous y maine/mais elle est de telle nature q̄ tous ceulx q̄lle y conduit elle reffuse le racōduire. A laller se tiēdra trop bien auecques vo9/mais iamais ne vo9 en ramenera. Et soyez asseur se vo9 y entrez par quelque heur q̄ ce soit Ja ne y retournerez se pourete ny met la main par q̄ maintes gēs sont en destresse. ¶ Fole largesse demeure leans q̄ ne pēse qua soy esbatre & faire ieux oultrageux/& despēdre deniers cōme se en greniers les puysast sans p̄pte & sans mesure quoy que doiuent durer. ¶ Pourete plaine de honte & de meschief demeure a lautre coste plaine de molestes a son cueur/& de requestes hōteuses oyant tāt de durs escōdis quelle na ne bōs faitz ne bons ditz/ ne delictables ne plaisans/ si ne scaura si bien faire que chascū ne blasme ses oeuures. Chascun le ledenge & diffame/mais ne vous chaille delle fors de peser comment eschapper le pourrez. Nest rien qui tant griefue lhōme que cheoir en pourete ame scaiuēt ceulx qui sont plains de debtes q̄ tout leur auoir ont despendu. Mesmes par elle ont este plusieurs malheureux p̄duz. Bien le cōgnoissent & dient ceulx qui mādient cōtre leur voulentez endurent griefue douleur/ains que les gens leur dōnent de leurs biēz. Pareillemēt se peuent scauoir ceulx q̄ veullent auoir ioye de leurs amours. Car ame dit Ouide poure te na de quoy repaistre son amour. ¶ Non habet vnde suū paupertas pascat amorem. ¶ Pourete fait despiter lhōme/hayr/viure en martyre & perdre son sens. Ne vo9 fiez en elle/mais vous enforcez de croire ma parolle veritable. Et saichez q̄ iay esprouue & expermente en moy mesmes tout ce q̄ ie vous sermōne/si scay tant y mesaise q̄ par hōte cōbien elle vault trop mieulx q̄ vo9 mon doulx amy qui endure ne sauez. Pour chastier le dys/Bie vo9 pouez fier en moy. Bien a la vie biēheuree q̄ se chastie par aultruy. Je souloye estre clame vaillāt/ayme de tous cōpaignōs/despendent ioyeusemēt le mien par tout & a grāt lar gesse du temps que fuz riche. Or maintenant suis ie deuenu poure par oultrages & foles despenses q̃ me ont en ce point mys, tellemẽt que ie nay si non grãt dangier a boyre & a mãgier, ne que chauffer ne q̃ vestir tant me fait sentir dangoisse. Et sachez q̃ si tost que fortune me eust despoulle ie perdis mes amys tous, fors ung q̃ me demeure seulemẽt. Fortune me tollit ainsi mes biens par pourete q̃ vint vers elle. Tollit. Certes non fist. Ie mens, mais reprint propremẽt ses choses, car se ilz eussent este myenes ia ne meussent delaisse pour elle qui riens ne mesprint vers moy de prẽdre ce q̃ estoit sien. Sien voire, mais rien nen scauoie qui tãt les auoye achaptez de cueur, de corps & dauoir, q̃ tous auoir les cudoye. Et puis quãt vint au dernier q̃ ie neuz ung denier vaillãt tous mes amys senfuyrẽt seulet me laisserẽt si me firent la moe quãt soubz la roue de fortune me veirent abbatu & reuerse. Ainsi ma pourete batu. Toutesfois ie nay cause de moy plaindre delle, car elle ma fait sans fainte nulle grãs courtoysies, ce q̃ vers elle iamais ne desseruit. Si tost q̃ pourete vint vers moy q̃ de amys me osta plus de vingt. Voire q̃ ie ne mente plus de quatre cens & cinquãte ie ves si trescler autour de moy, q̃ ung lynx q̃ y eust emploie ses yeulx neust veu ce q̃ ie ves lors car fortune par pourete q̃ mencõtra me mõstra la bõne amour & face de mon bon amy q̃ iamais ie neusse congneu sil ne feust venu a mon besoing. Si tost qˀ feust aduerty d mon fait il accourt hastiuemẽt si me secourut & mofrit tout, car il scauoit & cõgnoissoit ma grãde indigẽce. Mon doulx amy dist il scauoir voˀ faiz q̃ vecy le corps & lauoir ou vous auez autant cõme moy. Prenez sans congie, prendre scauez combien, tout se de tant auez mestier, car loyal amy ne prise une prune les biens de fortune pour son bon amy. Les biẽs naturelz mesmes ne voˀ seront reffusez puis q̃ ensemble sõmes cõgneuz & fermez en bõne amour & certainemẽt esprouuez. Nul ne scet sil ne les preuue sil pourra trouuer bon amy. Mais les giez damours sont tãt puissans q̃ tous mes biẽs

ens vous sont obligez, & me pouez par vostre guerison mettre en prison pour hostage ou plege & mettre en gaige, & vedre mes biẽs sil voˀ plaist. ¶ Encores ne se tient a tãt affin q̃ ne cuidasse q̃ ce fust flaterie prendre me fist pˀ force tout ce q̃ ie vouloye, car ny osoye tendre la main. Iestoye mat & vergõgneux cõme est le diseteur, & poure a q̃ hõte a la bouche close, tellement q̃l nose dire sa necessite. Ains seuffre, sen fost & sen fuyt affin q̃ nul ne saicße sa pourete, mais mõstre le plus bel dehors comme lors ie faisoye. Ce q̃ les medians puissans de corps ne font nye, lesquelz semblẽt par tout flattant gens par parolles doulces, et a tous ceulx q̃lz rencõtrent mõstrent le plus laid dehors, mais ilz mussent le plus bel dedãs pour deceuoir ceulx q̃ leur dõnent. Disans q̃lz sont poures, & toutesfois ilz ont les grosses pitãces et en tresforkes grãs deniers. A tant ie me tairay deulx, ie pourroye tãt dire q̃ pis me seroit car ypocrites hayent tousiours veritez q̃ sont dictes cõtre eulx. Ainsi men est il, car moy poure cueur a mis son trauail deuant mes amys et ie suis trahy par mon fol sens, destruyt, diffame & hay sans occasion de auttre desserte q̃ la perte deuant dicte. Voire de toutes gens cõmunemẽt, fors seulemẽt de vous qui vostre amour ne perdez, quant la perte de z amo cueur qui ne sera las de vous aymer tant que viuray, sil plaist a dieu q̃ vous y adhetez, mais toutesfois vous me perdrez quelq̃ iour en ceste vie terrienne quant a corporelle cõpaignie au dernier tout que mort son droit du corps prẽdra. Le corps seulemẽt nous touldra auec les appendences des substãces corporelles. Ie suis certain que nous mourrõs plus tost que ne voulsrions. Mort separe tous cõpaignõs, mais non pas tous ensemble. Ie cuide certainement scauoir q̃ se loyal amour ne mẽt tousiours seroye en vostre cueur se vous viuiez & ie mourope, pareillement se mouriez deuant moy vous seriez tousiours en mõ cueur. Votre par souuenãce & memoire. Cõme selon lhystoire pirotheus despuit apres sa mort. Theseus lamoit tãt pfaitement apres soy trespas

k iiij

et lauoit tellement en son cueur q̃ par tout le queroit/si que finablemẽt le alla querre en enfer. Mais pourete fait pis que la mort/car elle tormente lame & le corps si longuement quilz sont ensemble. Non pas vne seule heu= re/& leur donne a leur dānement grant larre cin & partirement/ensemble toutes duretez/ dont hurtez sont grieuement plusieurs mal= heureux/ce que la mort faire ne veult/ains les retrait de toutes miseres. Et leur fait a sa venue suyr tout temporel torment. Et iasoit ce que griefue soit tout est passe en moins dune seule heure. ¶ Pourtant bel amy sil te souui= engne dune parolle que dit Salomon roy de Hierusalem/duquel len fit tant de bi~s. Il dit se tu y aprins garde/garde toy mon filz de po= urete autant que vintas. La raison est que mieulx vault en ceste vie terrestre mourir q̃ de estre poure. Par la pourete dessusdicte est entendu misere souffreteuse & mendiante q̃ des quāce. Ilz ne sont gens plus despitez q̃ ceulx q̃ len voit indiges. Et qui plus est ceulx q̃ vsēt de droit les refusent pour tesmoignage/car ilz sont en loy acomparez aux g~s diffamez. Et combien que pourete soit laide chose iose bien dire que se vous auiez assez de roy aulx & den= etz/& en voulõriez donner autant quen scaus tiez promettre voux cueillirlez boutons et ro= ses quoy que fort encloses sont. Mais Vo⁹ ne stes ne trop auez/ne trop riche/ne trop chiche/ pour se faire/si vous conseille donner ampa= blement & raisonnablemẽt petis dons q̃ ne che= ez en pourete/car vous y auriez perte,& dõma ge. Ceulx se mocqueroiẽt de vous qui ne vo⁹ pourroient secourir. Il est bien affreant de fai= re vng beau present de fruictz nouueaulx soit en touailles ou en paniers/cõme pommes/poi= res/cherises/noix/cormilles/prunes/fraises chataignes/coings/figues/pesches/raisins/ alliettes/nefles/frambopses/belloches/da= noisnes & meures fresches/lesquelles quant les auriez achaptees dictes q̃ presentees vous sont ditz voste venu de loings. Mu donnez vermeilles roses/Pumeroles/violettes ou Bouequetz en temps de saison/car telz dõs af

folent gens & cloēt les gueules des mesdisās/ lesquelz quant ilz scauroient aucun mal des dōneurs si en diroient ilz tout le bien du mōde Beaulx dons soubtienēt maint bailllif qui pieca fussent desfaitz. Beaulx dons de vins et de viandes font dõner prebendes. Beaulx dons font porter tesmoignage de bonne vie. Beaulx dons sont par tout bien venuz. Qui beau don dōne il est prudhoms. Beaulx dõs scauent dõner aux dorments grans loz & em pirent les preneurs quāt ilz obligent leur frā= chise naturelle au seruice de autruy. Que vo⁹ diray ie plus. Par don sont prins & dieu & hõ= mes.

¶ Moralite

¶ Sur toutes gardes donnans repulse a lamāt non puissant dauoir Bel acueil a sa plai sance, Male bouche est la clochette q̃ son tin tin espād par tout a la volee. Parquoy amis met quant a Lamant plusieurs manieres de faire pour luy restraindre son caquet tant par trahyson cõme autrement cõme deuant est re cite. Et pour finale conclusion luy monstre le chemin de largesse & de trop donner. ¶ Lon peut entẽdre par male bouche qui nuyt & tout poingt & mort remort de cõscience ou sinderese qui resueille le poure pecheur/& iamais ne se contente. Cest la superiore partie de Raison qui cõme vne estincelle fort ardant estaindre ne se peut, mais le bon amy de lamant q̃ est le discret cõfesseur y met vng remede procedant de liberalite q̃ se nõme trop dõner. Cest a en= tendre largemẽt accõplir & satiffaire aux peni tences enioinctes affin q̃ male bouche remors de cõscience nait cause de murmurer. Et pour ce que ne peut estre fait de lhõme qui est en po= urete/non pas vertueuse miserable indigẽce il cõseille au poure longourex amāt q̃ il qute= re vng especial amy certain & irrefragable q̃ luy habandonne tous ses bi~s affin q̃l appaise toutes les gardes q̃ empeschẽt sa bienheuree g̃ste. Lẽ trescordial & especial amy tousiours loyal & a nul autre comparable est nostre sei gneur dieu qui par charite feruẽte habandon ne a lamant espirituel son ame, son corps, son cueur son precieux Sang/ses membres & les sainctz sacremens qui reposent en saincte eglise Cest le vray theseus qui est descendu en enfer pour retirer pirotheus par qui sentendz lignage humain son bon amy. Cest le tresor lespargne & la richesse que len peut acquerre pour recouurer son bel acueil/mais par poureté soufreteuse & indigete de vertus es maculés de vices reputée/comme infame en loy ciuile/Jamais ne peut on paruenir a lodeur de la doulce rose. Je ne faiz doubte que les deuotz mendians obseruãs & reformez/combien quilz ne manient point dargent doyuent estre refusez du vergier amoureux/Ilz treuuent qui payent pour eulx. Mais ceulx q̃ pour abatre le pain font le solin aual les rues/clinent la teste dũg letz vestu dũg habit tant rasé que vng pouil ne pourroit tenir sus/& au couuert voꝰ sont comme gorriers plus espincez/sauez/et acoustrez de pourpointz/chausses/& chemises q̃ les plus grãs gaudisseurs du pays. Ceulx la sont bien taillez de estre mis hors du cõpte/car cest monopolle ctrefaicte silz ne changent leurs meurs et leurs habitz ilz chanteront hors de labbaye.

¶ Je ne faiz doubte aussi que poures laboureurs paysans ne puissent appoingnier vng rainceau de la rose/car posé quilz naient sens nentendemẽt damasser les glorieuses vertus par ctemplacion de cueur & discipline de corps qui sont tresors de dieu donnez pour endormir dangier & male bouche/toutesfois peuent ilz selon la faculté de leurs biens offrir cõme dit amys pommes/prunes/pins/ou põpons/& toꝰ fruictz cõtenuz au precedent chapitre par qui sentendz les dismes apartenãs a nostre seignr̃ et auecques ce monstrer liberalité de cueur et de biens/car roys/ducz/princeps/Papes/cardinaulx/dames/damoiselles/bourgoises/pucelles/petis enfãs/sainctz & sainctes. Et mesmes Jesuchrist disant. Fili da mihi cor tuum. sont fort ioyeux quãt on leur donne. Ainsi voyons que par donner dieu veult noz pechez pardonner pour nous en gloire guerdõner.

¶ Le.xxxviij.chapitre. Similitude de laage doré a pardurable gloire.

¶Amys

Ony amy entendez la note que Je vous note & admonneste sil vous plaist faire ce que retraire auez ouy. Sans faulte quant le dieu damours assauldra le chastel il vous rendra sa promesse/Car luy & la deesse venus se combatront tant aux portiers quilz abbatront la forteresse. Et combien que la Rose soit fort enclose/adonc la pourrez voꝰ cueillir. Mais ie vous aduertis que en chose par grãt diligẽce acquise gyst grãt maistrise a la garder fort saigement qui moult longuement en veult iouyr/car ce nest moindre vertꝰ de la garder que de lacquerre. Le seruiteur doit bien estre clamé chetif quant par sa deffaulte il pert ce quil ayme. Cest chose moult excellẽte & fort digne de bien garder sa damie par amours. Voire quant elle vient de la grace de dieu/et quelle est saige/courtoyse/& bonne/& que elle donne son amour sans la vendre. Car marchãdise damours ne fut mise auant si nõ par femme rybaulde. Et a la verité il ny a point damour en elle qui se habãdonne par dons receuoir/cest amour fainte que mal feu larde. Toutesfois elles sont quasi toutes glontes et moult conuoiteuses de prendre/rauir & denorer si que riẽs ne demeure a ceulx q̃ plꝰ se trauaillent pour elles & plus loyaulmẽt les ayment

fueillet

Juuenal tient son compte dune femme nõmee ymberine disant que mieulx vauldroit perdre lung des yeulx que soy aherdre a vng seul homme. Elle estoit de si chaulde cõplexion que vng seul homme ne luy pouoit suffire. Si nest femme tant soit ardãt en amour ne bien gardant loyaulte quelle ne desire et vueille auoir les deniers et la despouille de son amy. Dire garde donc q̃ feroient les aultres q̃ se ottroient et habandõnent aux hõmes seulemẽt pour les dons q̃lles en receuiẽt. A grant paine trouueroit on vne seule q̃lle ne soit de telle cõdiction tant soit subiecte a lhõme. Tel est le record de Juuenal. Mais il nest reigle q̃ ny faille/ car ceste sentẽce est entẽdue pour les maultuaises nõ pas pour celles q̃ sont cõme tay deuise loyales en cueur/ de simple et doulx maintien. Et entre les aultres choses le seruiteur courtoys et debõnaire q̃ se mesle du mestier damours se doit garder q̃ trop ne se fie a sa beaulte et forme mais ait langin garny de scieces et dars. Car q̃ bien vouldroit regarder la fin de beaulte cest vng don naturel de petite duree q̃ ne se peut cõguemẽt garder/ et vient legieremẽt a la vespree comme les flourettes des prez. Et est de telle nature q̃ plus vit et plus empire. Mais q̃ veult acquerre sens et en bien vser il tiẽt cõpaignie a son maistre autãt q̃ est viuãt/ et est plus prouffitable en fin q̃ en cõmencemẽt de sa vie/ car il ame de tousiours sans gueres diminuer. Et pourtãt lhõme de noble entẽdement q̃ saigement vse de son sens/ doit estre fort ayme et prise. Et la femme doit estre ioyeuse quãt elle est amoureuse dung homme bien adressie/ courtois et saige portant tesmoignage dauoir sens et vertus. Et toutesfois sil me demãdoit conseil a scauoir pour entretenance de ses amourettes se bon seroit faire rimes/ roliuelez/ motletz/ rõdeaulx/ ballades ou chãsonnettes pour enuoyer a sa dame. Je respõdz q̃ telles choses ny valẽt gueres: car les dittes serõt au mieulx qui en peut venir louez daucuns pfonnages Mais se lon voit saillir en place vne grande bourse fort pesant plaine de besans dor et dargent elle seroit recueillie a plaine brace/ car femmes sont maintenãt accoustees a recuillir deniers par grãs bourssees. La lettre tesmoigne cõme du temps iadis de noz premiers peres et meres. Amours estoiẽt en grãt bruyt loyales fines sans rapine et sans couuoitise. Et durãt ce siecle fort precieux nestoiẽt delicieux de robbes ne de viades cõme il sont maintenãt. car en lieu de pain de chair et de poisson ilz recueilloiẽt les aglãds des boys/ et cherchoiẽt y buyssons/ vaulx/ plaines/ et montaignes chastaignes/ pomes/ poires/ bouttõs/ meures/ pumeroles/ frãboises/ fraises/ geneles/ feues/ poyfruicts/ racines et herbettes. Et frottoient les espis des bles sans battre ou vaner. Ilz grappoient les raisins aux chãps sans les mettre en pressouers. Et miel decoutãt des chesnes dõt habõdanmẽt si viuoiẽt. Beuuoiẽt la simple eaue sans querir pigmẽt ne clarte noncques vin pare ne beurent. La terre nestoit lors labouree/ elle apportoit delle mesmes ce de quĩ chascun estoit cõforte. Ne queroiẽt saulmons ne lus. Les cuyrs veluz vestoiẽt et robbes de laines nõ taites en herbes ney graines; mais cõme elles venoiẽt des bestes. Leurs hobbettes et hameaulx estoient couiers de genestes/ de fueilletes et de rainceaulx. Et faisoient fosses en terre en roches et en grosses couuertures eulx reboutãt es chesnes creux ou ilz fuyoiẽt a garant lors quilz veoient apparence de aucunes tempestes.

¶ Et quant par nuyt dormir vouloient en lieu de coultespointes assauloient monceaulx de gerbes/de fueilles/dherbes ou de mousset. Et quant laer et lhorrible temps estoit appaise et que le vent estoit doulx et amiable comme il est printemps que les oiseaulx chascun matin estudient de saluer laube du tout en leur latin et muer leurs cueurs, Lors zephirus et flora sa femme dame et deesse des fleurs faisoient naistre toutes flouritures en les semant auant se monde les formoient et coulouroient tellement q̃ pucelles et varletz fort prisez les honoroient en faisant beaulx chappelletz pour lamour de leurs amoureux. Leurs coultespointes estoient de flourettes q̃ rendoient telle splendeur par herbages/pres et ramages quil sembloit que la terre voulsist emprendre guerre et estrif au ciel: entant quelle estoit mieulx et plus diuersement estoillee a cause des flouretes de diuerses couleurs. Sur telles couches sans rapine et couuoitise se entracolloient et baisoient ceulx a q̃ le ieu damours plaisoit. Les arbres verdz des iardinetz estendoient sur eulx leurs rainceaulx cestoient les pauillons et les courtines q̃ du soleil les deffendoient. Les simples gens asseurez de toutes cures malicieuses pensoient demener ioiuetez par amyable tez loyalles. Illecques dansoient karoloient leurs ieux et leur tẽps demenoient en grãt liesse. Encores nestoient au monde ie croy roy ne prince pour punir les malfaicteurs / car guetes de torsfaitz ne se cõmettoient. Leurs biẽs estoient cõmuns / autant en auoit lung cõme lautre. Ne vouloient auoir riens de propre ayans en retenance vne parolle qui nest folle ne mensonge. Cest que amour et seigneurie iamais paisiblemẽt ensemble ne demourerent / car le plus fort lemporte et le desassemble.

¶ Moralite.

¶ Apres q̃ amis a aduerty lamãt au chapitre precedẽt de la grant ardeur de couuoitise dont plusieurs femmes sont esprinse affin de ficher son cueur en celle q̃ point ne vende son amour, il luy boute en memoire la maniere de viure de noz premiers parens / ce q̃ aulcuns nõment laage dore, car lors ne cognoissoient rapine / couuoitise / ambitiõ ne iniustice. Viuoient lõgs ans amyablemẽt ensemble sans fraulde / barat / deception ne trafficq des biẽs q̃ dieu leur enuoyoit sans viãdes mixtionnees expõses ne delicatiues. Ceste mode de viure ne tindrent seulemẽt les sages du mõde les vertueux philosophes, cõme socrates et dyogenes, ne aulcũs vertueux paganicqs non illuminez de clarté supnelle pour parttaindre felicite sommiere. Mais semblablemẽt les sainctz peres catholicqs esleuez de nostre seignr̃ pour instruction de nostre foy ont fuy le mõde, q̃ru les desertz et hante les boys. Desqlz ilz ont mãge les racinettes. ¶ Ceste maniere de viure nous est figure et exẽplaire de gloire future, car ceulx qdignes seront dy estre appellez et q̃ çabas auront vescu amoureusement en vraye charité seruete sãs sentir lestincelle de bruslãt auarice ne quelq viciense iniqte supbe mãgeront illec les labeurs de leurs mains et trouueront les fruictz toꝰ meurs sur les arbres telz que dieu leur aura pparé selon leurs merites. Couchetrõt sur flourettes pourables et soubz les courtines celestes protectez a iamais deffenduz et asseurez de tẽpestes fouldres et griefs orages.

¶ Le .xxxix. chapitre. Conuenience de Lucresse et de Penelope aux tresnobles cites de Rõme et de Cõstantinoble.

fueillet

¶ Amis a Lamant

A ceste cause voit on des mariages fort estrāges quāt le mary par force de cuyder estre sage chastie et bat sa femme, et en tel debat la fait viure quil luy dist quelle est niche et fole, quant a la karole demeure si longuement et hante souuēt le couuent des iolis varletz, et brief sengēdrēt tant de noyses que bonne amour durer ne peut entre eulx. Car le mary veult auoir la maistrise de sa femme tant du corps que de lauoir. ¶ Le mary dit. ¶ Vous estes trop vilotiere, et vostre maniere est trop niche, car quāt ie suis alle a ma labeur vous gaudissez, dansez, ballez en demenāt tel redderie que se semble estre grant ribauldie, et cōme seraine chantez. Dieu vous met en male sepmaine. Quant ie porte nostre marchandise a romme, en frise ou aultre part vous deuenez si cointe en brief que chascun en tient son parlement. Et quant lon vo° demande pourquoy cointe vous maintenez, vous respondez. Hary hary, pour lamour de mon Mary. Est ce pour moy las douloureux chetif. Qui est ce q scet se ie forge ou se ie tildz, se ie suis ou mort ou en vie. Lon me deueroit frapper au visaige dune vessie de mouton. Je ne vaulx pas vng bouton quāt aultrement ie ne vous chastie: basty mauez vng tresgrant loz quāt vous vantez de telle chose, chascun scet bien q vous mētez. Pour moy, las douloureux pour moy ie enformay mauluais gands en mes mains et me deceuez cruellemēt le tour de nostre mariage lozs que vostre foy ie receuz. Vous demenez pour moy tel rigolage et tel boubant q les gens me vont lobbant. Je nay le pouoir de veoir telz cointeries cōme ont ces ribauldz saffres et friaus qui vont espiant ces putains lesquelz vous remirent et voyent et vous cōuoyent par les rues. A qui pelez vo° ces chastaignes, qui me peut plus dengaignes faire que vous qui suis vostre chappe ostre la pluye quāt ie mappuye a vous q estes plus simple en surcot et guimple q tourterelle ou coulōbe, sil est cours ou long ne vous chaille. Et cert

tes quant ie suis seulet au pres de vous pensant et musant quoy que ie soye debōnaire q me dōneroit quatre besans ne me tiendroye de vous batre pour abatre vostre orgueil, mais ie ie laisse pour la hōte du mōde. Et sachez qil ne me plaist quil y ait quelque mignotise sur vous, soit karole ou danse, voire se ie ny suis present.

¶ Dautre part ie ne puis riens celer, auez vous a partir terres entre vous et robichōnet au verd chappel ce bachelier q si tost a vostre appel vient. Vous ne pouez partir de luy, vous flaiollez tousiours ensemble, ne scay q vous entreuoulez ne que tant dire pouez. De yre me faictes enragier pour vostre fole contenāce. Par cestuy dieu q ne mēt se vous passez a luy iamais, la face vous feray pasture plus noire que meure par force de horīōs que sur le visaige vous dōneray pour vous oster de ce musage plaisant aux musars, tellemēt que vous tiēdrez toute coye si que nyrez hors de lostel sans moy, car vous me seruirez. Vot re court tenue et riuee en bons aneaulx de fer. Le dyable vous fait bien estre si priuee d telz ribauldz mēsongiers, desquelz deueries estre estrange. Ne vous prins ie mie pour mey seruir. Cuidez vous desseruir mon amour par ouyr telz ribauldz au cueur vaulx qui vaulde vous treuuent. Vous estes ribaulde mauluaise, si ne me puis fier en vo°, le dyable me

fist marier. Ha se ieusse creu Theofrates ia/
mais neusse espouse feme. Il ne tient pas lhõ/
me sage qui femme prent/soit belle/laide/pou
ure ou riche. Il dit en son liure nõme Aureole
Qui a lescole est digne destre apprins q̃ lestat
de mariage est fort grief plain de trauail/de
paine/de côtẽps q̃ de ryottes par lorgueil des
sottes fẽmes q̃ de leursbouches tãt de reprou/
ches font q̃ dientz tant de requestes q̃ de plain
tes q̃ treuuent par plusieurs occasions quil y
eschiet grant garde a retarder leur fole Voulẽ
te. Et celluy q̃ Veult prendre poure fẽme entẽ
dre doit a la nourrir q̃ chaulser. Et sil se Veult
epaulser par prendre femme riche/ce luy sera
treshorrible torment/car il la treuera orguil/
leuse/fiere/oultrecuydee q̃ bobanciere. Sel
le est fort belle chascun accourt pour la Veoir.
Toutes gens la poursuyuẽt q̃ honnorent. Ilz
si ahurtẽt. Ilz si trauaillent. Ilz y luictẽt. Ilz y
bataillent. Toutes gens estudient a la seruir.
Chascun Va autour delle. Chascun la prie.
Chascun y muse. Chascun la couuoite. Et fi
nablement epploictent tãt quelle est assiegee
de toutes pars/q̃ eschappe a dur sans estre pri
se. Selle est laide elle Veult complaire a tous.
Comment donc se peut il faire ẽ bien garder ce
q̃ chascun guerroye? ou sil Veult prẽdre guer/
re a tous ceulx qui la Voyent. Il na puissance
de Viure en terre/iamais ne la pourroit gar/
der de estre prinse parmy tant quelle fust req̃
se Vistemẽt. Car certainemẽt len prẽdroit pe
nelope la meilleure fẽme de grece q̃ bien en/
tendroit a la prendre. Si feroit on Lucresse/
ia soit ce que occise se soit a cause q̃ elle fut prin
se de force par le filz du roy tarquin. Et dit ti/
tus liuius que son mari/son pere/ses parens
ne la peurent garantir pour quelq̃ paine quilz y
meissent que elle ne se occist deuant eulx. Tou
tesfois ilz la requirent moult par doulces q̃
mpables parolles dappaiser son dueil. Son
mary mesmes piteusemẽt lasfortoit/luy par
donnoit de bon cueur tout le meffait. Et estu
doit fort a trouuer Viues raisõs pour approu
uer que son corps nauoit peché. Considere que
le cueur ne si estoit psenty. Mais icelle qui ne

pouoit refrener son courroux tenoit tant secre
temẽt Vng couteau en sa main que nul ne sen
donnoit de garde. Et sans crainte ou Vergõ/
gne nulle respondit de grãt couraige. Beaulx
seigneurs qui que me pardonne le Vilain pe/
che qui tant me poyse ie ne me pardõneray ia/
mais la paine.

¶ Et ce disant par grant angoisse dont el
le estoit plaine se ferit dung couteau/se pour/
fendit q̃ trespercza le cueur/q̃ cheut a terre mor
te au millieu de lassemblee. Mais auant le
coup donne/leur pria q̃lz se Veulsissent trauail
ler de Vengier sa mort. Elle procura ceste exẽ
ple pour asseurer les fẽmes q̃ nul ne les eust p
force quil ne fust digne de mort. Si horrible
Vengeance en fut prinse que le roy tarquin en
semble son filz en furent mis en exil ou ilz ter
minerent leurs iours. Ne oncq̃s puis ne Vou
lurent les Rõmains faire q̃lq̃ roy. Or
nest il maintenãt nulle lucresse en Rõme/ne
nulle Peneloppe en grece/ne sur terre/nulle
preudefemme si bien on les scauoit requerre/
ne iamais fẽme ne se deffendit/mais que len
fust diligent de les prendre/Voire selon la re
lacion des papes. Il ny a garde qui tiẽgne. Et
qui plus est femmes par faulte de requereurs
sabandonnent aux hõmes. Je ne donne a grãt
merueilles du perilleux Vsaige et coustume
despareille que ceulx ont qui font les maria/
ges. Je cuyde que ceste folie Vient de verie de

rage. Je voy quil nest si malheureulx fol sil veult achapter ung cheual combien quil soit fort couuert qui y voulsist mettre ung seul denier se il ne le voyoit au descouuert/ et lors il legarde a son plaisir/et espreuue. Mais on prēt en mariage la femme sans lesprouuer/ ne iamais descouuerte ne sera pour gaigne/pour perte/ pour soulas ne pour mesaise/ affin quelle ne desplaise au mary auāt quelle soit espousee. Et si toust q̄ la chose est parfaicte/et oultre adonc parcoit on son malice ou quelque vice sil est en elle/et fait sentir au poure fol ses imperfections lors que repētir ne se peut. Je suis certain cōbien que la femme se maintiēgne saigement quil nest hōme marie nul quil ne sen repente sil nest fol ou hors du sens.

¶ Moralite

¶ Le mauluais mary enflāme de ialousie q̄ luy incite le cueur a yre/ la langue a mesdire/ et les mains a la torche cuyde quāt sa femme est ung peu mignōgne quelle se habādonne a tous par force de dons et de requestes/ ce que bien souuent nest mye/ et de fait de prime tresfort lordre de mariage/ institue par dieu le pere en paradis terrestre/ et glorieusemēt honnore par dieu le filz sur terre/ mais ce mesueluy doit estre legieremēt pardonne/ car hōme oppresse de ialousie est quasi incense/et a demy possesse de lēnemy/ pourquoy il ny a beau ieu ne beau rys en luy/ sinon iniures/ murmures/ fole ymagination/ laidēge/ et malediction. Et pour colorer et apuyer son oppinion tirāt venir a ce quil nest fēme tant soit chaste que par precieulx dons/et importunes prieres ne soit corrōpue. Il met auant Peneloppe/ et Lucresse/ lune gregeoise/ lautre rōmaine/ deulx tresnobles dames renōmees par les siecles pour leurs mirables cōtinences. Et veult ledit ialoup soubstenir q̄ selle eussent este roidemēt poursuyues par le benefice de larges dons/ Elles se fussent rendues sans nulle force. Et semble q̄ il y ait aparāce de verite en son opinion. Car no⁹ auons veu grosses cites minees de mille gens

fueillet

de guerre dartillerie a suffisance viuement assaillies estre rendues quy conquerans non par force/ mais par amyable appointement. Cōment donc ne se renderoit une seule fēme simple sans quelque garnisō/ et a pou de deffense a lung de cent qui la requierēt. Ceste Lucresse tresnotable rōmaine peut estre acomparee a la excellente/et tressaincte cite de rōme/ laquelle anciennement estoit tant iusticiere/bien morigine/et amoureuse du bien publicque q̄ nulle aultre cite ny dōnoit aprouche/ neantmoins elle estoit maculee d ydolatrie. Le filz du roy par qui ientens le filz de Dieu cōsiderans ses bōnes meurs/ et louables vertus/ et que grant dōmaige seroit de perdre ung tel chief doeure se enamoura delle/ combien quelle fust fiancee au prince de tenebre qui lauoit en possesse. Et tellement besongna le filz de dieu p deulx coadiuteurs sainct Pierre/ et sainct Pol/ quil la conquesta de force/et en fist sa voulente. pour quoy rōme ou rōmaine/ Lucresse cuidant honteuse destre chrestienne manda ses parens et amys oyte empereurs cesariens/ senateurs/ tribus/ prefectz/ satrappes/ et tyrans/ priant auoir vengeance de celuy qui lauoit succombee/ et au milieu deulx par grāt vergōgne cōme desperee se tua dung coutel. Et tantost les ditz parens et amys firent grant deuoir de la vindication faire q̄ le roy/ son filz/ et leurs adherēs furent eppellez de leur cite/ et le nom de roy si durement aboly quil nestoit hōme qui lo sast mettre auant. Neron le faulx tyrant commēca pour vengeance la premiere persecution qui plinua par ses cōplices iusques au nōbre de dix/ mais apres que les grās oraiges et tempestes furēt passes le filz du roy cōme bien asseure est retourne a rōme ensemble ses disciples sainct pierre/ et sainct pol q̄ la sont grandemēt honorez/et seruis. Et ainsi par ung contraire le nom de roy q̄ iadis fut phibe en rōme et mis soubz la scabelle est maintenāt grandemēt epaulsse/ car elle a roy eternel triūphant es cieulx/ roy espirituel/ son lieutenāt militāt en ses fors/ cestassauoir le pape/ et le roy tēporel deffendāt sa querelle maximilian plus grā

ce de dieu roy des Rōmains touſiours auguſ/
ſte. Et par ainſi rōme qui iadis eſtoit mere di
dolatrie τ derreur eſt maintenāt royne τ nour
rice de eccleſiaſticque. hōneur. Penelloppe da
me de grāt beaulte plus recōmādee en chaſte/
te que nulle des femes de grece eſt figuree a
la treſancienne τ opulente cite de conſtantino
ble. Laquelle a eſte prinſe par main forte et
violee par le grant turc plus angoiſſeuſemēt
que ne fut lucreſſe par le filz lorguilleux tar/
quin. Et pource que point na amy a ſa plaiſā
ce il eſt a preſumer que ſelle eſtoit viuement
pourchaſſee/puiſſammēt aſſiegee τ bien ſolici
tee p qlque filz de noble roy chault en amours
et enflāme aux armes en fin ſeroit elle redui/
cte en aimable voye par grant proeſſe. Mais
lapparence en eſt ſi petite que ſe le filz du roy
pardurable ney fait lentrepriſe/iamais ne la
verrons conquiſe ne repriſe.

¶ L. pl. chapitre le vray entende
ment de ces deux mettres. Prude
femmes par ſainct denis eſt il trop
moins que de phenix.

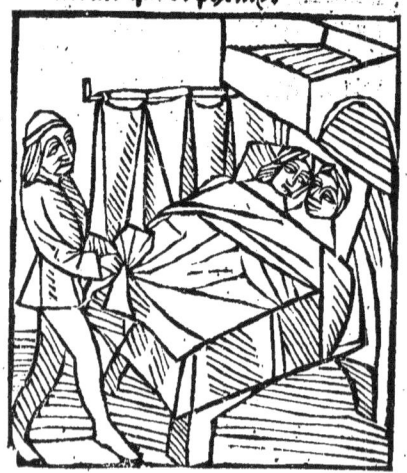

¶ Amys
Valerius teſmoigne τ iure p ſainct
denis q nul ne peut aimer preude
feme dont il eſt moins q de fenix
qil napprenne de grās paours/ de
grās cures τ daultres dures meſchāces/ Vois

re pour plus hōneſte cōparaiſon eſt il moins q
de phenix par ma teſte/ou q d blās corbeaulx
tant ayēt les corps beaulx. Mais quoy que te
die affin q ceulx q ſont viuās ne puiſſent dire
q ie vueille auoir la guerre a toutes femes/q
veult cgnoiſtre vne preude feme ſoit ſeculie/
re ou en cloiſtre ſil veult mettre paine a la que
re ceſt vng oyſelet en terre rler ſeme feme tāt
cgnoiſſable qil eſt ſemblable au noir cigne cō/
me iuuenal afferme par ſciēce. Et ſe tu treu
uez vne feme chaſtete va toy agenoiller au
temple de iuppiter ſi luy fais ſeruice τ hōneur
et labeure de ſacrifice a Iuno vne vache doree
car il te ſera aduenu vne aduāture la plꝰ mer
ueilleuſe q iamais aduint a creature. Et me
racōpte Valerius q na honte de voir dire qui
veult aymer les mauluaiſes femes dont les
enſſaines ſont deca la mer plus grans q mou
ches q en leurs ruches ſe recueillēt. A quel
chief en cupde il venir/Mal ſe fait tenir a tel
raincel/ car ie me recorde bien q celluy q ſe tien
dra pdera lame τ le corps. Valerius faiſoit
doubte q ruffin ſon cōpaignon ſe douloit ma/
rier/ ſi luy diſt moult fierement. Mon amy
dieu te vueille garder deſtre mis en latz de fe
me tant fors q par leur art deffroiſſent toutes
choſes. Et Iuuenal ſeſcrie vers poſtumes/ et
luy dit. Veulx tu prēdre femme. Ne peux tu
trouuer a vēdre pour toy pendre hars/ cordes
ou cheueſtres/ ou ſaillir hors par les haultes
feneſtres deſquelles on voit loing. Ou ne te
peux tu laiſſer cheoir dunt pont en la riuiere/ q
le forſenniere te maine a ceſte paine τ tormēt
Nous auōs appris q le roy phoroneus q pre
mier dōna les loix a ceulx d grece eſtāt en ſon
lict mortel diſoit a Leonce ſon frere. Frere diſt
il/ ie te fais ſcauoir q ie mourroye fort bieneu
re ſe iamais ie neuſſe eſte marie. Et le dce luy
demāde cauſe pour quoy. Il reſpōdit q toꝰ ma/
ris les preuuēt τ treuuēt par experiēce. Quāt
tu auras prins femme adoncques le ſcauras
a ta deuiſe.

¶ Moralite.

¶ Amys aduertiſſant lamāt du grāt dan/

gier q̃ suruient en mariage a cause des fẽmes de sueloppe en deux petites lignes vne grande horrible sentence au reboutemẽt du feminyn sexe/lors quil dit. Preudefẽme par sainct denis/dont il est moins q̃ de phenix. Je me donne merueille de ql esperit fut aguillonne lacteur de ce liure/ne cõment la face de tant cler et re/splendissant hõme osa entreouurir sa bouche pour euomir et desgorger tãt culx sans et angoisseux motz/et affin q̃ chascun mieulx lentende il resume et afferme ces motz. Voire moins q̃ de phenix. Il semble q̃l vueille dire q̃l ne soit nulle preudefẽme/ou sil en est moins que de phenix q̃l nen soit q̃ la moitie dune O terrible sentẽce trop chauldemẽt entregectee sans mesure et discretion/ si tost quelle vint es oreilles des fẽmes elle leur fait trembler le cueur au ventre plus dru q̃ fueillettes sur larbre. Et se la mode estoit aux dames, oyant ses motz de deschirer leurs chemises cõme cestoit ancien/nemẽt aux princes de iudee/de derõpre leurs robbes quant ilz oioyent blasphemies ne leur demourroit cueuurechief sur teste. Car tout seroit debrise par pieces et par morseaulx : Ja soit ce que ces motz soyẽt rigoreux assez pour terter lhõneur des dames il me semble quant dieu plaisir soy trouuera facon de len retrencher adoulcir et modifier. Il est a cõsiderer q̃ le roy phoroneus/leonce/valerius/iuuenal/rufin/postumus/et aultres fort auctorisez sur q̃ lacteur se fonde estoient gens paganiques nõ enluminez de nostre foy denigrez dheresie militans soubz le guidon d lennemy mortel adõnez aux ebrietez lasciuies et lubricitez. Pour quoy les preudefẽmes se aulcunes en y auoit en ce temps estoient par corruption de dõs le gierement abatues sans tenir pied ferme cõme celles de maintenãt qui sõt fort asseurees/fort iustes et bien cõfirmees. Et se lon dit que maistre iehan de meun estoit chrestien et bon catholicque quãt il cõpila ce romant si ne deuoient sortir les motz dessusditz hors de sa plume sãs grandemẽt greuer sa pscience. Voire se veritables nestoient. Pour respõse il est a presumer que lannee q̃l fist son liure la terre estoit steril

le de porter fruict/ et cõme nous voyons a la fois petite adresse de prunes et de noix il fut a lors faulte de preudefẽmes. Itẽ ce seroit vng grãt desordre et cas fort lamẽtable sil nestoit nulles preudefẽmes veu q̃lz sont tãt de bõs preudhõmes au monde. Or regardons les animaulx soyent brutaulx ou volatilles/les masles se ptentent le plus de leurs femelles et les femelles ne rebellent gueres ptre leurs masles. Dont viendroit ce q̃ les bõs preudhõmes ausquelz les bestes sont subgectes seroient si mal proporciõnez q̃ denauoir nulles preudefẽmes Je cuyde moy q̃ sil estoit ainsi q̃ lengece en fust faillie cõme lacteur veult dire que nostre seigneur dieu predroit pitie du masculin gẽre humain/cõme il a fait vne fois a le redupre des paines denfer/et forgeroit plustost nouuelles preudefẽmes quilz en fussent en tel necessite. Pour ce q̃ lacteur ne fait mension seulement que du temps present disant. Preudefẽmes p sainct denis est il autant et cetera. Il seroit bon de scauoir se iamais nen fut nulles au temps passe. Je tiens q̃ selon y auoit bien pense q̃ lon en trouueroit six ou sept du moins. Il y a plus de six mille et cinq cens ans q̃ dieu crea le pmier phenix. Ambroise et ysidore dient q̃ le phenix vit plus de cinq cens ans/ par quoy il en peut auoir este enuiron douze/ et sil estoit a lors moins de preudefẽmes que de phenix lon ne pourroit a moins qua moitie q̃ sont vne demy douzaine/ lesquelles sont semees en terre. Et quant il plaira a nostre seigneur les multiplier nous en aurons au temps futur grãt habõdance. Aultre raison cõmune et fort apparẽte peut excuser lacteur/ cest quen proferãt ces dolozeux motz/il vsurpe et emprũte lẽpetueuse cõtenance et furieuse parolle du malheureux ialoux/ car despuis lheure que le mauluais esperit sera loge en sa fantasie il ne scauroit bi en penser/ bien dire/ ne bien auoir. Et ce prou ent par les foles ymaginaciõs / desquelles il est bersaulde. Si ny doit on adiouster foy ne credence a ses ditz/ ne quã vng raby forsenne. Mais en recueillant ces motz agus et fort poignans/ pour les mitiguer et reduire a sens

moral et prouffit salutaire. Le ialoup sera fi/
gure a iesuchrist nostre saulueur vray amateur
de lame raisonnable son espouse/laquelle il a
cree a sa semblance/douee de tresnobles et excel
lentes vertus et redime du feu infernal. Non
dune somme de deniers/mais de son precieux
sang/ce q̃ nul aultre amant ne feroit pour son
ampe. Et pour ce q̃ ialousie procede par force
daymer/et q̃ lame raisonnable de celle il est
amoureup ne layme gueres il se contente mal
quãt elle preste soreille a robichonnet au noir
chappel/a iehan mondain et colin carnel qui sont
sennemy/le monde et la chair. Lors dit a lame
pecherresse/cõme vng mary esprins de grant
ialousie dit a sa femme. Preudes femes par sainct
denis dõt il est moins q̃ de phenip. Les preu/
des femes sont ames raisonnables presentes/
passees et aduenir/q̃ cõme preudes femes corrõ/
pues par pensement/delectation et consentement
sont seront ou ont este toutes entachees de pe/
che originel/veniel ou mortel si non vne seule
cest lame de la glorieuse vierge marie mere de
dieu. Ilz ont este cõme dit est/plusieurs phenip
depuis la creation du monde/mais il na este ne
iamais ne sera que elle seule vierge singulie/
re preudefemme entre les aultres.

¶ Le .vli. chapitre. Simi
litude de seur heloys a la/
me pecherresse.

¶ Amys
Pierre Ebaulart dit q̃ seur
heloys sa dame par amours
q̃ puis fut abbesse du para
clit ne se vouloit accorder
pour riens q̃ il la preinst a
femme. Et pour le chastier
affin q̃ de marier se gardast
la dame fort bien entendue et lettree qui fort ay
moit et estoit bien aymee/luy faisoit grans ar
gumens en prouuant par escriptures et raisons q̃
combien q̃ vne femme soit saige trop dures sont con
ditions de mariage. Car elle auoit veu et leu et
estudie les liures des meurs femenins/et les
scauoit quasi tous et auoit. Si luy requeroit q̃ il
laymast/mais q̃ il ny reclamast nul droit fors
de grace et de franchise sans maistrise ou seigneu
rie/affin q̃ il peut vacquer a lestude libre franc
et sans lyen/et luy donnoit a entendre q̃ les ioyes
et plaisances de leurs amours et soulas sacrois
sent plus que a dangier et tard sentreuerroient
Mais quelq̃ raison q̃ elle y mist et contre son ad/
monestement il lespousa dont grandement luy
mescheut. Car depuis ce mariage par accord
deulx mesmes elle fut reueftue nonnain dar/
genteuil/mais depuis se trouuerent ensemble a
paris couchez de nuyt ou la coaille/cest a enten
dre seur heloys luy fut tollue. Par quoy pier
re ebaulars fut tellement trauaille de meschã
ce et melancolie q̃ il deuint moyne de sainct denis
en france. Puis fut abbe dung aultre mona/
stere. Et puis fonda labbaye du paraclit ou
seur heloys fut abbesse q̃ benast estoit nonnain
professe dargenteuil. Aulcune espace de temps
apres sans crainte de honte escriuit a son amy
pierre ebaulars son pere abbe et seigneur vne
parolle tenue pour fole de plusieurs gẽs/et luy
manda par vne epitre en lettre escripte de sa
main. Se lempereur de rõme soubz q̃ tout hõ
me doit estre obeyssant me daignoit prendre a
femme et faire dame de tout le monde/ie appelle
dieu en tesmoing q̃ ie vouldroie mieulp estre
appellee ta mye que emperiere couronne.
Mais a dur puis ie croire q̃ iamais depuis fut
nulle telle femme/mais ie cuyde que par sa let

ture quelle auoit deu des meurs femenis/les ghz naturellemēt auoit en elle/ne pouoit vaincre ne dompter son couraige/car certainemēt se pierre leust volu croire iamais il ne leust espousee

℄ Moralite.

℄ Ia soit ce que seut Heloys fust fort docte et bien entēdue/car elle portoit le nom de dieu. Toutesfois elle fut trop legiere et naturellemēt adōnee aux oeuures Veneriennes/dont le dōmaige fut grant. Pour quoy elle peut estre acōparee a lame dune pecheresse esprise de concupiscēce pour saouler ses voluptez desordōnees/et a ceste cause ne se vouloit marier/ affin destre franche lige et non en seruitude de hōme. Pierre par q̄ ientens nostre seigneur Jesuchrist q̄ est la pierre de leglise/q̄ iamais ne peut estre esbranlee. Voyant ceste miserable fille en voye de perdicion/luy pria par bōnes inspiraciōs q̄lle le voulsist prendre a mary et obeyr a luy seul sans estre au mōde a lenemy et a la chair habādonne. Celle sachāt par lectures sainctes q̄ se elle estoit sō espouse obeyr ne pourroit a ses cōmandemēs/cōme doit faire la preude femme a son mary/lesquelz cōmandemēs derogoiēt du tout a sa folle malheuree plaisāce/si le refusa totalemēt. Mais par icelluy pierre a q̄ riens nest impossible et q̄ de sa seule paroille humilie les plus grans tyrans et geans de la terre dug̃ tout seul mot bien ordōne la toucha tellemēt que elle deuint son espouse/si se rendit en son obeyssance/combien q̄ ce fust a grant deur. Peu de tēps apres la poure sotte fut repentie du bien faire des briz dā son mariage/et oubz le mātel de faulx sēblant par lesperit de couuoitise qui la pressa se rendit nonnaty professe au monastere dargentueil. Or est argentueil une tresgrosse abbaye plaine de femmes de toutes tires/et non sans cause/car toutes femmes ont loeil a largent/pour ce se nōme labbaye dargentoeil. Vous y trouuerez cloistrieres trop trotieres/fort rebelles non trop belles/de socurettes nō seurettes/et nōnettes trop nō nettes. Quāt pierre eternel espoux a celles qui bien layment se trouua sans femme et quelle estoit professe de argentueil il se rendit a sainct denis/car dionysius en latin vault autant cōme fuyāt/ou esleue/par quoy se sleua au ciel/ou il se rendit a sainct denis en france comme aultreffois se stoit rendu a sainct denis de la chatre pour se conforter icelluy tout misericordieux/regardant la miserable fole abusee eṇ argentueil p auarice/affin de la reduire a salutaire port sō da labbaye du paraclit/cest a dire du sainct esperit/dōt elle fut abbesse. Mais le benoist sainct esperit nentra pas eṇ elle/ains pecha contre sa debōnairete grandemēt soy glorifiant en son malice/de turpant noblesse et le sainct esperit/ mariage quant elle escripuit a son amy q̄ mieulx ay meroit viure en puterie que estre dame de tout le monde/et chiere espouse a lempereur/par qui ientens le pōutable roy des roys Et est a doubte q̄ se la malheureuse folle termina ses iours obstinee en telle erreur elle est espouse a Lucifer le grant maistre de tous les dyables.

℄ Le .plii. Chapitre. Comment la femme pompeuse dhabitz est acomparee a lame pecherresse despouillee de son corps

❧ Le mary

Ainsi mayst sainct Julien q̃ herber/ge les pelerins errans/ɣ sainct lie/nard qui desferre les prisonniers repentans quant demantans les voit mariage est vng tresmauluais lien. Mieulx me vaulsist estre allé pendre le iour que ie prins femme quant ie laccointay ɣ si co/inte say, ie vaulx que mort. Mais pour le filz saincte marie ceste cointerie que me vault el/le. Pareillement ceste robbe cousteuse ɣ chiere qui la chiere vous fait haulser si hault ɣ tant longue que elle vous trainne qui tant me ta/ne ɣ griefue. Ie deuiens tout forsene de sorgu/eil que vous menez maintenant. Quel puf/fit me fait elle? Quoy quelle prouffite aux aultres elle ne me fait que nuyre. Car quant deduire me vueil a vous, elle me donne tant dencombrier, de greuance ɣ dennuy, que ne puis venir a chief de mon fait, ne vous tenir droit a ma plaisãce tãt me faictes dẽ destoure, de des/faictes de bras, des trumeaulx ɣ des hanches par force de vous detordre, que ie ne my scay entendre, fors tans que mon esbat ɣ mon sou/las si ne vous plaist mye. Mesmement quant ie me couche au soir vous attendant, ainsi que ie vous recoiue en ma couche ainsi cõme vng boy preudhom me doit faire sa femme, vous vous despouillez dũ tout tellement que nauez q̃ vne coiffe d̃ blãche toille sur chief, sur corps ne sur hãche, ɣ au d̃ssoubz dicelle les trechoirs indes ɣ vers. La sont robbes fourrees de pen/nes grises mises a perche pendant a laer tou/te nuyt. Que me peut valloir tout cela fors les vendre ou engaiger? vo' me verres tout vif enraiger ɣ mourir de mauldicte raige se ne engaige tout ɣ vendz. Car puis quilz me nuysent de iour ɣ de nuyt nullement point ne me duysent. Et vous qui en estes vestue Et les portez par les rues, ɣ pource se d̃ plusieurs estes regardee de combien esse que vo' en va/lez mieulx? Riens ne d̃ sens ne d̃ beaulte ne de loyaulte. Et se quelque vng pour moy cõ/fondre si vouloit opposer disant que les bon/

tez des bonnes choses font les estrangees per/sonnes bonnes. Et que beaulx atours font dames ɣ damoiselles fort belles. Quiconque le vouldroit dire ie diroye quil mentiroit, car les beaultez des choses comme violettes, ro/ses, draps de soye ɣ fleurs de lys, comme ie lis en escripture sont en elles mesmes, non point es dames. Si doiuent toutes scauoir que ia/mais femme tant quelle soit viuant naura q̃ sa naysue beaulte, ɣ autant vous dis ie de bõ/te. Et quil soit verite, se lon vouloit couurir vng fumier de drap de soye, ou de flourettes fort nettes ɣ bien coulourees, certes le fumi/er qui coustumier est d̃ puyr seroit tel comme par auant. Et se lon veult dire que le fumier si fort sayt ɣ puant en est plus apparant, ainsi esse des femmes. Elles se parent affin que el/les en apparoissent plus belles, ou ce est pour musser leur laidures. Ie ney scauroie que res/pondre, si non que deception telle vient de la vision fole des yeulx qui les voyent parees, par quoy les cueurs en sõt desuoyez pour im/pression plaisante de leur ymaginacion, telle/ment quilz ny scauent apparceuoir la men/songe, ne le voir ne deuiset le sophisme par faulte de bien aduiser. Mais silz eussent les yeulx dune beste nomme linx estant du gen/re des loupes comme vne loupceruie, ne pour leurs manteaulx se belins, pour surcotz, peur cotelles, pour guindes, pour toelles, pour cainses, pour pelices, pour ioyaulx, pour let/tices, pour moes deguisees, pour luy sans su/perfices, dont les artifices scauent. Ne pour chappeaulx de nouuelles fleurs ne leur sem/bleroit estre belles. Car se le corps alcipiades qui tant auoit de beaulte naturelle de couleur de facture ɣ de forme se pouoit veoir par d̃/dans il seroit tenu treslait, comme Boece le recite qui fut saige homme plain de proesse, et prent Aristote a tesmoing, disant que le linx a le gard tant fort penetrant et dur, quil voit tout ce quil luy est monstre, et par dehors et par dedans.

❧ Moralite

fueillet

¶ En continuant la suspicion du ialoux mary/lequel quāt il voit sa fēme cointe/iolie et fort gorriere et que elle met toute sa cure en sumptueux habitz merueilles nest si nest mal a sa paix. Semblablement nostre seigneur est fort desplaisant voyāt lame pecheresse sa chiere espouse chierement racheptee aornee de biens mōdains et richesses tēporelles qui sont robbes a lōgues queues par les quelles les ennemys la tireterōt ou trainerōt es basses regiōs se son mary na pitie delle. Et quāt icelluy veult prēdre cōsolaciō en elle cōme il fait en celles qui sont en estat de grace elle y met empesche et obstacle autant q̄ possible est. Si est tellement enueloppee en ses vestures q̄ sōt a la grāt gorre q̄l ne luy souuiēt de son espoux pardurable. Et mesmēt quāt il est en sa couche glorieuse soubz les courtines celestes ce la sura tandant a grant dur se veult elle despouiller. Mais toutesfois elle est cōtraincte de ce faire pour payer debte mortelle. Et lors se treuue desnuee de son corps/ et le corps deuestu de ses habitz et richesses tēporelles/ de quoy elle est moult triste et formēt marrie. In puris et nudis. Car ses vestemēs precieusemēt fourrez demeurent pendans a la perche/vendus a la fois et alienez. Et ainsi la poure miserable q̄ souloit estre paree par dehors comme ung fumier charge de fleurs se treuue toute hōteuse puāte et abhominable deuāt son createur voyāt malice de son couraige. Car il a les yeulx plus agus q̄ lynx. Et adoncques lenuoye coucher sil na delle misericorde auecques les ennemys denfer.

¶ Le.plviii.chapitre. Lassault q̄ firent Cupido et Venus cōtre beaulte dame et laidure de corps

¶ Amys

Ie dis que beaulte ne eut onques paix auec chastete/il y a tousiours si grāde tēcon ētre elles q̄ iamais ie noys dire ne racōpter en fable ne en chācon q̄ riens les peust accorder. Elles ont ensemble si mortelle guerre q̄ lune ne laisseroit tenir a lautre plain pied de terre/tant cō

me elle en peust venir au dessus. Mais la chose est partie si tresmal que chastete pert sa partie/soit quelle assaille ou quelle se reuenche. Car elle scet si pou de luyte et de gāche que ses armes rendre luy conuient/ si na pouoir de ce deffendre contre beaulte fort fiere. Mesmes sa chāberiete laidure q̄ luy doit hōneur et seruice ne layme ne ne la prise tant que elle la chasse de son hostel. Si luy court sus la mace au col fort pesāt en faisant grimace tresorde. Et encores luy poise merueilleusemēt q̄ sa dame chastete demeure en vie vne seule heure/ car quāt elle se voit ainsi assaillie de deux pars elle est mal baillie et na secours nul si len court courir son cours. Selle lauoit iure si est elle seule/et quant elle scauroit beaucoup de luyte puis q̄ les deux luy tent ētre elle ētrēster noseroit et riēs ēquester ny peut. Entre les autres laidure a tout gaste courāt sur chasteste q̄ deffendre deust et garder. Mesmes se possible estoit de la musser entre sa chair et sa chemise/ si luy dueroit elle mettre. Et dautre part beaulte se fait moult a blasmer qui aymer la dueroit en pēsāt q̄ bōne paix fust entre elles ou du moins en faire sa puissance/ou q̄lle se mist en sa mercy. Hōmaige luy dueroit faire selle estoit preu/courtoise et saige sans hōte et sans vergōgne faire. La lettre tesmoigne au. Vi. liure de Virgille par sebile fort auctorisee que nul q̄ viue chastemēt a damnemēt ne peut viure

Or ie te iure par le roy du ciel que femme q̃ veult estre belle ou q̃ se paine ou se trauaille affin qua belle resemble en soy mirãt et remirant pour soy parer et se contoyer veult gueroyer chastete qui plusieurs ennemyes a/tant en cloistres côme en abbayes et ailleurs. Toutes sont armees contre elle. Et si ne scauent estre tant enpurees quelles ne se beent et ne beent a la tresfort nupre. Elles sont totes hõmaige a Venus sans auoir regard a leur preu na leur dãmaige. Et pour deceuoir ceulx q̃ les regardent se cointoient et fardẽt et vont par les rues trassans pour veoir et pour estre veues/ et dõner desir aux compaignons de vouloir gesir auec elles. Cointes sont et gaillardes en rues danses et eglises. Iamais ne predroient labeur de ce faire selles ne cuydoient estre regardes pour plʳ tost plaire a ceulx q̃ deceuoir les pourroient. Mais q̃ la verite en compte femmes font grãt hõte a dieu nostre createur/ quãt cõme folles desuoyees a payees ne se tiennent de la beaulte q̃ leur donne. Elles portẽt courõnes en chief soit dor de flourettes ou de soye si se monstrẽt par la ville gorgiases fort orguilleuses/et en ce faisant se aduertissent grandement telles maleureuses quãt elles boutent sur leur chief chose plus vile et plus basse en creacion quelles ne sõt pour accroistre ou parfaire leur beaulte. Et par ainsi la femme va dieu desprisent/et le tient non suffisãt en ce cas pensant en son couraige q̃ grãt oultraige luy fist dieux q̃ quãt il ypassa sa beaulte il sen passa legierement. Et a ceste cause elle quiert sa beaulte des metaulx/ flourettes et aultres choses estrãges qui embellir la peuent.

¶ Moralite

¶ La suite de beaulte et laidure ptre chastete louable et vertueuse est tant cleremẽt touche icy dessus q̃ besoing nest de le plus auãt elucider par exposicion ne glose. Mais pour rẽfort et ressourse de chastete angoisseusemẽt reboutee ie mettray en cõpte vne bataille nouuelle mẽt aduenue: non point en hõgrie ne en espargne/mais es limites et frontieres du noble prouince de rains. Venus la deesse damours et cupido son filz desirãs tousiours ãployer leur seigneuris et faire la plus part du mõde tributaire a leur empire se mirẽt sus fort aconlitez dartillerie voullant pour cquerre subgectz et marcher en pays. Si se trouuerẽt deuãt vne grosse tour nõmee hõneste cõtinence/forte assez pour soubstenir assault descu et de lance. Dedans ceste place se tenoiẽt deux dames qui lauoient en garde. Lune se nõmoit beaulte dame/et lautre laidure de corps. Lesq̃lles sentãt lapprouche de leurs ennemys les venãs assieger furent merueilleusemẽt troublees et esprises de grant soussi. Cupido le cruel sagittaire se tenoit au front deuãt et auoit son arc bende/et les mesmes flesches et saiettes q̃ sont escriptes au cõmencemẽt de ce liure. Venus qui ne pensoit si non enflãmer les psonnages pour les auoir a voulete premania dalumectolees/de fusees vollãs et de feu gregeois fist ses approuches. Lon fist sõner trõpettes a lassault. Et les poures damoiselles fort espouentees nauiẽt ne baston ne pyron/hacquebutte/plõmet ne maillet pour soubuenir a leurs deffenses et ne scauoient plus de sq̃lles quãt lune des deux sappensa de deffermer vne petite armoire nõmee souuenãce de dieu/et illec bonte dame trouua/et saisit vne lance a la facon de celle qui pforza le deptre coste de nostre seigneur/ et vng escusson de mesmes ou furẽt paintures bien au vif les cinq playes q̃il souffrit en larbre de la croix. Laidure d̃ corps sa cõpaigne print lune des escorgees dõt il fut flagelle a lestache/et pour soy garantir du trait de cupido/mist deuãt sa face la teste dung mort/et de ses bastons dessus nõmez se deffendirent vigoureusemẽt cõtre leurs ennemys tellemẽt/ que riens ny gaigneret/ains sonnerẽt la retraicte. Adonc Venus malicieuse gauppe q̃ fort enuis sen retournoit sans besongner fist venir auãt vng fort puissant canõnier nõme dandenare/qui bien scauoit le tour de son baston/et auoit par son visle traict abatu maint pan de muraille et reuerse/dõt cestoit pitie/mainte fẽme et fille souuine. Si tost q̃l fust venu au siege il

affuta Ung gros courtault nomme Belle pro/
messe/ si le chargea d'une pierre dure a facon
de dyamãt enchassee en ung cercle d'or/ print
sa visee sur Bonte dame le cuydant abatre de
prime face/mais ung esclat d'icelle pierre luy
sallit en ung de ses dois/ne scay quelle Veine
il toucha/mais elle ot le cueur tout embrase d'
feu et perdit quasi sens et entendemẽt de quoy
les assiegeans furent fort resiouys. Dandena
re poursuyuant sa bõne fortune voyant qu'il
auoit naure la maistresse et n'auoit si nõ a sup
pediter la chamberiere a demy Vaincue fort
triste et moult desconfortee fist dresser une es
chielle contre les cresteaulx print ung grant
querquant d'argent a maniere de chaine fort
pesant et materiel monta amont la tour si le
lança au col de Laidure de corps. La poure fil/
le qui ramõnoit a son pouoir de ses escorgees
sur le dos de ce canonnier fut tellement eston
nee quelle laissa cheoir la teste du mort a ses
piedz/et la pesanteur du querquant la mist en
tel point qu'a pou quelle ne tresbucha demy
morte sur la terre. Venus qui tout le tour na
uoit fine de miner soubz les edifices cuidant
auoir tot gaigne se prit a bouter les feux pour
embraser les basses cours si chauldemẽt que
par aulcunes troees et rayeres se lancoit iusqs
aux nobles parsonnaiges qui la tour deffen/
doient. Et adonc Bõte dame a qui l'esperit estoit
reuenu sentant la fumee du feu venerien re/
gardant sa compaigne piteusemẽt adoulcee et
la place en train de estre pdue leua les yeulx
vers le ciel requerant ayde et secours a grant
besoing a nostre createur si comença a crier a
haulte voix. Jesu corona virginum. A pou
eust elle fine son oraison quãt soubdainement
sapparut au millieu d'elles ne scay s'il descẽdit
des nues ung tresfort/grant et puissant cham
pion nõme cremeur d'dieu. Desploya la banie
re de la croix sur la muraille/osta le feu hors
de Bonte de cueur/deskargea Laidure de corps
de son cruel querquãt si le tua de hault en bas
Et pme armie de toutes pieces tãt cheualereu
sement se deffendit qu'il renuersa d'adenare le ca
nonnier au parfont des fossez/serra les portes

fueillet

ferma les barrieres/restouppa les troees et
cloyt les guichetz. Lors cupido voyãt la ma/
niere de faire de ce terrible escarmouscheur eut
si delle paour qu'il s'en vola cõme une aronde es
basses marches. Et Venus hõteuse et fort ca
muse leuant le siege a sa lourde confusion s'en
retourna fort triste es regions amoureuses.
Et cremeur de dieu qui fut cause d' ceste glorieu
se victoire apres auoir cõforte et rafreschy les
esperis des poures desolees horriblement las/
ses et d'eprees de soubstenir le fais de la dicte es
carmouche/et affin de les animer a bõne perse
uerance se encores ung tel effroy leur suruie/
noit/se print a dire ce qu'il s'ensuit. O beaulte da
me tresillustre et resplendissant gemme tu es
sculpte formee pourtraicte et coulouree de la
main de l'infalible maistre pardurable fabri/
cateur q de vertus sublimes dõs et graces inesti
mables ta estoffe et decore. Or puis qu'il t'a si ri/
chemẽt munie de celestes et precieux beneficez
qu'il regard d'œil/qu'il pmettre ou q'elle pruine pour
roit souiller ta pure ptinẽce tu choisirois mal/
eur pour valeur/venin pour vin/ebrie te pour
sobriete/paresse pour peine/fragilite pour feli
cite et languirois hõteusement en lieu de viure
hõnestemẽt. Et toy Laydure de corps hidceuse
et difforme en tous mẽbres q nature a l'aide de
tes peres a pduicte moult horrible et fort espo
uẽtable/qu'il aguillon te peut inciter a luxure si
non ton ppre Villain desordõne penser? Le dieu
d'amours et toutes ses seqlles ne quierẽt q plai
sant obiect pour repaistre et sofocier leur peulx
et tu es vile barbue/noire mignõnastre et plai
ne de turpitude. Or puis q tu as autãt de beaul
te de corps q s'il n'estoit point et q nul ne te veult
aymer si non pour auoir de tes plumes tu as
besoing q beaulte Dame tacompaigne reboute
folle amour q te regecte/selle te prie si la refu
ses/selle t'assault si te deffẽs et fische ton cueur
au filz de dieu de q l'amour iamais ne te faul
dra Craindre le dois en le seruant/le seruir en
l'honorant/l'honorer en le louant/le louer en le
glorifiant et tu auras cõme les aultres vier/
ges la tresdigne Aureole lassus au royaulme
triumphant.

¶ Le.pliiii.Chapitre.Compa
raison de Sanson a nostre seigñr
iesucrist. Et de hercules au dya
ble denfer ennemy de toute natu
ture humaine.

¶ Amys.
SAns faille ainsi est il des hõmes
q̃ en diuerses choses mettẽt chap
pellets τ coitise sur les beaultez q̃
dieu y mist. Trop le mesprisons
quãt no⁹ tenõs a payez des beaultez q̃ dõnees
no⁹ a sur toutes creatures/ mais cure nay de
telles truffes. Je desire auoir vesture suffisan
te q̃ me garde de froit τ de chault/ psidere q̃ aus
si bien me garãtit corps τ teste p̃ vẽt/ pluye/ τ
tẽpeste/ mon bureau fourre daigneaulx p̃me
sil estoit fourre descureaulx Il me semble q̃ ie
pers mes deniers quãt ie pour vo⁹ fourre robe
de pers/ de camelot/ de brunette/ de vert/ dscar
late ou de gris τ menu vair/ car cest la cause
par q̃ no⁹ courõs en folie faisãt les tours τ mo
es tãt p̃ les pouldres q̃ p̃ les boues. ¶ Le ma
ry. ¶ Vo⁹ ne prises dieu ne moy/ quãt toute
nuit de nuyt gises au pres de moy Et ternir ne
vo⁹ puis a ma plaisance/ τ quãt ẽbrasser vo⁹
vueil fort eschauffe pour vo⁹ baiser τ moy so
lacier vous rechignez p̃me vng mauffe si ne
voulez tourner vostre face vers moy pour
quelq̃ rien q̃ ie face/ ains vo⁹ faindez estre ma
lade en souspirãt plaingnãt τ faisant la dãge/

reuse si fort que ie en deuiens tout paoureux/
et ay si grant doubte de la faulte q̃ assaillir ne
vo⁹ ose quãt ie me resueille apres dormir. Si
me dõne merueille grant p̃ment ces ribauldz y
aduiẽnent q̃ vo⁹ tiennẽt vestue p̃ iour/ voire
se vo⁹ vous detordez auecqs eulx p̃me vous
faictes auec moy en leur faisant autãt dẽ nuyt
de iour τ de nuyt p̃me a moy/ mais ie cuyde bi
en q̃ voulente nen auez. Car vo⁹ allez chan
tant τ basant auecques ces ribauldz desloyaulx
par iardins τ preaulx/ q̃ vo⁹ trainnẽt p̃me vne
espousee a la rousee sur lherbe verde/ Si me
vont illecques desprisant en disant par grant
despit. Cest mal gre sord vilain ialoux/ Sa
chair soit aux loups liuree/ τ les os aux chiẽs
enraigez. Ainsi suis ahontage par vo⁹ faulse
pautõniere τ par vostre maniere fole ribaul
de orde vile τ pute lysse vostre corps ne plira
de cest an pour se liurer a telz matis. Je suis si
ure a telz honte par vo⁹ τ par vostre lecherie/
et mis en la p̃frairie sainct arnoul seigñr des
coup/ dont nul rescoup ne peut estre q̃ ail fem
me espousee/ cõbien q̃ la garde ou espye d pres
Quãt il auroit vng millier dyeulx. Toutes
se font hurtebillier/ τ nest garde de q̃ vaille ti
ens Et se dauãture le fait ny est si y est la vou
lente. Par quoy selle peut au fait elle parviẽ
dra/ Veu q̃ le vouloir luy demeure. Iuuenal
approuue τ enforte fort vostre cas en parlãt du
mestier nomme rafaitier disant q̃ cest le moin
dre des pechez dont entechiez sont corps de fẽ
me. La nature delles cõmande faire le pis q̃
elles peuẽt. Et cela voyons no⁹ aduenir quãt
les marastres dõnẽt a leurs fillastres le ve
nin a boire/ faisant charmes/ sorceries et dya
bleries tant grãdes q̃ nul tãt y peust penser re
citer ne le sçauroit. Vo⁹ estes ou serez ou feu
stes toutes putes soit de fait ou d voulẽte/ Et
q̃ vous chercheroit de prez toutes putes vous
trouueroit/ Car quiconques peut estaindre le
fait si ne peut il estaindre la voulẽte. Et tou
tes fẽmes ont tel auãtaige quelles sõt dames
de leur voulẽte/ si ne peut on changier leurs
cueurs pour battre ne pour ledengier. Et q̃ ce
pourroit faire il auroit la seigneurie des corps

Or laissons a parler d ce que estre ne peut
Mon dieu que pourray ie faire des ribauldz
qui tant me font de contraire et de hõte, sil ad
uient q̃ ie les menace il ne me priseront riens,
se ie men voys cõbatre contre eulx, ilz me fe
ront tuer ou batre, car ilz sont felons fort oul-
trageux et courageux pour tous maulx faire
Ilz sont ieunes, iolis, folastres et testus, ung
festu ne me priseront. Et aussi ieunesse les en
flame q̃ les fait esmouuoir a folie. N'y a tel-
luy qui ne cuyde estre ung rolant tant sont le
giers ou volans, voire ung hercules ou san-
son, lesquelz eurent selon aucuns une mes-
mes grandeur de corps. ¶ Solin dit que her
cules auoit la longueur de sept piedz, et que ia
mais homme ne paruint a telle quantite de grã
deur. Il eut plusieurs rencõtres en son temps
tellemẽt quil vainquit douze horribles mõs-
tres. Et quãt il fut au dessus du douziesme se
put ne peut il vaincre. Ce fut dyanira sa mye
qui luy desira sa chair esprinse de venin par
une venimeuse chemise que vestir luy fist.
Ainsi donc Hercules q̃ tant fut redoubte fut
dompte par une femme. Si auoit il le cueur af
fole damours pour yole son amoureuse, mais
dyanira cõtendoit luy oster la vie par enuye,
et sen vouloit vengier pource q̃l aymoit aul-
tre que elle. Plusieurs perilleux beuurages
luy dõna, puis lempoisonna par malice subti
le et mauluaise, comme fol et niche la creut.
Mais il n'est homme tant soit plain de prouesse
qui se puisse garder dune mauluaise femme
quant il y a mis son cueur. Plusieurs grans
parsonnages en sont miserablement finez.
¶ Pareillemẽt lon treuue es anciẽs escriptz
que les philistiens ne pouoient vaincre San-
son par tencon, guerre ne bataille quant sa fẽ
me le fist dormir en son geron et luy coupa ses
cheueulx tous, qui grãt dommaige fut, car il
fut pris de ses enemys et demys de toutes ses
forces si luy creuerent les yeulx, dont mieulx
ne luy aduint. Car luy qui ne redoubtoit dix
hommes ne que dix pẽmes sil eust en ses che-
ueulx fut par sa femme malheureusemẽt deceu.

Moralite.

¶ Nostre seigneur desirant le salut de
lame pecheresse son espouse cõme fort ialoux
et amoureux delle la redargue et reprime de
ses pechez passez presens et aduenir tẽ mõstrãt
cõment les ribauldz en temps qui la tiennẽt
en leurs lacz se gabbent et truffent de luy et del
le, Dont affin quelle vueille refrener ses vi-
ces et meliorer sa vie cõgnoissant interioremẽt
la pensee et courage dicelle et de toutes aultres
il senhardist a parler de leur estat et dit. Tou-
tes estes serez ou fustes en fait ou en pensee
putes. C'est a entẽdre q̃ les ames sont toutes
entaichees de peche originel, veniel, ou mor-
tel, si nõ le seul temps sa glorieuse mere, cõme
il est fait dessus metion. Et pour donner a con
gnoistre la subtilite et malice des femes il met
auant lhystoire dhercules q̃ fut le plus grãt
geant fort puissant et renõme de son tẽps, et q̃
sa prouesse conquist auant le monde douze ter-
ribles et merueilleux mõstres. Et quãt vint
a luicter contre le .xiii. il fut mesmes vaincu
Ce fut par dyanira une fort tendre et doulce
iouuẽcelle. C'est Hercules treshorrible et cru-
el tyrant redoubte par les climatz fut le prin-
ce de tenebres ennemy de lignaige humain q̃
tout le monde tint en sa subiection, et q̃ de fait a
layde et poursuyte des enuieux iuifz conquist
les douze apostres de nostre seigneur, comme
iudas, sainct pierre et aultres qui deupterent et re
linquirent leur maistre sur le mont de caluai-
re a lheure de sa passion. Mais il fut vaincu
et suppedite par le treziesme personnage la tres
sacree et glorieuse vierge, de laq̃lle il cuydoit
auoir estaint la lumiere de nostre foy. Icelle
cõme fist dyanira senueloppa en une chemi-
se q̃ luy fut venin corrosif, dont la vierge pu
re et nette fut auestue, Par laquelle chemise
pouõs entẽdre la deite ioingnãt a sa chair vir
ginale, dont elle fut aurõne. Ceste chimise
deificque brusla le serpẽt tyrãnicque si le mist
en tel desespoir q̃l art en chartre tenebreuse et en
flame perpetuelle. ¶ Par le puissant et fort
sanson presump̃ de force incredible est entẽ

du nostre seigneur iesuchrist/ qui comme san/
son vaincquist plusieurs fois les philistiens.
Il a par son treselegant sermon cōfondu τ sup
pedite les scribes τ philistiens/lesqlz p maul/
dicte enuye pourchasserent tant vers dalida.
Cestassauoir la sinagogue/qui vault autant
cōme cōgregation de iuifz quelle couppa les
cheueulx du fort sanson p angoisseux tormēt
tellemēt ql poist sa force corporelle/mais au
tiers iour de sa resurrection reuint sa cheuelu/
re en force/τ fut restaure en vigueur comme
dessus.

¶ Le.plv.chapitre. Le ialoux
qui menasse τ bat sa femme est
acōpare a nostre seigneur q chas
tie son espouse lame pecheresse.

¶ Le mary

R suis ie bien fol de dire ce q
dessus est recite/car ie voy biē
que quant partirez de moy ces
parolles seront dictes aux ri/
bauldz/ausquelz vous plain/
drez si me pourrez faire par eulx entamer la
teste/briser les cuisses/ou crauenter les espau
les quant auecques eulx vous trouueres:
Mais se ien oys parler vng seul mot/ains q
ce meschief me soit aduenu se on ne me tient
le bras/τ se lon ne me oste le pesteau hors des
poings/ie vous romperay les costes tellemēt
que amitie de voysins/de parens/ne de voz

vilains ribauldz mesmes ne vo'en pourront
garantir. Las pourquoy nous entreuismes
de quelle heure fuz ie oncques ne quant me te
nez en tel vilte τ honte q ces matins ribauldz
puans qui vous flatent/huent/τ lobbent sont
de vo' maistres τ seigneurs ce que seul estre
deueroye. Car vous estes soubstenue p moy
chaussee/vestue/repeue/et vous me faictes
parsonnier auecques ces pautonniers et ordz
ribauldz qui ne vous font si non honte. Ilz vo'
ont de quoy ne vous donnez garde tollu vostre
renom. Et quant les tenez entre voz bras ilz
dient en deuant de vous qlz vous ayment/
en derriere vous reclament vne putain disant
le pis qlz peuent/lors q ensemble sont τ se moc
quent de vous/ia soit ce que chascun de eulx
vous serue. Ie cōgnois leur maniere de faire:
Verite est que quāt ilz vous tiennent a leur
habandon bien vous scaiuent mettre a point/
car point ny a de dangier en vous. Si tost q
vous estes en la foule chascun vous defou/
le τ adhert/parquoy ie prens grant enuye de
leur vie τ de leur soulas. Et sachez de vray
que ce nest pas pour la beaulte d' vostre corps
ne pour vostre soulais ou degoysement. Cest
tant seulemēt pour ce qlz ont le deduyt τ plai
sir des ioyaulx/fermaulx dor/ hopaulx/rob
bes τ pelices que ie vous laisse es mains com
me fol τ niche. Car quāt vous allez aux ka/
roles τ aux foles assemblees τ que ie demeu/
re seul a lhostel cōme fol ou yure: vous por/
tez sur vostre teste ce qui vault cēt liures dor
et dargent. Vous cōmandez que lon vo' ves/
te de camelot/de verd ou de gris/si que tout
amesgry en suis de mal talent/de soussy et de
grant esmay. Que me prouffitent ces gallā
des/ces coiffes a bēdes dorees/ces trescoirs/
ces miroirs dyuoires/ces cercles dor entaillez
et esmaillez preciesemēt. Et ces couronnes de
fin or fort belles τ bien polies plaines de pier/
reries/saphirs/rubis/esmeraudes/fer
maulx dor a fines pierres que portez au col et
a la poictrine/tyssus/ceintures dor/dont les
ferrures me coustent tant/ensemble lor τ les
perles menues. Que me valent telz dorelotz

et fines baguettes: q̄ me vault vostre chaus/
seure estroicte q̄ la haulce d̄ vostre robbe pour
mōstrer les piedz aux ribauldz. Ainsi me vueil
lez conforter sainct thibault que ie vēdray tout
dedans trois iours/ q̄ si vilement vous tien/
dray soubz piedz que naurez de moy si non cot
te surcot/chemise/touaille de chanure/nō pas
de lye/mais fort grosse q̄ mal tyssue/descirée/
recousue. Et serez ceincte fort serré, qui que en
face dueil ou plainte dune ceincture blance sās
ferrure/si aurez souliers a lyens fors larges
de mes anciens houseaulx q̄ pātoufles de mes
mes. Je vous osteray tou⁹ voz truffes qui me
donnent occasion d̄ fornication faire/si ne vo⁹
prez plus monstrer pour prendre vostre plai/
sance. ¶ Or me dictes sans ꝑtreuuene bour/
de ou auez vous prinse celle aultre robbe ri/
che q̄ neufue/dont vous paraistes lautre iour
quant allastes aux karoles. Je congnoys ve
ritablement que iamais ne la vous donnay.
Vous mauez iuré sainct Denis/ sainct phile
bert q̄ sainct pierre quelle vint de vostre me/
re/laquelle vous enuoya le drap/ car elle a si
grant amour en moy/ comme a entendre me
donnez que bien veult despendre ses Deniers
pour garder les miens. On la puisse larder
toute vne lorde vieille puante prestresse/ Et
vous aussi pour voz demerites et pechez sil
nest ainsi que le dictes. Se ne cuy doie labou/
rer en vain ie luy demanderoye/ mais tout ce
vne bille ne me vauldroit. Telle est la mere
telle est la fille. Je scay bien que vous deux a/
uez plē ensemble/q̄ auez les cueurs dune mes
mes verge. Bien scay de quel pied vous clo/
chez. Lorde vieille putain fardée se est accor/
dée a vostre corps/ elle a aultresfois torz cel
le karcelle si a este morse de plusieurs matins
tant a trassié en chemins diuers/ Mais elle a
le visaige tant esface que riens nepeut faire
delle mesmes/se vous ne lacōpaignez. Elle
vient icy q̄ vo⁹ emmaine la sepmaine troys
ou quatre fois pour faire pelerinages honue/
aulx selon les anciens vsages. Je scay toute la
cōuine. Elle ne fine de vous pourmener com
me sey fait vng destrier a vēdre. Elle prent

tresbien q̄ si vous apreint a prendre cuidez quo
ie ne vous cōgnoisse/ qui me tiēt q̄ ie ne vous
deffroisse de ce pesteil ou de ceste haste comme
vng poucin en paste. ¶ Amys. ¶ Lors cel
luy q̄ tressue de maltalent la prent a poings de
prime venue la cherchāt q̄ detirāt par les tres
ses/tellemēt q̄ luy derompt les cheueulx.
Sur elle se aourse et anime plus q̄ ne fait le
lyon sur vne ourse. Par grāt courroux q̄ hay
ne la trayne par toute la maison fort malemēt
la ledegeāt/ q̄ ne veult pour q̄lque serment q̄l
le face receuoir son epcusance tāt est de inten/
cion mauluaise. Lors fiert q̄ frappe q̄ rouille
et maille/ q̄ icelle crye q̄ brait faisant voler sa
voip au vent par fenestres q̄ prtuys/ si luy re/
prouche tout ce q̄ de la bouche luy vient en pre
sence de leurs voisins q̄ les tiennēt pour folz/
et luy tollent a grant paine le baston hors des
poings/ tellemēt q̄l en estoit tout hors dalaine
Et quāt la dame sent q̄ voit ce tormēt q̄ ryot/
te q̄ ceste mauluaise vieille dōt il la vieille cō/
me vng iougleur pēsez vo⁹ q̄l en soit mieulx
aymé. Elle vouldroit q̄l fust a meaulx ou a
romenie/ car iamais ne fera semblant de lay
mer. Et se possible luy estoit voler aux nues
cleuer la veue aussi hault q̄ sās cheoir il peust
veoir tous le faitz des hōmes luy repesant el
gardat a bon loisir/ chopssir ne scauroit le grāt
peril ou il est cheut sil na veu tou⁹ les baratz q̄
femme scet pour penser pour soy garātir. Et
sil aduient q̄ apres ceste tēpeste il dorme en sa
cōpaignie/ il mect sa vie en trop grant peril.
Voire en veillant q̄ dormant se doit merueil
leusemēt doubter q̄ pour soy vengier ne le fa/
ce mourir vif en ragier bouter en langueur p
desesperée cautelle/ ou q̄ elle sen fuye se aultre
ment iouyr ne peut. Car quāt quelq̄ chose mō
te en la teste dune fēme elle ne prise hōneur ne
honte/ si na ne sens ne cōscience vers ce q̄elle
hayt ou aymé. Valerius lappelle hardie arti/
ficieuse trop curieuse a nuyre.

¶ Moralité

¶ Ainsi cōme le taloup par verbase inuec/
tiue dit a sa fēme q̄ les ribauldz masse la sta
tent en deuant q̄ la habbēt en derriere. Sēbla

ment nostre seigneur capitule ⁊ reprent lame pecherresse luy remōstrant q̄ luy seul la soubstient en vie/ la repaist de son pain quotidien se demander le veult/ la reuest de grace et la chausse de vertus ⁊ les vilains matins par q̄ son entend ses ennemys denfer en font leur plaisir/ si se gabbent ⁊ mocquēt/ ⁊ de luy ⁊ delle. Et pource q̄ elle est fort gorriere d'habitz et boubenciere de topaux ou elle se delicte q̄ sont les biens caducques de ce mōde/ ⁊ sont cause d'dānement. Il la menasse de la reduire au simple estat de pourete/ affin quelle recongnoisse son messait. Et dit que il luy fera porter chemise de grosse cheneue/ gros soulier a noyaux cotte ⁊ surcot de gros bureau. Et qui plus est luy baille la discipline en p̄sence de ses voisins si la chastie du pestil de tribulation/ ⁊ de la haste de melancolie/ ⁊ son corps de hastiue maladie. Et illec brayt ⁊ crye la poure amie tant pīteusement que riens plus. Aulcunessois pert pacience/ maulgree ⁊ despite son createur par douleur angoisseuse. Et aucunessois comme fin or esprouue en la fornaise se reconsile a son vray espoulx q̄ la remet en train pour venir a port de salut.

¶ Le .xl.vi. chapitre. Primitiue origine de noblesse ensemble inuectiue contre icelle/ ⁊ de cinq manieres de nobles qui sont au mōde.

¶ Amys.
My chier amy vous auez entendu comment le vilain ialoup dōt aux loups en soit la chair liuree est fort remply d'ialousie ⁊ se fait seigneur de sa femme qui dame ne doit estre/ mais sa pareille ⁊ cōpaigne. Et luy mesmes doit estre son pareil sās estre seigneur ne maistre. Considere le tormēt quil luy fait dont elle vit a malaise/ ne pensez vous pas quil luy desplaist beaucoup/ ⁊ quoy quelle dye que lamour ne faille entre eulx. Certes si fait/ car iamais lhomme ne sera ayme de femme sil en veult estre seigneur clame. Et quāt lō veult seignourir sur amours il cōuient quelle meure. Amours ne peut viure ne durer se elle nest a delite en vng frāc cueur. Et pourtāt voyt on cōmunement que tous ceulx qui au p̄mier se sont entre aymez/ ⁊ puis espousent lūg lautre/ aduient pou souuēt que amour soit entretenue entre eulx/ car auant les espousailles le mary se reclamoit seruiteur de celle q̄ souloit estre maistresse/ ⁊ maintenāt icelluy se clame seigneur ⁊ maistre de sa femme laq̄lle il eust appellee dame/ quāt par amour estoit aymee.
¶ Lamant. ¶ Aymee. ¶ Amys.
¶ Voire. ¶ Lamant. ¶ En quel maniere. ¶ Amys. ¶ En telle que selle luy eust comande sans priere nulle. Mon amy saultez ou me baillez ceste chose/ il luy eust baille hastiuement ⁊ saulte. Quelle chose dist il laccōplissoit/ car son desir auoit mis a faire tout son plaisir. Mais puis le tour quilz sont espouse entre eulx la roue est retournee tellemēt que celluy qui celle souloit seruir/ comande que celle le serue. Si la tient court cōmandant q̄ de ses faitz elle luy tende compte. Et toutessois il lappella premier sa dame/ enuys meurt qui apprins ne la. Lors se tient la femme mal cōtente quant se voit ainsi assaillie du meilleur hōme ⁊ du plus esprouue quelle ait trouue en ce monde. Et quāt elle voit tout son fait aller au contraire ne scait a qui auoir fiance. Son maistre dont ne se p̄noit garde r̄garde sur son col/ le vers est malement changie pour elle/

Fueillet

et le ieu luy vient si divers/si felon et estrange que son mary luy a changie le de / si que iouer ne peut ne ne scait. Comment se pourroit elle louer de luy. Selle ne obeist a luy il se courrouce. Sil la ledenge elle gronce/adonc seront boutez en pre q̃ les fera estre ennemys. Pour tant mon amy les anciens supportoient leur compaignie paisiblement sans seruitude sans lyens et sans vilenie. Ne ilz neussent donne leur franchise pour tout lor q̃ est en arabe ou a Temse/car q̃ tout le pourroit prendre si ne pourroit il vendre franchise autant quelle vault. Lors nestoit nul pelerinage/nul de son riuage ny ssoit pour estrange cõtree cherchier/ ne nul nauoit passe lamer.

☞ Iason qui premier la passa/ et compassa les nauires cuyda bien estre prins par guerre pour aller querre la toyson dor. Neptunus et triton q̃ le veirent nagier entagier cuiderẽt si fist Eolus dieu des vents et ses filles tous ensemble furẽt tãt esbahys des nef q̃ menoit par mer a facon d mariõnier q̃lz cuiderẽt estre trahis. Auãt la venue de Iason ne scauoient q̃ nagier prouffitoit ceulx q̃ lors estoiẽt au mõde/car ilz trouuerẽt sur terre ce q̃ bon leur sembloit acquerre. Ilz estoient egalement riches. Loyaulment sentramoyẽt et viuoiẽt paisiblement. Les simples gens de bõne vie aymoiẽt lung lautre sans vilenye et sans clameur/lũg ne demãdoit rien a lautre/ Mais quãt barat

vint auant/ensemble peche et mal adventure qui nont cure de suffisance accõpaignez dorgueil q̃ son pareil desdaigne d couuoitise/auarice et aultres vices iceulx firẽt sortir hors denfer/pourete ou elle auoit tant este q̃ nul ne sen doubtoit/ne iamais ne auoit este sur terre. Icelle dit a la malheure et trop soubdainemẽt Pourete amena larrecin q̃ le cours sen va au gybet pource q̃l fait a sa mere secours/et aulcunesfois se fait pendre mal gre elle q̃ diffendre ne le peut. Si ne fait cueur failly son pere qui en est fort desplaisant. Ne ma damoyselle tauerne qui guide et gouuerne les larrons/cest la deesse des larrecins q̃ les peche/et les barats coeuure des nues et de nuyt espesse/ affin que leur malifice ne appaire par de hors iusques a tant que trouuez sont et larrõs prouuez Icelle na tant de misericorde que quãt lon luy met la corde au col que garantir le puisse pour quelque repentance quil ait. Adonc les mauffez et ennemys denfer eschauffez de forsenerie denuye/de courroux et de dueil accoururẽt sur terre semans contẽps/discordz/guerres/mesditz/rancunes et grans haynes/tant par attaines q̃ par curroux. Et pource quilz aymoient lor si firent escorchier la terre/et luy tirerẽt des entrailles ses repestailles anciẽnes/cõme sõt metaulx et precieuses pierres/ par lesquelles les gens deuindrẽt plains denuye. Car auarice et couuoitise ont assiz es cueurs des hommes lextreme ardeur q̃lz ont dauoir acquerre Lung acquiert/lautre serre/ne iamais la chetiue malheureuse personne ne despendra iour q̃ le vit ce q̃lle acquiert/ ains en fera tuteurs et maistres ses hoirs et ses executeurs se autrement ne luy meschiet. Et selle va a dãnement ne cuide pas quelle soit plainte/Mais selle a bien fait si le prengne. Et quant le peuple fut malmene par ceste couuoytise il laissa le premier train de bien faire/et de mal faire ne cessa. Les gens deuindrẽt trafficqueurs et proprietaires. Ilz partirẽt la terre/si plantorẽt leurs bornes/pour les q̃lles mettre souuẽt sentrecõbatoient. Et ce q̃ les plus fors peurent tollir aux aultres ilz le firent si eurẽt les plus grãs parç Et quant ilz couroient en leur pourchas ceulx qui par ceulx furet se boutoiēt en leurs cavernes/mais leurs espaignes leur furent emblees. Parquoy necessite fut mettre prouision sur leurs logis pour punir les malfaicteurs et faire droit sans contredit a ceulx qui se plaindroient.

¶ Lors couindrent ensemble et esleurent entreulx vng grant vilain le plus ossu/corsu et greigneur dentre eulx/si en firent leur prince et seigneur/Lequel iura que droit leur tiendroit et deffendroit leurs logis moyennāt que chascun luy liurera aulcune partie et porcion de ses biens pour viure. Chascun luy accorda sa requeste. Ainsi se entretint longuement en ceste office/mais les robeurs du pays se assemblerent quāt seul et le virēt le batirēt p̄ plusieurs fois en despouillāt ses biēs. Et lors le peuple q̄ lauoit cōstitue et establi iuge se rassembla et se tailla chascū endroit soy pour luy bailler gardes et sergens. Si mirēt sus truages/rētes et tenemēs pour lentretenir en son estat Et de la vint le principe et cōmencement des roys et princes q̄ dominent sur le poure peuple selon les escriptures des anciēs/lesquelz nous sommes tenus de grādemēt mercier/louer et regracier. Et alors les princes amasserēt les tresors dor et dargēt et pierreries/et firēt batre et forgier vaisselle et mōnoyes/fermaulx/anneaulx/noyaulx/ceintures. Et semblablemēt forgerēt de fer dur/armes/couteaulx/espees/guisarmes/glaiues/et cottes ferrees pour faire meslees a leurs voysins. Lors firēt tours/cresteaulx/rayeres/murs de quatreaulx taillez. Ilz fermerent chasteaulx et citez/si furent listes leurs palais par ceulx q̄ grās tresors assembloient. Tous trēbloient de belle paour q̄ leurs richesses assemblees ne feussent emblees ou tollues par quelq̄ force. Donc furēt les douleurs des chetif plains de mauluais heur fort augmētees/tellemēt q̄ oncq̄s puis ne furent asseurés/pource q̄ par auāt estoiēt cōmuns cōme sont le vent et le soleil, car ilz approprierēt par couuoytise cōmunalte quāt ilz se lyerent aux richesses/desq̄lles vng seul en a plus que vingt aultres. Ce q̄ ne pceda iamais de bon cueur. Sans faille deux boutōs ne dōnasse des vilains gloutōs quoy q̄ bon cueur leur faillist. Ne me chaulsist de telles faultes se bien sentre aymassent ou hayssent ou enttretenissent en leur amour. Mais certainemēt les dōmages sont grās q̄ ces dames aux clers et sages ioiies renuoyrsees/et par lesq̄lles loyalles amours doyuēt estre prisees et deffendues sōt venues a si grāt honte q̄ maintenāt se vēdent a cellup q̄ tient largent en main. Trop est forte chose a entēdre quasi icredible q̄ noble corps se doye vēdre. Mais quoy q̄ en viēgne le seruiteur amoureux faindre ne se doit de aprendre art et sciēce pour garātir et deffendre lup et sa dame se besoing est/si q̄ de elle ne soit de laisse. Ce ne luy peut riens greuer/ains esleuer haultemēt. En oultre bien luy doit souuenir de retenir mon cōseil q̄ est tel. Sil a amye ienne ou vieille et il sçayt q̄lle vueille querre ou peut estre a desia acquis aultre amy reprēdre ne la doit/ains la doit sans la blasmer tencer ou la ledengier ou ampablemēt apprēdre. Et qui plus est sil la trouuoit mesmes en loeuure faisāt se doit garder sur toute rien de ietter son oeil celle part/ains face semblāt destre auengle ou comme vng bugle simple et niee/tellemēt q̄lle cupde q̄ de riens ne sapparcoyue. Et sil aduint q̄ quelq̄ vng luy enuoye aulcune lettre ne se doit entremettre du lyre ne de scauoir ou cherchier le secret, si nait iamais vouloit d'aller contre sa voulente. Mais quāt elle retourne de la rue bien venue soit elle, & voise par tout ou bon luy semble, car na cure d'estre court tenue. Parquoy ie vueil q̄ chascū sache que quicōques veult estre en la bōne grace de la femme la mette tousiours en espace. Iamais ne la tiēgne en reigle, ains & viengne par tout ou il luy plaist. Car cellui qui retenir la veult côtre sa voulēte, q̄ elle ne voise ou viēgne, soit son espouse ou son accointe tantost aura perdu l'amour de elle. Si ne soit tel que de croire chose q̄ soit contre elle pour quelq̄ preuue qu'il en ait ouy. Mais dye a ceulx & celles qui les nouuelles en apportent q̄ c'est grant folie de mettre telle chose auant, car iamais ne virent plus preude femme, & q̄ tousiours s'est hōnestement maintenue, si ne la doit on de riens mescroire. Iamais ne soit tel q̄ de luy reprouchier ses vices, & soit sans luy touchier ou batre. Car quicōques veult battre sa femme pour mieulx soy esbatre en son amour, & tantost la rappaiser il fait côme cellui q̄ pour l'apprivoiser bat son chat & puis le rappelle le cuyd'ant a sa cordelle lyer. Et se le chat luy eschappe une foys il peut bien faillir a le prendre. Mais se la femme le bat ou tēse le cueur ne luy doit changer en rien, voire s'elle le deuoit tout vif detrēchier aux ongles, ains la doit remercier sās luy reuāgier, & dire q̄ en tel nature voul droit bien tousiours viure moyēnāt qu'il fust asseure que son seruice luy pleust, car mieulx aymeroit mourir q̄ viure sans elle. Et se par mescheance il la fiert, pour ce que trop fiere est & grouce côtre luy en le menassent, tantost pour sa paix pourchasser cellui se doit mettre en paine de faire le ieu d'amours, ains q̄'elle parte de la place souuerainemēt l'amoureux quāt il est poure, car a pou d'achoison delaisseroit elle plustost q̄ le riche, si doit trouuer façon de luy côplaire. Et pourtant le poure malheureux doit sagemēt aymer & humblement souffrir sans faire semblāt de courroux ne dyre de q̄lq̄ chose qu'elle dye ou face. Le riche a cause de son orgueil la pourroit mieulx le dēgier, car a ung d'angier ne layderoit de deux chiches. Et s'il est tel qu'il ne vueille porter loyaulte a son a/ mye, ains se veult adherdrer a une autre sās la perdre, & il a voulente de dōner a sa nouuelle dame par amours couurechief, touaille, chapeau, aneau, fermail, ceinture, ioyau, ou quelque ferrure, garder se doit sur toute rien q̄ l'autre ne en ait la cōgnoissance, car grant angoisse auroit a porter en son cueur se porter luy droit, si n'est rien qui ly en peust reconforter. Si ne doit faire venir la nouuelle en lieu nen place ou la premiere se trouueroit auecq̄s luy, car se la vieille y trouue la nouuelle n'est point q̄ il q̄ y puisse remedier secourir ne aider. Car oncq̄s vieulx sanglier bien attachie des chiens ne fut si crueulx, ne lyonnesse alaictāt ses cheaulx assaillie de veneurs ne fut si felōnesse, ne serpēt auquel lon marche sur la queue, ne fut si desloyaulx qu'est la fēme quant elle trouue nouuelle amoureuse auecques son amy, adōc elle est preste de iecter feu & flame, & de perdre corps & ame. Et s'elle ne les a trouuez ne prins ensemble, & quelle soit cheute en ialousie q̄ me celle q̄ cuide estre supplantee, soit q̄'elle le sache ou q̄'elle le cuide, son amy ne le doit cōgnoistre nullemēt, mais plainemēt le nyer, voire quant certainemēt le scauroit. Et ne soit honteulx ne lent de iurer, & luy face endurer le ieu d'amours se il y a place cōuenable, & ce la fait plus mot n'en sonner rien. Et se il aduiēt q̄ icelle luy face tant d'assaultz & d'angoisse q̄ force luy soit cōgnoistre, car aultremēt deffendre ou excuser ne se peut, adōc luy doit faire entendre q̄ ce q̄ l'a fait fut soy deffendant disant q̄ icelle le tenoit si court, & le menoit si malemēt q̄ excuser ne se peut de faire tripot. Ne iamais plus ne luy aduint q̄ ceste fois. Et auecques ce doit iurer & promettre q̄ iamais plus ne luy aduiē dra, & se maintiendra tellemēt vers elle, que iamais se parole en est, il est cōtent q̄ on le tue et affole. Car mieulx vouldroit q̄ la desloyalle renyee feust noyee, q̄ iamais venist en place pour le mettre au point ou il a este tenu. Et qui plus est s'il aduiēt q̄'elle le mande, iamais n'yra a son mandemēt, ne iamais ne souffrira quelle viengne en lieu ou il soit. Et adonc la doit estroictemēt embrasser/baiser/blandir/ soulacier/ et du mesfait cryer mercy/disant q̃ iamais ne sera plus fait/q̃l en est fort repētāt et prest pour en faire telle penitence q̃ enioindre luy vouldra puis q̃lle luy aura pardōne. Et lors sil veult auoir pardon/il doit besongner a ses pieces. Sur toutes choses se garde de soy venter de elle/ Car elle en seroit merueilleusemēt dolēte/cōbien q̃ plusieurs y paroles faictes & fauses se sont vantez de aulcunes/desquelles iamais neurēt les corps/& neātmoins elles demeurent diffamees. Telz amoureux ont bien les cueurs faillis/ et ne sont reputez courtoys ne vaillans. Vantise est vng vice mauluais. Cellup q̃ se vante est fort nice. Et quāt ilz lautoiēt fait si sen deueroient taire. Amours veult celer ses ioyaulx si nō aux loyaulx cōpaignons q̃ bien scayuent le taire & le celer. A telz amys le peut on reueler. Et sil aduient q̃ elle chee en maladie/il doit fort estudier cōmēt il luy fera seruice pour luy cōplaire/ garder se doit de la mettre en ennuy/ & de dire que la maladie sera longue. Il doit demourer aupres de elle & la baiser tendremēt plourant. Et sil est fort sage se vouer pour elle en maīt pelerinage loingtain/ Voire moyennāt q̃lle y entende. Ne soit telz q̃ de luy deffendre nulles viādes/ne de luy presenter q̃lque chose amere ne rien q̃ soit doulx & tendre. Et pour la resiouyr en lentretenāce de ses amours doit forgier et faindre nouueaulx songes farsis de mēsonges nouuelles en disāt/ q̃ quāt il se couche au soir seulet en sa chābre ou gueres ne dort pour la desplaisance de sa maladie/il luy sēble lors quil se sueille q̃l la tenue durāt la nuyt en ses bras toute nue par soulas & grāt esiouyssance toute saine & toute guerye. Telles inuēcions de fables seront fort aggreables a la paciēte. ¶ Or ie vous ay maintenāt dit & chanté cōmēt tant en maladie q̃ en sante cellup doit seruir les amoureuses q̃ veult desseruir leur grace & ptinuer leur amour q̃ legieremēt chāgier se veult se lon ne pouoit ou voulsoit faire tout ce q̃ leur plaist. Car iamais femme tāt ne scaura/ne naura le Cueur si loyal ne si meur que Lhomme puisse estre asseure de elle/pour q̃l que paine quil y mette/ Non plus que sil tenoit en la riuiere de Seine vne anguille par la quee/doubtant quelle ne sesqueue/ Si ne peut estre si estroictement happee que tost eschappee ne soit. Nest doncques la beste fort priuee qui tantost est preste de fuyr/ Car elle a muance si diuerse que nul ny doit auoir fiance. Pas ne le dis pour les bonnes dames qui fondent leurs bonnes meurs sur nobles vertus/ & toute suyes quoy que bien esprouuees soient si ne les ay ie trouuees ne que fist Salomon qui fort bien les esprouua. Et afferma que iamais femme ferme ne trouua. Et se querir les voulez quant les trouuerez si les prenez. Vous aurez lors choisy Belle amye qui vostre sera lige & quitte. Et se elle na pouoir de cherchier tant que ailleurs pour chasser se puisse/Ou que nul requerant treuue elle se rend a chastete. ¶ Ains que ie delaisse la matiere/ Je diray encores vng petit mot par maniere de commandement que cellup qui se entremet de aymer/doit garder precieusement. Brief il doit donner a entendre a toutes pucelles/ Soient laides ou belles q̃ deffendre ne se peut nullement/Dont il est moult fort esbahy & surpris/quil ne soit pris de leur beaulte. Car nest femme tant bonne/ Soit vieille/Jeune/mondaine/nonne/ne dame religieuse/ Tant soit chaste de corps et de ame/ se on loue sa beaulte/ que fort ne sen delite quoy que elle soit reputee laide/ Il doit turer seurement et affermer quelle est plus belles que vne faee. Celle se croira legieremēt/ Car nest si layde qui ne cuyde auoir en elle beaulte suffisant/ Pour estre digne de estre aymee. Et ainsi donc les preux et gentz seruiteurs en Amours doyuent estre diligens de garder leurs Amoureuses sans les reprendre de leurs folies. Femmes ne ont cure de estre chastiees ne reprinses. Elles ont le gin si basty et subtil q̃l leur est aduis q̃ mestier ne est de leur mōstret ne apprendre leur mestier. Nul ne doit desllouer ce que faire veulēt sil ne seur veult grandement desplaire, Et comme le chat scayt naturellement la science de seur/geure & destourne ne peult estre q̃ tousiours ne soit ne en ce sens/ia soit ce q̃ iamais ne fust a lescole. Semblablemẽt la femme scait par son iugemẽt naturel de tout ce q̃ fait oultreemẽt/ soit bien soit mal/soit tort soit droit/ ou de tout ce q̃ auoir fait du vouldroit, Car se faisant ne fait chose q̃ faire ne doye, Et sur toute chose elle hayt a mort cellup ou ceulx q̃ la chastient. Le sens elle na tient elle par acquisition de maistre/mais des que naistre deust elle estoit pourueue de sens & nen peut estre destournee. Pourtant quiconques la vouldroit reprendre de son amour iamais nen iouyroit. ¶ Ainsi mon bon amy est il de vostre rose q̃ est chose tãt precieuse q̃ se auoir la peussiez ne la donneriez pour nul auoir. Quant vous en aurez la saisine comme esperãce le vous promet/gardez en telle maniere ceste noble flourette q̃ vous ayez planteteioye & pfaicte iouyssance de voz loyalles amours a nulles aultres acõparees car la pareille ne trouuerez en quatorze citez. ¶ Lamant. ¶ Vous dictes verite amys, Je suis sur q̃ en ce monde nest son semblable tant est & tãt fust bon son heur, Ainsi ma cõforte amys & son pfort ma porte oseil, Il mest aduis q̃ de fait il scait trop plus q̃ raison/ mais auãt q̃ leust fine ses mots q̃ moult me estoiẽt aggreables doulx penser & doulx parler reuindrent q̃ se tindrent aupres de moy/si ne amenerent doulx regard d quoy ne les blasmay/ car bien scay que ne le peurent auoir.

¶ Moralite

¶ Plusieurs malicieuses psuasions/ cautelles & fallaces mect auãt amys a lamãt tãt pour cõquerre que pour entretenir en amour illicite les simples malheureuses foles par grans trafficques abusees. Mais pour ce q̃ telles deceptiõs deroguẽt totalemẽt au salut des ames/ & effacent directement la doctrine de bonnes meurs ie les laisse de telle conditiõ que le maistre les a couchees sans coment pour

fueillet

stille ne glose; Et ne me suis arreste si nõ sur primitiue originee et sourse de noblesse ou lacteur dit en son texte. Que quant barat eut espandu, les grans pechez quãt le monde q̃ lors estoit paisible, Et que pourete par qui ientedz miserable indigence sortist hors denfer, aime/ na son mary cueut failly & larrecin son filz, Les simples gens innocens plains de bonne voulete choysiret entre les aultres vng grãt vilain corsu/ossu & cheru/duquel ilz firẽt leur seigneur & prince/auquel pour sentretenemẽt de luy & des siens assignerent certaine porcion de leurs biens pour viure/affin de les garentir & deffendre contre robeurs/pillars & depredeurs. Or se dieu auoit cree les nobles dung rayon de soleil/dũg quartier de la lune/dune estincelle de feu/dune goutte deaue/ ou dung souspir de laer/q̃ sont plus nobles elemens q̃ nest la terre, Combien quilz tiennent fort du vent ilz auroient matiere & couleur de deprimer/aneantir & vilipẽder les poures ristaulx laboureurs cũ les nourrissent/soubstiennent et alimẽtent. Mais nenny ilz sont yssus & tyssus/ourdis et sortis de mesmes file/nauette/ oustil & laine/dõt ceulx qtz appellent vilains sont engẽdrez/produiz & procrees. Je ne vueil inferer ne dire que noblesse qui print son principe original en basse rasse ne soit puis ce tẽps paccrute en vertu flourie en hõneur & triumphãt en gloire/& que par ses cheualeureux exploictz la chose publicque nait este magnificquement auctorisee cõme chascũ scet. Mais pour lheure de maintenant noblesse tyre en decadence. Noblesse se diminue/noblesse tient chemin retrograde & est exorbitãt de son iuste train salutaire. Elle empire auecques le mõde/elle enuieillist auecques la terre/si naura tantost membre de quoy elle se puisse aider. Et ainsi que anciennes gens cõtaminez de senectute venuz en aage decrepite retournẽt en enfance/& desirent estre nourris de leur premier papin il peut sembler que noblesse se dire lo se vueille retourner au lait de sa pmitiue naissance qui estoit vilaine nourriture; Et que vray soit, Nagueres de temps que les cõmus

faires du Roy se trouuerent en vng gros vil/
lage pour leuer tailles,impos z gabelles com
me il est vsage de faire. Et entre les aultres
ilz sadresserent a vng rude z rebelle vilain ri
che touteffois z moult bien garni de tout ce q̃
peut resister aux assaulx de pourete. Le bre/
uet de sa porcion quotte selon la faculte de ses
biens luy fut baille pour payer son assis, auql
donna response quil estoit noble homme, p quoy
il deuoit estre exempt de toutes debites en iouyf
sant des prerogatiues z preuileges telz q̃l ap/
partient a ceulx de son estat. Adonc les comis
saires enquirent de sa nobilite z propagacion,
et trouuerẽt le cas bien examine pour genero
site de sang q̃ son pere malheureux chetis ves/
tu dung vieil gyppon ratafselle, vng bissac p
dessus de mesmes. A sa premiere arriuee en
court emmena vng vieil asne pele chargie de
deux petis enfans, Desq̃lz luy mesmes estoit
lung. Et apres que son pere leust nourry et en
graisse de bubes, loppins, z grasses souppes,
il se tira hors d court z alla garder les vasches
de la ville, ou il a tellement prouffite par chi/
chete z interderie q̃ de crocq q̃ de hace il est deue
nu vng tresriche mangon cruel pinart z rebel
le vilain, z est tant fier z orgueilleux q̃l ne ad/
mire psonne. Les receueurs comis z deputez
au recueil des demers aduertiz de son fait re/
tournerẽt vers luy, et dirent estre certains de
son lignage de fons en coble, z que finablemẽt
il nauoit aulcune propriete de noblesse quelcõ
ques, Mais il persita tousiours en son premi/
er propos z dist. Nest doncques cellup noble q̃
fait les oeuures z se maintient comme les no
bles. Les nobles gẽs de maintenant font du
tout la nuyt. Ilz se vestent come tirans q̃ lapi
derent les bons saincts. Ilz se parent de tou/
tes choses qui souloit estre reputee a vice et a
folie. Ilz sont plains z farsis de bourdes et de
menconges. Ilz marient les filles des riches
bourgeois a leurs varletz poures z misera/
bles. Ilz retiennẽt les labeurs z sueurs du me
nu peuple, et si ne font droit ne raison a quelq̃
personne qui viue. Or puis que te les ensuis
lenãt ce train en toutes manieres de faire que

possible mest ne dois ie estre compte du nom/
bre des nobles. Je taille daultruy cuyr larges
courroyes. Je calle le voyle, ie tiẽs le hocq en
leaue, ie fais a dieu barbe de feurre, ie scay du
bas doller, iactoy a tout le mõde, ie gets mes
aduãtaiges, ie suis dur d chãbre, ie torche mes
hauseaulx du couuertoir de mes hostes, ie tue
vent de gorge. Ainsi doy estre qtte de toutes
imposicios z gabelles. Quãt les omis leurẽt
ainsi ouy plest ilz ne loserẽt affrãchir ne conca
ner, z dirẽt q̃lz en pleroient au Roy. Le Roy
bien aduerty de tout ce q̃ est fait z dit iura q̃ le
villain auoit dit verite, z q̃ telz estoiẽt ses gẽ
tilz hõmes z seroit cõme lung diceulx exempt
de payer luy z ses hoirs a ppetuite. Et ainsi
voyons nos au iourduy q̃ les nobles sont tour
nez en empirãce. Et comme les vieulx escus
valet mieulx q̃ les nouueaulx, si sont les no/
bles anciẽs meilleurs q̃ les modernes. Car
plusieurs diceulx sont nobles de nom z d corps
nõ Nobles reprouuez nõ point esprouuez, no/
bles sans raison nõ point de bon son. Nobles
sans honeur nõ point de bon eur. Nobles otre
fais nõ point de beaulx fais, mais affin q̃ ne
soy e note de vouloir deturper z abaisser le tres
hault estat de noblesse tãt excellentemẽt recõ
mande par tout te gẽs faictes de soy z nacios
ie dontay certain signe p lequel lon pourra co
gnoistre a loeil au son z a la lettre comme len
fait les monnoyes les nobles dignes dauoir
cours par pays. Je treuue cinq manieres de no
bles forgiez en diuers quartiers, lesquelz en/
tre les aultres bone renommee a choisy pour
bouter en tresor. Il y a nobles de generosite, de
proesse, de vertu, de sciẽce z de richesse. Les no
bles de generosite, cest a entendre de noble li/
gnage de nostre plus apparãt cognoissance fu
rent iadis forgez en la grant cite de troyes par
le roy priant son filz hector, z aultres princes
de leur tresillustre z inclit parentaige. Mais
estre noble de lignie seulemẽt z non de proesse
ou vertu nest chose de hault eptime. Car co
me dit sainct Jerosme. Je ne voy aultre cho
se en nobilite qui soit a desirer, si non que
les nobles par aulcune necessite soyẽt pstrais

Fueillet

non degenerer de lhonneste train de leurs predecesseurs. Et comme dit laultre que prouffite clere generacion a celluy auquel les meurs sont ordes et puantes. Ou que peut nuyre vile generacion a celluy qui est aorne de bonnes meurs. Apres donc que les nobles de sang et de prouesse furet forgiez en troyes leurs semblables d pareil metal et tappez en ce mesmes coing prindrent leur cours auant le monde telsemet que franciolus, Bruttus, eneas, et le roy Bano sespondirent en gaule, qui maintenant est nommee france, en angleterre, en ytalie et en haynault en telle multitude q encores en dure le gdece, se apparet en plusieurs lieux les marteaulx, enclumes et fournaises ou ilz ont este fondus et fabriquez. Les nobles de proesse et de vertu, desquelz les enseignes en figures daigles en sont demourees sur le descouuert de la terre, furent forgez au capitolle de rôme, par les senateurs qui leur baillerent cours par le monde Vniuers. Iceulx nobles furent les scipions, les sabiens, Marcus curius et aultres leurs semblables de fin or, et de vertueuse touche. Lesquelz par leur grant prouesse et valué firent tributaires toutes aultres monnoyes estranges et coursables, et les encliner deuant leurs redoubtees faces. Si les virent iadis en vne seule pomme dor reposant maintenant es mains de la tresacree imperiale magesté Maximilian par la grace de dieu roy des romains tousiours auguste. Les nobles de vertus et de sciences furent forgez anciennement en la cité dathenes par Socrates, Platô, aristote, et aultres ingenieux philosophes grans artistes maturiens bien cognoissans le cours du ciel, les especes des metaulx et les mines d la terre. Long têps apres les empraintes, figures, istrumes, moulles, materiaulx et vtensilles diceulx nobles furent transferez dathenes a rôme, et de rôme a paris q est mere, mônoye et forge vniuerselle a nulle acomparee, et ia soit ce q̃ly ait forge a coulôgne, louuain, bruges et aultres citez bien famees, touteffois paris est digne d caulsaudace pour certaine faculté dont elle est clerement doree. De telz no

bles vertueux et scientifiques magistralemet fabricquez, passez et esproduez par la fournaise parisienne. Chappellez, mitres, croces, et doctorisez sont les eglises metropolitaines, cathedrales, collegialles, conuentuelles, decorees, enluminees, bônorees et seruies en france, espaigne, angleterre et bourgôgne. Aultres nobles murtionnez de science et de richesse sont forgez es Vniuersitez circôiacentes côme orleãs, thurin, et aultres situees de par deca, et dela les môtz. Les tresuictorieux et resplendissans empereurs rômains ont dô ne pour faire telz nobles les formes, tiltres, lettres et figures telz nobles sont de viue touche fort iustes et bien pesez a la balâce a cause q̃lz ont en main la police de la iuste et pour la preiosite des monoyes luy ont dône cours es palais royaulx, chambres et cours de grãs princes et ducz pour administrer iustice et rediesser le bien publicq en son moral train naturel. Telz nobles sôt chanceliers, presidens, seigneurs de plemet, maistres des requestes, côseilliers et aduocatz, q plaquite de leurs arz dyaleticqz et practiqs sont haultement auctorisez, si viuêt opulêtemêt bien estoffez de grât auoir. Nobles de richesses seulement sont citadins forgez es pays oultremontains anoblis et titulez selon la quâtité de leur auoir, aulcuneffois sôt nobles de .xx. mille ducatz, aulcûs de .xxx. mille, aultres de .xl. mille. Les vngs plus les aultres moins. Telz nobles nôt gueres de cours par deca, si non pour happer proye tant plôbars q̃ par Vsuriers qui tiennêt leurs bouticles. Telz nobles le pl9 sôt prisonniers encoffrez côme sont leurs fêmes ôtre les chartres damytie comunicatiue et ôtre le gracieux mestier et exercice damourettes. Telz nobles ne sont de grât caulaudace sil ne sont murptionnez et refforzez de proesse meurs et sciêces. Et pource q̃ ceulx q̃ ne cognoissêt monoyes sont a la fois deceuz a cause q̃ aulcuns nobles ont deux visages et les autres ont trop plus de pilles q̃ de croix, Ie vo9 aduertis que ceulx q̃ sôt nobles de sang sôt ceulx q̃ de legitime matrimonial giste sont fabricquez, et qui sans degenerer aux bônes meurs de leurs no bles predecesseurs qui dedans leurs cueurs doiuent estre impressez sentretiennent honneste selon leur richesse et value. Les tresnobles preux et vaillans et de grant audace sont de legiere congnoissance/car ilz porteront en chief en face/en corps/ou en membres les cicatrices dures playes et horions q̃lz ont acquis sur terre de ennemys ou ilz ont eu leurs cours. Tant en tournees de batailles/de sieges/dassaulx/comme de rencontres/par quoy sont digne davoir bruit de perpetuelle memoire. Les nobles vertueux sont difficiles a congnoistre/car ilz sont les aucuns par dehors fort plaisans et resplendissans a loeil/et par dedans comme monnope contrefaicte sophisticquez et rembourrez de plomb ou cupure dure/dont il gist ung tres grant mistere et fort subtil en les touchant pour scauoir quel sons il y a. Nobles scienceux sont les aulcuns diceulx congneuz de laval. Car ilz prennent eulx mesmes grant paine a eulx monstrer. Regardez ces docteurs nouueaulx forgez preschans en chaires parees/ilz noblient pas a desployer les tons bonnes de leurs maistrises/affin que le peuple dont il est enuironne les tiennent en plus grant chierte. Nouueaulx euesques nouueaulx abbez font fabriquer mitres et croces dor et de pierres precieuses. Les orfeures busquent et mallent/tout le monde en est empesche/et les bons et deuotz personaiges de leur vacation auquelz ne chault de vaine gloire/doffice ne benefice sont en continuelle estude en cloistres reformez/colliieges ou pedagoges/lisans/speculans/disputans et edifians nouueaulx plantaiges descoliers/affin q̃ la saincte foy catholicque soit par eulx soubstenue deffendue et augmentee. Telz nobles/iustes/loyaulx/et sans empirance sont dignes dauoir aureole et destre couchez au tresor de leternel retributeur. Aulcuns nobles de richesses iadis pesans et massis sont maintenant fort legiers/par ce quilz sont attenuez et lauez/mangiez et rongiez/non point des estraigiers et loingtains ennemis/mais de leurs familiers seruiteurs et prochains amys. Les aultres sont fort larges/bien estendus a tous quartiers plaisans et entiers rians/bien aymez et bons assez pour estre enchassez es reliquaires de vraye liberalite. Et comme il est escript. A fructibus eorum cognoscetis eos. Par ce que dit est voyons clerement que noblesse est ung tresexcellent et souuerain bien honneste/prouffitable et vtile a la chose publique que chascun doit aymer desirer et choisir. Cellup qui pourroit ateindre et paruenir au cinq degrez de noblesse dessus nommez faillir ne pourra destre premie et precieusement couronne en ce monde ou en lautre. Car pour noblesse de sang il ioupra dhonneur/pour noblesse de vertu il possedera gloire/pour noblesse de science il acquerra louenge. Et pour noble richesse il en aura bon eur. Cellup doncques doit bien estre honnore/reuerende/prise/auctorise et tenu pour grant homme en q̃ flourissent/resplendissent/sacroissent et augmentent les cinq fleurs et proprietez de noblesse/ dont les couleurs rutilans par les aers enluminent les terres et leurs odeurs souefuement sentans resioupssent les cieulx. Noblesse seant en son royal et manificque throsne est lymage/pourtraicture et semblance du pardurable et glorieulx empire triumphant. Le decorement du mondain fabricque. Le fort baston de nostre foy. La protection de leglise. La sauuegarde du commun. La custode des humbles vierges. Le recueil des dolentes vefues. Le refuge des orphelins. La ressource du bien publicque. Le resueil de rade iustice. Le resioupssement des bons et lespouuentement des mauuais. Et pourtant tresillustres princes inclite ieunesse et venerable adolenscence emanez descendus et distillez par la lembic de noblesse cheualeureuse. Ambulez au chemin dhonneur en la splendeur de voz nobles progeniteurs/desquelz voz portez les faces/les tiltres/les cris/les armes et les seigneuries. Champiez en militant/militez en prosperant/prosprez en augmentant le bien de la chose publicque. Vous acquerrez loz immortel/nom clarifie de vertu/et flourires a tousiours mais au sait vergier de gloire immarcessible.

fueillet

Le .xlviii. Chapitre.
Conuenience de richesse mōdaine q̃ decore le corps a celle qui decore lame.

Lamant

Tant pris congie a amys ẽ cō, me seulet esbatant men allay cōtreual la pree enluminee de herbes ẽ de fleurs escoutāt les sons nouuelletz des oyseletz chantāt tant plaisans que au cueur grant bien me faisoient. Mais amis me greua dune chose/ cest quil ma pmā, de que ie escheue le chastel/ la Place ẽ la tour ou est Bel acueil sans gueres aller au tour. Ne say se rien pourroy garder/ car tousiours aller y vouldroye. Toutesfois apres nostre departement escheuant la partie destre ie me acheminay vers la fenestre querant voulentiers le brief chemin/ affin que quant trouue lauroye ie me essayeroie de le tenir sans cōtre, dit/ Voire se nul ne fut a lencōtre sur esperance de tirer hors de prison Bel acueil le franc/ le doulx/ le debōnaire. Et des lheure que ie verray le chastel plus foible que gasteau rosty les portes me seront ouuertes/ nul ne me deffendera lentrer. Iauray adonc bien lennemy au ventre se ie ny entre ẽ ie ne le prens. Lors sera Bel acueil delivre de prison/ cent mille liures nen prendroye se en chemin fischer me puis.

Toutesfois ie me flongreray de ce chasteau/ mais non gueres de loing. Cheminant ẽ pensant a la nouuelle rose ie trouuay en lieu delectable au pres dune clere fontenelle vne dame fort plaisant/ honorable/ gente de corps et de belle forme soubz vng orme soy vmbroiāt son amy duql ne scay le nom) estoit au pres de luy. Mais la dame de grant noblesse plaine auoit nom richesses. Icelle gardoit lentree du sentier sans entretens. Si tost que les apparceuz ie les saluay le chief enclin/ ẽ ceulx me rendirēt assez tost le salut q̃ gueres ne me prouffita. Ientendy depuis q̃ samy dicelle se nōmoit trop dōner/ auquel ie demāday la droicte voye. Et richesse parla premiere/ disant p parolle assez fiere. ¶ Richesse. ¶ Voy ce le chemin ie le garde. ¶ Lamant. ¶ Ha dame se dieu me gard/ se riens ne vous poise ie vous prie auoir vostre ottroy daller par icy au chasteau nouueau fonde par ialousie pour traire hors Bel acueil qui luy est contraire.

¶ Richesse. ¶ Vassal ce ne sera pas ores/ car encores ne vous cognois/ vous estes mal ariue puis q̃ nom priue nestes ne ne serez iusques dix ans Boute leans nul ny entre se des miens nest quant de paris seroit ou damiens mais gy laisse aller mes amys karoller danser ẽ baller. Ilz ont vng petit de plaisant vie dont nulle enuie nont les hōmes saiges. Ilz sont ioyeusement seruis de soulas desbatement de tambourins/ vielles ẽ nouuelles danses de teuz de dez/ deschetz/ de tables ẽ douliraeux delectables metz. La sont damoiseaulx ẽ damoiselles par vieilles macquerelles assemblees cherchans prez ẽ plaisans iardins plus gays que perdrix ou faisans/ puis se treuuēt aux estuues ẽ se baignēt es cuues apprestees es chambres/ Et ont chappeaulx de fleurs es testes en lhostel de largesse folle qui tāt les appourit ẽ blesse qua paine se guarir en peuēt car elle leur fait tant chier vēdre ẽ merir son hastelage en prenant si cruel payemēt que ilz sont contrains de vēdre leurs terres/ ains que satisfaire luy puissent. Ie les y maine a grant ioye. Mais pour ete foible tramblant ẽ toute

nue les raconuoye. Iay lentree (elle a lyssue/
ne plus auant diceulx ne me vueil entremet
tre tant soyent saiges ou fort lettrez. Ilz sont a
leur millier detremer si peuent bien aller bil/
ler. Toutesuoyes sil se reconsiloient a moy.
Apres ce reboutement ie ne me dis pas estre
si lasse que de les ramener toutes les fois quil
leur plairoit ce que fort seroit a faire. Mais
sachez de verite que ceulx q̃ plus les hantent
sont ceulx q̃ en la fin plus sen repentent ne ve
oir ne mosent de honte tant sont courroucez (et ef
frontez/(et pour tant qlz me laissent ie les lais/
se. Si vous promet que se vo° y mettez les
piez trop tard viendrez au repentir. Nul hom
bien betez nest si betif ne si balez q̃ vo° se y al/
lez. De pourete vo° peut bailler fain elle vo°
fera bailler ou mourir de fain sur vng petit
de chanure ou de fain. Car famine qui vault
autant q̃ fain fut iadis chãberiere de pourete.
En telle maniere la seruit quelle fut pour son
seruice ardant (et esprinse de son amour. Tout
malice luy enseigna/si la fit maistresse (et nour
rice. Elle alaicta de son laict larrecin le laict
valeton Autre nourrice neut pour luy repais
tre. Et se desirez scauoir lestat de larrecin qui
nest ne souple ne terreux en vng champ pier/
reux demeure ou ne croist ble ne buisson ne bro
che/il siet en la fin descoce froit que marbre.
fain q̃ ne parcoit illec ne bledz ne arbres esta/
che les pures herbes de terre aux tranchans des
ongles (et des dẽs. Mais il les trouue assez cle
tes pour les espesses pierres illec semees. Tou
tesuoyes se destruire la voulope pourete en se
roit quitte legierement. Fain languit au dit
chap longue/maigre/lasse (et vaine/mangeãt
pain dauoine/dont elle a grãt souffrette. Elle
a cheueulx hirichẽ/les yeulx cruel de glichez
parfont/face pale baleures seiches/Oreilles
estouppees (et entaichez de toille. Et q̃ plus est
qui vouldroit veoir ses antrailles illes ver/
roit p̃ sa dure peau. Les os luy sailẽt p̃ les il/
liers ou luy deffaillẽt toutes humeurs. Elle
semble estre sans ventre. Et na fors le pfont
lieu p̃ lequel son pis pent a la haye de son eschi/
ne. Par la maigresse de son corps ses dois

sont creux/elle pert la redresse de ses genoulx
Ses talons apparẽt fort hault sans chair.
Certes la platiueuse deesse q̃ fait les bledz croi
stre ne scait illec tenir son chemin. Ne tribo/
lomus q̃ auoye les dragons ny scet tenir voye
les destinees les ont eslongnez (et ne ont cure q̃
ladicte deesse (et famine se longnent ensemble.
Mais pourete vo° y menera quãt luy plaira
assez legieremẽt/voire se voulez estre oyseup
come vous souliez. Toutesuoyes le bien tout
ne a pourete par aultre voye q̃ celle q̃ ie gai de
icy/mais par oyseuse (et vie fetar de viet on a
pourete. Finablemẽt se il vo° plaisoit tenir la
sente dessusdicte de despite pourete pour ossail
lir le fort chastel bien pourriez faillir a le pren
dre/car ie suis certaine q̃ pourete est vostre p̃/
chaine voisine/(et pourete scait par cueur le che
min trop mieulx q̃ en parchemin. Or sachez
q̃ fain la malheureuse chetiue est tant ententi
ue vers pourete sa dame (et tãt courtoise quoy
que point ne la poise ne ayme q̃ cõbien q̃ lasse (et
nue soit si est elle soubstenue p̃ elle. Tousiours
la veult veoir (et seoir auec elle/par grant me
saise (et desconfort la tient au bec (et si la baise.
Puis prent larrecin par sez eille si le reueille
quãt le voit dormir/(et lors par grãs destresse
il sencline a elle. Si lendoctrine (et pseille com
ment procurer les doit. Et auecques eulx sac/
corde cueur failly q̃ toute nuyt songe q̃ la corde
luy fait hericer (et tendre tout le poil q̃ dessus luy
est de paour que il ne voye prendre larrecin son
filz/se dauãture il estoit prins en emblãt. Or
faictes vostre compte que par icy nentrerez/
querez vostre chemin ailleurs/car tãt ne me
auez fait de seruice q̃ ayez desseruie la mienne
amour. ¶ Lamant. ¶ Dame se ie peusse
souletiers auoye vostre grace, Et se ie leus
se obtenu des que ientray en ce sentier ieusse ti
re Bel acueil hors de prison. Sil vous plaist
ottroyez moy ce don. ¶ Richesse. ¶ Ie vo°
ay bien entendu/ Ie scay Que nauez vendu
tout vostre gros (et menu boys/vous auez re/
tenu vng foucar sans fou/cest a entẽdre sans
estre vng fol ne peut viure celluy qui veult
ensuyuir amours/cõbien q̃ ceulx cuy dẽt estre

saiges qui viuent en telle ragerie. Viuent/ certes non font/ mais ilz muyrent si longue/ ment quilz demeurent en tel torment. Si ne doit on vie appeller tel raige/mais grant deue rie. Raison le vous a bien noté/mais de vous oster ne vous pouez. Grandement vous decen tes quant ne creustes son pseil/voire ains quel le venist a vous riens nestoit qui vous tenist noncques puis que aymastes par amours ne me prisastes/car maintz amans priser ne me veulent/ains sefforcent dappetisser mes biens quant ie leur depars si les regectes. Du diable pourroit on prendre ce que despendre vouldroit bien ung vray amant. Fuyez dicy si me laissez en paix. ¶ Lamant. ¶ Quant ie parceuz q riens ny pouoye conquester ie me partis dillec soubdainement/ et la belle richesse demoura a uecques son amy bien vestu et paré. Lors fort pensif et esgaré cheminay vers le iardin deli cieux/fort bel et precieux comme auez ouy qui gueres ne me resiouyt/Car ailleurs boutay ma pensee et ne cessay de penser en quel manie re sans fainte nulle ie feroye mieulx mon ser uice ce q voulentiers feroye sans mesprendre Car se iauoye vne foys mesprins mon pris ne seroit de riens acreu. Moult sarresta et veilla mon cueur a ce q amys me coseilla de honorer malebouche par tout ou la trouueroye. Ie me tremis grandement dhonnorer tous mes enne mys et les seruir a mon pouoir ne scay se leur gre ay desserui. Mais ie me tenoye comme ie souloye. Ainsi acheuay ma penitence a telle co science que dieu scait. Car long temps faisoye vne chose et ie pensoye lautre. Ie doublay mon intencion ce que iamais nauoye fait et me con uint vser de traison en pourchassant ma besoi gne/toutesuoyes iamais traistre nauoye este ne iamais ne en fuz reprins.

¶ Moralité

¶ Par la richesse que trouua lamant espi rituel au lieu delectable gardant lentree du cha steau de Bel acueil/est entendu richesse de bon nes meurs de laquelle celluy doit estre premu ny qui pretent a felicité sommiere. Il doit auoir

fueillet

escus de vray poix imprimez des cinq playes nostre seigneur/ doit estre pourueu de plusieurs bons salutz pour reuerer sa vierge mere et plusieurs glorieux saictz. Doit auoir en main en bouche et en cueur plusieurs bonnes paténostres non point de coral. Mais de deuot cueur et loyal/ensemble plusieurs chapeletz estoffez de diuerses odorans fleurs pour complaire aux sacrees et tressainctes vierges affin den auoir leurs suffrages. Doit estre vestu de soye non pas de veloux cramoisy ou Damas figuré/ mais de soye et queues de cheuaulx ou autres bestes come hairs et semblables vestemens seruans a chastier son corps. Doit orner ses dois de bonnes verges et de balais/non point dor dargent ne de pierrerie/mais de rainceaulx de ramons et de verges de boulay pour disci pliner la chair. Doit porter sur luy certaines mailles de dur metal/non pas dor de ryn ne des quatre electeurs/Mais rudes et poignans mailles de haubergon/come aulcuns person nages q ie cognois portent sur leur chair nue par ardeur de deuocion. Les vrays amoureux en richiz de telles nobles vertus et tresor sont di gnes destre apellez en la forteresse de Bel acu eil pour sratoser daser et baler auec les bieneu rees vierges/de la copaignie desquelles sont expulsez les poures/non point ceulx q poures sont desperit/car diceulx sera le roy aulme des cieulx remply. Mais les poures miserables indigens de grace habandonnez a toutes vou luptez qlz nont vne seule vertu pour offrir a celle q garde la porte/ilz seront priuez bantz et expulsez du sainct colliege de la pourable vie amoureuse. Oultre plus nous pouons entedre par le chasteau de Bel acueil la tour damou reuse plaisance essourse en son plus hault esta ge ou richesse conduit ceulx q portent ses ensei gnes. Fole largesse leur hostelaine se despes che tellement de vuyder et esplucher leurs bour ses qlz ny treuuent cruce ne muce. Lors soub dainement poutete les balace hors des amou teurs puiues/si les liure a sa chambertere nom mee Faim/par q ientrés la mort/car elle est selo la description du romant longue maigre/elle d

les yeulx parfons/La face palle/(les baule/
ures seiches. Et nes si riche enuelope en mon
daine plaisance que luy ne soit/pource quât la
mort luy presente suaire a couurir son corps.
Et dautre pl les miserables poures q se treu/
uent destituez de habitz de plaisance (dargêt/
au departir de lamoureuse vie sacôpaignent
a la fois de larrecin qui leur prepare ung se/
pulcre patent ou ilz nourrissent de leurs cha/
rongnes les corbeaulx qui vollent en lair.

¶Le.pl viii.chapitre. Ainsi q
le dieu damours conforte au be/
soing son vassal tenant ses com/
mandemens. Si fait nostre sei
gneur Lhomme iuste par diuine
inspiracion.

¶Lamant.
Quant amours meut bien esprou/
ue (trouue loyal/voire de tel loy
aulte q porter luy deuoye. Il sap/
parut a moy mettant sa main des
sus mon chief/(de mon meschief soubztraht
me demâda se iauoie acôply tout ce ql mauoit
cômande/ ment il mestoit (qul me sembloit de
la rose. Puis se enquist a grât diligêce tout le
plenemêt de môy/si scauoit il toute suoyes mô
fait comme dieu qui tout scet. ¶Amours.
¶Sont dist il fais le cômandemês q ie com/
mande faire aux amans/car aux aultres ne
les vueil departir. ¶Lamât. ¶Ne scay si
re q les aultres ont fait/mdis ie les ay acom/
plis le plus loyaulmêt quil ma este possible.
¶Amours. ¶Voire mais tu es fort mua
ble/ton cueur q estable nest est plain de doubte
ien scay toute la verite. Tu me souloys lau/
tre iour laisser a pou q ne me tollus mon hô
maige faisant doloureuse côplainte doyseuse
et de moy (disois quen esperâce nest rien cer/
tain/si te reputois fol de hanter mon seruice.
Et qui plus est tacordois a raison qui de male
achoison te vient. ¶Lamant. ¶Sire ie
vo° prie mercy/ien suis ofes/vo° scauez q ne
me fuy de vo°. Ie fiz bien men souuient mon
laiz mais il le purent faire a ceulx de vostre hô
maige/dont saige ne me repute/mais me re/
pens grâdemêt q trop longuemêt escoutay
raison q vint vers moy / si me mist en grant
doubte par ses merueilleuses paroles doulces
et molles/tellemêt q par son preschier empes/
chier cupda vostre seruice. Et pose que vers
moy soit venue si ne lay ie creue pourtât/côm
bien q son entête y mist/mais toute suoyes el/
le me fit doubter plus q iamais. Or soyez cer
tain q iamais raison ne me smouuera a chose
q contre vo° soit ne ôtre aultre/voire sil plaist
a nostre seigneur tant q mon cuc:r a vo° se tiê
dra/Laqlle chose il fera sil ne mest arache du
corps. Et certainement ie me scay tres maul/
uais gre de ce q ie mappesay luy dôner audien
ce. Ie vo° prie ql me soit pdône/ie vo° promet
amêder ma vie (faire tout ce ql vous plaira
moy cmâder/car sans iamais ensuiuir raisô
vueil en vostre loy mourir (viure/nest rien
q le puist effacer de mon cueur ne pour quelq
rien q ie face. Iamais atropos ne me seuffre
mourir fors en faisât vostre seruice/ (q plus
est me vueille prêdre faisant loeuure dôt vêu
oeuure le plus voulêtiers. Car certes nul na
tant de delict q destre en ce point/tellemêt q
ceulx q plourer me deuerôt/quât ainsi me par
ceuerôt mort puyssent dire. Beaulx amys q
ta mis en ce point/veritablemêt ceste mort est
bien cuenable a la vie q menois quât tu auois

fueillet

lame auec le corps. ¶ Amours. ¶ Par mō chief tu dis cōe hōe saige/mō hōmaige est biē employe en toy q nes pas des faulx renoyez/ ne des larrōs qui se me renoiēt quāt ilz ont a/ cōply ce qlz aroiēt/ton couraige est fort entier Ta nef puis q si bien naiges viēdra a bō port plus par priere q par dōt ie le te pardōne Je ne vueil or nargēr/mais te vueil en lieu de cōfi/ teor/ains q tacordes vers moy q me recordes tous mes amendemēs q sont en nōbre de dix. Aulcūs en deffence/aultres en cōmās/ce ti en les as retenus tu nas pas acete amertare. ¶ Lamāt. ¶ Sire voulentiers les diray. Je dois fuyr vilēnie/moy garder de mesdire/ dōner le salut hastiuemēt et le rendre. Si ne doy entēdre a dire hsque ordure/labourer me fault en tout tēps de hōnozer/toutes fēmes/ ie doy fuyr orgueil/ne me doy tenir cointe et de uenir loly et renoisie. Je dois estre habādōne a largesse et dōner mō cueur en vng seul lieu.
¶ Amours. ¶ Certes tu scez bien ta lecon iē nen doubte point/ainēt test il. ¶ Lamant.
¶ Je viz a douleur a pou se say le cueur vif.
¶ Amour. ¶ Nas tu mes trois confors.
¶ Lamāt. ¶ Nēny/doulx regard q de ma douleur souloit oster le venin p sa tresdoulce odeur me fault au besoing/tous trois sen fuy rent/mais les deux sont venuz arriere.
¶ Amour. ¶ As tu esperāce. ¶ Lamant.
¶ Ouy sire celle descōfire ne me laisse/tous/ iours sest tenue au pres de moy et ne sen remue encores. ¶ Amour. ¶ Quest deuenu Bel acueil. ¶ Lamāt. ¶ Le frāc/le doulx q tant aymoye il est tenu en prison. ¶ Amour.
¶ Or ne te chault/poit ne tēnoye/tu lauras encores a ton plaisir ca ton vueil puis q loy/ aulmēt me sers/ie vueil māder prōptement mes gēs pour assieger le fort chasteau. Mes barons sont fors et legiers/ains que du siege partons Bel acueil sera hors du piege.

¶ Moralite

¶ Ainsi cōme le dieu damours samonstre a son vassal psuade menace et tempeste p dame raison affin de le desgarrochier du seruice de son maistre et luy faire regnier son nom/sa loy et son hōmaige Semblablemēt nostre createur par bōnes inspiratiōs sapparoist au loyal a/ mant espirituel bersaude de temptatiōs quāt il latrouue ferme et loyal en nostre foy sans bri/ ser ne casser ses dix cōmādemēs/et sil a aulcu/ nemēt delinque il se humilie requerāt pardō/ ce. Et nostre seigneur q bien la esprouue le re/ cōforte/et en lieu de pfiteor comme fait le dieu damours luy renouelle ses cōmans qui sont toute sfuoyes asses hōnestes sans deroguer a morale doctrine.

¶ Le. plix. chapitre. Les mesmes barōs euocquez par le dieu damours pour cōquester la rose perdurable vie nent a point a lamant espirituel pour acquerre la Gloire pardurable.

¶ Lamant

LE dieu damours sans faire men cion en sa lettre du lieu ne du tēps māde soubdainemēt toute sa ba/ rōnie. Il prie les vngs et mōde aulx aultres qlz viennēt a son plēmēt. Auel cōparurēt tous pour acōplir son desir chascun se lon sa possibilite. Et sans tenir ordre a cause d

la rime furent iceulx ainsi nõmez. Dame oy/
seuse y vint la pmiere partant de son iardin a
la plus grãs baniere. Noblesse de cueur, Ri/
chesse, frãchise, pitie, largesse, hardemẽt, hon
neur, courtoisie, delict, simplesse, cõpaignie,
Seurete, Deduit, leesse, Joliuete, Beaulte,
Jeunesse, humilite, pacience, bien celer, Et
constrainte, Abstinence qui faulx semblant
amena, car sans luy venir ne pouoit. Iceulx
barons ensemble toute leur gent estoient bien
en point, et fort gens de corps. Neantmoins
abstinence, Constrainte et Faulx semblant,
faingnans leur chiere embracerent barat en
leurs pensees quelque mixe quilz monstras/
sent par dehors. Barat engendra faulx sem/
blant qui emble le cueur des gens. Sa mere
eut nom ypocrisie larronnesse bonnie. Celle
nourrit z alaicta lort faulx semblant ypocrite
au cueur qui soubz habit de religion mainte re/
gion a trahy. Quant le dieu damours leut
veu il fut tant esmeu de cueur quil se print a
dire. Quesse cy, ie songie, Par quel conge toy
faulx semblant es tu venu en ma presence?
A tant abstinẽce constraincte print faulx sem
blant par la main disant. Sire ie lamaine
auec moy ne le prenez a desplaisir, Il ma fait
auoir maint honeur z mainte aise, il me soub
stient z conforte, ie fusse morte de faim ne fust
il, et iasoit ce quil nayme toute gent toutes vo/
ye il mest besoing quil soit ayme si ne me de/
uez blasmer, il est reclame preudhõme z saict
il est mon amy, ie suis samie, Si vient quec
moy pour macompaigner. ¶ Amours.
¶ Or soit dit amours parlant a ses barons
en tel maniere.

¶ Moralite.

¶ Les mesmes princes ou barons que
le dieu appelle pour assieger le chasteu ou se
tiut Bel acueil, peuent moralemẽt seruir a con
quester le salut de lame pecherresse. Et iasoit
ce que humilite soit nõmee sur le dernier tou/
tessuoyes elle est la principale z capitaine des
aultres. Et ainsi donc humilite parfaicte en
cueur sans fiction, pacience porter en tribula/
tion, Bien celer le secret de sa deuotion. Jeu/
nesse refrenee en sa commotion, Beaulte da/
me z splendeur sans denigracion, Joliuete de
meurs ciuste election, leesse en esperant sa pre
miacion, Deduit en reboutant forte tẽptacion,
seurete en la foy sans variacion, compagnie
damy sans cauilacion, simplesse en vestemt
sans dissolucion, delict en meditant de dieu la
mansion, pitie en recordant sa dure passion,
courtoisie en parlant sans murmuracion, bõ
neureu en tous ses faitz sans vaine elacion, har
dement dembraser dure correction, largesse en
main pour faire aux bons donacion, franchi/
se z loyaulte sans nulle fiction, richesse de ver
tus z augmentacion, z oyseuse changee en cõ
templacion mainent pecheurs au vray port
de saluation. Et se aulcuns vouloient dire
que ceste similitude est mal proporcionne z ap
propriee a cause que barat z faulx semblant q
moult sont conuenables a amour fatuelle et
vaine doiuent estre repudiez damour espiri/
tuelle. Je respons que quant nostre seigneur
a lheure d sa tressacree cene eut appelle ses ba/
rons et princes qui furent les douze apostres
pour conquerre le chasteau de Bel acueil qui
est la gloire des cieulx pardurable. Constrain
te abstinence, Barat, Faulx semblant larre/
cin z ypocrisie sestoient logez au courage de
iudas, z toutessuoyes nostre seigneur sans re/
boutement luy permist acheuer sa mauldicte
entreprise comme le dieu damours seuffre les
dictz mauluais garnemens militer entre les
bons.

¶ Le cinquantiesme chapitre.

Guillaume de lorris z maistre
Jehan de meun facteurs d ce ro
mant se peuent acomparer a
moyse z a sainct Jehan leuãge
liste principaulx Acteurs du vi
eil et nouueau testament.

¶ Amours

Fueillet

E vo[us] ay icy fait venir pour desconfire Jalousie qui martyre noz amans. Elle a fait tenir a dresser ce fort chastel contre moy, dont iay forment le cueur blessie. Si la faut bourder tellement q[u]il y fauldra grandement bebouder, ains que par vous soit prins. Je seray fort doulent se Bel acueil quelle y a boute a qui tant auancoit nostre amy nen yst. Je seray malbailly, car puis que Tybulus mest failly qui congnossoit mes taiches le brisoy mes flesches pour sa mort, ie cassay mes arcs a mes cuirees, a eus tant dangoisses que ie trainay a son tombeau mes esles derompues a abatues de grant dueil. Ma mere ploura pour sa mort, a pou quelle ne se acoura, nest ame qui ne prensist pitie de nous veoir sans frains et sans brides. Galuis, catillus, a Ouide qui bien sceurent traicter damours nous eussent bien secouru, mais ilz sont mors et pourris. Decy guillaume de lozis a q[ui] Jalousie sa contraire fait attraire tant dangoisse a de ducil quil en est en danger de mort se ie ne pense de le secourir. voulentiers me conseil seroit comme celluy que ie tiens estre mon entier amy comme raison est car pour luy nous mesmes en la partie ou nous sommes dassembler noz bars pour embler a rauir Bel acueil, mais il dit quil na sens de ce faire. Toutesuoyes ce me seroit ung grant dommaige de perdre ung si loyal seruiteur quant ie le puis a doy secourir, il ma serui tant loyaulment quil a bien desserui vers moy que ie marche a mamostre pour assieger a derompre les meurs et la tour du fort chastel. Et qui plus est pour desseruir ma grace il doit encommencer le Romant ou seront conchez tous mes commandemens, si le fournira iusques a ce q[u]il dira a bel acueil qui languit en prison par mesprison et douleur. Je suis durement esmaye que ne me ayez oublie. Jcy ay grant dueil, iamais confort nauray se ie pers vostre bienueillance, aultre fiance en ce monde nay. Jcy se reposera Guillaume qui tant ma serui a loue, a de qui le tombeau soit platy de basme, dencens, de mirrhe, et de daloe. Puis viendra Jehan clopinel gentil de cueur y snel de corps naissant a meun sur loire qui saoul a a ieun toute sa vie me seruira sans auarice a enuie. Jl sera homme fort saige en ce cas si naura cure de raison qui hait a mort mes oignemens a baulmes flairans. Et sil aduient quil deffaille en aulcune chose ainsi quil nest ame qui ne peche a nait aulcune taiche il aura le cueur vers moy tant fin q[ue] tousiours ou en fin quil sen sentira il se repentira du forfait. Il aymera tant le Romant que parfournir le vouldra, voire sil peut auoir temps et lieu pour ce faire. Quant guillaume cessera son oeuure Jehan le continuera quarante ans apres son trespans, disant par meschance a par grant paour de desesperance quil nait perdu de Bel acueil la bienueillance par auant eue. Et si lay ie perdu espoir a pou que ne men desespoir ensemble toutes aultres paroles saiges a folles iusques il aura cueillye sur la fueille a branches vertes la tresbelle rose vermeille a qui soit tour a qui se fueille. Soy mettant en telle diligence de esplucher la rose que riens ne si pourra musser. Se les personnaiges dessusditz y peussent donner conseil ie seroye tantost paduise de mon fait, mais possible nest. Si ne puis auoir conseil de celluy qui est a naistre, considere quil nest icy present. Et qui plus est la chose est tant pesante q[ue] quant ne de mere sera se tout empane ny vie pour lire vostre sentence si tost que defance ystra/iure a pleuir ie vous ose quil ney pourra venir a chief. Et pour ce que se iehan q est a naistre pourroit estre fort empesche qui seroit dueil z dommaige aux amoureux, car pour eulx fera moult de biens. Je prie lucina deesse denfantement que sans encombremét il puist naistre a longuement viure, Et quát ce viendra le temps que iuppiter le tiédra vif et quil deuera estre abreuue de ses doubles tonneaulx/dont lung est cler z lautre est trouble. Lung doulx z lautre amer plus que sieue de mer. Du q{l} sera mis ou berceau pource quil est nostre amy ie laffubleray de mes esles/ et chanteray telles notes que puis quil sera hors denfance de ma science endoctrine il fleustera noz parolles par quarrefours et escoles selon le saignaige de france z par tout le reigne. Tellement que ceulx qui lorront iamais ne mourront du doulx mal daymer. Voire se croire se veulent/car il le lira tant propremét que tous ceulx qui viueront deueront appeller ce liure le myrour des amoureux tát d bien pour eulx y verront. Moyennát que raison la chetiue z malostrue ny soit pas creue. Et pourtant a vous mey dueil conseiller priant ioinctes paulmes que Guillaume fort las z malheureux qui si bien sest porte vers moy soit secouru z conforte se pour luy ne prioye faire le deueroye au moins pour allegier iehan/affin quil escriue plus legierement/faictes luy cest aduantaige. Je suis prophete quil naistra. Priez semblablement pour les aultres q viendront z entendront deuotemét a ensuyuir mes commandemens/lesquelz ilz trouueront escriptz en ce liure/affin quilz puissent surmonter le engaigne de ialousie z destruire to{us} les chasteaulx que iamais contre no{us} osera dresser. Conseillez moy comment nous ordonnerons nostre ost z par quel quartier. Ainsi parloit le dieu damours a ses barons qui bien sen tendirent.

¶ Moralite

¶ Par le dieu damour parlant a ses barons cóment il pourra retirer Bel acueil hors du chasteau de ialousie est entédu nostre createur acompaigne de anges, Archanges, Virtus, Potestez, Dominacions et Cherubins regardant comment il deliurera lignage humain de prison infernale. Et dit ainsi que plusieurs Amoureux a ceste cause sont mors en la poursuyte, Lesquelz lon pourroit piendre pour Iheremie et aulcuns prophetes. Et entre les aultres dit le dieu damours ainsi. Guillaume de loris doit encommencer vng liure ou seront comprins mes commádemés iusques a ce que iehan clopinel encores a naistre, Lequel ie reuestiray de mes esles le parfournira. Ce guillaume de loris qui par maniere de songe a encommence ce liure est figure a moyse recepteur des commandemens de la loy, z escripteur de lancien testament. Et par ce Jehan que nostre seigneur a couuert et reuestu de ses esles est figure sainct Jehan leuangeliste, Qui entre les aultres a compile vne grant part du nouueau testament. Et ces deux parties ensemble conionctes parmy les labeurs de leurs coadiuteurs font la saincte bible, Laquelle bien entendue z mise a execution donne lauantaige le scueil, le recueil et le Bel acueil da la rose pardurable.

¶ Le .li. chapitre. Les Barons du dieu damours disposez dassieger la tour ou se tient Bel acueil viendront a point a conquester le royaulme de paradis.

¶ Lamant

Vant le dieu damours eut finé sa Raison, Il print conseil a sa baronye. Plusieurs aduis z sentences diuerses, et de diuers personnages furent mises auant. Mais en fin diuers accordz ensemble saccorderent, et la cord recorderent au dieu Damours disant en telle maniere. ¶ Les barons.

n iiij

fueillet

Sire nous sommes ensemble accordez p̃ lacord de tous noz hommes, si non de richesse. Elle a iuré son serment que iamais naffauldra ce chastel, ne frappera coup de dart, de lance, de hache, ne de quelque aultre baston pour homme qui en sache parler. Et ainsi quelle desprisoit nostre entreprise, Elle sest departie de nous quant a ce point. Et cest autant prins en tel desdaing quelle blasme et despite, et aussi iamais ne say ma pource luy fait elle estrange chiere. Si la prins en hayne et la hayra tousiours. Car il na voulu assembler nul tresor, Ne oncques aultre forfait ne luy fist. Trop bien dist il quil sa requis dentrer au sentier de trop donner. Et pour ce faire la voulut flatter, mais pource quil estoit poure elle luy denya lentrée. Et depuis ce temps na recouuré vng seul denier, par quoy il soit demouré quitte comme icelle disoit. Et quant nous auons ouy son record sans elle nous sommes accordez. ¶ Nous trouuons en nostre conseil et accord que faulx semblant, abstinence et ceulx de leur bande assauldront la porte que malebouche et les siens tiennent en garde. Courtoysie et largesse leur prouesse monstreront contre la vieille qui maistrie bel acueil. Delict et bien celer yront pour escerueler honte. Ilz assembleront leur host pour assieger sa porte hardiment et seurete ensemble leur supte qui de la fuyte ne scauent que cest sahurteront contre paour. Puis franchise auec pitie se presenteront contre dangier et luy donneront sassault. De la sordonnance de lost par qui se chasteau sera casse, voire se chascun y veult mettre son entente. Or est il besoing que Venus vostre mere y soit presente, Car elle est fort sage, et congnoit lusage de ce faire. Sans elle ne sera riens parfait ne de fait ne de parole. Pour quoy bon seroit la mander pour amander la besongne. ¶ Amours. ¶ Seigneurs ma mere Venus deesse dame et maistresse nest a mon desir et si ne fait pas tousiours ma voulente, Ia soit ce quelle soit preste de accourir vers moy pour moy secourre et acheuer mes besongnes. Si ne la veulx ie pas greuer. Ie la crains des mon enfance luy portant reuerence, car lenfant compaire durement qui ne craint pere et mere. Neantmoins bien la scourons mander quant mestier sera, et suy de moy seul le estoit pres de icy que tost y viendroit, car elle est de grant prouesse. Elle a prins en mon absence mainte forteresse qui coustoit plus de mille besans. Lon disoit que ien auoye fait lexploict, Mais nulle heure ne me entremis Ne iamais ne prisay forteresse sans moy prise, Car ce ne me semble que marchandise. Quicōques achapte cent liures vng destrier si tost quil la paye il en est deliure. Ilz sont quictes lung de lautre. Ie ne dis vente estre don, Car nul guerdon ne doit. Et quant les parties sont contentes lune de lautre, il ny a grace ne merite. Dautre part la vente des cheuaulx ne est du tout semblable a la marchādise de Venus, Car lachapteur peut mettre le destrier en lestable. Il peut reuendre et reprendre chetel et gaing. Et sil deuoit auoir seulement recours au cuyr si ne peut il tout perdre. Au pis venir le cuyr luy demourroit, dont auoir pourroit quelque chose. Du sil ay moit tant le cheual que il gardast pour luy cheuaucher tousiours en seroit il sire et maistre. Mais la marchandise dont Venus sentremet est trop pire, Car nul ny scaura tant mettre qui ny perde le cehetel/ Et tout ce quil laura achapte. Car celluy ou celle qui vend sauoir et le pris emporte/ et lachapteur pert tout entierement. Ja ny mettra tant dauoir quil sen puisse auoir seigneurie ne ny pourra donner empeschement par donner ne par prescher que malgre soit ung estragier sil y venoit nen eust autant comme luy/ quant il seroit breton/angloys/ou romain en donnant autant ou plus ou moins. Voire ou tout pour neāt/ se bien scet cachter ou bouder. Sont doncques sarges telz Marchans qui a escient achaptent telles choses ou ilz perdent tout ce quilz y mettent. Certes ilz sont folz/chetif et meschans/ Car pour quelque labeur quilz en facent/la marchādise ne leur peut demourer. Non obstāt ie ne vueil dire q̄ ma mere en payast iamais denier. Nest si folle ne si nyce/que de tel vice soit chargee. Mais tel se paye qui puis sen repent/Quant pourete se tient en son destroit. Voire quant seroit disciple de Richesse/ qui pour moy se esueille/quant ne veult faire a mon vueil. Mais par saincte Venus ma mere/ Et par son vieil pere saturnus/qui ieune touse sengendra non pas de sa femme espousee. Encores pour mieulx asseurer la chose vo9 vueil iurer plus fort/Cest par la foy que doy/ mes freres dont nulz ne scet les peres nommer tāt en y a/ de diuers lieux/Et tant en y a ma mere a son amour. Encores vous iure et appelle les plus grans denfer a tesmoings/ que Je ne beuuray pyment dedans ung an. Comme cest la coustume des dieux/que celluy qui sacoustume de pariurer il ne boyt pyment tusques lan soit passe/Laquelle chose ne feray se me trouuez pariure/puis que Richesse nous fault en ce cas. Le deffault luy sera chier vēdu. Et se despee ou guisarme/ elle ne sarme grandement le comperra. Et puis quelle ne ma mōstre signe damours/lors quelle a sceu que ie vouloye faire tresbucher le chasteau et la tour/Et quelle sest departie de lhost: Se iamais ie puis riche homme tenir vous le me verrez tailler si angoisseusement quil ne

luy demourra marcs dargent ne sinies que tantost deliure ne soit. Et se grans deniers en ses greniers ne luy sourdent/ ie les feray par tout vouler/si les plumeront tellement noz pucelles que plumes nouuelles/ auoir leur fauldra/Et seront constrains de vēdre leurs terres se deffendre ne sen sceuent. Et ia soit ce que les poures ne ayent rien pour moy repaistre si sont ilz leur maistre de moy. Point ie ne les despite/Ne celluy qui ce fait nest pas preudhomme. Mais richesse qui les deboute/Dechasse et vilenye est fort en forme Et gloute/ Car poures gens ayment mieulx et plus loyaulmēt que ne font les riches auers et pres tenans et les chiches. Ilz me font seruice aggreable/Pourquoy leur cueur et bonne voulente a grant plante me suffist. Ilz ont mis leur pensee en moy/Cest force que ie pense deulx. Se ie feusse dieu des richesses comme ie suis damours en grant richesse ie les meisse par grant pitie que iay de leurs clameurs. Tenu suis de secourir celluy q̄ la beure a moy seruir/car se dauanture il mouroit du mal daymer et ne fust par moy secouru il sembleroit quen moy ny auroit quelque amour. ¶ Ces motz finez les barons du dieu damours respondirent.

¶ Sire verite est tout ce que auez recite et sommes certains que le sermēt par vous fait des riches hommes est tenable sin bon et conuenable/ Et se hommaige ne vous font ilz ne feront mie comme sages. Jamais ne vo9 pariurerez ne la paine endurerez que laissiez a boire pyment. Car silz peuent chedir es lacz des dames elles leur broperont tel poyure qui leur en mescherra. Elles sont tant courtoises que bien vous en arquiteront. Ny queres aultres victoires si ne vous esmayez ilz leur diront tant de blanches et de noires/ que vous tiendrez pour bien paye. Si ne vo9 meslez sur elles/ Car tant de nouuelles leur compteront et mettront auant de requestes par deshonnestes flateries/ et leur donneront tant de colees daccolees et de baisiers que silz croyēt en leurs doulces et amiables paroles ne leur demourra tenement quilz ne veulent ensuiuir le train du meuble/dont ilz seront puniz et deliurez. Or commandez ce quil vous plaira nous le ferons soit tort ou droit. Faulx semblāt entre les aultres pour vous ne se ose entremettre de ceste besongne/Il maintient q̃ lauez en hayne/ne scay se entendez à le deffaire a bonnyr/parquoy vous prions tous ensemble q̃ luy pardōnez voste yre a soit cōpté en noste baronnye auecques son ample abstinēce/cest nostre accord et ottroy. ¶Amours. ¶Ie le vous ottroye/ et veulx q̃ des maintenāt il soit a ma court. Viengne auant. ¶Lamant. ¶Et celluy accourt.

¶Moralite.

¶ Par le dieu damours querant ẏ est cōment il pourra conquerre le chasteau de Bel acueil q̃ est la gloire pardurable/est entendu cueur vertueux espris de la charite/auql̃ les bards de lost ont promis a sont tous deliberez assieger ledit chasteau si non richesse mōdaine/et non sans cause. Car selon leuāgile le chamel entreroit plus facilement par le pertuys de vne esguille que lon ne feroit le Riche aller en paradis. Mais il fut conclut par iceulx princes que abstinence de maldire qui vault autant cōme silence et faulx semblant son escuyer/sans auoir quelque charge/pour ce q̃l nest aduoue du souuerain se rengerōt deuant male bouche et luy serreront les dens/affin que iamais ne murmure. Courtoysie et beau parler a largesse de aumosner clorront les yeulx de la vielle dānee tenant Bel acueil prisonnier. Delict de peche confesse a bienceler soubz Benedicite du prestre abbatront honte/tellement que lennemy au iour du iugement ne scaura q̃ replicquer/car ceulx bienheureux sont/desq̃lz les iniquitz sont pardonnees; Et quorum tecta sunt peccata. Grant hardement de faire penitence et seurete de foy a desperance deslogerōt paour hors de grant variance. Puis franchise sans peche a pitie de son proesme batailleront dangier de perdre leternelle couronne. Car comme dit lapostre. Lesperit de noste seigneur habite en celluy qui est franc a quitte de peche Et celluy qui fait peche nest pas franc/mais serf a peche. ¶Apres que le siege fut assiz deuant le chasteau par laggreemēt du dieu damours/les Barons luy dirent q̃ bon seroit faire venir en ce lieu Venus sa mere/considere quelle est fort experte au mestier damourettes. Le dieu damours par q̃ ientēdz cueur vertueup esprins de charite respondit que Venus cestassauoir Volupte charnelle q̃ lauoit porte en son ventre et nourry de sa mamelle estoit fort aduātureuse/tant fraisle a habādonnee à tant de diuers a estrāges gaudisseurs que ses enfans/dont elle auoit grant nombre ne scauoient recognoistre leurs peres Et de fait auoit liure mainte forteresse par maniere de marchandise/dont elle auoit receu son payement/Parquoy lon pourroit auoir suspicion en son fait. Et ainsi Venus a Volupte charnelle sōt de mesmes condition si tost q̃ lennemy le mōde ou quelq̃ gorrier amoureup accoustre d̃ faulx semblant/presente par temptaciō a Volupte quelq̃ chose q̃ tourne a sa plaisance elle est de legier abatue/a ne fait riens par le conseil de cueur vertueup esprins d̃ charite/mais besongne sans dōner son amour a dieu/et sans auoir regret au tresbeau chappeau de bouttz q̃ lassus luy est prepare. Or est il ainsi q̃ quāt la persōne scauroit veritablement que dieu ne luy feroit q̃lque gratuite se ẏ elle tenue pour les admirables effectz graces a benefices q̃ luy sōt produitz le louer seruir a aymer. Il nest si rude vilain que quant il vient a sa congnoissance que vng trespuissant prince soit payen sarrasin ou estrangier a obtenu par prouesse armigere quelque noble victoire/combien que de rien ne luy soit a q̃ prouffit ne salut iamais ne luy en viendra. Il laymera en son cueur si luy feroit voulentiers honneur a plaisir. Et puis donc que noste Createur a en luy seul plus de biens/de vertus/de Graces/de puissances/de victoires a de triumphes que toutes les Creatures qui sont/Qui iamais furent/ou qui iamais seront bien le deuons aymer/seruir/honnourer a adorer sur toute chose cree. Et se ainsi le faisons nous ny perdrõs riens, ains sentirons lodeur de la rose flourissant et fort espanye au Vergier ou gloire celeste

¶ Le.lii.chapitre. Similitude de fauly semblant roy des Ribauldz a lennemy denfer.

¶ Amours.

Fauly Semblant tout maintenant seras a moy par tel couenãt que tu aideras noz amys tous et ney greueras ung seul, ains les esleueras et pēseras de greuer noz ennemys, ie ten donne le pouoir et auctorite. Et de la voulente de nostre chapitre tu seras roy des ribauldz, car tu es traistre mauluais et larron trop desmesure q tes piure cent mille fois. Toutesuoyes pour oster noz gēs hors de doubte, ie te cõmande q tu leur enseignes p termes generaulx en q̃lz lieux trouuer te pourroient sil auoiēt mestier de ton aide, car il gist grãt sens en toy cõgnoistre, dy me le lieu de ta conuersation. ¶ Fauly Semblãt. ¶ Sire iay diuerses mãsions q reciter ne vo' quiers, se p vous ne suis respite, car la verite ne vous en puis racõpter sans honte et dõmaige. Et qui plus est, se mes cõpaignõs en estoiēt aduertis ilz me hayeroient a mort. Je cognois tãt ō leur cruaulte q̃lz peuteroient mon ennuy, car ilz veulēt celer en to' lieux verite q leur est contraire, et nont cure de louyr. Dõc se ie pferoye aucune parole q ne leur fust plaisante et doulce ie seroye maldressie, car de parolles q poingnãt leur sont ne tiennēt leur fait abelly quãt ce seroit la saincte euãgile q les apprēdroit de leurs mesus. Cõsidere q̃lz sont malemēt cruculx, ie scay certainemēt que se ie vo' en touche quelq chose, cõbien q fort close soit vostre court si le scaurõt ilz quoy q̃lz tardent. Je nay gar des preudhõmes, car quãt les preudhõs entendront mon fait ilz nen prēdront riēs sur eulx, mais celluy q le prēdra sur soy se tiendra pour suspectionneux sils ne veulent mener la vie de ceulx q me gēdrent et nourrissent et nourirent Barat et ypocrisie. ¶ Amours. ¶ Ilz firent moult bõne engēdreure et prouffitable, car le dyable engēdrerent. Neantmoins il cõuient q tu nous nõmes tes mãsions en presence de tous noz hommes, et q nous declaire tes oeuures et ta vie cleremēt sans riens celer, et cõment tu es batu pour vouldire, tu nes pas coustumier de ce faire si ne seras le premier.

¶ Fauly semblãt. ¶ Sire puis q̃ vo' vient a plaisir se ien deuoye gesir pour mort si en feray ie vostre voulente. ¶ Lacteur.

¶ Fauly semblãt sans plus attēdre cõmēca son sermon et en plaine audiēce dist aux bardõ

¶ Fauly semblant. ¶ Entendez ma sciēce. Qui veult cõgnoistre fauly sēblant si le quiere au siecle ou en cloistre, Je ne demeure aultre part, mais plus en lune que en lautre. Brief ie quiers mon logis ou ie me puisse mieulx celer. Et pource q soubz humble vesture pl' seure est ma celee, et q religieux sont pl' au couuert q les seculiers ie me fourre soubz les manteaux, non pas q ie vueille blasmer ne diffamer religion, car iamais ne blasmeray humble religion et loyalle en q̃lque habit q ie treuue, cõbien q iamais ne laimeray. Mon intention est a parler de Religieux felons et malicieux q vestent lhabit et ne veulent mattir leur cueur. Religieux sont fort piteux. Iamais despiteux ung seul ney verrez. Ilz veulent viure tant humblement quilz nont cure densuyuir orgueil. Iamais ne maindray

auecques telz gens. Et se ie y demeure si me
faindray ie. Leur habit prendre pourray, mais
ie me laisseroye plus tost pendre q̃ ie pssisse de
mon propos quelque chiere q̃ ie leur feysse. Ie
dmeure auecques les orgueilleux ambicieux
et oultrecuydez q̃ couuoitent honneurs mon/
daines, z exploictent les grandes besongnes,
cherchant les grosses pitances, z q̃ les accoin/
tances des puissans hommes pourchassent et
suyuent. Ilz dient quilz sont poures, mais ilz
se viuent de gras morseaulx delicieux beu/
uans les precieux vins. Ilz vous preschẽt po
urete, mais ilz peschẽt les grãs richesses aux
seismes nasses z traineaulx. Telz gẽs ne sõt
vrays religieux. Ilz font ung argumẽt dont
honteuse est la ꝯclusion en disant cestuy la por
te robbe religieuse, doncques est il religieux.
Cest argumẽt nest de valeur, car la robbe ne
fait point le moyne. Neãtmoins nul ne scait
respondre a cest argument tant sache tondre
hault sa teste, voire quant rere la feroit au ra
soir des sances q̃ barat scait trenchier en, pti/
branches. Nul ne scait si bien distinctet que dt
stinctet en ose ung seul mot, mais en quelque
lieu que ie viẽgne ne quelque contenance que
ie y face ie ne chasse barat nõ plus que damp/
libers se chat entend aux ratz z au soutis. Ne
iamais par mon habit ne scaurez auec qlz gẽs
ie me tiens, si ne ferez vous aux paroles tant
soient molles z simples se nauez les yeulx cre
uez leurs oeuures deuez regarder, car ilz vo9
decoyuent silz ne font ce quilz dient de quelque
habit ou estat quilz soient, soit clerc, lay, hem
me ou femme, sergent, abbesse ou dame.
¶ Lacteur. ¶ Ainsi q̃ faulx semblant ser/
mõnoit amours lartaisona de rechief luy bri/
sant sa parole cõme se sole feust z faulse.
¶ Amours. ¶ Quest ce de toy, es tu dya/
ble effronte, quelz gens nous as tu mys en cõ
pte, peut on en maison seculiere trouuer reli/
gion. ¶ Faulx semblant. ¶ Ouy sire, il ne
sensuyt mie que ceulx maient vie maulua
se, ne quilz perdent leurs ames, pourtant silz
portent les habiz du siecle. Ce leur seroit grãt
dõmage, car saincte religion peult bien flou

rir en habit seculier. Lõ a veu plusieurs saĩtz
glorieuses sainctes z religieuses deuotes tres
passer de ce monde sans auoir aultre habit que
les comuns draps, z touteffois ne laisserent a
sainctir. Ie vous en nommeroye plusieurs,
mais presque toutes les sainctes qui sont pri
ees par les eglises vierges chastes z mariees,
enfantans beaulx enfans porteroit les robbes
du siecle z moururent en elles, mesmes celles
q̃ sainctes sont serõt z furent. Qui pl9 est, les
xi.milles vierges tenant leurs cierges deuãt
dieu, des quelles la feste est fort grãde par les
eglises furent punies es draps de siecle, lors q̃
martyre receurent. Le doulx cueur fait la bõ
ne pensee, lhabit ny tould ne ne dõne. Et de re
chief la bõne pensee fait loeuure q̃ descoeuure
la religion selon lintẽcion droicte z iuste. Qui
affubleroit sire ysengrin en lieu de mantel se
belin de la toison damp belin le loup q̃ semble
roit estre mouton demourant auec les brebis
cuidez vous point qls deuorast, certes euy/
ta nen beuueroit mois de leur sang, ains les
deceueroit tant plus tost a cause q̃ nauroient
congnoissance de luy. Et se dauanture il sen
fuyoit elles le suiuroient. Sil font guerre de
telz souueaulx entre ces nouueaulx apestres
(O eglise) tu seras mal mence se ta cite est as
saillie p les cheualires de ta table ta seigneu
rie est foible, z mal aidable, voire se ceulx aus
quelz la baillee a deffendre senforcẽt de la pẽ
dre. Helas qui la pourra garantir vers eulx.
Elle sera prise sãs coupferir de mãçoneaulx
et petriere sans desployer la baniere au vent.
Et se de eulx ne veulx ta cite rescourre z les
seuffres courre, ou que tu leur cõmãdes, il ne
reste que tu te rendes z deuiegnes leur tribu
taire par paix faisant, z a cela te tiens sil ney
vient plus grant meschief, tellemẽt quilz en
ayent la seigneurie. Maintenant te scaiuent
bien escharnir, par iour quierẽt garnir la mu
taille, z de nupt ne cessent de miner. Pese da
taciner ailleurs les entes ou tu veulx prẽdre
fruict sans plus attẽdre. Atant me tais deulx
sans plus riens dire, voire se passer ie men
puis. Car trop laisser ie vous pourroie.

⁋Or ie vous vueil encommencer dauant et tous voz amys/ affin quilz veulent auoir ma compaignie. Silz ne me recueillēt ilz vā sent que mors. Et silz ne seruent abstinēce cō strainte mampe/ iamais leur fait ne acheue ront. Pour verite ie suis traistre/ dieu ma iu ge larron & pariure. Mais ce que ie affine ne se congnoist iusques la fin. Plusieurs ont re ceu mort par moy qui iamais ne apparceurēt mon barat/ tricherie & faulcete. Et celluy qui lapparceuera se en gardera sil est sage. Car aultremēt ce seroit son dōmaige. La deceuan ce en est tant forte que lapparceuance en est griefue. Protheº qui se transmuoit en tel forme que bon luy sembloit ne sceut iamais autant de barat/ de tricherie ne de tromperie que ie faitz. Oncques en ville nentray ou ie feusse con gneu au vray tant y feusse ouy et veu.

⁋Moralite

⁋Par faulx semblāt que le dieu damours cree & establit roy des rybaulds est entēdu len nemy du lignaige humain/ car ainsi cōe faulx amoureux rybaulds sont hardis de leurs ry baulx pour deceuoir les poures sottes. Immor telz ennemys semblablemēt voulās seduire les deuotes creatures raisonnables mettent auant de prime face en faisant leurs tempta tions plusieurs plaisans dēlectaciōs qui poysent bien/ amoureuses rysees & follies finablemēt se cōtournent en angoisseuses lamētations. Et ainsi cōme faulx semblāt se tient au siecle et souuerainemēt es cloistres de religion/ pa reillemēt nostre capital ēnemy cōuerse/ affin dy queris proye entre sainctes & deuoles pson nes religieuses/ non pas auecques ceulx qui soubz la chappe du mouton belin portent les rauissans pattes de maistre ysengrin. Car telz freres frappars doulx cōme aigneaulx/ & fourrez de malice sont ministres & compai gnōs de lennemy infernal/ voire pires que luy Car ilz sont ainsi comme dyables incarnez. Mais toº ceulx ou faulx semblāt sathanicq & telz satrappes tendēt leurs rethz sont gēs inspirez ā dieu menās vie angelicque esleuez

et escripts au sainct liure de remuneration eter nelle. A telz gens solitaires & deuocieux mon stre ledit faulx semblāt ses rysees confites en venin mortel. Et pour les desgarrochir et sortir de leurs celles & hermitaiges leur offre les hōneurs du mōde/ les grosses puctes/ les crosses des abbayes/ les mittres des euesches les chappeaulx des cardinaulx/ & la chappe rouge du pape/ & puis tout chiet a neāt sur rue Car quant ilz se voyent abusez du mōde & du dyable ilz tresbuchent en desespoir. Tel cuyde estre abbe qui est gabbe/ voire bien cardinal & pape qui au feu infernal se frappe. Des subtilz exploictz/ fallaces & sophismes de faulx sem blant aduersaire des iustes est le liure des pe res fort muny en plusieurs capers. Non seu lemēt aux hōmes parfaitz & de tressaincte con uersatiō liure ses assaulx & hostilitez ce faulx semblant demoniacle. Mais dōne aussi tant dēpeschemēs aux sainctes vierges amoureu ses de Iesuchrist religieuses recluses et refor mees par songes/ visions/ fantosmes et illu sions que se la grace de nostreseigneur ne lē prē seruoit & soubstenoit en ferme foy souuent se roient oppressees vaincues & suppeditees/ car tant sont plus prochaines de receuoir leurs au reoles tant sont plus vexees ā faulx semblāt et de friuoles. Et que veult cōgnoistre au vray de ses actes & horribles faitz sans queres estō gier nos metes/ regardōs langoisseux trauail et piteuse desolaciō qla ppetre au quesnoy le conte lespace de six a sept ans aux tresdeuotes notables filles religieuses reformees de lor dre sainct Augustin. La maniere de faire est tant estrange & le record tant piteux quil don neroit plus tost aux auditeurs hideux espou tement que plaisant estoupssement.

⁋Le.siii.chapitre. Les ge stes & malicieuses trafficqs de faulx semblant & la repre hensiō cōtre luy a cause quil semble vouloir mordre sur le stat de mendians.

o

Fueillet

Faulx semblant

Je scay trop bien changier mes habiz/prendre lung & estrangier lautre. Je suis une foys cheualier/une aultre foys moyne/Prelat/Chanoyne/clerc/prestre/disciple/maistre/chastelain ou forestier. Brief ie suis de tous mestiers: maintenant prince & tantost paige. Je scays tout langaiges par cueur. Je suis une foys vieil & chanu/lautre foys ieune. Je suis robert/robin/cordelier/iacobin/& pres pour soulas & pour moy accompaignier abstinence constraincte/qui souuent se desguyse a sa plaisance pour son desir accomplir. Aultre heure vestz ie habit de femme. Je suis damoyselle/dame/nonnain/abbesse/nouice/Professe: & voys par regions cerchant religions/desquelles ie laisse le grain & pres la paille. Je y habite pour abuser gens/& ne en quiers que lhabit seulement. Que diray ie plus ie me desguise ainsi quil me plaist. Le vers est fort retourne en moy/car mes faitz sont diuers a mes ditz. Je faitz par mes priuileges en mes pieges cheoir le monde/car ie puis toutes gens ou que ie les treuue confesser & absouldre. Nest prelat qui me puisse tollir ceste puissance/fors seulement le pape qui fist cest establissement. Mais pource que chascun & chascune doit estre confesse a son pastre/Voire selon lescripture une

foys auant que leurs droictures recoipuent/car nous auons ung priuilege qui se allege de plusieurs cas. Et se il plaist a aulcun il pourra dire a son prestre en confession. Sire cestuy a qui me confessay ma de tous mesfaitz alleger. Il ma donne absolucion de tous les pechez/dont entachie iestoie/& nay intencion de faire confession aultre que luy ay faicte si men clamez que cte & vous a pape quelque grace quen puissiez auoir. Et se ture sauoye ie ne crainctz prelat ne cure qui me puisse constraindre de confesser/car aultrement men plaindroye ie scay bien a qui. Brief constraindre ne me pouez par force de doubler ma confession: si nay intencion d auoir absolution double. La premiere me est assez bonne si vous quicte la derniere. Je suis si bien deslye que plus deslyer ne me pouez. Cestuy qui pouoir a de ce faire me deslya de tous lyens Et se constraindre me vouliez si que ie me plaig de vous ie nen empescheray imperiaulx/iuges/Roys/prelatz/ne officiaulx. Nul iugement ne tiendroit pour moy. Je men plaindray seulement a mon nouuel confesseur q nest pas frere souuel. Il prendroit mal en pacience qui ainsi lappelleroit/car il feroit son pouoir de en prendre cruelle vengeance/& ne laisseroit pour lamour de dieu. Se ie osoye pleuir & iurer bien se scaura cheuit de vous. Ainsi maist dieu et sainct Jacques que se aux pasques ne me donne mon createur sans vous faire plus grant presse ie vous laisseray si le prendray de luy/ie suis hors de vostre dangier. Et se le prestre luy reffuse ie suis prest de laccuser & le punyr en tel facon q ie luy feray perdre leglise. Mais qui entend la consequence de telle confession iamais prestre naura puissance dauoir congnoissance de luy qui la prins en cure. Cest contre lescripture saincte qui commande congnoistre au pasteur le dueil de sa brebis. Mais pour les hommes et femmes ayans petites sommes de Deniers Veulx ie bien laisser aux prelatz & curez/Car riens ne me donneroient. ¶ Amours. ¶ Pourquoy. ¶ Faulx semblant. ¶ Pource qlz ne pourroient. Et ainsi ie auray les grasses brebis/& les pasteurs auront les maigres. Com bien que fort aigres leur sont ces motz. Et se les prelatz veulent groucer comme fort court rouces d perdre leurs grasses bestes sur les testes leur donneray tel coup/ a feray telz bosses quilz perdront crosses a mittres tant ay grant priuileges. ¶ Lacteur. ¶ Adoc fauly semblant fina ses motz/mais amours ne fist nul semblant destre ennuye de louyr/ainsi luy dist ¶ Amours. ¶ Dy nous plus clerement comment desloyaulment tu sers/si nayes honte de le dire. Tu sembles estre vng sainct hermite comme ton habit le demonstre. ¶ Fauly semblant. ¶ Cest voir/mais ie suis ypocrite. ¶ Amours. ¶ Et si vas preschant abstinence. ¶ Fauly semblant. ¶ Ouy/mais ie remplys ma pance de morseaulx moult gloup et de doulx vins frians a delicieulx come aulx de mins appartient. ¶ Amours. ¶ Tu vas pourete preschant. ¶ Fauly semblat. ¶ Voire/a si suis riche a plante. Mais combien que me faigne poure/nul poure me contredaigne. Jaymeroye mieulx cent mille foy laccoinctance du roy de France que dung poure/combien queust aussi bonne ame. Quant ie voy poures truans a nudz trembler sur ces puans fumiers braire a crier de froit a de faym/ie ne me entremetz de leur affaire. Et se ilz sont portez a lhostel dieu ia ne serot pforcez par moy/ car d une seule aumosne repaistre ne me pourroient. Ilz nont seiche vaillant. Que donnera celluy qui son couteau le seiche. Mais la visitacion d ung vsurier malade est proufitable a bonne/ ie le voys reconforter sur esperance den rapporter deniers. Et sil meurt ie les conduys iusques a la fosse. Et se aulcun me veult reprendre disant que ie resongne a visiter le poure/sauez vous coment ien eschappe. Je donne a entendre que le riche home est trop plus enteiche de pechez q le poure/ a plus grant besoing de coseil pour la saluation de lame. Toutesuoyes lame du poure recoyt aulcunesfoys aussi meschat louyer q celluy q meurt en richesse. Car richesse et pourete sont deux extremitez: dot le moyen est suffisance q est la vraye vertu. ¶ Salomon nous escript au .xxx. chapitre du liure

intitule des paraboles. Mon dieu veille moy garder de richesse a de mediace, car quat le riche homme se amuse de trop penser a sa richesse il boute tellemet son cueur en folie que il oublye son createur. Et celluy q mendicite guerroye est aulcunesfoys destroye par peche/ car il est de coustume pariure a larron se dieu ne ment. Par le record de Salomon cy dssus allegue ie puis bien iurer ql nest escript en nostre loy que Jesuchrist ne ses apostres estans sur terre allerent leur pain querre. Ainsi comme les maistres en diuinite le preschoiet quat paris/si ne vouloient mendier/cobien q sans truander demader le pouoient de plaine autorite. Car les apostres estoiet pasteurs des ames/dot ilz auoient la cure. Mesmes apres la mort de leur maistre comencerent a estre laboureurs de leurs mains/ dont ilz receuoient leur soubstenace viuans en pacience/ Et silz auoient remanent ilz le donoient aulx aultres poures sans en fonder palais ne salles si gysoient en poures maisonnettes. ¶ Bien me recordz que lhome puissant doit labourer a querre son viure a ses propres mains/ a son propre corps/voire sil na de quoy viure. Cobien qu il soit religieulx curieulx de dieu seruir si non en aulcune cas q ie vous reciteray en temps conuenable. Et qui plus est se il est parfaictemt bon il doit vendre tout le sien/ a predre sa vie de sa labeur selon lescripture. Car quicoques est oyseulx a hante la table de aultruy il est lobeur a sert de fable. Et nest raison nulle qui le puisse excuser a cause de oraison/ car souuet couient entrelaisser le seruice de dieu pour suuenir a plusieurs choses modaines a necessaires/come sont dormir a manger/ adonc oraison se repose. Et licitemet selon lescripture nous pouons retraire dicelle pour faire nostre labeur. Et qui plus est Justinien q fist noz anciens liures deffed q nul home puissant de corps ne quiere son pain en quelq maniere q ce soit/ moyennant qil trouue a le gaigner. Mieulx vauldroit le battre ou faire iustice de luy en publicque deuat tout le monde q le soubstenir en tel malice. Ceulx a celles q recoiuet telles aumosnes ne font ce qu'ilz doiuent/ voire se ilz nont certain priuilege q̃ les allege de ceste paine. Mais qu'ilz puissent obtenir ledit priuilege du prince s'il n'est decens par donner faulx entendre ie ne puis croire ne sçauoir que auoir se puissent par droit mesmes pour aucune espace de temps. Et ne vueil comprendre par mes ditz se so pouoir se peut estandre en tel cas du quel ne me vueil entremettre. Mais selon sa lettre ie croy que q̃ mangeue les aumosnes deues aux lasses nues poures gens/ foibles/ vieulx/ impotens & debilitez non ayans puissance de gaigner leur pain ilz mangeuēt telles aumosnes a leur dānemēt/ & au regard grief des indigens. Et sachez que la ou nostre seigneur comande que le preudhōme dēde quāque il a si le bōne aux poures & le suyue. Pour tant ne veult il pas que il le serue/ ne viue en medicite. Ce ne fut iamais sa sentēce. Mais il entēd qu'il laboure de ses mains/ & le suyue par bonne oeuure. Sainct pol commandoit aux apostres ouurer pour trouuer leurs necessitez & vies sans truandises. Si disoit/ Besongnez de voz mains ne recourrez riens sur aultruy. Ne vouloit q̃ demādassent riens a quelques gens qui preschassent ne qui vendissent l'euangile/ ains doubtoit que en requerant ilz ne tollissent le merite du dōnāt. Car soy trouue plusieurs gens qui donnent pource qu'ilz ont honte de escondyre/ ou pource que le requerant leur ennuye/ ou affin q̃ s'en suye: & si ne leur prouffite aultre chose telle aumosne si nō qu'ilz perdent & le don & le merite. Mais quāt les bōnes gens oyent le sermon Sainct Pol amyablemēt luy prioient qu'il voulsist prendre du leur/ iamais n'y tendoit la main/ mais il prenoit de la labeur des mains des aultres ce dont il soubstenoit sa vie. ¶Amours.

¶Dys moy doncques comment peut viure l'homme fort de corps qui veult ensuyuir nostre seigneur/ lors que il a vendu tout le sien/ en le donnāt aux poures de dieu sans iamais labourer des mais/ & veult prier & aourer tāt seulement: le peut illicitement faire.

¶Faulx semblant. ¶Quy. ¶Amours.

¶Comment. ¶Faulx Semblant.

¶Par telle maniere que se il entroit par le comandement de l'escripture en quelq̃ abbaye garnye de propre bien: comme sont les monasteres des moynes blācs ou noires/ Chanoynes reiglez/ hospitaliers & templiers. Et que celluy homme y eust sa nourriture & substance: besoing ne luy seroit de mendier. Non pourtāt les moynes laboeurent entre deux heures puis apres s'encourent au diuin seruice de dieu. Et pource que bien me recorde que moult grāt discorde fut iadis sur l'estat de medicite en brief recite vous auray comment l'homme qui n'a de quoy luy paistre peut estre mendiāt. Je vous diray le cas au long si que il n'y aura que redire mal gre les iangles felonneuses/ car verite ne quiert nulz āglets. Toutesuoyes ie pourray bien comparer que iamais ie n'entrosay labourer tel chāp. ¶L'acteur. ¶Faulx semblant verite cy dit de medicite tous cas aduenans. ¶Vecy les especiaulx cas se il aduient que l'homme soit tant bestial q̃ il n'ayt art ne science de nul mestier faire/ & que il n'en desire l'ignorance: mais se apprendroit voulentiers: il se peut traire a medicite iusques il aura apprins ledit mestier/ si q̃ il puisse gaigner sa vie sans estre truant. Et se par fortune de maladie il ne peut labourer ou q̃ il soit trop ancien ou trop enfant il peut medier. Ou se par cas de aduenture par nourriture accoustumee il a vescu trop delicieusemēt les bonnes gens en doyuent auoir pitie & le souffrir querir son pain sans le laisser perir par famine. Ou si'l a la science/ le vouloir & la puissance d'ouurer/ et soit prest de le faire s'il trouuoit qui le voulsist mettre en besongne: ce que faire ne peut/ il doit medier & pourchasser sa necessite. Ou si'l a gaigné sa labeur & n'est suffisant pour viure: il peut qrre son pain de huys en huys pour auoir le demourāt de son gaignaige. Ou si'l veult emprēdre quelq̃ cheualerie pour deffendre la foy: soit par armes ou par lectures ou aultres cures a ce couuenables: bien peut mendier se pourete le griefue iusques il puisse ouurer pour trouuer ses necessitez/ moyennāt q̃

besongne des mains corporelles non point es/
pirituelles sans double entendemēt. En tous
ces cas raisonnables et semblables se aulcuns
aultres en trouuez que ceulx que ie vo⁹ liure
peut lhōme mendier licitement: et non aultre/
ment. Voire se maistre Guillaume de sainct
amour ne ment: lequel souloit disputer/lyre et
preschier de ceste matiere a paris entre les di/
uins docteurs/et iamais ne mēdioit ne pain ne
vin sil nauoit laccord de luniuersite a sa veri/
te sonant: ensemble du cōmun peuple oyant
son preschement. Nul preudhōme ne se peut
excuser vers dieu de le reffuser: q veult gron/
cer ou courrousser si en grouce ou courrousse.
Je ne men tairoye se la vie deuoye perdre/ou
se ien deuoye cōtre droit et raison estre mys en
chartre obscure/ou estre cōme fut le dit mai/
stre Guillaume bany du royaulme a tort.
Lequel ma mere ypocrisie par grant enuye fist
mettre en exil pource qsl soubstenoit verite/et
mesprint fort vers elle a cause q il composa
vng liure ou il fist escrire toute la vie de icel/
le. Il vouloit que ie delaissasse et renpasse mē/
diance et labourasse: De rien pour viure ie
nauoye. Il me tenoit bien pour pure quant la
labeur ne me peut plaire: Si nay que faire de
labourer. La paine y est trop grande. Je ayme
trop mieulx aourer deuant les gens et ma re/
gnardie affubler du manteau de papelardie.
⁋ Amours. ⁋ Quel dyable est ce que tu
nous dys. ⁋ Faulx semblant. ⁋ Quoy
gras de sloy aultez. ⁋ Amours. ⁋ Donc ne
crains tu point dieu. ⁋ Faulx Semblant
⁋ Non certes: car a grāt dur peut attaindre
a haulte chose celluy q dieu veult craindre.
Les bons q de pechie se gardēt viuās du leur
loyaulmēt/ et q se maintiennēt selon dieu vie/
nent a grant paine dung pain a laultre. Ilz nōt
que mesaise en ce siecle et nest vie q tāt me des/
plaise. Or pensez combien de deniers ont en
greniers vsuriers/faulx mōnoyers/baillif/
bedeaulx/preuost et maieurs: ilz viuēt presq
tous de rapine. Le menu peuple leur fait hon
neur/et iceulx cōme loups se deuorēt/et courēt
tous sur povres gent. Nest nul q ne se vueil/

le despouiller. De leur despouille se affublent
Ilz humēt leur substāce/si les plumēt to⁹ vis
sans eschaulder. Le plus fort robe le plus for/
ble. Mais faulx semblāt q vestz ma simple
robbe/ robbe les robbeurs par mes robbes/ Et
robe robbes et robbeurs. Je entasse et amasse p
ma robbe grāt tresor en tas et en masse qui ne
peut affonder pour rien: car ie ney fatz fōder
nulz palais: Ains en acomplyz mes delictz en
ioyeuses cōpaignies tenās tables garnies de
plusieurs entremetz. Desormais ne quiers
aultre vie auant q mon tresor soit vuyde. Je
recoy mon argent/ma mōnoye/mon or et si me
vient ressourse de deniers/ainsi faiz ie tūber
mes ours. Toute mon entēte est en acquerre/
mieulx vault mon pourchas q ma rente: son
me deuoit tuer ou battre ie me vueil embatre
par tout et ne seroie iamais lasse de cōfesser em
pereurs/roys/ducz/barons/ou contes. Je nay
cure de poures gens ne de leur cōfession/mais
ia ne seront de moy esgarees empetrieres/du/
chesses/roynes/baronesses/dames/palatines
abbesses/beguines/baillifues/cheualieres/
bourgoises/ nonnains ne damoyselles/ soient
ieunes/belles nues ou bien parees. Pour le
sauluemēt des ames ienquiers les proprietez
et vies des seigneurs et de leur mesgnie. Je
leur boute en teste q leurs curez et pstres ne sōt
q bestes enuers moy et mes cōpaignōs maul/
uais garnemēs/ausqlz sans rien sceler ie scay
reueler le secret des gens/et aussi ilz me reuel/
lent tout ce qlz en scauent. Et affin q puissez
parceuoir les felons qui ne font que deceuoir
gens/ie vous reciteray certaines paroles q
salct mathieu leuāgeliste no⁹ escript ou.xxiii.
chapitre et dit ainsi. Sur la chayere de moyse
seirent scribes et pharisiēs selon lancien testa
ment/par lesqlz nous entendons les maudi/
ctes gens de maintenāt que la lettre appelle
ypocrites. Je vous conseille faire ce quilz ser/
monneront non pas ce quilz feront. Ja ne se/
ront lassez de bien dire/ mais de le faire. Ilz lo
pent aux simples gens grief fardeaulx im/
portables et leurs chargent sur leurs espaules
ce que de leurs dois mouuoir nosent.

o iij

Fueillet

¶Amours.¶Pour quoy:¶ faulx sem
blant.¶Pource quilz ne veulent/car les pe
sans faiz sont doloir les espaulles des porteurs
si nont vouloir de ce faire. Silz font bonnes
oeuures/cest affin quilz soient veu des gens/
ilz eslargissent leurs philaticres z agrandissēt
leurs fimbries/ilz ayment des tables les plus
haulx z honorables sieges z les premiers li
eux des sinagogues/cōme fiers z orgueilleux
grant chiere font a ceulx q les saluent/quant
par les rues sen vont z veullent estre appel-
lez maistres/ce que faire ne ce doit/car cest cō
tre leuangile qui demōstre leur desloyaulte.
Nous auons vne aultre coustume/cest que
nous voulons amerement hayr z enuahir par
cōmun accord tous ceulx q nous scauōs estre
contre nous/ce que lung hait tous les aultres
le heent z si heent a le confondre. Se nous vo
yons que celluy puist cōquerre honneur en ter
re par le moyen daulcunes gēs ou auoir quel
que prebende ou profession nous estudiōs par
quel escheille il pourra mōter/z puis nous le
diffamons par trahison pour le mieulx pren-
dre z dompter nous luy couppōs les eschellōs
de son eschielle z le pillons z despouillons de
ses amys tant secretement quil ne scaura quāt
il les aura perdu/car se le greuions en appert
certainement nous en serions blasmez/z faul
drions a nos vnes trop griefuement serions re
prins sil scauoit nostre intencion/car il se def-
fenderoit. Se lung de nous a fait vng grant
bien nous le tenons a fait pour nous tous/voi
re quant il se faindroit z sen daigneroit venter.
Sil y a aulcuns hōmes promeuz a quelq biē
nous sommes tous parsonniers de ce fait/z di
sons vous deuez scauoir que telz sont esleuez
par nous. Et pour auoir la louenge des gens
nous impetrons par force de bourdes lettres
testimoniales de nobles z riches hōmes certi
fians nostre bonte/affin q lon voye par le mō
de la grāt vertu q en nous habōde. Tousiours
nous faignōs estre poures/mais quoy q nous
plaignons ie vous fais scauoir q nous som-
mes ceulx q tout auons sans riens auoir. Je
me entremetz de courretaiges/de faire paix/de

ioindre mariages. Je prens les excusaciōs sur
moy/Et cōme procureur ou Messagier fais
enquestes/combien quil ne mest pas honeste
traicter les besongnes daultruy/ce mest vng
fort pesāt mestier. Et se vous auez a faire vers
ceulx ou ie repaire dicte le moy/il sera fait si
tost que laurez mis en bouche. Pour ce q ma
uiez bien serui vous auez desserui mon serui
ce Toutesuoyes q chastier me vouldroit il me
touldroit ma grace. Je nayme ne ne prise hom
me q me reprēt/ie vueil mesmes les aultres
reprēdre sans estre reprins/z moy qui les aul
tres chastoye nay besoīg destre chastie. Je nay
cure dhermitages de desers ne de bosquaiges.
Je quitte a sainct Jehan Baptiste desert manoir
et giste/ie seroie iecte trop loing des bourgz/
des chasteaulx z des citez ou ie fais mes sales
et palais. Je dis q ie suis hors du mōde/mais
ie ny plonge toutens et affonde/ie my ayse/ie
my baigne z noe mieulx q nul poisson. Je suis
varlet dantrecrist z vng des larrōs dont il est
escript/qlz ont habit de saictete z viuēt en fain
tise/dehors semblons estre Aigneaulx paisi
bles z par dedans sommes loups rauissans.
Nous auōs autrōne la mer z la terre si auōs
prins guerre a tout le mōde/me ceulx q vou
lons mettre ordre es vies z conuersacion des
gens. Sil y a es villes z citez aulcuns sodo-
mites/hereticques/vsuriers secretz ou publi
ques/luxurieux/larrōs/symoniacques/soyēt
preuostz ou officiaulx/ou sil y auoit prelat de
lamoureuse vie/prestre tenāt amy/vieilles
putains/hostelieres/sorcieres/macquereaulx
bordelieres ou quelq vng reprins de enorme
vice/dont iustice se deueroit faire/par tous les
sainctz q lon doit prier silz ne se deffendent de
lamproye/de luy/de Saumon/danguille/de
carpes/de flaōs/de fromaiges/de poires de cail
liau/oisons gras/de chappōs q frappōs par
les gueules ou se en haste ne fait venir chē-
ureaulx/cōnins lardez en haste ou du moins
vne longe de porc/il a de corde vne alonge a
quoy on le mēra brusler/si q vzlet bien on le or
roit a lē tout dune grāde lieue. Ou sera boute
en vne tour pour estre emure a tousiours se il

ne procure dauoir ce que dit est ou il sera puny de son meffait plus que meffait naura. Mais sil auoit tant dangin q̃ il sceust faire vne grãde tour de quelque pierre que ce fust sans compas & sans esquierre. Mesmes de mottes de fust ou aultre chose/moyennant quelle seroit garnie de biens tẽporelz/& la dressast sur vne pierrerie pour deuãt & derriere & a deux costez gecter espessement encõtre nous telz cailloux que vous ay nõmez pour renõmee acquerre/ et tirast par grans mangonneaulx en baritz & en tonneaulx ou grans sacz plaines dor ou dargent cent liures pesans il seroit acoup deliure de son meschief. Et se telz pitances ne trouue estudie es equipolees delaissans lieux & fallaces. Or pense de noz graces auoir ou nous porterons tel tesmoignage contre luy q̃ nous le ferons brusler tout vif/ ou si grãde penitence luy donnerons que pis vauldra que la pitãce. Ia vous ne cognoistrés aux robbes ne aussi aux habitz les faulx traistres plains de mẽconges/tricheries & de lobes. Mais regardez il vous conuient leurs faitz iniques & puers se bien de eulx vous vous voulez garder.

Et se ce neust esté anciennement de luniuersité sa bonne garde qui tousiours garde le chief de toute la Chrestienté tout estoit tormẽté quãt par intencion mauluaise en lan de lincarnaciõ mille deux cens cinquãte cinq fut baillé pour prendre cõmun exemplaire vng liure fait de par le dyable intitulez nõme leuangile pardurable que le sainct esperit administre. Lequel liure estoit digne destre bruslé. Il ny auoit hõme ne femme a paris deuãt le paruis nostre dame qui ne leust pour trãscrire ou coppier sil luy plaisoit. Lon y trouuoit plusieurs comparaisons par mesprisons faictes telles qlz sensuyuẽt. Autant q̃ le soleil par sa grãt valeur/ clarté & chaleur surmõte la lune a la fois trouble & brune/& cõme le noyau de la noix excede la conque sans mocquerie et sans guille celle euangille surmõtoit celle q̃ les quatre euãgelistes Iesuchrist firent iadis. Vne grãt masse de telles cõparaisons y estoyent que ie trespasse. Luniuersité de paris qlors estoit endormie

leua la chiere & se reueilla du bruyt du liure si ne sommeilla gueres depuis quelle veut cest horrible encõtre/ains sarma cõme preste a bataillier pour aller a lencontre et bailler le liure aux iuges. Et lors ceulx qui le mirent auãt saillirent distemẽt sus pour le reprẽdre et se hasterent de le musser/car respondre ne scauoient. Ne souldre ne gloser a ce que opposer on vouloit cõtre les mauldictes parolles escriptes audit liure. Or ne scay quis en aduichdra ne ql chief il pourra tenir/Mais ilz attendrõt long temps auant quilz se deffendent mieulx quilz nont fait. Ainsi attẽdrõs antecrist & nous renderons a luy. Ceulx qui ne si vouldront adioingdre perderõt la vie/car par les baratz q̃ trouuerons esmouuerons gens encontre eulx si les ferons mourir par glaiue ou aultremẽt deuier/voire se ensuiuir ne nous veullẽt/ainsi comme il est escript recité & signifié audit liure. Tant cõme pierre ait seigneurie iehan ne peut sa force monstrer. Ie vous ay dit lescorce du sens/laquelle fait musset lintencion/mais ie vous en vueil nõcer la nouuelle. Par pierre ie vueil entẽdre le pape y cõprins les cleres seculiers qui tiendrõt gardrõt et deffenderõt la loy iesuchrist contre tous les empescheurs. Et par iehan ientens les prescheurs disans ql nest loy a tenir que leuãgile pardurable q̃ enuoye le sainct esperit pour mettre gens en bonne voye. Par la force de iehan est entendu la grace dont ilz se vantent de conuertir les pecheurs pour les faire retourner a dieu. Plusieurs dyableries sont establies & cõmandees audit liure contre leglise rõmaine lesquelles ie delaisse. Finablemẽt ilz se tiennent de la secte antecrist comme il appert par leur escript/ car lors commenceront a occire tous ceulx q̃ tiendront de la partie pierre/mais pour occire ne pour battre ne pourront abattre la loy de pierre que Plusieurs de ceulx qui la tiendront ne demeurent en vie/Si la maintendront iusques en la fin/voire quant tous seront a lencontre. Mais la loy entendue par Iehan sera lors confondue. Plus ne vous en diray pour leslongnement de ma matiere/Toutesuoyes

fueillet

se ledit liure fust passe ie feusse en assez grant estat. Neantmoins iay plusieurs grans amys qui ia mont mis en grant estat. Barat mon seigneur et pere est empereur de tout le monde, ypocrisie ma mere est emperiere malgre que le sainct esperit en ait. Nostre puissant lignage regne par tous royaulmes. Bien auons cause & raison de regner, car no[us] tenons tout le monde en noz mains. Nous sçauons tellement deceuoir gens que nul ne sen peut apperceuoir, & celluy q[ui] sa verite en scait ne lose descouurir, toute suoyes celluy se boute en lyre de nostre seigneur q[ui] plus doubte mes freres que dieu. Celluy nest son bon champion qui telles simulacions craint & qui refuse la paine q[ue] peut venir de les accuser. Vng tel homme ne veult entendre verite ne auoir dieu deuant ses yeulx sans faillir il en sera puny. Mais il ne men chault comment en aille puis que no[us] auons lamour des hommes. Nous sommes ten[us] pour si bonnes gens que sans estre repris audit le pris de les reprendre. Quelz gens doibt on honorer fors nous qui sçauons orer & prier plainement deuant les gens, mais en derriere il en va tout aultrement. Lon cuyde que bonne soit nostre religion, mais il ny a que regibion. Est il plus grant forsennerie que cheualerie espaulser & de hanter & aymer nobles gens cointes vestus de robbes riches, gantes & violettes, silz sont telz encouraige netz & gentz come il appert au dehors par estre nettement parez & que leur dit saccorde a leur fait, nesse grant meffait a eulx silz ne veulent estre ypocrites, maulsdicte soyent telle gent. Jamais ne les aymerons. Mais beguins & colars portans grans chapperons a pas les chieres basses elisez, robbes & barbes grises freslees de crotes bauseaulx froncis larges brodequins ou boites ressemblables buires de cailliert. Les princes doiuent a telles gens bailler leurs terres en gouuernement & leurs psonnes tant en temps de paix come en te[m]ps de guerre. Le prince desirant paruenir a grant honneur doit auoir fiance en telz psonnaiges. Et silz emblent la grace du monde & soient aultres qui ne semble la me vueil fourrer et fiss

cher pour patheliner & trafficher. Je ne vueil dire ne soubstenir pourtant que len doye despiter humble habit moyennant que orgueil ne habite ou demeure dessoubz. Nul ne doit hayr les poures vestus dhabitz humbles, mais dieu ne prise deux festus celluy q[ui] dit auoir laisse le monde, et il veult vser de delices & habonder en gloire mondaine. Qui esse qui peult excuser vng tel beguin ou papelart quant il sest rendu et va querant les delictz mondains disant que il les a laissez & il sen veult engraisser. Il fait come le chien mastin q[ui] gloutement retourne a son vomissement. Je ne vous ose mentir ie vo[us] dis la verite, mais se ie pouoie sentir que point ne vous en donnissiez de garde ie vo[us] planteroye lamescronge au poing, si ne delaisseroie a ce faire pour le perdre, si vo[us] pourray ie bien faillir se mal contenter vo[us] en deuez. ¶ Lacteur.

¶ Le dieu damours qui fort se merueille de ceste merueille se print a soubzrire disant.

¶ Amours. ¶ Voicy vng notable sergent, les gens se y doiuent bien fier.

¶ Moralite.

¶ Pour ce que lacteur de ce romant entant soy grandement ayder de faulx semblant en la conqueste de la rose. Il est escript au precedant chapitre son lignage, ses proprietez, sa puissance, ses gestes, sa puersacion. Et entre aultres choses q[ui] me donne admiracion, cest q[ue] luy mesmes descouure son propre malice. Il increpe, accuse & vilipende lestat des mendians, le silz il dit estre ses freres & compaignons qui est chose incredible, voire se de son viuant lordre diceulx nestoit fort dissolute qui maintenant la mercy dieu est si fort bien reformee que lon ny sçauroit que mordre. Or puis que lacteur sest ainsi eslongne de sa matiere principale & que ne par oy au demene dudit chapitre quelq[ue] histoire digne de reduicte figuree ne puert ie a vraye amour salutaire, ie vueil monstrer a faulx semblant par maniere de satyricque q[ui]l se mesprent grandement de ce faire. O tresamer venimeulx et poingnant gengleur faulx semblant oultra gcuy et fort desmesure langart/de quel esperit es tu incite ou qui te meut de tracter les simples innocens et amuneter a ta mauldicte sorte les dignes suppos treselegans psonnaiges de la tresclere et resplēdissant ordre mendiāte/ semence apostolicque/Grain fromenteup et doulx fruit vinifique. Ne sōt ilz pas les quatre membres de leglise/les quatre piliers qui soubstiennēt la maison de dieu/sans lesquelz nostre foy periroit. Reboute faulx semblant reboute les vilaines menkōges que tu as desgorgees deuāt le dieu damours et sa noble chevalerie. Cesse ton plaict cesse. Serre les dens serre. Clos ta bouche clos/et iamais ne tauldigne de desgouffer si fais opprobres. Que veulx tu marteler sur leur enclume. Ne tiennent ilz pas leurs veuz inuiolablement gardez selon la saīcte tradicion de leurs premiers patrons et peres: En voit on vng seul hanter la court et querir la faueur des princes pour en poignner les crosses affubler ces mittres et aspirer aux chappeaulx rouges. Qui est celluy q̄ les pourroit faire sortir sans licēce hors de leur cloistre pour aspirer au fort gros benefices/ce ne seroit menace de tirāt/requeste de parent/ne promesse de roy. Car ilz ont tel zele dacōplir la salubre profession ou ilz sont voulentairement enchainez que impossible est de les desgarrocher/et ainsi cōme en chantant ilz fermēt lhuys de leur cueur/affin que lubricqs regars ou sayettes amoureuses ne les fiere. Semblablemēt ilz tiennent clos et serre le cueur de leur ventre/affin quilz ne soient attains du subtil vent de vaine gloire. Et oultre plus sont ilz maculez de peche de gourmandise/sçauēt ilz que cest de gloup morseaulx/cōgnoissent ilz les vins frians. Et quāt on leur fait present de quelque plat bien fourny de precieux mes ilz ny touchēt mye/ne renuoyēt ilz mye le plat aux hospitaulx chartriers et debilitez/et pour le plus abreger aux poures mēbres de dieu demourāt au pres deulx. De mādes a leurs poures miserables voisins comment ilz sont de leurs aumesnes substantez/ nourris et alimentez. Sil arriue qlq fiecz saulmon ou poisson exquis en la ville, voyez vos leurs conuers barbuz leurs dōnez ne leurs rēdus a lentour pour les achapter. Mangēt ilz aultre pain que celluy q̄ ilz quierent auant les rues/bouient ilz aultre beuuraige que brassin et clere fontaine. Voyez vos point cōment ilz ont les yeulx batus de dures, et longues veilles/ses faces passes dausteres abstinēces/les corps nauretz de grandes disciplines/les mēbres ius de chair par fortes aspres ieusnes/ne sont ilz point mortiffiez/enflāmez dardāt charite plus qua demy saintiffiez: Et quāt il scauent aulcune poure creature desnuee de biens mondains quasi es transies de la mort ne sont ilz mie au tour dicelle pour administrer son salut a tel multitude et bon nombre que lon ny peut tourner son pied. Et se par cas dauāture ilz se treuuēt en lhostel dung fort riche hōme secret vsurier ou publicque couche au lict mortel en attendāt lheure de dieu esse pour y pratiquer dons/propines ou legations/nesse point pour le cōduire a port de salut/affin quil ne se fouruoye et ne trebusche en corps et en ame auecques le mauluais riche. et pour le mieulx asseurer et soy deffendre otre les ennemys luy dōnent lhabit de lordre. Et ainsi habitue la face descouuerte se cōuoient haultement chantāt iusques a la fosse. Et se aulcūs medisās murmurent/et dient q̄ sil rauinoit sur le voyage si quil retournast en cōualescence il deuiēdroit repenty/car honte luy seroit querir son pain parmy la ville cōme mediāt coutonne. Ie tiens moy quil tiēdra mieulx les veuz de son ordre mort que vif ne que nul de ses freres vinās/car iamais du peche de la chart macule ne sera/iamais dor ne dargent maniere naura/iamais a son maieur ne desobeyra. En oultre sont ilz gens pour lancer leurs trauissons en la maisō daustruy/et pour attraire a leurs bergeries les grasses ouailles des pasteurs seculiers/gent tant doulcette tant aigneline/tant simpplette et colōbine. Se quelque deuote personne touchee de bon esperit les requiert dētre ouye en pfession pour la sainctete et preudōmie qui est en eulx ne se douēt il refuser. Ne tien

p

fueillet

nent ilz point le train des anciens barbus her/
mites qui se tiroient es deserts inhabitables
pour euiter muliebre consorce/non seulement de
femmes estranges/mais de leurs propres me/
res/seurs et parentes/comment donc pourroient
ilz souffrir q̃ le feminin sexe les approuchast
par forme de confession ou aultrement. Et silz
les confessent en doiuent ilz prendre argent.
Il seroit fort a croire que conscience fort nette et
benedicte voulsist souiller ses mains de pecu/
ne mauldicte. Toutesfuoies iay sceu par rela/
cion de lung de eulx que apres quil eut confesse
une grande damoiselle elle luy presenta une
piece de monnoye/et cecy dit au beau pere com/
bien quil estoit laiz assez. Je vous donne de tres
bon cueur ceste piece par tel sy que tous les fre/
res de ceans egalement en auront leur part.
Le bon pere receut ceste offrande assez froide/
ment sans regarder la valeur dicelle pour son
honneur garder esperant que cestoit quelque
ducat ou florin. La belle damoiselle print con
gie du beau pere qui luy promist acomplir sa
promesse. Quant icelle se fust esloignee cel/
luy estudia sur sa monnoye cuidant mirer ses
yeulx en or: mais il les mira en argent/et trou
ua finablement que ce nestoit q̃ ung petit gros
adonc le beau pere fort matty pour la faulte
pensa beaucoup comment il pourroit tellement
partir son gros que chascun frere sen peust sen
tir ainsi q̃ promis lauoit. Il trouua facon den/
uoyer querre pour ung gros de sel/ si le bouta
au pot aux poix sans le sceu du cuisinier.
Quãt les freres du couuent furent seruis de
potaige ilz trouuerent leurs poix tant fort sal
lez que lung mouschoit lautre craichoit et lau
tre le queux maulaissoit qui estoit innocent du
cas. Adonc le beau pere confesseur voyant ce
destroy confessa ce destroy recitãt tout au long
lhistoire protestant deuant tout auoir acõply
sa promesse priant aux participans du bien fait
que chascun se tenist content. Aulcuns des fre/
res supposoient que la bõne dame sestoit abu/
see dauoit baille le gros et quelle cuidoit auoir
prins ung florin/considere quelle obligeoit son
bon pere de le partir iustement a ses freres.

Aultres concedoient que ainsi en estoit/ mais
assuy que la pure et nette conscience du confesseur
ne fust temptee ou maculee du peche dauari/
ce et quil neust retenu ledit florin pour son puf
fit singulier il fut miraculeusement ou par al/
quemie conuerty en ung petit gros/ mais com/
ment q̃ len fust le beau pere confesseur iura par
sans faulte faisant veu a sainct dominique q̃
iamais denier venãt de confession ne lanceroit
en sa bourse sans estre bien examine pour es/
tre mieulx asseur de sa value.

¶Le.liiii.chapitre. Comparaison de
faulx semblant et abstinẽce qui coupe
rent la gorge de mase bouche a iudich
et abra qui trencherent la teste de ho/
lofernes.

¶Amours.
Dis moy faulx semblant puis q̃ tu
as tant de pouoir en ma court q̃ tu
seras roy des ribaulx tiedras tu ta
couenance. ¶Faulx semblant. ¶Ouy ie le
vous promets/ car oncques vostre pere ne vostre
ayeul neurent plus loyal seruiteur que ie suis.
¶Amours. ¶Comment: cest contre ta nature
¶Faulx semblant. ¶Prenez lauãture tel
le q̃lle sera ia ne serez plus seur den requerir
plaiges/ ne voit se iey bailloye hostaiges/let
tres/ tesmoings ou gaiges. Car ie vous appel/
le en tesmoing q̃ lon peut oster le loup hors de

sa peau quoy quil soit battu ou torche tant q̄l
soit escorche. Et pvidez vo⁹ pour tant se iay ve/
stu ma robbe simple soubz laq̄lle iay fait ma/
int mal q̄ ie ne decouue triche ou lobbe aulcu/
nes gens, Ia ne chāgeray mon cueur ne d mal
faire ne sera las/pourtāt se iay la chiere sim/
ple τ cope. Cōstrainte abstinēce ma chiere
amye a grāt besoig de pouruoyāce. Elle fust
morte long tēps a ou en grāt dangier selle ne
fust en ma baillie. Mais laissez no⁹ faire el/
le τ moy no⁹ en cheuirons bien. ¶ Amours.
¶ A la bōne heure, ie ten croy sans pleur.
¶ Lamant. ¶ Et adōcques le grāt larron:
de trahison ayant la face blāche dehors et les
dens noircis sagenoilla au milieu de la place
se remerciāt. ¶ Amours. ¶ Ne reste fors
que chascun sans setourner soit bien acoustre:
Tost a lassault vistemēt. ¶ Lamant. ¶ A
ces motz les barons mirent main aux armes
chascun selon son appartenir. Et quant ilz fu
rent bien en point ilz marcherēt en ordōnāce
et arriuerent au chasteau ou se tenoit bel acu/
eil sur esperāce de iamais en partir sans mar
tire/prinse ou rendicion. Ilz deuiserent leur ba
taille en quatre parties pour donner lassault
aux quatre portes/dont mortes nestoient les
gardes ne paresseuses ne malades/mais tres/
fortes τ vigoureuses. La cōtenance vous en
diray de faulx semblant τ abstinēce q̄ sadres/
serent vers malebouche. Ilz tindrent vng pe
tit parlemēt eulx deux ensemble a scauoir cō/
ment ilz se cōduiroient en ceste besongne ou silz
se dōneroient a congnoistre ou silz se desguise/
roient dhabis. Si cōclurent par accord quilz
sen yroient en tepmaige/cōme gent piteuse τ
saincte/vont en pelerinaige. Et lors abstinē/
ce cōstraicte sans plus de plait vestit vne rob
be cameline/τ cōme beguine atourna son chi/
ef dūg large couurechief τ ne oublya pas son
psaultier ne ses patenostres pendues a vng
blāc lachz de fil/q̄ luy furēt dōneees dung bō
frere q̄lle appelloit son pere, car il la visitoit
plus souuēt q̄ nul aultre duquēt/τ ne laissoit
pour faulx semblāt a luy reciter maint beau
sermō τ ne le cfessast par si tres grāt deuocio

quilz auoiēt ensemble deux testes en vng cha
peron. Abstinēce estoit dassez belle taille si nō
quelle estoit pasle de viaire. La pute lisse res/
sembloit le cheual de lapocalipse signifiāt la
mauluaise gent dypocrisie q̄ est tainte en pas/
le τ le cheual pareillemēt est de couleur passe
et morte. Et ainsi dōc abstinēce sestoit desgui/
see de langoureuse couleur. Bien sembloit a
sa face q̄lle se repētoit de son estat. Elle auoit
receu le bourdon de lattrecin roussy de triste pē
see q̄ barat luy auoit dōne/τ portoit vne eschar
pe plaine de soussy puis sen va. Dautre part
faulx semblant satourna selon son stille τ fut
vestu des habitz de frere sobier. Il auoit chie/
re simple τ piteuse non orgueilleuse/Regard
doulx τ paisible. Vne bille portoit a son col/et
sās escuyer suyuit abstinēce/mais pour sous/
stenir ses mēbres impotens τ debiles il auoit
la potēce de trahison/τ fist glisser en sa māche
vng trenchant rasoir daciet forge en vne for
ge nōmee couppe gorge/τ fut trēpe sur le tiso
de trahison. De la cōmēt ilz sacoustrerēt/point
ne sōmeillerent en allant. Tant cheminērent
q̄lz sapprouchetēt de malebouche seāt a sa por
te regardant les passant. Il choisit ces deux pe
lerins venās vers luy q̄ humblemēt se cōtintēt
Ilz luy firent grādes inclinacions. Abstinen/
ce se salua premieremēt τ lapproucha vng pe
tit. Et faulx semblant apres fit le semblable

Fueillet

Et male bouche les salua pareillemēt/mais onques ne se changea ne mua cōme cellup q̄ ne les doubtoit ne cremoit/car si tost quil les eut regardez en face bien luy sembla quil cōgnoissoit abstinēce/mais ne scait pas que cōstraicte soit ne faite ne plaine de vie lartineuse. Il cupdoit quelle fust de gre et voluntaire mais le cōtraire estoit. Car elle venoit daultre degre/et se icelle cōmenca volūtairement et de son gre le gre estoit failly passe lōg tēps. Malebouche auoit mainteffois veu semblāt mais ne le cōgnoissoit pour faulx/cōbien que tel estoit. Jamais pour tel ne leust arreste/car il se maintenoit si faintemēt quil couuroit sa faulsete. Se vous leussiez cōgneu par auāt quil eusist vestu cest habit vous eussiez iure q̄ cellup q̄ souloit estre de la danse de beau roūtij estoit iacobin duenu/mais pour toute somme les iacobins sont bons preudhōmes/les cordeliers et les freres barrez/cōbien q̄ gros et quartez soient/mais dapparence iamais nen verrez conclurre bōne cōsequēce: quelq̄ argumēt que len face epistence efface ce deffault/tousiours sophisme y trouueres/lequel enuenime la cōsequence/voire se la subtilite auez de la duplicite entendre. Quant les pelerins furēt arriuez a male bouche ilz mirēt leur harnois au pres deulx et sassirent delez luy se leur dist.

℣ Malebouche. ℣ Or ca dictes moy d vos nouuelles/q̄lle occasion en ceste maison vous amaine: ℣ Abstinēce. ℣ Sire pour faire nostre penitence de bon cueur entier sommes icy venuz de pied apās les taisons pour dōculx et sommes nō deux enuoyez par le mōde pour ce quil est fort denoye/assin de dōner exemple aux pecheurs/Assin aussi de les preschier et les pescher/car ne voulons aultre peschaille Et ainsi q̄ nous auons vsage de faire/nous vō demandons lhostel au nom de dieu et pour antendre vostre vie/et sil ne vō tourne a desplaisance nous vō recorderons vng bon sermō en peu de parolles/et lors dit. ℣ Male Bouche. ℣ Prenez lhostel tel q̄l est ia ne vō sera d̄nie/puis dictes ce quil vous plaira.
℣ Abstinēce. ℣ Sire la premiere vertu/

la plus grāde et souueraine que lhomme mortel puist auoir soit par auoir ou par sciēce/cest de restener et appaiser sa langue. A ce faire doit chascun labourer/car mieulx vault luy taire que proferer parolle manuaise: Et cellup qui voulentiers lescoute ne est preudhomme ne ne craint dieu. Or estes vous entache de cestup peche sur tous aultres. Vous auez pieca dit vne mēconge et truffe sur vng iouuencea repairāt icy/donc grādemēt vō estes mespris. Car vō recordiez quil ne queroit si nō deceuoir bel acueil. Vous ne dictes ne bi en ne vray ainsi/Mais vous en auez menty Il deutent tout deseppere par voz bourdes. Il ne va ne vient mes icy/ne iamais ne luy verrez plus. Bel acueil q̄ aueckes vous des plus beaulx teuz quil pouoit se iouoit en est p vous en prison enserre. Et de fait auez fait chasser le iouuencel q̄ les plus beaulx iours de la sepmaine sans vilaine pensee sen venoit icy esbatre et deduyte. Il ne se ose plus solacier. Qui vous meut de luy nupte ainsi/si non vostre male pensee pou pesee et plaine de mēconge. Le vient de vostre eloquēce folle qui brait et crie et noise et tence en esleuāt grāt blasme aux gens q̄ les deshōnore et griefue de chose q̄ prouer ne scauriez si non dapparēce et de ptreune. Car te vō ose bien dire plainemēt sans quelque fainte q̄ tout ce qui appert nest pas chose veritable. Cest grant pechie de cōtrouuer ce qua reprouuer ce fait. Vous i m̄esmes le scauez bien/par quoy le tort vous en demeure/mais quoy quil en soit il nen fait force si nen dōneroit vne escorce de chesne. Brief il ny pēsoit a nul mal quant il y alloit et venoit si ne le tenoit a nulle ensaigne. Or maintenant il ny va point et ne luy en chault aucunemēt/se ce nest par cas dauāture/voire encores moins que les aultres. Or guettez vous tournellemēt a ceste porte la lance sur faultre p̄st comme pour combatre veillant et musant tāt par nupt comme par tour le iouuenceau. Et en en vain vous vous trauaillez. Car ialousie qui du tout a vous satent ne vō souldra ne fera quelque bien quel quil soit. Et de rechief cest fort grāt dommaige du gracieux et courtois bel acueil de mourāt en prison sans forfait ne mesprison ʒ en gaige sans riens accroire ou il languit chetiuement ʒ pleure. Je vous ose bien dire q̃ se iamais aultre meffait nauez fait que cestuy vous deueroit on bouter hors de ceste baillie et garde/ Et mettre en chartre ou enchainer/ou vous yriez au cul denfer se ne vous repentez. ¶ Lors dit.

¶ Male bouche. Par la teste que ie porte vous en mentez. Tresmal soyez venuz. Vous ay ie retenuz pour moy dire honte ʒ lai denger par vostre aduanture meuluaise/ me tenez vous simple comme vng bergier? Allez herbergier ailleurs puis que menteur me nommez/Je croy que vous estes enchanteurs/puis que me blasmez ʒ mal ay mez; Pour voir dire que querez vous icy. Je me rens a tous les grans dyables priant a Dieu quil me confonde se auant que le chastel fusist fonde le compaignon ne passa icy plus de dix fois/ʒ de fait il baisa la rose/Ainsi me fut dit ʒ ie le rendis ne scay se depuis sen aysa/par quoy mest il boute en teste se la chose nest ueritable. Par ■ ay dit ʒ le diray ʒ ney mentiray iamais/a mes busines corneray/et aux voisins et aux voisines cōment il vint ʒ par cy et par la. Adonc parla. ¶ Faulx semblāt.

¶ Sire tout ce qui se dit auant la ville nest euangille. Se vous nauez sourdes oreilles ie vous prouueray que ce sont bourdes. Vous scauez certainement que nul tant ait pou de scauoir pourtāt que scauoir le puist nayme parfaictement lhomme qui mesdit de luy. Or est il ainsi que sans estre hay de luy tousiours auez este ayme/tous amans visitent voulētiers ʒ habitēt auec leurs amoures. Cestuy vous honnore vous ayme et vous reclame son treschier et parfait amy/car par tout ou il vous rencontre vous monstre chiere ioyeuse et ne cesse vous saluer/Si nestes gueres presse ne lasse pour son aller et son venir/Aultres que luy y viennent trop plus assez/Et saichez que son cueur estoit fort presse de la rose il approucheroit aultrement ʒ souuent luy verriez/voire et tout prouue luy prēdriez/Car ne sen pourroit garder se lardoit on le deuoit tout vif/ Il seroit en aultre point q̃ nest pour lheure: par quoy pouez scauoir quil ny pense point/si ne fait bel acueil semblablement/combien que mauluais payemēt en reçoit. Par ■ se eulx deux sauoient bien emprins ilz cueilleroient la rose maulgre vous. Car vous auez mesdit du iouuencel qui vous ayme comme bien le scauez; Et sil aspiroit ou beoit aucunement apres vous pouez bien croire que iamais ne vous aymeroit ne reclameroit son amy. Mesmes vouldroit penser et veiller de piller le chastel. Et se la chose estoit veritable comme vous pensez il le sceust maintenant/car quelque vng len auroit aduerty. Or le peut il bien scauoir de luy mesmes/puis que nul aultre ny auoit acces comme vous dictes quil a eu/ʒ se ainsi en estoit tātost lapparceneroit cletemēt. Or il en va tout aultrement/par quoy vous auez oultreement desseruy la mort denfer qui auez asseruy tel gent. ¶ Lacteur.

¶ Quant faulx semblant luy a prouue son mes vs il ne scait que respondre voyant quil ya grant apparance a pou que il ne se repētit et leur dist. ¶ Male bouche. ¶ Bien peut estre vray ce que vous dictes. Faulx semblant ie vous tiens a bon maistre et abstinēn

p iij

Fueillet

ce pour fort saige/ Et estes vous deux dung mesmes couraige/mais quoy conseillez moy que ie dois faire. ¶ Fauly semblant.
¶ Confessez vous en ceste place de ce peche seulement/duquel vous vous repentires. Je suis religieuy et prestre le plus hault maistre en ce cas qui soit en tout le monde/lequel iay en cure ce que iamais ne eut nul prestre ne nul cure tant soit en leglise grant ne auance. Et si vous iure par le souueraiy dieu viuant que iay cent fois plus grant pitie de vostre ame que nont voz prestres paroissiaulx/combien que especiaulx soient/encores ay ie grãt aduantaige sur vostre prelat qui nest si saige ne si lettre comme ie suis. Jay congie des maistres en diuinite passe lõgz ans/ lesquelz mõt esleu et choisy pour confesseur par mon sens et scauoir le meilleur quon puist trouuer. Donc sil vous plaist icy confesser et laisser ce peche sans que iamais en soit memoire ie vous donray mon absolucion.

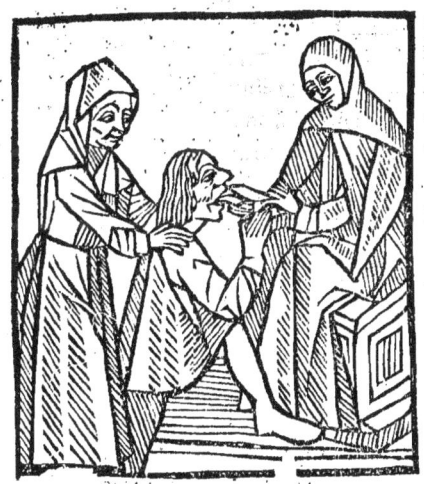

¶ Lacteur. ¶ Les motz finez malebouche qui moult estoit cõtrict et repentant sa baissa/sagenoilla et se confessa. Et fauly semblant lempoigna par la gorge a ses deux poings luy estraignant le col si lestrangla et luy tollit la langue: puis de son trenchant rasoir luy osta la langue. Ainsi payerent leur hoste/

aultrement ne le enseuelirent/ Ains se tomberent en vne fosse. Cela fait casserent la porte sans quelque deffense/ puis passerent et trouuerent dormans les normans souldoiers. Lesquelz auoient tant beu a guersay du vin que verse auoient quilz estoient tous enuersez endormis et enyurez/si les estranglerent tous tant horriblement que iamais ne iengleront.

¶ Moralite.

¶ Fauly semblant et abstinence qui soubz la couuerture dhabis dissimulez ont destruit malebouche continuellement murmurant sur le fait des amoureuy peuent estre cõparez a Judich et abra sa chamberiere qui pour suppediter la maleureuse et serpentine bouche de holofernes vilipendant les enfans disrael prindrent vestemet de leesse pour fournir oeuure de tristesse/ Langaige confit en doulx riz pour engendrer horribles cris hardiment et viril couraige en fresle et feminin corsaige/ Et tellement fut embasme imbue et chemme de ioyeuses parolles ce cruel holofernes q moyennant saiutoire du supernel gubernateur/ qui le cop adressa Judich de son trenchant mesmes luy couppa la gorge/si que oncques puis vng tout seul mot ne bourbeta. Jesuchrist semblablement et sa tresbumble vierge mere vueillans accoiser les bourdes du prince de tenebres qui par fauly caquetz falaces et gargouillemens deprimoit les vrais et loyaulx amans de la haulte essense diuine se desguiserẽt pour peletriner au monde/ car nature ne sceut cõgnoistre la mere ne entendre quelle estoit pure vierge. Et sennemy se donnoit grãt merueille du filz/lequel estoit dhumanite auestu et tenu des vrais amoureuy dieu tout puissãt createur eternel. Toutesuoyes et la mere et le filz par sainctes oeuures viues parolles et vertueux sermons besongnerent tellement que la malebouche infernale qui chascũ mordoit engorgoit et engloutissoit eut p iceulx la mauldicte langue coupee non point dung rasour proprement/mais dung trenchant et fort agu fer de lance. Et quant Male bouche fut close la porte du ciel fut ouuerte a tous ceulx qui de la Diuine face desirent veoir le tresdoulx Belacueil. Oultreplus faulx semblant et et abstinence sont comparez au corps et a lame du vray amateur de la celeste Rose odorant et immarcessible/Car quant lenuieuse faul/se et rioteuse Malebouche apparcoit que il est enflamme de cheritable et vraye amour supernelle elle gecte son venin a tous les pour rompre sa louable et glorieuse emprinse. Et adonc le vray amant craingnant murmure pour plus celeement continuer ses amourettes a maniere de faulx Semblant satourne par dehors dune robbe fringant/et aupres de sa chair dune haire poingnant/Et son ame par grant Abstinence constraincte semble ioyeuse/Et est de penitence attainte. Et quant langoisseuse affliction Du vray penitent ensemble sa sainctecte est elucidee et descouuerte Malebouche fort alumee a/et langue et gorge couppee.

¶ Le.l v. Chapitre.
La grant adresse qui pruient a tous amans tant bons que maul/uais p largesse et courtoisie.

¶ Lacteur.
Donc courtoisie et largesse sans passerent la porte / Et secretement a lassemblee assemblerent auec faulx semblant et abstinence. La vieille qui de rien ne se doubtoit gardant Bel acueil estoit descendue de la Tour pour soy esbatre. Icelle auoit en lieu de voile vng chapperon sur son couurechief pour couurir sa teste. Iceulx quatre dessus nommez coururent hastiuement vers elle si la saluerent/Mais elle doubtoit estre batue quant les parceut venir si a haste, et leur dit.
¶ La Vieille. ¶ Vrayement il semble que soyez bonne gent vaillant et courtoise/combien que ie ne me tiens pour prise, dictes moy que vous querez en ceste pourprise. ¶ Les quatre ensemble. ¶ Respondirent/pour prise doulce Mere tendre pour vous prendre ne sommes icy venuz/Mais pour vous veoir et se vostre plaisir est tout plainement en vostre commandement offrerons noz corps ensemble tout nostre vaillant sans nul tour desfaillir/et sil vous plaisoit doulce mere qui iamais amere ne fustes humblement vous requerons sans penser a nul mal que Bel acueil languissant puisse yssir de la dedans et vienne iouer auec nous sans emboer ses piedz/ou du moins vueillez quil die vne parole a ce varlet/affin quilz puissent lung lautre reconforter grant confort ce leur sera ce ne vous constera gueres/celluy varlet sera vostre homme lige et humble cerf / duquel pourres faire tout ce qil vous plaira soit pendre ou vendre ou engaiger/bon fait gaigner vng tel amy. Voyez icy les petis ioyaulx et fermaulx dor a la nouuelle mode, lesquelz il vous presente et donne / et vous donnera prochainemēt quelq riche garnement/car il a le cueur franc courtois et large/de grāt charge ne vous requiert/il voꝰ ayme de tresbon cueur/de rien blasmee ne serez. Il est sage et fort secret: noꝰ prions que sans St ferme le celez ou quil aille iusques luy autez rendu la vie pour cōforter son fait. Sil vous

p iiij

plaist maintenāt presenter & porter de par luy a bel acueil ce nouueau chappelet de flours si lestrenez a maniere de salut: ce luy vauldra cent marcs. ¶La vieille. ¶Si maist dieu se possible mestoit de ce faire sans le sceu de la iousie/& q̄ nul blasme ney esse voulentiers le feroye/mais male bouche le flateur est ung iangleur trop mauluais de q̄ ialousie fait sa guette/cest celluy q̄ to9 vo9 espie & brait & crie tout ce q̄l scet & pēse & cōtreuue mēconges nou uelles quāt il ne scet de q̄ mesdire/voire quāt deffendu luy seroit sur paine destre pēdu. Et qui plus est ialousie en estoit aduertie par luy bōnye seroye. ¶Les quatre ensemble.

¶De ce doubter ne vous conuient male bouche/iamais ne vous peut veoir ne escouter/car il gist mort en biere la hors en une fosse la quelle bee. iamais ne ressuscitera/naccusera ne iangletra de ces deux amās/se ce nest chose faee/ou q̄ le dyable y face miracles par venins ou par triacles. ¶La vieille.

¶Donc puis q̄ ainsi est ie ne quiers refuser vostre requeste/dictes a vostre hōme q̄l se haste/passage luy trouueray moyennāt quil viengne secretemēt & que trop longuemēt ny demeure/et sur paine de perdre corps et auoir se garde que hōme ne sen apparcoyue/ & face tel semēt quil die toute sa voulente. ¶Les quatre ensemble. ¶Dame ainsi sera fait sans doubte grādement vo9 mercions. ¶Lacteur

¶Ainsi ont cel le oeuure bastye: mais quoy que en soit faulx semblant pensant ailleurs disoit a soy mesmes & a voix basse.

¶Faulx semblant. ¶Se celluy pour qui no9 auons empris ceste oeuure me vouloit croire & ne se repētoit de aymer/quāt ne vous accorderiez a son fait si ny gaigneriez vo9 riens dame vieille/& se quelq̄ pou eslōgiez de ce lieu sil auoit tēps & heure il y entreroit en espiant. Lon ne voit pas tousiours le loup sur les herbes souuēt aduiēt que sur le tard il prent la brebis. Se vo9 alliez dauāture au mōstier ou moult hier demourastes/&ialousie q̄ languet le allast hors de la ville il feroit son fait. Ie cō uient q̄ cest amāt aille ou q̄ soit/& sil se boutoit couuertement seulet & de nuyt en ce chasteau ou par les iardins sans chādelles ou torche: si non damours q̄ le cōduist il seroit hors de vostre dangier/& cueilleroit la rose a sa plaisance/mais la lune par son luyre peut nuyre aux amās malteffois. Et pour ce q̄l scet les estres de lhostel sil entroit par les fenestres & y une corde se aualast auecques bel acueil/ ou q̄ bel acueil descēdist/allast & venist es iardins ou q̄l senfuyst hors du pourpris auq̄l maint iour tenu auez & pris/ou q̄ lamāt venist parler a luy se aller ny pouoit aultre chose ney auriez. Ou sil aduenoit q̄l vo9 trouuast endormye et que bel acueil eust tēps & lieu pour luy entreouurir les huys/certes le fin amāt q̄ tāt y pēse se approucheroit du bouton si le cueilleroit sās deffense nulle/& y ceste maniere pourroit descōfire les autres portiers. ¶Lamāt. ¶Et moy q̄ gueres loing nestoie me appesay dainsi le faire. Et quāt la vieille conduite ne me vouldroit: ce ne me peut ayder ne nuyre se il ne luy plaist. Ie y entray par le meilleur bout q̄ possible me sera selon la pensee et bon aduis de faulx semblant.

¶Moralite

¶Ainsi q̄ᵐᵉ il nest chose q̄ plus encline a dō de mercy le bel acueil des dames q̄ largesse et courtoysie. Aussi nest il rien q̄ tāt prouffite au salut de lame pour acq̄rre indulgēce & pdon du tresredolēt & flourissant bouton q̄ largesse daumosnes tresdeuotes oraisons & suauite de langaige q̄ sont denōbrez soubz lestādart de courtoysie. Car non seulement dieu & les sainctz/roys & princes/ducz & marquis/nobles & gentilz se resiouyssent quāt on leur offre & donne et sont courtoisemēt apparlez. Mais aussi gens a pou de tous estatz vieulx et ieunes/bons et mauluais vilains chetifz/fillettes & enfans petis aux donneurs sont habandōnez quāt aulcuns dons leur sont donnez. Or pource q̄ bel acueil par q̄ ientendz le retributeur de la rose pardurable est fort esgare de noz cueurs tāt par noz pechez y donnans grant empesche cō me par noz ennemys qui en sont les gardes il fault auoir lacointāce selon le texte du romāt de quelque messagiere anciēne experimentee saige subtille q̃ luy offre quelque chappelet de de fleurs nouuelles/affin dacquerre sō amoureuse grace/τ que celle bōne dame soit saluee tresdoulcement τ courtoisement entretenue. Qui sera dōc laduocate mediatrice τ intercesseresse plus affable plus prouchaine τ pl⁹ aggreable au tresdoulx τ tresdigne bel acueil sēpiternel q̃ sa glorieuse vierge. Cest la tresprudente bien moriginee et ancienne dame/dont leglise chante. Ab initio τ ante secula creata sum. Cest la tressinguliere vierge perpetuelle que deuons seruir/saluer/requerir/reuerēder/τ offrir propres chappelletz de flourettes et deuotes oraisonnettes/affin que par son moyen sans souspy nous puissons acquerre le don de mercy.

¶ Le .l.vi. chapitre. Similitude du chappel que receut bel acueil a la couronne despine q̃ porta nostre seigneur au iour de sa tresdouloureuse passion.

¶ Lacteur.

LA vieille qui la tour auoit en garde ne seiourna gueres sans retourner plus tost que le trot vers Bel acueil. Tant hastiuement alla quelle vint a lentree de la porte et monta ses degrez fort liement/tremblant toutessuoyes de tous membres icelle querāt Bel acueil parmy les chambres/Le trouua fort ennuye pensif triste τ morne appuye aux creneaulx d̄ la prison si luy dist pour reconfort.

¶ La vieille. ¶ Beau filz ie me donne merueille de vous trouue en si grant esmays Dictes moy vostre penser se de riens auancer vous puis/iamais iour ne men faindray

¶ Lacteur. ¶ Bel acueil ne se ose complaindre ne dire quoy ne comment/car il ne scayt se elle ment ou se elle dit vray. Et pour ce que en elle point ne sentoit de seurete/il luy nya sa pensee/car en luy ne se fyoit. Mesmes son cueur paoureux τ tremblant sen deffyoit/combien que nul semblant nen monstroit. Et pourtant q̃ la vieille radottee sauoit tousiours debonte garder se vouloit de mesprendre τ de faulse trahison. Et en fin sans descourir sō mesaise se rappaisa en soy mesmes faisant semblāt de lye chiere τ dit. ¶ Bel acueil.

¶ Certes ma chiere dame quoy que vous dictes ie ne suis de riens esmayez/si non de ce que vous faictes si longue demouree. Vous scauez que sans vous ie demeure enuys ceās pour la grant amour que iay en vous. Or dictes moy par vostre foy ou fait auez si grant seiour. ¶ La vieille.

¶ Par mon chief vous le sçaurez si en aurez grant ioye/voire se vous estes saige & vaillāt. Je vous dys que en lieu destrāge message vng seruiteur le plus courtois du mōde en q̄ habōde toute grace vous salue plus de mille foys se le vys ores en vne rue/& ainsi qͥl trespassoit la voye il me bailla ce chappellet lequel il vous en uoye par moy. Il dit q̄ voulentiers vous ver roit/& sil vous auoit vne seule fois veu iamais plus viure ne querroit. Iure dieu & saincte foy que iamais iour ᵭ sante naura se nest par vostre voulente. Il vouldroit estre tout nud a paine/& il peust parler a vous a loisir vne seu le fois se vostre plaisir y estoit pour vous ay mer toute sa vie moyennāt qͥl sceust faire cho se qͥl seroit a vostre appaisemēt. Brief ne luy chauldroit qͥl deuint mais qͥl vous temist pres de luy. ¶ Lacteur. ¶ Belacueil toute suor yes ains qͥl recoyue le present pource qͥl sent la messagiere variable enquiert de celluy q̄ luy enuoye/car il pourroit venir de tel lieu que re tenir ne se vouldroit/& adonc toute verite luy compte. ¶ La vieille. ¶ Cest celluy de qui vous auez tant ouy parler q̄ pieca vous engrer na/& par q̄ male bouche iadis dōt lame ne soit en paradis esleua sur vous grant blasme. Maint preudhōme a este descōforte par ma le bouche q̄ le dyable a emporte. Je ne prise sa langue deux pōmes. Il est mort/& nous sōmes eschappez & deliurez a tousiours. Et quant il pourroit reuiure greuāt ne vous seroit tāt vous sceut esleuer grāt blasme/car ie scay trop plus quil ne feist oncques/croyez moy hardiment. Or prenez ce chappellet si le portez & du mois recōfortez celluy q̄ sans vilenye vous ayme de tresbōne amour: nen doubtez mye. Et sil tend a aultre chose il ne men a rien descouuert. Fi ez vous hardimēt en moy. Et dautre part sil vous requiert de chose q̄ faire ne doit vous luy sçaurez bien denter/q̄ fait la folie si la boyue/ mais ne vous doubtez de ce la. Il est fort saige/ iamais oultraige ne cōmist/dōt ie le prise mi eulx & l ayme. Ja si vilaty ne sera ᵭ vous restre de chose q̄ ne soit licite. Sur tous ceulx q̄ vivēt il est fort loyal. Car ceulx q̄ sa cōpaignie suy

uent le tiennent pour tel/Et moy mesmes en suis tesmoing. Il est aorne de bonnes meurs: oncques hōme ne ᵭ mere nentēdit de luy quel que mal fors ce q̄ male bouche en dist qui tout est mis en oubly. Plus ne me souuiēt des par rolles q̄ faulses & foles furēt: le faulx larron qui iamais bien ne se pronua les controuua. Et ie tiēs tāt de ce seruiteur q̄ se ries en sceust il eust fait mourir/car il nest hōme q̄ le vail le en ce pays tāt est preux/& hardy Il a le cueur tant noble qͥl surmōteroit en largesse le Roy artus/voire le Alexādre se dor & dargēt auoit autāt a despēdre cōme ilz eurēt/iamais nen dō nerent autāt qͥl en dōneroit/car il estonneroit tout le mōde par ses dōs. Dieu a plāte en luy si bon cueur q̄ sil auoit plāte dauoir nul se luy scauroit apprendre q̄ cest de largesse. Et pour tant ie vous prie prenez ce chappellet dont les fleurs sētēt trop mieulx q̄ fin basme. ¶ Bel acueil respond. ¶ Certes dame trop le blas me ie craindroye. ¶ Lacteur. ¶ Cōme cel luy q̄ fremist/& trēble/& tressault/& gemist et rougist/& passist/il pdist otenāce/& la vieille luy fasce es poinctz cōme selle luy voulsist fai re prendre par force/car il ny vouloit la main tendre. Mais disoit pour son excuse q̄ mieulx luy valoit le reffuz/cōbiē q̄ desia tenir le voul sist quelq̄ chose q̄ aduenir en deust. ¶ Bel a cueil. ¶ Moult est bel et gent le chappeau/ mais mieulx me vauldroit auoir mes drap peaulx tousars & mis en cēdre q̄ lo sasse prendre de par luy. Or supposez q̄ ie le prēgne q̄ pour ries nous dire a ialousie: ie scay de vray q̄ lle en creuera de pye/piece aps piece le desciera sur mon chief/& de fait me occira selle scait que de luy soit venu. Je seray prins & tenu trop pis q̄ oncques ne fuz. Et se teschappe delle q̄ ie me fuy ou me pourray ie tenir. Vous me verrez en fouyr tout vif se ne suis prins apres la fuyte il y aura suyte. Et si ie suis pris en fuyant ie se ray hue de tout le mōde/parquoy ie ne se prē dray. ¶ La vieille. ¶ Si ferez certes: car vous nen aurez ne blasmes ne pies. ¶ Bel a cueil. ¶ Et selle me quert dont il vint. ¶ La vieille. Vous aurez plus de vingt responses.

¶ Bel acueil. ¶ Toutesuoyes selle me demāde q̄l part ie lay pris: se ien suis blasme ou repris q̄ respondray ie: q̄lle mēsonge pourray ie trouuer. Car ie vous certiffie selle scauoit dont il me vient mieulx me vauldroit estre mort q̄ vif. ¶ La Vieille. ¶ Que vo⁹ dires mon amy se nauez meilleure respōse dictes q̄ ie le vo⁹ donnay. Vous scauez q̄ iay si bonne renōmee que nautez blasme ne vergongne d prendre riens qui viegne de moy. ¶ Lacteur
¶ Bel acueil sans aultre chose dire print le chappel si le mist sur ses cheueulx blons z lasseura sur son chief. La Vieille le regardant a grant merueille luy iure son Ame/ son corps/ ses os/ z sa pel quonques Chappel si bien ne luy seist. Adōc bel acueil fort ioyeux destre si bien enchapele souuēt se mire z remire regardant en son miroir silup est bien seāt. Et quāt la Vieille se apperceut quilz estoiēt illec eulx deux seulement: aupres de luy sassist/ si la cōmenca a prescher.

¶ Moralite

¶ Lamant fatuel enuoyant son chappeau a Bel acueil par la bonne messagiere fort diligente de accomplir sa legacion se peut accōparer a lespirituel amoureux qui tout espris dardant charite enuoye a Bel acueil son chappellet garny d patenostres p̄ la secretaire des cieulx dame de gracieux maintien z venerable senectude pour obtenir grace z pdon. Toutesuoyes bel acueil prenāt la fragilite de nature humaine plus variable que pensee de fēme a dur se vouloit cōdescendre a ce don receuoir/ mais en faueur de la tresoriere de grace qui moult auctorisoit le dōneur/ za sa tresinstāte requeste accepta/ print z affubla sur son chief le ioly chappellet. Du iōp pourroit dire que la Vieille matrosne gardiēne de Bel acueil estoit la loy du peuple Judaicque a qui nostre seigneur reuela ses secretz/ puis la trouua plusieurs fois en faultes. Toutesuoyes p linstigacion de faulx semblant capital ennemy dhumain lignagie parmy hayne z enuye qui si entreboutent/ la faulse vieille se mist en paine de presenter au filz de dieu au ppre iour de sa douloureuse passion vng chappellet de ioncz marins. Et pource que tel don luy estoit fort pesant a porter tresagu z poingnant merueille ne fut sil accepta a grāt regret. cōme treblant/triste/pasle/ z pensif. Neantmoins pour solacier z redimer les iustes z loyaulx amans captiuez es clos infernaulx par misericorde z pitie q̄ a ce senclinerent: il affubla ce tresdur chappelet. Il voulut choisir la Mort pour leur rendre la Vie/ Et descendre en enfer pour les monter es cieulx: z les faire heritiers de sa gloire infinie.

¶ Le.lvii.chapitre. Linstruction que fait la Vieille ridde a Bel acueil est semblable a la creature rusee z nourrie en la mour diuine enseignāt la simple nouisse

¶ La Vieille

A ha bel acueil mon amy chier fort bel z qui tāt valez: passe est mon ioly tēps z le vostre est aduenir soubstenir ne me pourray fors a baston ou poteces. Vo⁹ estes ieores en enface ne scauez q̄ feres/ mais vo⁹ passerez q̄ bien scay soit tēpre ou tard par la flame d̄ tout art. Baignee serez es estuues ou Venus esiune les dames: de laquelle sentirez le brandon Je vo⁹ conseille entendre a mon enseignemēt/ ains que vous alles baigner/ car ieune hōme se baigne perilleusement se quelque vng

Fueillet

ne lenseigne, pourquoy se mon conseil ensuy/
uez vous arriuerez a bon port. Sachez pour
verite q̃ point nestoie si sage des ieux damours
quãt iestoye de vostre aage q̃ ie suis mainte/
nant. Helas iestoye fors de trop grant beaul/
te, Mais quant ie remire mon vis efface, et
tout defronce fort plaindre et gemir me suet,
Se pour ma grãt beaulte ie faisoye tripper et
defriper les cõpaignons et les varletz, ce nest
point grãt merueille, car par tout alloit le re/
nom de ma grãt beaulte. Iamais homme ne
veist telle allee quil y auoit en ma maison.
Mon huys fut maintefoys hurte de ceulx aus
quelz ie feiz grãt durte. Souuentaduenoit q̃
le leur failloye de quenãt, car iauoye aultre cõ
paignie, dont mainte folie estoit faicte sen a/
uoye assez de courroux. Plusieurs fois furẽt
mes huys cassez, dont grãs meslees sen ensuy
uoient quant q̃ desmeslees fussent. Membres et
vies y perdoient par haynes et par enuyes;
Brief il y aduenoit tant cõtemps et de debatz
que se Maistre Algus le bon cõpteur y eust
voulu mettre sa cure, et desployer les dix figu
res de son agorisme si ne sceust il certifier que
bien multiplier le grant nõbre des discords qui
lors y furent. Mon corps estoit tant propre, se/
gier et a deliure q̃ ieusse ores plus de mille li/
ures de blancs esterlins, q̃ ie nay mye se fort
subtilemẽt ny feusse gouuernee. Et cõbien q̃
ie feusse belle, ieune, nyce et fole, iamais en le
scole damours ne fus ou on seust la theoricque
Mais touchant la practique ie la scay toute
iusques a la bataille. Ceulx q̃ iay hantez en
mon aage mẽ ont fait saige expressement,
pourtant nest droit q̃ ie vous faille dapprẽdre
les biens que ie scay puis q̃ tant les ay esprou/
uez. Cellup fait vng tresgrãt bien q̃ conseille
ieunes gens et nest merueille se ney scauez ne
quartier ne aulne, car le bec par trop iaune a/
uez. Mais tant de bien ya en moy q̃ iay eu la
science, ains q̃ finee soye. Pourquoy se ie mõ
te en chayere pour lire ma doctrine lon ne me
doit ne fuyr ne despiter. Puis que lon trouue
sens et vsage en gens de grant aage, il est biẽ
esprouue de plusieurs q̃ vsage et sens quoy q̃lz

layent achapte leur est dimoute pour leur cha
stel. Or puis donc que iay sens et vsage quoy
que ce ne soit sans dommaige grãt iay de ceu
maint vaillant hõme quãt il est cheu en mes
lacz. Mais ie fuz premiere deceue par iceulx
auant que ie men soye apperceue lasse dolẽte
ce fut trop tard iestoye hors de ma ieunesse.
Et puis ie regardoye q̃ mon huys q̃ de iour et
de nuyt ouuroit, et donnoit entree aux amou/
reux estoit en oyseuse cõme cellup q̃ plus nou
roit a q̃ luicter plus ne scauoit. Nul ny vint
huy, nul ny vint hier. Lors pensoye en moy,
mesmes lasse chetiue il auient que ie viue en
tristesse le cueur me veult partir de grãt dueil
Et quãt ie vois mon huys auoir repos ie pen
say de moy partir du pays. Et pource q̃ ne po
uoye endurer honte ie me tins close ome reclu
se. Cõment me seroit il possible de viure sans
desplaisir quãt ie veoye les gẽtilz cõpaignons
qui tant chiere et bien amee me tenoiẽt que ne
sen pouoient lasser, et les veoye illecques pas
ser en moy regardãt de coste, voire ceulx qui
aultrefoys auoient este mes hostes la saulto
ient a lenuiron de moy, et ne me prisoiẽt la va
leur de vng oeuf. Et ceulx mesmes qui plus
mauoient aymee estoient ceulx q̃ me nõmo
ient vielle ridee, et disoient encores pis, ains
quilz feussent passes oultre. Daultre part mõ
enfant gentil ie le dys q̃ nest hõme tant soit
bien entendu sil na grãt dueil essaie q̃ scauroit
penser quel douleur me tenoit au cueur quant
me souuenoit des beaulx ditz, des doulces plai
sances, des doulx deduitz, des doulx baisiers
et des tresdoulces accolees q̃ trop tost sen sont
volees, voire sans retour. Mieulx me vaul
droit estre emprisonnee en vne tour q̃ dauoit
este si tost nee. Mon dieu en quel soussy me
noient les beaulx et plaisans dons q̃ mestoient
failliz, cen quel tourment me remettoiẽt ceulx
qui mestoiẽt demourez. Las et pourquoy fus
ie oncques nee? A qui me plaindray ie a qui,
fors a vous q̃ iay tant chier. Aultremẽt ven
gier ne men puis que par ma doctrine apprẽ
dre, laquelle ie voꝰ enseigne. Et quant bien se
rez endoctrine voꝰ ne vẽgerez de telz ribaul

beaulx. Et quant la viendra sil plaist a dieu il vous souviendra de ce sermon/ et de le tenir sil vous en peut souvenir aurez avantage grant a cause de vostre ieune aage. Car platon dit que de ce que lon apprent en enfance la memoire est tresgrande de quelque science que ce soit. Certes mon cher filz se ma ieunesse estoit ores en bruyt comme est la vostre/ lon ne pourroit escrire en droit la vengeance que ien prendroye. Tous les mettroye en male honte/ et feroye tant de merveilles que oncques les pareilles nouyes de ces ribaulx qui me ledengent et desprisent passans et repassans si vilement emprès moy. Certes ie feroye tant a iceulx ouyr aux aultres comparer sans pitie ou respit le grant orgueil et despit quilz me font. Scavez vous en quel point ie les mettroye selon le sens que dieu ma donne/ duquel vous avez ouy le sermon. Je les plumeroye et prendroye tant du leur a tort et a travers que devoiter les feroye des vers/ voire et gesir tous nudz sur les fumiers/ desquelz les premiers seroient ceulx qui me aymoient de meilleur cueur et qui plus loyaulment se penoient de moy servir et honnorer. Ne leur laisseroye la valeur dung ail se ie pouoye que ie ne eusse tout au fons de ma bourse en telle poureté seroient mis/ si les feroye tous treppeler aprés moy par vive rage. Mais quoy le regret ne my vault le temps passé ne peut plus revenir. Jamais tenir ne les pourray/ car iay la face tant ridée quilz nont garde de ma menasse. Trop bien me diroient les ribauldz qui tant me desprisent que ie seroye fort laide si que dés lors ie me prins a plourer. Et par dieu encores près ie grant plaisir et me delicte en ma pensee quant ie me remembre du bon temps et de la iolyette vie que iay eu. Tous les membres me rebaudissent/ mon cueur sen resiouyst/ mon corps sen rateunist. Et brief toutes les fois que ie men recorz de lamoureux fait/ il me fait tous les biens du monde. Que diray ie plus/ combien que iaye esté deceue au moins ay ie eu ma plaisance. Jeune dame nest oyseuse q tient ioyeuse vie. Mesmement celle qui pense dacquette pour sa despense faire. Or suis venue en ceste contree rencôtree de vostre dame ialousie qui en son service ma mis et en sa pourprise pour vous garder. Nostre sire dieu q tout garde doint que bonne garde ien puisse faire/ si feray certainement moyennant que Bel vous ytenez. Mais sa garde seroit fort perilleuse pour la merveilleuse grant beaulte q nature a mis en vous/ se icelle ne vous eust apprins prouesse/ sens/ valeur et grace. Or puis q temps et space nous viennét appoint mieulx quoncques mais/ et que nauds quelque destourbier de dire ce q nous voulons/ ie vous doy conseiller du tout/ si ne vous deuez esmerueiller se ie recouppe ma parolle. Je vous dys bien avant le coup que en amours ne vous vueil bouter/ mais sil vous plaist entremettre voulétiers vous monstreray les chemins et les sentiers q ie deuoye tenir/ ains q ma beaulte sen feust allee. ⁋ Lamant. ⁋ Atant se taist et souspire la vieille pour ouyr ce que Bel acueil Vouldroit dire qui rien ne respondit. Et quant icelle apparceut ql prenoit paine descouter son propos de lentendre et de luy faire sans y faire contredit il luy souvint de ce comun puerbe. Qui ne dit mot il ottroye. Et lors la faulse vieille et servie q sa venue encommenca fut celle q par ses doctrines me cuida faire lescher le miel sur espines/ Car ainsi q me racompta celuy q le compte a retenu: elle voulut que ie feusse amy clame sans estre aymé par amours. Et se ie leusse creu certainement elle me eust trahy/ ce q point ne fist pour nulle rien que sceut dire/ pource elle me fiacoit et iuroit si ne masseuroit aultrement

⁋ Moralite

⁋ Par le ieune bel acueil et la vieille redée puis entendre lame simplette et la rusee en amour espirituelle. La vieille selon le devne de lhystoire estant ieune de aage decoree de grant beaulte/ cest a entendre de nobles graces et excellentes vertus eut plusieurs requerans fort enuyeux de son bon heur pour la chasser a honte miserable et luy faire perdre lamour du filz du roy sempiternel/ tellement q les rybauldeaulx

q

fueillet

enflammez de concupiscence par qui tendz
les malignes temptacions hurtoient souuēt a
son huys, brisoient de nuyt ses fenestres & en
troient en sa maison lors quelle estoit acōpai
gnee d bōnes meurs & deuotes pēsees, ꝑ quoy
grosses meslees & debatz fort horribles se en
gendrerent souuēteffois entre les vertus & les
vices. Et quāt elle a perdu la beaulte de son
corps & se trouue vieille, riddee, chanue, laide
noire et peauchelue si debilitee q̄ cheminer ne
peut sans potences ou crochettes, elle regrete
le temps passe. Aussi aucuneffois si delicte,
aucuneffois se despite. Mais quant elle est
vraye penitēte & enflamee de lamour supnel
se il luy sēble biē se elle psperoit en sa flouris
sāt ieunesse elle se vēgeroit obtiēdroit victoi
re de ses enemys q̄ sont succobee ꝑ tēptacion q̄
la dcābēt maītenāt & le dēgēt volās & passās
deuāt elle. Or pour ce quelle na mēbre nul
dont elle puisse merir salut si non le cueur & la
lāgue elle se prēt a instruire & endoctriner sa
me simplette & fort deuote nouuellement en s
chappelee de lamour de nostreseigneur. Car
il nest si bon courretier q̄ de marchant failly.

¶ Le. lViii. chapitre. Les persuasiōs
que fait la Vieille a bel acueil, affin d
mettre son cueur en plusieurs lieux se
cōforment a nature dyabolicque q̄ sen
force de pturber le iuste, affin q̄l dlais
se les cōmandemēs de son createur.

¶ La Vieille

Beau tresdoulx filz, belle chair
tendre apprendre vous vieilles
ieux damours, Affin que deceu
ne soyez Et quāt receu les aurez
cōformez vo° selon mon art, car nul ny peult
passer sans bestre vēdre se il nest bien informe
Or pensez de bien entēdre & reduire a memoi
re lhystoire que ie scay. Beau filz quil veult
iouyr de aymer dont amer & doulx est le mal
sauoir doit les cōmandemens damours & soy
garder de les tirer a luy. Iceulx cōmandemēs

Vous diroye tous se ne scauoye certenement
que naturellemēt auez de chascun a cōble me
sure ce que auoir en deuez. Et se scauoit les de
sires ie vous dys quilz sont en nōbre dix. Cel
luy qui sencōbre de scauoir les deux qui au der
renier sont qui ne valet vng faulx denier, Il
est moult fol, il pert son estude, & saffolle q̄ les
ensuyt. Car en escole ne doyuent estre leuz.
Mais les aultres huyt vous seront haban
donnez. Celluy charge malemēt les amans
qui veult ou conseille que lon doit mettre son
cueur en vng seul lieu. Cest faulx texte & est
fausse lettre. Amours le filz venus mēt icy
faulsemēt. Nest nul qui croyre le doye. Qui
le croit il le comperra chier, comme apparois
tra en la fin. Mon beau filz ne soyez auarici
eux, apez vostre cueur en plusieurs lieux, ne
le mettez en vng seul ne le dōnez, ne le prestez
mais vendez le chieremēt par rencherissemt
faisant. Gardez aussi que celluy q̄ lachapte
ra bon achapt nen puisse faire. Plus tost se ar
de ou pende ou noye quil saut pour quelq̄ cho
se quil donne. Sur toutes riens ayez les poi
ngs cloz au donner, et au prendre les mains
ouuertes. Si notez bien ces poins, car certai
nement donner est grant folie, si non vng pe
tit pour attraire gens, en esperant que grant
preu en viendra. Lon pourroit tel don attēdre
tel chose que mieulx on ne le scauroit vendre.
Ie vous habandonne telle maniere de dōner

car bon est donner a celluy qui donne puis que son don multiplie en gaigne. Et se du gaigna ge est certain repentir ne sen pourra/ pourtāt a tel don me vueil consentir. En oultre tant de lare comme des cinq flesches qui de bōnes teches sont plains & subtilemēt fierent/ vous scauez traire tant saigement q̄ oncqs amours le bon archier de son arc chier ne d̄ ses flesches ne descoucha mieulx q̄ vous qui mainteffois les auez traictes. Toutesuoyes vous nauez tousiours sceu ou le coup en est cheut/car quāt son traict a la volee tel recoyt la colee que lar/ chier ne sen donne garde. Mais quil regarde vostre maniere si bien scauez & traire & tendre que riens aprēdre ne vous en puis/ Tel pour/ ra estre naure cy apres d̄ qui se dieu plaist vo⁹ aurez grant preu. Besoing nest que ie me tra naille de vous apprēdre latour des robbes ne des garnemēs/ dont voz paremens ferez de/ uant gens/ affin quil leur semble que plante valez. De ce la ne vous peut chaloir/ vo⁹ sca uez la chanson de pygmalion que tant maues ouy chanter lors que nous allions iouer. Pre nez garde de vous bien parer vous en scauez plus q̄ ne font les beufz de abanneer/ mestier ne vous est de apprēdre tel mestier. Et se ce ne vous peut suffire vous me orrez dire cy a/ pres tel chose se entēdre y voulez/ ou pourrez prendre bon exemple. Et si vous en puis bien tant dire que se desirez estre vng tresbon amy ie vo⁹ conseille mettre & bouter vostre amour au seruiteur qui tant vous aymé & prisé. Nō pas trop fermemēt/ mais aymez hardiment des aultres. Ie vous en querray assez/ dōt a/ masserez grant tresor. Bon fait accointer hō/ mes riches sil nont les cueurs chiches & aua/ ricieux. Et sil est nul qui bien les saiche plu/ mer bel acueil en tire ce quil veult parmy tāt quil donne entendre a chascun q̄l ne vouldroit aultre amy prendre pour mille marcs de fin or molu. Et peut bien iurer que sil eust vou/ lu souffrir que aultre de luy eust prise la rose fort requise/ il fust chargie dor et de ioyaulx/ mais son cueur est tant fin & loyal que nul ny tendra la main/si non celluy seul qui lors la ti

endra. Et silz sont mille amoureux bel acueil doit dire a chascun deulx/ beau sire vous lau/ rez tout seul: iamais aultre que vous aura ia dieu me puisse faillir au besoing se ie la depar tiz. Doce peut il iurer et bailler sa foy/ne luy chaille sil se pariure dieu se ryt de tel serment qui legierement le pardonne. Iuppiter & les dieux ryoient quāt se pariuroient les amans. Les dieux mesmes se pariurerent quant il ay merēt par amours Iuppiter pour asseurer sa femme Iuno/ iuroit haultemēt par les palus denfer & faulsemēt se pariuroit/ parquoy les faulx amans deueroient estre bien asseurez d̄ pariurer sainctes & sainctz mōstiers & teples/ puis que telz exemples leur donnes les dieux Mais se dieu maist moult est fol celluy qui croit lamant pour iurer. Car leurs cueurs sōt muables. Nō estables sont ieunes gēs si sont les vieulx qui souuenteffois mentent de leur serment & de leur foy. Vous deuez scauoir q̄ celluy qui seigneur est de la franche feste doit prendre son toulieu par tout/ & celluy q̄ ne peut mouldre en vng molin aille a lautre plus tost que le cours. Poure secours a la souris et fait sa druge en grāt peril qui na que vng pertuis a reffuge. Ainsi est il de la femme qui est da/ me d̄ tous marchiez qui pour elle sont faitz d̄ ceulx qui la desirent/ par tout doit prendre de lauoir. Et quant elle y auroit bien pēse sa pen see seroit fole selle nauoit q̄ vng seul amy. Ie vo⁹ iure sainct liffart de meun q̄ son amour li ure en vng seul lieu na pas son cueur franc et deliure ains la asseruy. Et telle fēme a bien desseruy dauoir assez ennuy & paine/ puis q̄lle se paine dauoir vng seul hōme/ car selle fault dauoir efforț/ p̄ luy nul aultre ne la cōfortera. Celles q̄ leur cueur baillent en vng seul lieu sont celles q̄ plus faillēt dauoir cōfort quāt en fin les hōmes les fuyent/ et sen ennuyēt lors quilz en sōt las: parquoy la femme ney peult venir a bon chief.

¶ Moralite
¶ Par la vielle q̄ sentremet de monstrer les ieux damours a la ieune fille est entendu lenuyeuse & venimeuse serpēte nature dyabo

fueillet

tique: laqlle pfideront lame de la fille deuote enchapelee de nostre seigneur son seul parfait et singulier amy senforce de la bouter hors du chemin salutaire par faulses cautelles τ deceuables persuasions. Et premieremēt lĩduit a transgresser aulcunes des dix cõmandemēs icy dessus mencionnez. Lenhorte aussi dauoir amoureux par quarterõs, par miliers τ sans nombre. De vendre son corps τ de mettre son cueur en diuers lieux q̃ chose est deshõneste ex orbitant du train de loyal amour, τ fort cõtraire a bõnes meurs. Encores la cruelle soupceṛ riee τ puerse trafficqueresse pour le alaischier d̃ vaine gloire luy met auant q̃ fort bien scet le ieu de larc: ensemble le trait des cinq flesches amoureuses. Mais la ieune fille veult estre loyalle a son parfait et vray amy le createur pdurable, elle mettra cest arc dessoubz les piedz, brisera les cinq flesches, τ employera ses cinq sens a cõdoloir par cõtemplacion les cinq playes. Dont son amy fut naure en larbre de la croix pour la redẽption humaine. Et ce faisant acõplira ce que dit sainct Pol. Hoc sentite in vobis quod est in ppo iesu.

¶ Le.lix.chapitre. Loccision q̃ fait dido d̃ soy mesmes pour enee sõ amoureux est cõparee a la deuote ame religieuse qui se fourre en peche mortel p appeter lhonneur mondain, dont elle est fort enamouree.

¶ La vieille

Dido royne de cartaige ne peut oncq̃s tenir Enee son amy auq̃l elle auoit tant dauantage fait quelle lauoit receu, reuestu τ repeu cõme las et fuitif du pays de troye, dont il estoit natif. Et pour la grãt amour q̃lle auoit en luy honoroit ses cõpaignõs, luy fist faire tout son nature. Et pour luy cõplaire τ auoir son amour luy dõna sa cite son corps τ son auoir. Et icel, luy Enee luy asseura, promist τ iura q̃l estoit sien a tousiours, ne iamais ne la laisseroit: mais icelle nen ioyst gueres, car le traistre sẽ fuit par nauire τ sans cõgie prẽdre, dont elle p dist la vie, car le lendemain de son partement soccist de sa propre main, τ d̃ la mesmes espee qlle luy auoit dõnee. Et quãt elle se remẽ broit de son amy, τ q̃ son amour auoit perdu: elle print lespee nue, dressant la pointe contre mont, τ soy poingnant soubz les deux mãmel les se laissa cheoir sur icelle espee, q̃ fut chose fort pitoyable a veoir. Cellui auoit le cueur fort dur q̃ nauoir cõpassion de la belle dido qui ainsi fischa son corps sur la pointe de lalemel se, en dõnant fin au dueil quelle portoit pour la grant desloyaulte que luy auoit fait Enee

¶ Dame Philis fina aussi miserablemēt ses iours τ se pendit, pource q̃ Demophon son amy trespassa le terme lequel il luy auoit promis τ iure sa foy de soy trouuer vers elle.

¶ Moralite.

¶ Par dido royne de cartaige peut lon entẽ dre la ieune dame religieuse nouuellefit couronnee pfesse ou adõnee a nostre seigneur: qui non bien mortifie, mais aspirãt aux biens tẽ porelz receut en son hostel vng cheualier aduãtureux nõme Enee, par q̃ lon entẽd hõme mondain. Icelle q̃ faire ne deuoit fischa totalement son cueur sa pẽsee audit cheualicr, q̃ luy pmist loyaulte, τ iamais non habandonner. Mais le faulx traistre q̃ maĩt aultre en auoit deceu se partit delle sans cõgie prẽdre, τ sensui pt soubdainement/ parquoy la desolee et mal heureuse dido fort esguillonnee de desespoir se occist de ung glaiue mortel/ q mena son ame a perdicion eternelle.

¶ Pareillement pourroit on dire de Phillis qui se pendit pour Demophon.

¶ Le.lv.chapitre. Lystoire de paris qui delaissa zenone sa premiere amou/ reuse et rauit heleine/ se conforme au peuple paganicque qui relinquit ydo/ latrie pour prendre la foy catholicque.

¶ La Vieille

Paris semblablement auoit donne a zenone son amour: icelle luy auoit donne aussi son cueur et corps/ mais Paris tantost luy retollit son don. Paris toutesuoye pour cofirmacion d son sermet auoit escript d son coutel a maniere de chartre aucunes petites lettres en lescorce d ung peuplier stenat en substace que quat pancus retourneroit il la laisseroit. Icelluy pancus al lant a la fontaine onc puis ne retourna/ et pa ris la delaissa/ q print et rauit Heleine.

¶ Moralite.

¶ Paris filz du Roy prian peut estre fi/ gure au peuple paganicque/ q combien quil fust cree du Roy eternel/ toutesuoyes il senamou ra en sa ieunesse de zenone/ par qui ientendz ydo latrie fole/rude/et vilaine/habitans es forestz et desertz/et entre bestes saulauges. Mais quant paris eut enoille la tresbelle et gracieuse hele ne/par q ientendz la loy pprienne nostre mere saincte eglise espouse du pperpetuel menelaus/il entreoublia sa pmiere dame par amours/et se tint a la secode q sautre excedoit en beaulte/sci ence et noblesse. Ou disons q paris tresillu/ stre prince et filz de Roy/ repsente la tresincli/ te et tresopulete cite de paris/ q des sa primiti/ ue fondacio estoit maculee de heresie si q pour labhominacion de son erreur/fut nomee lutes se/comme plaine de boe/ dordure et de fange/ mais depuis q paris senamoura de la foy ca/ tholicque/voire et de la saincte empoule/ dont clouys pmier Roy pprien fut enoinct. Le glo/ rieux ceptre Royal a tousiours pspere iusq a ce iour. Et paris q se nomoit lutesse a main nant en elle selon les lettres de son nom/ Puis sance/auctorite/richesse/iustice/et sapience.

¶ Le.lvi.chapitre. La conque/ ste de la toyson dor/ faicte par ia/ son nous est figure de la redempcio humaine faicte par Jesuchrist.

¶ La Vieille

De fist oultre plus tason de la sai ge medee q lobee fut vilainemet par luy apres quelle lui garanty de mort il luy mentit faulsement

fueillet

de sa foy/ & toutesuoyes elle le deliura par ses charmes des thoreaulx iectãs feu p la gueul/le qui venoient pour le depescher: tellement quil ne fut blesse & ne sentit ne feu ne flamme Medee pareillemẽt endormit le serpent & le fist tãt sommeiller q esueiller ne se peut. Et quãt aulcuns cheualiers naissans de la terre se dresserent sur piedz fort batailleres & forsenez contre iason/medee fit tant q quant icelluy iecta vne pierre entre eulx ilz sentreoccirent Brief elle besongna tellemẽt/tãt par art ou par poison que iason la toison cõquist. Et pour lentretenir en son amour fist eson son pere resiouue/nir. Ne desiroit aultre chose de luy si non estre aymee cõme elle souloit/ et affin que mieulx gardast sa foy/icelluy regardast ses merites. Mais iason le faulx deceleur/le faulx desloyaulx lierres la delaissa cautelleusement. Et quãt elle se vit deceue cõme esprise de dueil et de grant raige elle estrangla ses ppres enfãs qui de luy auoient este conceuz/cõme fole& pou saige oublia pitie de mere/ce q meraistre ame/re ne feroit q fut chose incredible de tresbortible & detestable oultrage. Mille aultres exẽples pourrois ie dire se ne doubtoye faire trop long compte. finablemẽt telz amans se mocquent & trichent des fẽmes. Ce sont rybaulx qui par tout se boutent. Et aussi sans bouter ne ficher son cueur en eulx on les doit lobber & gabber. La femme est bien fole qui son cueur met en vng seul hõme/ ains doit auoir plusieurs amys & tellement cõplaire a iceulx que toꝰ les mette en malaise/si acquierea grace selle nela/& soit tousiours fort fiere a ceulx q son amour vueillẽt desseruir/& q le plus pres de la seruir se painẽt. Si se doit effozcer dacueillir ceulx q de son amour ne font force. Doit scauoir ieux & chansons & fuyr tensons & noises.

❡Moralite.

❡Jason filz de roy/tresnoble cheualier peut estre cõpare a iesuchrist nostre redẽpteur qui pour cõquerre la toison doz. Cestassauoir la despouille estant au limbe/ dont les cieulx

doiuẽt estre parez: se vint loger en lhostel dũg roy aueugle nõme phineus pere d medee/par qui ientens le peuple des iuifz aueugle/ & par medee la sinagogue diceulx. Medee dõcques amoureuse de iason cõme il sembloit luy enseigna par prophecies/cõbien que toutes les scauoit quel train il deuoit tenir en sa cõqueste et tenantsa doctrine se cõbati puissainment contre les beufz durs/cõme me tal iectans feu et flamme q furent les scribes & les pharisiens. Et finablemẽt subiuga le venimeux serpent gardant la toison/par lequel serpent ientens le prince de tenebres. Il luy tira les dens hors d la gueulfe/ si que les ames il ne peust mordre et sema les dens dicelluy auant les champs/desquelles sengendrerẽt ges armez/ qui lung lautre occiront: qui furent faulx titãs auant le monde hideux satallites du dyable. Jason doncques a force darmes cõquist la toison doz pour aorner reuestir & repeupler les sainctz sieges de paradis. Mais icelluy iason saichãt q medee estoit grande sorciere & moult terrible enchanterresse il la relinquit du tout et espousa nostre mere saincte eglise fort prudẽte veritable & honneste. Ceste mauldicte sinaggogue voyant la victoire de iason & la liece de sa nouuelle femme cõme aguillonnee de ialousie entra en telle forsennerie & oultrageuse raige qlle destruist ses ppres enfans filz de iason/voire par adoption cõme furent sainct Estienne/sainct Iacques & aultres bien heureux & glorieux martyrs Elle cuida bien faire deuorer iason & les siens par les gẽs darmes engendrez des dẽs du dragon venimeulx/mais p le iect dune pierre q fist iason/Cest a entẽdre par la vertu de mõseigneur sainct pierre sur q leglise est fondee q peut clozre & ouurir les cieulx/ nulle vigueur nont eu sur les ouailles/mais plus tost se sont les loups par q ientens les iuifz disparz par le mõde. Item par la toison ou le veaure doz pouez entẽdre les despouilles d laigneil innocent qui sont les biens temporelz de leglise gardez contre raison/ & detenuz par les Dragons et les Beufz/Par qui ientens les mauluais titans qui les detiennẽt a force

et les mauluais laboureurs q̃ ne veulent pay
er leurs dismes/ ains gectent feu ⁊ flame sur
ceulx qui les demãdẽt. Et le trespreux ⁊ vail
lãt champion iason est acõpare au tresvertueux
et hardy plat q̃ a laide de medea ou media dea
la tresglorieuse vierge marie mere de nostre
redẽpteur a demy deesse doit tellement milli
ter que il puisse recouurer sur les infideles et
mescreans ennemys d̃ nostre foy le patrimoi
ne/ la toison/ le beaute ⁊ la vesture d̃ son tres
chier ⁊ bieneure enfant.

¶ Le.lvii.chapitre ainsi q̃ fem
mes doiuẽt couurir leurs impar
fections pour cõplaire a leurs a
moureux si doiuent les ames pe
che tresfees musserleurs vices p̃
penitence affiy destre agreables
a leur createur.

¶ La Vieille.

SE la fẽme nest belle elle soit co
inte/ ⁊ la plus laide/ le plus cointe
atour/ ⁊ se elle doit cheoir les che
ueulx de sa teste blonde qui grant
dueil luy seroit a veoir ou q̃ p̃ aulcune mala
die dont enlaidie seroit elle fust cõstrainte de
les tondre ou q̃ par courroux les eussent aulcũs
tiraulx si q̃ apder ne sen peust/ face tãt que lon
luy apporte pour recouurer grosses treisches

les cheueulx dune fẽme morte/ ou elle prẽne
blondes boureaulx de soye ⁊ boute tout en ses
fourreaulx: si porte telles cornes sur ses oreil
les q̃ ne soit ne cerf/ ne bouc/ ne licorne/ q̃ se ef
fronter se deuoit il puist ses cornes sur monter
Et se les cheueulx ont mestier destre taintz el
le les tainde en ius de plusieurs herbes/ car
pour medicines faire ont force fruict/ fust fu
eille/ escorce ou racine Et se dauãture elle per
doit la couleur de sa face/ dõt grãt douleur au
roit au cueur/ elle procure tãt quelle ait en ses
chãbres oingtures moistes dedãs des boistes
bien mussees pour soy farder/ mais se doit bien
garder q̃ nul d̃ ses hostes ne les puist sentir ne
veoir/ car grãt meschief luy en pourroit adue
nir. Se elle a beau col ⁊ gorge blanche elle
doit garder q̃ celluy q̃ trẽche sa robbe luy escol
lette si bien q̃ sa chair appare blãche et nette si
dung pied derriere ⁊ deuãt/ car plus deceuant
elle en sera. Et selle a trop grosses espaules
elle porte robbe de drap delie/ affin q̃ aux dan
ces et aux carolles elle appare de moins fait
port. Et selle na les mains belles ⁊ nettes a
cause des citõs ou bubettes q̃ la sõt se doit gar
der de les y laisser/ mais les doit faire oster de
lesguille ou elle boute ses mains en ses gandz
affin q̃ lon ne voye ne bube ne roigne. Et sel
le a trop laides mãmelles prenne affin de les
musser couurechief ou touailles pour son pis
estraindre ou pour les çaindre au tour de ses
costez: si les face atachier couldre ou nouer pu
is sen aille iouer. Et cõme bonne fillette tien
ne nette la chambre de venus/ car selle est sai
ge ⁊ bien enseignee ne laissera nulle ptaigne
autour quelle ne les arde/ atrache ou housse
si que la mousse ne si puis cueillir. Selle a
gros pied il soit tousiours chausse. Selle a
grosse iambe elle ait tenure chausse. Et brief
selle sent quelque vice sur elle couurir le doit
se moult nest nice. Et selle auoit mauuaise
alaine griefue paine ne luy doit estre de soy
garder de point ieusner de parler aux gens a
ieun ⁊ datoucher de sa bouche le nez des gens.
Et selle veult rire elle rie tant bien et saige
mẽt quelle descouure les deux fosettes de ses

toutes sans les enfler par force de rire/et sans ses moes restraindre. Ses leures ne soient ouuertes par ses risees/car elles doiuent musser et couurir les dens. Femme doit rire la bouche close/car belle chose nest rire a bouche estandue. Elle sembleroit estre trop large et trop fendue, et aussi se par cas dauanture elle auoit les dens laides et mal ordonnees par telles risees seroient elles veues/dont elle seroit moins prisee. Semblablement y a bien maniere a plourer/combien que chascune est bien coustumiere de ce faire en quelque place quelle soit, ja soit ce que on ne leur face ne grief ne honte ne molestes tousiours sont prestes leurs larmes, toutes pleurent, toutes scauent plourer en tel guise quelles veulent. Mais homme saige mouuoir ne se doit quant il verroit choir larmes de leurs yeulx aussi espesses quil plus iamais ne oncques femmes ne fit telz pleurs telz dueilz ne telz esbahissemens que ce ne fussent conchiemens ou deceptions pour attraper quelque vng. Pleur de femme nest riens que aguet. Il nest douleur ne barat quelle ne treuue : et sur toute rien elle se doit garder que par parolle ou par oeuure elle ne descouure le secret de sa pensee. Il affiert bien que la femme seant a table soit de couenable contenance, mais auant quelle soit assise elle se doit monstrer auant lhostel affin de donner a entendre aux hostes quelle est fort empeschee de bien faire la besongne. Elle doit aller et venir auant et arriere et la derniere seoir/et encores les doit elle faire attendre auant quelle puisse entendre a eulx. Et quant elle sera a table face seruice a toute la compaignie de tailler deuant les aultres et de bailler du pain/et souuerainement doit seruir le compaignon quy doit menger en son escuelle, affin de desseruir sa grace/elle doit mettre deuant luy et tailler cuisse ou esle ou beuf ou porc selon quil y aura vitaille/tant de poisson comme de chair ne ait le cueur es chars de le seruir/moyennant quil veuille souffrir. Et se doit bien garder lors de mouiller ses dois au brouet iusques aux ioinctes/et quelle nait de soupe daulx ne chair grace les leures ointes, et nentasse dedans sa bouche trop de gros morseaulx/mais touche du bout des dois le morsel que elle veult bouter en la saulce soit verte ou cameline ou iaune/elle doit bien sa bouchee porter tant saigement que rien ne chee ou degoute sur son pied ne de soupe ne de saulce noire. Et doit tant saigement boire que goute ne respande sur elle/car cestuy qui verroit ce mal aduenir la pourroit tenir pour trop rude ou trop gloute. Ne touche nul hanap tant quelle ait le morsel en la bouche/et la torche si bien que nulle graisse ne si puisse aherder voire en la leure desseure/car quant elle y demeure les mailletes ne belles ne nettes apparent au vin. Boiue petit a petit quelque grant appetit quelle ait, ne boiue a longue alaine ne a hanap na plaine couppe/mais menu et souuent affin quelle ne smeuue les aultres a dire que trop engorge et boit a gloute gorge. Mais le coule deliement sans engouler le bort du hanap comme font plusieurs nourrices tant gloutes et nices que elles versent vin en leurs gorges creuses et vuydes comme lon feroit en vne beuse et tant entonnent de grans traicts quelles sen confondent et estonnent. Et sur toutes choses se garde denyurer, car secret ne peut estre cele en homme ne en femme yure/et puis que femme est enyuree il nya quelque deffence/tout ce quelle pense elle iangle et dit. Et lors que elle est adonnee a tel meschief elle est a tous habandonnee. Se garde aussi de dormir a table/car moins aggreable en seroit/si aduiennent plusieurs laides choses a ceulx qui ainsi se maintiennent. Lon ne doit sommeiller es lieus establis au veiller/plusieurs en ont este deceuz qui sont cheuz par maintesfois deuant derriere ou de coste et sen sont brisez les bras/teste ou coste/elle se garde de ainsi dormir/et luy souuiengne de palinurus le gouuerneur de la nef enee gouuernee sauoit fort bien en veillant/mais quant somme lenuahyt il cheut du gouuernail dedans la mer/a pou quil ne noya aulcuns compaignons qui plouterent apres sa mort. La dame se prenne garde que trop ne tarde a touer le feu damours/tant attendre pourroit que nul entendre ny vouldroit. Elle doit querre le deduit tandis quelle est ieune. La violet se pert damours la ioye & le sault/ quant elle assault/ Mais quant la femme est saige elle cueille le fruict amoureux en la fleur de son aage. Car la lasse pert antant de son temps qu'elle en passe sans iouyr damours. Et se mon conseil ne croit q ie luy met auant pour le commun prouffit elle sen repentira quant flestrie sera de vieillesse/ mais ie scay de verite q celles q seront saiges me croiront/ tenant noz reigles disans maistres patenostres pour moy quant morte seray/ car ie les enseigne & pforte/ & bi scay que en mainte escole ma polle sera leue & ouye. Beaulx tresdoulx filz se vo9 viuez voultiers au liure de vostre cueur/ escripuez mes enseignemes/ & quant departirez de moy sil plaist adieu les lirez/ & serez maistre comme moy/ q du lire vous donne conge malgre tous chanceliers/ par chambres/ par celiers/ par iardins/ par gaudines/ soubz pauellons/ soubz courtines & de vous enfermer auec les escoliers par garderobes/ par soliers/ par despences & y estables se lieux plus delictables nauez pour lire ma lecon quant bien laurez retenue. Dultreplº la femme se doit garder destre trop enclose en son hostel/ car tant plus y repose/ tant moins est veue de toute gens/ & sa beaulte en est moins cogneue/ moins couuoitee & moins requise. Voire a la mere eglise souuent/ face visitacions/ a processions/ aux noces/ aux ieux/ aux festes/ aux caroles/ car le dieu damours et la deesse chatent la ■ a ses disciples/ & tient ses escoles en telz lieux. Mais quat quelle se parte de son hostel elle soit bien miree & bien atiffee/ & quat elle se sentira bien en point pour marcheir sur les rues ses alleures soient fort belles ne trop molees ne trop dures/ trop estellees courbes/ mais en toutes tourbes soiez fort plaisans/ elle meuue les espaules & les costez si noblemet que len ne treuue nulle d plus bel mouuemet ne marchant plus toliement de ses beaulx petis soletez quelle aura fait faire tant petis proprez & estrois/ qlz ioinderont aux pieds si apoint & si iustemet/ q point front te ny aura. Et se la robbe luy traine encliner se doit au pres du pauemet & faire maniere de

la leuer/ soit de coste ou sur le deuant/ comme selle voulsist prendre vng petit de vent/ ou soy escourchier pour auoir le pied mieulx au delivre/ & face tellemet son fait q celluy q la voye passer voye la belle forme de son ioly pied, et selle porte mantel/ porter le doit par telle faço quil ne oste la veue/ & ne face umbre ne encombre a son corps/ affin quil appare plus bel/ & q le tyssus dargent dont il est pare/ fort bien dore a ples menues sans estre trop gros ne trop gresle ensemble lausmoniere soyent veues et le doit prendre son mantel a deux mains/ les bras eslargis & estendre en quelque voye que ce soit: soit belle ou boueuse/ & luy doit souuenir come le paon fait la roue de sa queue/ Affin q semblablement face la sienne de son mantel/ & que la pene dicelluy soit vaire ou grise/ ou telle quelle sera auec son gent corps soyent monstrez a ceulx q muser vouldront a lencontre. Et selle nest belle de visaige/ come sage leur doit tourner ses belles tresses/ blodes chietes & tout le basterel/ voire quat elle sent quelles sont bien en belles tresses. La beaulte d cheueleure est fort plaisant/ & pource doit la femme mettre cure a resembler la louue/ quant elle veult embler les brebis/ combien que faillir ne peut du tout pour en auoir vne seule/ Elle se fourre entre mille/ & ne scet tant quelle sa tire laquelle elle prendra/ ainsi doit la femme par tout tendre ses rethz pour tous les homes prendre. Et pource que scauoir ne peut/ desquelz elle pourra auoir la grace/ elle doit atacher son croc a tous pour du moins en tirer lung a soy/ aduenir ne pourra q entre tant de milliers de folz elle nen pregne vng q tresbien ses illiers luy frotera/ voire p aduanture plusieurs/ car art ayde moult a nature. Et selle en acroche plusieurs q en broche la veulent mettre/ garde soy bien coment que la chose voise quelle ne assigne deux amas a vne mesine heure/ Car quat plusieurs se trouueroient ensemble ilz se tiendroient pour deceuz/ si labandoneroient qui luy seroit vne grat rabaisse/ quat tout ce quil/ auroiet aporte luy eschaperoit. Riens ne leur doit laisser dont engraisser puissent/ Ains les

t

fueillet

doit en tel pourete mettre quilz puissent mourir malheureux et endetez et celle en demeure fort riche. Car tout le remanāt vault que perdu. Ne luy chaille daymer poure hōme il nest rien qui vaille, quant ce seroit Ouide ou Omer ung gomer ne vauldroit il. Ne doit mettre son amour en son hoste, car ainsi quil met z oste son corps en herbergeages divers, ainsi a il le cueur volage. Mais toutesuoyes sil luy offre aulcuns ioyaulx en passant z repassant ie luy cōseille prendre tout z lancer en son coffre: z celluy en face son plaisir cōme il lentent soit a haste ou a loisir. Elle se garde bien de priser hōme plain de grant mignotise ou q se vante de sa beaulte, car orgueil le tempte, ne doubtez q celluy q fort se slieue est boute en yre de dieu: z cōme dit Ptholomee amateur de science. Tel hōme a le cueur tāt felon et amer, q de bien aymer na quelque pouoir. Autant en dira a chascune des aultres ql aura dit a lune. Il yra lobber en plusieurs lieux pour les despouiller z lobber ien ay veu maite cōplainte des pucelles q en sont deceue. Et sil vient aulcun prometeur loyal ou hōleur qui la vueille prier damours ou la lyer par sa promesse, z q elle face le semblable, garde soy bien sur toute rien d soy soubzmettre a sa voulente se premieremēt nest nentye de la mōnoye. Et se par escript il māde quelque chose voye se lescripture est fainte, par bonne intencion, sans deception z de bon cueur elle luy pourra rescrire non pas hastivemēt, car la demoutee qui trop longue nest attise les amans. Et quāt elle entendra sa requeste ne se doit haster doctroier ne de nyer son amour, ains le tiēgne en balance, affin quil ait paour z esperance. Tāt plus senforcera celluy de la requerir, tāt moins luy offrera elle. Et face tāt par son engin z force quelle luy renforce son esperāce, si que la paour sen aille petit a petit z luy deffaille, tellemēt que ensemble facēt paix z accorde. Celluy q luy accorde son amour par trōperies faintes doit iurer dieu, saictz z sainctes q onc̄ḡs ne voulut ottroyer son amour a nul hōme tāt la sceust bien prier, mais ie vous iure sire par

la foy que ie doy a sainct pierre de rōme ie me donne a vous non point pour vostre don, nest hōme ne sur terre pour qui ie le feisse, tāt grāt don me sceust promettre, maint vaillant hōme sest amuse a moy que tay refuse, ie croy q mauez enchantee dune tresmaulaise chāson. Lors pour mieulx laffoller le doit baiser z accoller estroictement. Mais selle veult mon conseil auoir, iamais q a amasser son auoir ne tendera, fole est q son amy ne plume iusques a la plume derreniere, qui mieulx le plumera meilleur elle laura. Celle q se tiendra la plus chiere, sera la plus chieremēt vendue, ce q son aura pour neant est pour vil tenu z nest prisee une escorce. Nulle force ne se fait de la querir quant on la pert, voire si grāde que quant elle est bien chier achaptee. Mais au plumer il y a bien maniere, car il conuient que le varlet de la fille, sa chamberiere, sa seur, sa nourrice sa mere, se moult nest riche, et tous ceulx q la besongne pr̄sentent facent tant au galant quil leur dōne surcot, cotte, gandz ou moufsles, et cōme une escouffle rauissēt tout ce q pourroit attrapper si q schappet ne puist de leur mains par nulle facon, tant quilz auront la derreniere piece, cōme celluy q ioue aux noisettes laisser ne luy doiuēt ne demers ne ioyaulx, car la proye seuee par plusieurs mains est tātost despeschee. Une aultrefois les amys z famillers de la fille luy diront. Sire puis quil cōuient que ie le vous die il fault a ma dame une robbe. Cōment souffrez vous ce deffault, ie voꝰ iure par sainct gille, selle eust voulu faire pour telest en ceste ville ce quelle fait pour vous, elle fust ores vestue cōme une royne, z cheuaucheroit auant la rue, puis adressera sa parolle a la fille en disant. Dame qu atendez vous, que pieca ne luy demādez. Vous estes par trop hōteuse z souffreteuse quant besoing en auez. Adonc la dame leur doit cōmander quilz se taisent, combien que bien luy plaisent les parolles, car par aduāture auront tant de luy seue dauoir que trop malemēt greue en sera. Et selle voit ou apparcoit quil luy donne plus qua luy nappartient z fort est greue des

grans dons dont il la scait paistre/ & icelle sen
tira q̃ le sermonner du donner ne luy proussite
ra gueres/ lors luy doit puer quil luy preste
en iurant q̃ toute preste est de luy Rendre a tel
iour quil aura nōme/ mais il est bien deffendu
par moy que iamais ne soit rendu. Et se aul=
cuns de ses amys/ dōt elle a plusieurs reuiẽt
cōbien quen nul deulx na mys son cueur/ quoy
que ses amys les reclame/ elle se doit selle est
sauge cōplaindre quelle a mys sa robbe en gat
ge iournellemẽt courãt a Vsure/ dōt en si grã
de arsure est en tel malaise en son cueur/ q̃ ri=
ens quil plaise ne fera silne rachapte ses gar=
ges. Adoncques son amy se saige nest & a pe=
cune mettra main a bourse ou fera cheuissan=
ce par quoy les gaiges seront au deliure/ com
bien q̃ besoing nest de ce faire/ car ilz sont en sa
maison bien barrez en aulcuns coffres. Et ne
luy chault sil cherche en sa huche ou sur perche
pour estre creue/ tant q̃lle aura la pecune ache
mes ceinture dargẽt/ guimple ou foison de de=
niers a despẽdre. Et ce celluy na q̃ luy appor=
ter iure & fiance de pied & de main q̃ demain lap
portera. La fille doit faire sour de ses oreilles
et riens croire ce sont toutes Bourdes/ & iceulx
sont mẽteurs affaictez. Les ribaulx flateurs
mont plus menty et faulse leurs sermẽs que
il ny a de sainctz en paradis. Au moins se cel=
luy na de quoy payer/ face enuoyer son garce
pour auoir du Vyn pour deulx deniers pour tro
is/ pour quatre ou pour cinq ou esbatre si sen
Voise ailleurs. Et se la femme nest trop mu=
sarde/ elle doit faire semblant destre couarde
de trembler destre paoureuse/ dẽstre angoisseu
se & destraite lors quelle recoit son amy/ & luy
face entendre q̃ en grant peril se boute quant
pour luy elle decoit son Mary/ ses gardes ou
ses parens/ & que se la chose q̃l Veult faire en
recelee estoit apparente/ elle seroit morte sans
quelque faille: et peut iurer que illecques ne
peut demeurer son la deuoit Viue enfouyr pu
is demeure a sa Voulẽte quãt enchante laura
Il doit aussi bien souuenir a la fille quant son
amy doit illecques Venir de le receuoir par la
fenestre/ ia soit ce que nul ne lapparcoiue/ et q̃

bien pourroit entrer p la porte/ iurer elle peut
que destruicte et morte seroit selon scauoit q̃l
fust leans/ car il seroit quis en huches & en chã
bres pour le despecer par mẽbres darmes es=
moulues de beaulmes/ de haubers & de massu
es/ puis doit la dame souspirer & soy ayter par
semblant & lassaillir en luy courant seure/ & di
sant que si grãt demouree na fait sans raison:
et quen sa maison il tenoit quelq̃ aultre fẽme
dont le soulas luy plaisoit mieulx que delle/ &
q̃ mauluaisemẽt la trahyt quãt haye sa pour
Vne aultre. Si se doit bien reputer & reclamer
lasse, chetifue/ maleureuse & doulente/ quant
elle layme sans estre de luy goute aymee ne
chere. Et quant celluy q̃ la pensee aura folle
aura ceste parolle il pẽsera quelle layme fort
loyaulment/ et quil soit plus ialoux de luy q̃
ne fut Vulcanus espoux de la belle Venus.

¶ Moralite.

¶ Le chapitre precedent fait mencion des
imparfections des femmes amoureuses tou
chant la beaulte du corps/ p lesquelles amou
reuses sont entẽdues les ames des creatures
raisonnables/ q̃ selon la doctrine de la Vieille
doiuent couurir leurs Vices pour estre agrea
ble a leur createur leur tresloyal amy. Beati
quorum remisse sunt iniquitates. Et doit te=
nir fort nette la chãbre de Venus/ cest a entẽ
dre la pẽsee de cueur en folles amours sengẽ
drẽt a la fois. Et selle auoit lalaine infecte d
pechiez se garde dapproucher la face de nostre
seigneur. Et pour ce q̃ fẽmes sont enclines a
plourer/ & ont larmes a cōmandemẽt elles doi
uent plourer leur pechez pour obtenir graces
du pardneur & abuser les enemys defer faulx
amoureux que pretendent les deceuoir Doiuẽt
pareillemẽt estre gracieuses a la table/ d fort
beau maintien & hōneste maniere/ luy doiuẽt
complaire en leur ieune temps sans attendre
q̃ trop soyent oppressees de Vieillesses/ & sans
estre par trop rencluses ou serrees/ peuẽt pour
exempler les aultres aller a leglise/ aux clois=
tres/ aux processiōs & lieux sacrez pour ouyr

Fueillet

les sainctes predications des docteurs/les lectures des maistres/z les recordz des escoliers La doiuent monstrer leur aumosniere pour distribuer leurs deniers aux freres et parens de leurs amys/q sont les poures membres de dieu et elles incliner iusques au pauement/affin q soient esleuees au ciel et affublees pour guerdon du manteau de gloire eternelle. Et come la louue haue tousiours le plus gras mouton du parc/les dames quant elles sont au tresredolent Vergier de bones Meurs/doiuent choisir charite des aultres la plus precieuse: Ne doiuent fischer leur amour sur malheureux chetifz/Garnis de vices z priuez de bon renom/ains doiuent querir laccointance de ceulx qui sans fiction sont premums de nobles graces et glorieuses vertus.

⁋ Le .lviii. chapitre. Lhystoire de Vulcanus/de Venus z de mars est acoparee a nostre seigneur a lame pecherresse/et a lennemy denfer.

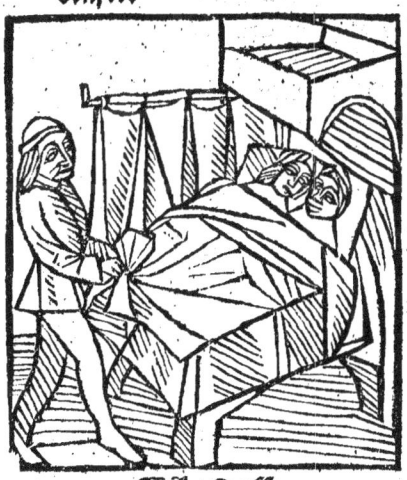

⁋ La Vieille

Vlcanus trouua Mars couche auec Venus son espouse si les enchaina z lya de latz Darain quil auoit forgez/desquelz il enuironna le lict. Mais il fut moult fol quant il osa entreprendre de ce faire/car celluy a pou de sens qui seul cuide auoir vne femme. Vulcanus fit hastiuement descendre les dieux pour veoir ceste assemblee prinse au latz Quant les dieux apperceurent ce ilz se prindrent a rire/z souuerainement se merueillerent de Venus deesse de beaulte qui moult estoit desplaisante dicte Ainsi attrappee z fort honteuse z courroucee faisant plaintes et menant grant dueil come celle qui iamais nauoit eu pareille hote. Neantmoins nestoit merueille grant se Venus sestoit mise auec mars/car Vulcanus estoit tant lait z tant charbone de sa forge/par main/par visaige z par gorge/q Venus gueres ne layimoit: bien quelle nomast son mary/non mye quant il eust este absalon aux tresches sores ou paris filz du roy de troye/si nen faisoit elle ioye ne feste. Bien scauoit la debonnaire dame ce que toutes femmes scauent faire.

⁋ Moralite

⁋ Par laliance de Vulcanus fort lait enfume boiteux z encharbone/a la deesse Venus oultrepasse des belles/z mars le dieu des batailles q senamoura de la dicte Venus q Vulcanus trouua couchez ensemble/nous sont demonstrez les mal proporcionnez mariages estranges z cornus q maintenant se font des ieunes filles nobles aux malostrus vilains. Pourquoy mars le dieu des batailles/quelq gentil gorrier home de guerre voyant que ce nest pas sorte pareille faisant humblement sa priere est legierement exaulce de la fille q luy bone la courtoisie. Et ainsi la difformite z la lasdure de Vulcanus/les lye tellement ensemble que impossible est de les desfabriquer/Et sont mocquez z taillez des dieux du ciel/Cest a scauoir des nobles gens qui sey rient en bauent. Item par la belle Venus pouez entendre lame de la creature raisonnable/laqlle si tost quelle est regeneree par le sacrament de baptesme est fiacee/promise z mariee a Vulcanus/cest assauoir a nostre seigneur Jesuchrist/Mais quant Venus gecte son regard sur luy z voit qil est macule au visaige par les iuifz q luy cra cherent en sa face a est boiteux, contrefait par les tirans q piedz a mains luy enclouerēt, cō/ bien q̄l soit feure de Iuppiter le grāt dieu du ci el. Voire celluy qui forgea le ciel a la terre. Celle mauldicte malheuree a miserable ame son espouse a luy fiācee a accordee p̄ mīns da/ mys, cest a entēdre par ses parrains a marrai nes sur leaue des sainctz fons de baptesme se separe de son amour, disant ce q̄l sensuyt. Nō est species neq̄z decor. Et se enamoure d̄ mars lennemy denfer, le prince des grosses batail/ les: Et quāt Vulcan⁹ son primitif espoux les voit ensemble eueloppez il les enchaine a ser te de pres. Puis vient le preuost de ses mares chaulx q̄ les fait tresbucher en tenebres exte/ rieures, a sont damnez a perpetuyte. Et adonc ques serōt ilz deridez, de gabbez a democquez des esperitz glorifiez: Qui habitant in celis irridebit eos. a cetera.

¶ Le lxiiij. chapitre. Inuectiue contre la Vieille q̄ met auant sa franchise des femmes.

¶ La Vieille.

Autre part les fēmes sont frāches de naisance, mais elles sont poicid/ nees par les loyx qui les ont boute hors des frāchises ou furēt par na/ ture, sa fille nest si sotte q̄ elle face marotz nai/ stre seulemēt pour robecchon q̄ bien y fische son entendement, elle na point fait robeccō pour mariette, agnes ou perrette, mais ne doubtez elle a fait toutes pour tous, a to⁹ pour toutes, chascune cōmune a chascun, a chascun cōmun a chascune. Et cōbien quelles soyent fiācees prises a mariees par loy pour oster dissolucī/ ons, contens occisions a pour aider les nourri tures, dont les cures ont ensemble, toutes su/ yes dames a damoiselles laides a belles, par toutes guises q̄ faire peult senforcēt de retour ner a leurs frāchises quelles maintiennent a leur pouoir, dont trop de maulx viendront et viennēt iournellemēt cōme ilz aduindrent ia dis a plusieurs, dont ien nōmeroye plus d̄ dix voire de cent, mais toute lasse seroie de les nō brer, a vous tous encōbrez de les ouyr. Quāt iadis chascun̄ veoit la fēme qui luy plaisoit le plus il la vouloit rauir se plus fort d̄ luy ne luy tolloit, a la laissoit sil luy plaisoit quāt son vouloir en auoit fait. Ainsi plusieurs sentre/ tuoient laissans leurs nourritures, ains q̄ par le cōseil des sages les mariages fussent fais. Et sur se point q̄ vouldroit croire vne parolle voire q̄ dit Orace, Lequel scauoit moult bien lyre a dicter reciter le vouldroye, car saige fē/ me q̄ bōne auctorite racōpte ne doit hōte auoir Iadis furent batailles du temps Helaine q̄ les cons esmeurēt, dōt ceulx pirēt a grāt douleur q̄ pour eulx firēt les batailles, mais toutes su yes les mors diceulx ne sont sceues ne leues par escript. Et aussi Helaine ne fut la premie/ re ne la derniere, par qui guerres viendront et vindrent entre ceulx qui tindrēt a tiendrōt en amour de femme leurs cueurs, maint hōme en a perdu a perdera corps a ame se le siecle du re. Mais touteffois prenez garde a nature, car pour veoir clerement son pouoir merueil/ leux mettre vous en puis plusieurs exēples, dont la lettre est digne destre veue.

¶ Moralite.

¶ Les femmes qui de leur primitif aage cōme dit la Vieille furent franches sans estre asseruies aux hōmes non plus a lung qua laut

Fueillet

tre/sont comparez aux creatures nouuellement nees au monde/lesquelles sont indiferētes de prendre lune loy ou lautre/Mais quant par le conseil ou bienueillance de leurs parens et amys/sont baptisees elles sont asseruies a tenir la loy chrestienne sur paine de damnacion Les femmes doiuēt cōgnoistre que Eue nostre premiere mere/des le iour de sa creacion fut par le diuin cōmandement subiecte au premier hōme. Quelle prerogatiue de franchise veulent elles auoir/quāt de tant de creatures sont asseruies les vnes aux aultres. Nous voyons que leaue estaint le feu/le feu corrige la terre/la terre estanche leaue/et leaue maistrie lair/quant petite pluye abat grāt vent/le cheual est dompte du restrain/lours d la muselière et le marmot de la brayere/et la fēme pour acquerre hōneur et salut sera restrenee de hōte/ honte sera le miroir ou elle gectera ses yeulx. Honte sera la gromette q la preseruera d charnelle cōcupiscence: et se helaine ensemble aultres miserables dames se fussent premier mirez en honte vergongne/tant de hault et grās personnaiges ne fussent par mort engloutis es machoires de cerberus.

⁋ Le .lx. chapitre. Similitude des oyseletz tenus en caige aux Ames raisonnables vnyes a leurs corps.

⁋ La vieille

LEs oyseletz du verbosquage pris et mys en caige entētiuemēt nourris leans/et moult delicieusement chātāt se nous semble de cueur gay durant leurs vies/toute suoyes ilz desirēt les bois et les ramees qlz ont aymees naturellement/et vouldroient desia estre sur les arbres cōbien quilz soient bien paissuz/et nont aultre estude ne pēsemēt que de recouurer leur franchise. Ilz marchent leur viāde aux pied par grāt ardeur de cueur et vōt traffant et pourchassant en grāt angoisse dedās la caige pour trouuer fenestre ou pertuys/affin quil puiss voller au bois. Pareillemēt pouez entendre q toutes femmes damoiselles ou dames de quelq cōdicion quelles soyent/ont inclinacion naturelle pensant volūtiers et cherchant par quelq moyen et sentiers pourroient paruenir a franchise que voulentiers verroient.

⁋ Moralite

⁋ Par loyselet boute en caige est entēdue lame raisonnable vnie en son corps/laqlle cōbien q soit nourrie a la fois delicieusement en sa geolle corporelle elle tire tousiours a sa nature/cest retourner es cieulx/dont elle est partie cōme les oyseaulx aspirent apres les bois. Mais quāt la caige deffault par mortelle pourriture de vieillesse/alors est lame cōstrainte de yssir hors de son logis/mais se elle est chargee/maculee ou embrouillee tāt de ses fietes cōme des ordures du corps/si q elle ne puisse voller en hault le chat denfer q est nōme maistre aggripart met incōtinēt la pate sur elle si lengorge et enfourne en son ventre/mais elle est nette gente prope et sans quelq vile taiche elle sen volle vistemēt et dehait vers les saitz cieulx/dont elle est descendue.

⁋ Le .lxvi. chapitre. Le pecheur mis en religion pour penitēce faire est semblable a la me raisonnable tormentee en purgatoire.

lxxxvi

¶ La Vieille

¶ Le.lx vii.chapitre. Le reli/
gieux entrât en religion/ et puis
se repent/ est compare au gros
poisson lequel est prins dedans
la nasse.

¶ La Vieille.

Semblablement aduient il de lhõ
me entrât en religion au cõmen/
cement est fort ardât/mais fina/
blement sen repent: a pou qĩl ne se
pent du grãt dueil qĩl a a porter. Il se cõplaint/
demente et tormête a par soy et ne fait aultre la
beur que de penser cõment il pourra recouurer
sa frãchise perdue/car quelque habit quil prẽ/
gne ou en quelque lieu quil se rende sa voulẽ/
te ne changera iamais.

¶ Moralite

¶ Ainsi que lhõme entre en religion pour
espannir ses pechez si fait lame du viateur en
purgatoire pour estre clere et affinee cõme fin
or en la fournaise/mais quât elle se voit hor/
riblement disciplinee fort punie et capitulee p
les ministres de lhostel elle est dolente et se re/
pent dauoir si dure charge. Et lors pourchas/
se a toute diligẽce pour yssir hors de ce rude ser
uaige/si sescrie piteusemẽt vers ses amys et
leur dit. Miseremini mei miseremini mei sal
tem vos amici mei. Et pour quelque tormẽt
quelle sente tout son espoir et son vouloir est de
stre mise en refrigere et paruenir a la franchi
se de la cite celestielle/affin de veoir son crea/
teur et pere le roy pardurable.

¶ Lhõme entre en religion q apres
deuent repẽty est cõme le fol pois
son passant p la gorge de la nasse
quât il cuide retourner/retourner
luy fault malgre luy cõme prisonnier a tous/
iours. Les aultres poissons le voyãs en fons
de nasse accourẽt a force vers luy cuydãs q le
ans se deduise et esbanoye g grãt ioye/õsidetâs
qĩl a viãde a voulẽte/et tout ce qĩ luy besoigne
parquoy ilz ont grant desir dy entrer. Et lors
vont tournoyãt tant hurtãt et tant aguettant
qĩlz trouuẽt le trou et leans se iettent. Et cõbien
qĩlz soiẽt illec prisõniers et retenuz a tousiours
tenir ne se peuẽt de labourer pour yssir hors ce
qĩ possible ne leur est/car ilz sont mieulx prins
que a la trible. La les conuient viure a grant
dueil tant que la mort les en deliure.

¶ Moralite.

¶ Lennemy dhumaine nature cõme fameil
leux glouton apres qĩ eut raup sur terre plu
sieurs ames pour refaucilher les machoires
ppara nasses et rethz pour pescher en la mer:p

e iiij

fueillet

laqlle ientedz lestat de religion reformee fort amere trouble z salee. Les freres q la sõt nour ris sont a maniere de poisson. Car aristote dit Ex eisdem sumus ex quibus nutrimur. Or pour amorser les poissons ayans grosse teste. Cest a entendre les plus sages ce maistre pes cheur charge ses Hains de frians morseaulx de chair. Cest a dire quil leur met au deuant aulcun benefice Vacquant: soit pvoste ou cros se/affin que silz y paruiennẽt ilz puissent vser de chair cõme seculiers. Et si tost q lug deulx se lance au file il est attrappe par la gorge. Les aultres gros gabilleaux voyans leur cõ paignon ambicieux dhõneur agroillie par sa gloutonnye ignorans que le dyable le tient p le col/sauancent pour faire le semblable: tres buchent en fons de nasse/ et sont happez cõme lautre: Voire se la grace de dieu ny labeure/ car aultrement maistre agrippat de sathãnye les emmaine en fin de chãse a lostel au chaul deron rostir z brusler soubz les charbõs du pu ant feu denfer.

¶ Le.lx.diit.chapitre. Lhom me entre en religion naturelle ment quiert sa liberte/ quelque bien quil y ait/cõme fait le petit chat qui habãdõne sa tresdoulce nourriture pour courre apres la sourissette.

¶ La Vieille

LE ieune hõme qui se rend en reli gion quiert telle vie q dessus est escripte. Ja ne aura si grãs soliers Ja ne sera si bien ferre: ne ia nau ra si grant chapperon ne si large aulmuce que nature ne soit mussee en son cueur/ z est cõme mort z mal adresse quãt il voit q franc estat luy est failly: voire se p humilite de luy mes mes ne fait de necessite vertus. Toutesuoyes nature q ne peut mẽtir luy fait sentir frãchise Grace q bien scet q ce vault racõpte q q voul droit prẽdre vne force pour soy deffendre d na ture/z la bouteroit hors de soy/ si reuiẽdroit el le/ tousiours retournera ne ne delaissera a ce faire pour quelq habit. Que voulez vo° plus toute creature veult retourner a sa nature qt que violẽce/quelq force ou quelq couenãce ql y ait. Et pourtãt doit estre excusee venus qui vouloit vser de frãchise/ si font toutes celles qui se tourẽt damourettes quelq veu de maria ge quelles facent nature q les amaine à ceste fin leur fait faire. Nature dõc est forte chose/ car elle passe nourriture. Beau filz q prẽdroit vng chaton q rate ne raton iamais veu nau roit/ z q icellup sãs veoir ne rat ne souris fust nourry long temps ententieumẽt z par grant cure de pasture delicieuse/ z puis veist venir les souris nest riens qui le peust tenir se qu de liure estoit/ ne ta seroit si familleux quil ne habandonnast tous ses mez pour le happer. Nest nul qui sceust faire sa paix entre eulx pour quelque paine quil en prensist.

¶ Moralite.

¶ Les princes de la terre esquelz resplẽd lymage du roy celeste/ z qui naturellemẽt doi uent estre enclins a iustice faire se peuent ex plet au petit chaton/ car combien que ilz soiẽt delicieusement nourris/ si doiuent ilz estre vi stes z aspres a exploiter ce quil leur est ordon ne Cest corriger les mauluais pour tenir en paix les bons. Et se monseigneur larchiduc

Philippe daustriche et de Bourgongne, duſ
eſtoc de nobilite en q̃ flouriſt toute vertuouã/
ble voulſoit aucuneffois de laiſſer le vol des
oyſeaulx ⁊ la chaſſe des beſtes pour chaſſer et
prendꝛe par iuſtice les ratz ⁊ les ſouriſſons qui
mangeuent ſa viãde/⁊ les gros grains de ſes
pays: il feroit grãt prouffit ſur terre ⁊ acquer/
roit au ciel la beatitude de la q̃lle il eſt eſcript.
Beati qui eſuriunt ⁊ ſitiunt iuſticiam.

⸿ Le. lxip. chapitre. Le ieune
poulain hanniſſant apꝛes la Ju/
ment/ poſe que iamais veu ne
laura eſt cõme le religieux qui
naturellement apele le feme/
nin ſexe.

⸿ La vieille
Qui ſcauroit nourrir ung poulain
lequel iamais ne auroit veu nul
le iumēt iuſques a ce q̃ deſtrier ſe/
roit pour ſouffrir ſelles ⁊ eſtriers
⁊ puis veiſt venir les iumes auꝑs de luy vo9
ſoꝛriez tãtoſt hanyꝛ ⁊ vouldꝛoit courre apꝛes
elle ſe reſcoux hen neſtoit. Nõ ſeulemēt cõtre
moꝛelle/mais cõtre fauuelle/griſe ou lyarde/
voire ſe ꝑ fraims ou ꝑ bꝛide ne ſe retardoit. Il
nen eſpie nulles/ne fault ſeulemēt q̃l les treu/
ue deſtriees ou q̃l puiſſe ſaillir ſur elles/ il les
vouldꝛoit aſſaillir toutes. Et q̃ ne retiendꝛoit
moꝛelle elle viēdꝛoit le dꝛoit cours a moꝛel/

voire a fauuel ou a lyart ſelõ le deſir d̃ ſa vou/
lēte le p̃mier q̃lle encõtreroit ſeroit ſon mary.
Elle ney choiſit nul ſil neſt q̃ deſlye le treuue.
Et tout ce q̃ ie dys de moꝛelle/de fauuel/ De
fauuelle/de lyart ⁊ de moꝛel/ ien dys autãt de
la vaſche ⁊ du thoꝛel/de la bꝛebis ⁊ du moutõ.
Si ne faictes doubtes beau filz q̃ſz ne veulēt
auoir toutes ſeuts femmes ⁊ q̃ leurs femmes ne
les veulēt to9. Pareillemēt no9 veulēt tous
hõmes q̃ voulētiers no9 accueillēt. Ainſi eſt
il ꝑ mon ame des hõmes ⁊ des femmes/ cõme
des beſtes quãt a naturel appetit/mais la loy
vng petit les retrait/mais trop ce me ſemble:
car quãt enſemble ſont mis ꝑ loy de mariage
icelle loy veult q̃ cellup naiſt q̃ celle/ ſoit var/
let ou pucelle/ tãt q̃ lung ou lautre viue. Et
touteſuoyes ilz ſont tēptez duſer de leur vou/
lente frãche. Je ſcay bien q̃ ce vault: lung ſey
garde pour la hõte q̃l en pourroit auoir. Lau/
tre redoubte la paine q̃l en auroit a ſouffrir, et
quoy q̃ ſoit nature les maine ainſi cõme les be/
ſtes. Je le ſcay bien ꝑ moy mieſmes q̃ me ſuis
touſiours miſe en paine deſtre aymee de tous
hõmes. Et ſe ie neuſſe doubte hõte q̃reſtreue ⁊
dõpte les cueurs loꝛs q̃ par les rues alloye en/
ueloppee daoꝛnemēs cõme une poupee ie me
feuſſe abãdonnee a to9. Car les cõpaignõs q̃
tãt me plaiſoient me faiſoiēt les doulx regarz
qui a moy ſadreſſoiēt doulx dieux ie y pꝛins ſi
grãt plaiſir q̃ to9 les euſſe receuz ſe ieuſſe peu/
et ce feuſt eſte leur plaiſir. Certes ie deſiroye
les auoir tire a tire/ ſe de les aſouffrir meuſt
eſte poſſible/⁊ me ſembloit bien ſil euſſent eu la
puiſſance de ce faire voulētiers me euſſent re/
ceue/ſans en exceper pꝛelatz/moynes/cheua/
liers/bourgoys/chanoynes/ne clerc/ne lay/
ne ſol/ne ſage/moyennant q̃l feuſſent de puiſ/
ſant aage: voire quãt ilz feuſſent ſortis de reſt/
gion ſe ilz me euſſent trois damours ſi ne feuſ/
ſent ilz eſcondiz: Mais doubtoye foꝛt le refuz.
Touteſuoyes ſilz euſſent bien cõgneu ma pen/
ſee: enſemble les cõditions dentre no9 femmes
mettre ny deuoiēt aulcun doubte/⁊ croy moy
que ſe pluſieurs oſaſſent bꝛiſer leur mariage
ne leur ſouuiendꝛoit de foy ne de pꝛomeſſe ſilz

me tenoient en recelee ne foy/ne dieu/ne religion ne condition ny seroit gardee/si non aulcuns amans forsenez (enchifrenez damours p̄ trop loyaulment aymer sa partie/iespoir quil ne tiendroit quitte/car il penseroit auoir la sienne dont nul auoir ne pendroit. Mais si mayst dieu et sainct amand de telz amans ne sont gueres. Toutesuoyes sil parloit a moy quoy quil dye mensonge ou voir certainement esmouuoir le feroye/quel quil fust seculier ou dordre/voire quant il seroit ceint de cuyr ou de rouge corde/quelque chapperon quil portast ia ne se desporteroit de mon amour/sil cuidast que ie le voulsisse ou que ie le souffrisse. Ainsi donc nous maistrie dame nature qui noz cueurs attise et enflamme en delitz/pour quoy venus q̄ sest enamouree de mars en est moins a blasmer.

Moralite.

¶ Qui nourriroit cōme dit lacteur vng poulain sans iamais auoir veu iumēt q̄ il lapparcoit dauāture il hanira apres elle. Sēblablemēt q̄ bouteron vng ieune filz en estroicte religion naturellemēt enclin a lubricite sans auoir veu fēme de quoy il eust souuenance/et icelluy patuenu en laage de virilite sil apparcoit alors quelq̄ femme meruueille nest sil ne hanist q̄ aspire apres elle. ¶ Exemple du nepueu dung sainct hermite q̄ puis laage de deux ans iusq̄s a vingt auoit este nourry auec son oncle en vng desert sans veoir nulle fēme mais assez de bestes saulauges. Aduint ainsi que loncle q̄ le nepueu cheminoient auant les voys disans leurs deuocions ilz rencōtrerent vne belle ieune fille portant vne buyre pour puiser de leaue/le nepueu q̄ iamais nauoit veu fēme la regarda a grāt meruueille en demandant q̄lle beste cestoit. Lhermite sentāt linclinacion de son nepueu ne luy osa dire q̄lle estoit femme/mais respondit q̄ cestoit vne chieure Quāt ensemble furent retournez en leur hermitage le ieune filz triste q̄ p̄s̄ sil laissoit le boire q̄ le mēgier/son oncle cuydāt q̄l fust attaint de quelque maladie luy demanda quel bian

de luy seroit saine. Et le nepueu respōdit q̄ du māgier nauoit il cure/mais luy prioit sur toutes riens q̄l luy fist venir sa chieure/q̄ ne desiroit aultre chose q̄ passer le temps auecques elle. Ainsi appert que tant les hōmes q̄ les femmes sont par cōstellacion ou aultrement les vngs plus que les aultres fort enclins a q̄lcuns delitz. Mais arbitre dame raison doit refrener leurs voluptez/car le fort militer contre icelles fera redoubler leurs merites, mais puis quil plaist a lacteur q̄ les hōmes q̄ les femmes vsent de leur frāchise ilz se doiuent tirer hors de peche mortel/aultremēt nauront ioye ne plaisance de leurs amours espirituelles. Qui facit peccatum seru^9 est peccati. Et lors q̄lz serōt hors de seruitude vicieuse ilz serōt affrāchiz q̄ viuront ioyeusemēt sans doleance/q̄ pourrōt licitemēt la doctrine de la vieille fort regrettāt le tēps d̄ sa ieunesse. Par ceste vieille est entēdu lamour de nostre seigneur q̄ puis le tēps de grace il y a mille q̄ cinq cēs ans a cōtendu d̄estre aymee de toutes manieres de gēs et des son primitif aduenemēt q̄lle cheminoit sur terre plusieurs amoureux luy desueloppoient leurs gracieux regardz/epposoient leurs corps/habandōnoiēt leurs biēs pour acquerir amytie cōme firent les sainctz apostres q̄ les benoistz martirs/et icelle leur accordoit benignement le don de mercy. Et encores est lamour de nostre seigneur toute preste de ce faire/cōbien q̄lle soit ancienne se lle trouuoit a qui/mais nul ne ce auance. Elle se escrie en plusieurs places/elle se arreste sur les voyes/elle appelle ses marchās/elle se tient affin q̄ on la voye au millieu des tēples/des cloistres/des hospitaulx q̄ des chappelles les bras estēduz/et souuēt toute nue pour ēbrasser ses loyaulx amoureux/mais pou de gens y fischent leur cueur se lung le salue laultre le despite. Et toutesuoyes se cheualiers q̄ bourgoys estoient biē informez de la grāt amour dōt elle les ayme il briseroiēt leurs mariages pour auoir sō accointāce/q̄ to^9 religieux q̄lzques deuotz q̄ formez q̄lz soient se leueroient a lheure de minuyt pour cōtempler son amoureuse face.

lxxxviij

⁌ Le .lxx. chapitre. La com̄u-
nication de la femme auec son a-
my en Absence de son mary est
approprie a lame soy recreant a-
uec son bon ange au desplaisir du
corps.

⁌ La vieille
Endant le temps que mars ⁊ Ve-
nus sentramoient ⁊ estoient en ce
point enchainez il y eut plusieurs
dieux de sitās q̄ les aultres se tisis-
sent deulx cōme ilz firent de mars / mais mi-
eulx vauldroit a damp Vulcanus auoir perdu
deux mille marcs / ⁊ nul ne sceust de leur fait
car mars ⁊ Venus en eurent tel hōte q̄ leur cō-
pte en tindrent les dieux / ⁊ fist ceste fable pu-
blier par tout le ciel. Vulcan' en fut plus ap-
te que deuāt et empira tellemēt son fait q̄ des-
ques puis ny peut mettre remede cōme la let-
tre de tesmoigne. Mieulx luy vaulsist auoir
souffert que auoir offert ⁊ mis ses lacs au lict
de Venus / ⁊ que de rien ne sen fust esmeu q̄ ou
rien nen sceust. Voire se belle chiere vouloit
auoir delle quāt tout auoit chiere. Cellui qui
garde sa femme ou son amye se deueroit icy
prēdre garde / souuerainemēt quāt il labeure
tant par son fol aguet q̄ la treune prouuee sur
socure / il sache de vray que icelle luy en fe-
ra pis que deuāt. Vulcanus mesmes qui du

mal felon art ⁊ par son art apres vēniamais
naura delle ne beau semblāt ne beau seruice.
Jalousie q̄ les ialoux art ⁊ soussie est vng tres
fort ⁊ horrible mal. Celle vse de fainte ialou-
sie q̄ faintement fait sa cōplainte ⁊ tellement
amuse le musart q̄ tant plus y muse ⁊ tāt plus
art. Et se le ialoux ne se daigne escōdire / ains
pour se mettre en pre / die que voirement il a au-
tre amye / icelle femme q̄ se faint estre ialou-
se ne sen doit courroucier ne mouuoir en cuer
iasoit ce q̄lle en face semblāt. Ne luy soit vng
bouton de la ribauldie du glouton qui aultre
amye pourchasse / mais luy face accroire quel-
le veult pourchasser aultre pour chasser cel-
luy dont estrangier se veult cōme droit se des-
re / ⁊ die trop mauez messait de ce mesfait ven-
gier me fault. Puis que coulpe mauez fait ie
vous seruiray dautel coulpe. Lors se ialoux
sil layme quelque pou sera en pire poīt que ia-
mais fut et deporter ne sen scaura / car nul na
pouoir de porter arbāment grāt amour estāt
au pis se destre acoupti na pouoir / lors sortira
auant la chābriere faisant chiere paoureuse
en disant las nous sommes mortes. Je ne scay
quel hōme est entre en nostre court / La dame
laissant toute besongne a faire courra dūg lez
et dautre ⁊ mussera le poure ialoux en court /
en estable ou en huche / iusques a ce quelle se
huchera. Et quant icelle sest tiree arriere cel-
luy qui est musse desirant estre hors de paour
et de desespoir quil la vouldroit respoir bien
estre ailleurs. Et lors se la dame a ymis par
cas dauāture terme ou iournee a lung de ses
amys cōme non saige ⁊ mal aduisee / combien
quelle se remembre du ialoux q̄ est en huche /
Elle doit mener ce nouueau venu dedans sa
chābre pour faire ce que il vouldra / mais ny
pourra gueres demourer / dont il sera desplai-
sant ⁊ fort ayre. Et la dame luy pourra dire /
possible ne vo' est de plus estre ceans. Ainsi
maist dieu ⁊ sainct germains / q̄ mon mary et
quatre de mes cousins germains sont icy de-
partez vo' legieremēt quāt aultressois pour-
rez reuenir / ie feray ce q̄ vouldrez a tāt vo' cō-
uiēt souffrir ie men reuops ⁊ car son mattend /

si le doit bouter hors quoy que soit/affin que de rien ne se puisse doubter: et retourner visteement vers cellup qui est clos en huche/affin que par trop longuement seiourner il ne soit a malaise/et ne lup desplaise de son desconfort. Mais pour lup donner nouueau confort le face sortir hors de prison/ et le coucher auecques elle dedans sa couche. Mais se garde la dame que cellup ne la touche que par grant craincte et paour se lup face entendant en iurant lame de son pere/ que comme trop fole et trop hardpe se met en aduanture pour son amour qui trop cher lup compere/ia soit ce quelle soit plus seure en sa maison que ceulx qui sont a leur plaisance iouant et balant par champs et par vignes/car le delict prins en seurete est moins plaisant et de moindre pris. Et quant elle sassemble auecques lup pour ensemble besongner se garde bien de appceuoir la clarte du iour/bien lup souuiengne de clorre la fenestre tant que lestre soit fort umbrageup/affin que selle auoit aulcun vice ou tache sur sa chair quil ne sen apparceust/car se il p veoit quelque ordure tantost sen fupzoit comme leuee/dont moult honteuse et fort aggreuee seroit/ et quant ilz sont mis a loeuure/chascun deulx besongne si sagement et si bien appoint/que le delict de lung et de lautre viengne ensemble. Ilz se doyuent entreattendre pour entendre ensemble a leur delict. Lung ne doit laisser lautre/mais doyuent sans cesser nagier tant quilz viengnent a port se auront deport entierement. Et se elle np prent delict faindre doit quainsi en est en faisant tous les signes quelle scet estre dignes et conuenables a ce / affin quil cuyde quelle p preigne grant plaisir que ie ne prise vne chastaigne. Oultre plus se cellup pour seurete peut tant procurer vers la dame quelle viengne a son hostel: icelle ait tel propos le iour et lheure qui seront assignez/quelle se fait attendre vng petit/affin quil ait plus grant desir/ains que a son plaisir la tiengne. Le feu damours est de telle nature que tant plus demeure tant plus est aggreable. Et ceulx qui les ont a leur voulente sont ceulx qui moins ont talent de ce faire. Et quant elle est venue a lhostel de son a-

mp qui chierement lapme elle lup face entendre par force que le ialoup lattend fort ennupe par quoy elle fremist et tremble de paour/ et se doubte que tresdurement sera logee et batue a son retour. Mais combien quelle se demente quelle dpe voir ou quelle mente: elle preigne hardiment paour asseureement et seurete paoureusement faisant leur soliuete preuement. Et selle na loisir de aller a lhostel de son amp et quelle ne lose receuoir au sien pour parler a lup a cause de ialousie qui tant latient enclose en pute doit son mary/pour sen deliurer. Et se le vin ne suffist a ce faire / Elle peut auoir vne fiute derbes ou plus ou moins/et lup donner a boyre ou a mangier sans nul Dangier/ adonc il dormira si fort que sans la destourner lup laissera faire tout ce quelle vouldra/ Et pourra enuoyer sa mesgnpe lung ca lautre la ou les decoyue par legiers dons/affin quilz te coyuent son amy/ou selle les veult desseurer du secret/les peut tous abeuurer comme les aultres. Ou se mieulp lup plaist die au ialoup. Sire ne scay quelle maladie mest prinse/ou goute ou fieure ou apostume/le corps me allume et esprit totalement besoing mest que ie aille aux estuues. Deux cuues auons nous ceans pour se baing faire / les estuues me sont plus conuenables. Quant le vilain aura songie ie espoire que coniecturer lup donnera quelque ayde chiere que il face moyennant quelle maine sa chamberiere ou quelque voysine/ que toute la couine scaura: laquelle voysine aura pareillement son amy. Lors sen yra la dame a lestuuier ou par aduenture ne querra cuue ne cuuier, mais vng gpste pour son amy: voire se baigner ensemble ne leur semble bon / car il sa peut attendre leans sil scait que venit doyue ceste part.

¶ Moralite.

¶ Pour reduire a sens moral lhystoire precedente touchant la trafficque des femmes Il fault principalement recueillir trois personnes. La dame/son mary et son amy: p le sqlz sont entenduz/lame/le corps et le bon ange.

Lame fille de dieu tresnoble en sa Creation est conioincte a son mary le corps vif/ et maculee de peche/parquoy nest merueille selle labandonne aucuneffois quērāt son pareil en generosite. Cest son bon ange auecques q̄ elle se recree. Le corps son mary ialoup delle lēchai ne auecques son amy par despit cōme vulcanus enchaīnia venus auec mars le dieu de bataille/ et lame amoureuse de son bon ange/ en ueloppe le corps en plusieurs abus/ Et le fait mussier en quelq̄ estroict lieu cōme prisonnier/ sans mangier et sans boyre par abstinence de ieusnes/ et se va passer le temps auecques le bon ange son gracieux amy. Mais auāt quelle se descouure deuāt luy pour sa plaisance accomplir se doit garder q̄ ne soit souillee ne entechee de aulcun vice ou pechie mortel/car au trement le bon ange sen voleroit queue leuee Et quāt ilz seront en lieu secret pour plus grāt delectacion auoir lung doit surattendre lautre affin que ensemble par ardāt charite puissent contempler les ioyes de paradis/ et le tresprecieulx guerdon q̄ dieu donne aux loyaulx amēs Le desir d̄ lame acomply/icelle se peut retirer vers le corps en se mettant hors de penāce/de trauail et de affliction/ affin q̄ le cueur ne luy faille/et pour luy rendre son deu doit couchier auecques elle en lattouchant le moins q̄ faire se peut pour son abhominacion. Et quant lame veult retourner auecq̄s le bon ange pour prēdre son delict/ D'autre facon de enpurer le corps de vin de vertu/affin quil sen dorme/ et se le vin na puissance de ce faire/ luy donne la tormentine et certaines herbes ameres et cortosiues/pour luy restraindre les voines et luy affoiblir les mēbres comme sont aspres vieilles/grandes labeurs et ruddes flagellacions Et lors sen voit lame baigner estuuer et suer larmes de grāt contricion auecques lange son cordial amy/le poure corps ne dira mot et prendra mieulx en paciēce que ne font les vilains ialoux. Ne fault demāder se lame et la fēme ont ineptimable soing en lentretenāce d̄ leurs marys/considere que ilz sont totalement contraires lung a l'autre. Je leur cōseille pour vng

mieulx fischier leur amour en vng seul dieu/ cestassauoir nostre saulueur et redēpteur iesu christ createur pardurable/ et habādonner tou tes mondanitez et voluptez charnelles. Nemo potest duobus dominis seruire. Videlicet deo et mammone.

¶ Le. lxvii. chapitre. L'hystoire de yo de mercure et de argus attribuee a nature humaine a nostre seigneur et a lennemy.

¶ La vieille

On ne peut mettre garde en femme selle mesmes ne se garde quāt arg° la garderoit/ et les garderoit de ses cent peulx: Desquelz lune moytie veilloit/ et lautre sommeilloit. Lors q̄ iuppiter luy feist trēchier le chief pour reuengier yo q̄ lauoit muee en vasche/ et desnuee de forme humaine/mercurius fut trencheur du dit chief/et le venger de iuno la garde dudit Argus. Rien ne suffiroit a garder la femme Bien fol est celluy qui garde tel mestry. La femme ne soit si sotte que elle soit notee ne de clercs ne de lays de croire en aulcun enchantement/ne en sorcerie/ne en charmerie/ne la science d̄ balenus/ney art magicque/ ne ny gromāce/tellement q̄ par ce moyen puisse esmouuoir hōme a ce quil ayme/ne que pour luy cē le baye quelque aultre femme. Medee ne peut tenir auecques elle iason par son enchantemēt Pareillemēt circes ne sceut tenir Vlixes pour nul sort que elle sceust faire quil ne fuyst. Garde bien la femme de donner chose quelques vaille a son amant tant la voyt clamant son amy. Bien peut donner vne chemise/ vne touaille/ vng aureiller/ vne aumosniere se y trop chiere ne est/ esquillettes/ lascbetz/ ceintures/ dont les ferruretz sont de petite valeur. Vng petit couteset/ vng luysselet de file comme de coustume font nonnains/ mais celluy est fol qui se acoustume de les aymer. Mieulx vault aymer femmes de siecle: car la blasme nen est si grande/ et bien scauent paistre de paroles et de bourdes leurs marys et parens/ et sont mieulx a leurs voulentez que celles que sont en cloistres. Et ia soit ce que il ne puisse que lune et lautre ne escoute les amoureux: Toutesvoyes les nonnains sont de trop chier coust. Lhōme qui seroit fort saige doubteroit les dōs des femmes: Car ce ne sont que lacs pour deceuoir La femme peche cōtre sa nature que de largesse se empesche. Aux hōmes deubs laisser largesse/ car quant nous sommes larges entre nous femmes/ cest grant meschāteté et grant vice. Les dyables nous font bien estre si foles et si niches. Mais toutesvoyes il ne me chault: car lon nen voit gueres qui coustumieres soyent de donner. Beau tresdoulx filz bien vser pourrez vous de telz dōs que cōme iay dit: mais que ce soit en deceuant pour amuser les musars Et soyez diligente de garder ce son vous donne. Et se pouez tant viure il vo⁹ souuiengne de la borne ou toute ieunesse tend/ cest de vieillesse qui de nous se approuche chascun iour tellement que quant sa serez venu ne soyez tenu pour fol. Soiez garny dauoir que ne soiez escharny/ Car le tresor acquis sil nest gardé ne vault vng seul grain de mostarde. Helas ie nay pas ainsi fait par mon lasche fait suis ie poure. Les grās dons que me donnoient ceulx qui sabandonnoient a moy, ie les habandōnoye aux mieulx aymé/ Lon me donnoit et ie dōnoye tellement que nay rien retenu. Donner

ma mys au menu point. De vieillesse ne me souuenoit qui maintenant me tiēt en grāt destresse. Poureté ne me tenoit en ses lacz. Ie laissoye aller le temps cōme il venoit sans y prendre cure/ sans amesurer mes despens. Par mon ame se ieusse esté sage ie seroye vne riche dame/ Car quant ie fuz mignonne et cointe ie fuz accointe de plusieurs grans gens/ dont ie prins les aulcuns en mes lacz/ et tout ce que pris leur auoye/ foy que doy a dieu et sainct thibauld a vng ribauld ie le dōnoye qui me faisoit grāt honte. Mais toutesvoyes il me plaisoit sur tous aultres. Ie nōmoye tous aultres amys/ mais iamoye luy seulement. Veritablemēt il ne me prisoit vng pois. Bien me disoit tout ce que iay trouué. Brief il estoit tant mauuais que oncques ne fut pire Ne cessoit de moy despiter. Le ribauld qui point ne maymoit si me nommoit putain cōmune. Lon dit que femme a poure iugement/ et pourtant suis ie droictement femme, car iamais ne aymay homme que me aymast. Mais quāt ce ribauld me eust entasmé lespaule ou cassé la teste/ sachez que sen merciasse/ ne iamais tāt batre ne me sceust que ne le fisse esbatre sur moy, cōbien quil me fust contraire. Il scauoit bien faire sa paix quelque mal menee que ie feusse de luy/ ou batue/ ou trapnee/ ou blessee/ Ou noircie en face. Il me crioit premier mercy quil se partist de la place. Quelque honte quil dist il me admonnestoit de faire paix incōtinent et sil me flatoit. Mauoit tellement pris a sa corde que paix et cōcorde auions sans aultre moyenneur que nous mesmes tant grant affaicteur estoit le faulx traistre larron mēteur sans luy viure ne pouoye. Tousiours le vousoye suyure ou que il feust/ ie leusse allé querre iusques Londres en angleterre. Tant me pleust et embelli quil me chassa a honte/ et aussi feiz ie luy/ car il menoit les grans cambeaulx des beaulx dons quil auoit de moy. Riens ne bouloit en espargne. Il iouoit tout aux dez/ si hantoit les tauernes. Ne luy estoit lors mestier de nul mestier apprendre. Tout ce que despendre vouloit ie luy liuroye/ car bien se scauoit ou prendre. Tout

le monde mon rentier estoit/cil despedoit vou
lentiers en ribauldye/en friandie/en lescherie
tant auoit tendre bouche quil ne vouloit a nul
bien entendre. Jamais ne passa son temps qen
oyseuse et en delict. Finablement ie les vei si
miserable quant les dons faillirent quil fut cõ
straint d querir son pain et ie nay baillãt deux
harencs/ne iamais hõme ne espousay. Mais
comme ie vous ay dit ie men allay par hayes
et par buissons grattant mes temples. Beau
tresdoulx filz prenez exemples a mon estat et
le retenez et vous conduysez si sagement que
mieulx vous soit de mon enseignemẽt quant
vostre rose sera flaistrie ou fenee: Et que les
chanes ou les cheueulx chanus vous feront
assault les dons vous fauldront.

☙Moralite

☙Pour clerement entendre lhystoire de
dame yo vne tresnoble nymphe qui au cõmence
ment de ce chapitre est assez briefue et obscure
il fault scauoir q̃ Juppiter le dieu du ciel apper
ceut que yo auoit loeil au glay/et estoit fort fri
onde si la transforma en vne vasche. Argus
q cent yeulx auoit la print en sa garde. Le dieu
mercure prenãt compassion de veoir vne si no
ble Dame transmuee en beste mue endormit
Argus au son du flajol/et la toucha dune ver
ge tellemẽt qil perdist la veue des yeulx/et la
force de ses mẽbres/puis luy trẽcha la teste/
et dame yo fut trãsformee cõme deuant en for
me humain. Juppiter le grant dieu du ciel est
nostre createur lequel voyant yo/Cestassa/
uoir nature humaine assez friande/Car elle
entasma la põme pourquoy elle fut dechassee
hors de paradis terrestre et vint au monde pai
stre auec les bestes cõme vne vasche. Argus
par qui ientendz lennemy denfer ayant cent
yeulx/Car il est fort subtil print le gouverne
ment de nature humaine/mais mercurius le
bon champion par q̃ soy entend nostre redemp
teur lendormist de sa parolle/le persecuta de
sa verge/qui fut la croix ou souffrist passion/
puis p maniere d dire luy trẽcha la teste pour
plus amoindrir sa force/et par son moyẽ jup/
piter restaura nature humaine en son pmier
estat. ☙Consequẽment apres ceste histoire
la vieille declaire a Bel acueil la miserable
et detestable fin des amoureux folastres se ne
mest besoing dy faire glose ne apostile/mais
il me semble bien q̃ se ceulx qui sont entechez
de ce tresangoisseux Mal y daignoient mirer
leurs yeulx ilz seroient par aduanture preser/
uez de aulcuns grans incõuenientẽs ou ilz sont
apparans de prouchainemẽt tresbuchier. Ja/
cula que preuidentur minus feriunt.

☙Le.lxxii.chapitre. Belacueil
clos au chasteau de Jalousie soy
laissant seduire par la vieille est
cõme la creature fermee en la les
tat de grace q̃ aulcuneffois se lais
se vaincre par temptacion dyabo
lique.

☙Lacteur

Ainsi a sermonne la vieille a Bel
acueil q̃ na sonne mot/mais ains les
couta tres voulẽtiers/et se doubta di
celle moins que deuant/il sappar/
coit bien que le chasteau ou il est enferme seroit
legier a prendre ne fust Jalousie et trois de ses
portiers q̃ ilsec demeurent et courẽt tousiours
cõme tous forsenez pour le deffendre/mais ce

Fueillet

nest point a faire ainsi quil cuipde/car ilz met
tent trop grāt estude en la garde. Nul diceulx
na desplaisir de la mort male bouche q̄ nestoit
point ayme leans/tousiours diffamez les a/
uoit et trahiz vers ialousie/par quoy il estoit
hay de tous/et ny auoit hōme qui leust rachap
te dung ail si non ialousie qui pour sa tangle/
rie laymoit et luy prestoit loreille. Toutesfuo
yes estoit elle merueilleusemēt triste quāt le
larron iouoit de sa chalemelle/Rien ne celoit
quant luy souuenoit que mal en pouoit adue
nir/mais il auoit grāt tort entāt quil disoit des
choses trop plus q̄l ne sauoit. Et par ses fla-
teries aux choses ouyes tousiours adioustoit
nouuelles qui bōnes ne belles ne furent en a/
moindrissant les bōnes. Ainsi attisoit et enflā
moit ialousie cōme cellup q̄ toute sa vie vsoit
en tangle enuyeuse. Ilz furent tāt ioyeux v̄d sa
mort quoncques nen firent chanter messe/et
leur semble bien que ilz nont rien perdu. Car
quant ilz seront mis ensemble ilz cuident si bi
en garder la pourprise que destre prinse naura
garde/voire quant deuant le chasteau il y au
roit seize mille hommes. Certes dient.

¶ Les trois portiers. ¶ Nous ne sommes
gueres puissans se ne scauons garder ce q̄ est
nostre sans ce larron ce faulx traistre et truāt
male bouche de qui lame puant soit au feu d'en
fer q̄ la puisse ardoir et destruite/car tousiours
nuyre nous vouloit ceans. ¶ Lacteur.

¶ Ce dirent les trois portiers/mais non ob-
stant leur deuise ilz en sont grandemēt assou-
blis. Quāt la vieille eut desgorge ses fables
Bel acueil cōme bien enseigne reprint la pa-
role et commence a dire. ¶ Bel acueil.

¶ Madame ie vous mercy bōnemēt quant
si debōnairemēt men eignez vostre art/mais
quāt parle mauez du doulx mal de aymier ou
tant a damer la matiere mest fort estrange/
rien nen scay q̄ par ouyr dire/ne iamais plus
scauoir nen quiers. Oultre plus quant vous
dictes que grant auoir seroit bon amasse Par
moy/ie vous respondz que ce que iay me suf-
fist assez/mais bien vueil mettre mon enten-
te dauoir gente et belle maniere/au regard de

la magicque qui est lart du Dyable soit voir
ou fable ie ny croy rien. Mais de lamant du/
quel vous dictes que tant de merites et de bon
tez sont en luy que toutes graces luy accourēt
se ainsi en est si luy demeurent ie ney vueil po
int que miennes soyent ie en quitte ma part.
Toutesuoyes ie ne le hays ne ie ne layme fer-
mement. Et pourtāt se iay prins son chappe-
let si ne le veulx ie pourtant appeller mon a-
my si non de commune parole cōme chascun
dit a chascune mon ampe bien soyez venuez
Mon amy dieu vous benye. Je ne vueil ay-
mer ne honnorer si non par bien et par hōneur.
mais puis quil ma presente son chappeau et q̄
ie lay receu/il me plaist tresbien. Et sil desire
de moy veoir faire le peut: ia ne s'he trouuera
negligēt que voulentiers ne le recoyue/mais
que ce soit pendant le temps que ialousie qui
le hayt et vilenne est hors de la ville. Je fais
doubte se elle est hors que brief ne suruiegne/
car souuent aduient que de puis lheure que el
le aura fait mettre en malle tout son harnoys
pour aller hors: et que nous auons cōgie de de-
mourer elle retourne lors que elle est a demy
voye/puis nous tempeste fort et nous destour-
ne. Et se cellup de qui tant mauez parle vient
icy dauanture et que Jalousie qui tant me est
cruelle et dure le puisse trouuer ceās/combien
q̄ plus auant prouuer ne en saiche se bien vo9
remēbrez de la cruaulte de elle/il sera tout vif
desmembre. ¶ Lacteur. ¶ Ces motz finez
la vieille lasseuta et dit. ¶ La vieille. ¶ Je
prins la charge sur moy et la cure possible nest
de luy trouuer/Cest pour neant que vous en
souffiez. Et quant ialousie seroit ceans ie vo9
iure dieu et sainct remy/ie scay tāt de repostail
les et de muffottes que lon trouueroit plus tost
vng oeuf de fromy en vng tas de paille quil
le trouueroit cellup que iautroye musse tant en
scay ie bien la facon. ¶ Bel acueil.

¶ Dont suis ie content quil viengne/mais
quil se contiengne sagement et sans oultrage
¶ La vieille. ¶ Mon filz qui tant vault
et scez tu par ses cōmes saige preu et bien ap-
pense. ¶ Lacteur. ¶ A tant cesserent leurs

paroles & se departirent diller. Bel acueil se tira en sa chambre, & la Vieille se leua pour besongner auant la maison. Et quant vint le temps le lieu & saison conuenable pour acheuer son fait, & luy sembloit bien que Bel acueil estoit bien aloisir de parler a lamant, elle deuala vistement les degrez de la tour de laqlle elle est yssue, & oncques puis ne cessa a trotter pour noter a lamant son besongner, faignant quelle estoit fort lasse vint vers luy et dit.

¶ La Vieille. ¶ Se ie vous dys bonnes nouuelles & fresches viens ie a temps & appoint pour auoir gaigne les gandz. ¶ Lamant.
¶ Les gandz dame? Je vous dys sans lobbe que vous aurez m antel, robbe, chapperon, pelice grise, et tant dargent que scaurez deuiser se me dictes chose qui vaille. Lors dit.
¶ La Vieille. ¶ Que ie men aille seul au chastel ou Bel acueil mattend, et encores ne se tint elle a tant, car elle ma prins la maniere dentrer ens.

¶ Moralite.

¶ Le contenu du chapitre precedent nous donne a congnoistre comment nous sommes aucunesfois vaincuz & subiectz a peche par croire mauluais conseil. Bel acueil en ceste partie peut estre figure a la creature raisonnable enclose en la tour ou en lestat de grace, dont Vyder ne peut sans parir, Dangier et Honte qui sont trois gardes depuis que male Bouche eut la gorge couppee, lamât ou lamy par qui tentendz lennemy ou lenuieux de creature humaine voulant icelle deflorer par peche et en faire sa voulente sadresse a la Vieille mac querelle nommee temptacion qui commenca a forgier ses trafficques des le iour que adam fut cree, Et icelle vieille dânee se met en paine de alescher la creature selon le demeine de lhystoire. Une fois luy boute en la pensee le plaisant dedupt du ieu damourettes, Lautre fois luy met au deuant le grant tresor que lon peut amasser en icelluy ieu, puis la chême de plusieurs offres et promesses telles que sont celles dôt lennemy par faulse suggestion seet

deceuoir les humains, mais a toutes persuasions que la mauldicte Sorciere luy presente quoy que soient confites en apparence de bien la bonne & deuote creature les refuse et repugne virilment sans gouster delectacion nulle comme fort seure & fermee en son estat. Toutesuoyes la Vieille Chanue a tant ne se tint de la stimuler, et luy donna nouuel assault tellement quen collaudant les sainctes non pointes sainctes merites de lamant dyabelic, que luy mist en memoire qaultre fois auoit receu et porte en teste vng chappelet que celluy luy auoit donne pour punir a son amour et a ceste cause Bel acueil se sentoit oblige de le receuoir. Et de cest argument fut vaincu et luy consentit que faire ne deuoit luy prester aureille & luy donner entree en la tour le plus secretement & hastiuement que possible seroit affin que le ialoux par qui tentendz nostre seigneur ne les surprint & les trouuast en leurs delictz. Ainsi donc est la simple creature miserablement eppalsee de lestat de grace & forbanie de lamour de son creature, par le consentement quelle adiouste aux friuolles et abusions de lennemy, dont temptacion est maserieuse curatiere, & par exemple se doit bien garder tant en amour futielle comme espirituelle de tost ottroyer & de receuoir quelque ioyau au don ou propine sans congnoistre le personnage, car a la fois petit don fait dommaige grant. Munera sumpta ligant.

¶ Le .lxxii. chapitre. La Vieille adressât lamât vers le doulx Bel acueil est comme bonne inspiracion par q̃ le poure pecheur se retourne & reconseille a Jesuchrist son benoist redempteur.

¶ La Vieille
Vus entretez par lhuis derriere, ie le vois ouurir pour mieulx couurir la besongne cest vng moult couuert passage qui ne fut ouuert puis deux moys et demy. ¶ Lamant.

fueillet

gne estre sangle. Quant ie regarday la dessus dicte porte ainsi prinse et destruicte q̃ ie trou/uay leans lost armé / prest dassaillir deuant mes yeulx ne fault demander se iauoie grant ioye / et pensay lors bien ententiuement com/ment ie pourroie auoir doulx regard qui soub dainement sapparut deuant moy / Auquel ie dis dieu vous gard. Ie croy veritablement que amours le menuoya / Car long temps per du lauoye. Si fuz tant esiouy quant lappar/ceux qua pou que ne mesuanoy / et semblable/ment fut doulx regard fort ioyeulx de ma ve nue lequel me monstra & presenta a bel acueil qui vistement saillit et vint a lencontre de moy fort courtois & bien apprins / car ainsi la uoit enseigne sa mere. Fort enclin le saluay de venue / et celluy me rendit le salut moy remer/ciant du chapel que luy auoye enuoye par la vieille. Ie luy dis. Sire ne vous desplaise mye remercier ne me deuez / mais moy mes/mes vous doy remercier cent mille fois quant me feistes tant dhonneur que de le prendre. Sachez que ie suis du tout a vostre desir et vouloir sil est plaisir que faire vous puisse / voire qui que sen doye plaindre ou douloir a vous me vueil asseurer pour vous seruir et honnorer se riens commander me voulez ou mander sans commandement ou autrement se ó le scauoir mest possible gy emploiray mon corps a lauoir / Voire et sans remors de consci ence y mettray lame en balance. Et affin quen soyez plus certain essayez moy ie vous requiers / Et se ie faulx iamais ie ne puisse a uoir ioye du corps ne de chose que iaye.

¶ Bien me souuiẽt dames qui me conseilla de hardiment promettre / voire quant ie pour roie de quoy payer / mais ie vous iure dame p̃ sainct remy que se lhuys ouuert puis trouuer vo⁹ aurez de bon drap / soit pers ou verd quãt il deueroit couster vingz francz laune. A tãt la vieille se partit de moy / & dautre part mien allay vers lhuys derriere ainsi quelle mauoit adresse / priant dieu q̃l me menast a droit port. Sans mot dire me trouuay deuãt lhuys que la vieille mauoit de fferme / & q̃ encores estoit entreclos / & puis ie le fermay quãt ie fuz bou/te ens pour estre plus seurement / & fuz moult ioyeulx quant ie sceus que male bouche estoit mort. Onc̃ques de mort nulle ne fus pl⁹ esiouy car ie viz la porte cassee / encores passee ne la/uoye quãt ie trouuay amours dedans laporte & son ost qũ mapporta pfort. dieu q̃l aduãtaige me firẽt les vassaulx q̃ oscõfirẽt male bouche ilz soyent benez de dieu et de sainct benoist. Ce fut le traistre faulx sẽblãt filz de barat vng faulx ministre. Sa mere fut dame ypocrisie qui tant est amere aux vertus auec abstinen ce constrainte encainte de faulx semblant pre ste deufanter antecrist comme par escript ie le treuue. Ie prie pour eulx baille q̃ baille / car ce furẽt ceulx qui sans faille male bouche des confirent. Celluy qui veult estre traistre fa/ce son maistre de faulx semblant / preigne cõ/strainte abstinence / puis soit double & se fai/

¶ Bel acueil. ¶ Vostre mercy beau si re. Ie vous dis bien aussi que sil y a rien qui vous plaise vostre aise en aurez. Choisissez et prenez ce que pouez et en faictes a vostre bõ plaisir. ¶ Lamant dit.

¶ Sire honneur et bonne vie vous do int dieu. Ie vous remercye cent mille fois puis que ainsi puis prendre vos choses plus ne vueil attendre. Car vous auez la chose toute preste / moy cueur plus grant feste en fe ta que de tout lor ne largent de alexandre.

Lors ie mauancay ⁊ tendy la main a la chose que plus au monde desiroye pour ma voulẽte acõplir. Je cuyday bien a noz parolles doulces ⁊ molles ⁊ a noz plaisans accointances de belles cõtenances plaines que le tout fust appertemẽt fait et q̃ dangier ny eust plus/mais bien aultremẽt il men aduint. Moult remaist de ce que fol pẽse/car ie y trouuay la deffence par trop cruelle a lheure q̃ ie mauancay pour tendre celle part/dangier me deffendit le pas/Car le faulx vilain q̃ maulx coups le puissẽt estranger se estoit musse par derriere en vng anglet nº aguettãs ⁊ mettãt par escript mot a mot toutes noz parolles sans vne en laisser et sans plus attendre se tira vers moy disant

¶ Dangier. ¶ Fuyez vassal fuyez fuyez fuyez dicy/car vous nous ennuyez trop. Les grans dyables maulditz ⁊ forsenez voº ont bien amene icy/lesquelz auront part a vostre seruice ⁊ prendrõt tout/ains quilz se partent. Ja ny viẽdra saincte ne sainct/se dieu me sault sire vassaulx a pou que ne vous effronte. Adonc paour sortit auãt ⁊ si acourut hõte quãt ilz oyrent ce paysant disant fuyez fuyez fuyez qui encores a tant ne setint/car il appella dr techief les deables ⁊ sen osta sainctz ⁊ sainctes. Adonc se print a dire. ¶ Lamant. ¶ Mõ dieu quil y a cy vng felon hoste/⁊ qui plus est les trois portiers par grant courroux ⁊ forsennerie de cõmun accord rebouterẽt mes mains arriere disant. ¶ Dãgier. ¶ Encores y aurez vous moins q̃ vous nauez/malemẽt scauez entendre ce q̃ Bel acueil vous offrit quãt vous souffrit a luy parler. Il vous offrit lyement ⁊ hõnestement ses biens dhõneste cure/vous en chalut/Mais auez receu loffre simple non pas en tel sens quon la doit prẽdre/car lon doit entẽdre sans le dire q̃ quãt vng preud hõme offre son seruice/ce nest fors en bonne ⁊ honneste guise/ainsi lentent celluy qui le promet. Or nous dictes damp lecherres quant vous aprenistes ces parolles que ne les prenistes vous au droit sens/dung rude entendement vous vint de bas prendre si vilainemẽt ou vous auez lusaige appris de contrefaire

le fol saige. Il ne vous offrit point la rose/ce nest chose honneste a vous de le vouloir requerre ne que sans requeste layez. Et quant luy offristes voz choses cõment entendistes vous ceste offre/fusse point pour le lobber et luy rober sa rose/Certes mo ult bien le trahissez ⁊ deceuez quant le voulez ainsi seruir pour estre son ennemy priue/⁊ cõme il est escript en maint liure. Nest riens qui tant puist nuyre ou greuer que priue ennemy. Se voº deuiez creuer de dueil si voº ouyent il vuyder ce pourpris/les dyables bien vous y font venir: bien souuenir vous doit q̃ aultresfois dechasse en fustes. Or allez vous pourchasser ailleurs/car certainemẽt celle saige ne fut qui a tel musart quist se passaige/mais icelle ne sceust vostre pẽsee ne vostre pourpẽsee trahison. Je cuy de moy que ia nest quis ce passaige selle eust sceu vostre desloyaulte. Bel acueil a este fort deceu ⁊ despourueu de sens quãt en sa pourprise vous receut. Il vous cuyda faire vng tres grant seruice ⁊ vous pourchassez grãdement son dommaige. Quelque aduantaige nautez icy loutraige qui ainsi voº desuoye/querez vostre voye ailleurs/vuydez le pourpris: deuallez a coup les degrez de nostre gre ⁊ amyablemẽt ou ia degre ny compterez. Brief tel pourroit venir icy qui se tenir vous peut/mes conter les vous fera seffronter vous deuoit. Si re fol trop oultrecuyde vuyde de toute loyaulte que vous a mesfait Bel acueil/pour quel peche ou mesfait lauez pris en haine en le vueillant trahir/vous luy offriez maintenãt tous voz biens: esse pour ce q̃l vous receut ⁊ deceut luy et nous pour vous/puis le damoiseaulx chiens ⁊ oyseaulx vous offrit/dont nº voulons bien quil saiche que folement si est conduyt. Et de ce quil nous en a fait maintenant et aultresfois se dieu et saincte foy nous gard en telle prison en sera mys/que iamais homme prins nentra en si forte/⁊ sera tiue en telz anneaulx que iamais tãt que viuez ne le verrez par voye/Car il vous trouble et desuoye mauluaisement/a la male heure sauez veu quant par luy deceuz sommes. ¶ Lacteur.

¶ Lors le prennent et batent tant quen fuyāt sabatent. Et apres luy auoir dit plusieurs laidures lencloyerēt en la tour seulet sans le mettre en fers. Mais soubz trois paires de serrures. Et sans plus luy faire grief de main mise a cause qlz se hasterent luy promirent faire beaucoup pis quāt au repaire seroient venus

¶ Moralite.

¶ La vieille q sefforce dadresser lamant vers bel acueil est la bōne inspiracion qui a la fois dict au pecheur pour accepter don de mercy vers bel acueil son createur, cest bōne inspiracion qui scait les secretz de Lhostel dieu luy met en bouche qlentre par la porte de derriere cest par estroicte et vraye confession quil doit faire du temps passe quāt le pecheur est entre en la tour de penitence, il trouue male bouche mort sur la muraille, cest la gueule denfer q luy est close, est fermee soubz le seel de confession. Il treuue aussi le dieu damours, par qui tentens le sainct esperit, les cheualiers et gens darmes de son ost, ce sont ses dons et ses vertus excellentes lesquelz il preste et concede aux loyaulx amans pour les conduyre a port de salut. Doulx regard q sapparut deuāt ses yeulx fut la grace du createur q benignemēt recoit tous ceulx q luy offrent et donnent, et le remercia p grant humilite du chapellet deuot muny de troisettes deseignes et de cinquāte patenostres que pieca luy auoit donne lamant penitent. Comme bien conseille luy offrit tout cueur corps et biens, et bel acueil le tresdoulx sire luy offrit le semblable, come il a fait a tous ceulx q layment et seruent. Mais le penitent cuydāt lors auoir tout gaigne come supbe et plain de election fort oultrageusemēt se presuma tout a cop de cueillir la rose q est la gloire pdurable. Et en ce faisant sourdirēt sur pieds trois capitaines ennemys de gente humain, cestassauoir dangier, paour et honte, qui sont le dyable. La chair et le monde. Dagier de damnacion, fragilite humaine et honte du monde. Les trois satallites cruelz faisans le guet sur les fosses saisirent le maleureux amant et pour son oultrecuyder luy batirent dos et ventre. Et sans le bouter es fers, cest a dire en Enfer lencloyrent seul en vne tour fermee de trois serrures dont les trois ilefz seront cōtricion, cōfession, et satiffaction. Et ainsi peut chascun veoir q vne seule bōne ispiracion enueloppee en vng chapellet de patenostres nest suffisante pour acquerir gloire eternelle: ains fault souuent prier et perseuerer en sa bonne oeuure, car vne seule aronde ne fait le printemps.

¶ Le.lxxiiii.chapitre. Laspiracion que fait le poure amant aux roses que bel acueil a en possesse nous est exemple de lindigent miserable contendant rauir lor et largent de lhōme riche.

¶ Lamant.

Dangier paour et honte a tant ne se sont tenus, mais eulx trois sōt venuz sur moy qui triste, dolent et emploure estoye tire dehors si me rassaillent et me tormentēt, dieu doint q repentir sen puissent de loutraige quilz me font, a pou q mon cueur ne font de dueil. Je me voulope bien rendre a eulx, mais ne me vouloyēt vif.

Je mentremys beaucop dauoir paix a eulx et soulsisse bien estre mis en prison auec Bel acueil. Lors ie dis a dangier. Beaulx gentilz hõme franc de cueur vaillant de corps & plus piteux que recorder ne scauroye,/& vous honte & paour belles pucelles/tressaiges & courtoises bien ordonnees en faitz & en dis nees du lignage raison souffrez que ie deuiẽgne vostre serf par tel couuenant que ie me tiengne en la tour prisonnier auec bel acueil a tousioursmais sans en yssir. Ie vous prometz loyaulment que se mi vouliez mettre en prison auec luy seruice feray qui bien vous plait a selon vostre deuise. Se iestoye larron,triste,rauisseur ou suspicionnez daucun meurtre ie desireroye estre emprisonne pour en yssir par enqueste, & aussi quant point ne le requerroye my bouteroit on en quelque terre que ie fusse, voire se possible estoit de le me bailler eschapper nen pourroye attraper son me pouoit. Au nom de dieu ie vous demande la prison pardurablement auec belacueil, et sil est ainsi que ie deffaille a bien faire & que ie soye prins en meffait soit sans prouue ou que ie soie prouue ou trouue en meffaict soye a tousiours mys hors de prison. Toutesuoyes il nest hõme qui ne peche, nest celluy qui nait quelque taiche,/mais sil ya aucun deffault punissez moy & me faictes trousser mes peneaulx & yssir hors de voz ferrailles. Se ie vous courrouce aucunement punissez moy & soyez mes iuges. Car ie ne desire aultres que vous. Je me retire soubz vostre iurisdicion hault & bas,/mais que ne soyez que trois,/& bel acueil sera le quatriesme auec vo? Recorder luy pouez le fait,/& saccorder ne vous priez souffrez quil vo? accorde,/& vous tenez a son accord/muer ne changer ne le vouldray ne pour batre ne pour tuer. Ces motz finez se taira. ¶ Dangier. ¶ Ha dieu quelle requeste esse cy? vous qui auez le cueur gay & ioly requerez estre boute en prison auec bel acueil tant doulx & debonnaire quil ne scauroit faire aultre chose si non par fines amourettes mettre le cocq auec les gelines. Mais pourchassez vous bien tost ailleurs,/ie voy bien que ne chas-

sez fors que nous faire honte et laidure,/ cure nauons de vostre seruice. Vous estes bien hors du sens que le cuydez faire iuge. Iuge mon dieu celeste. Cõment pourroit la personne estre iuge & prendre aulcune cõmission de ce faire que desia est iugee & prise. Bel acueil est prins et iuge & vous le iugiez estre de telle dignite quil puist estre arbitre & iuge. Soyez seur que le deluge viendra plustost quil ysse de nostre tour,/ mais au retour sera destruit. Car bien la desseruy pour ce seulement quil se asseruit de vo? offrir ses choses. Toutes les roses se perdent par luy,/cuillir les viennent les musars quant doulcement laccueillent,/mais que le tiedroit en caige iamais hõme dõmaige ny feroit. Nest ame viuant que en emportast autant cõme fait le vent, voire se tant ne se mesprenoit que par force leur fist vilenie,/toutesfois tant me prẽdre pourroit quil se feroit banir ou pendre.
Lors respondit. ¶ Lamant. ¶ Celluy se meffait grandement qui sans meffait destruit lhõme & qui lemprisonne sans raison. Et quant vous tenez pris si vaillant & si honneste personne cõme est belacueil qui fait feste a tout le monde,/pour ce quil me fait chiere & tient fort chiere mon accointance sans nulle autre achoison certes vous mesprenez malement,/car il deueroit par raison estre hors de prison sil vo? plaisoit. Pourquoy ie vous prie quil en ysse tellement que ie cheuisse de la besongne. ¶ Dangier, paour & honte. ¶ Certes ce folastre no? truffe qui de truffe nous va rapaissant quant il veult desprisonner bel acueil et nous trahir par son sermonner. Il requiert ce que estre ne peut, car iamais ne mettra hors le chief ne par huys ne par fenestre. ¶ Lamant.
¶ Lors de rechief massaillẽt. Tout chascun deulx content a moy bouter hors. Je ne seroye aussi greue qui me vouldroit crucifier. Lors ie commẽcay a basse voix a crier mercy vers ceulx qui me doutent secourre,/tellement que ie fuz apperceu des guettes qui bien regarderent comment ie fuz fort rudement traicte. Et lors dirent. ¶ Les Barons de lost.

fueillet

¶ Or sus or sus/se tantost ne sommes armez pour secourir cest amant il sera perdu/car si may st dieup les portiers le detirent/liét/batent et fussent ou crucifient. Il brait et leur crie mercy a voip si tresbasse qua pou son se peut ouyr. Il semble qlz lestranglent ou qlz se veulent estaindre/et luy ont si fort enclose la voip quilz ne peut ou nose crier. Ne scauons quelle deulente ilz ont/mais ilz luy portent grát contraire. Sil na secours il vault q mort. Bel acueil q le confortoit sen est foui plustost que se cours: si coutent que il ait aultre ayde/si q re couurer il se puist. ¶ Lamant. ¶ Et eulp sans faille me eussent tue se les barós de lost ny fussent suruenus/mais ilz saisirent leurs armes quát ilz ouyrent/sceurent et veirét que ie euz perdu soulas/ et fus prins en latz ou Amours elance ses amás Lors sans cháger place veiz le tournoyemét q trop aspremét comé ca. Car quát les portiers sceurent quilz euret si grant oste contre eulp ilz salirent ensemble iu rerent et fiancerent qua leur pouoir ayderót et nul iour de leur vie pour riens qlleur aduienne ne delaisseront lung lautre. Et moy q ne cessay de regarder leur semblant et cótenance de leur aliance fus moult doulent. Et quant ceulp de lost veirent la dessusdicte alliance ilz se tougnirent ensemble sans auoir voulente deslongier/ mais iurerent de si bien besógner quilz seront mors sur la place/desconfis se

ront ou pris ou ilz auront le pris de lestour/ et ont grant voulolr de cóbatre pour abatre lorgueil des portiers q tresmal traictét les amás Et leur font ces trois tant de contraire que moult souuent en sont menez a dueil et a Tor ment. Puis desormais viendrons a la bataille pour veoir comment chascun besongnera.

¶ Moralite.

¶ Tant sur lhystoire du chapitre present que de lantecedent pourz figurer lestat du po ure q aspire a sauoir du riches. Car le doulp Bel acueil possesseur d la rose et des beaulp florons est cóme cellup q amasse en son tresor les nobles a la rose/et ducatz florétins/le tresdouloureup amant par q son entent le poure malheureup hóme desire fort dembrasser. Et par le cóseil de la vieille rapinát couuoitise entre furtiuemét par la porte de derriere cóme font plusieurs larronceaulp qui soubz la peau dagnel portét rauissans pates/móstra de prime face a bel acueil le doulp regard de ses beaulp yeulp et bel acueil les receus amiablement/ et luy donna credit de circuyr au tour de son rostier. Et quát il eut temps propice a fournir son emprise/il enuoya iouer ses mains/ et finable mét sauáca de cueillir florós et rosettes/mais en perpetrát ce delict fut espie de trois portiers á luy rómpirent son fait. Lung se nómoit paour destre happe. Lautre dangier de estre pendu. Et le tiers hóte du mesfait. nonobstát il cheut en leurs trappes/si fut abatu pestille bien batu et flagelle. Et alors quant il se trouua en telle maniere agroille/Tormente et ratisse il se scria a basse voip ainsi comme en faussel a trois barons/voire dit lautre a trois larrons qui le garátirent de mort. Desquelz lúg fut nomme force dargét. Le second puissance damys. Et le tiers port d seigneur Ainsi sassemblerent illecques en bataille rengee trois contre trois. Mais il est a presumer que les trois portiers seront abatus / et que les trois derniers seront victeurs et maistres/car p iceulp dame iustice qest la verge de dieu est tát em

peschiee/reboutee & afforblie q̃lle ne peut des/
gainer son espee. Et cõme dit Gery mabieu
ou force regne droit na lieu

¶ Le.lvv v.chapitre. Comparaciõ
des chiens glatissans aux grans lar/
rons,du connin en terre au tresor du ri
che,& du furet au petit larronceau.
Item les chiens sont acomparez aux
ennemys par qui le connin qui signi/
fie genre humain fut boute en terre,
et le furet qui le fait sortir hors est no
stre createur. Item en ce mesme chapi/
tre est la iustificaciõ & excuse de la/
cteur pour auoir couchie aucus motz
au desplaisir des dames &des ordres
mendiennes.

¶ Lacteur

ENtendez cy loyaulx amans: Ie
prie a dieu q̃l vo⁹ doint iouyssan/
ce de voz amours:se vo⁹ mentẽ
dez bien vo⁹ pouez ouyr en ce bois
les chiens glatir pour prẽdre le connin auquel
vo⁹ tendez & le furet q̃ sans faillir le doit faire
saillir es roseaux. Notez ce q̃ ie dis vo⁹ aurez
suffisant art damours,&se vo⁹ trouuez trou/
ble q̃ vous trouble ie le sclarciray quãt vo⁹ or/
rez descouurir le songe bien scaurez voz respõ
dre damours sil est ame q̃ si vueille opposer.

Et quant vous me orrez gloser le texte vous
scaurez par mon escript ce q̃ iay escript p auant
et tout ce q̃ iay voulũ te deny escrire, mais ain/
cois q̃ ien die riens ie vueil vng petit entendre
ailleurs pour moy deffẽdre de mauluaise gẽs
non point pour vous faire muser, mais pe ur
moy excuser ẽtre eulx. Si vo⁹ prie seigneurs
amoureux que se es sauours ay icy damours
vo⁹ trouuez polles trop bauldes ou folles par
lesquelles il faille q̃ ses mesdisans me dient de
vous tant des choses q̃ sont a dire q̃ de celles q̃
sont dictes q̃ les desdictes courtoisement. Et
quãt desditz les autres, reprẽs ou leurs ditz re/
tardez se mes ditz de tel maniere sont q̃ p druit
ien doye pardon requerre ie vous prie q̃ le me
pardonez, si leur respõdez de par moy q̃ ce ma
fallu faire par la matiere q̃ telles parolles re
queroit a cause q̃ ie congnois les proprietez di/
celles. Car selon lauctorite saluste q̃ nous dit
par vraye sentẽce q̃ la chose est iuste & droictu
riere cõbien q̃ ne soit de semblable gloire de sel
luy q̃ la chose fait & d ce q̃ lescriuain met est sõ
liure pour mieulx dẽscrire la verite, & pour tãt
nesse legiere chose, mais d grãt poix de mettre
aulcuns faictz par escript. Car quiconques
escript la chose il ne doit riens embler de la ve
rite, car le dit doit ressembler au fait pour ce q̃
les voix voisines aux choses doiuẽt estre cou
sines a leurs faitz, ainsi me quient il parler se
aller vueil le droit chemin. Et pour tant vail
lans dames, damoiselles ou femmes amoureu
ses ou sãs amys ie vo⁹ prie toutes q̃ se trouuez
aucus motz q̃ soient mys ou couchez trop mor
dans ẽtre les feminines meurs q̃ ne men blas
mez ne diffamez mon escripture, car tout est
fait pour vostre enseignemẽt. Et certainemẽt
onques ny dis ne eus voulũte de dire p vilte/
se, par yre, par hayne ou par enuie chose q̃ soit
contre nulle fẽme viuant, car nul ne doit despi
ter femme se il na le cueur pire q̃ tous aultres
toutesuoyes nous mismes les parolles en es/
cript pour ce q̃ vo⁹ & no⁹ de nous mesmes peuſ
sions auoir de toute cõgnoissance quãt il est bõ
de tout scauoir. Daultre part dames honnera
bles sil vo⁹ semble que fables ie dis ne me te/

t ii

nez pour menteur/Mais reprenez vous aux
acteurs qui les parolles que tay dictes ont es
criptes et celles que te diray cy apres si ney me
tyray de riens/Voire se les preudhōmes anci-
ens ne mentirēt q firent les liures. Lesquelz
toute suoyes saccordent tous a ma raison/lou
chant les meurs feminins. Jespere q ilz ne fu
rent ne folz ne nyces/quāt en leurs liures les
mirent. Ilz scauoient les meurs & les pdiciōs
de toutes les fēmes/car to⁹ les auoiēt esprou-
uez/et trouuerēt en fēme telz meurs/lesquelz
ilz esprouuerent en diuers temps. Par quoy
beaucoup mieulx excuser et quitter me deuez.
Je ne suis q le reciteur/Voire se ie ny adiouste
quelque porolle par mon ieu q bien pou vous
couste/cōme les poetes font quāt ilz traictent
daucunes matieres dont entremettre se veu
lent. Car cōme tesmoigne la lettre toute leur
intencion est den tyrer prouffit et delectacion.
Et se aucunes gens gronssent cōtre moy Ou
quilz se troublent ou se courroussent/tellemēt
que il semble que ie les morde par le chapitre
auquelles parolles de faulx semblant sont
recordees/Et a ceste cause sassemblent pour
moy vouloir ou blasmer ou punir cōme cel
luy de q ilz deulent. Je fais protestacion que
mon intencion ne fut onques de parler contre
homme viuāt qui en suyue saincte religion ne q
vse sa vie en bōne euure faisant de quelq cho
se quil se couure/ains prins mon arc/et sentoi
say quelque pecheur q te soye/Je feis voller
ma saiette generalemēt pour affoler. Pour af
foler: mais pour cognoistre leur estat fussent
seculiers ou de cloistre. Les des loyaulx maul
dictes g̃s q iesus appelle ypocrites/desquelz
plusieurs laissēt a māgier chair et bestes pour
estre plus hōnestes/et font tout temps leurs
abstinēces au nom de penitence, comme nous
faisons en karesme/mais quoy ilz mangeus
sent les hommes tous en vie de leurs dens de
detraction par intencion venimeuse. Je ne fis
onques bersault dautre enseigne que deulx/
et vueil que mon fer y sortisse/car ie trais sur
eulx a volee. Et sil aduient que pour auoir la
cellee aulcun homme de son gre se mette des

soubz sa saiette/tellemēt que il se decoyue par
son orgueil et recoyue le coup sur luy/Puis se
plaint q ie lay naure ie ny ay coulpe ne iamais
nauray/non mye quāt ferir en deueroit/quāt
ie ney puis ferir personne q du coup se vueille
garder/Voire se regarder il scait son estat.
Mesmes cestuy q se sent naure par le fer que
ie luy presente garde que dores nauāt plus ypo
crite il ne soit/si sera quitte de la playe. Et nō
pourtant q que sen plaigne combien que il se
faigne estre preudhōme onques a mon escīt
riens ney dys quoy q ptar tant me soit que ne
laye trouue par escript et par prouuee experiē
ce ou par prouuable raison a q que de saggrea-
ble soit. Et se quelq parolle y a tenue folle de
saincte eglise ie suis prest de le amender se a ce
faire ie puis suffire.

¶Moralite

¶Selon le cōmencement de lhystoire
en ensuyuant le sens moral du chapitre prece-
dent lon pourroit dire q les chiens glatissans
apres le connin sont les sperres aspirās apres
le tresor du riche homme qui le musse en terre
cōme fait le connin. Les grans chasseurs les
grans lieres saichans le connin du riche en
terre auancent leur furet/cest a entendre vng
petit larronceau/car fur en latin vault autāt
cōme larron. Et si tost que le furet a desniche
le tresor il sen court es tauernes/cabaretz et
ieux de dez couuers de roseaulx/et cōme vng
connin rosty refectionne ceulx q lont prins en
leurs latz. Mais pour reduyre ceste hystoire
a spirituel amour le connin peut estre figure au
genre humain lequel estāt deboute hors de pa
radis terrestre fut dechasse de lennemy mor-
tel et cōstraint de soy musser au centre de la ter
re acompare au lymbe des peres sainctz ou le
filz de lhomme vray et celeste furet brisa la du
re porte et sa taniere si le fist sortir et saulter en
la garenne et au vergier de leternel roy triū-
phant. En ce mesme chapitre se veult iustif-
fier lacteur daucunes parolles qui semblent
estre couchees en son liure au desplaisir du se-

mentz sepe & des ordres mendiennes. Et pour ce que son excuse semble estre licite et honneste ie me departe den faire quelque glose.

¶ Le .lxx vi. chapitre. Le tournoy des bards du dieu damours entre les portiers de ialousie sont semblables aux vertus et aux vices aux bōs anges & aux mauuais qui se cōbatent pour auoir lame du pecheur.

¶ Lacteur

Franchise fort humble vint premierement cōtre dangier fol/courageux/fort/oultrageux par semblant/en son poing tient vne massue/laquelle il paulmoye & rue tant fierement entour soy de si perilleux coups q̄ lescu y trop merueilleux nest resister ny peut q̄l ne se pourfende & que celluy ne se rende cōme vaincu q̄ se met en place contre luy ou quil ne se cōfonde ou escache se de sa masse est attaint au vif. Toute se il ne scait merueilleusement bien le tour des armes. La massue du laut vilain que ie refuse au bois de refus fut prinse. Descoubyes fut sa targe bordee de gens muntineux franchise fort bien armee enuis entamee se toit pource que bien se scait conurir. Franchise pour ouurir la porte se lance contre dangier en tenāt en main sa lance belle & polie/laquelle elle apporta de la forest de cheurie. Nulle telle lance ne croist en biere/car de doulces pierre fut le fer/& auoit escu d supplicacion pat de uocion grande nō moindre que la lance. Peu qui estoit borde de roinctures de maine/De promesses/de cōuenances par faulx semblās et fiances qui mignonnement sent coulente, vous diriez vrayement que largesse luy bailla luy paingnit & entailla tāt bien sembloit estre de son oeuure. Franchise q̄ bien se couurie de son escu brandit le lance de sa lance/puis se lance contre le Vilain dangier q̄ cueur de couart nauoit/mais sembloit de luy q̄ tendoit au tinel fust ressuscite. Brief franchise euit son escu tout pourfendu/car dangier estoit tant desmesureement fort/q̄l ne craignoit nulle armure et se couurit tellemēt que de rien ne fut entasme ains brisa le fer de la lance si q̄l en prisa moins le coup. Le Vilain fel & aoutsez fort orgueilleux en ses armes il print la lance de franchise & la destompit piece à piece de sa massue: puis haulca vng coup grāt & fier en disant. Orde gatse ribaulde qui me tient que ie ne te fiers. Comment es tu si baulde que de oser assaillir vng preudhōme. Et en proferāt ces parolles le faulx & rude vilain plain dorgueil & de felonie ferit vng si treshorrible coup sur lescu de dame franchise/la belle/la bonne/la prude & la courtoise que plus dune grāt toise la fist reculer/par grant angoisse si labatit à genoux et labatut & laidengea moult fort oultrageusement/Et est a croire q̄ de ce coup fust morte se son escu eust este de fust. ¶ Dangier disoit.

¶ Dame ordegatse que vous estes: autresfois vous ay ie trop creue/ne oncques bien ne maduint de vostre losengerie qui ma trahy. Car par vos souffris le baiser du tribaudel qui de la rose se vint aysier. Trop fol me trouua et trop de bonnaire/ce me firent faire les deables/a la male heure estes icy venue assaillir nostre chasteau. Certainement il vous conuient perdre la vie. ¶ Lacteur. ¶ Et la belle franchise luy crie pour dieu mercy/affin que il ne la crauante/car plus ne pouoit batailler.

l iii

Fueillet

Et le vilain en croslant la hure comme tout forsené iuroit par tous les saintz quil loccirroit mais pitie q̄ grāt despit en eut se hasta de courre vers le vilain pour recourre sa compaigne Pitie soy accordāt a tout bien tenoit de piteux termes vne misericorde en lieu despee/de laquelle decouroiēt pleurs & larmes. Ceste misericorde se lacteur ne ment perseroit de vng aymant la pierre telle en estoit pointe/car la pointe est fort ague. Son escu est dalegemēt de gemissemens borde plain de souspirs et de complaintes. Pitie plouroit maintes larmes a cause du vilain q̄ se deffēdoit de toutes pars comme vng liepart/mais quāt elle eut ce vilain houssé & bië arrousé de larmes il samolya et cuyda noyer en vng fleuve ēme estourdy/ oncques si lourdemēt hurté ne fut ne par fais ne par ditz. Sa durté cōmenca a faillir. Il tremble & chācelle cōme fol & vain. Fuyr sen voult/mais honte si lappelle & luy dist.

C Honte. C Dangier prouve se voꝰ estes trouué recreant tellement q̄ bel acueil puisse eschapper hors de prison tous attrapper vous nous ferez. Car prestemēt il baillera la rose que tenons enclose icy. Et vous dis bien que sil baille la rose aux gloutons elle sera tātost blesue/pasle/molle ou flestrie. Encores ne puis ie bien venter de tant tel vent pourroit vēter ceans q̄ sil trouoit lentree ouuerte grāt perte y aurions & dōmaige grant. Il pourroit esmouuoir la graine de la rose ou faire plouuoir aultre graine/par quoy elle seroit chargiee. Dieux doint que elle ny chee/grandement il nous en meschetroit car aincois que en peust cheoir sans ressortir tost en pourroit la rose du tout amortir. Et selle eschappoit destre amortie & le vent y frappoit tel coup q̄ les graines sentremellassent si que elles greuassent la fleur de leurs fais/tellement que a son descendre il feist fendre aucunes des fueilles en quelque lieu que ce fust & que par la fēte de la fueille que dieu ne vueille le vert bouton apparust dessoubz son droit par tout que aucuns gloutons en saisine lauroyent tenue. Par quoy grant hayne & grant deshōneur noꝰ en aurions/quant ialousie le scauroit tel dueil et tel raige en auroit au cueur que noꝰ serions liurez amort. Mauffez vous en ont en ruez.

C Lacteur. C Dāgier crie secours secours) et hors honte vint a pitie le grāt cours: Si la menace & dist. C Honte. C Trop auez vescu/de cest escu vous deffrousseray si q̄ sur terre ie vous feray gesir. Vous emprintes ceste guerre a male heure. C Lacteur. C Honte porte vne grāt espee bien trempee/belle assez et bien faicte quelle a doubteusement forgiee de souffrir & dapercoiuement. Nōmee estoit sa targe double de male renōmee/cest le fust dont elle fut faicte/car sur le bort dicelle fut pourtraicte mainte langue. Et pource q̄ trop de ruse fist a dame pitie celle ferit sur elle tellement que a pou ne la rendit confuse. A tant suruint deliet vng fort vaillāt bachelier & bi en esliu/lequel fit vne grāde enuahye a honte de plaisant vie estoit son espee: & son escu borde soulas & de ioye ce q̄ point nauoye. Deliet ferit sur hōte/mais celle se targea si bien quōcques ne la greua/mais honte mesmes se que ut et a telle ānguoisse le ferit quelle luy froissa lescu sur le chief/si labbatit estēdu sur la terre & leust pourfendu iusques aux dens quant dieux amena vng bachelier qui bien reset se nommoit bon guerroyer/saige & ennoise & fuet. Lespee quil auoit en main estoit cōme de langue couppee sans faire noise: tellement la brādissoit que plus loing dune toise nestoit oñye. Ia ne sera brādie si fort quelle tēde ne son ne rebōdissemēt. Son escu estoit de lieu muse/iamais geline neut le pareil/de seures allees bien bordé estoit & decellees reuenues. Cel luy haulca son espee & chargea sur honte tel coup qua pou que effrontee ne fut: si en deuint toute estourdie. Et cela fait dit. C Bien ceser. C Honte sachez que ialousie la doulou reuse et chetifue de cestuy fait rien ne scaura iour quelle viue. Ie vous en asseureroye et si ancreroye de ma main en faisant plusieurs sermens/ne sont si grās asseuremens que ie ney face/car puis que ma la bouche est tue ne vous remuez vous estes prinse.

¶ Lacteur.

¶ A ces motz honte ne sceut que dire/ mais paour qui trop souloit estre couarde saillit auant regardant honte sa cousine/ & quant elle la vit si piteusement entreprinse elle mist la main a lespee fort malement trenchant non mie suspicion de reboufissement Dont faicte estoit/ Mais quant la tiroit du fourreau elle estoit clere plus que nul beril. Paour q̃ se par ne forment eut son escu de doubte & de peril, de trauail & de paine borde. Et lors pour sa cousine reuengier & detrencher bien celer leua son espee sur lescu dicelluy/ & donna dessus tel coup que guerpir ne le peut & chancela comme fort estourdy. Adonc bien celer appella hardement qui vistement saulta/ car se paour eust recoure de laultre coup, icelle auoit tresmallement ouure/ bien celer sãs nul retour estoit mort sil eust este seruy dung aultre coup. Hardement fut esprouue preux & hardis en fais & en dis. Son espee bone & bien fourbie fut faicte de la cier de forsenerie. Son escu fort renōme fut nomme despit de mort borde dhabandōnemēt fol a tous peril. Icelluy se croula pour donner sur paour vng grant coup/ mais celle qui scauoit tout le mestier quil affiert a escremie fais sa courre le coup & se couurit a lencontre: puis frappa vng si grant coup sur hademēt quelle labbati gesant sur terre/ car son escu ne le peut garantir. Quant il se sentit rue ius il requist et pria les mains ioinctes a paour q̃ pour dieu elle eust de luy mercy/ affin que elle ne locsie Et paour qui forment apree estoit iure que si fera. Lors respondit. ¶ Seurete. ¶ Il en sera autrement paour/ car par dieu vous en mourrez icy. Faictes du pis que vo' pourrez/ les fleures souliez auoir: Plus couarde cent fois que lieures/ et maintenant descouardye estes vous. Le dyable vous fait si hardye q̃ de vous prendre a hardement qui le tournoyement ayme sur toute rien/ et en scait tant sil y auoit bien pense que iamais homme plus de luy nen sceut. Ne onques puis lheure q̃ mar chastes sur terre ne tournoyastes que maintenãt/ ne scauez vous ailleurs faire voz tours. Car en tous aultres atouts si non en cestuy vous fuyez ou vous vous rendez. Vo' paour qui si bien vous deffendez icy vous fuystes iadis auecques Cacus quãt veistes venir le grant cours Hercules sa massue a son col, lors feustes vous grandement esperdue. Vous meistes des esles aux piedz de Cacus si merueilleuses que iamais nauoit eu telles Car il auoit emble les beufz Hercules: & menez par les queues en reculons iusques a son logis/ affin que la trasse ne feust trouuee. Bien esprouuee fut a lors vostre force/ & mō strates sans faille que riens en bataille ne vallez. Et aussi puis que neant ou gueres hante ne sauez: pouez scauoir se vous conuient non vous deffendre mais fuyr ou prendre ces armes ou chierement comparez de ce que vous osez comparer a hardement. ¶ Lacteur.

¶ Seurete eut lespee dure de toute cute forgee/ Escu de paix fort bon borde de concordance: il chargea sur paour le cuydãt occire/ mais elle mist son estude a soy couurir en iectãt son escu a lencontre qui rencontra le coup sainement. Et pour ce quil glissa ius rien ne le greua/ ains paour mesmes luy redonna tel coup sur son escu quelle en fut toute estōnee/ a pou que ne laffolla. Icelle le hurta tant durement q̃ lesppe & lescu luy volerent hors des mains:

e iiii

Et le vilain en croſtant la hure comme tout
forſené iuroit par tous les ſaintz quil locciroit
mais pitie q̃ grãt deſpit en eut ſe haſta de cou
rre vers le vilain pour recourre ſa compaigne
Pitie ſoy accordãt a tout bien tenoit de piteux
termes Une miſericorde en lieu deſpee/de la
quelle decouroient pleurs z larmes. Ceſte mi
ſericorde ſe lacteur ne ment perſeroit de ung
aymant la pierre ſelle en eſtoit pointe/car la
pointe eſt fort ague. Son eſcu eſt dalegement
de gemiſſemens borde plain de ſouſpirs et de
complaintes. Pitie plouroit maintes larmes
a cauſe du vilain q̃ ſe deffẽdoit de toutes pars
comme ung liepart/mais quãt elle eut ce vi
lain houſſe z bien arrouſe de larmes il ſamolya
et cuyda noyer en ung fleuue comẽ eſtourdy/
onques ſi lourdemẽt hurte ne fut ne par fais
ne par ditz. Sa durte cõmenca a faillir. Il
tremble z chãcelle cõme fol z vain. Fuyr ſen
voult/mais honte ſi lappelle z luy dit.
⁋Honte. ⁋Dangier prouue ſe vous eſtes
trouue recreant tellemẽt q̃ Bel acueil puiſſe
eſchapper hors de priſon tous attrapper vous
nous ferez. Car preſtemẽt il baillera la roſe
que tenons encloſe icy. Et vous dis bien que
ſil baille la roſe aux gloutons elle ſera tãtoſt
bleſue/paſſe/molle ou fleſtrie. Encores ine
puis te bien venter de tant tel vent pourroit
vẽter ceans q̃ ſil trouoit lentree ouuerte grãt
perte y aurions z dõmaige grant. Il pourroit
eſmouuoir la graine de la Roſe ou faire plou
uoir aultre graine/par quoy elle ſeroit char
giee. Dieux doint que elle ny chee/grande
ment il nous en meſcherroit car aincois que
en peuſt cheoir ſans reſſortir toſt en pourroit
la Roſe du tout amortir. Et ſelle eſchappoit
deſtre amortie z le vent y frappoit tel coup q̃
les graines ſentremeſlaſſent ſi que elles gre
uaſſent la fleur de leurs fais/tellement que a
ſon deſcendre il feiſt fendre aucunes des fueil
les en quelque lieu que ce fuſt z que par la fẽ
te de la fucille que dieu ne vueille le vert bou
ton apparuſt, deſſoubz ſon diroit par tout que
aucuns gloutons en ſaiſine lauroyent tenue.
Par quoy grant hayne z grant deſhõneur no⁹

en aurions/quant iallouſie le ſcauroit tel dueil
et tel raige en auroit au cueur que no⁹ ſerions
liurez amort. Mauffez vous en ont enyurez.
⁋Lacteur. ⁋Dãgier crie ſecours ſecours,
et lors honte vint a pitie le grãt couts. Si la
menace z diſt. ⁋Honte. ⁋Trop auez ve
ſcu/de ceſt eſcu vous deffroiſſeray ſi q̃ ſur ter
re ie vous feray geſir. Vous emprintes ceſte
guerre a maſe heure. ⁋Lacteur. ⁋Honte
porte une grãt eſpee bien trempee/belle aſſez
et bien faicte quelle a doubteuſement forgiee
de ſouffrir z dapertouiement. Nõmee eſtoit
ſa large doubte de male renõmee/ceſt le fuſt
dont elle fut faicte. Car ſur le bort dicelle fut
pourtraicte mainte langue. Et pource q̃ trop
de ruſe fiſt a dame pitie celle ferit ſur elle tel
lement que a pou ne la rẽdit confuſe. A tant
ſuruint deſict ung fort vaillãt bachelier z bi
en eſtit/leql̃ fut une grãde enuahye a honte de
plaiſant vie eſtoit ſon eſpee: z ſon eſcu borde
ſoulas z de ioye ce q̃ point nauoye. Deſict fe
rit ſur hõte/mais celle ſe larga ſi bien quõc
ques ne la greua/mais honte meſmes le que
rut et a telle angoiſſe le ferit quelle luy froiſ
ſa leſcu ſur le chief/ſi labbatit eſtẽdu ſur la ter
re z leuſt pourfendu iuſques aux dens quant
dicux amena ung bachelier qui bien recel ſe
nommoit bon guerroyer/ſaige z ennoiſie z ſu
er. Leſpee quil auoit en main eſtoit cõme de
langue couppee ſans faire noiſe: tellement la
brãdiſſoit que plus loing dune toiſe neſtoit ou
ye. Ja ne ſera brãdie ſi fort quelle tẽde ne ſon
ne rebõdiſſemẽt. Son eſcu eſtoit de lieu muſ
ſe/iamais geline neut le pareil/de ſeures alle
es bien borde eſtoit z decellees reuenues. Cel
luy hauſca ſon eſpee z chargea ſur honte tel
coup qua pou que effrontee ne fut: ſi en deuint
toute eſtourdie. Et cela fait dit. ⁋Bien ce
ler. ⁋Honte ſachez que iallouſie la doulou
reuſe et chetifue de ceſtuy fait rien ne ſcaura
iour quelle viue. Je vous en aſſeure z oye et fi
ancerove de ma main en faiſant pluſieurs ſer
mens/ne ſont ſi grãs aſſeuremens que ie ney
face/car puis que inaſe bouche eſt tue ne vo⁹
remuez vous eſtes priuſe.

mes qui pis leur fõt que coups de guisarmes qui se rend mat triste & cõfuz & deliberé dé sen fuyr. Lors dangier crie honte & horreur des grans & enormes pechez q̃ le penitẽt a cõmis. Ceste honte laide & difforme acoutree de glaiue de mesmes, & de targe de male renommee bordees de langues poingnãs pour dõner renfort a dãgier q̃ la gyst la gueulle bee, chargea sur pitie si angoisseup horiõ quelle chiet a ses piedz pasmee & a demy desesperee. Mais sainte meditaciõ luy enuoye vng bachelier nõmé delict des ioyes pardurables: cest quant le poure pecheur pense et poise linextimable retribuciõ q̃ les bons champions ont es cieulp glorieup. Le delict de gloire future adoube de plaisir spacieup sahurte cõtre honte de grans pechez, mais nest suffisant dabbolir & absconser ceste espuētable & criminelle hõte, laquelle se met en paine de luy fẽdre la teste iusques aup dens. Et adonc dieu y enuoye vng tressage bon cõfesseur nõme bienceler subtil inquisiteur armé dune secrete a la couuerte, et dune courte espee copé a maniere de lãgue couppee. Cellup haulce & fiert sur honte de peche de si tresmeruilleup courage quelle tumbe la face en terre, si q̃ iamais nest memoire Delle se paour ne la secourt. Mais paour de grãt penitence prent son espee mausourbie & son escu de cremeteup peril & donne sur la teste de bienceler vng si grãt coup du pommeau de lespee q̃ cõme tout estourdi se prent a chanceler et est en grant dangier de mort sil nest viuemẽt soubstenu. Mais vng tresuaillant & trespreu cheualier nõme hardiment se boute sur les rencz portant despit de mort pour son escu et de son espee de fin achier escarmouche & fiert sur paour de grãde penitence. Lors paour quoy que paoureuse soit labat en bas & bien le bastonne. Et hardimẽt, cõbien que fort hardy soit chanté a bas toy & est tout estonne. Et adonc seurté de promesse qui se tint sur elle voyãt hardement hõteusement succõbe dune pusillanime et trescouarde frãv de print lescu de paip & le spee de concordãce cuydãt dõpter & abatre paour, mais la fine gãuppe luy ramone si grãt

coup sur la ceruelle q̃ lescu & lespee luy eschappent hors des poings. Et souuẽt aduient que tous ensemble pelle mesle les paoureup & les hardis, les sages & les estourdis, les vertueup & les mauluais: tant despees q̃ de pauois: tant de piedz, de poings q̃ de gris, & sacquent & tirent & grauent & griffent & rifflent, & puis redõnent & rebatent & ramõnet. Ainsi se cõbatẽt les gardes, & les agguetteurs pour auoir les ames des poures pecheurs. ¶ En ensuyuãt le texte du romant le dieu damours q̃ signifie le bon esperit voyant ses barons follez q̃ sont nobles vertus voulant subuenir au pecheur en grãt branlle destre perdu requist auoir trieues dip iours, affin que ce temps pendant le miserable homme peust satisfaire aux mandemens de la loy se transgresse les auoit, sans le condamner hastiuement a mort. Car il est escript. Nolo morte peccatoris. Et dit lacteur q̃ durant les trieues franchise & doulp regard par qui ientendz ferme foy auecques esperance allerent en embassade vers la mere du dieu damours sa glorieuse dame, affin dauoir secours & vraye adresse. ¶ Oultre plus escript lacteur la reprouche q̃ feist seureté a paour en tant quelle accõpaigna cacus au rauissement quil auoit fait des beufz hercules disant que il les embla il les tira & mena par les queues en sa fosse, affin quil ne suyuist la trasse. Par hercules est figuré le bon predicateur, qui par la vertus de sa doulce eloquence amasse en leglise et conuertit a bien faire plusieurs grans personnages masles et femelles gras & gros comme sont Beufz et Vasches. Et ce terrible et grant lierre cacus, qui autant vault a dire comme Captiuorum custos, Ainsi que lennemy denfer est Custos des ames damnees. Icellup voyant sommeiller le pasteur se fourre en ses establesis rauyst le plus Gras quil treuue, soient princes, Gouuerneurs et officiers, non point par les lõgues queues et suytes des gens. Quilont apres eulp, Dont ilz sont fort esleuez en orgueil. Rauissent aussi par les queues les damoyseles fort gorrieres qui trainent leurs habiz par les Rues

fueillet

tant farsies ⁊ boursoufflees d'outrecuydance q̄ plus ny en peut/En la queue gist le venin. Et quāt le fort hercules voit son bestiail em ble/perdu ⁊ trop merueille nest sil est fort es perdu. Il se apparcoit de la fraude ⁊ q̄ point na tenu le sentier de bōnes meurs. Adōc cōme vail lant docteur pour recouurer sa pye se tire vers sa fosse ou ses beufz sont attrapez. Il dechasse cacus arriere par messes ⁊ deuocions/puis re prent ⁊ ramaine ses beufz en son estable par le chemin de verite. Per aliam viam reuersi sunt in regionem suam.

¶ Le. lxxvii. chapitre. Comme les ioueceaulx se doyuēt garder de chas ser aux lyons/loups/ours ⁊ sangliers silz ne veulent aduāturer leur vie/pa reillement se doyuēt preauiser les ieu nes pecheurs de trop mordre sur lestat des princes se mettre ne se veulent en dangier de mort.

¶ Lacteur
De soir se partēt les messagiers q̄ cō me sages ont tāt cheminé qlz sont venuz a Citeron ou ilz sont receuz a grāt hōneur. Citeron est vne mō taigne en vng boys assise au millieu de vne plaine tant haulte q̄ nulle arbalestre tant soit forte ny pourroit tirer bouion ne vire. Venus qui inspire ses dames feist illecques son prin cipal manoir. Mais a vous descrire tout le

stre de ce lieu ie vo⁹ enuyroye/p̄ quoy ie men passe legieremēt. Venus sest deualee au boys pour chasser en vne valee acōpaignee de ado nÿus son bel ⁊ gracieux amy vng petit enfan tif/mais entētif a la chasse. Jeune filz estoit bien venāt fort aduenāt ⁊ tres gēt. Lheure de midy estoit passee ⁊ chascun estoit lasse d' chas ser quāt pour eulx ymbroyer sur lherbette se tirerēt soubz vng peuplier leurs chiēs fort las sez de courre tout coyem̄t. Et beurēt au rieu du riuier leurs arcs/leurs dars ⁊ leurs cupries furēt appuiez aupres deulx iolietemēt. Illec se deduisoient escoutās le chāt des oyseaulx sur les rainceaulx a lenuiron. Et apres to⁹ ieux Venus tenoit son amy en son giron/lequel en le baisāt luy aprenoit la mode d' chasser au boys ainsi quelle estoit coustumiere de ce faire. Et luy dist en telle maniere. ¶ Venus. ¶ Mō amy quāt vostre mēte preste sera ⁊ q̄ vo⁹ qur rez la beste se vo⁹ trouuez q̄lle suye chassez la et courez apres hardimēt/mais iamais ne cor nez ne tournez cōtre celles/q̄ fieremēt offendēt leur corps soyez couars ⁊ par sceu voſtre ceulx q̄ hardys sont/car nul hardemēt seurete na. Au cueur sest ahurte/⁊ de hardy cōtre hardy la bataille est fort perilleuse. Je veil q̄ pour vo⁹ solacier chassez: cerfz/bisses/cheurialux/chieures/regnards/daings/cōnins ⁊ lieures. Mais ie vo⁹ deffendz ours/loups/lyōs ⁊ san gliers: car ce sont bestes q̄ se deffendēt pourse dent ⁊ occiēt les chiēs voire les veneurs mes mes q̄ plusieurs fois les font faillir a leurs at tantes si les ont occis ⁊ naurez/iamais nau ray ioye de vo⁹ se autremēt le faictes il men pesera malemēt. ¶ Lacteur. ¶ Ainsi le chastyoit Venus luy priant moult que du chastoy luy souuenist en to⁹ lieux ou deuoit chas ser. Adonyus qui petit prisoit ses ditz luy ot tropa pour paix auoir tout ce q̄lle disoit feust voir ou mēsonge/mais ny vault son chastoy ement. Le chastye tant que vouldra iamais plus ne se verra sil se part. Adonyus ne creut bon conseil/dont il mourut sans auoir se cours de Venus qui ny estoit presente/ains fort dolente le ploura grandemēt. Car tost

apres adonyus chassa vng sanglier que estra[n]/
glier cuyda (et prendre/mais ne print ne detren/
cha se sanglier/car il se reua[n]gea. Et co[m]me fu/
et orgueilleuse beste escoupst la teste ptre luy
de ses dens luy frappist en laine. Il estort son
groing (et mort labatit. Beau seigneur quoy q[ue]l
vo[us] aduie[n]gne il vo[us] souuie[n]gne de ceste epe[m]ple
Gra[n]s folies ferez se ne croyez voz amys/
Car leurs ditz sont certains co[m]me hy stoire.
Et elles iure[n]t toutes voz tres sommes croyez
les co[m]me patenostres. Ne soyez recreans de
les croire. Et se raison y a a lenco[n]tre point ne
les croyez: voire qua[n]t icelle apporteroit cruce
fip si ne[n] croyez rien/ mais croyez vostre da/
me par amours. Se adonyus eust creu son
amye sa vie en eust accreu. ¶ Lacteur.
¶ Apres que lung sest ioue a laultre/(et prins
son deduyt a la chasse ilz sont retournez a Ci/
teron. Les messagiers ne seiourneret gueres
mais sont illec venuz, ains q[ue] venus soit des/
pouillee/et compterent de fil en esguille tout
ce qui leur appartient. Et lors respondit.
¶ Venus. ¶ Certes ialousie tient maluai/
uaisement (et contre raison le chastel (et la case a
lencontre de mon filz se fault que rembrase les
portiers et tout leur attour ou la tour me ren/
dront (et les clefz sainsi ne se faiz ne prise vng
lardon moy ne mon art ne mon brandon.

¶ Moralite

¶ Par venus lamoureuse deesse qui resi
doit sur la mo[n]taigne de citeron est entendu da/
me sapience/de laquelle il est escript. Ego in
altissimis habitabo. Car elle reside tousiours
et co[n]uerse entre haulx (et gra[n]s p[er]sonnages com
me fut cicero prince de beauparler/ duquel la
mo[n]taigne porte le nom/(et aultres tres eloque[n]s
orateurs (et tres vertueup philosophes. Ceste
tres prudete (et amoureuse dame sest descedue
en ce val de misere pour introduire adonyus
son gracieux mignon a chasser les bestes sau
uaiges. Cest adonyus amateur de sapiece est
co[m]me vng ieune bachelier courant en theolo/
gie escoutant pour soy informer. La doctrine
de sa maistresse qui selon la mode (et deduyt de
la chasse luy appre[n]t a co[n]gnoistre les bestes hu
maines q[ue] facileme[n]t seront co[n]uerties (et prises
en lamour de nostre seigneur: entres celles q[ui]
pour corner ne pour huet ne se laisseront pre[n]/
dre ne pre[n]dre /ains mettent en mortel peril le bon
veneur q[ui] les veult aggresser. Et dit q[ue] cerf/
bisches/ chieures/ daings/ lieures (et connins
par q[ui] lentendz euesques/ abbesses/ religieuses
ioue[n]ce aulx/ marcha[n]s (et laboureurs sont le gie
reme[n]t prins au son du cor q[ui] est la voip du bon
predicateur pour delicieuse me[n]t refectio[n]ner le
roy de gloire lors q[u]il fera sa gra[n]de cene auecq[ue]s
les iustes (et soy aulp amoureup. Les euesques
mittres cornus comme cerfz doyue[n]t humilier
leurs cueurs par la vertu d[e] predication (et met
tre ius vne fois lan du moins co[m]me font les
cerfz leurs haultes cornes endurcies defacion
dont les brochetons sont aguz/ se doyuent te
nir en mue/ querir leaue de co[n]tricion en pleu/
rat auant la mort/ affin q[ue] les anges q[ui] de leurs
busines (et cors resueilleront les mors pour ve
nir au gra[n]t iugeme[n]t les puissent pre[n]dre (et pre/
senter co[m]me venoison bien bersee deuant la fa
ce glorieuse du triumpha[n]t impateur. Je ne faiz
doubte q[ue] aulcuns platz mettroint plus veule[n]
tiers leurs cornes ius q[ue] ne fo[n]t les cerfz moye[n]/
nant quon leur affubrast vng chappeau rou
ge sur la teste. Maint plat sas humilite. Si
cut seru[us] desiderat. De venit a papalite non
point ad fontes aqua[rum]: mais de[m]re. Septuus
seruor. Et oultre la bisse ou labbesse par q[ui] ie[n]
tendz le deuot sepe feme[n]i[n]/ la chieure porta[n]t
la barbe soubz le me[n]ton co[m]me font nonnettes
beguinettes sont toutes prises (et addonee a la
mour d[e] nostre seigneur/ par quoy ny fault ve
ner ne corner. Mais les daings qui valet au
tant que ieunes gens mondains sont plus dif
ficiles a prendre a cause de leur souplesse : car
ilz font tant de saultz de da[n]ces/ de karoles (et de
stra[n]ges tours que le trait ne peut sur eulp pre[n]
dre. Mais les lieures qui comme marcha[n]s
courent par les champs /(et les connins doulx
et benings qui comme laboureurs se musse[n]t
en terre/ portans gra[n]ds sueurs ne font nul

fueillet

grief auy braconniers / ains se laissent prendre paisiblement sans griffe de fortune. Mais les lyons qui sont princes regnans. Les sangliers qui sont faulx tyrans. Les loups qui sont gens rauissans. Et Ours mangnons gras que souans / sont de si angoisseuse chasse et de si dangereuse prinse que les Veneurs / les Corneurs / les grans chiens / les moyens / les Bracquetz et les laquetz ne les scauent coment adherdre / et sont en danger de tout perdre. Leurs cueurs sont felons / leurs bras par trop longs leurs peaulx y trop dures / leurs Veures trop seures / leurs dens trop mordans / leurs Gris trop poingnans. Et a ceste cause Venus deffendoit a son amy adonyus quil ne senforcast ne chassast / entreprint ne prensist telles crueuses fieres et oultrageuses bestes. Et non obstant sa prohibicion il donna la chasse et se approucha de Ung terrible rude et orgueilleux sanglier fort anime contre luy hochant la teste par ayr et escumant par grant forseneryne qui de ses aguz et tresaffilez dens luy descira la peau / luy detrencha le corps / et luy feist rendre lame. Pour quoy en ensuyuant ladicte de Venus la tresamyable et pacifique deesse qui ne demande debat ne ryotte / ie coseille au ieune bachelier sil nest enflame de la grace du saict esperit et bien accoustre des armes de nostre seigneur come furent les saincts martirs. Il ne soit inuectif ne trop mordant sur telz grans psonnages. Je ne dys mye quil ne puisse corner de soings et faire glatir les chiens apres eulx / tellement quilz oyent leur abay / mais de les cuyder attrapper aux sacz de penitece / se le grant docteur qui regit les estoilles ny mostre ung tour de maistre. Certes lescolier y vseroit une boucle de fer / une langue de acier et ung cor de letton. ¶ Exemple de moseigneur saint iehan Baptiste qui se print au roy Herode. Seneeque au fier Neron. Calystenes au roy alixandre. Et plusieurs aultres lesquelz ont perdu lusage de Viure. Et pour plus fresche memoire nous auos Veu en nostre temps moseigneur Loys de bourbon duc de buisson tres Venerable pasteur et euesque du liege qui print Heraul

me en lieu de mittre / harnoys pour chappe espee pour crosse / et mist a chasse le porcq barbu filz au fretz du sanglier dardenne / lequel piteusement luy delacera son corps / luy feist expirer lame / et de son noble sang arrousa la terre. En ce douloureux Miroir doyuent mirer leurs faces les Modernes Veneurs ou Pescheurs des hommes qui nont port ne support heur ne faueur / fort cofort si non de dieu. Et ont laudace et hardiesse denuayr et prendre si cruelles inhumaines et barbares bestes sauuaiges. Car se ilz en eschappent sans y laisser la peau / ilz doyuent louer leur creature et chanter auecques le psalmiste. Benedictus dominus q non dedit nos in captione dentibus eorum.

¶ Le, lxy, viii, chapitre. Venus motee sur son chariot attele de huyt coulombeaulx nous done exemplaire de charite qui par les huyt beatitudes conduyt le parfait amant a sommiere felicite.

¶ Lacteur

Ors feist Venus appeller sa mesgnye et comande atteler son Chariot / car ne veult marcher sur les boes. Le chariot a quatre roes estellees dor et perles. Et en lieu de cheuaulx furent attelez aux lymons du chariot de huyt beaulx coulombeaulp prins en son coulombier. Quant leurs choses furent apprestees Venus qui guerroye chastete monte en son chariot: les oyseaulx sans desroyer se partent battant leurs esles rompant & partant laer deuant eulx arriuerent en lhost. Venus venue & arriuee illecques & moult hastiuement descendue de son chariot/sortirent & vindrent contre elle & la receurent a moult grant solennite et feste son filz premier qui sestoit haste de casser les trieues/ains que trespassees feussent. Car oncques ny garda conuenance/promesse ne fiance de serment.

¶ Lors chascun entend a faire bonne guerre. Les vngz assaillent/les aultres se deffendent. Les barons de lhost tyrerent & enuoyerent au chasteau pierres & gros cailloux pour rompre les meurs. Et les portiers bordoyent leurs murailles de fortes clayes de tressus tyssues de verges ployssees prinses par grandes escouchies & cueillies par la haye dangier. Et les assaillans tirerent sur eulx grandes saiettes barbellees empennees de grandes promesses de seruices & de dons pour leurs guerdons auoir/car oncques fust ny entra qui ne fust de promesses bien ferrees de fer/& fermement tant de fiance que de sermēt. Et les deffendans se targerent contre le trait/sans nul attargement/car leurs targes sont fortes & fieres/ne trop legieres/ne trop pesantes: & dautel fust me furent les clayes q dangier cueillit en ses hayes. Finablement le trait ny valoit riens a lors comme il apparoit par semblant. A ceste cause amours se tira vers sa mere/et apres luy auoir compte tout son estat/luy pria de auoir secours/& par grant ayr luy respondit

¶ Venus. ¶ Male mort accoure a moy q tantost acheurer me puisse se iamais en feme qui soit vinant ie laisse demourer chastete quoy que ialousie y estriue/car trop souuēt en sommes en grief torment & paine. Beau filz ie vous requiers que tirez ainsi des hommes comme iay fait des femmes/affin que tous saillent par noz sentiers. Lors respond.

¶ Amours. ¶ Certes ma dame voulentiers. Iamais home nul ney sera respite ne clame preudhomme aumoins pour verite tesmoigner sil ne ayme ou sil nest ayme. Cest grāt douleur que telz gens viuent q eschiuent les deduitz damours puis que maintenir les peuent. A mal chief puissent ilz venir. Ie les hays tant que se les pouoye confondre ie le feroye. Ie me plaindz & me plaindray toujours deulx/ne iamais ne me faindray de me y plaindre cōme celluy qui les vouldray nupre en tous lieux & en toutes places de tous cas que possible me sera iusques a tant que si bien vengie en seray que leur orgueil en sera estanchie/ou que tous condānez seront. A la mal heure furent nez de Adam/quant ainsi pensent de moy greuer. Le cueur leur puisse creuer au corps quāt ainsi veulent abbattre mes deduitz. Certes q bien batre me vouldroit/& de quatre picques effronter si ne me pourroient faire pis q ilz me font/cōbien que mortel ne soye/toutesuoyes ien recois si grāt courroux que se ie pouoye estre mortel/ien receueroye la mort du grant dueil que ien ay/car se mon ieu fault ie perdz tout ce q iay vaillant: sinon mon corps/mes vestures/mon chappeau & mes armeures. Au moins se ilz nont puissāce de faire mō ieu: il leur en doit bien peser et plongier leurs cueurs en douleur quant delaisser le ce vueillent veu que lon ne peut querir meilleure vie au

monde que destre entre les bras de son amye.
¶ Lacteur. ¶ Les hommes de lhost firent leur serment, & pour plus fermement le tenir ont en lieu de iurer sur reliques tyré & mis auant leurs cuyries, salettes, dartz, arcs & bourdons. Et dirent. ¶ Les hommes. ¶ Choses plus propices ne meilleures reliques ne demandons a ce faire, ne qui tant plaire nous puisse, car se nous les pariurons iamais ne serions creuz de riens. ¶ Lacteur. ¶ Sur aultre chose que sur leurs armeures & bastons ne iurerent les hommes, & les barons de lhost creurent autant que se ilz sauoient iuré sur la Trinité pource que Verite iuroient.

¶ Moralite

¶ Vraye amour & dilection espirituelle est forte comme la mort, & fait estre legiere toute chose graue & pesante. Amour come dit le septe demande secours a sa mere Venus: a laquelle selon les theologiens charité est comparé, car elle est royne des Vertus ardant come cler soleil de midy. Cest la beaulté de lame enflammee du saint esperit, le sentier de Vertus, la destruction de peche, la force des iustes bataillans, la palme & Victoire des Vices la rose Vermeille, la gemme de qui lame est aornee, & le fin or bien aprouué en la fornaise de tribulacion. Et come dit lacteur les roues de son chariot sont estellees dor & de perles precieuses. Les roues sur q charité repose sont quatre Vertus cardinales, prudence, force, iustice et attrempance. Et ainsi comme lhuys tourne sur ses gons & charnieres pour clorre & ouurir Semblablement charité se esmeut & esleue p la conduyte de ces quatre Vertus, par lesquelles lame est dressee & rectifiee en toutes ses forces, garantie & armee contre mortelz delices. De ces quatre Vertus prudence est comme le chareton q congnoist le chemin, ou comme la premiere roue mise au front deuant. Car prudence doit euiter le mauluais train du temps present, & auoir regard au futur. Force expugne le Royaulme des cieulx, & donne triumphe des ennemys. Elle est comme le lyon le plus fort de toutes les bestes qui ne se spouete de nulz assaultz que on luy face. Iustice est rendre a chascun selon sa desserte. Et attrempance est seigneurie & vigueur de courage qui refrene & brise en nous les impetueux mouuemens. Et sil aduient q iustice ne sache tenir maniere & se tourne en crudelité, attrempance y met la bride & le reduyt a iuste point. Et pource q charité est come lesse de loyselet q le fait voler au ciel. Charité a son chariot attelé de huyt coulombs en lieu de cheuaulx. Car les coulombs sont sans fel, debonnaires aymans compaignie de gens, messagiers de paix, exemple & forme de netteté. Les huyt coulobs sont figurez aux huyt beatitudes q mainent lhomme a sommiere felicité. Et sont pourete desperit, mansuetude, desir de iustice, plourer pour ses pechez, misericorde, netteté de cueur, paix, et souffrir persecucion pour soubstenir iustice, q autant vault come pacience. Les huyt beatitudes, dont charité est accoustree tendent & sont requises a perfection dintegrité pour veoir la face de Bel acueil qui est leternel createur. Quant Venus par qui rentendz charité feust arriuee en lhost elle fut notablemet receue damours & de ses barons q sont les iustes champions, lesquelz tous ensemble donnerent lassault pour conquere Bel acueil. Mais les gardes dicelle q sont horribles pechiez & meffaitz se deffendirent tant vigoureusement que necessité leur fut de sonner la retraite. Le dieu damour voyant ce reboutement se tyra vers sa mere charité, laquelle come fort courroussee considerant le tresmehonde & meschant couraige des assaillans feist ung grant serment touchant le seminin sexe. Cest que iamais en femme chasteté ne sera: requerant son filz q autant en iurast pour les hommes. Par ce mot de chasteté ne veult charité deffendre aux femmes destre chastes, mais celles q se abstiennent dayme noustre seigneur come se elles feussent brehaignes, chastes ou chatrees, ou refroidies de son amour, seront par icelle enflammees de lamour espirituelle come sont celles qui par la vertu

de leur chastete sont moult aggreables a no/
stre saulueur Jesuchrist leur createur. Sem/
blablemēt est il aulcuns hōmes tant obstinez
en amour vicieuse que iamais ne serōt espris
de celeste beatitude/ ⁊ sont ainsi chastes ⁊ froiz
que marbre bis fort repugnās leur bienheure
salut. Aultres se chastoyēt cōtre delictz mon/
dains/ ⁊ sont enamourez de la rose incorrupti/
ble/ q est gloire sempiternelle. Et pour parue
nir a icelle gloire feruēte charite ⁊ bon amour
son filz par le bon zele quilz ont a la saluacion
des ames senforcent de corroborer et animer
les courages ⁊ voulentez tant des hōmes cō/
me des fēmes. Et pource quilz les sentēt tres
foibles/ debiles et variables par mole sensua
lite qui les encline en fetardie/ilz firent iurer
les cheualiers ⁊ hōmes de lhost sur leurs arcs
et leurs boutons par faulte de relicques de bi
en ⁊ vertueusemēt dōner assault a la forteres
se. Les hardis ⁊ bons cōbatans sont deuotes
personnes embrasees de charite/lesquelles en
trans en religion font veu ⁊ sermens solen/
nelz tant sur leurs arcs que sur les saittes q
sont les sainctes euāgiles auecques le sainct
fust de la croix de bien ⁊ loyaulmēt seruir leur
seigneur iusques a la mort. Dōc pour recueil
de ce que dit est charite nous apprendra a cha
rier droit ⁊ a tenir le seur chemin de perfection
pour venir a beatitude sans bransler de ca ne
de la/ne trop hault ne trop bas ne trop estroit.
Mais tousiours prendre le millieu en ensuy/
uant iesuchrist qui fut mis au millieu du beuf
et de lasne/ fut trouue disputāt au millieu des
docteurs/ fut crucifie au millieu de la terre/
fut ledēge au millieu des deux larrons/ fut
naure de la lāce au millieu de son corps: puis
sapput au millieu de ses disciples/ ⁊ mesmes
entre les iuifz. Trāsiens p medium illorū ibat.

⁋ Le.lxxix.chapitre. Nature
forgeant en sa forge est cōpare a
nostre seigneur/ le temp au mon
de. Art qui veult ensuiure natu
re a antechrist qui cuydera ensuy
ure nostre redempteur.

⁋ Lacteur.

NAture qui pensoit des choses en/
close dessoubz le ciel estoit entree
en sa forge/ en laqlle mettoit tou/
te son entente a forgier singulie/
res pieces pour les especes cōtinuer/ car tant
les font viure les pieces q mort acōsuyure ne
les peut. Ia tant apres ne scaura courre natu
re luy va de si pres que quāt la mort de sa mas
sue tue les singulieres pieces q luy sont rede/
uables il en y a de corrompables q la mort ne
doubtent si se deschient se vsent ⁊ pourrissent
en temps dont aultres choses se nourrissent.
Et quāt les cupde escreper toutes attrapper
ne les peut ēsemble/ car quāt elle happe lune
par deca/ lautre par dela luy eschappe. Et
quāt le pere est tue/ il y demeure ou filz ou fil
le/ ou mere qui deuāt la mort senfuyent quāt
mort le voyent. Mais si bien courir ne scau/
roient que mourir ne les puyengne. Nest medi
cine ne veu que riens y vaille. Et aduient voyt
on sortir mepces ⁊ nepueux qui pour estre de/
porte de la mort senfuyent autāt que piedz les
peuent porter. Lung a la karolle senfuyt/ lau
tre au monstier: lautre a lescole. Lung aux
marchandises/ lautre aux arts: lesquelles il a
aprinses. Lung a ses delictz/ lautre aux vins
et aux viandes. Et lautre pour fuyr plustost
assiu que mort ne les face enfuyr. Sur leurs

gras cheuaulx destriers môtent a tout leurs sourorez estriers dorez. Lautre aduanture sa vie en vng fust & sen fuyt par mer en vne nauire/& au regard de estoilles maine sa nef ses nauirons & ses voilles. Et lautre qui se humilie par dieu prent le manteau de ypocrisie/ dont il couure son penser en fuyant/ affin que par oeuure il appere par dehors. Ainsi sen fuyent tous ceulx qui viuent/ affin quilz eschieuent la mort. Mais la mort q̄ vis a taint de noir court tant fort apres/ Quelle les attaint tellement q̄ la chasse est moult fiere. Lors q̄lz sen fuyent/ & la mort les chasse de quelq̄ aage quilz soyent de dix ans/ de vingt/ de trente/ de quarante/ de cinquante/ de soixāte/ de septāte/ doctante/ de nonāte ou de cent/ la mort les despesche tous. Et pose q̄lz passent oultre si court elle apres/ tant q̄ en ses lyens les tiēt malgre les phisiciens/ voire & les phisiciēs mesmes. Car iamais nen veismes nul eschapper. Non pas ypocras/ Galien/ Rasis/ Constātin ne Auicenne tous y ont laisse la pau. Et ceulx q̄ courre ne scauent ne se peuuēt rescourre de la mort. Ainsi doncques la mort qui iamais nest saoulle engoule gloutemēt les pieces/ car tant les suyt par mer & par terre q̄ toutes les enterre en la fyn/ mais tenir ensemble ne les peult/ par quoy ne vilt a chief de destruire les pieces du tout tant scauent bien fuyr. Car quant il nen demoureroit que vne la forme cōmune viueroit comme il appert par le fenix quant il nen peut estre deux ensemble. Tousiours est il vng seul fenix viuant cinq cens ans auāt quil soit finis. Et au derrenier de sa vie fait vng moult grāt feu plain despeces espines ou il se boute et se art et brusle son corps. Mais pource quil garde sa forme/ combien quil se arde vng aultre fenix reuient & se procree de sa cendre & pouldre/ voire ou cellup mesmes se ressuscite q̄ tāt prouffite a son spece/ que son estre seroit du tout pou se ne le faisoit renaistre. Et ia soit ce que la mort deuore le fenix/ toutesuoye il demeure vif. Et se elle en deuoroit mille/ tousiours demourroit il. Cest la cōmune forme de phenix q̄ nature retient

forme en piece/ laquelle seroit du tout perdue qui ne laisseroit viure lautre. Ceste maniere destre ont toutes choses qui sont soubz le cercle de la lune/ car se lune peut demourer son espece viuera tant en elle/ q̄ iamais mort ne la cōsumyra. Mais quāt nature doulce & piteuse voit q̄ enuyeuse mort & corruption a destruction met tout ce quelle treuue en sa forge. Adoncques elle Martelle tousiours/ forge et renouuelle ses pieces par nouuelle generacion/ & ne voit meilleur cōseil que tailler empraintes de telle lettre quelle leur donne vrayes formes es coings de diuerses monnoyes pour estre exemplaire a lart q̄ ne fait si vrayes formee/ mais par ententiue cure deuant nature se rue a genoulx priant/ requerāt & demandant cōme mendiāt & truande/ fort poure tant de sciēce cōme de force/ & sefforce moult de suyure nature/ affin q̄ apprēdre luy vueille comēt pourroit y son engin cōprēdre proprement toutes creatures en ses figures. Ainsi dōc art regarde comēt nature ouure/ car tel ouure vouldroit faire & illecques cōme font les singes la cōtrefait. Mais son sens est tant rud & linge q̄ faire ne peut viues choses ne iamais si nayues ne sembleront. Et cōbien que art y grant trauail & estude se paine de toutes choses faire quelques elles soient ou quelques figures q̄ les ayent/ soit que se paigne/ taigne/ forge ou entaille quant ce seroiēt cheualiers armez en bataille montez sur beaulx destriers couuers de armes yndes/ taulnes/ verdz/ ou piolez/ ou dautres couleurs se piolez ne les voulez. Ou quelle se paine de faire beaulx oisellons sur verdz buissons ou poissons de toutes eaues. Bestes sauuaiges en verdz boscaiges pasturans toutes herbes ou flourettes q̄ sont cueilsir en printemps par les boys valetons et pucelettes/ quant flourir & fueillir les voyant. Oiseaulx priuez/ bestes domesticques/ bacheliers/ danses/ tresches de belles dames bien parees/ bien figurees & bien pourtraictes/ soit en metal/ en cire ou quelque aultre matiere/ en tableaulx & parops tenans arroys cōme bacheliers fort bien figurez & pourtrats: iamais art pour figures ne pour traitz/ne les scauroit faire aller/ouir/mouuoir/ne sentir ne pleu. Du art apprēgne tant dalquimie quelle tain de tous metaulx en couleurs/mais plus tost tirer se pourroit q̄ transmuer les especes se tāt ne fait quelles les ramaine a leur primeraine nature. Labeure a oeuure art tant quelle viura/iamais ne cōsupra nature. Et se tāt pener se vouloit q̄ ramener les sceust grant sciēce luy fauldroit auoir pour venir a ceste alterāce quant son elixir feroit/ dont yssir deueroit la forme q̄ leur substāce diuise entre eulx par especiaulx differēces sicōme il a au diffinir qui bien en veult venir a chief. Noy pour tant cest chose notable dalquimie a veritable art qui en oeuureroit sagemēt il y trouueroit grans merueilles/ a comēt quil voit des especes les singulieres pieces submises a sensibles oeuures en tant de guises sont muables quilz peuent tellemēt changier entre eulx leurs cōplexions par digestions diuerses q̄ ce change les met soubz estranges especes/ a leur tould la premiere. Ne voit on point cōment ceulx q̄ sont maistres de faire la verriere font de feu giere par legiere deputacion naistre cendre, et voirre. Et toute suopes le voirre nest feugiete/ne feugiere nest pas voirre. Et quant es part ou son nostre vient ne pouōs n9 voir les pierres cheoir des vappeurs q̄ cōme pierres ne mōterent lassus cōme scauent ceulx q̄ congnoissent la cause pourquoy ceste matiere se tyre a ceste estrange espece. Ce sont especes trop changees a trop estrāges de leurs pieces en substance a figure. Ceulx par art a ceste p̄ nature. Semblablement pourroit lon faire des metaulx q̄ bien en scauroit venir a chief en tollāt lordure aux ordz/a les mettre en pure forme pour leurs voisines cōplexions assez enclines lune a lautre. Car cōment que nature les tyre ilz sont tous dune matiere/ car cōme les liures confessent ilz naissent de soulfre et de vif argent par diuerses manieres dedans les minieres terrestres. Donc qui soutillier se scauroit a appareillier aux esperitz/ tellemēt quilz neussent force dentrer a q̄ voler ne peussent quant ilz entrēt dedans les corps/ mais q̄lz les trouuassent bien purgiez il auroit son vouloir des metaulx quant ainsi le scauroit faire, car ceulx q̄ sont maistres dalquimie ilz font dargent naistre fin or/ en adioustant poy et couleur par choses qui ne coustent gueres. Ilz font pareillement dor fin pierres precieuses cleres a enuieuses et desnuent les aultres metaulx de leurs formes/ si quilz les muent en fin argent/ a par fines medicines blanches et trespcans ce q̄ ne feroient ceulx q̄ ouurent d sophisterie. Dr se trauaillant autant quilz viuerōt iamais naconsupuront nature.

¶ Moralite

¶ Par le personnaige de nature estant en sa forge est entēdu nostre createur q̄ continuellemēt fabrique nouuelles pieces q̄ sont nouueaulx suppos humains pour rēplir les sieges perdurables. Par la mort q̄ veult destruire sa fabricature de sa grosse massue sentens sen nemy denfer q̄ ceulx assomme q̄ luy sont redeuables par peche/ a ceulx q̄ en eschappent par le fuyr q̄ sont iustes/ vertueuses a deuotes personnes. Par loy/ eau fort singulier nōme phenix/ dont il nest que vng seul de treslongue duree/ est entendu le mōde vniuersel a tout ce q̄ contient/ lequel en fin de ses iours quāt il aura amassé vng tas de gras faisseaulx garny despices aromaticques par q̄ ientes gens auaricieux/ rapineux/ gros māgōs a machefais dignes destre bruslez en leur ardant couuoitise a rapines cōme busche seiche cōbustible seront eschaudez a cōsumez en cendre/ mais le ciel a les quatre elemens seront renouuellez cōme le phenix plus cleres plus luy sans a plus resplēdissans q̄ iamais. Du loy peut entēdre que le phenix est lhomme fort singulier entre les creatures nōme microcosmus/ qui vault autant a dire cōme le petit mōde/ car il a grāt similitude a luniuersel fabrique. Ce microcosmus venāt a son determine periode sil nest fort iuste/ et quil soit intropicque de peches sera boute en la fournaise de purgatoire/ pour

v iii

se purifier comme soz. Puis au iour du grant iugemēt sera reūie gre en son propre corps de tous ses mēbres/ z par la bonte supernelle mō difie/clarifie z glorifie au regne des cieulx. Et par ainsi pourrons nous dire tant au Phe nix tant au grant monde q̄ au petit mōde. Et renouabitur vt aquile inuentus tua. Art ou science q̄ se met en partie de suyuir nature au tant q̄ luy est possible est acomparee a lhōme iuste esprꝭ de lamour de nostre seigneur/ Le quel doit estre curieux de obseruer ses cōman demens z soy exempler es sainctes doctrines qui par luy nous sont imparties z donnees. Mais pour plus viuemēt approprier art qui cy apres se vouldra efforcer densuyuir natu re/ Voire soy disant egal z pareil a elle en tou tes ses qualitez sera le filz de perdicion nōme antecrist q̄ par miracles sophisticquez traffic ques pernicieuses z oeuures dyabolicques se dira estre le vray messias promꝭ en la Loy vueillant cheminer et tenir le train des sain ctes prophecies cōme fist iesuchrist viuant et marchāt sur terre/ mais quoy q̄l face/ q̄l brou ille ou quil brasse finablemēt il sera vaincu z au puis denfer confondu auec sathan son ad uocat. Abyssus abyssum inuocat. En oultre dit lacteur q̄ la science z art dalquimie est ve ritable/ z que les bons maistres font dargent fin or/ z de fin or pierres precieuses. Mais les affineurs de mōnoye font le contraire/ car ilz font de pierres precieuses or de poure touche/ de poure or meschant mōnoye/ de poure mōnoye platte dampitrāce faulse mitaille/ et de plate mitaille cendres z broces z ne voy rien damiratif en alquimie/ si non q̄ lon fait par for ce de vif argēt dūg hōme non clerc vng asne mittre/ dūg gourrier vng gros pasteur/ z du ne fine arbalestriere vne grāde espee a deux mains. Nous voyōs au iourdhuy plusieurs souffleurs bien encharbonnez de souffler au charbō/ leurs vestures/ leurs ceintures/ che uaulx/ selles z vaisselles/ mais riens ny treu uent de bon. Ie vey vng practicien en la court de plemēt a malines bien acoustre de lōgues robbes z de chaines dor: q̄ par force de souffler

cuyda faire dung chien vng chat. Toutesfoys il deuint miserable en ses vieulx iours car il souffla le vif argēt arriere de sa bourse. Adoncq̄ q̄ en plaidopāt vne cause il souffla si fort contre sa partie aduerse q̄ il aluma lyre de son cueur. Et par maniere de reproche luy de manda q̄ estoit deuenue sa chaine dor. Lautre luy demanda q̄ estoit deuenue la neige de lyuer passe. Lung luy dist q̄lle estoit fōdue au soleil par force de desgelee. Et lautre luy respondit q̄ sa chaine dor estoit fondue au grāt feu par for ce de souffler/ z quil queroit apres lart dalqui mie/ mais il auoit trouue lart qui nest mye.

¶ Le .lxxx. chapitre. Ainsi que nul painctre ne scauroit pourtrai re la beaulte de nature/ si ne scau roit il specifier la beaulte de la tresglorieuse vierge marie.

¶ Lacteur

Nature qui tant est soubtiue z bien quetētiue soit a faire ses oeuures elle se clamoit lasse z doulēte tant pfondemēt plourāt q̄l nest cueur tāt ait pou damour ne de pitie q̄l ne plorast en la regardāt/ car elle setoit tel douleur a son cu eur dūg fait dōt se repētoit q̄lle vouloit laisser ses oeuures du tout z cesser sō labeur/ mais q̄ tant seulemēt peut scauoir q̄ combien auroit de son maistre congie de ce faire. Toutesuoyes requerre sen vouloit tant luy serroit a destraignoit le cueur q̃ bien voulentiers voulsisse descrire nature. Mais suffire ny pourroit mon sens. Mon sens, quay ie dit: cest du moins, nul sens humain mesmes ny suffiroit par vive voix ne par note. Quant ce seroit Platon ou Aristote, Algus euclides ou Ptholomee qui grande rendõme auoit desire bon escriuain tant vain seroit leur engin q̃ sempredre osoyent la chose entendre ne la pourroient. En vain se trauailleroit. Pymalion sentailler la voulsoit, si feroit parisius. Voire apelles qui fut appelle bon paintre iamais ne pourroit escrire les beaultez delle tant eussist a viure, non feroit mito ne policletus. Iamais par france attaindre ny scauroient. Mesmes zensis par son beau paindre ne scauroit attaindre a tel forme ce fut celluy qui pour faire au temple lymage de nature fist exemple de cinq pucelles les plus belles que lon pouoit sur terre querre. Les cinq pucelles furent deuant zensis toutes droictes a toutes nues pour soy prendre garde en chascune delles sil y trouueroit aucun deffault fust sur corps ou sur mẽbres cõme le remẽbre Tulles au liure de sa rethoricq̃ fort autenticque science, mais zensis tant sceust bien pourtraire ou coulourer rien faire ny sceut tant est nature plaine de grant beaulte. Non zensis seulement, mais tous les maistres que iamais nature fist naistre, et quant ainsi seroit q̃ tous entendissent sa grant beaulte, et que tous se voulsissent amuser a la pourtraire ilz y pourroient vser leurs mains. Nul ne la pourroit faire si non dieu seulement. Et pour tant se faitre le pouoye voluntiers entendisse a la vo° descrire, mais ie ne scauroye ne pourroye. Neantmoins tant y ay muse q̃ gy ay vse tout mon sens, me fol a oultrecuydez plus q̃ ne cuydiez cent fois. Ce me fut grãt presumption quant moy intẽtion applicquay pour acheuer si haulte oeuure, le cueur me fust plustost creue tant trouuay noble a de grãt pris la grãt beaulte q̃ tant ie prise q̃ par penser comprendre ne le sceuz pour quelque trauail q̃ gy meisse ne que seulement vng mot en osase tinter tant y pensasse, tellement q̃ dy penser retraindy me suis. Et pour ce a tant me suis tenu, car elle est tãt belle q̃ plus y pense a moins en scay. Nostre sire dieu bel oultre mesure lors quen nature mist beaulte vne fontaine en fist touiours courãt et touiours plaine, De laquelle procede toute beaulte, mais son ny scet ne fons ne riue, pource nappartient q̃ ie face cõpte de son corps ne de sa face. Tant est belle a aduenant q̃ nouuelle fleur de Lys en temps de May, ne rose sur les rainceaulx, ne noif sur la branche nest si blanche ne si vermeille. Et ainsi grandement comparer la deueroye qui lose comparer a rien qui soit nee, considere que sa beaulte ne son pris ne peut estre cõpris de nul homme

¶ Moralite

¶ Par le personnaige de nature q̃ fort se complaint a repet dauoit fait certaine ouure est entendu dieu nostre createur, seq̃l apres q̃ la cree lhõme en lestat de innocence voyant son inobediẽce a q̃ grandemẽt sest desriegle du train salutaire a voulu retirer sa main sans plus q̃ uãt proceder en sa forge, et a dit en luy mesmes. Penitet me fecisse hominem. Et ainsi cõme nature est chãberiere ou pedisecque du souuerain a eternel fabricateur, La tresnũble vierge sacree Marie est celle q̃ cõtinuellemẽt par sainctes intercessions forge nouuelles pieces humaines pour reparer les sieges Glorieux, elle est tãt illustre tãt gracieuse, admirable et vertueuse q̃ se to° les recõmandez philosophes les artificieux paintres a magistratz entailleurs q̃ iamais furent puis la creacion du monde iusques au iourduy estoiẽt viuãt su terre a y desployassent leurs sens a en faire vng chief doeuure si ne sauroiẽt ilz pourtraire la tres excellente a inestimable speciosite delle. zensis tressoubtil a y maginatif paintre cuydãt pourtraire dame nature apres le vif, fist venir deuant luy cinq pucelles qui estoient en beaulte le chois, a la fleur de la terre, mais quãt il eust fait presenter deuant sa face les semblances de cinq dames les plus venustes/ Prudentes et tresinclites qui furent dès le premier/ Second ou tiers aage du monde pour soy exemplifier en figurant sa beaulte de la bien heuree et singuliere vierge/ son engin ny souffisoit. Son pinceau luy eust failly/ Et la main luy eust tremblé/ Car cinq dames qui cy apres seront nommes furent imparfaictes quant a la formosite des organes de cinq sens de nature. Eue nostre premiere mere fut cree en lestat dinnocence du supernel fabricateur/ le nompareil du monde/ Mais elle engrossa sa gorge engloutissant le fruict q luy fut prohibe. Rebecque fut tressapiente/ mais elle deceut son mary en lodeur du vestemēt Esau/ pour complaire a son filz Jacob. Rachel fut loutre passee des belles d son vivant/ Mais elle avoit maulvaises mains/ enfant quelle roba les ydoles de son pere. Duna fille du bon patriarche Jacob estout de bonne sorte/ Mais elle avoit les yeulx tant espars & curieux de veoir nouvelletez/ quelle fut prinse & violee par le filz du seigneur de sithem. Marie seur de moyse et daaron avoit lesperit de prophecie/ Mais elle ne sceut abstenir sa langue de murmurer/ tellemēt que elle cheut en meselleriese pace de sept iours. Et se ces cinq magnifiques dames ne suffisent a patronner la semblance de ceste glorieuse mere si ne feront nulles aultres qui sont depuis ce temps. Sa beaulte est ineffable/ incompreensible et inenarrable/ Cest le chief doeuure du createur/ le decorement du ciel/ La speciosite de leglise: le subside & refuge de tous bons chrestiens. Nest chose cree plus digne/ plus precieuse/ plus belle/ ne plus vertueuse. Nature mesmes a qui ie lacompare se merueille de sa maternite. Et les cieulx ne peurent comprendre le tresdoulx fruict quelle tint en son geron. Sainct Luc employa sa maistrise a pourtraire son ymage/ comme fist zensis a pourtraire nature/ mais ne lung ne lautre ne la sceut faire aller/ viure/ mouuoir ne sentir ne parler.

❡ Le. lxxvi. chapitre. La femme qui sefforce de scavoir les secretz de son mary est côme la presumptueuse a q ne suffist croire roidemēt/ ou comme le prenosticqueur q sauance de iuger des particulieres fortunes de lhomme. Invective contre celle supsticion en ce mesmes chapitre.

❡ Lacteur

Quant elle ouyt le serment grāt alegemēt luy fist du dueil quel le menoit/ car se tenoit pour deceue & disoit. ❡ Nature.
❡ Las quay ie fait: iamais ne me repety de nul fait quil me aduenist depuis que ie mode encomenca/ fors seulemēt dune chose ou iay grādement mespris/ dont ie me tiens a musarde. Et quant ie regarde ma musardie bien est droit que ie men repete & que ie die cent mille fois. Lasse folle/ lasse dolente/ lasse lasse ou se ra maintenant la foy trouuee. Ay ie bien employe ma paine? Suis ie bien dsvupee du sens qui tousiours ay cuyde seruir pour desseruir le gre de mes amys/ & ay mis tout mon travail pour mes ennemis epaulcer: ma debōnaite te ma folle. ❡ Lacteur. ❡ Lors nature se print a parler a son prestre en sa chapelle cele

grant non point messe nouuelle/car tousiours
ce seruice a fait des que il fut mis en leglise.
Le prestre q̃ bien saccordoit recordoit en audit
ce haultement deuant nature la deesse en lieu
de haulte messe les representables figures cor
rompables de toutes choses en son liure escrip
tes lesquelles nature luy liure/ z disoit.
☞ Nature. ☞ Genius beau prestre dieu et
maistre des lieux q̃ selon leurs proprietez les
mettez en oeuure z bien acheuez la besongne
selon ce q̃l besongne a chascun a vo⁹ me vueil
confesser dune folie que iay faicte/dont retrai
cte ne me suis/Mais du repentir suis fort op
pressee. ☞ Genius. ☞ Ma dame royne du
monde a qui toute chose mondaine encline sil
est riens qui vous griefue/de quoy repentir
vous vueillez ou quil vous plaise moy dire
la matiere de quelque chose soit ioye ou dou
leur bien me pouez cõfesser vostre vouloir a
loysir z a vostre Plaisir y vouldraye mettre
tout le conseil que ie pourray z se cest chose qua
taire soit ie celeray vostre affaire. Et se me
stier auez dassouldre ce tollir ne vous voul
droye/mais cessez vostre pleur. Certes dit.
☞ Nature. ☞ Se ie pleure beau Genius
ce nest pas grant merueille. Toutesuoyes dit
☞ Genius. ☞ Ie vous conseille de laisser le
plourer se bien cõfesser vous voulez z bien en
tendre la matiere que vous auez emprins de
dire. Ie cuydoy moy que loultrage soit grant
pour ce que noble couraige muer ne se doit de
petite chose. Cellup est moult fol qui vo⁹ ose
troubler/mais il est vray que femme senfla
me legierement par grãt yre cõme tesmoigne
virgille qui moult congneut ceste besongne/
car iamais femme tant estable ne sera q̃ mua
ble ne soit z diuerse. Cest vne beste merueilleu
se. Salomon dit q̃ iamais ne fut teste crueu
se sur beste de serpent. Nest chose plus preuse
de la femme ne riens ou soit autãt de malice.
Bnef elle a tant vices que ces meurs puers
nul ne pourroit compter par rime ne par vers
Titus Liuius qui bien cõgneut les vsaiges
des femmes ensemble leurs manieres/dit q̃
nulles prieres ne valẽt tãt vers leurs meurs

que blandices z flateriers tant sont nices de ce
uables z de fleschissable nature. Oultreplus
dit lescripture que le fondemẽt de tot le feme
nin vice est auarice/et qcõques dit ses secretz
a sa femme il en fait sa dame. Car nul hõme
qui soit ne de mere sil nest yure ou forsenne ne
doit reueler a sa femme nulle rien qui celer se
doye/voire sil ne le veult ouyr daultruy.
Mieulx vauldroit fuyr du pays que dire a sa
femme chose qui a taire soit/tant soit loyalle
ou debõnaire/nul ne soit tel quen faire aucun
secret fait tant que il soye femme venir en pla
ce/Car sil y a aucun peril de corps elle le dira
quoy quelle attende longuemẽt. Et combien
q̃ nul ne luy en demandera si le dira elle z vol
tiers sans admonestement estrange. Elle ne se
tairoit pour nulle rien/car elle cuyderoit estre
morte sil ne luy sailloit de la bouche. Selle
scet quelque peril ou reprouche et cellup q̃ luy
aura dit soit tel q̃ puis quelle le scaura la vueil
le batre ou ferir vne fois seulement non pas
trois ou quatre/Ia ne la touchera q̃l ne luy
reprouche tout publiquement. Qui se fie en
feme il se pert/il est fort las/il se lye les mains
et se couppe la gueulle. Car se il ose vne seule
fois grõcer/sa chastoier ou courroucer il met
sa vie en tel peril q̃ sil a desseruy la mort pour
le fait quelle scait/elle le fera pendre par le col
sil est que iuge le puist pendre/ou ycelle meur
trir le fera par ses priuez amis tant est aĩcu̇e
a mauluais port. Mais quãt le fol au soir se
couche z gist lez sa fẽme cellup ne peut ou no
se reposer pour ce q̃l a fait ou veult faire quel
que chose/par aduãture quelque meurtre ou
aultre chose cõtraire a sa vie/dont il craint re
ceuoir la mort se appercenoit son sen pouoit.
Il se tourne dũg lez a lautre/si se plaint en son
lit z souspire. Sa femme lors quille voit a
malaise se tyre vers luy/si laccolle applaine
et baise le couchant entre ses mãmelles. Si
re dist. ☞ La femme. ☞ Quelz nouuelles/
qui vous fait souspirer z tressaillir z remuer.
Nous sommes icy seulemẽt nous deux les p
sonnes de tout le mõde, vo⁹ le premier z moy
la seconde q̃ nuėlx entreaymer nous deuons

p

Fueillet

de fin cueur loyal sans amer. Je me remembre bien que iay fermé l'huys de ma chambre de ma main propre/ & les parois que font le puse sont espesses de demy toise/ semblablement les chevrons si haultz que deuons estre bien asseurez. Et qui plus est nous sommes loing des fenestres/ par quoy l'estre en est trop plus sur pour descouurir noz secretz. N'est homme viuant qui les puist ouurir sans despecer non plus que feroit le vent. Briefuement ce lieu na point de ouye iamais ouye quelque voix ny pout estre fors seulement de moy. Pour tant piteusement vous prie & par fines amours que tant vous fiez en moy que vous me diez vostre fait. Dame dit.

℄ Le mary.

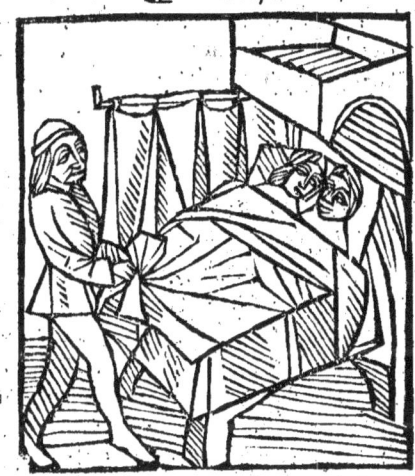

℄ Se dieu me voye ie ne le diray pour nulle rien/ car ce nest chose a dire. A moy dit. ℄ La femme. ℄ Beaulx sire me tenez vous pour suspicionneuse qui vostre espouse loyalle suis Quant par mariage nous assemblasmes pas ne trouuasmes iesuchrist eschars ne auer de Sa grace fors ql nous fist nous deux estre en vne mesme chair. Et puis donc que nauós que vne chair par le droit de commune loy il ne peut estre en vne chair fors que vng seul cueur estant au costé senestre/ ainsi doncques noz cueurs sont vng vous auez le mien & iay le vostre/ auql cueur ne doit rien auoir que le mien scauoir ne soye. Pour tant ie requier q̃ se me dictes pour me

rites & par guerdons/ Car iamais nauray ioye tant q̃ ie le scauray. Et se dire ne me le voulez vous me boulez ie le scay bien & congnois de quel cueur vous mamez quant me clamez doulce amye/ doulce seur & doulce compaigne, a qui voulez vous parer ceste chastaigne: certes se ne me gehissez vostre fait, il pert bien que me trahissez. Je me suis tant fiée en vous depuis que affiée meustes q̃ ie vous ay cy dit toutes choses qui encloses furent en mon cueur. Jay laissé pour vous pere & mere/ oncle/ nepueu/ seur frere/ amys & parens comme il appert. Certainement iay fait tres mauluais change quant si estrange vous treuue vers moy. Neantmoins ie vous ay me plus q̃ chose q̃ viue et vne cupe ne me vault & est mon amour vaine, fors que vous cuydez q̃ tant deusse me sprendre vers vous q̃ dire ne reueler voz secretz/ ce questre ne pourroit. Pour iesuchrist le roy celeste qui vous doit mieulx garder q̃ moy qui suis vostre femme & espouse: au moins ie tiens scauez de loyaulté plaise vous regarder la foy q̃ vous auez de mon corps. Ne vous suffist ce gaige: Quel ostaige meilleur en voulez vous auoir: Donc seray ie la pire des aultres se ne mosez dire voz secretz. Je voy toutes aultres femmes si dames de leurs hostelz q̃ leurs marys se fient en elles leur disant leurs secretz/ & se speulent a elles quant il veillent en leurs lictz si se confessent priueement si que riens ne laissent a dire, voire plus souuent elles ne font a leurs curez/ & me bien le scay par elles mesmes que iay ouy maintesfois/ lesq̃lles mont cõgneu quãques elles ont veu & oy & q̃ plus est tout ce q̃ faire pesent & cuident ainsi sespurgẽt & vy dent. Toutesuoyes ie ne suis leurs perisse en ce cas ne tangleresse ne vilotiere ne tẽcercsse. Je suis preudefemme de mon corps comment qᷣl aille vers dieu de lame. Jamais nouytes dire que iaye fait quelq̃ adultere. Se les folz q̃ le vous cõpterent ne le cõtrouueẽt p mauluaistie: Ne mauez vous point esprouuee bien, ou mauez vous trouué faulse: Et beau sire regardez cõmẽt vous nye gardez vostre foy. Car quant vous me meistes lanel au doy malemẽt vous mesprisses/ et quant me fiancastes vostre foy ne scay coment losastes faire. Qui vous fist marier a moy puis que fier ne vous y osez? Je vous prie que vostre foy soit ceste fois sauluee/ et ie vous asseure loyaulmēt/ prometz fiance et iure par sainct pierre le bieheure, que le secret sera mys soubz la pierre. Certes ie seroye bien folle sil yssoit parolle de ma bouche dont eussiez honte et dōmaige/ a mon lignaige grāt honte feroye/car iamais ne le diffamay et a moy tout premieremēt. Car lon dit et est verite que quant cellui est si fol qil taille son nez il deshonore a tousiours sa face. Dictes moy se dieu vous sequeure la chose qainsi vostre cueur desconforte ou ce soit non morte vo° mauez. ¶ Larcteur. ¶ Lors elle luy mame les piptz et le chief et de rechief le baise. Et entre faintz baisers pleure sur luy maites larmes.

¶ Moralite

¶ Ainsi come Jesuchrist vray espoux de saincte eglise catholicq est le vif patron apres qui nous devons tirer noz ymaginacions/ semblablemēt nature son ancelle et de quelle nous enseigne le vray sentier pour arriuer a port celeste. Icelle nature tresfort se doulouse et complaint dauoir entre ses fabricatures produit quelque piece que nomer ne veult/ de laqlle tresgradement se repent. Mais il est a presupposer q ceste piece est lhōme mortel. Car de tous ses animaulx viuās soubz le cercle de la lune tant sur terre en laer que en la mer/ desquelz nature a ladministracion nest plus grāt trafficqueur ne plus desloyal a son createur. Pour quoy nature formēt desplaisante voyant son proterne felon et malicieux couraige le vouldroit bien desgrader/ destruire et difformer. Et pour le grant vouloir qlle a de ce faire se veult cōfesser a son prestre Genius pour no° exemplifier ainsi q cellui doit faire q pretend vng hōme deffaire. Genius chappellain de dame nature est appelle le dieu des nopces/le quel a cause de generacion faire celebre/comoint/radoube et ranoue les mariages diuers di

norses ainsi que doit faire le bon confesseur q reconseille/radresse et rappelle les ames pecheresses a dieu le createur leur vray espoux.
Grans parlemēs se firent auāt cōfession entre Genius et nature qil besoing nest de resumer/ et entre aultres choses Gem° luy remōstra la soubdaine mutabilite des femes et que pour tenir leurs marys en craincte et miserable seruitude quierēt voyes et cautes leur moyens pour scauoir diceulx qlque secret dāgereux mes vng criminel delict se dauantu re en estoient entachez affin de leur tenir pied sur gorge se reueler le vouloient/ ce q faire ne deueroient silz estoiēt saiges. Ceste feme qui ainsi sefforce de tyrer le secret de son mary pour le desprimer est la presumptueuse ame pecheresse/ cōme lon diroit dung prenosticqueur a q ne suffit scauoir la saincte doctrine des venerables docteurs de saincte eglise pour cōgnoistre dieu son createur et espoux se soubz les appentis de astrologie cōme font les astronomiens modernes ne sentremeslent diuger lheur et malheur/ la courte vie et la longue duree/non seulemēt des royaulmes et contrees/mais des particuliers princes et petis persōnaiges. Je ne dis mye q icelle science ne soit hōneste/licite/naturelle et vraye quāt a la cognicion des opposicions/stacios/cours et eclipses du soleil de la lune et des estoilles/mais celle q les mathemaciens ensuyuent en prenosticquant des choses aduenir/tant des natiuitez des hōmes que de leurs meurs ou autremēt est vne espece de ydolatrie/ chose vaine/ prohibee et supersticieuse. Car a dieu seul appartient ceste congnoissance et non a aultre/si non par reuelaciō diuine. Et ceulx qui singerēt de cōgnoistre par les corps celestes irritent son yre contre eulx.
Car il semble quilz veullent estre dieu/ cōme luy/ou auoir participacion a sa deite. Et pour ce tous ceulx qui se sont auancez de ce faire en ont este mortellemēt punis. Lucifer qui peu vault voult au ciel mōter hault/pour estre a dieu egal. Mais q la fist vng sault. Jusquau puis infernal. Adam fist vng dur mors. Qui fut de grant remors. Cuydant dieu en

terre estre. Mais il fut boute hors De padis terrestre. Athlas le grant geant. Aux estoil/les beant. Chascun saige se clame: Mais ne fut cler voyant. Il perdit son royaulme. Nectanabus fort saige. Du ciel cogneut lusaige Les tours q les esbas. Mais malgre son dit saige: Il cheut de hault en bas. Tales milesi9. Prenosticqua le mieulx. De ceulx du temps passe Mais en beāt es cieulx. Il cheut en vng fosse. Cesar q tant cōquist. Nouuel kalendrier fist. Si mist iulle q aoust. Mais il fut desconfit. Du senat q pou vault. Le conte de poitiers. Aux gens fort voulentiers. Disoit eur ou malheur. Si fut soubz les ramiers. Occis a grant douleur. Et a ce propos dit cathon Mitte archana dei celum inquirere, quid scit.

Que diray ie plus: Cōment cuydent scauoir prenosticqueurs les fortunes des hōmes par linfluence du ciel q leur est si loingtain quant ilz ne parcoyuent mye tout ce q lon fait a leur hostel q leur est si prochain. Ce sont curiositez cruelles abusions. Abus plains de vanitez. Vaines superstitions. Et qui plus est nous voyōs au iourdhuy malheureusemēt finer leurs iours ceulx q lon dit auoir preste leurs oreilles folles à telz fables q grās friuolles. Et pourtāt ne fut vng roy de frāce mal cōseille de soy deffaire de telz cabuseries. A icelluy roy prīt voulēte daller chasser par vng iour deste cler et net. Si māda son prenosticqueur pour scauoir se le temps sentretiēdroit en sa beaulte selon la disposicion de planettes. Cellui respondit. Sire ouy asseurez vous sur ma parolle. Il ya dix ans quil ne fist aussi belle iournee. Sur ce mot le roy se prepara a la chasse bien acompaigne de barons, de gentilz homs, De seigneurs, de veneurs, descuyers, de bracquonniers, de lacques, de bracques, de clabaust, de hurtault, de perchant, de ploncquāt q de chiēs grans q moyens tant q ney scay le nombre. Tout le monde vint a val q a pied q a cheual sans houseaulx q sans manteaulx to9 se fourrerent en vng bois aurieres du logeis du roy enuiron deux petites lieues. Quant le roy tyrant celle part se trouua a my voye il fut encontre dung monnier chassant son asne deuāt luy. Le monier cognoissāt le roy se scria vers luy disant par grāt regret Helas sire ou allez vo9 ie plains grandement vostre noble psone. Pour quoy dit le roy. Pour ce respōdit le monnier q vous serez aussi bien mouille que vous feustes passe a longs temps A la parolle du monnier ne sarresta le Roy. Ains tyra oultre disant. Dela bon folastre. Cuyde il estre plus saige q mon prenosticqueur. Toutesuoyes le roy ne fut gueres esloigne du monier quant boreas luy souffloit aux yeux la poussiere q apparceut le temps affuble de son manteau noir. Il ouyt brupre les pesteaulx et les marteaulx de Vulcanus q brassoit q forgeoit le tōnoirre tant horrible cruelle q noire que le Roy, ses siens q les chiens en furent to9 espouētez. A tant ne se tint Vulcanus feure de Iupiter q tempesteur se pout fouldroyer q embraser le mōde, il ne gettoit feu y grandes porgnees ensemble grosses pierres sur les crupes de chasseurs sans espugner ne Roy ne roc, non plus q la poule ou le cocq. Quāt le roy se sentit y trop durement bersaulde tant desclitte dozaire de gresle q de pluye, il retourna en son chasteau a tresgrāt haste, bien baigne, bien laue q bien crotte. Et les chasseurs qui riens ne prindrent trotterent apres q mieulx mieulx. Pedāt le tēps q le roy se despouilloit pour soy reuestir de nouueaulx habitz il cōmanda qua toute diligēce lon fist venir vers luy le monnier q son asne. Les seruiteurs du Roy attiuez au moulin trouuerent le monnier: si luy dirent leur charge, q le plaisir du Roy estoit q incōtinent il se trouuast vers luy, q amenast son asne. Le monier fort estōne de ces nouuelles trembloit cōme fueilles en arbre, cuydant quon le deuist pendre. Et se vouloit iustifier disant quil estoit lung des bons predone monnier par le rapport des paysans q fust a dix lieues a lenuiron, q quil en y auoit assez dautres qui plus auoiēt emble quil nauoit en auoine. Non obstant ses excuses les seruiteurs lemenerent deuant le Roy, puis firent entrer son asne en la salle royalle, ou il fut bien regarde des princes z seigneurs de son sang. Le roy fist venir hastiuemēt le pnosticqueur/ z le reprint de son faulx iugemēt: en luy disant quil lauoit asseure de la serenite du temps pour aller a la chasse/ mais il y auoit vingt ans passez ql nauoit fait aussi laide iournee: Le pronosticqueur soy excusant luy dist. Sire en cas hastif na point dauis/ ie fuz tellemēt surpris p vostre celerite que ie neuz espace de tourner le fueillet pour regarder lozaige q vous est suruena dōt il me poise grādemēt. Puis le roy adreſſa sa parolle au mōnier z luy demāda sil cōgnoissoit les estoilles z les planettes. Le monnier respōdit ql ne cognoissoit autres toilles q celles dont son moulin a vent estoit vestu/ z ne scauoit que sestoit de plus netz si non quāt plus tiens ay auoit dedans. Le Roy luy demāda sil estoit deuin. Il respōdit q gueres ne beuuoit de vin/ mais il scauoit trop bien le sāls pledoient. Le roy luy demāda se il estoit clerc Le monnier respōdit q il estoit laiz hōme z ne stoit prestre ne clerc, lettre ne maistrie de personne/ si non de sa mauluaise fēme. Et ꝯmēt dit le Roy as tu peu scauoir laduenemēt de ce hydeux tempeste. Haa: Sira dist il ne vous en esmayez/ ie tiens pour reigle generalle et sans ꝙlque exception/ Si tost q les oreilles de mon asne sont chargees de grosses mousches et a tresgrande multitude le temps se trouble prestemēt z se triboule tellemēt q dempe heure apres nya faulte q la terre ne soit arrousee de merueilleuse z grosse pluye. Or alheure q passastes deuāt mon asne pour aller a la chasse la poure beste estoit tāt esguillōnee de mousches z de gros tahons q ie le cuydoy pdre. Et vela la cause pour quoy ce terrible tēpeste q de la chasse vo9 a rachasse sest esleue soubdainemēt. De ces motz fut le roy fort esbahy et dit ainsi. Puis q les asnes sont plus saiges q les hōmes en la mutaciō du tēps/ ie nay q faire de maistre pnosticqueur. Je vueil q des maintenant il soit licencie/ Mais le mōnier z lasne demoureront a mes gaiges. Et quāt voulente me prendra de chasser ie verray se les grosses mousches se atacheront a ses oreilles.

¶ Le. lxxvii. chapitre. La femme qui ne cesse de opprobrie z accuser son mary se conforme a sin deresis qui souuēt mort z remort la conscience de lhomme.

¶ Genius.

Donc le malheureux mary luy cōte sa grāt honte z son grant dōmaige/ si se pend p sa parolle puis se repent quāt il la dit/ mais la parolle vollee vne fois ne peut estre rappellee. Lors luy prie qlle se taise/ car il est pl9 malaise q nauoit este quāt sa fēme ney scauoit riē Celle luy dit q sās faille bien sen taira. Vail le q vaille/ mais le chetif malheureux q cuyde il faire/ il ne peut faire sa langue cuyde il retenir la lāgue de aucū aultre/ a qlchief sen cuyde il venir/ Or se voit maintenāt la dame au dessus de son fait z scait certainemēt q iamais courroucer ne losera ne grōcer a lencōtre delle/ elle a bien matiere pour se faire tenir mut et coy. Peut estre qlle luy tiēdra ꝗnaces iusques a ce q grāt courroup z noise entre eulx vēdra/ z sil fault q tant elle attēde ce luy sera greuance z grāt ennuy tāt aura le cueur en balance. Et pour tant q bien aymeroit les hommes il leur prescheroit ce sermon q bien est digne de estre leu en tous lieux. Car chascun hōme

si peut mirer pour soy retraire de grans perilz
Toutesfoyes il pourroit bien desplaire aux femmes q̃ moult de iangles ont/mais verite ne quiert nulz iangles/seigneurs se vous oy/ mez voz corps & voz ames gardez vo⁹ des fem mes: au moins nourrez si mal q̃ leur descou/ urez voz secretz q̃ sont reclus en voz mieurs.
Fuyez fuyez fuyez fuyez fuyez enfans/ie vo⁹ conseille & admoneste sans guille ou deceptiō q̃ fuyez la beste. Ce sont les vers de Virgille Notez boutez & les sachez en voz cueurs/si q̃ iamais nen soyēt tirez. Enfans q̃ les fleuret tes cueillez et les freses fresches & nettes en ce ste herbe gist froit serpēt. Fuyez enfans car il enherbe/empoisonne/& enuenime tout hōme qui sen approuche. Enfans q̃ querez les fleurs et les freses par terre naissans pensez desche/ uer le mauluais serpēt refroidie q̃ se va icy ta pissant/la malicieuse couleuure qui coeuure & musse son venin soubz lherbe tendre iusques a ce que spādre le puist pour vo⁹ deceuoir & gre/ uer. Se de mort eschapper voulez ne vo⁹ en laissez happer. Car la beste est fort venimeu/ se par le corps/par la queue & aussi par la teste que se vo⁹ approuchez delle vo⁹ en serez en/ tachez. Cōsidere que sans guerison elle mort en trahyson ce quelle attaint/si q̃ iamais nul triacle ne cure larcure de son venin. Toutes/ uoyes ie ne dys pas & nest aussi mon intēciō que vo⁹ doyez fuyr les femmes & q̃ ne les ayez chieres & q̃ vo⁹ ne gisez auecques elles/mais vous cōmande que les prisez & paulsez p̃at son/vistez/chaussez/entretenez & les aymez & tousiours labourez/tellemēt que les seruez et honorez pour vostre espece cōtinuer/si que la mort despiece/Mais ne vo⁹ y fiez tant q̃ leur diez chose q̃ est a taire. Souffrez trop bien q̃l/ les voyēt viennēt & maintiennēt la mesgnie ensemble lhostel selles y veulent leurs cures mettre. Ou se par aduāture il aduiēt quelles sachent achapter ou vēdre entendre peut a ce faire/ou selles scauēt aucū mestier se mestier leur est si le facēt/& sachent choses appertes & communes q̃ nont besoing destre couuertes/ mais se tant vous habādonnez que leur don

nez trop de pouoir a tard vous repētirez quāt scaurez leur malice. Lescripture nous apprēt que se la fēme a seigneurie sur son mary tous iours luy sera cōtraire a toute chose q̃ vueille dire ou faire. Toutesfoyes prenez vo⁹ garde que lhostel naille a male voye/son prent bien garde a meilleur chose/cellup est saige q̃ gar de ce q̃ il a. Et vo⁹ aultres q̃ voz amyes auez portez leur bōne compaignie. Iaffiert bien q̃ aucunes dicelles sachent des cōmunes beson gnes/mais se vo⁹ estes preux & saiges quant vous les tenez en voz bras q̃ les baisez & acol sez taisez vo⁹ ie vous prie taisez vo⁹/pensez d̃ tenir voz langues. Car a chief de quelque bi en venir nen pouez. Et quāt elles sont person nieres daucūs secretz elles sont moult orgueil leuses & fieres & ont les langues fort glissans venimeuses & cuysans. Tellemēt q̃ quāt les folz sont venuz a ce q̃lz sont tenus entre leurs bras q̃lz les accollent & baisent a leur plaisan ce riens ny est cele/tout y est reuele. Les ma/ rys se descueurent/dont apres sont dolens et marris/toutes leurs pensees accusent si non celles qui sont saiges & bien pesees. Dalida la malicieuse fēme par venimeuse flaterie coup pa de ses forces les cheueulx a Sanson q̃ tant vaillant fut/tant preux/tant fort & bataillāt ainsi quelle le tenoit souef dormant en son gi ron elle luy fit perdre ses forces lors q̃lle coup pa ses crins/et q̃ luy reuella ses secretz lesq̃lz luy auoit compte/Car le poure fol ne luy sca/ uoit rien celer. Plus nulz exemples a ce pro/ pos ne vueil ie dire. Ung seul peut suffire pour tous. Salomon mesmes en parolle et dit. Au propos de celle q̃ dort en ton sain garde pour fuyr peril & reprouche/les portes de ta bouche. Se sermon deueroit estre presche de cellup q̃ aymeroit les hommes/affin que il se gardassent des fēmes/& q̃ iamais ilz ne si fias sent. Si nay ie dit ces motz pour vous dame nature/Car vous estes tousiours loyalle et ferme. Et mesmes afferme lescripture que dieu vo⁹ a tāt donne de vertus que vous estes saige sans comparaison.

¶ Moralite

¶ Il semble q̃ lacteur vueille dire que les marys sont pour folz tenus et incensez q̃ leurs secretz vicieux/ coulpables ou crimineux descouuret a leurs femmes/ ⁊ se fonde sur Virgille q̃ admõneste les enfãs petis cueillãs les fleurettes de fuyr le cruel serpẽt. Cõme se il voulsist dire q̃ femmes sont malicieuses ⁊ venimeuses cõme couleuures/ ce q̃ oncques ne fut ne iamais ne sera. Et se Virgille fut si abuse que de reueler son secret a vne poure maleureuse qui pour le tyrer en hault p̃ vne fenestre le fist bouter dedãs vne corbeille/ puis la le laissa pendu. Ne luy suffist pas la vengeãce que il print delle sans en viliper les aultres. Luy de lacteur q̃ les hõmes soient maintenãt aussi lourds q̃ furẽt lors/ ⁊ les femmes aussi legieres de la langue q̃lles furẽt de son viuãt. Nenny non/ le mõde est depuis rature. Ce fut. In illo tempore. Ie ymagine q̃ sur le sens litteral dessusdit se peut cueillir toute aultre intelligence non point au detrimẽt des femmes/ mais grãdemẽt a lauãce des hõmes. Si dys q̃ la femme voyant son mary en tristesse ⁊ q̃ ne cesse de enquerre le secret de sa pẽsee est proprement cõparte a sinderesis tresinclite vertu diligẽte ⁊ subtile. Et cõme dient les theologiẽs. Sinderesis est la force motiue de lame stimulãt les sens de lhomme pour adherer au bien ⁊ decliner le mal. Cest celle q̃ cõme fine femme enquiert le neu de la besõgne/ poigt/ esguillõne ⁊ eschaufe cõme vne estincelle la cõscience de lhõme/ si ne cesse de circuyr de fons en cõble/ tant quelle tyre hors d̃ son cueur ses cruelz vices/ affin de le purgier par pfession/ tellemẽt quil puisse estre a payx de sa cõscience. Et en ce faisant riens ne doit estre celé: tout doit estre descouuert tout doit estre reuelé/ affin quil soit reduyt en seur estat de grace. Par le tresfort admirable sanson sanctifie au vẽtre de sa mere est entendu le peuple des iuifz/ auquel dieu dõna miraculeusemẽt si grãt force q̃l prosterna ses ennemyz souuẽtesfois deuãt ses yeulx. Et ainsi q̃ sanson sennamoura de dalida ce peuple iudaicque dõna son cueur a faulse ydolatrie/ Et fut tellement acheme de ses bourdes que au pourchas de ses emulateurs les chiẽs denfer il descouurit le secret de son fait ⁊ luy dit q̃ la force de son corps procedoit des cheueulx de son chief. Or est ainsi q̃ le chief des iuifz ⁊ le sioc fut dieu nostre createur/ les cheueulx furẽt les racines. Et dit Aristote q̃ lhõme est vng arbre euerse ayant la teste en bas quant les racines sont couppees les branches ⁊ les mẽbres nont ne seue ne vigueur. Et ainsi donc la malicieuse putain Dalida par q̃ ientendz ydolatrie destitua le tresredouble Sanson du benefice de force. Semblablement fut le peuple distrait priue de sa puissance succõbe de ses ennemys iusques a ce que les cheueulx furent reuenuz sans port/ sans support/ sans heur/ sans honneur/ sans or/ sans tresor/ sans fort/ sans confort/ sans nom/ sans renom/ sans hart/ sans sa dart/ ainsi comme fut Sanson sans sens/ sãs force ⁊ sans son.

¶ Le lxxxiii. chapitre. Similitude de la lune a la tressacree vierge portant blason armoye de sa glorieuse victoire.

¶ Lacteur.

Fueillet

AInsi doncques Genius conforte nature/ ¿ luy enhorte a son possible q̃/ le soit en paix de son dueil/ car nul ne peult riens cõquester tant en dueil cõme en tristesse q̃ moult blesse ¿ riẽs ne prouf fite. Quãt Genius eut dit sa bõne voulente sans gueres de priere faire/ Il se asist en vne chayere aupres de son autel/ ¿ tantost nature se mist a genoulx deuant luy/ mais vray est quelle ne pouoit oublier son dueil. Et aussi ge nius ne fist force de lappaiser/ Car il eust sa paine perdue. Il pẽsa q̃ luy taire pour ouyr la dame qui p̃ grant deuocion sa cõfession luy di soit en plourant/ laquelle confession ie vo⁹ ay escripte comme elle fut dicte mot a mot.

¶ Nature. ¶ Dieu en qui toute beaulte habonde quãt ce beau mõde feist portoit en sa pẽ see la belle forme dicelluy mõde/ qui bien fut pourpensee: voire en põdurablete tousiours/ ains quelle euft este dehors/ car illec prĩt son exẽplaire de tout ce q̃ necessaire luy fut/ ¿ se ailleurs querre le voulsist il ne trouuoit ne ciel ne terre/ne riens dont se peust ayder. Riens ne se estoit boute dehors: Il feist de neant sortir toute chose luy en q̃ riens ne peut faillir ne riens a ce faire ne lesmeut si non sa voulente debonnaire/large/courtoyse sans enuye ¿ fontaine de vie. Au cõmancement feist tant seu lemẽt vne masse cõfuse sans destinction ¿ ordre: laquelle deuisa par parties oncques puis ne furent/ si les somma ¿ print par nõbre/dont il scet bien la somme/¿ p̃ mesures raisõnables toutes leurs figures termina/ si les feist estẽ dre en rondesse pour mieulx mouuoir et pour mieulx les cõprendre selon ce que mouuables et comprenables doyuent estre/ ¿ les meist en puenables lieux selon ce q̃ metables les voit les legieres feist voler en hault/ les pesantes feist deualer en bas/¿ les moyennes ou mil lieu. Ainsi fut le lieu ordõne par droit compas et par espace. Celluy dieu mesmes quant par sa grace/ il eut deuise toute aultre creature et mise en son lieu me hõnora ¿ me tint tant chie re q̃ sa chãberiere me establist. Il me laisse et laissera seruir tant q̃l en aura voulẽte. Je ny

reclame aultre droit/ ains le remercie grande ment de ce q̃l me ayme tãt/ q̃ luy q̃ est si grant sire me prise tant q̃ moy poure damoiselle me tient pour chãberiere en si grande ¿ belle mai son/ pour chãberiere/ non tãt seulemẽt/ mais pour cõnestable ¿ vicaire dont ne suis digne si non p̃ sa benigne voulẽte. tãt hõnoree ma dieu q̃ ie garde la belle chaine doree q̃ enlasche les quatre elemẽs enclins deuãt ma face/ ¿ õ fait me bailla toutes choses encloses dãs la chai ne: moy commandãt les garder ¿ cõtinuer en leurs formes. Et veult q̃ mobeissent toutes ensuyuãt mes reigles les tenãt ¿ gardãt sans mettre en oubli põdurablemẽt a tousiours/ cõ me elles font de commun vsage/ car toutes y mettẽt leur cure fors vne creature seule. Je ne me dois plaindre du ciel sans soy faindre tour ne tousiours ¿ porte en sõ cercle poly auec luy toutes les estoilles estincelans et vertueuses sur toutes precieuses pierres. Ainsi se va dessuy ant le mõde cõmencant son tour en orient/¿ sa chemine par occident/ si fine de tourner arriere en rauissant toutes les roues q̃ grauissant võt contre luy pour retarder son mouuemẽt/ mais si pres garder ne le peult q̃l en delaisse se cour re bien loing: ¿ q̃l naille lespace de.xxxvi.mil le ans pour venir iustemẽt au point ou dieu se feist premieremẽt. Il a acompli entierement vng cercle selon la grãdeur du sentier du zodi aque a la roue grande q̃ sur luy roue dune for me. Cest le ciel courãt si appoint q̃ point ny a derreur en son cours. Et pourtant ceulx q̃ point ny trouuerẽt derreur lappellerẽt aplanos qui autãt vault en langaige gregois cõme sans erreur/ toutesuoyes cest aplanos ne est veu de nul hõme/ mais ainsi le preuue raison q̃ les de mõstracions y treuue. Des sept planettes clae res reluy sans et nettes ne me plains/ Ne du cours de chascune. toutesuoyes il sẽble a aucu nes gẽs q̃ la lune ne soit biẽ pure ne bien nette pource q̃lle appt obscure en aucuns lieux: mais cest p̃ sa doble nature q̃lle sẽble en aucũs lieux espesse ¿ troble/ car elle luyst dune pt̃/¿ dautre elle cesse pource q̃lle est espesse ¿ clere. Ce luy fait pdre sa lueur a cause q̃ reflexir ne peut la cle re partie. Mais la lueur espesse demonstre q̄ bien contrester peult aulx rays pour conquester sa lumiere. Donc pour la chose entendre et esclarcir la lettre lon peult bien en lieu de glose mettre ung exemple en briefz motz: voire clere et apparente. Ou les rays passent parmy quant na rien despes q̄ le refiere par derriere ne par deuant: ne peult monstrer les figures ne les rays des yeulx ny peuent riens rencontrer q̄ les retiengne se fault q̄ la figure et forme reuiengne aulx yeulx. Mais q̄ vouldroit mettre dautre part plomb ou quelque chose espesse qui ne laissast trespasser les rays tantost la forme redonderoit. Ou sil y auoit aulcun corps poly q̄ peust lumiere referir moyennant q̄l feust espes dautre ou de soy mesmes, ie scay bien q̄l redonderoit et donneroit figure. Ainsi donc la lune en sa clere partie semblable a lespere ne peult retenir les rays, par quoy clarté puisse venir, Ains passent oultre, mais la partie obscure et espesse q̄ ne les laisse passer oultre ne referir arriere fait auoir lumiere a la lune: pourtant est elle en aulcun lieu lumineuse, et en autre tenebreuse. Et lobscure partie de la lune nous representé vne figure dune beste merueilleuse, cest dung serpent q̄ tient la teste vers occident, et la queue fine vers orient. vng arbre porte sur son dos estendant ses rainceaulx vers orient en les bestournant. Et sur ce bestournement est vng homme appuyé sur ses bras ayant vers occident ses deux piedz et ses deux cuisses, comme il appert au semblant deulx. Les planettes font moult bon oeuure: chascune delles besongne si bien q̄ ne seiournent vng seul point. Elles se tournent par les douze maisons courant par tous leurs degrez si demeurent illec autant q̄l apparti ent. Et peur mieulx faire la besongne tournent par monument contraire acquerant sur le ciel telles porcions q̄ leur affierent a entretenir leurs cercles puis recommencent sans finer en retardant le cours du ciel pour secourir aulx elemens: car sil couroit a deliure riens ne pourroit viure soubz luy. Le beau soleil q̄ cause le iour et est cause de toute clarté se tient au millieu des planettes comme roy reflamboyant des rays. Ce

nest sans raison que sa maison est au millieu deulx. Car cest le plaisir de dieu tout bel, tout fort et tout sage q̄ le soleil face illec son estage, sil couroit plus bas nest rien q̄ ne mourust de chault. Et se plus hault tout seroit morfondu du froit. Le soleil depart sa comune clarté tant a la lune come aux estoilles, et les fait si belles apparoir que la nuyt en fait ses chandelles lors q̄lle mect au soir sa table a son mary Acheron pour estre moins espouentable deuant luy qui moult en est fort marry en son cueur. Mieulx aymeroit estre sans luminaire auec la noire nuyt sicome iadis furent ensemble quant ilz sentrecogneurent premierement lors q̄ la nuyt par leurs desueries les trois forseneries couchent iusticieres en enfer graces felonnesses et fieres. Toutesuoyes la nuyt pense en elle Mesmes quant elle se mire soit en sa despense, en son celier ou en sa caue q̄ trop seroit hideuse et laide, et auroit par trop tenebreuse face, se elle nauoit la clarté ioyeuse du cours du te flamboyant ciel ray ant pmy laer obscurcy la lueur et des planettes tournans en leurs esperes ainsi q̄ dieu le pere lestablist. La font leurs armonies entre eulx causans les melodies et les diuersitez des tons que mettons par accord en toute maniere de chant Nest rien q̄ ne se chante par elles et par leurs influences muent les accidens et substances des choses q̄ sont soubz la lune par leur commune diuersite. Elles font les clers elemens espes, et les espes font elles clers. Et font le froit, le chault le sec, et le moiste venir en chascun corps come lon feroit en boiste pour entretenir leurs pties ensemble, combien q̄ contrarians soient elles les lyet ensemble et pacifient ces quatre ennemys par couenable attrampance a raisonnable complexion pour former en la meilleure forme q̄ possible est toutes choses q̄ ie forme. Et sil aduient que pires soient ce prouient par le deffault des matieres. Mais q̄ bien gardet y scaura ia ny aura si bonne paix q̄ la chaleur ne succe lhumeur, et sans cesser se desgastent et mangeussent de iour en iour, tant que la mort qui luy est deue soit venue par mon droit establissement, voire se la mort autrement ne vient q̄

leur soit hastee par aultre cas, Ains que lhu/
meur diceulx soit degastee, car ia soit ce que ne
puisse pour quelque medicine quil treuue, ne
pour quelque Ding nemiet quil ait alonger
la vie de son corps. Toutesfoyes ie scay bien
q̃ legierement chascun peut sa vie abbregier.
Plusieurs gens leur vie accourcissent, ains
que lhumeur soit deffaillie peulx faire noyer
ou pendre ou entreprendre quelques grans pe
rilz q̃ se font ardoir ou enfouyr, ains que fuyr
sen puissent. Aultres se font destruire a grãt
meschief par conduyre leurs faitz trop folemẽt
ou p leurs ennemys priuez q plusieurs en ont
mys a mort sans coulpe, soit par glaiue ou p
venins tant ont les cueurs chenins q faulx.
Ou par cheoir en maladie par mauluais gou
uernement, par trop dormir, trop veiller,
trop repouser, trop trauailler, trop engraisser
ou trop seicher. En tout ce se peut on fortfaire
par trop longuemẽt ieusner, par trop aymer
les delictz, par trop auoir de mesaise, trop es
iouy, trop douloir, par trop boire, trop mang
er, q̃ par changier leurs qualitez: cõme clere,
ment appert, quãt soubdainemẽt seuffrent et
sentent le trop chault q̃ le trop froit, dõt a tard
sen repentẽt. Semblablemẽt par chãgier sa
coustume, dont plusieurs se tuent. Car soub
daines nutricions griefuẽt nature, p quoy ie
me trauaille en vain de les vouloir mener a
mort naturelle. Et ia soit ce q̃lz me meffacẽt
grandemẽt quãt il pourchassent contre moy tel
le mort accidetelle: Toutesfoyes il me poise
moult quãt ilz dmeurẽt a my voye d leur vie
cõme chetif recreãs p miserable mort vaincuz
de laquelle bien garder se pourroiẽt sil se voul
sissent retarder des oultrages q folies d leurs
vies leur fait racourcir, ains q̃lz ayẽt prins q̃
attaint la borne q̃ ie leur ay mise. ¶ Empe/
docles se garda mal q̃ tant regarda de liures,
et fut amateur de philosophie: mais de melã
colie plain, iamais la mort ne redoubla: mais
se boutta tout vif en vng feu q̃ sailist prez io
inctz en la fornaise de ethena, mõstrat q̃ ceulx
ont le cueur failly q̃ redoubtent la mort. Il ne
print ne miel ne succre pour remedier a sa vie

mais il esliut son sepulchre q̃ sepulture ẽtre les
bouillons plains de soulphre. ¶ Origenes q̃
les coillõs se couppa me prisa pou quãt il les
enchisa de ses mains pour seruir les dames de
religionp grant deuocion, affin aussi q̃ nul ne
feust suspicionneux de vouloir gesir auec elles
Lon dit q̃ les destinees les destinerent dauoir
telles mors q̃ leur ont meu de tel malheur a/
uoir des q̃lz furent receuz sur terre, q̃ en telles
constellaciõs leurs naciõs prindrẽt par necessite
vraye sans aultre possibilite. Cest a entendre
sans le pouoir escheuer quoy q̃ greuer leur do/
ye il leur suient telz mors receuoir. Mais ie
scay veritablement combien les cieulx si trauail
lent il leur baillẽt leurs meurs naturelles q̃ a
ce faire les enclinẽt q̃ les fait traire a ceste fin
par la matiere obeissant fleschissant leurs cu
eurs, toutesfoyes ilz peuẽt bien p doctrine au
cune p nourriture nette q̃ fine p supuir cõpai
gnies fort bõnes garnies de sens q̃ de vertu et
par bõte dentendemẽt procurer q̃ aultremẽt en
soit, affin q̃ cõme saiges ilz ayẽt leurs meurs
naturelz refrenez.

¶ Moralite

¶ Facilement me pourroye excuser de faire
quelq̃ glose sur ce q̃ dit est pour deux choses.
Premirement pource q̃ ne fault reueler professi
on. Secõdement pource que les peintures de na
ture sont de tãt magnificque q̃ fort louable ex
time q̃ rude engin, ma main, ne ma plume ne
suffiroiẽt a le bien collauder: Voire touchãt le
regime des corps celestiqulx dõt elle a planie
re administracion: entre lesq̃lz corps resplan
dissans q̃ lumineux la lune est de grãt recom/
mãdation tãt pour la clarte q̃lle reçoit du soleil
cõme pour certaines pprietez dõt elle est haul
temẽt douee. Et a ceste cause tãt pour son ex
cellẽte beaulte q̃ pour ses admirables oeuures
peut estre licitemẽt accõparee a la tressacree q̃
bienheuree virge, De laquelle il est escript.
Pulchra vt luna. Car elle est comme la lu
ne esluminee des refulgens sintilans Rays
du tresreflamboyant q̃ cler fort puissant So
leil de iustice. Elle distribue sa lumiere aux

bons pelerins et voyageurs qui tant par terre que par la mer de ce monde tirent venir et arriver au vray port de la cite dieu le sainct temple de iherusalem qest la gloire pdurable. Et come la lune est la Royne des planettes/ La dame de la mer/ la duchesse des veneurs/ La maistresse des laboureurs/ Celle q fait pululer et naistre les germes et semeces des champs. Pareillemēt ceste tressinguliere vierge est la Royne du ciel/ lestoille de la mer/ la nourrisse de ceulx q labeurent en la vigne de son chier enfant: ausquelz elle concede et donne la splendeur de sa beaulte/ ensemble la doulce liqueur de sa grace/ dont elle est plaine affin q les plantes et semeces des humains puissent rendre bon fruict deuāt la face du Benoist createur. Auecques ce dit lacteur q une partie de la lune est clere et lautre brune q riēs ne deroge a ceste similitude. Car il est escript de la bienheuree dame. Nigra sum sed formosa. Et sēble a ceulx q les yeulx ont plus clers/ plus perspicus ou plus aguz q ie nay q en la brune partie dicelle lune sappert la figure dung serpent/ la semblāce dung arbre et lymage dung hōme, ces trois choses nous donnent testification et preuue de la grāt offence q cōmist Adam en paradis terrestre: laquelle ceste vierge p le moyen de son filz a puissammēt repare. Car illecques est visiblemēt apparant le serpent q Eue tempta/ larbre qui le fruict porta et Adam qui le gousta. Et se lon veult arguer q Eue nostre premiere mere q fut cause de ce mortel delict nest veue ne apparceue entre les personnages. Lon peut dire quelle est tant hōteuse et dolente de ceste dōmageable perte quelle ne se ose amōstrer/ ains se musse soubz lombre et entre les rainceaulx de larbre. Et ainsi cōme nous voyons les ymages des tressainctes vierges martyres et aultres porter les enseignes et pourtraitures des ennemys qlles ont vaincu par glorieux martyre: cōme Saincte Katerine marchāt sur le chief dung empereur/ saincte Juliane sur ung dyable enchaine et saincte Marguerite sur ung cruel dragon. Sēblablement ceste tresillustre et victorieuse Royne du ciel mōstre pour armes et enseignes les psonnages sur le sqlz elle a milite merite et triumphe. Vertueusement sur la terre, Item elle a suppedite le serpēt q signifie le dyable/ larbre de sciēce ēt la chair est nourrie/ et lhōme q autant vault cōme le mōde. Et apres q le tresardu et resplēdissant soleil Roy du ciel nous a par iour desploye son estādart et espādu ses rays sur la face de la terre ceste tresinclite et cheualeureuse dame nous enuoye de nuyt ses regatz/ Et desploye son blason ses armes et sa Banniere sur toutes nacions du monde/ soit caldeicque/ arabicque/ ebraicque/ paganicque/ barbaricq̄/ sardanicque/ germanicque et tartaricque.

¶ Le. lxxviii. chapitre. De predestinacion: ensemble lhystoire deucalyon et de pirra moralisee.

¶ Nature,

Dant lhomme ou la femme de sa propre nature se veult attourner cōtre bien et droicture Raison lēy peut bien destourner/ mais cē le croye seulement autremēt yra la chose/ car autrement peut il estre quoy q les corps celestes facēt ilz ont pouoir moyennāt q raison ne soyt a lecōtre. Car les cieulx cōme bien scet lhomme sage nont pouoir cōtre raison/ ilz ne sont maistres de elle q sinc la firent naistre.

Mais pour la question souldre coment predesti/
nacion z la prescience diuine plaine de toute pour
ueance peut estre deliure voulente: il est fort
a descrite aux gens laicz. Et qui vouldroit en
treprendre a leur faire entendre la chose trop for
te leur seroit/ voire quant lon leur auroit solu
es les raisons meues a lencontre. Mais quoy
quil semble il est vray qlz sentresueffrent bien
ensemble/ car aultrement ceulx qui feroient bien
nen deueroient auoir quelque loyer/ ne cellui
qui se paine de pechier/ iamais paine nen deue
roit auoir se la verite estoit telle que tout fust
en necessite/ Car celluy q vouldroit bien faire
ne pourroit faire aultremēt/ne celluy q voul
droit mal faire/retraire ne sen pourroit vous
sist ou non/ puis quil seroit a ce la destine il se
roit. Et pour bien disputer la matiere aucun
pourroit dire q dieu nest deceu en riēs des faitz
quil a sceuz par auāt/dont aduiendront ilz sās
doubte ainsi qlz sont en sa science/mais il scait
comment ilz aduiendront z quelz chief ilz tien/
dront. Car se autremēt peust estre que Dieu
ne leust par auant sceu il ne seroit tout puis/
sant/tout bon ne tout congnoissant/ne il ne se/
roit souuerain luy qui est le tout beau/ tres/
doulx z primerain/ ne il ne scauroit ne q nous
scauons/il cuyderoit que comme cuydent les hō
mes estans en creance doubteuse. Mais de re
traire ou dire estre tel erreur en Dieu ce seroit
grāt dyablerie. Nul hōme ne le deueroit oupr
qui veult iouyr de raison. Donc conuiēt il par
force viue que quāt le vouloir de lhōme se ef
force a faire quelque chose que ainsi se face/ pē/
se/dye/vueille/ou pourchasse ce sera donc cho/
se destinee qui autremēt tournee ne peut estre
par quoy ensupyr se peut que voulente na ri
ens au deliure. Et se toutes choses sont tenu/
es par les destinees ainsi come elle aduiennēt
commēt cest argument par apparence le preu
ue quel gre doit dieu scauoir a celluy qui fait
le bien ou le mal quant autrement ne se peut
faire/ne quelle paine en doit iauoir se le con/
traire en auoit iure si ne peut il autrement fai
re. Dieu seroit le vray iusticier pour rendre le
bien z punyr le vice. Comment se pourroit il

faire qui bien y vouldroit regarder il ne seroit
vertu ne vice/ne riens ne prouffiteroit se sa/
crifier en calice/ riens ne vauldroit dieu prier
puis que vices z vertus fauldroient. Ou se
dieu faisoit iustice/ pose quil ne seroit ne ver
tus ne vice pas ne seroit droicturier/ car iusti
cier les larrons z les murdriers quittes seroi
ent. Il peseroit a poix vny z egal les ypocrites
et les bons. Ainsi donc ceulx qui se trauaillēt
de aymer dieu seroient bien bonnys en la fin/
se ilz failloient a son amour/ toute suoy es fail
lir les z cōuiendroit puis que la chose viēdroit
ainsi/car nul ne pourroit recouurer p bien ou
uret de dieu la grace. Mais sans doubte il est
droicturier/ car toute bonte refuypt en luy/ au
trement luy a qui riens ne fault seroit en def/
fault. Et puis que ainsi est il rend a chascun
ou gaing ou perte selon sa deserte. Si fault
dire que mertes seront toutes oeuures z les de
stinees pertes. Aumoins come sentent gens
laics qui luy presentent toutes choses bonnes
males/faulses ou veritables par necessaires
aduenemēs/z franc vouloir que telz gēs vōt
mal traictant demeure en estat. Mais q pour
aloser destinees se vouldroit opposer de rech/
ef z franche voulente casser come plusieurs
sont temptez de ce faire il diroit de chose possi/
ble quoy que faillible puisse estre/ Aumoins
quāt elle est aduenue sauncun lauoit sceue par
auant/z dist/telchose sera/ riens ne sen peut des
tourner: nauroit il pas dit verite/ ce ne seroit
pas donc sans necessite/z par ainsi est necessi
te chose vraye par la couersion de voir z de ne
cessite: z fault que force soit quāt necessite sen
enforce. Or qui vouldroit sur ce respondre cō/
ment en pourroit il eschapper? Il diroit chose
voire mais non point necessaire. Car comment
que dieu sait si nest elle aduenue par necessai
te aduenement/ mais seulemēt par possible.
Et qui bien y regarde cest necessite en regard
non point simple/ qui ne vault vne guimphe.
Et sil est ainsi que chose aduenir soit verita/
ble donc est elle necessaire/ car telle verite pos
sible conuertible ne peut estre auecques simple
necessite come verite simple se ne peut passer

ceste raison pour casser franche voulente. D'autre part q̃ y prendroit garde iamais ne cõmenderoit aux gens querir conseil de nulle chose ne labourer en terre se tout est par auant destine et determine par force que prouffiteroit le conseillier ne le besongner des mains quãt plus ne moins ne s'en feroit/ ne mieulx ne pis estre ne pourroit: feust chose nee ou chose a naistre/ Chose faicte ou chose a faire, chose a dire ou chose a taire/ nul n'auroit besoing d'apprendre. Car sans ouyr les ars il s'cauroit autant que s'il les estudioit toute sa vie par grant trauail. Mais ce que dit est n'est a ottroyer/ ains l'on doit nyer plainement que les œuures d'humanite par necessite aduiengnent/ car les gens franchement font le bien et le mal par leur vouloir tant seulement/ et n'est riens au voir dire q̃ leur face eslire tel vouloir si non eulx/ p quoy ne puissent prendre ou laisser/ moyennãt q̃ ilz usent de raison. Fort seroit a respõdre pour confondre tous argumẽs que l'on pourroit amener a l'encõtre. Neantmoins plusieurs se voulurent pener de ce faire disant par sentẽce que la diuine prescience/ point de necessite ne mect sur les œuures d'humanite, car bien apparceuant se võt pource que dieu les scet deuãt pas ne s'ensuyt quelles aduiengnẽt ne quelles tiennent par force telles fins/ Mais pource quelles aduiendront et prendront tel chief ou tel fin et dient que pource le scet dieu/ Ains quelles aduiengnent. Mais il deslient mauluaisement le neu de ceste question/ car qui leur intencion voyt et se veult a raison tenir les faitz qui aduenir sont se la sentẽce de iceulx est vraye causent en dieu sa prescience si la font necessaire. Mais la folie est grãde de croire que dieu entende si foiblement que sens d'espede des faitz d'autruy: Si dys que tous ceulx qui suyuent ceste sentence estriuent malement contre luy quãt ilz veulent par leurs fables affoiblier sa prescience entendre ne scait raison que l'on puisse enseigner a dieu quelque chose: car certainement ne pourroit estre parfaictement saige s'il estoit trouue en tel deffault/ et que le cas feust approuue sur luy/ a dõc ceste response riens ne vault. Car elle escouse la prescience/ et sa grant pouruẽance musse soubz les tenebres de ignorance/ qui tant est certaine que pouoir n'a d'apprendre rien par œuure humaine. Et se faire le pouoit sans doubtãce de nõ puissance luy viẽdroit qui est de se recenser grant douleur et grãt peche mesmes a y penser. Les aultres en sentirent et respõdirent autremẽt selon leur sens et se accorderent que cõment qu'il aille des choses q̃ vont par voulente de iute ainsi cõme election les liure/ dieu scait tout ce qui en aduiendra/ et a quelle fin elles viendrõt par vne legiere addition/ c'est assauoir en telle maniere que aduenir sont et veulẽt soubstenir qu'il n'y a pas necessite/ ains par possibilite vont tellement que bien scet quelle fin elles ferõt et selles seront ou non. Il scait tout de chascune particulierement qui tiendra l'une des deux voyes, l'une par negacion/ l'autre par affirmacion/ non point si certainement que autremẽt en aduiengne, car se franc vouloir si veult tenir il en peult bien autrement venir. Qui est celluy qui ce osa dire et tant despite nostre seigneur dieu/ qui luy dõna tel prescience que rien ne scet si non en doubte/ puis que le voit n'en peut apparceuoir determineemẽt. Et quãt il scaura la fin du fait/ ia ne scaura si bien sceue quant il peut aduenir autrement/ voire s'il voit autre fin tenir que celle qu'il aura sceue. Deceue sera sa prescience cõme mal certaine et semblable deceuable opinion/ ainsi que par ay: Il s'auoye mõstre. Autres allerent d'autre voye/ et tiennent encores plusieurs disant que les faitz q̃ ca ius aduiennent par possibilite quãt a dieu ilz vont tous par necessite et non autremẽt. Car terminablement scait sans faille de tousiours cõment qu'il voit de franc vouloir les choses ains q̃ soient faictes quelque fin quelles ayẽt il scet cõment les choses yront sans y faire cõstraincte/ ne quãt a soy ne quant aux hõmes/ car scauoir les sommes des choses ensemble les particularitez de possibilitez toutes ce luy vient de la grant puissance et de la grãt bonte de sa science deuãt qui riens ne se peut musser. Et qui par ce respõdre vouldroit qu'il met ne

Fueillet

cessite es faitz pas verite ne diroit/car pource qu'il scet les choses auant quelles aduiengnēt te me vante bien que pourtāt ne sont elles pas Et pource quelles sont apres ia ne luy feront par auant scauoir la verite. Mais pource qu'il est tout puissant/tout bon/ Tout cōgnoissant scait il se voir de toute chose si bien que riens ne le peut deceuoir. Riens ne peut estre qui ne soye. Et pour la droicte voye tenir q bie voul droit la chose emprendre q nest pour entēdre le gierement lon pourroit mettre vng gros exē ple aux gens laicz q̃ la lettre nentēdēt/car telz gens desirent grosse chose sans glose et sās sub tilite. Se vng hōme vouloit faire vne cho se quelle quel fust: puis se retardast de le faire pource q̃ se regarde estoit il en auroit honte et vergongne/telle besongne pourroit estre/Et vng aultre nen sceust rien auant quelle feust faicte/ou quil la delaissast a faire soy voulāt retraire du fait cellup q apres scauroit la cho se ny auroit ia mys pourtant necessite ne cōs traincte/et sil eust sceu par auāt mais q̃ riens ne le greuast/ainsi le sceust tāt seulemēt quel que empeschemēt ne peut estre que lautre nait fait ou ne feist ce qui luy pleust/ou que ne ces sent de la faire se voulente nen auroit laquel le est tāt franche et si delivre q̃l pouoit fuyr le fait ou le suyuir. Ainsi donc scat dieu les cho ses aduenir trop plus noblemēt et determinee ment et quelle fin elles ont a tenir cōment que la chose puisse estre par la voulēte du maistre qui le pouoir et selection en sa subiection tient et a l'une partie encline/soit par son sens ou par sa folie et scet cōment les choses trespassees fu rent cōpassees et faictes/et de ceulx q cesserent a le faire soit pour honte/ou aultre achoison rai sonnable/ou sans raison selon poincte de leurs voulētez/car certaine suis q̃ grant plante de gens sont tēptez de mal faire/Toutesuoyes a faire le laissent et cessent pour vertueusement viure et seulemēt pour l'honneur de dieu/cōme bien achesme de meurs/Mais ilz sont cler se mes. Vng aultre se appese de pecher se deffen se ny cuydoit trouuer/toutesuoyes il maistrie et dōpte son courage pour paour de paine et de

honte. Toutes ces choses voit dieu clerement et presentemēt deuant ses yeulx/ensemble les condicions et intēcios des faitz. Nul ne se peut garder de luy tant scaura retarder/et nest si lo ingtaine chose que dieu nostre createur et rede pteur ne la tiengne deuāt soy ainsi que se pren te estoit quelque espace de temps q̃ l y ait/soit dix ans ou vingt/ou trente/ou cinq cens/Ou cent mille: soit a champ soit a ville: soit deshō neste ou desauenant: maintenant la voit dieu cōme selle fust aduenue et veue la tousiours p veritable demōstrance en son miroir pardura ble que nul ne scet polir fors luy sans riens tol lir a franc vouloir: et ce miroir estre mesmes dieu de q̃ nous receusmes le cōmandemēt. En ce beau miroir poly q̃l tient aupres de luy tous iours voit tout ce q̃ aduenir peut/et tousiours le tiendra present. Il voit ou les ames yront q̃ le seruiront loyaulmēt. Il voit les ames de ceulx qui cure nont de loyaulte ne de droictu re/et promet aux vnes et aultres en ses ydees damnacion/ou saulueinēt des oeuures qlz au ront faictes. C'est la predestinacion la diuine presciēce qui tout scait et riens nadeuine. C'est celle qui scait estēdre la grace aux gens quant voit entēdre a aulcun bien/mais pourtāt nel le supplante le pouoir de voulente franche. Tout hōme par franc vouloir besongne soit pour ioyr ou pour douloir. Dieu par sa grant pourueāce voulut ordōner et establir ce mon de: lequel il fault mener a fin/quāt aux vni uerselles causes qui telles seront par force q̃ les doyuent estre par tous temps tousiours se ront les celestes corps leurs trāsmutacions se lon leurs reuolucios/et par necessaires influē ces vseront de leurs puissances sur les choses particulieres encloses es elemens quāt elles ceuerōt leurs rays cōme elles doyuēt. Toutes choses engendrables leurs semblables engen dront tousiours/et leurs cōrruptions ferōt par cōpletions naturelles selon les proprietez cō munes quelles auront entre elles/qui deura mourir mourra et viura autāt quil pourra vi ure. Et aulcuns par leur naturel desir que ilz ont au cueur qe sir voudrōt en delices et en or seuses. Lung en vertus & lautre en vices. Mais par aduanture leurs fais si faitz ne seront come lentendent les cours des cieulx se les choses se deffendent bien contre eulx. Car tousiours leur obeiront selles ny estoient destournees / toutesuoyes ilz seront temptez par voulente du par cas de faire ou se encline le cueur qui ne cesse de les traire a celle fin come a destinee chose. Ainsi ottroye que destinee est disposicion soubz la predestinacion aux choses mouuables adioustee selon ce q̄ enclinez y sont. Et par ainsi peut estre lhõme bien fortune des quil fut ne en ses affaires preux & hardis / sages / larges & debonnaire / garny dampz / de richesses & de grans prouesses renome. Voire et pour auoir peruerse fortune / & pourtant bien se doit garder ou il couert se / car auoir pourroit empeschemēt ou par vertus ou par peche sil est auers ou chiche tel homme riche ne seroit. Il contreuiengne a ses meurs par raison et retiengne suffisance a soy / prengne bon cueur donne robbes / despēde deniers & viādes moyennant que son nom ne charge & que pour follarge ne soit tenu garde naura dauarice qui les attise dentasser/ & en tel martire les fait viure que rien ne leur sufist. Tellement les aueuglit et compresse que ne leur laisse que lā bien faire ains leur fait perdre toutes vertus quāt a eulx se veult adherdre. Pareillement se lhomme nest fort riche de tout autre vice se peut bien garder ou soy destourner de vertus se a mal il se veult attourner / car franc vouloir est si puissant si bien le cōgnoist q̄ bien sen peut garātir sil peut sentir dedans son cueur q̄ pechie veulle estre son maistre quoyq̄ le corps celeste veulle faire. Et qui par auāt pourroit scauoir q̄lz faitz le ciel vouldroit faire bien empescher les pourroit / car sil vouloit tant secher laer q̄ toutes gens mourussent de chault & ilz le sceussēt par auant ilz forgeroiēt neufues maisons en moistes lieux pres des fleuues / & creuseroiēt grās cauernes ou ilz se musseroiēt si q̄ nauroient garde de la chaleur. Ou sil aduenoit que aucuns deluges sourdissent par eaues ceulx qui leurs refuges scauroient tantost laisseroient

les plaines fuyans aux montaignes ou seroient naues si fortes que leurs vies saulueroient par linundacion / come firent deucalion & pyrra qui du deluge eschaperent par entrer en vne nasselle / affin que ne feussent happez des flotz. Et quāt eschapez furēt & arriuez a port de salut regardant parmy le monde les vallees plaines de palus lors que les mers sen furent allees / & quil ny eut sire ny dame au siecle fors deucalion & sa femme: A confesse sen allerent au temple de themis vne deesse qui de toutes choses destinees les destinees iugeoit.

¶ Ilz se mirent illec agenoulx requerāt conseil a themis coment ilz pourroiēt ouurer pour recouurer lignaige. Quāt elle ouyst ceste reqste fort belle & honeste / icelle leur conseilla quilz sen allassent & iettassent apres leur dos les os de leur grāt mere. Tant amere fut ceste respōse a pyrra q̄ refusoit ce faire / soy excusant contre le sort qlle disoit q̄ despiecer ne blecier ne deuoit les os de sa mere iusques a ce q̄ deucalion lexposicion luy en feist / disant q̄l ny falloit gueres aultre sens si non q̄ nostre grāt mere est la terre / & les pierres se nōment les os. Ce sōt les motz certainemēt respōdit pyrra: ietter les cōuient derriere nous pour susciter nostre lignaige. Si fut fait come ilz le dirent / & incōtinent sortirent hōmes ꝑ les pierres q̄ par bōne intēcion

p ii

fueillet

deucalion iettoit/ & des pierres q̃ iettoit pyrra saillirent femmes en corps & en ames. Tout ainsi q̃ dame themis leur auoit mis en lauteil le aultre mere, naultre pere ny querẽt: iamais ne sera heure q̃ la durte ne̾n pere en tous leurs lignages. Ainsi besongnerẽt cõme sages ceulx qui leurs vies garẽtirent du grãt duluge/ duquel pourroient eschapper ceulx q̃ par auãt le scauroiẽt. Ou se herbout ou quelq̃ mauluais aer engendrãt/ fẽme deuoit saillier tellemẽt q̃ faillir feissent les biens de terre/ si q̃ les gens deussẽt mourir de faim/ pource q̃ nauroiẽt ung seul grain d̃ ble̾, lõ en pourroit tãt retenir auãt que ce aduenir deust par deux trois ou quatre ans q̃ lon pourroit bien abbatre la faim/ tãt au gros q̃ au menu peuple/ quãt ce herbout seroit venu/ cõme iadis fist ioseph en egypte par son sens & merite lon pourroit faire si grãt garnison de ble q̃ le peuple en auroit guerison sans auoir mort ne mesaise. Ou se lon pouoit scauoir que en yuer deust faire estrãge froidure oultre mesure lon mettroit sa pensee & cure de luy bien garnir de vesture & de grãs chartees de busches pour faire feu es cheminees/ & lon cheroient leurs maisons de paille nette & blãche prinse en leur grãge/ quãt les maisons seroient froides clorroiẽt huys & fenestres pour estre leur estre plus chault, ou feroient chaulx des estuues/ par quoy pourroiẽt demener tous nudz leurs bauldes dãseries. Lors q̃ verroiẽt forsener laer & ietter pierres & tempestes pour tuer les bestes aux chãps & grãs fleuues prendre & glacer/ ia tant menassez ne seroient ne de tempestes ne de glaces q̃ de leurs menasses ne sissent/ & karoleroiẽt illecques quittes & rians des perilz. Trop bien pour escharnir laer et eulx garnir a lencõtre. Mais se dieu miracle ny faisoit par vision ou p̃ oracle/ ie ne doubte mye q̃ l soit nul se dastronomye ne scauoit les cõplexions estrãges les posicions diuerses du cors du ciel/ & q̃ l regard & esgard ilz ont sur les climatz q̃ lz puissent ce scauoir par auãt p̃ science ne par auoir. Et quãt le corps a tel puissãce q̃ l fait la destrẽpãce des cieulx & leur destout de leur oeuure/ quãt ainsi se coeuure ẽtre eulx

et ie me recordz tresbien que plus puissante est force dame q̃ de corps/ car elle meut le corps & le porte q̃ seroit chose morte ne feust elle. Dõc sensuyt q̃ plus legieremẽt par vsance de bon entẽdemẽt pourroit frãc vouloir escheuer tout ce q̃ se peut faire douloir/ na garde q̃ de rien se dueille, mais q̃ ne si vueille p̃sentir/ & sache ceste clause par cueur q̃ l est cause de son mesaise Tribulacion foraine ne̾n peut estre si non occasion/ ne il na garde des destinees sil regarde sa natiuite/ sa cõdicion cõignoissant q̃ vault tel predication. Il est sur toutes destinees/ ia si destinees ne seront. Ie parlasse plus auãt des destinees & determinasse de fortune & de cas/ & bien le voulsisse tout desployer pour plus opposer & respõdre/ & plusieurs exemples mettroye auãt/ mais le tẽps fort long me seroit, ains q̃ ien venisse a fin. En aultres lieux en est assez determine: q̃ ne le scait si le demãde aux clercs qui bien sentendẽt. Encores men deueroye taire/ ne tã parle ne̾n eusse sil ne seruoit a ma matiere/ car mon ennemy pourroit dire quãt ainsi me orroit plaindre de luy pour estaindre ses desloyaultez & pour blasmer son createur q̃ ie le vueille diffamer a tort/ car luy mesmes souloit dire souuẽt que franc vouloir na deslire. Car dieu p̃ sa prouision en tel subiection le tient cõme cellup q̃ maine & loeuure & la pensee humaine, si q̃ se lhõme traire a vertu dieu luy fait faire a force/ & sil sefforce de mal faire dieu luy fait faire par force/ q̃ mieulx se tient q̃ par le doigt/ si q̃ il scait ce q̃ l doit faire, de peche daumosne/ de beau parler/ de respõnre/ de lor, de detraction, de larrecin, de occision, de paix, de mariages: soit par raison ou par oultrages disant q̃ l cõuenoit estre ainsi. Dieu ceste feist pour cestuy naistre/ Ne cestuy ne pourroit auoir aultre pour nul sens ne pour nul auoir ceste luy estoit destinee. Et puis se la chose est mal faicte q̃ cil & celle soiẽt folz ou fole & q̃ aucun en parole ilz mauldissent to9 ceulx q̃ ẽsentirẽt au mariage: voire & to9 ceulx q̃ le firent. A quoy respõd cellup q̃ est mal ossigne & dit. Prenez vous a dieu qui veult q̃ la chose ainsi aille/ car sans faille ce fist il faire en firmant par le serment que autrement ne peut aller. Non non. Ceste responce est faulse: de tel saulce ne fault seruir les gens. Dieu q̄ ne peut mētir ne les fait consentir a mal, le fol appesemēt vient deulx, dont le mauluais consentement naist q̄ les esmeut a faire chose, dont retraire se deussent, car se bien se congnoissoient facilement sen pourroiēt retraire, z lors reclamassent leur createur q̄ les aymeroit sil lay maisfēt. Car cellup saigemēt ayme q̄ entieremēt se cōgnoist. Sans faille toutes bestes mues vuydes z nues dentēdemēt p nature se mescōgnoissent, car silz eussent parolle en eulx z raison pour eulx entēdre, tellemēt que apprendre sentrepeussent, il en fut mal aduenu aux hommes. Car le bel destrier crinu ne laisseroit iamais mōter sur luy ne dompter p nul cheualier. Jamais beuf ne mettroit sa teste cornue au toug de charrue. Jamais pour homme asnes, mulles, chameaulx, ne porteroiēt quelq̄ somme. Ne chastel sur haulte eschigne le oliphāt qui trompe z busine de son nez z se paist matin et soir cōme vng homme fait de sa main. Jamais ne seruiroient chien ne chat q̄ bien se cheuiroient sans hōme. Si viendroiēt estrāgler les hōmes, ours, loups, lyons, lyepars, z sangliers. Les ratz mesmes estrāgleroient enfās petis au berseau quāt les trouueroiēt. Jamais oyseau ne mettroit en peril sa pel pour mal appel, ains pourroit greuer lhōme et luy creuer les yeulx en dormāt. Et sil vouloit a ce respondre disant que cōfondre les cuyderoit, pour ce quil scait oeuures faire: cōme heaulmes, haubers, dures espees, arcz z arbalestres. Pareillemēt aultres bestes subtiles cōme singes et marmottes leur feroient cottes de cuyr et de fer, voire pourpoins: ia pour pois ne demourroit, z de leur mains ouureroient, q̄ moins ne vauldroient. Ilz pourroiēt estre escriuains, ia si vains ne seroiēt q̄ ilz ne subtiliassent cōmēt ilz pourroient cōtrester aux armes, z puis feroient engins pour greuer les hommes. Mesmes les puces z oreillees sentortillees estoiēt dedans leurs oreilles en dormant les greueroient a merueilles. Pouilz mesmes cirons z

lentes qui leur siuēt en plusieurs assaulx, leur font laisser leur oeuure, flechir, abaisser, grōcir, tourner, saillir, treper, degrater, destripper, despouiller z de schausser tant enchasser ne les scauent. Semblablemēt les mousches q̄ les mainent souuēt en grant dangier a leur mangier z au visaiges les assailleēt, ne leur chault silz sont Roys ou paiges. Formis et aultres vermines petites grās atines leur feroiēt silz auoient cōgnoissance deulx, mais il est vray que ceste ignorāce leur vient de leur propre nature, mais creature raisonnable soit homme mortel soyent anges diuers q̄ tous doiuēt louenge a dieu se cōme nice ne se mescōgnoist ce deffault luy vient de son vice q̄ luy trouble z enpure le sens, car il peut bien ensuyuir raison vsant de franc vouloir, nest riens qui excuser len puist, z pource tant vous en ay dit et amene telles raisons q̄ te vueil estāchier leur tangles, nest riens qui reuenchier les puist

¶ Moralite

¶ Tout ce que dit est de predestinacion tourne a prouffit salutaire, z ce fait Lacteur pour reduire a droicte voye z sans erreur oblicque les iustes z loyaulx amās voulās sentir la redoulceur du tressoef z precieux bouton. Predestinacion est preparaciō de grace au Temps present z de gloire en temps futur. Dieu scait veritablement le nōbre des predestinez z la cause cōment ilz seront sauluez, mais la verite nous en est incōgneue. Et ia soit ce q̄ predestinacion soit certaine immobile quant a Dieu, toutesuoyes nous auons franc arbitre en nostre puissance pour choisir et faire le bien ou le mal, z se nous prenōs le mal cest nostre damnacion proprement z non de quelq̄ aultre. Dieu cōgnoist tout nostre fait cōme cellup q̄ de loing parcoit les aueugles en variance de deux chemins a scauoir lequel ilz tiendrōt pour entrer en la ville: se ilz tiennēt lung ilz entreront par la porte: se ilz tiennēt lautre ilz tresbucheront en la fosse. Et se ainsi est qu'ilz soyent petilz en ce parfont et daugereux fossaige, que en

y iij

peut/mais celluy qui de loing les regardoit. Ilz nont daigne demander le droit chemin a ceulx q̄ bien le scauent/ainsi que nous poures orgueilleux aueugles en la foy ptenons les escriptures sainctes/ q̄ ne daignons enquerre le sentier de vray salut a ceulx qui nous auan cent la parolle de dieu. Et sil aduenoit que les eaues entrassent en la ville si horriblement grandes q̄ ne pourriez euader la mort si non p̄ monter en la plus haulte tour. Et vostre bon amy estant illec par pitie et compassion quilz auroit de vo⁹ deualast vne corde de hault en bas pour vous tyrer auec luy vous seriez biê mauldict et malheur⁹ se ne vous aydiez a saul uer. Et se ne vouliez/osiez ou pouoiez attain dre la corde pour garantir vostre vie ce ne se roit mye la coulpe de celluy qui le vo⁹ offre et presente/mais se seroit vostre nieschāte pusil lanime et trescouarde voulente qui seroit cau se de vostre perte et desercion. Donc nê deuds nous murmurer sur les ouures de nostre be noist createur q̄ pour nous tyrer apres luy no⁹ enuoye vne corde de grace et de misericorde. Or puis q̄ nous sommes entrez en leaue par maniere de parler sur le fait d̄ predestinacion il aduint du temps du trescrestien roy de fran ce charles septiesme de ce nom moy estant en la ville de paris que par vng desgel fort mer ueilleux q̄ les grādes glaces ensemble limpe tueux cours des caues rōpirent le pont de no stre dame fonde sur pilotis/et de fait vne ieu ne fille passant par la rompeure tresbucha en saine et la se noya. Si tost q̄lle fut tyree hors du fleuue son pere sa mere/son partin sa mar tine/son cōpere et sa cōmere cousins et voisins/ prochains et loingtains sortirent de leurs mai sons aux piteux crys et a lesstroy de ce lament able meschief. Si aduitonerent le corps pour cōdouloir et cōforter son trescourrouce parētat ge tresdoulent et desconforte. Lors par cas da uanture passoit par la vng cordelier tres fameux en paris et bon p̄dicateur nōme maistre Iehan Barthelemieu/leq̄l s̄arresta illec a la tresinstā ce d̄re du peuple pour admonester lec cueurs desolez a porter paciêce. ce notable docteur de

manda quesse. Lors respondit vne vieille com mere. Mon seigneur ceste malheureuse fille a maintenant receu la poure destinee quelle de uoit auoir elle est tresbuschee et morte en saine ainsi q̄l deuoit aduenir. Lors le cordelier oyāt pferer ces motz leua la main si luy dōna vne tres grande buffe. Haa sire dist la fēme, vous mauez tresgrādement blessee. Cest vray dist le cordelier. Il deuoit ainsi aduenir selō vostre mauldicte opinion/ Mais se ceste ieune fille dont dieux ait lame ne se fust point partie de lhostel de son pere et vous fussiez demouree en vostre maison et moy en mon cōuent ce piteux cas ne fust point aduenu/ et si neussiez receu ce ste buffe et la fille neust pas la vie perdue. Mais entre vo⁹ vieilles aggreigees chanu es tāt ridees et crespies estes au iourdhuy bou tees en ceste fole et mauluaise fantasie et super sticieuse erreur quāt vous iugez des malheu reuses fortunes et dictes que il deuoit ainsi ad uenir. Il semble que vueillez necessairement asseruir la puissāce diuine aux mirables actes qui suruiennent au mōde/ dont vous mesmes estes la principale cause. Et en procedāt plus oultre en matiere de predestinacion ce venera ble pere fist illec sur le champ vne collacion tant fructueuse eloquēte et bien aornee de lan gaige q̄ parens et amys de la deffuncte ensem ble le peuple de ce quartier qui bien sentēdit en fut et est de ceste heure grandement edifie. Et pour no⁹ retyrer hors des caues des mōdains delictz ou nous sommes boutez iusques aux oreilles et pour demonstrer que les humains terrestres peuent bien resister aux menaces des corps celestes. Lacteur recite le deluge qui aduint du temps deucalion/ dont lhistoire est bien digne destre moralisee. Deucalion et pyr ra son espouse doubtans estre noyez cōme les aultres sont comparez a lhomme et a la fem me iuste/lesquelz voyans les grās pecheurs fort pesans tant chargez de abhominables vi ces/ Qui sont en train desire absorbez/ enfan giez/ Engloutis et noyez au parfond abis me denfer/ Mais pour euiter ce damna ble peril deucalion et pyrra se doiuent bou ter en vne nasselle nōmee penitēce estroicte p̄ austerite dabstinēce ⁊ vng petit longuette par perseuerāce. Le iuste hōme donc ⁊ la fēme doiuent prendre cōseil ōme firent deucalion ⁊ pyrra athemys la tressaige deesse/par q̄ tentēs leglise cōmēt ilz pourroient repeupler le monde d̄ nouueaulx suppotz/⁊ icelle leur mist en bouche q̄l prēnissent les os de leur grāt mere/cest a entēdre les gros/rudes ⁊ malostrus pechiez de la chair q̄ est leurs ancienne mere ⁊ les gettassent derriere eulx si que iamais neussent regret apres. Noli respicere retro. Du soy peut dire q̄ les os de la terre leur grāt mere sont les pierres precieuses/or argēt/roy aulx/metaulx d̄s ⁊ p̄opines q̄ les auariciēux ont entassez p̄ rappines/lesq̄lles ilz doiuent bouter arriere de seurs yeulx/⁊ en ce faisant le mōde sera repeuple de iustes hommes vertueux ⁊ qualifiez. Tout leu ⁊ bien p̄sidere ce q̄ dit est se nous bouttons sans inuestiguer les secretz de dieu des estoilles ou des planettes cōgnoistre aucunemēt ceulx q̄ dignes sont destre escriptz au liure de vie q̄ sōt predestinez ⁊ en train destre sauluez selon la tradicion des theologiēs sont ceulx q̄ seruēt craingnēt/hōnorēt ⁊ glorifiēt leur createur/ceulx q̄ veulēt ouyr parler de luy q̄ de bon cueur le regractent q̄ souuēt mediter ⁊ pensent a sa tresdouleureuse passion/q̄ procurēt leur salut/q̄ facilemēt p̄donnent a ceulx q̄ leur font iniures ⁊ obp̄robres/q̄ sont hūbles/paisibles/doulx ⁊ misericors/non vueillās ouyr mal dire de leur p̄sme ⁊ ceulx q̄ paciēmēt portent les aduersitez du mōde/les maladies du corps et les necessitez des choses. Les vrayes ensaignes ⁊ les certaines marques pour entrer et paruenir. Ad sancta sanctorum sūt multe tribulationes iustorum.

¶ Le .lxxx v. chap̄. Le troublemēt des elemēs acompare a la guerre des princes qui perturbent le mōde ensemble le desbordement des fleuues ⁊ des poissons semblable a la descēte des anglois/q̄ tādis fut en frāce/de la pair batras faicte du temps du bon roy philippe:⁊ de celle fut qui illec trouue p̄ le

moyen de madame marguerite dauſtriche.

¶ Nature.

Ais pour parsuiure mon intēciō dōt ie vouldroye estre au deliure pour la grāt douleur dōt ie mē recorde que lame ⁊ le corps me troublent. Plus riēs dire ne vueil de ceste matiere/ains ie fais mon retour arriere vers les cieulx qui bien laboutent a ce que faire doiuent sur les creatures q̄ leur influences reçoiuēt selon leurs diuerses substāces. Ilz font cōtrarier les vēs/enfler/braire ⁊ crier laer ⁊ en plusieurs pars esclairer par tōpoirres ⁊ par esplors quilz tembourēt/tymbrent ⁊ trompent si quilz derōpent ⁊ fendent les nues par les vapeurs qui seur font la chaleur ⁊ les mouuemēs par tournoyemēs horribles si leur fait creuer les ventres tempester gecter fouldres et esleuer poudres par terre: voire abatre clochiers et tours et si debatre les vieulx arbres quilz en sont arrachez de terre/si fort atachez ne seront que les racines tiens y vaillent q̄lz ne soient renuersez ou quilz ne leur tollēt vne partie des branches ou a la fois toutes. Aucuns dient que ce sont les dyables a leurs chables/a leurs crocs/a leurs ongles ⁊ leurs chanuetz/mais telz ditz ne valent deux nauetz.

Fueillet

Ilz en sont mescreuz a tort/car il ny ont riens et de ce faire ne se meslent si non tempestes et vens qui les acõsuyuẽt z mussent. Ilz versent les bledz/ilz cuyssent les vignes/ilz abatẽt les fruictz des arbres/z tant les tempestent et debatent que leurs rainceaulx ne peuent durer iusques a ce que meurir se puissent. Et q plus est ilz font plourer laer a grosses larmes en diuers termes z saisons/par quoy les nues prennent si grant pitie que toutes nues sen despouillent du noir manteau quelles ont vestu/ung seul festu ne prisent z se prennẽt a demener et faire si grant dueil quelles sen deschirent par pieces. Ainsi aydent elles a laer a plourer comme se acueurer se deussent tant parfondemẽt et fort espessemẽt quilz font destruer les fleuues z estriuer cõtre les champs/voire contre les forestz voisines par leur crekues ou croissances oultrageuses/dont souuẽt les bledz se perissent z font enchcrir le temps/tellement q̃ les poures laboureurs pleurent leur esperãce perdue. Et quant les fleuues se destruent les poissons qui les suyuẽt selon droit z raison/car se sont leurs maisons propres sen vont cõme seigneurs z maistres paistre par prez/p chãps par vignes z sescoussent z taudissent cõtre les chesues/les pins z les fresnes/si tollent aux bestes saulluages leurs heritages z manoirs et ainsi vont nageant par tout. Et quant bac cus/ceres/pan/cybele voyent les poissons ainsi atropelez querãs leurs nourritures p leurs pastures delectables ilz enragent tous vifz. Pareillement les satirins z les fees en leurs pensees ont grãt douleur/car par telles en vndacions z crestiues perdent leurs gaudines z ioyes. Les nymphes pleurẽt piteusemẽt quãt treuuent leurs fontaines plaines de fleuues couuertes z superhabondans fort doulentes de telles pertes sont. Les foletz z les dryades ont si malades les cueurs que pour prins se tiennẽt quant ainsi voyent les boys qui sont leur demeures z pourpris/Et se plaignẽt des dieux des fleuues qui ces neufues vilenies leur fõt voire sans desserte ou forfait/cõme ainsi soit que riens forfait ne leur ayent. Oultreplus

les poissons sõt hosteliers des basses villes p chaines quilz treuuent viles z chetiues/Nya grange ne celier ne lieu tant soit chier z vaillant que par tout ne se fischent. Ilz vont es temples z es eglises tollir le seruice des dieux/Et chassent les dieux priuez ensemble leurs figures hors leurs obscures chambres. Et quant ce vient en fingle be au tẽps despiece le iai/quela tempeste z la pluye desplaittet ennuye aux cieulx ilz ostent a laer toute son yre/si le font rire z resiouyr entre elles se resiouyssent/et pour estre aduenans z belles sont robbes de toutes sortes de couleurs apres leurs douleurs si mettent lors seicher leurs thoisons au beau soleil plaisãt/z le charpissent par laer en tẽps cler z resplendissant: puis fillent z font voler leur filez quãt tout est file par blãches esguillees cõme se cestoit pour couldre leurs manches. Et quãt les nues prennent couraige dal ler en pelerinaige loingtain leurs cheuaulx font atteller. Puis montent z passent monce vaulx z sen fuyent le grãt trac/Car le dieu des vents appelle eolus leur met quãt il les a bien attellez si bõnes esles es pieds q̃ onques nulz oyseaulx telles nurent z nõt aultre char tier qui mieulx sachent leurs cheuaulx traicter que le dit eolus. Adonc laer prent son mantel de couleur ynde si sen affuble z sappreste destre fort cointe z de faire grant feste/attendãt que les nues reuenues soyent.

¶ Moralite

¶ Ainsi cõme les corps celestes gouuernet z dominẽt sur les terrestres si sont les fort grans z puissans personnaiges sur le foible petit et debile populaire/Mais quant les poures mendians z innocens sont par yceulx piteusement traittez z oppressez vapeurs sesliuet au ciel qui sont cause de brasser les tõnoirres/cest a entendre que les complaintes z clameurs des poures indigens tormẽtez par les riches penetrent les cieulx z sadresser au sou uerain gubernateur pour en auoir vengeãce: Et adonc le soleil la lune z les estoilles q̃ tout soyent et regardent tant de iour que de nuyt tesmoignent deuāt la face de leternel iuge les voix des oppresses estre iustes et veritables, et les delinquans dignes de grant punission. Et adonc le supernel altitonāt donne pouoir et auctorite a trois elemēs ses capitaines qui sont le font le feu, lair et leaue, guerre, pestilēce et famine pour executer et discipliner tāt les corps cōme les biens de la terre, leur seur ele/mentaire a cause que elle soubstiēt, nourrit et alimēte les gros arbres haulx rameulx q̄ por tent les flayaulx, les rameaulx et les verge/ons, cest a entendre satalstites, sacquemens et mauluais gars q̄ persecutent et tirānisent en ce mōde le poure peuple. Et ainsi cōme ces trois elemens deschirent les nuees, brassent bruy nes et brouillent tōnoires, fouldres et tēpestes, tellemēt que les clochiers des eglises qui sont les haulx prelatz, les tours et les guerites qui sont les nobles gens, les chênes et les faulx q̄ sont les fors tyrans. Semblablemēt guerre mort et famine, les renuerse par terre, et cōme les canonniers et bōbardeurs de la region de lair pour nos cranēter, nous ennoyēt de hault en bas pierres blāches, moles et froides, les sa gitaires et hacquebutiers de mars, qui rompt noz edifficez, nous enuoye par vng contraire de bas en hault pierre dure, chauldes et noires Et ainsi que par mauluais aer vent subtil et fort puāt fruictz sont destruitz violettes vio/lees, pōmier petiz et flourettes de floutees: Pareillemēt en tēps de pestilence les mieulx montez sont mādez, les mieulx apprins sont surprins, les plus huppez sont happez, les pl9 hardis sont occis. Nō seulement sont flagel lez, batus et patibulez de ces trois verges les fiers tyrans et orgueilleux satrappes par qui les maulx sont perpetrez, mais les iustes hū/bles vertueux hōmes inocēs de leurs crimes et cas fort epectrables ont parcion de leurs cru eux formes. Et la terre mesmes qui tel nour/rit et faulx conuy soubstient fort maculee du sang de leurs interfectiōs sera punie horrible/ment en fin de chanse dieu la fera finer par chaulde maladie. Et seculum per ignem.

Puis dit lacteur que par ce felon orage les grans et puissans arbres par qui ie entens les hōmes furēt abatus des tors et esgratignez tel lemēt q̄ puis la plus basse racine ny demoura piece entiere. Laer voyant cest horrible aba/tis soubdainement se print a plourer. Et les nues par qui ientens leurs espouses tuerent ius leur noir manteau de dueil pour mieulx elles deschirer et detordre, et furent tellement touchiees dāgoisseuses douleurs pour la grāt pitie de leurs pertes quelles cōmencerent tou tes a plourer tresamerement si fort et en telle habondāce de larmes quelles firent destriuer les fleuues et tant acroistre que les pays a len uiron en furent noyez et perdus, par quoy grā/de et griefue famine en plusieurs sen engēdra mais a mon semblant mieulx vauldroit que telles nues se couchassēt toutes nues auec des nouueaulx marys que bledz et auoynes drues par leurs larmes malostruez feussent gaste/es et peries. Encores dit lacteur q̄ ces fortes in vndaciōs et horribles lauages se lancerēt es boys et es forestz circōiacentes, si deslogerent de leurs manocques les bestes sauluaiges, q̄ tendirēt piedz funitfz, et les poissons q̄ les fleu ues suyuoient se foutrerent en leurs duyetes trouuans la table mise, si desquirent de leurs prouisions, dont lassembleemēt gueres ne leur auoit couste. Nō seulement au plat pays sespandoit ce cruel effondre, mais es basses vil/les prouchaines et clochiers et mōstiers et dan/ions et tourelles et maisons et courcelles en fu rent acouuetees couuertes et acōblees. La fu/rent les esturgeons grans barons, les cabil/leaux seneschaulx, les esgrefins eschcuine, et les macquereaulx gras bedeaulx. La se pour menoient auāt les cloistres des eglises les ta yees les grādes flottes les brouchetz et les bor botes sans chanter et sans baier. Et pource q̄ ceste histoire semble assez difficile a croire no9 trouuerōs le semblable par deca, quāt bien y aurons pense. Nauōs nous veu du temps de noz peres le gros poisson dangleterre trescou per la mer nager en noz fleuues et aduironner le royaulme de france, ce furent ceulx qui ia/

fueillet

dis se sozmirent les normans a rouen sarroyerent/a paris sapparurent/a Bordeaulx aborderent/et les tours de tours atouretent. Et ny auoit ne cerf volant ne ceruotin/ne chien courant ne chien courtain quil ne fust bien estōne Et qui plus est les porcz de mer et les grandes balaines estēdirēt leurs esles et getterēt leurs alaines es palais royaulx et haulx throsnes/ cōme princes portans couronnes. Et se lon veult dire q̄ iamais la mer ne courut en france nous audōs bōne approbacion du cōtraire/car le haren cōme roy des poissons porte la fleur de lys en chief. Nous audōs veu de nostre tēps trois ou quatre doffine en france/q̄ sans gouster la mer fort salee et mal saine bien nourris deaue doulce ont puis nagie sur saine. Mais pour ressourse de ceste horrible oultrageuse gastiue/lacteur dit q̄ quant les hydeux tōnoirres esclitres et espouētemēs de ce trescriminel orages furent passez les nues qui poures et nues auoiēt dēschire leurs māteaux a force de plourer mirent leurs thoisons secher au soleil et sa coustrerent de nouueaulx habitz de sope / si cōmencerent a elles resiouyr auec lair qui desia estoit vestu de couleur ynde et auoit conuerty son pre en rire/sa fureur en saueur/sa discorde en concorde et son espouentement en appointemēt. Je puis raisonnablemēt acōparer ce trescher elemēt de laer vestu de couleur ynde au tresbon duc philippe de Bourgongne lyon bendé dor dazur cōme est le ciel par dessus les nues/dōt pour venir a bon accord il pleut a dieu prendre pitie de france la bonne christienne et pour ce quen lart de medicine, Cōtraria contrariis curantur, Il luy enuoya de la chair pour cōtrarier les poissons / Ce fut le tresvictorieux Charles septiesme de ce nom nōmé en latin Crassus/Lequel a force de poussers tresdurement les resueilla: si les fist sortir des fosses ou ilz firent leurs demourees. Aucuns furent prins a la rethz/les aultres a la nasse. Et quāt la mer dangleterre leur amere mere retyra ses bras hors des frontieres ilz rentrerent en son geron. Et les poures bestes sauluaiges dispersees et esgarees en diuers loingtains boscaiges retournerent en leurs garennes. Et pour venir a bon traicte/ainsi q̄ iadis quant les eaues du deluge furent retyrees le coulon apporta vng vert rainceau Doliue a noe/de q̄ larche reposa sur le plus hault mont darmenie/semblablemēt en signe de bonne alliance le sainct esperit descēdit sur le pl9 hault clochier darthois/et entra en sainct vaast dattas ou la paix fut forgiee et charpētee. La cite est la vision de paix/et sainct vaast est le temple de concorde/cest le sainct lieu a la paix dedie de leternel benediction/et le nom correspōt au mesmes/car attrebatum sonne a d vallon mettre a terre le baston/et les aultres dient en arras paix auras. Mais depuis q̄ ceste paix heureuse fort seure fut glorieusemēt acheuee et par lōgz ans fort bien entretenue/terribles vens impetueux et forts de diuerses qualitez et naissances ont tellemēt souffle et bourssouffle vente et crauate en bataillant les vngs cōtre les aultres/q̄ tout le peuple en estoit espouēte les elemēs fort puissans sen meslerēt/nestoit ame qui les sceust deschappir/A pou dlz ne firent croler la terre / si ny auoit nen chāps nen prez/nen iardins q̄ sont icy pres ne foin ne fruict/ne fleur ne fueille ne rien qui soit de bonne vueille. Mais pour accoiser ceste dicte noise contournee en mortelle guerre/cōme le coulon apporta a noe quant leaue se retrahit le raincel de paix la tressacree Imperialle maieste nous fist auoir du beau vergier de sa Noble maison daustriche vne petite et propre Marguerite quaucunes gens appellent la consaude et nō sans cause/car elle cōsoulde et resoulde de la paix quāt elle est dessoulee. Et q̄ plus est en ce mesmes lieu darras / et sur la propre enclume ou lune fut faicte souldee et forgie. Et quant les pastoureaulx des chāps ont cōgneu la preciosite de ceste noble fleur nourrie de celeste rosee/et q̄ pour quelque vent q̄l vente soit de bise ou d frise/tousiours presiste en sa bōne pacience et fort vertueuse. Ilz ont compose a sa louenge vng petit dittier en disant. Marguerite est la florette, fort proprette: En qui tous biens sont cōprins. Fortune luy

est durette. La tendrette. Fleur a bien ses ieux
apris. Cest vng chief douure de pris. Sans
despris. Que chascun ayme z fort prise. On
doit louer le pourpris. Ou fut pris. Tel gent
flouton sans reprise. Et encores pour demo/
strer que arras ou repose la saincte manne, est
vng lieu quasi miraculeup en q dieu a fiche
son regard fort propice q bonne paix faire na/
gueres que vng traicte pacifique fut illec sol
lennellement celebre par tresillustres grans
personnaiges de telle efficace que les tresno/
bles fleurs de lys de mieulp en mieulp pspe/
rât en florissant/florissent en accroissant/Ac/
croissent en triumphant tant merueilleusemt
que puis le temps du roy Charlemaigne la
couronne de france ne fut esleuee ne exaltee
en si tresgrant honneur z gloire.

¶ Le .lxxx.i. chapitre.
Les miroirs que nature
met auant sont comparez
aup miroirs de ce monde
ou lon voit destranges fa
ces, aucunes bien forme/
es z les autres mal atour
nees.

¶ Nature.

Ainsi doncques les nues tant pour so/
lacier le monde q aller chasser ome
elles ont acoustume de faire prin/
dret en leur poing vng arc ou deup
ou trois appellez les arcz celestes, dôt nul ne
scait se bon maistre nest pour tenir escole des
regardz/comment le soleil les pousse/quantes
ne quelles couleurs ilz ont/ne pour quoy tant
ne pour quoy telles/ne quel est la cause d' leur
figure. Celluy qui ce vouldroit scauoir deue/
roit prendre cure destre disciple Datistote qui
mieulp nota les faitz de nature que nul hôme
viuant depuis cap Albacen qui fut nepueu
de Buchain non fol ne gras fit le liure des re/
gars. Et quicôques en veult scauoir la sciêce
il doit auoir ce liure selon lequel il pourra iuger
cômme clerc naturel saichât geometrie/dont la
maistrise est necessaire a prouuer ledit liure/ et
lors pourras trouuer les causes et forces des
miroirs ayâs pouoirs si merueilleup q trespet
tes z gresles lettres z menues pouldres de sa/
blon y sont veues de loing si grâdes z si gros/
ses z de si pres a ceulp q se mirêt que ilz peuêt
leans choisir les lettres/les lire/compter les
grains du sablon de si loing q qui l'auroit veu
iamais de personne creu ne seroit/voire sil ne
scauoit les causes. Toutesuoyes ce ne seroit
pas creance se la science en auoit. Mars z ve/
nus q iadis furent prins ensemble ou ilz se gi
soient mirez se feussent en telz miroirs, ains q
ilz môtassent sur le lict dedans ceulp, iamais
neussent este ne prins ne lyez es subtilz latz q
Vulcanus y auoit mys/desquelz tiens ne sca/
uoiêt/car quât de arain les eust faitz plus sub
tilz z deliez q fil de araigne/ si eussent ilz veu
les latz/z Vulcan' en eust este deceu si ny fus/
sent pas entrez/car plus grât q vng tres gros
et long leur eust apparu chascun latz. Vulca
nus le felon ardant de ialousie q dyre ne eust
sceu prouuer leur adultere/Ne les dieux ney
eussent riês sceu silz eussent eu de telz miroirs
car quât ilz eussent veu tendre les latz ilz sen
fussent fuys de la place z couru gesir aultre pt
pour mieulp celer leur desir/ou ilz eussent fait
quelque fin tout pour celer leur meschâce sâs

estre hõny ne greue. Or dictes moy sur la foy que me deuez se ie dis voir de ce que vous auez ouy. Certes dit. ¶ Genius. ¶ Ouy. Il est vray que ces miroirs leur fussent adonc fort necessaires ilz se pouoient assembler ailleurs quant ilz eussent cõgneu le grãt peril ou ie speˉ re q̃ Mars le dieu des batailles se fust bãgneˉ du taloup, q̃ eust ses latz destrenchiez de son espee q̃ bien taille. Et lors tout a laise se pouoit esbatre auecques sa fẽme au lict ou assez pres dillec sans aultre place querre/ me smes a terre. Et se par cas dauãture felõne ¶ dure damˉ Vlcanus y fusist suruenu alors q̃ mars mesˉ mes eusist tenue sa fẽme Venus moult saige du barat q̃ les fẽmes ont pose que Vlcanus eust ouuert lhuys tant soubdainement quelle ne eust eu le loisir de couurir ses rains/ si eust elle bien trouué expcusations par cautelles et cauillacions aucunes en cõtrouuãt l'achoison pourquoy mars venoit en la maison/, en iuˉ rant tout ce que lon vouldroit/ affin de oster ¶ aneantir les preuues: si seroit elle bien accorˉ te a son mary q̃ oncques la chose ne fut vraye cõbien quil leust veue ¶ trouué sur le fait/ en luy disant q̃ la veue auroit fort obscure ¶ trouˉ blee. Tant bien scait doubler sa langue en diˉ uerses plications pour expcusations trouuer.

Car il nest riens qui plus hardiment iure et mente plusfort ¶ plus asseurement que la femˉ me/ voire ¶ semble q̃ ce quelle dit soit euãgile Et par ainsi mars q̃ des batailles est le maiˉ stre sen fust alle quitte. Lors respõdit dame.

¶ Nature. ¶ Certes sire prestres vous dicˉ tes bien comme preux/ courtois/ saige ¶ bien apprins/ trop de subtillitez ¶ de malices ont fẽˉ mes en leurs couraiges. Fol est ¶ nice q̃ telles ne les scait/ nest nul q̃ de ce les epcuse. Car cerˉ tainement elles iurent sainctz ¶ sainctes ¶ mẽˉ tent plus hardiment que nulz homs. Souueˉ rainement quant coupables sont de quelques forfais/ iamais especialement ne seront attraˉ pees en ce cas/ pour quoy ie puis seaument diˉ re Qui cuieur de fẽme apparceueroit/ iamais fier ne si deueroit/ moy seroit certainement celˉ luy qui autrement len mescroiroit.

¶ Lacteue. ¶ Ainsi comme il me semble saccordent ensemble nature ¶ Genius. Si dit Salomon pour mieulx voir la verite que lhomme seroit bien heure q̃ trouueroit vne bõˉ ne femme. Oultreplus dit. ¶ Nature.

¶ Que les miroirs ont maintes aultres proˉ prietez grãdes ¶ belles/ car les choses grãdes et grosses misses tres pres diceulx semblent esˉ tre assises fort loing quãt ce seroit la plus grãt montaigne q̃ soit entre Frãce ¶ sarbaine si apˉ parent elles/ ¶ sont veues si petites ¶ menues qua paine choisir les pourroit on combien que fussent a loisir regardees. Autres miroirs mõstrẽt les propres quãtitez des choses q̃ lon y regarde sil est qui bien regarder y vueille. Autres miroirs sõt de telle nature quilz bruˉ lent ¶ ardent aucunes choses q̃ leur sont preseñˉ tees/ voire quãt bien compassez pour amasser ensemble les rays du reflãboyant soleil rayˉ ant dessus lesdits miroirs. Autres miroirs sõt apparoir diuerses ymages en diuers estaˉ ges: aucunes droictes aultres de slongues ¶ enˉ uersees par diuerses compositions/ ¶ qui plus est ceulx q̃ sont bons maistres de telz miroirs faire ¶ assir de vne seulle ymaige font ilz naiˉ stre plusieurs/ ¶ ont la forme preste a ce que de faire quatre yeulx en vne teste, ilz font apparˉ roir fantosmes a ceulx qui dedans les regarˉ dent/ ¶ semblablemẽt par dehors cõme toˉ en vie/ soit par eaue ou par aer/ tellement q̃ bien lon les peut iouer veoir entre lucil ¶ le myroir par la diuersite des angles soit le moyen cõˉ pose ou soit sangle dune ou de diuerse nature en quoy la forme se reuest se qui tant se multiˉ plie par le moyen obedient quil vient apparois sant aux yeulx selon les rays ressortissans q̃ recoit diuersement tant quil decoit les regarˉ dans. Aristote qui toute science auoit chiere ¶ fort bien entendit ceste besongne, Tesmoigne mesmes que vng hõme auoit vne maladie/ par laquelle sa veue moult affoiblie estoit/ adˉ uint que laer estant obscur fort noir ¶ trouble par ces doubles raisons veit aller sa face en laer par deuant luy de place en place. Brief se miroirs ne ont obstacles ilz sont trop de miˉ

tacles veoir & apparceuoir. Semblablemẽt diuerses distances sans les miroirs font grãs deceuances. Car choses fort loingtaines font sembler estre tresprouchaines, & dune Chose deup selon leur diuersitez. Ou six de deup ou trois de quatre qui esbatre sen veult, ou plus ou moins se il y peut asseoir ses yeulp. Distã ces pareillement font plusieurs choses sem bler estre vne seule qui ordonner & aorner les scait. Mesmement elles font apparoir aup yeulp que vng hõme si formẽt petit que cha scun si le iugeroit estre naym il seroit pl° grãt que dip grans geans. Et sembleroit aller et passer sur les boys sãs desployer ne casser brã ches ne rameaulp. Tellemẽt que ceulp q les voyent si tresgrans & horribles sont si espouẽ tez, que de la grant paout quilz ont, ilz trem blent cõme gens mal asseurez. Et par vng cõ traire les geans et tous ceulp qui sont grans et hault semblent a ceulp qui les voyẽt estre petis nayms, par le desriglemẽt des yeulp q ainsi se troublent & esberluent. Et quãt ceulp qui telles choses ont veu se voyent deceu, tãt par les remonstrances des miroirs que des di stances. Ilz se vantent deuant le peuple et af ferment, ia soit ce quilz mentent disant quilz ont veu les dyables, ainsi ilz sont deceuz p les regars. Les yeulp doncques sont bien enfer mez & troublez quant double leur semblẽt cho ses qui sont sangles & apparoit double lune au ciel & deup chãdelles pour vne. Nest nul qui tant bien se garde ne faille souuent, par quoy plusieurs ont iuge estre les choses autres quel les ne sont. Mais ie ne vueil mettre ma cure a declarer na dire le s figures des Miroirs, cõment ilz sont reflechys du ray du soleil, ne descrire leurs angles, dont la science est escrip te en autre liure. Ne dire pour quoy les yma ges des choses mirees sõt remirees aup yeulp de ceulp qui la se mirent quant se tyrent vers les miroirs, ne les apparences des yeulp, ne les causes de leurs deceuances, si ne vueil dir te ne affermer en quelz lieup ydoles ont leut estre ou es miroirs ou par dehors, si ne vous tacompteray maintenãt dautres merueilleu

ses visions soyent plaisans ou douloureuses que lon voit soubdainement aduenir assauoir selles sont foraines ou seulement en la fanta sie ce ne vous desployera ne dire ne se me con uient, ains les delaisse & trespasse auecques les choses deuãtdictes, qui par moy descriptes ne seront, car la matiere est fort longue griefue chose a dire & tresforte a entendre sil est qui ap prendre la scait, especialemẽt aup gens laiz. Voire qui generalement la diroit, car croire ne pourroient q la chose fust. Voire des miroi rs qui tant diuersement oeuurent, se ainsi ne estoit quilz le veissent par aucun instrument ou que aucuns clercz leur voulsissent lire qui par demonstrance sceussent ceste merueilleuse science. Semblablemẽt gens laiz ne pourroi ent ottroyer ne dire estre vrayes les manieres des visions tant merueilleuses & fieres, mes mes quãt desployer on leur vouldroit ne quel les sont les deceptions q par telles visions vi ennent soit en veillant ou en dormãt, dõt grã dement maintes gens sesbahissent. Pour ce les vueil ie trespasser sans moy lasser de par ler ne vous de les ouyr, bon fait fuyr prolipt te, toutesuoyes femmes sont enuieuses & fort contrarieuses de parler, par quoy vous prie q desplaire ne vous vueille pour ce que ne men tairay du tout. Neantmoins ten vueil tant di re pour verite que plusieurs en ont este deceuz qui se sont meuz de leurs lictz, mesmes chaus sez vestus & acoustrez de tous harnois ainsi cõ me les sens cõmuns sommeillent, & lors veil lent les sens particuliers, ilz prennẽt bourdõs escharpes, pics, fauicilles & cetres, & vont che minant longues voyes, si ne scauent on, mes mes montent sur cheuaulp passans mons et vaulp, par seiches voyes, par fanges tant quen lieup estranges viennent. Et quant les sens communs sont esueillez ilz sesbahissent moult & sesmerueillent. Et puis quãt ilz sont reuenus en leur droit sens, & quilz se treuuent auec gens ilz tesmoignent pour verite, et non point pour fables que les diables les ont illec ques portez & ostez de leurs maisons & hostelz et eulp mesmes sans autres si porterent. Il est

Fueillet

souuent aduenu que quant Aucun est tenu et pris daucune grande maladie/ comme seroit frenaisie ou semblable (q quilz ne ont suffisans gardes (q gisent seuletz en leurs maisons/ Ilz saillent sus crient (q brayent/Dont (q cheminēt tant quilz ne finent se trouuer en aucuns sauluaiges lieux comme sont boys prez saulsoyes vignes ou bocaiges ou ilz se laissent choir/illec veoir les peut on mors de froit (q de mesaise/pour ce que aduāture ilz neurent garde suffisant/fors gens sale (q mauluaise. Et quant mesmes ilz sont en bonne sante lon voit grāt plante de telz gens/ qui sans ordonnance par accoustumance naturelle sont trop curieux de penser si lest ainsi que trop melancolieux ou paoureux soient oultre mesure/ilz font apparoir en eulx mesmes mainte diuerse figure tout autrement que ne deismes quāt parliōs des miroirs/dont briefuemēt passez no9 sommes/(q de tout ce quil leur semble en leurs pensees/ ilz cuydent ainsi estre dehors. Ou il aduient que aucunes Gens par grant deuocion eulx estant en contemplacion font en leurs pēsees apparoir les choses quilz ont pourpēsees lesquelles cuydent proprement (q visiblement voir par dehors/ (q ne sont que truffes (q menconges/ainsi cōme celluy qui songe cuyde veoir en sa presence les substances espirituelles si comme Scipion fit iadis/il voit enfer/paradis/ciel aer/ mer/ terre (q tout ce que querre lon y peut. Il voit apparoir les estoilles/oy se aulx voller en laer/poissons noer en mer/Bestes iouer aux boys/faire tours (q engins/diuersitez de gens/aucuns solacier en chambres autres chasser par boys/par montaignes (q riuieres/par prez/par vignes/par gaschieres (q songes: plaitz/ iugemēs/ guerres/ tournoyemiens/bateries/caroles (q voit vieilles (q chitoles/et flaire especes odorans/ ilz goutent sa uoureuses choses et sent son Amye entre ses bras/et toutessuoyes ny est elle mye. Ou luy semble quil voit iaiouste venir tenant vng pestail a son col/laquelle les treuue chouches ensemble par malebouche/qui les choses controuue/ Ains que faictes soient/Dont tous a

mains se esmayent par iour/ Car ceulx qui se clament loyaulx amoureux quant ardāmēt sentreayment/Dont ilz ont trauaulx et ennuys quant en leurs lictz ou moult ont pense/se sont endormis denuyt. Je scay tant de telles proprietez quilz songent les choses aymees/(q tant reclamees ont par tout: Ou ilz songent de leurs aduersaires qui ennemys leur sont. Ou silz sont en mortelles haines contēs courroup (q attaines/ songent auoir auec leurs ennemys qui les ont mys en ce point/ ou choses ensuyuans la guerre par contraires ou y semblables. Ou se par aucune mesprison en Prison sont mys/ ilz songent de leur deliurāce sen bonne esperance sont/ Ou se par tour le cueur leur recorde de gybet ou de corde ilz les songēt. Ou quelque chose desplaisant a leur emprisonnement dont ne sont hors/ Et cuydent lors pour verite que ces choses soyent aduenues desquelles ilz font dueil ou feste/ Et ce vient de leur teste qui ainsi decoit les cinq sens/par les phantosmes que elle recoit: Dont maintes gens cuydent estre estries par leurs folies errans auec dame habonde par tout le mōde: et dient que de nation les tiers enfans sont de telle condicion/que trois fois la sepmaine sen vont ainsi que destinee les mainie/ Et se boutent par tous hosteux sans redoubter ne crain dre ne clous ne barres/ Ains par les fendaces charnieres (q creuaces sen entrent (q partēt les ames des corps/(q vont auecques les bonnes dames/par maisons (q lieux foraines. Si se preuuent par telles (q semblables raisons. Disans que les diuersitez des venues ne sont pas venues a leurs lictz/ Mais ce sont leurs ames lesquelles laboutent (q courent parmy le monde/tant (q si longuement comme ilz sōt en tel oistre/ Voire ainsi comme ilz sont entendāt (q accroire aux gens/(q diēt q qui auroit bel tourne leur corps/ iamais ny scauroit rentrer lame. Mais vecy trop horrible folie (q chose qui possible nest/ Car corps humain est chose morte si tost quil ne porte son Ame auecques soy. Est ce doncques certaine chose que ceulx qui suiuent ceste maniere de aller ou errer par trois fois la sepmaine trois fois meurent et trois fois viuent/ Voire en vne sepmaine mesmes. Et se ainsi est comme dessus est dit il fault conclurre que les disciples de tel con uent souuent ressuscitent/mais cest vne chose bien determinee & sans glose. Bien lose reci ter q̄ tous ceulx qui doyuent encourir la mort que dune mort ne doyuent mourir ne iamais hōme ne ressuscitera iusques sera le iugement se nest par especial miracle/ou par la voulen te du roy celeste comme nous lisons de saint ladre/a quoy ne contredisons. Lon dit daultre part que quāt lame est despartie du corps qui demeure desaorne/ se icelle treuue le corps vr̄ f tournant elle ne scait ou reuenir qui peut soub stenir telz fables il est voir & bien ie le recorde que lame d̄ a corps separee est trop plus apper te & cointe q̄ quant elle est conioincte au corps/ duquel elle fuyt la complexion/car son inten cion luy trouble/ pourquoy sentree du corps luy est mieulx sceue que ne feust lissue/pquoy elle la trouueroit plus tost/ ia ne seroit si bes tourne. Et daultre part sil est ainsi que le tiers du monde auec dame habonde sen aille com me preuuent les folles vieilles par les visi ons quelles treuuent/donc conuient il sans fail le que tout le mōde y aille/ car il nest nul soit voir ou menconge quil ne songe mainte visi on/non en la sepmaine trois fois seulement/ mais quinze fois en quinzaine/ par aduantu re plus ou mains/ainsi que la fantasie lendu re. Mais se les songes sont veritables ou mē conges ie nen vueil plus. Rien dire ne soy les doit eslire du tout/ car silz sont a despire pour quoy aucuns sont horribles/autres paisibles et ioyaulx selon leurs apparicions & comple xions diuerses selon les diuers courages selō leurs diuerses meurs & aages. Ou se dieu en uoye reuelacions p̄ les visions/ou se les mau uais esperitz/ les auoient pour mettre gens en perilz de tout ce entremettre ne me vueil/ Ains reuiendray a mon propos.

¶ Moralite

¶ Pour ce que les nues ont prins comme dit lacteur leurs arcs & leurs saiettes pour es les soldoier auāt le mōde & faire aucuns pele rinages no⁹ cesserōs a parler de leur exploict iusques a ce q̄ retournees seront. Mais affin que les amās grans gaudisseurs mignons et gorgias soiēt bien acoustrez/& q̄ les gorrieres fort popinee soiēt frisquemēt achēmees pour complaire a leurs parties. no⁹ leur ferons mi rer leurs faces en trois miroirs/ dont lacteur fait mencion/lesquelz se peuēt referer a trois miroirs de cōscience humaine. Desquelz lung est trop large/laultre trop estroit & le tiers fort iuste & bien appoint. Doncques quāt aucuns pecheurs presentent leurs pechez fort menuz et de petit poix deuant le miroir de conscience/ mais ilz semblent plus grās & plus gros q̄ ne sont haultes montaignes. De ce miroir sont abusez & deceuz les yeulx des simples beguy nettes qui sont deuāt vng cōfesseur trois heu res dorloges pour auoir marche par cas daua ture sur vng festu croisie/ou pour auoir dung petit sonnet souffle la poul drette au monstier De ce font elles grās extime & gros pechez ab hominables/& toutesuoyes ce nest que vent. Trepidauerunt timore vbi nō erat timor. Au tres mirent leurs grās pechez fort enormes & detestables dedans le second miroir/ mais ilz leur semblent petis/q̄ a paine se choisir les pe uent si nen font mise ne cōpte/aure dict que se peche y a purge sera du billoet q̄ asperge leaue benoiste/& sont horriblemēt deceuz du miroir de leur conscience q̄ les aueuglit et bestourne mieulx que cellup q̄ chemine en tenebres. En cores dit lacteur q̄ se le dieu mars eust fische ses yeulx au miroir qui demonstre les cho ses grādes alors quil fut trouue couche auecques ven⁹ damp vulcan⁹ se faulx ialoux vieulx et chanus ne leust pris en ses latz plus delpes que fil de soye/mais par oultrecuydance ne si daigna mirer. Chascun doit son ennemy ad mirer. Le tiers miroir est comme neutre & po int moyen entre les dessusditz/qui sont les deux extremitez/ car il est tout cler et tout rond sans estre trop court ne trop long/ne trop

Fueillet

large ne trop estroict/ne trop auant ne trop ar
riere/chascun peut veoir & congnoistre clere/
ment ses proprietez & semblance. En la chas/
se de ce miroir poly se mirerent & acoustrerent
les anciens philosophes qui voulurent tenir le
train de douze vertus morales pour venir a
felicite. Les vertus comme dit Aristote en son
liure de ethicques sont prudence/force/attrem/
pance/iustice/liberalite/magnificence/magna/
nimite/amatiue dhonneur/debonnairete/veri
te/ampliable & entrapelie q̃ vault autant co/
me iocondite/desquelles les quatre premieres
come dit est sont denomees cardinales. Et qui
conques veult pratiquer tant les vnes com
me les autres:il doit choisir le millieu & bien
donner les extremitez. Cellui qui veult estre
liberal ne soit auer ne prodigne. Et qui veult
estre fort ne soit couart ne estourdy. Medium
tenuere beati. Autres miroirs ardans qui brus
lent toutes choses q̃ leur sont presentees moye
nant que le soleil resflamboyant leur enuoye
ses rays sont les bons iustes & elegans poica/
teurs enflamez de la grace nostre createur/le
tresresplēdissant soleil:lesquelz par le benefi/
ce de predication ratisent/allument & esprēdent
en lamour de leternel bel acueil/les cueurs de
ceulx q̃ dignes sont de receuoir ses amoureux
regardz. Encores mect auant Nature vng au
tre miroir faisant apparoir estrāges ymages
Lequel peut estre acompare au monde/ou di
uerses manieres de gens se voyent. Il y a des
testes a quatre yeulx/les deux q̃ sõt corporelz
se tiennent au front deuant/pour eulx cõduire
au temps present/les autres deux yeulx sont
espirituelz/lung se tient sur le derriere du cer/
ueau pour auoir memoire du temps passe/et
lautre sur le somet du chief pour faire le guet
sur le temps aduenir. Ceulx qui ces quatre
yeulx ont en leurs testes sont reputez pour sa/
ges. Mais ceulx qui ont quatre aureilles les
deux en la ceste/& les autres sur chapperõ sõt
denõmez pour folastres/combien q̃ lhabit ne
fait point le moyne. Daudenarde fort subtil
magicien & bien iouant de passe passe fait ap/
paroir au miroir de ce monde plusieurs phãtos

mes & merueilleux monstres tant par souffler
au charbon Dalquimye que par force de vif
argent. Et dient ceulx q̃ bien congnoissent les
lettres de la.B.c. qui fait dung.B. iaune vng.
N.couronne/dung.N.couronne.vng.L. nõ/
ne/& dung.L. nonne vng.e.vesque. Et tou/
chant officiers il les fait de boscailles/cestas/
sauoir maieurs de faulx/aduocatz de plane/
escheuins de blanc boys/sergens de harcelles
et poures gens de tremble. Mais touchant di
gnitez il fait plusieurs prestres/ains q̃lz soiēt
clercs/ses asnes crosse/& mittrez cheuauchier
les muletz & fins regnardz enchappez chãter
la grãt messe a tout leurs faulx visages. Sil
vous semble q̃ daudenarde face plus q̃ le pos
sible au miroir de ce mõde par son art magic/
que:ie vous dys bien q̃ fortune fait encores pl̃
fort/& chose quasi incredible y sa fainte music
que. Car souuēt aduiēt quelle esleue vne po/
ure minime de petite valeur/si la fait monter
en pou despace/par teigles degrez & ioincture dē
la main/tellemēt q̃lle se treuue au plus hault
de la game/tant augmētee de si grãt value q̃
ceste poure note q̃ nestoit q̃ simple minime de/
uient vne grãde maxime portāt vne bien lon
gue queue/& illec chãte a haulte voix le serui
teur hault guerdõne. Et quãt fortune voit q̃l
se desgoise & se glorifie en son estat q̃ point nest
de maieur parfait:elle dit a ses chãberieres la
la.la.faictes luy bõne chiere/mais la fine gou
pe cõgnissāt les tēps/les modes/les couleurs
les imperfections/les prolacions/les proprios
et les tons de musicque/soubdainemēt le fait
descēdre de hault en bas par subtiles nuances/
dõt elle scet les tours q̃lle la boute ius du nyd
si lapprent a deschãter son petit mineur & a di
minuer & deschãter tant legieremēt & si bas q̃
sa voix nest plus ouye & sarreste sur vne cade
ce qui se nomme reus prs de lamy/mais fort
loings de lamy. Et en faisant gros souspirs
se lamēte auecques iheremie/si dit a voix cas
se comme fort estõnee terriblemēt suis fortunee
Ceulx qui cognoissent les notes de musicque
peuent facilement entēdre que la minime est
vng pouret petit personnage que fortune lyre

en amont par son enchâtement, et quant il est au souuerain escaillon il se acoustre come ung prince et prēt la pspenite de la maxime ayāt apres luy lõgue queue de suppers varletz et lacquetz. Et finablemēt deuient tāt graue et pesante q le schielle par my il mōte cōmēce a bruser et se crocque, par quoy fortune la boute ius du bout et lors il chiet plus bas quē soute faisant illecques complaintes douloureuses. Mieulx luy vaulsist scauoir son plain chant seulemēt ou son contrepoint simple que faire tant diminucion. Encores dit nature que miroirs sont miracles apparans, et allegue Aristote disant q ung hōme fut tant malade que sa veue luy affoiblist, mais par la vertuz des miroirs bien luy sembloit quen sacr et de place en place ou q̄l allast il veoit aller sa face. Se nous voulons appcreuoir ce miracle a loeil au pres de nous sans le querir fort loings regardons q̄ est cellui ou qui sont ceulx qui par auoir sentu les tresāgoisseux et fort poingnās esguillons de la guerre ont este fort debilitez de leur veue, et puis reduys en telle cōualescēce q̄lz voyent deuāt eulx leur face toute viue. Long est la personne du tres victorieux et tres chrestien roy de france Loys vnzesme de ce nom, cest celluy q par les durs et terribles exploitz de guerre a este come a demy priue de sa noble lumiere luy estāt es tenebreuses obscures et dāgereuses prisons ou il fut detenu. Et maintenāt plus par grace de dieu, q par la faueur de fortune il voyt deuāt ses yeulx sa tres clere viue face royale tres splēdre glorieusemēt non en son royaulme seulemēt, mais en loingtaines nacions et prouinces est son ymage emprainte en paintures de mers dor et signatures. Et se nous voulons auoir par deca vraye apparāce de miracle dessusdit, il nous souuiengne de mōseigneur philippe de cleues seigneur de rauestain, au cōmandemēt duquel iay entrepris faire cest labeur, cōment pour redimer de detencion pareilleuse et tresdur emprisonnement la maieste royalle nostre futur imperateur, duquel il est prouchain parent, il se mist en hostage fort pesāt entre mutins aspres aux

hutins et en tresgrāt dangier de perdre la clarte du ciel, mais chief et corps et tous les membres. Puis fut assiege par mer et par terre damps dennemys, de francoys, de liegois, de bourguignōs, de brebācons, de flames, de valons, dalemās et danglois, et de gēs de diuers anglez terriblemēt versaude de bōbardes, de canōs, de gros engins, de bastons et de mortelle pestilence. Et q̄ pis luy fut courtes espees taillans a deux lez agues fort trenchās et venimeuses cōme sont langues des mesdisans se desgainerent contre luy pour le touchier au cueur, mais il se deffendit moult vigoureusement de lescu de pacience, tellement que apres auoir oublie toutes douleurs, et fait son marchepie denuye, il mire maintenāt sa noble face en la refulgēce et tresprecieuse couronne de france, et recoit la saincte odeur et la reflābloyant splēdeur des redoulentes fleurs de lys, dont le Roy son cousin getmain est triūphāment aorne. Et pource q nature cōtinuant ceste matiere dit q̄ la distāce des lieux par aucūs phātosmes abusent les peulx q̄ les hōmes petis q̄ nous disons nains semblent estre a voir de loing aussi grās que sont dix geans, laquelle chose se peut verifier en la promocion et glorieuse fortune des deux tresillustres psonnages dessus nōmez. Car pēdāt leurs aduersitez nous faisons petite eptime de leurs vertus et seigneuries. Et maintenāt quāt ilz sont eslongez ilz sont grans et puissans geant, souuerainemēt le Roy treschrestien, car sa voix son nom et son bruyt sont tāt haultains quilz sont ouys p̄ les climatz du monde, et font trēbler les mescreās et faulx turcqz infidelles. Son dextre brach embrasse tout le royaulme de frāce. Il tient bretaigne en main, et son senestre brach se stend p̄ dessus toute ytalie. Et peut semblerq̄ dieu pmette estre ainsi, fait tāt pour condigne retribucion de leurs merites q̄ pour estre miroir et exēpler les nobles, preux, loyaulx et vertueux courages fort oppssez dāgoisseuse souffrāce, affin q̄ lz ne tombēt en desespoir, et soiēt certains d̄ mieulx auoir quāt a dieu plaira. Car dulcia non meruit qui non gustauit amara.

Fueillet.

¶ Le .lppp dii. chapitre. Similitude du soleil causant larc au ciel es nues: a nostre seignr qui donne ses aureoles aux ames bienheurees: ensemble la propriete des comettes.

¶ Nature.

IE vous dy ainsi que les nues qui recrues sont et lassees de traire par laer leurs flusches moins seiches que moistes de pluyes et de rosees toutes arrousees/ voire se aucune chaleur ne les seiche/elles desbenderēt et semble leurs arcs pour traire quant bon leur semble/ mais trop ont estrāges manieres les archieres q̄ ey tirēt car en les desbendāt senfuyēt leurs couleurs si q̄ iamais plus dicelles ne traitont/et se elles ont voulente de traire derechief/ il leur puixt reffaire nouueaulx arcs/ tellement q̄ le soleil les puisse pyoller. Encores laheutēt plus fort les influēces des cieulx/elles ont si grāt puissance par mer/ par terre et par aer/ quelles sōt apparoit les comettes q̄ ne sōt posees es cieulx ains embrasees de laer ou elles ont petite durtee. Toutesfoyes lon en dit plusieurs fables et aduienēt maintes gens q̄ la mort en vient aux princes. Mais il est ainsi q̄ les comettes ne aguettent ne ne iettent plus especialement

leurs influences sur les roys que sur poures gens ne sur poures hōmes q̄ sur roys. Nous sommes certains quelles oeuurēt et besongnēt sur les regions du monde selon les disposicions des climatz des hommes des bestes q̄ sont prestes aux influēces des planettes et des estoilles, lesquelles ont plus grant puissance sur elles/et portēt les signifiācees des influēces celestes en esmouuāt les cōplexions ainsi que les treuuent obeissans. Si ne dys ie ne affermer ne vueil q̄ les roys doiuēt estre plus riches q̄ les psonnes menues allās par les rues a pied Car suffisāce fait richesse et couuoitise pourete/ si pcluz soit que lhōme soit roy soit quil n'ait vaillant deux ciches q̄ plus couuoite moins est riche. Qui vouldroit les escriptures croire les roys resemblēt les paintres dōt celluy q̄ nous escript la maieste diceulx no9 en appreste telle exēple a celluy q̄ regarde les paintures se bien sen donnoit garde. Elles plaisent fort a voir de loing sans y donner approuche/ mais a les voir de pres cesse la plaisance. De loing sēblēt estre delicieuses et a voir de pres ennuyeuses. Ainsi est il des puissans princes q̄ mescongnoissans sont de dōs a ceulx q̄ leur font seruice/et q̄ de leur acointāce sont par la faulte dexperience q̄ bien les esprouueroit tāt damertume trouueroit en eulx q̄l craindroit beaucoup a soy bouter en leur seruice tāt se fait a redoubter leur grace: ainsi q̄ Orace no9 asseure de leurs amours et de leurs graces. Et ne sont dignes les princes q̄ le coure du ciel monstre signe de leur mort plus tost q̄ dung autre hōme/car vne pomme ne vault mieulx leur corps q̄ celluy dung chartruyer/dung escuyer ou dung clerc/car ie les faitz estre tous sēblables/ƶme il appert a leurs naissances. Ilz naissent y moy tous nudz gros et menuz fors et foibles/ ie les faitz egaulx quant a lhumanite: fortune q̄ ne scait estre pmanant le remanāt y met. Cest celle q̄ ces biens leur dōne v son plaisir sans auoir regard a quelque psonne/q̄ tout retoulb et retouldra toutes les fois et quāteffois elle vouldra.

¶ Moralite

¶ Par les nues ou les nuees qui se partent des basses regions de laer pour monter au ciel sont entendues les ames des iustes q̃ sont nues z desnuees de biens temporelz z despouillees de leurs corps: accoustrees toutesuoyes dars z de saiettes q̃ sont leurs armes z vrays signes/par lesquelz elles ont suppedite leurs ennemys z conqueste le royaulme des cieulx moyennant les trois puissances que dieu a donne a lame. Nature dit que yris signifiant larc en ciel est vne nuee ou le soleil se regardant en face fische ses rays/z adonc samonstre larc en ciel qui est de trois couleurs sanguin/ verd et iaune. Et ainsi adonc quant nostre createur le trescler soleil de iustice rendant a chascun premiacion condigne apperçoit lame du iuste auoir puissamment milite contre ses trois ennemys le monde/la chair z le dyable: il enlumine ses arcs de trois couleurs qui sont trois nobles aureoles pour couronner les ius martirs/vierges et predicateurs. La sanguine aureole est conferee au martirs q̃ come tesmoing de dieu et de la foy catholicque espandant leur sang en ce monde par treferuente z ardant charite. La Verte aureole sera donnee aux vierges pource que fleur de leur ieunesse auront discipline corrige et domple la chair en gardant leur virginite. Et laureole de couleur iaune sera procedee aux predicateurs pour remuneracion des precieux motz dorez quilz auront profere de leur bouche pour allescher les ames/ z pour auoir virilement bataille a lencontre du dyable en soubstenant verite. Et ainsi come iadis larc en ciel fut signe dalliance entre dieu z homme/semblablement ces trois aureoles qui samonstrent aux nuees dessusdictes donnent signifiance de paix z de concorde entre dieu z lame. Et se lon veult arguer z dire q̃ larc en ciel ne sappert q̃ a demy cercle en la nuee/et les aureoles a q̃ elles sont acomparees doyuent estre toutes rondes pour couronner les ames/ parquoy lon peut inferer que la similitude de lune a aultre nest point iustement compassee. Lon peut respondre que ainsi que le soleil qui iette ses rays en la nuee ou larc en ciel sengendre ne fait que demy cercle a cause de linterpos de la terre q̃ luy tould son rond. Pareillement dieu ne monstre que demy cercle de aureoles à lame iuste par tant du corps/mais quant son corps qui encores est en terre luy donnant cest empesche sera vnpelle apres le iour du iugement/ et que la terre sera cristaline le soleil eternel sans eclipse infalible pourra lors ietter ses regardz sur les bienheures/ Sans quelque obstacle repugnant/ z adonc lame accompaignie de son corps receuera distribucion planiere z sera couronnee totalement z triumphant en gloire perdurable. Encores dit nature que soubz les appetis de corps celestielz apparent aucuns cometes ayans longues queues qui aux simples gens semblent estre estoilles errans o̅me les planettes/ z ce sont grosses vappeurs terrestres esleuees en la region de laer qui leur est prouchain. Par iceulx comettes ayans longues ceignes comme cheueulx sont entenduz aucuns vilains rutaulx de basse condicion/ q̃ par le vent de vaine gloire confite en oultrecuydance se sont approuchez soubz les corps celestielz q̃ sont empereurs/ roys/ ducs et princes Et par laffinite deulx z la proximite de la region du feu de concupiscence sont embrasez dardant couuoitise/ tellement que leurs adherens et faulteurs donnent a entendre quilz sont petis ducs/ marquis ou grans contes: toutesuoyes leur fait est fort caducque/ car soubdainement vient vng gros vent de bise qui les souffle ius les reuerse/ Ramonne et ramaine a leur premier papin. Pareillement est il de la blanche Rose croissant sur lesglentier saluage/ quelque couleur ou longue queue quelle ait soubdainement ses fueilles descheent z ses flourons pesteles sont. Alba ligustra cadunt.

¶ Le. lxxxviii. chapitre.
Lestat de noblesse z comment le bon noble doit auoir neuf proprietez semblables aux prouesses Et vertus des neuf preux.

fueillet

℃ Nature.

ST se quelque vng alosant gentil/ lesse nose contredire en disant que gentilz hômes renommez du peu ple sont de noblesse et nacion et condicion meilleurs que ceulx qui cultiuent les terres/ou ceulx qui viuent de leur labeur. Je respondz que nul nest gentil ne noble se il nest ententif a vertus. Et nest nul vilain si non p ses vices qui oultrageux se appert et fort nyce. Noblesse de bon courage procede/car gentillesse de lignage nest chose qui vaille/voire se bôté de cueur et vertuz y ont deffault. Par quoy doit estre apparente en vng home la prouesse de ses parens qui pquirent gentillesse par les grans trauaulx quilz y mirent/car quât de ce siecle trespasserent ilz emporterent leurs vertus: laissans leur auoir a leurs hoirs et heretiers/aultre chose auoir ne pouoient. Ja soit ce quilz ayent sauoir si ne ont ilz pour tant la gentillesse ne sa valeur. Si nest que gentilz soient par sens et vertus quilz ayent en eulx. Silz sont clercs/ilz ont plus grât auâtaige q̂ nont les princes et les roys destre gentilz/courtoys et saiges/pose que iceulx princes et roys riens ne sauent de lecture. Raison pourquoy les clercs voyent en lescripture par les sciences prouuees demonstrees et raisonnables que ilz ont: tous les maulx desquelz lon se doit retraite/ensemble tous les biens que lon doit faire. Ilz voyent les choses du monde escriptes ainsi que dictes sont et faictes. Ilz voyent es anciennes vies les vilenies des vilains/ les faitz des courtoys hômes/ les sômes des courtoysies. Brief le clerc voyt escript en sô liure tout ce que lon doit fuyr et ensuyure/ pour quoy to⁹ clercs soient maistres ou disciples sont gêtilz hômes ou estre le doyuent/ et silz ne le sont sachêt que cest par les mauluaises oeuures/car plus grant auâtaige en ont que ceulx q̂ courêt aux cerfz sauluaiges. Ainsi donq̂s les clercs qui nont le cueur noble et gent valent pis que nulle aultre gent/entant que ilz eschieuent le bien que ilz ont sceu et côgneu en ensuyuât les vices quilz ont veuz/pquoy deueroient estre plus fort tormentez et punys deuât nostre seigneur le Roy celeste les clercs aux vices habandonnez que gens laicz/simples et nices qui les vertus escriptes nont en eulx/ lesquelles les clercs tiennent viles et despitees. Et pose que princes sachât aucunes lettres:entremettre ne se peuuêt de lire et de apprendre/car trop ont a entendre ailleurs. Pour quoy scauoir pouez que les clercs ont plus bel et grât auantaige de auoir gentillesse que nont les terriês seigneurs. Et pour côquerre gentillesse fort honorable en terre tous ceulx qui auoir la veulent doyuent scauoir ceste reig?e. Quicôq̂s veult a gentillesse tendre garder se doit de orgueil et de paresce/aille aux armes a lestude et se garde de vilenie/il ait humble cueur/et soit courtoys et gent entre toute gent/et en to⁹ lieux si non a lencontre de ses ennemys quât bon accord ny peut estre. Il doit honorer dames et damoyselles sans en elles soy trop fier/ Affyn q̂ ne luy en meschee/car plusieurs en sôt deceuz. Tel home doit auoir le pris sans estre reprins ne blasme/et receuoir le nom de gêtillesse et nô aultre. Cheualiers doyuent estre hardis aux armes/preux en faitz et courtoys en ditz: comme fut iadis messire gauuain/ Non pareil a ceulx qui sont couars et vains/ou côme fut le bon conte Robert dartois/qui des sa ieunesse

hanta largesse/ honneur/ Et cheualerie ne ta
mais ne seiourna en oyseuse/ ains deuant ses
iours de aage viril deuint puissant homme.
Tel cheualier preux/ vaillant/ large/ Cour-
tois & fort bien bataillant doit estre bien venu
par tout/ loue/ ayme & chier tenu. Pareille-
ment lon doit fort honorer le clerc qui labou-
re/ veult & use de sens/ et pense de ensuyuir
vertus telles que il les voit escriptes en son
liure/ come lon feist iadis plusieurs/ desquelz
ie rendmeroye plus de dix/ voire tant en pour-
roye nomer que le nombre ennuyeroit a louye.
La lettre tesmoigne que tadis les vaillans
homes gentilz come empereurs/ roys/ ducz &
contes/ desquelz plus ie ne compteray honno-
rerent les philosophes mesmes donerent aux
potes villes/ iardins/ honorables lieux & ma-
intes choses delectables. A virgile fut donee
la ville de Napples plus delectable que Pa-
ris ne Lauardins. Il y eut moult fort beaulx
iardins en calabre qui furet donnez a Annyus
des anciens qui se cogneurent. Je trouueroye
et prouueroye par plusieurs que ceulx qui fu-
rent de bas lignaige eurēt le courage plus no-
ble que filz de Roys ne de Conte/ dont nul co-
pte ne vous feray/ toutesfoyes ilz furent te-
nuz pour gentilz. Or est le temps a ce venu
que les bons clercs qui toute leur vie en phi-
losophie se trauaillent/ & sen vont en terres es-
tranges pour acquerre sens/ honeur & valeur
souffrant moult grans pouretez/ endebtez ou
mendiās/ deschaulx & nudz ne sont aymez des
princes ne chiers tenuz. Car ne les prisēt vne
pomme/ toutesfoyes sont ilz plus vaillans &
gentilz homes. Ainsi me vueille dieu garder
des fieures que ceulx qui vont chasser aux lie-
ures. Ne que ceulx qui pareillemēt sont cou-
stumiers de prendre oyseaulx aux esprevuers
Et celluy qui veult emporter le loz & nom de
autruy & la gentillesse sans prouesse sens ou
valeur est il gentil: ie dys que non: Ains doit
estre clame vilain pour vil tenu/ & moins ay-
me que sil estoit filz de vng truant. Je ney ex-
cuseray ne pareillemēt excepteray nul quant
il seroit mesmes filz du grant roy Alixandre

qui tant sceut espandre de vaillances darmes
En continuant les guerres que de toutes ter-
res fut le seigneur. Et depuis que il fut obey
de seulx qui oltre luy se combatirent/ & q ceulx
qui ne sestoient deffenduz se tendirēt a luy/ il
se print a dire par grāt orgueil/ dont il fut sur-
prins que ce monde icy estoit si estroit/ q a grāt
paine se pouoit tourner/ Et plus seiourner ny
vouloit/ & se appresa de querre vng aultre mō-
de pour comencer nouuelle guerre. Et pour
soy faire par tout priser se alloit brisie enfer/ p
quoy tous les dieux dillec comencerēt a trem-
bler de paour que ce ne fut celluy q deuoit ro-
pre les portes de enfer du baston de fust/ pour
emmener les ames mortes par pechie/ et de-
chasser leur grāt orgueil/ pour tyrer ses ames
hors dillecques. Mais pensons ce q ne peut
estre que ie face naistre aucun noble home/ et
ne me chaille des autres q ilz appellēt vilais
quel bien aura il en gentillesse. Certes q bien
employe son engin a cōprendre la verite autre
chose entendre ny peut/ fors quil semble q la
prouesse de ses parens le blesse formēt sil ne en
suyt & ne veult viure en tel façon comme ont
fait ses nobles progeniteurs/ Et ainsi se doit
maintenir celluy qui veult oltre faire ou resē-
bler gentil home se noblesse ne veult embler
et auoir loz sans desserte. Car ie fais assauoir
a tous que gentillesse ne donne aux gens autre
chose qui bone soit fors tāt seulez: et les faitz.
Et saiche veritablemēt que nul ne doit louen-
ge auoir par les vertus dune estrange person-
ne. Aussi nest ce droit que ie blasme personne
de la blasme dautruy. Celluy soit loue qui le
dessert: mais celluy qui ne sert de nul bien fai-
re en qui sont trouuees toutes mauluaisties/
vilenies/ griefues bateries/ trafficqs/ bobās
orgueil/ rampones sans charite/ sans aumos-
nes/ & est negligent & fort paresceux/ Car pou
trouue on de ceulx ou toutes vertus soient ap
parentes quelques bons parens quilz ayent.
Mais sil est tel que dessus est dit/ ie ose bien di-
re que point ne est digne de auoir le loz de ses
parens/ ains doit estre tenu plus vil/ come sil
estoit venu dung malheureux chetif. Et sai-

the tout homme entendre que ce nest pas sem/
blable chose de acquerre sens/ & de acquerre gen
tillesse ou prouesse par renomee/ & de acquerre
grans tenemes, grans aornemens & grans de/
niers quant a sa voulente faire. Car celluy q̃
desire soy trauailler acquerre terre, deniers ou
aornemes, combien mesmes ait amasse cent
mille marcz dor ou plus, il les peut tous laif/
ser a ses amys. Mais celluy qui a mis son tra
uail es autres choses dessusdictes tāt que par
ses merites il les a/ amour ne leur peut fauo/
riser que rien laisser leur en puisse. Peut il laif
ser science, nom, ne renom, ne gentillesse.
Mais trop bien leur en peut apprendre se ilz y
veulent prendre exemple. Autre chose faire
nen peuent, ne ses parens nen peuēt autre cho
se traire. Et aussi plusieurs sont qui force ne
font du sçauoir & ne donneroiēt vne escorche de
tout le sens de leurs parens, ne leur chaille q̃
de auoir sauoir & les possessions. Et se ilz diēt
quilz sont gentilz homes, a cause que chascū
les nome estre telz, & que leurs parens furent
telz come estre deuoient, & quilz ont pour ref/
sembler aux gentilz damoyseaulx chiens et
oyseaulx pour chasser & voler par riuieres, p
boys, par champs, par bruyeres, & quilz sesba
tent come gens oyseux, mais ie dys q̃ ilz sont
mauluais vilenastres & mauluais paysans
enfant quilz se vantent de la noblesse dautruy
ilz ne dient pas voir. Mais ilz mentent & em
blent le nom de gentilesse enfant quilz ne ref/
semblent leurs bons parens. Et quāt ie faiz
au naistre tous homes semblables silz veulēt
estre gentilz dautre noblesse que celle q̃ ie leur
donne tant sage & bone, quilz sont semblables
aux dieux & aux anges. Voire se mort ne les
estrage, qui par sa difference mortelle fait la/
desseurance des homes. Se telle noblesse ne
leur suffist q̃ dieu & moy leur donons, ilz acq̃
rēt de eulx mesmes nouuelles gētillesses silz
ont tant de prouesses en eulx, car deulx mes
mes ne les acquierēt. Jamais par autruy gen
tilz ne seront, ie nen excepte ne Roy ne conte.
Dautre part plus grāt honte seroit au filz dūg
roy destre niche, plain de vices & doultrages q̃

sil estoit filz de charretier, dūg porchier ou
dung chauetier. Car certes ce seroit plus hon
norable chose a Gauuain le bon cōbatant q̃
fust engēdre dung couart tout encēdre au feu,
quil ne seroit se couart estoit, et que renouart
fut son pere. Mais sans fable plus notable
est la mort dung prince q̃ dung paysant quant
gysant lon le treuue mort. Car plus loing en
vont les parolles. Et pourtāt aucunes gens
cuydent quāt ilz ont veu les comettes que fai
ctes soient pour les princes, mais se par puin
ces ou royaulmes nestoiēt iamais nulz prin/
ces & q̃ les gens feussent en terre tous sembla
bles & pareilz, tant en paix come en guerre les
corps celestes feroiēt naistre les comettes en
leur temps, quant receueroient leurs regardz
ou telz oeuures deueroient faire, moyennant
q̃ la matiere seroit en faict suffisant a ce faire.

¶ Moralite

¶ Sans deroguer a ce que nature met
auant du fait de noblesse, & sans touchier aux
escuz, aux couronnes, aux ducaz, aux royaulx
ne a leurs glorieux trosnes ie vueil fabriquer
vng noble a ma fantasie doue d neuf proprie/
tez que iadis possesserēt les neuf preux, affin
que honneur se boute en son coffre se il est di/
gne de estre mys en tresor. Et pource q̃ lor est
le plus precieux & resplēdissant metal de tous
les autres, le noble doit estre forgie de la meil
leure miniere dor, & de la plus vertueuse roy
ne qui soit au monde, car lor porte medicine.
Et ainsi q̃ le bon arbre porte naturellemēt bō
fruict le noble yssu de royal sang & de vertu
eux parentage doit estre mieulx honore & pri
se q̃ celluy qui descēd dung vicieux & malheu
reux vilain, come il appert clerement p Hector
de troyes. Il descendit de tresillustre royalle &
vertueuse origine, & fut de luy mesmes tant
preux en armes & tant bien adressie en bonnes
meurs q̃ son bruyt est & sera ppetuel par tous
les siecles, tellemēt q̃ romains, frācoys, an/
gloys, turquoys & autres nacions gentilles
se proclamēt estre biēheurees de estre venues

et yssues de si noble estoc et racine. Lor duquel lon fait le bon noble doit estre fondu et par force de feu esprouue, purgie et affine en la fornaise, affin de separer les supfluitez se aucune en a/et le moins dempirance q̃ lon y peut mettre cest le meilleur. Tout ce se peut veoir p̃ le noble roy Dauid, car des sa ieunesse il esprouua sa force contre vng lyon. Il vaincquit le grãt Goliath, fut menace du roy Saul, degabbe de Michol, persecute de son Absalon, et diffame du peruers Semey, si q̃ finablemẽt il fut esprouue et passa par la fornaise de tribulacion ou souffrit maint angoisseux tormẽt auant qũl paraemst a courõne royalle. Semblablemẽt qui veult militer soubz lestandart de nobilite vertueuse, Il se doit trouuer auneffois au marchie aux horions en opposant son corps a diuers exploitz de guerre, comme rencontres escarmouches, grãs assaulx et iournees de batailles. Pose q̃ le noble soit de bõne mine, et q̃l ait passe a lespreuue, ce nest rien sil nest de bon poix, cõme fut le tresglorieux et triũphant roy Charlemaigne pesant de sens, greue de vertus, fort muny de prouesse, sans estre de legiere credẽce, car il auoit les douze pers de France a son noble cõseil, et fut de si bon poix et iuste q̃ dieu en a fait son tresor au royaulme de Paradis. A tel poix et telle balance doyuẽt estre pesez les nobles de maintenãt sans estre trop legiers en leurs affaires, sans estre douze de flateurs, ne patelinez de trafficqueurs. ne doit suffire au bon noble destre de riche extracion destre esprouue au fourneau, ne destre de grãt poix, mais il cõuient q̃l soit estendu et fort large. Et ainsi doncques ceulx q̃ sont chiches et estroitz doyuẽt estre tresbien martelez p̃ leurs cõseilliers ou cõfesseurs, affin qũlz se eslargissent vers ceulx q̃ dignes sõt de receuoir leurs dons. La plus belle pprieté q̃ soit au noble homme cest destre large Iesuchrist le roy du ciel nõstra sa liberalite quãt il trãsmua leaue en vin, quant rassasit cinq mille hõmes de cinq pains et de deux poyssons. Et quant iournellemẽt nous dõne a mãgier son propre corps. Et maintenãt aucuns nobles mangeuẽt leurs p̃pres subiectz si mangeroient voulentiers les prelatz et les prestres, ausquelz ilz cõmandent auoir p̃memoracion de eulx en trois collectes Lune est Da nobis. Lautre est Concede. Et lautre est Presta quesumus. Laigle q̃ est le roy de laer distribue sa proye aux oyseaulx q̃ luy sont voysins. Et la baleine royne de la mer garde deffend et protecte le harenc contre tous autres poyssons q̃ le veulent destruire, mais quant elle est fort opressee de grãt famine elle les engloutist. Ainsi sont aucũs nobles de maintenãt. Ilz seuffrent nourrir vng petit cõpaignon de leurs biens soubz leurs seigneuries, mais quãt il est gras assez ilz le despouillent de ses plumes. Les anciens nobles furẽt iadis larges par les mains, et estroitz par les manches pour estre plus tost armez, et maintenãt ilz sont cloz par les poings, et larges par manches cõme les cordeliers, plus pour receuoir q̃ pour dõner. Dauid endormoit les nobles au son de la harppe, et maintenãt ilz se reueillent au son de la happe et au son du bedon, et de la grosse corde q̃ dit Don Don. Ilz doyuent cõgnoistre les lettres de la. B. c. en esleuant le boy. T. pour trafficquer les mauluais. V B. et estendre leur large. s. pour couurir la peste. s. ainsi q̃ feist le roy Artus. Il enrichist poures souldars militans soubz ses estãdars Quant le noble sera eslargy par force de matteler il cõuient q̃ il porte la croix pour signe et marcque cõme bon et loyal chrestien, et ne doit frapp ne tappe au coing des gentilz payẽs q̃ portoiẽt leurs ydoles empraintes, taillees et figures a lẽuers de leurs ymages, ne ne doyuẽt tenir la mode daucuns testons dargẽt q̃ sont a deux visages, Mais doyuent porter la digne croix de nostre seigneur, soit en cueur, en corps ou en ame, cõme fit Gaudefroy de Buillon cõte de boulongne q̃ pour deffence et exaltation de nostre foy porta la croix sur son corps et le chappeau despines sur le mont de caluaire ou le roy des roys fut passionne. A lexemple de luy se doyuẽt mirer tous nobles couraiges et non point soy croisier contre ses propres freres. Et sil aduient que la croix soit bien fi

Fueillet

guree il fault prendre garde a la pille/ quelle soit fort iustement compassee/car se elle excedoit la reigle de geometrie elle seroit en dãgier destre cassee. Et q̃ pis est cõdamnee au feu cõme sont les maulnaises mõnoyes. Auec la belle croix doit auoir le bon noble nom ⁊ tiltre de seigneurie de vraye possesse proprietaire et sans emprunt/Car sil est ainsi q̃ dominacion soit litigieuse/le nom en sera moins auctorise/ et le noble q̃ le porte en pourra estre degaigier/ fuie ⁊ repudie/par quoy sengendroient proces/ altercations/gros debatz ⁊ diuisions au preiudice des parties/mais quãt le nom est puissamment fonde/⁊ q̃ les merites du personnage correspondẽt a sa renõmee/tel est nom ⁊ digne destre escript en lettres dor au Martirloge dhõneur. Chascun doit si bien labourer q̃l ait bon nom ⁊ bõne grace pōme fut iosue le tresillustre duc. Il eut tel nom ⁊ telle auctorite deuãt dieu et deuant les hõmes q̃l feist arrester le soleil et la lune à leurs cours naturelz pour prolõgier le iour/affin d̃ faire cheoir ses ennemys soubz les trenchãs de ses dures espees. Sur tout ri en̄, le noble doit estre de tresbõne touche fort tyant de loeil ⁊ de plaisant maniemẽt ainsi que fut Jule cesar tant dõulx/clemẽt ⁊ debõnaire que il ne queroit vengeãce de quelque iniure a luy dicte/faicte/ou pferee en appert ne en couuert/ains pardonnoit tout sans mercy requerre mesmes prenoit cõpassion de ses ennemys/ et ploureroit par grant amertume de cueur quant les veoit occis/ne iamais ne congia nul des siens nec oncques ne dist Ite: Mais tousiours venite. Auecques ce q̃ le bon noble est de fine touche il doit estre entier sans taiche vicieuse et sans reprouche. Ilz sont aucans demys nobles/de quars de nobles de petit poix ⁊ de poure value. Les autres sont faitz hastiuemẽt/ cõme se on̄ les ruoit en mole/mais les riches pesans nobles de poix/doyuẽt estre vrays et entiers/soit en quartiers ou soit en costez sans retasselage fracture ou quelque radoubage. Nous en voyons au iourdhuy de si puissante courage quilz se laissent tondre ⁊ barbayer de si pres frotter/⁊ lauer/tant nettemẽt q̃ par

longue espace de tẽps ilz perdent aucuneffois leurs noms/leurs tiltres/leurs villes ⁊ leur croix/⁊ ny voit on le tiltre q̃ ne soit effacee en approuuant ce cõmun prouerbe. En cent ans cy uiere/en cent ans banere. Or puis q̃ face de hõme fait miracle le noble pour estre de contenance venerable ⁊ soy monstrer sage ⁊ viril doit estre fort barbu/cõme il appert es anciennes paintures/empereurs/roys/prophetes et grãs philosophes. Et encores des maintenãt cest aussi grãt hõte a thõme es nacions barbares de non auoir barbe q̃ cest a nous de auoir la teste pellee. Les nazarees sainctifiez au ventre de leurs mere/cõme Samuel ⁊ autres/iamais ne souffrirẽt mõter rasoir sur leur chief quant Sanson eut les cheueulx tonduz il perdit sa force ⁊ son bruyt. Denys le tyrant vng noble contrefait/platy de maulnais alloy se feist rere par les mains de sa fille/ne se osa cõfier aux barbayeurs pour cause ⁊ affin que il neust pas la gorge couppe. Cõment peut dõc quesle noble de hault extime/ fort manifiq̃ entier ⁊ de grant poix permettre destre tondu et bertaulde/pigne ⁊ esparpillie par vng tas de barbieteaulx plus ydoines destre escorcheurs q̃ de gens reze. Il se doit tenir en son entier mõstrant fait magnanime sans brisure ⁊ sans taiche/cõme fist Judas machabeus qui pour le bon zele q̃l auoit a la loy de dieu dõne a ses progeniteurs mõstra face virile a tous ses ẽnemys/ne se laissa ne fleschir ne corrõpre Et quãt dieu seut trouue entier franc ⁊ loyal il luy enuoya ses anges q̃ prosternerent ses ennemys deuant ses yeulx/⁊ puis fina de ce siecle/le plus vertueux champion q̃ iamais ceinct espee. Mais depuis ce temps proesse sest changee en paresse/milicie en malicie/ferente en seuerite/clemence/en demence ⁊ sobrieite en ebriete. Quant le noble est cõme tout acheue selon les proprietez precedẽtes/finablemẽt il doit auoir son cours par terre/par mer/es palais des roys/⁊ es cours des princes/ affin destre cõgneu par tout ⁊ augmẽter son nom sans reposer en oyseuse/en fol delictz ne en voluptez charnelles. Et doit silest de vertueux couraige deſiret eſtre comme ung denier dieu employe pour eſtre offert au ſainct ſepulchre de Iheruſalem en militant contre les infideles/affin que par leffuſion de ſon ſang/il puiſt acheter le royaulme des cieulx. Il doit aucunement fiſcher ſon engin en lhiſtoire du roy Alexandre qui par la magnanimite de ſon emprendre print ſon cours en marches loingtaines/eſpandit ſa renommee par toutes terres/& fut tant glout et gromant de vouloir regner q̃ vouſt conquerre ung autre monde/car ceſtuy luy ſembloit par trop petit. Semblablement le parfait noble bien en adreſſe en toutes ſes qualitez doit habandonner ce monde corruptible/caducque & miſerable/affin dauoir ſon cours en gloire pardurable. Durant le temps de noz anciens peres les nobles dangleterre edouars & henricus deſcendirent en France/prindrent leurs cours en guienne & en normedie/combien quilz fuſſent expitmez de grant poix/ſi furent ilz deſtrange & dure touche/mais en la fin retournerent ſans pilles/remonterent en mer: & atropos q̃ les princes abat les caſſa de ſes mortelles eſpinces. Lexcellent & ſouuerain noble de ceſte marche occidentale/duquel deuons auoir freſche memoire fut le bon noble Philippus duc de Bourgongne & de Brabant/car en luy reſplendirent toutes vertus meurs & proprietez q̃ le bon noble doit auoir. Quel noble fut ce treſnoble duc. Quel? Il yſſit par origine de la meſme voyne et miniere/dont ſont faictes les couronnes de France & diſtille par ſalembicq des redolentes fleurs de lys. Il fut eſprouue au fourneau de proueſſe ſoubz les marteaulx de tribulacion flouriſſant en adoleſcence. Prime fut damour paternelle. Il fut de treſbon poix fort & loyaulment peſe a la iuſte balance/car onques ne encomenca haulte entrepriſe que premier ne paſſaſt par leſtroit guichet & rigoureux examen de ſon prudent conſeil. Il monſtra ſa liberalite a ſes parés & ennemys/ſa noble courtoiſie aux cheualiers errans venās deſtranges marches et ſes grandes aumoſnes aux freres du ſainct ſepulchre habitans en Iheruſalē. Il porta en ſon cueur la croix de noſtre ſeign̄r/& en ſes eſtourz conqueſtes & batailles la croix de ſainct andrieu apoſtre/par laquelle pluſieurs grāt miracles ſont apparus en diuers pays & prouinces. Il a porte tiltre nom & cry de haulte magnificēce & auctorite/& a fait planter ſes armes les plus riches de iamais/tant en ornemens deglyſe ſeruans audit ſepulchre/come en certaines ediſices par luy fondees tant illecques come en la cite de Roddes. Il fut doulx/clemens & de ſouable toince en la pardonnance de la mort de ſon pere inhumainement occis/& en redimant de priſon celluy q̃ſoy tenoit ſon plus grant ennemy et aduerſaire. Il fut tant entier & vif en fais & en dys/tant plaiſant & aggreable a toutes gens et de ſi treſbon œil q̃ dames et damoyſelles ſi ſont pluſieurs fois mirees en linſpection de ſa treſclere & plaiſant face: Au fulcimēt de la ſaincte foy catholicque/& au decorement de lincit eſtat de cheualerie. Il eſtablit lordre de la toyſon d'or/ou les plus grans Roys & princes des chriſtiens ſe ſont aliez & confederez. Par quoy ſon nom/ſes armes & ſon cry furent congneuz par luni verſel monde. Et iaſoit ce q̃ corporellemēt il ne ait eu ſon cours & alleure oultre les mers & marches loingtaines & pays eſtrāges/Toutesuoyes il enuoya prince & capitaine de ſon ſang & galees bien fournies et acouſtrees de gensdarmes promptz & legieres pour deffendre aux inuaſions & menaces des rabis turcz infideles & mauldis/pretendās extirper/aboſir & de mener a perpetuelle ruyne la foy de noſtre createur. Pour quoy tout conſidere ne fait a doubter q̃ dieu ne ſait Prins et theſauriſe ſon ame en ſon arche glorieuſe pour luy donner felicite ſommiere. Pleuſt au ſouuerain createur que monſeigneur Larcheduc dauſtriche ſon vray heretier portant ſon nom ſon tiltre & partie de ſes armes ſe peuſiſt paiſiblement ſucceder en toutes bonnes meurs vertus & poſſeſſions/car auec les graces que dieu et nature luy ont preſte iuſques a ce iour enſemble ce quil pourra cy apres de luy meſmes acquerre/il en apparence deſtre lung des grans princes de la terre.

fueillet

¶ Le.lxxxix.chapitre. Le dra/
gon Vollant en laer Souffle du
Vent de hault en bas approprı e
a Lypocrite ambicieux de hon/
neur mondain.

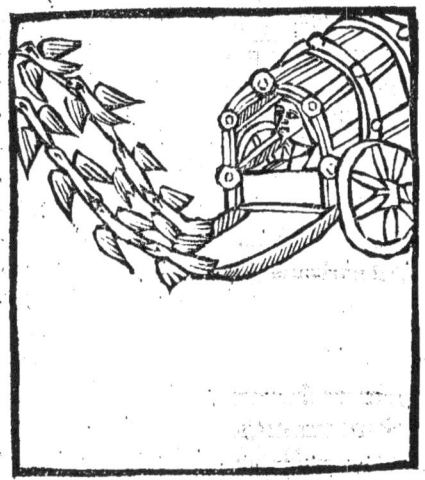

¶ Nature

Es cours des celestiaux corps sōt
apparoit en laer dragons vollans
z esticelles q estoilles resemblent
descendās z cheans des cieulx/ain
si q lentēdent plusieurs foles gens/ mais lon
ne doit quelque apparēce ne raison pour quoy
il puist riens cheoir des cieulx tant fermes et
establez q rien nest de corrompable en eulx silz
ne recoiuēt quelques empraintes pour les re/
bouter dehors/nest riens q casser les pourroit/
ne riens passer parmy eulx ne laisseroiēt tant
fusist chose penetrant/voire se elle nestoit es/
pirituelle. Leurs propres rays les tresperceēt
facillemēt/ mais de riens aucunemēt ilz ne
les empirēt ne ne cassēt. Ilz causēt les chaulx
estez z les frois puers pleurs diuers regars.
Ilz font neiges z gresles Vne heure grosse au/
tresfois gresles/z selon leurs opposiciōs font
impressions plusieurs p eulx entrelōgner ap/
procher ou joindre/ dōs aucunes gēs se dōnēt
merueilles souuēteffois/voyās les eclipses
es cieulx/ z cuydēt estre malmenez z perdus

quāt fines leur sont les regars des planettes q
par auāt auoyent veues. Mais se bien scauo
ient les causes de riēs ne sen esmouueroiēt/ne
pareillemēt pour les behourdis des vens esle
uans les ondes de mer faisans leurs flotz
baiser les nues/puis les appaisent tellemēt q
grondir nose ne faire rebondir ses flotz/fors
celluy q fait rebōdir la lune/laqlle la fait aller
et venir/nest nul q retenir le puist. et q voul/
droit enqrre des miracles q les cours du ciel et
des estoilles font en terre lāt de belles en trou
ueroit q celluy q escrire les vouldroit iamais
nen viēdroit a chief. Ainsi dōc les cieulx sacqt
tent grādement vers moy z par leurs bontez
prouffitent tant q iapercoy bien quilz font tres
bon deuoir.

¶ Moralité

¶ Limpression nōmee dragon vollant est cō
me diēt les philosophes engēdree par les va
peurs z fumees de la terre q sōt esleuees iusqs
a la region de lair/z au millieu des deux nues
lune froide z lautre chaulde. Puis suruient
vng vēt horrible q d son alaine z fort ipetueux
soufflement senflame cōme feu si le verse de
hault en bas/z en sa descēte soubdaine cueille
figure z forme de dragon. Par quoy aucunes
simples gēs affermēt auoir veu le dragō vol
ler p dessus les citez q est pressaige de ruyne fu
ture. Autres diēt qlz ont veu cjoir les estoil/
les du ciel ce q possible nest/cōme il appt au tex
te de ce liure. Ceste vapeur z grosse fumee de
la terre tyrant vers le ciel nō⁹ signifiēt lestat
des ypocrites engēdrez de deux nues lune froi
de/cest le corps maigre z froit p abstinēce fai
te. lautre est lame toute alumee dābicieux hō
neur z de gloire mōdaine. Plusieurs simples
gēs voyans leur maniere de faire cuydent q
telz ypocrites soient vrayes estoilles/ Cest a
entendre simples personnes dignes destre bea
tifiees es cieulx/ mais affin que les ignorans
et poures ydiotes ne soyent par eulx deceuz
Dieu leur enuoye une bouffee de vent qui le
secret en decoeuure/ Si leur fait prendre sem
blance draconique pour notiffier aux gens

que leur fait ne pretendoit qua engloutir offi/
ces/ grans honneurs ou benefices/ ainsi côme
il est aduenu daucuns folz presumptueux per
sonnaiges vueillans estre semblables a nostre
createur/ come de lucifer q̃ cheut au bas enfer
et de symon magus par sainct pierre vaincus
Et côme il aduiendra dantichrist qui sera re/
uerse durement. Encores voyons no9 au iour
duy aucuns folions deuocieux/ et qui mainent
austere vie ne scay silz sont vrays beguis ou
bigotz. A fructibus eorum cognoscetis eos.

¶ Le .xc. chapitre. Nature soy
complaignant des enormitez de
lhomme dit quil tresbuchera en
enfer pour ses demerites ou il se
ra tormente comme tantalus/
sipshus et ticius.

¶ Nature.
Ie ne me plains des elemens qui
mes comandemens gardent et font
leurs mixtions tournans et leurs re
uolucions entre eulx/ ie scay bien q̃
tout ce q̃ la lune comprent soubz elle est corrompa
ble/ riens ne si peut nourrir q̃ pourrir ne luy con
tiengne/ car ilz ont complexion naturelle rei/
gle q̃ ne fault ne ment au commandement de laqlle
tout obeyt/ et est ceste reigle tant generale q̃ fail
lir ne peut. Si ne me plains des plantes qui ne
sont lentes dobeyr/ mais sont fort ententiues a

mes loix le temps que leurs racines sont vi/
ues auec leurs troncz chascune delles apporte
fueillettes/ rains/ fruictz et arbres et buissons.
Si ne me plains des oyseaulx ne des poissons
fort beaulx a regarder/ car bien scauent garder
mes reigles et sont mes escolliers tant bien ap/
prins qlz tirent to9 a mon colier et facinent a
leurs vsaiges faisant a leurs lignages hon/
neur/ dechoir ne les delasse qui est a veoir
grat soulas Ne ne me plais des autres bestes
esqlles iay fait les testes enclines regardant
vers terre/ oncq̃s guerre contre moy ne smeut en
toutes tyrel a ma cordelle faisant côme leurs
peres firent. Le masle sacouple a sa femelle
belle et aduenant/ ensemble engendrent et vôt tou
tesfois q̃ leur semble bon/ car ta ne feroit mar
chie quant saccorderont ensemble/ ains lune co
plaist a lautre pour luy faire courtoisie tant est
debônaire/ et se tiennent to9 a bien payez des bi
ens q̃ leur viennent de p moy. Pareillement se
contentent de moy mes belles vermynettes/ for
mis/ papillons/ mouschettes/ mesmes les vers
naissans de pourriture/ ne cessent de garder mes
comans/ semblablement en mes oeuures se tien/
nent les serpens et les couleuures. Mais lhom
me a q̃ iauoye fait to9 les biens q̃ faire scauo/
ye/ auquel iay a mon deuis fait porter le vis
hault vers le ciel/ cest home q̃ iay fait naistre
sur terre et porter la forme de son maistre/ cest
home pour q̃ ie me paine et trauaille et q̃st la
fin de ma labeur/ na riens de luy mesmes quat
a sa corporelle psonne se ie ne luy donne/ voire
ne de p corps ne de p membres q̃ vne pomme dam
bre luy baille/ et na riens quat a lame/ fors seu
lement vne chose/ il tient de moy q̃ la dame suis
trois forces q̃ de corps q̃ dame. Car sans men
tir puis bien dire q̃ ie le fais estre/ viure et sen
tir. Moult aduantaige le malheureux chetif
sil vouloit estre preux et saiges/ car il habonde
en toutes vertus q̃ dieu a mis en ce monde. Il
a toutes choses q̃ en luy encloses sont. Il est co
paignon et psonnier de leurs bontez/ Il a estre
côme les pierres/ il vit auec les herbes et auec
les bestes mues. Et qui plus est il a entende/
ment comme les anges. Que vous puis ie

plus recenser ne dire: Ja tout ce que lon peut penser/cest vng nouueau petit monde/q̃ pis me fait que nul louueau. Certainement ie cognois que lentendement ne luy donne ie mye/Car ma baillie ne sestend si auant/ne ne suis ie puissãt ne sage de faire chose si cognoissant/oncques pardurable chose ne feis/tout ce que iay fait est corrũpable/come tesmoigne Platon quãt de ma besongne parle. Disant q̃ les dieux nont garde de la mort/car leur createur les garde et pardurablemẽt soubstient par son vouloir tant seulemẽt/Car autrement mourir les cõ uiendroit. Il dit que mes oeuures sont toutes solables tant sont obnubles/poures et subge ctes a pourriture. Au regart de la grant puis sance de dieu en sa presence voyant la tempo lite soubz vng momẽt de trinite. Cest le roy z Lempereur qui dist au dieux quil est leur pe re/come scauent ceulx qui lisent Platon selon le languaige de france/cest la substance des parolles qui la gisent. ¶ Platon. ¶ Ie suis dieu facteur dentre vous dieux/vostre pere z vostre createur/z vous estes mes creatures/ mes factures z mes oeuures/vous estes cor rũpables par nature/et pardurables p̃ ma voulente/car riens nest fait par nature quel que paine quelle y mette q̃ elle ne faille a saf fois/mais ce que ie vueil par bone raison con ioindre z attremper qui suis dieu fort bon/sa ge sans pertie nay voulu ne ne vouldray quil soit dissolu/iamais corruption ny viendra. Pour quoy ie conclus puis que par ma voulen te qui suis vostre maistre Auez prins vostre estre z estes fais z engendrez/ie vous tiens z tiendray en vie/mais pour tant nestes vous totalement quittes de mortalite ne de corrup tion que mourir ne vous veisse se ne vous te nisse/vous pourrez mourir par nature/mais par mon vouloir iamais ne mourres qui sur les lyens de vostre vie ay seigneurie grande/ laquelle tient les compositions/dont vous vien nent pardurabletez. ¶ Nature. ¶ Cest la sentence de la lettre que Platon veult mettre en son liure z fut celluy qui mieulx osa parler de dieu/Qui mieulx le prisa z aloza q̃ nul de

terriens anciẽs philosophes. Et toutesvoyes iln en pouoit assez dire/Car son engin suffire ne pouoit a entendre parfaictement ce q̃ riens comprendre ne peut/fors seulemẽt le ventre de vne pucelle/Mais sans faille ycelle q̃ le por ta en son ventre en entendit plus auant que ne fist Platon/Car des quelle le portoit se pfor toit en le portant/considere quil est le merueil leux espere qui ne peut estre terminable z que son centre se lance par tous lieux/cest le mer ueilleux triangle sans circonference/dont luny te fait les trois angles/z les trois ne font que vng seul/cest le cercle triangulier/z le triãgle circulier qui se hostela en la vierge marie. Platon iusques a la ne sceut/Car ne veit la trine vnite en simple trinite/ne la souueraine deite dõ pel humaine affublee. Icelluy est dieu qui se nõme le createur/Qui lentendement de lhõme fit z luy dõna en le faisant/mais lhom me depuis le recogneut z le guerdõna tresmal car il cuyda dieu deceuoir/Et il se deceut luy mesmes/Par quoy nostre seigneur receut la mort apres quil eut prins chair humaine sans moy/Pour deliurer de paine le malheureux chetif. Sans moy le prinst z si ne sceuz cõmet mais ie fus grandement esbahye quant pour le chetif fut de la vierge marie incarne z puis pendu/car ne peut estre par moy q̃ riens puist naistre de vierge pure. Toutesvoyes ceste in carnacion fut iadis recitee par maint prophe te tant iuifz que payens/par quoy mieulx en appuyons noz cueurs/z tant plus nous enfor cons de croire que la prophecie soit veritable. Nous lisons es bucolicques de virgile que se bille enseignie du sainct esperit prophetisa Ce quil sensuyt. ¶ Sebille. ¶ Ia nous est en uoyee nouuelle lignie du hault ciel pour a uoir la gent desuoyee/par quoy les siecles de fer fauldront z ceulx dor reuendront au mõde. ¶ Albumasar congnoissant ceste besongne tesmoigne q̃ au signe virginal naistroit vne digne pucelle qui seroit vierge z miere allaictãt son pere/et au pres delle sera son mary qui ne la toucheta. ¶ Nature. ¶ Qui peust auoir albumasar/il peust scauoir ceste sentence elle est toute preste en son liure. Et a ceste cause font les chrestiens vne feste a moys de septēbre en remēbrāce de ceste natiuite. Nostre seigneur iesus scait q̄ tout ce q̄ dessus est dit ie lay fait pour le chetif hōme. Est la fin de tout le mon oeuure quelq̄ chose q̄ iaye laboure, mais cest cellup seul q̄ besongne contre mes reigles le desloyal le regnote ne se tiēt tres appuye de moy nest riens q̄ suffire luy puist. Que pourrois ie plus dire? Je ne scauroye reciter les hōneurs que luy ay fais q̄ il me fait de hōtes sās compte q̄ sans mesure. Beaulx doulx prestre beaulx chappellain, Est il droit q̄ ie layme ne que ie luy porte reuerence quant il se preuue si mal contre moy. Si maist dieux q̄ le crucifis ie me repens grādemēt que ie le feiz oncques mais par la mort q̄ souffrit cellup a q̄ iudas le traistre apostre offrit le baiser, q̄ longis ferit de la lance sa chance luy cōpteray deuant dieu qui le me bailla, quāt il tailla a son ymage et semblance, puis q̄ tant de contraire me fait Je suis femme, si ne me puis taire. Je vueil tout reueler, puis q̄ femme riens celer ne peut a malheure sest estrāge de moy, iamais ne fut mieulx laidengie q̄ il sera. Je reciteray ses vices en disant verite. Il est orgueilleux, Murtrier, Lerres, fel, Couuoiteux, Auers, Pipeur, Desespere, Glout, Mesdisant, Hayneux, Despiteux, Mescreās, enuieux, Mēteur, Pariure, Faulsaire, Vāteur, incōstāt, folopant, ydolatre, Desaggreable, Traistre Barateur, ypocrite, Paresseup q̄ sodomite. Brief il est tant chetif q̄ niche q̄ il est serf a tout vice q̄ en soy les herberge. Voꝰ voyez en q̄lz fers les malheureux senferrent. Va il bien pourchassant sa mort, quant il samort a toute mauluaistie. Et puis q̄ toutes choses doyuēt retourner a cellup dont recoment le cōmance, ment de leurs estre, quāt deuant son maistre vidra, lequel il deust seruir q̄ honnorer tousiours, autant cōme il peust en vie soy gardāt de toutes mauluaistiez, ymēt losera il regarder, et dautre part son maistre q̄ sera son iuge de quel oeil le regardera il quant il sest si mal prouue vers luy q̄ il est trouue en telz deffault

le meschant las q̄ cueur failly, qui na voulente de bien faire. Ains tous hōmes souluē leur honneur, font le pis quilz peuēt tant le grant cōme le petit. Il semble que tous ensemble et dung accord commun ayent iure ainsi le faire. Toutesuoyes lhōneur ny est pas souuēt sauue a chascun quelque couent quilz ayent ensēble, Ains en recoiuent grāt paine, male mort ou villaine honte. Mais le malheureux las que peut il penser quāt recenser deuera et dire ses pechez deuant le iuge souuerain, q̄ iuge et poise toutes choses tout a droit sans tort faire, qui riens ne guenchist nestort, quel guerdon en attent il si non la hart pour le mener pendre au gibet denfer fort douloureux, ou sera prins q̄ mys en fer q̄ riue en pardurables anneaulx deuant le prince des dyables, ou il sera rosty q̄ bouly deuāt q̄ derriere en leurs chauldieres sur charbons, sur grilz, tournoyez a grās cheuilles cōme ysion est tourne a trenchās roues par les mauffez, ou il mourra de faim q̄ de soif es palus auec tantalus, q̄ tousiours se baigne en leau, et cōbien q̄ soif le restraigne, iamais leaue qui luy touche au mēton napprouchera de sa bouche, quāt plus la suit tant plus sabaisse, q̄ faim le cōpresse si fort q̄ assouagie ne peut estre. Ains meurt de faim cōme enraige: si ne peut prendre la pōme quil veoit tousiours pēdre a son nez, car quāt plus la cherche a sō bec tant plus la rehaulse. Ou lhōmē rolera la meule dune haulte roche a terre, puis lyra q̄ re pour la rouler de rechief, q̄ iamais de ce faire ne cessera, ainsi que fait siziphꝰ. Qui lyra pour cuyder emplir vng tōneau sans fons ce que faire ne pourra, ne que les besidienes qui pour leurs anciennes folies sont cōstrainctes de ce faire. Vous scauez beau Genius q̄ met les aultours senforcent de mangier le gisier de ticius, nest riens q̄ len puist deffendre. Encores sōt illec plusieurs autres paines vilaines et felōnesses esquelles lhōmē sera boute pour souffrir tribulacion a grāt douleur, tant q̄ ten seray vegiee. Si le iuge deuāt dit q̄ tous iuge en fais q̄ en dys est piteux seulemēt, iespere q̄ le prest q̄ font les vsuriers auy q̄ es seroit bon

a a

fueillet

et delicieux/mais il est droicturier tousiours/ par quoy lon doit redoubter de soy bouter en peche. Sans faille de tous les pechez dont entaiche est le chetif home en la main de dieu ie les laisse/bien sen cheuisse et le punisse quant luy plaira/mais pour ceulx dont amours se plait dont les plaintes iay ouyes autant come ie me doys plaindre ie men plains puis qua moy remitet le tribu que mont deu tout homme tousiours doyuent et deueront tant que ilz receueront mes oustilz.

¶ Moralite

¶ Merueille nest se nature se coplaint de lhomme/considere le scadale honte et blasme q̃ cellup luy pourchasse faire enfant q̃ par ses execrables epces/il deffigure sa ppre face/ veult deturper son noble corps/et forceement deformer la formosite de ses mebres que la prudente dame auctorisee de son maistre a tant soubtillemet taille/tissu et fabricque/pretendat sur toutes creatures mortelles en faire vng precieux chief doeuure/et toutesuoyes la bone dame prenant pitie de sa facture desiraat la retyrer du train exhorbitant ou il est enfangie luy donne aduertace des cruculx gouffres et sulphureux abismes ou finablemet sera plongie/absorbe et crucie sil ne labeure a redresser so fait et tournera come yxion. Ou perira de faim et de soif/come Tantalus auquel la pomme pend au nez/leaue luy court soubz le menton/ et toutesuoyes il ny peut haulser ne baisser le col nullemet pour les touchier ne restacher sa tresardat famine/ne q̃ ne font les auaricieux insaciables/ausquelz tous biens attruēt et affluent. Mais quat quelque accident leur suruient ou fortune de maladie/perte de biens ou par quelque autre maniere ilz sont tat chiches et auaricieux/que pour soubstenir nature et recouurer sate et guerison pristine ne desboursetoiet tant seulemet vng petit blanc pour medecin ne pour medicine/ Ains laissent miserablement perir leur corps q̃ nature a tant souef et fort doulcemet nourry Du lhome pour ses

demerites roulera come fait sisiph9 vne meule dune haulte roche en bas/puis lyra querre et de rechief la roulera come font ceulx qui en fleur de leur ieunesse eslieuet la meule qui est leur corps humain/puis se font tresbucher en bas sans nulz chez pdaser/baler/iouster/beshourder/supter/et courre aux barres/car auec ce q̃lz cueillent la marguerite aux des/il se rompet a la fois ventre et entrailles/iabes ou pieds/haches ou bras/col ou chanol/brisēt les edifices et beaulte de nature/q̃ tant curieusement sest employee a les produire/mais quat telz destructeurs puīennent a maturite daage ilz deuienēt sans regarder aux estoilles bos astronomies et cognoissent le changement du temps et les deffections des lunes par les bruseures de leurs mēbres/dont les douleurs se te nouuellent. Ou il sera logie auec Ticius vng miserable dame q̃ se laisse māgier le gisier des faulcons et des aultours/come font les folz amoureux des gouges et des ruffiens q̃ luy despouillēt sa cheuance et ses biens. Et si tost q̃lz sont rifflez et ramonez/q̃ le guillon de lubricite les point se la gibessiere est fournie/il sera des nouueaux ostoirs rongie et epaulcie come dessus/no seulemet du gisier/Mais de lamer du cueur/du meilleur sang du corps et des vertus de lame/car pour coplaire a sa partie il se morfont et se fond/il se siertue et se tue/il se corront et se rompt/et fait si grāt blasme a nature platiueuse nourrice de to9 ceulx q̃ croissent sur terre que pour recuperacion de ses forces il le fault allaicter a part ainsi come vng petit poupart. Ou lhome sera tormēte auec les belidiens q̃ ptinuellemēt labeurēt pour emplir vng tonneau sans fons/come font vng tas d glotons q̃ ne cessent de ruer en leur ventre duquel ilz font leur dieu/et quelque chose q̃lz y boutēt tout glisse aucuneffois tat impetueusemēt q̃ riens ne prouffite a la digestion. Autres gromans chargēt tat lestomach q̃ nature est constraincte a la fois de regecter leurs saulses et leurs broetz ple parois. Telz purōgnes et quetenaires q̃ font leurs fosses aux dēs et preparent a besongner aux medicins sont plus entē

tifz au cliquetis des potz q̃ au son des cloches
aux fumees des pastez q̃ a lodeur des encens
et hantent plus voulentiers les tauernes que
les eglises. Et aussi dame ebriete tresoriere
du dieu Bachus leur enuoye prouues et di-
stribucions condignes selon quilz ont desserui
Car en fin de leurs iours se treuuent gouteux
Podagreux, Catarreux, ydropicques, Para-
liticques, Epilenticques, Eticques ou frene-
ticques, si que par trop boire se creuent, Pour
ce que tant grief sont Nature, selon ce qui est
escript en aucuns lieux. Plus occidit gula q̃
gladius. Ebriete acompaignee du Vin qui ta-
lise le fourneau se mesle souuent dalquemye,
et pour auancer ses suppotz fait dhomme sai-
chant vng fol meschant, Dung gent gortier
vng ort plastier, Dung amoureux damoiseau
vng gras pourceau, Dung estourdy vng sot
raby, Dung geux gaillart vng ort paillart, et
dung bronquart vng gros pansart.

¶ Le .vci. chapitre. Les gref-
fes, Les tables, Les marte-
aulx, Les enclumes, les char-
trues et les iachieres dont Ge-
nius fait mencion sont attri-
buez a lestat des penitens.

¶ Nature

c. vviv.

Enius mon chapellain bien
emparle allez en lost du dieu
damours q̃ moult se paine de
moy seruir, et tant mayme cõ-
me certaine suis q̃ p la franchise et
debõnairete d̃ son cueur, il se veult plus traire
vers mes oeuures q̃ le fer vers laymant. Di-
ctes q̃ luy mãde salut, pareillemẽt a mon
amye dame Venus et a toute la baronie, fors
a faulx semblãt seulemẽt, pour ce q̃l sassẽble
auec les felons orgueilleux et pailleux ypocri-
tes, Desquelz lon recite en lescripture q̃ sont
pseudo et faulx pphetes, encores suis ie suspi-
cionneuse de abstinẽce, cuydãt q̃lle est orgueil-
leuse et semblable a faulx semblãt, quoy q̃lle
semble estre hũble et cheritable. Se faulx sẽ-
blant est trouue tel q̃ sont prouuez traistres, ia
mais ne soit de p moy salue ne semblablemẽt
abstinẽce, car p trop sõt a redoubter, et amours
bien debouter les deueroit d̃ son ost sil luy plai-
soit, voire se certain nestoit q̃ necessaires luy
fussent et q̃ sans eulx riens faire ne pourroit.
Mais sil sont leurs aduocatz en la cause des
amoureux, tellemẽt q̃ leur mal en soit alegie
ie leur pdõne ce barat. Allez mon amy porter
mes plais et mes clamours au dieu damours
non point affin quil men face droit ne iustice,
mais affin q̃ quãt il orra ceste nouuelle q̃ belle
luy doit estre et greuable a noz ennemys, il se
conforte et soulasse, et ne luy soit paine de cesser le
souspir q̃ mener luy voy. Dictes q̃ ie vous en-
uoye illecques pour excõmunier toꝰ ceulx q̃ cõ-
trarier nꝰ veulẽt, et pour absouldre les preux
et vaillãs q̃ se trauaillẽt de bon cueur, et estu-
diẽt soingneusemẽt pour droictemẽt ensuiuyr
les reigles escriptes en son liure, affin q̃lz pen-
sent de bien aymer en multipliãt leurs ligna-
ges. Car ie doy clamer mes amys toꝰ ceulx q̃
se garderõt des vices p cy deuãt recitez, affin
q̃ toutes bontez facet pour mettre leurs amies
en delices. Dõnez leur suffisant pdon, non pas
de dix ans seulemẽt, car ce ne priserõt vng de-
nier, Mais planier pdon de tout le mal q̃ fait
aurõt quãt ilz serõt bien pfessez. Et lors q̃ serez
venu en lost des barons ou vous serez moult

a a ii

fueillet

eſtier tenu quāt les autres ſaluez ainſi q̄ bien le ſcaurez faire ⁊ publiez ceſte ſentēce ⁊ pdōn que le Vueil eſtre icy eſcripte. Lors genius eſcript dit. ⫶ Lacteur. ⫶ Et nature luy dicte, puis la ſeelle ⁊ luy baille priāt q̄l ſen aille bien toſt, Voire mes q̄lle ait abſolucion de ce q̄ luy trauaille la pēſee. Si toſt q̄ nature la deeſſe fut ꝯfeſſee genius le baillāt preſtre labſolut ome la loy veult ⁊ ainſi q̄l eſt de vſaige, ⁊ luy donna bōne penitēce a lauenāt, ⁊ ſelon la grādeur du meffait q̄ forfait elle Auoit, ſi luy enioint q̄lle demeure en ſa forge ⁊ labeure cōme faire ſouloit auāt ſa doleāce en ꝯtinuāt ſon ſeruice, iuſques a ce q̄ le roy q̄ tout peut faire ⁊ deſpieſer la Voulſiſt adreſſer de conſeil. Sire diſt. ⫶ Nature. ⫶ Doulx tiers. ⫶ Genius dit ⫶ Ie men Vois ce tēps pendāt plus q̄ le cours pour faire ſecours aux Vrays amās, mais q̄ ie ſoye deſaffuble de ceſte chaſuble de ſoye, de ceſte aube ⁊ de ce rochet. ⫶ Lamāt dit q̄ geni⁹ pēdit tout a Vng crochet ⁊ Veſtit ſa robbe ſeculiere, affin q̄ moins dencōbre en euſt ⁊ ſe miſt en point cōme ſil allaſt caroler ⁊ pour Voller print ſes elles. Et dautre part nature demoura en ſa forge q̄ fiert ⁊ forge de ſes marteaulx cōme deuāt, ⁊ genius ſans plus attēdre batāt ſes elles ſen alla ome Vēt, ⁊ a tant ſeſt trouue en loſt, mais ny cōparut faulx ſemblāt qui ſe ſtoit pty pluſtoſt q̄ le pas, des la Vieille deſſuſdicte me ouurit lhuis ⁊ me fiſt aller ſi auāt q̄ peuz pler a bel acueil, oncques puis faulx ſēblant ny Voult attēdre el ſen fuyt ſans prēdre cōgie, mais il trouue abſtinēce ꝯſtraincte q̄ tout ſon pouoir ſappreſte de courre apres quant le dit Venir, enuis ſe abſtenoit de ioindre auec luy, affin q̄ dautre ne fuſiſt apperceue ce que ne Vouldroit eſtre aduenu ſans fault ſemblant pour auoir gaigne Vng beſant dor. Geni⁹ ſas demeure en ceſte meſme heure les ſalue ome faire denoit, eppoſant la cauſe d̄ ſa Venue ſās riens oublier. Neſt beſoing q̄ Vo⁹ face cōpte de la grāt tope q̄ les Barōs luy firēt quāt ilz en tēdirēt ces nouuelles, ⁊ pour alegier Voz oreilles le Vueil abregier ma poſe, car quāt cellus q̄ preſche ne ſe deſpeſche en brief, il fait partir

les audicteurs par ſermōner trop prolixemēt Tantoſt le dieu damours affuble Vne chaſuble a Genius, ſi luy baille annel croſſe ⁊ mutire, clere ome criſtal ſans autre paremēt que tir pour le grāt deſir q̄lz auoiēt dopt lyre la ſentence. Venus q̄ de rire ne ceſſoit ne ſe pouoit tenir coye tāt eſtoit gaye, ⁊ pour acheuer ſō fait quāt il aura fini ſon theume luy miſt au poig Vng cierge ardāt q̄ pas neſtoit de cire Vierge. Genius ſans y mettre nul terme, affin de mieulx lire ſa lettre mōta ſur Vng hault eſchaufault ⁊ les Barōs deſſuſdītz ſeu ēt ſur terre ſās querre autre ſiege. Adonc Genius deſploye ſa charte ⁊ en tournoyant ſa main leur fait ſigne quilz ſe taiſent, ⁊ ceulx auſquels les paroles plaiſoient ſe teurent, penſant deſcouter la ſentence diffinitiue ainſi commencapt.

⫶ Geni⁹. ⫶ De lauctorite de nature ayant la cure de tout le mōde ome Vicaire ⁊ cōneſtable au pourable empereur ſeāt en la ſouueraine tour de la noble cite mōdaine, Dōt nature eſt miniſtre q̄ to⁹ biens abminiſtre p linfluence des eſtoilles, p leſquelles tout eſt ordōne ſelon les īpertaulx drotz, dōt elle eſt officiaulx laq̄lle a fait naiſtre toute choſe ōpuis q̄ le mōde Vint en eſtre leur dōnāt terme d̄ grādeur ⁊ dacroiſſemēt, ne iamais ne fiſt riens pour neant ſoubz le ciel tournoyāt au tour de la terre ſans ceſſer, tant deſſoubz ome deſſus tournel sement τ sans seiour excōmuniez soient tous les desloyaulx τ les regniez τ sans nul respit soyent cōdānez toute gent grāde τ menue qui ont en despit les oeuures par q̄ nature est soub stenue. Et to9 ceulx τ celles q̄ de toutes leurs forces se painēt τ efforcēt de garder nature, et se painent de se bien aymer sans nulle vilaine pensee moynnāt q̄ ilz se trauaillēt loyaulmēt Ilz sen voyent flourir en paradis parmy, tāt que bien cōfes soient. Je prens tout le fais sur moy de tel pouoir q̄ prendre puis, ia nen porte-rons moindre pardon. Et dautre par nature ait dōne malheur aux faulx, dont iay sermō-ner τ aux greffes tables marteaulx enclumes selō ses coustumes τ loyx. Et socz ayās agues pointes a lusaige de charrues. Pareillement iachieres non pierreuses plantiueuses herbeu ses, lesquelles q̄ loyr en veult ont grāt mesti-er darer τ de tresfoupt malheur puissant, Ilz auoir quāt labourer ne veulent pour seruir di eu τ hōnorer. Ains veulent destruire nature quāt ilz veulēt fuyr ses enclumes τ ses tables et ses iachieres q̄l fit chieres τ precieuses affin de ptinuer les choses si q̄ mort destruire ne les puist. Bien deueroient grāt honte auoir ceulx desloyaulx dont ie vo9 cōpte quāt ne daignēt mettre main aux tables pour y escrire lettre ne pour faire emprinte apparāt tāt ont amere intention, car selles sont tenues en oyseuse el-les deuiēdrōt toutes mossues veu q̄ sans ferir coup de martel laissent perir les enclumes. Toutesuoyes la Roelle si peut embatre sans oupr ne batre nemartele, τ qui ne refische le soc es iachieres elles demourront en friche. Ōy les puist to9 vifz enfouyr quāt fupr osēt les oustilz q̄ dieu entailla de sa main les bail-lant a ma dame nature, affin quelle sceust en-tailler les semblables pour donner pourable estre aux corrōpables creatures. Il me semble q̄lz oeuurent mal. Car sil aduenoit q̄ tous hō-mes voulsissent fouyr les Oustilz lespace de lx. ans iamais ne gendroiēt. Et sil plaist a di-eu quainsi soit il veult q̄ le mōde faille, τ par ainsi les terres nues demourront a repeupler bestes mues. Voire sil ne luy plaisoit refaire

nouueaulx hommes ou ressusciter les morz pour arriere habiter les terres, τ se ceulx res-suscitez se tenoient vierges, lx. ans ilz defaul-droiēt de rechief, dōt sil luy plaisoit quainsi ad uinist ce luy seroit tousiours a refaire. Et sil est aucun q̄ voulsist dire q̄ Dieu en vouldroit tollir le vouloir a lūg par grace, τ a lautre non pour ce q̄ bon renom auroit, τ̄ iamais de bien faire ne cessa, dōc luy pourroit il bien plaire q̄ chascun des autres ainsi fist, affin q̄l meist en luy telle grace q̄ le pmier auoit, τ ainsi nulles generaciōs ne feroiēt, p quoy tout yroit a poi-ciō Ne scay q̄ respōdre sur ce se la foyny veult espādre creāce, car en leur pmecemēt dieu on-niment les ayme to9 dōnans ames raisonna-bles, tāt aux hōmes pme aux fēmes, τ voul-droit q̄ chascune dicelles non hune seulemēt te-nist le meilleur chemin affin q̄ plustost a luy puenist. Dōc se dieu veult q̄ aucuns vinēt cō me vierges, affin que mieulx le suyuent, par quoy ne septētera il des autres, q̄lle raison ley destourneroit autrement pourroit sembler q̄ ne luy chauldroit se Generacion estoit faillies Qui sur ce veult respōdre, respōde plus auāt nen scay, viēnēt diuiner les deuins q̄ ne finēt de deuiner. Que dirōt no9 de ceulx q̄ nestriuēt de leurs greffes p lesq̄lz les morteles viuētes pcieuses tables q̄ nature nē leur auoit apreste es pour estre oyseuses, ains pstees leur auoit affin q̄ to9 τ toutes fussent escriuc̄2 en leur vi uant. Que dirons no9 de ceulx q̄ reconuēt les deux marteaulx τ nen forgēt point ainsi pme faire doyuēt sur la droicte enclume leur peche si les enfume p grant orgueil q̄ les deuoye, si q̄ la droicte voye despitēt sur le chāpt bel plātu-reux, τ pme malheureux vont arer τ aūaner la terre oserte ou se pert la semēce, ne ia nyrōt rue droicte, ains vōt la charrue bestournant τ pfermēt leurs mauluaises reigles p excepti-ons anormales voulās ensuyure orphe9 q̄ ne scait arer, nescrire ne forgie en la forge droicte pēdu soit il parmy la gorge. Il se prouua mal vers nature quāt il trouua telz reigles, si fōt ceulx q̄ despuisent telle maistresse quant au re bours ses reigles lysent τ ne les vueillēt pren-

a a iii

dre par le bon chief pour entendre le bon sens/ ains puertissent lescripture quãt a la lecture viennēt ensemble lepcōmunimēt q̃ to9 a dānement les maine. Or puis qua celle aherdre se veullent ilz puissent perdre/ ains quil mirēt les estables ⁊ laumosniere dōt ilz ont signe destre masles auxpendās male pte aduiengne ausquelz laumosniere est pendāt: ⁊ les marteaulx ataichez illec puissent ilz auoir estachiez tolluez leur soyēt leurs greffes quāt ilz nont voulu escrire es tables precieuses q̃ prouffitables leur estoient. Et silz nahēnent a droit des chartrues ⁊ de socz les os puissent ilz auoir despieces ⁊ puissent ceulx vivre a grāt honte qui ensuyvirles vouldrōt/si q̃ leur horrible peche leur soit douloureux ⁊ pēmble/ ⁊ leur fait soit tellemēt fustes en to9 lieux quon les voye en la face. Vo9 autres q̃ viuez gardez pour dieu q̃ ne suyuez telz gens/soyez natureulz aux oeuvres plus vistes q̃ nulz escureux/ pl9 legiers et remouuās q̃ vent ne q̃ nulz oyseaulx. Ne perdez pas ce bon pdon/ ie vo9 pardonne tous voz pechez moyennāt qua ce faire bien vous trauaillez/ trappez/ saillez ⁊ vo9 remuez ⁊ ne laissez refroider voz mēbres ne trop les entordir/ mettez en oeuure voz oustilz: qui bien oeure il se chauffe assez. Arez pour dieu barons arez ⁊ reparez voz lignages/ pēsez dater souuent: nest riens q̃ mieulx reparer les puist/ escouchez vo9 pme pour cueillir vent p deuant ou sil vo9plait soyez nulz/mais gardez dauoir trop froit ou trop chault: leuez a deux mains nues de voz chartrues les mācherōs/ soubstenez les a force de bras ⁊ vo9 penez de fort bouter en la droicte voye pour mieulx en la roye affonder/ pour dieu ne laissez reposer les cheuaulx du frōt deuāt/ esperōner les asprement ⁊ leur dōnez les plus grās coups q̃ possible vo9 est quāt vouldrez arer pfont. Les beufz aux testes cornues soyent aux tougz des chartrues acouplez resueillez les aux esguillōs. Nous vo9 acōpaignōs sainsi le fectes a to9 noz bienfais. Picqz les souuēt: car mieulx vo9 en sera

¶ Moralite

¶ Il pourroit sembler aux gēs de legier esperit enflāmez damourettes q̃ tout ce q̃ dit est apprent a faire le sacrifice de venus/ mais pour certigier ⁊ detōpre leurs vicieuses fātasies ie leur dōneray vng autre entēdemēt pleql son verra q̃ le tout bien entēdu se peut facilement appliquer au mistere de nostre redēpcion. Mature q̃ se cōplaint de lhomme leql entre toutes creatures mortelles est celluy q̃ plus la foule et descōgnoist est acōpare a bonte diuine q̃ descouure son secret a gem9 secōde psonne de la trinite. Car gem9 vault autāt a dire cōme genitus p ladiction du.t. Le geni9 ou genit9 q̃ est le filz de dieu p lordōnance o diuine bōte pour cōmuniquer ⁊ estre auecques no9 print habit seculier/ Cest a entēdre humanite en la vierge et descendit en terre ou il trouua le Dieu damours appropzie au paraclit/ ⁊ salua les varons de son host q̃ sont les prophetes ⁊ autres sainctes psonnes q̃ militoient pour sa querelle. Icelluy encores tout enueloppe en son habit charnel du tout faschie au giron de sa mere visita la mere ⁊ le filz saincte Elizabeth ⁊ sainct Jehan baptiste tant resioup de son aduenemēt q̃ le dit sainct Jehan precurseur enclos au ventre de sa mere le reuerāda grādemēt. A son arivee se destrua faulx semblāt lennemy du gēre humain redoubtāt luy donner approuche/ mais abstinēce cōstraincte p q̃ sentēdz p poctisie ne se faingnit de courre apres quoy q̃lle fut bien estonee. Si grāde ⁊ har:ste esioupssance firent les cheualiers de lhost a sa tres desire aduenue q̃ les prisonniers de leur plp lāguissans au lymbe en furent tous letifiez. Et quantil trouua lieu ⁊ temps cōuenable dexploicter sa ōmission il se feist cōgnoistre au monde mant festāt lauctorite q̃l auoit de bōte diuine/ Assin de mettre en ordre ⁊ voye salutaire tous ceulx q̃ se descreiglerēt du droit sentier de verite: q̃ come aueuglez ⁊ des voyez furēt en train de trebuchier en tenebres exterieures. Et ainsi q̃ genius excōmunie ceulx q̃ ont greffes ⁊ tables/ marteaulx ⁊ enclumes/ chartrues ⁊ tachieres et prēgnent en desdaing les oeuures de nature querās voyes obliccques sās tenir les chemis

froyez/semblablement nostre seigneur qui est
verite/voye & vie redargua les faulx abbans
tres gressans le commandement de bonte divi
ne/& tant par paroles p figures q̃ p paraboles
donna certaine instruction aux gẽs de toz estatz
pour cheminer p vraye adresse au royaulme
de padis. Lestat du clergie no° est demõstre p
les tables dont genius fait mẽcion. Les gref
fes des escriuans sont les langues poingnãs et
agues des gens lettrez cõme sermocinateurs
orateurs/explirpateurs de vices pour inserer
les vertus. Et les tables precieuses sont les
ames des creatures raisonnables q̃ se presentẽt
deuãt eulx. Car Aristote dit q̃ lame en la nou
uellete de sa creacion est. Tãq̃ tabula rasa in
qua nichil depictum est. Lame est pure & net
te cõme une table bien rasee desirãt estre poin
te & painte de bõnes meurs & de scièces. Mais
au iourdhuy no° escriuains sont si vains/ et
noz greffiers si panfiers & tant pusillanimes
quilz vsent du plat de la greffe/ et ne osent es
chauffer la cire pour escrire une bonne epreple
et sil imprimẽt quelq̃ lettre il ny perra le lende
main. Les autres par ung ptraire sont tãt ru
des & oultrageux grãs brouillõs & haulx bray
ars q̃ ilz penetrent & debrisent & la cire & les ta
bles de leurs fors poingnãs esguillons: & sont
les poures ames tãt effrayees dolẽtes & espo
uentees qlles tyrent au train de desespoir. Et
quoy qlz ayent bõne matiere en main si ne tie
nent ilz forme ne mesure & ne scauẽt suyuir la
droicte signe/ains puertissent louenge en seden
ge/honeur en horreur & felicite en ferocite. De
telles greffes & lãgues venimeuses fut nostre
seigneur vilene sur terre quãt p les griffes et
les greffes des scribes & des pharisiens fut en
treche & degraffez. Accuerunt linguas suas.
Telz eschemeles escriuains doyuent considerer
les quãtitez & qualitez des tables ains qlz y fis
chẽt leurs greffes sãs les defigurer & prendre
patron & exẽple es tables de moyse q̃ dieu escri
uit de sa main & suyure la moyenne voye sans
trop oingdre & sans p trop poindre. Par les mar
teaulx dont genius se plaint qlz sont poures de
noir de ferir sur leurs enclumes peut on sentir

lestat des nobles qui se monstrent fort empes
chiez de marteler sur la pointe dung petit clou
mais noseront busquier ne maillier les testes des
gros crampõs ou leurs biens sont prins & hoc
quitez les petis larrõs pendẽt & les grãs se des
fendent. Or puis q̃ noblesse a les marteaulx
au poing/enclume en commandement/souffletz
en point & souffleurs dauãtage q̃ ne forge elle
ung baston de iustice/ ne trouue on point de
charbon au riuage. Ilz sont tant de gros faulx
et de bercelles par les boys. forgiez/forgiez
feures & marischaulx forgiez le baston de iu
stice/ forgiez le dacier & de fer esmoulut qui
soit pour estre redouble puissant & fort. non
point foule: trenchant & bien affile/ fourchier
pour larrõs artifier/agu pour mieulx les tres
percier/ duret pour le tenir es poings lenguet
pour aduenir de soings/entier sans estre cort
pu/massis q̃ tost ne soit rompu et quacte/affin q̃
chascũ loye/droit & roid affin q̃l ne ploye/& en
faictes le preuue sur putiers/paillars/pedans
pillars & fueillins fueillatz q̃ robẽt marchãs
et despouillent le menu peuple de son bien do
mesticque & champestre p exactions forces et
grans raptures. De telz gẽs doit faire iustice
ses enclumes pour tãbourer dessus a force de
bras & de gros marteaulx. nature na point
trop grãs tort se elle se plaint des marteleurs.
Car ie ne voy feure tant soit experimente en
fabricature q̃ vueille iustemẽt assoir ses mar
teaulx sur la droicte enclume. nous voyons
iournellement frapper & maillier voisin sur
voisin/frere pcontre frere/cousin sur cousin/ tãt
rudemẽt aucunesfoys q̃ pour assommer lung
lautre. Et q̃ plus est martellent sur nostre sei
gneur blasphemans son precieux nom par in
iures diffamatoires plus inhumainement q̃
payens & iuifs/ qui come ignorans le boutcrẽt
et tyrerent verifiant ce verset. Supra dor
sum meum fabricauerunt peccatores. Que
rez autres enclumes/ querez poures maris
chaulx miserables/& puis q̃ auez marteaulx
en main martelez sur les dos & sur les ventres
des horribles turcqs infideles q̃ vo° menassẽt
et se vãtent de marteler brief sur voz testes:

a a iiii

Fueillet

Approuchiez qui vous approuche/abboyez q̃ vous abboye/barguigniez q̃ vous barguigne estõnez q̃ vous estõne, forgiez nouuelles ar/mures, fourbissez vostre ferraille q̃ vous ac querrez en europe aussi glorieux nom sur les turcqz q̃ le tres victorieux roy de Castille sest acquis en affricque sur les mores en sa cõque ste de grenade, q̃ vo9 serez dignes de estre cou/ronnez auecques les chãpions de lẽpereur ce/leste. Dultreplus nature fait par Genius te mõstrer se doleãces du grãt desordre perpetré par ceulp q̃ cultiuẽt les terres q̃ ne veulẽt me/ner leurs charrues sur les plaisans tachieres desirãs estre marlees/ains vont arer q̃ achan ner es lieup desertz plains de boscaiges ou il respãdent leurs semẽces sans iamais en rap/porter fruict/ et par orgueil q̃les surmonte ne daignẽt mettre main aup labourages pour ali mẽter les suppostz que nature fait q̃ produit. Pour reduyre a sens moral la derreniere par tie de ceste hystoire/ il est a õsiderer q̃ le grain du fromẽt fructifier ne peut sil nest mortifie en terre. Pareillemẽt se lhõme ne mortifie son corps par endurer trauail q̃ paine, iamais deuãt la table q̃ face de nostre seigneur ne ten dera fruict salutaire. Et pource q̃l nest labeur au mõde plus prouffitable q̃ necessaire au biẽ publicque q̃ de mener la charrue. Il doit pener sa Charoigne q̃ mettre les Mains a loeuure pour cõtinuer q̃ refauciller les suppostz de na/ture. Par la charrue q̃ sur la chair rue est entẽ du lestat de penitẽce, q̃ les tachieres grasses et bien fumees sont les formositez belles faictu res Charnues q̃ bien coulorees de Corps hu/maine fort adõnez aup delices charnelz q̃ doy uent estre chastiez/vulnerez q̃ dilacerez par le gros fer trenchãt de la charrue. Et cõme il y a en la charrue deup roelles q̃ luy dõnẽt mouue ment deup beufz q̃ la mainent q̃ vng couteau de fer q̃ ouure q̃ deplaye la terre. Pareillemẽt est il au sacremẽt de penitence, Les deup roel les qui incitẽt au labourer sont amour de dieu sempiternel q̃ cremeur du feu eternel. Listru ment penetrãt la tachiere est contricion de cueur Les deup beufz cornuz hurtans a lhuis de la

conscience sont confession q̃ contricion: Et se bouuier qui cõduit cest ouurage est le bon an ge que dieu vo9 a dõne. Or puis q̃ ainsi est po ures pecheurs obstinez q̃ engraissiez en folz delitz mondains q̃ vous auez bouuier a voulen te, charrue a souhait q̃ tachiere a plaisãce soit plãtiueuse ou pierrieuse plaine de chardons et despines employez voz houstilz pour discipli/ner vostre corps. Mettez confession en train, faictes tyrer Satisfaction, Despouillez voz habits pour entamer vostre chair nue, comme feist saict Therosme. Vostre chair nue soit va nee q̃ rudement esguillonee, picquiez, poin/gnez vostre Charoigne, faictes la soubstenir deuãt. Naurez vostre cueur du trenchant ba ston de cõtricion, si que par force de bonter les larmes vo9 viengnẽt aup yeulp. Arez, achã nez, hersiez, binottez q̃ sans vous bestourner hors de la droicte voye. Tirez auant si prenez a voz deup mains nues les verges q̃ les escor gies qui sont quãt les auez tenues les mãche/rons de voz charrues.

¶ Le .xcii. chapitre. Cadmus q̃ ses cinq compaignõs qui fon/derent Thebes sont comparez a nostre seigneur, q̃ a cinq person/nages, lesquelz il choisist entre les autres pour edifier tant le/glise militãt q̃ la triumphant

¶ Genius.

ET quant aurez tant aré que lassez en serez et q̄ la besongne se portera tellemēt q̄ reposer vous conuiendra car sans repos ne peut longuemēt durer la chose. Et sil aduient q̄ recōmencer ne pourrez si tost q̄ pour auācer loeuure au moins ne soyez las den auoir la volēte. Cadmus au cōmandement de dame pallas ara plus dung arpent de terre, et sema les dens dung serpent p̄ lesquelles sortirēt sur les rencz plusieurs cheualiers armez, q̄ tant se cōbatirent entre eulx quilz mouruēt sur la place si non cinq, desq̄lz il feist ses cōpaignons, et luy dōnerent secours a edifier la cite de Thebes, dōt il fut principal fondateur. Et iceulx cheualiers luy auācerēt les pierres, et sa cite de grāt antiquite luy peuplerent. Et ainsi donc Cadmus feist bōne semence quāt elle luy auance son peuple. Se vous cōmenciez a semer, et arer aussi bien cōme il fist, vous auācez grādement voz lignaiges

¶ Moralite

¶ Cadmus est figure a Jesuchrist q̄ par lordōnāce de Pallas deesse de sapience. Cest a entendre de la bonte diuine achanna vng arpent de terre, et y sema les dens dung serpent. Ceste terre arée et semée fut la terre de pmission, ou nostre seigneur cōuersa regnāt au mōde. Et pource q̄ les serpens auoient iadis par leurs morsures occis et destruit les enfans disrael es desertz. Il sema le dens dung serpent pour recouurer des nouueaulx hōmes, lesq̄lz en pou despace se leuerēt et deuindrēt fort grās. Mais pource que dés naturellemēt sont fort durs luysans et clicquans comme harnoys de guerre, il se esleuerent et se mōstrerent tous armez, si que de prime face se entretuerent lung lautre, si non cinq qui luy aydèrent a edifier la cite de Thebes. Les cheualiers et gēs darmes subtilz comme serpens qui ainsi se entrebatirent a la venue de nostre createur, furent dīuerses sectes de Religion qui lors desgaine-

rent leurs espees, Cest assauoir leurs lāgues disputerent et bataillerent lung contre lautre, par opinions pour congnoistre q̄ estoit le vray Messias. Les payens ne croyoient en autre dieu que en corps celestes, es elemens ou ydoles. Scribes et Pharisiens disoient nostre seigneur estre filz de Joseph, exspectās Messias auecques les iuifz, desquelz aucuns cuyderēt sainct Jehan cellui qui fut promps en sa foy a cause de lausterite de sa vie. Et les apostres creurent les aucuns Jesuchrist estre filz de dieu, les autres en varioyent. Et ainsi confondoient lung lautre de paroles par les diuersitez de leur creance. Et affin de bouter chāscuin hors derreur en ensuyuant lhystoire de cadm⁹ qui choisist cinq hommes pour edifier la cite de Thebes Jesuchrist esleut cinq personnages de ses plus grans et loyaulx amys pour edifier le temple de leglise catholicque sur la montaigne de Thabor pour le sainct seruice de la messe iournellement celebrer. Il appella et le fonda sur sainct Pierre qui en fut la premiere pierre, et en chanta lintroite. Sainct Jacques fut epistolier. Sainct Jehan son frere chanta leuangile. Moyse feist les commandemens de la loy monstrant ses tables. Helias feist descendre le feu du ciel pour faire le sacrifice. Jesuchrist transsfigura sur lautel son propre corps en pain et en vin. Et pour verifier la sentence de quoy le debat se esmeut la voix du pere fut ouye. Hic est filius meus dilect⁹ In quo michi ec. Et se quelque vng veult dire que ceste similitude dissonne a lhystoire pource que cadmus edifia vne Cite, Et iesuchrist edifia vng temple, Je leur vueil enseigner et monstre que ces mesmes personnages qui edifient Leglise, Edifient et populent la Cite de Jherusalem qui est la gloire pardurable, De laquelle sainct Pierre est le vray portier. Et Jesuchrist a la requeste de sa tente mere des enfans de zebedee, cest a Destre et Senestre en son Royal siege de sainct Jehan leuangeliste et de sainct Jacques son frere. Et auec ce sainct Jehā a auctorite de voler sur la plus haulte guerite pour descouurir pays, et

fueillet

tant par signes que par lettres sefforce deuoc/
quer nouueaulx citoyens au mōde pour repa/
rer les sieges. Et sainct iacques a cōgie du su
pernel gubernateur de descēdre au siecle en ha
bit de pelerin pour cōduyre ⁊ amener ses bons
et loyaulx cōfreres ⁊ seruiteurs au regne des
cieulx. Et affin q̄ le cueur ne leur faille en la
voye il porte mallete pour leur dōner du pain
des anges/⁊ bourdon en main pour les appu/
yer ⁊ deffendre cōtre tous chiens rabis ⁊ forse
nez. Moyses est celluy q̄ regit lapolicie. Car
par auoir tenu loyaulmēt ses loys plusieurs
pecheurs deuoyez sont arriuez a port de salut.
Helias q̄ fut le marteau des roys regnans de
son viuāt en terre est celluy q̄ circuyt ⁊ garde
la cite/ affin q̄ Lucifer prince de tenebres: ensē
ble son horrible ⁊ tres layde mesgnye ne se a/
mordent de iamais y mettre siege. Car il en
est banny a tousioursmais. Et nostre seignr̄
iesuchrist souuerain Roy des roys regit illec
ques. In excelso throno. La premiere simili/
tude donne figure de leglise militant. Et la se
conde de la triumphant.

Le. petit. chapitre. Les trois
seurs/ Les trois furies et les
trois preuostz denfer donnēt
aduertance des horribles tor
mens que les Pecheurs au/
ront illecques a porter.

℣ Genius.

Vous auez deux grās auātaiges
pour voz lignaiges sauluer/ se ne
voulez estre le tiers/les sens vōs
sont affolez/ toute suoyes vo⁹ na
uez q̄ vng seul chāpion q̄ vous nuyst deffēdez
vous vigoureusemēt/ car vous estes assail/
ly dune part. Et quāt les trois ne peuēt abba/
tre le quatriesme/ ilz ont bien le cueur failly et
ont desserui la batre. Les deux auantaiges q̄
vous auez se ne le scauez sont deux seurs q̄ se/
cours vous dōnent/ ⁊ la tierce seule vo⁹ grief
ue/ car elle abreige voz vies. Les trois seurs
sont nōmees Cloto/ Lachesis/ Attroppos.
Cloto porte la quenoulle. Lachesis tyre ⁊ cō
duit le file. mais attroppos rōpt ⁊ deschire tout
ce que les autres peuēt filer. Attroppos bee a
vous deceuoir/ elle ne fourra gueres parfond
mais elle enfourra voz lignaiges tous. Qui
plus est elle vous espye/ iamais pire beste ne
veismes au monde ne auez plus grant enne/
my. Seigneurs mercy mercy seigneurs de
voz bons peres/⁊ de voz anciēnes meres bien
vous souuiēgne. Reiglez ⁊ ligniez voz faitz
selon les leurs sans forlignier. Que ont ilz
fait prenez y garde. Si est nul q̄ regarde leur
prouesse si bien se sont deffenduz q̄ rendu vous
ont cest estre/ se ne feust leur cheualerie en vie
ne feussiez maintenāt. Ilz eurent moult grant
pitie de vous/ Je vous requiers par amour ⁊
amytie/ Penser des autres qui viendront et
maintiendront voz lignies. Ne vous laissez
desconfire/ pensez descrire/ ne ayez esmoufflez
les bras/ martelez/ forgiez ⁊ soufflez/ aydez
Cloto/ secourez Lachesis. Et sil aduient que
Attroppos qui tant est vilaine couppe ou rōpt
sip de leurs filez/ faictes tellement que il en re
sortisse vne douzaine. Pensez de vous multi/
plier/ Et par ainsi faire pourrez deceuoir sa fe
lonnesse rauache Attroppos qui tāt vous em
pesche. Ceste lasse et chetiue qui estriue con/
tre voz vies/ A le cueur si hault quelle nour/
rist Cerberus son ribauld qui tant desire mor
talite que tout en frist de lescherie.

Il feust enragié de faim se la garce ne le secou-
rut/car sans elle ne trouueroit iamais q̃ le re-
peust. Icelle ne cesse de le paistre. Et pource q̃
tant souef le nourrit le fault mastin luy pend
aux mammelles qui ne sont iumelles/mais tri
ples. Il musse ses trois groings en son sain/ la
les groignoye & tute & succe. Oncques ne fut
ne iamais saoule ne sera/si ne quiert autre pa-
sture. Et ne luy demãde estre abeuure dautre
laict/ny ne dautre viãde fors seulemẽt de corps
et de ames. Elle tette en sa triple gueulle hõ-
mes & femmes par mõceaulx/cest celle q̃ seu
le se repaist/tousiours le cuyde emplir & tous
iours le trouue vuyde quoy que de semplir se
paine. Trois ribauldes felonnesses vẽgeresses
de felonnies Aletho Thesiphone & megera q̃
tous nos mãgera selles peuẽt/sont en grãt so-
ing de son relief. Icelles trois vous attendẽt en
enfer/car elles lyent/battent/fustes/pendẽt/
hurtent/hercent/escorchẽt/foulent/noyẽt/ar-
dent/greillent/& bouillent deuãt les trois pre-
uostz de leans seans en plain cõsistoire. Tous
ceulx q̃ firent vilenyes/quãt les vies auoiẽt
au corps/illecques par tribulacyon les cõfessi-
ons escoutẽt de tous les maulx q̃lz firẽt iamais
depuis lheure q̃lz nasquiret de mere. Tout le
peuple tremble deuãt eulx/& me semble que
fort couart suis se ie nose nõmer ces trois pre-
uostz denfer q̃ sont Minos/Radamantus et
leur frere Eacus. Juppiter fut leur pere. Et
furent ces troisrenõmez au mõde destre bons
preudhõmes/& si bien iustice maintindrẽt q̃lz
deuindrent iuges denfer. Pluto q̃ les attendit
illecq̃s leur rẽdit ce guerdon q̃ bien desseruirẽt
auoir tel office/ quãt leurs ames partirent de
leurs corps. Pour dieu seigneurs q̃ la naillez
batailler põtre les vices/lesquelz nature nostre
maistresse a la messe me vint hier compter/
oncques puis ne sois q̃ tous me les dist. Vous
en trouuerez vingt sip plus nuysans q̃ ne cuy
dez se bien es vuydes estes de lordure de voz vi
ces/iamais es lices nentreriez des trois garces
dessus nõmees mal renommees. Ne iamais
les iugemẽs ne craindrez des preuostz plais
de damnemens. Les vices bien vous voul-

c.xxxiii.

droye compter/mais ie mentremettroye doul
trage. Le romant de la Rose le vous expose en
brief/sil vous plaist vous le regarderez illec
affin q̃ mieulx vous gardez diceulx. Pensez
de mener bõne vie/si q̃ chascun amy embrasse
son amye: Si le baise & festoye & solace se soy
aulment vous entramez ia blasmez ne deuez
estre. Et quant aurez assez toue comme loue
vous ay pensez de vous cõfesser tresbien pour
le bien faire & pour laisser le mal/et regardez
le dieu celeste q̃ nature pour son maistre re-
clame. Il vous secourra en fin/quãt attropos
vous enfourra. Car de corps et de ame est il
vray salut. Cest le beau miroir de ma dame
nature qui riens ne scust se elle ne leust. Il la
gouuerne & reigle & autre reigle na. Il luy ap
print tout ce quelle scet quant il la print a chã
beriere. Seigneurs ie vueil q̃ chascun enten-
de bien ce sermon mot a mot cõme ie le sermõ
ne/ma dame ainsi le vous cõmande/car lon ne
peut tousiours auoir son liure auecques soy.
Vous scauez le grant ennuy que cest descrire
pour tant pensez de le retenir par cueur telle-
ment q̃ en quelque lieu que vous vous trouue-
rez le recitez par bourgs/par chasteaulx & par
citez/par vuets ou par estez tous ceulx q̃ nont
icy este. Bon fait retenir la parole q̃ de bonne
escole vient. Et encores est ce meilleure chose
de la reciter q̃ veult mõter en pris & auoir loz.
Ma parole est moult vertueuse & plus preci-
euse cent sois que Saphir/ Rubys ne balay.
Beaulx seigneurs ma dame en sa loy a grãt
mestier de prescheurs pour les pecheurs chas-
tier/lesquelz se desuoyent de ses reigles/ Les-
quelles tenir & garder doyuent.

¶ Moralite.

¶ Les poetes ont escript que Cloto La
chesis et Attroppos sõt trois seurs qui se bou-
tent par tout ou que les humains soient pour
besõgnier de leur mestier. Cloto porte la que
noille. Lachesis file. Et attroppos desuy de
Car elle rompt & brise tout ce que les deux au
tres font/tissent/ourdissent & filent.

fueillet

Aucuns eppofiteurs dient que Cloto qui la quenoulle tient et porte eſt/cõme la natiuite de lhõme/lacheſis eſt ſa Vie/ſoit courte ou lõgue et attropos eſt la mort q̃ tout deſtruyt/deſplece et mord. Et pour tãt dit genius chappelain de nature/a laq̃lle il Veult cõplaire q̃ lhõme a les deux ſeurs dauãtaige pour Viure/generer et ꝯtinuer eſpece humaine/et pour ſoy deffẽdꝛe ꝯtre la tierce ſeur ſa frere Attropos/ par q̃ la Vie eſt pdue et raupe. Et pource q̃ generalemẽt toute creature nee ſans eſpargnier ne fauoriſer a nulles quelzcõques eſt ſubiecte a elle. Aucũs dient q̃ ces fileresses ſont trois deſtinees. Car naturellemẽt/neceſſairemẽt et infalliblemẽt elles aduiennent aux ges. Les trois ſeurs ſont figurees a trois tẽplacids q̃ lennemy/la chair et le mõde no9 mettẽt au deuãt. Car lẽnemy Voyãt lacreature oyſeuſe ſans dieu ſeruir ou faire oeuure louable a maniere de ſubgeſtion luy baille et preſente cloto a tout ſa quenoulle. Car p̃ la forfaiture des premiers parens il ſe encline a pechie. Puis Vient lacheſis q̃ file et ourdit/parquoy il ſe lance en delectacion. Laquelle quãt elle eſt trop longue/Attropos Vient q̃ rompit tout le filaige. Par ſa premiere ſeur a la natiuite de lhõme eſt ꝯceu pechie/originel. Par lacheſis fort delectable eſt engendꝛe pechie Veniel. Et quãt ꝯſentemẽt ſi boute Attroppos ſortit auãt q̃ de fait tout tire en ſes graux/et lors appert vng moult merueilleux horrible et terrible pechie mortel. Lon pourroit accõparer et approprier tãt les trois ſeurs que les trois modes de temptacions a trois manieres de noix. La petite noiſette de laq̃lle lon dit Prima prodeſt. Eſt ꝯme la ſugeſtion/ Voire quãt elle eſt reboutee arriere Vigoureuſemẽt. La groſſe noix eſt comme la delectacion q̃ ne prouffite gueres. Car lon dit Secũda nocet. Mais la noix de larbaleſtre cõme eſt le ꝓſentemẽt eſt ſemblable a attroppos la mort ſecõde. Car lon dit. Tertia mors eſt. Attroppos celle mauldicte et attrapant ſattrappe ne bꝛiſe ſeulemẽt les quenouilles/les fuſeaux/le filene les baleſteaux/Mais elle raupt et rautra en corps et en ame tous ceulx et celles q̃ auront

entretenu et nourry en leurs cueurs et en leurs penſees ces trois Vices acomparez a ces trois ſieres fileresses fort fines et felõnesses. Et cõme dit Genius la faulſe attroppos attrappe a tous les gens mors et damnez/pour les ruer en la gueule de cerberus Vng ſien ribauld q̃ les engloutit en ſon Ventre. Et pource q̃ a trois teſtes elle ſe nourriſt de ſa ſubſtãce/et luy baille a ſuccier ſes trois mãmelles pendãs. Et ſelon les trois ſillabes de cerberus/les trois teſtes font leurs offices de rongier et ſuccier eſtrãges mez. la premiere ſillabe q̃ eſt cer mãgeue la chair des luxurieux. La ſecõde qui eſt Bebee pour rongier les oſſeaulx des orgueilleux plains de boubãs/felons rudes et inflexibles et nont daigne ployer genoulx deuant dieu ne deuant ſon proeſme. Cõme ſont ceulx deſq̃lz il eſt eſcript. Exultabunt oſſa humiliata. La tierce ſillabe d̃ cerberus eſt rus/q̃ autãt Vault cõme Villes/champs ou iardins. Ceſte teſte cerberique ſucce le ſang des auaricieux q̃ ont mangie rongie et engorgie les treſors et amas des bõnes Villes/ les grains et les fruitz des marchãs/la ſueur et le ſang des poures laboureurs. Mais quelque charoigne que attroppos luy lance es Machoires il a touſiours ſa pance Vuyde/et cõme vng chien fameilleux papillant bee touſiours dauoir nouuelle pꝛye. Et quãt il a mangie/ crocquie et ſucce les talſ des luxurieux/les ceruelles des orgueilleux les grans rauiſſemens des auaricieux aletho Theſiphone et Megera/q̃ ſont trois furieuſes Rabices dyableſſes/ſortiſſent deuant ſes treignes pour deuorer ſes reliefz. Et lors chaſcune dicelles ſadherd a mordꝛe et ſe enforce de engloutir la Viande q̃ mieulx luy duyt. Aletho qui Vault autant a dire comme celluy q̃ touſ les biens dautruy/ceſt cõſtraint aucune ffoſ de aller toſt quant il a fait ſon larrecin/ eſt la faulſe liſſe deſuce qui tormẽte les conuoiteux. Theſiphone q̃ ſignifie deſpriſſion d̃ chant fait rabier pecheurs lubriques/ braire ꝯ crier et vluler comme les loups/pource que nõt peu aſſouer leur appetit deſordonne. Et megera qui deſigne grande contencion fait forſener les or queilleup e la chair e les os Pour les grans hostz e horribles batailles quilz ont esmeu a pou de cause: ou tant de gens dont le dommaige est grãt sont en dangier de estre a tousiours perilz. Nous lysons q̃ vng gros pillart de guerre plus aspre au butin que au hutin print e rauit par les cornes la vasche dune famelette si lemena a son logis. La poure fẽme cryoit apres luy helas vo9 robbez la substãce de moy e de mes trois enfans. Le paillart respondit vienne q̃ venare/se ie ne la prenoye vng autre la prendroit. Pou de iours apres le paillart print debat a son compaignon q̃ luy crocqua la teste se descẽdit en enfer ou il receut le payemẽt de ses souldees/ Et a sa venue Aletho Thesiphone et Megera ces trois furies infernales le mirent aux abbois/ e pour torturer e crucier le coucherẽt nud sur vng banc. Et quãt il eut receu maint horion e diuerse colee vint vng petit crucipion tenãt en ses deux pattes deux broches de fer ardãt a maniere de cornes de vasche/ e luy ficha parmy le corps. Lors le paillart luy demãda/ pourquoy me faiz tu ce torment. Pour tant dit le crucipion q̃ se ne le faisoye vng autre le feroit: ainsi q̃ tu dys a la fẽme a q̃ tu voulluz robber la vasche. Par ceste exẽple veons no9 clerement la redde e bõne iustice q̃ se fait en enfer/ car riẽs ny demeure impuny. Et comme genius tesmoigne en son sermon: Radamantus/minos e eacus: sont les trois preuostz des infernaulx palus dignes destre equiparez a iustice/ droit e raison. Les trois nont quel q̃ affaire au ciel/ car tout y est si bien pese directemẽt e raisonnablemẽt cõpase q̃ chascun fort bien si ptente Les trois furẽt iadis au mõde en grant bruyt e de haulte eptime entre les princes vertueux e gens de bõne voulẽte/ mais maintenãt sont deboutez de gẽs a pou de tous estatz. Car nest hõme q̃ vueille faire ne droit ne raison. Pluto roy denfer connoissãt ces trois psonnages estre iustes droitz et loyaulx les entretiẽt la bas pour regir la police de son regne/ car il y a plusieurs rebelles bouteseux e blasphemateurs. Et affin que ne tresbuchõs en leurs lacz/ pource q̃ no9 voyons

les humains enclins au delice charnel orgueil et couuoitise/ e q̃ lung pech par fragilite p̃ ignorance ou p̃ malice oultre la puissance du pere/ la sapience du filz e la clemence du sainct esperit: prions de bon cueur la glorieuse trinite quelle no9 pdonne les vices du tẽps passe nous donnant telle grace au tẽps present q̃ no9 puissons veoir sa face au tẽps futur. Et p ainsi eschapperons hors des pattes des chiens mastins dyaboliques/ si chanterons auec le roy dauid re graciant nostre seigneur. Qui non dedit nos in captione dentibus eorum.

¶ Le .xciiii. chapi. saignel les brebis e les flourettes du champ herbu sont cõparables aux pdurables ioyes q̃ dieu ppare aux ames bienheurees.

¶ Genius.

Et se vous le preschiez ainsi selon mon dit e accord/ mais que le fait saccorde au dit ia ne serez empeschiez dentrer au parc du champ ioly ou saignel saillant p les herbis cõduyt ses brebis auecques luy lequel est filz de la vierge brebis ayãt tresblãche toyson e apres sen võt non pas a foyson/ mais a petite cõpaignie par lestroicte voye e sente moult bien flourie et tresfort herbue tant est pou batue/ hãtee e marchee les brebiettes blãches frãches bestes e de bonnaires lherbette broustant et paissant: ensemble les flourettes illec naissant. Et saichez que la pasture est de nature tant vertueuse q̃ les delectables flourettes fresches et nettes q̃ la naissent et sont cueillies au printemps par les pucelles sont nouuelles et fresches au matinet a la rosee reflãboyant cõme estoilles p̃ les verdoyans herbettes/ et ont durãt tout le iour tãt de fines couleurs fresches et viues de leurs pp̃res naiues beaultez q̃ ne sont enuieillies au soir/ains les peut on cueillir telles au soir cõme elles estoient au matin/ voire q̃ la main y veult mettre. Mais sachez pour certain q̃ ne sont ne trop closes ne trop ouuertes/ ains sont par les herbaiges flãboyãt au meilleur poit de leur aage. Car le soleil luy sant leans nuysant ne leur est/ne ne desgaste les rousees dõt arrousees sont les entretient en leurs fines beaultez et adoulcist leurs racines. Si vous dys bien q̃ les brebiettes ne pourront iamais tant brouster ne de herbes ne de flourettes que tousiours brouster ne les vrulet/car tousiours renaistre les voyent tant en saichent brouster ou paistre. Encores v̓̃ dys ie plus fort/ce ne sont pastures corrõpables cõbien q̃ les brebis les broustẽt/et si ne leur coustent rien/ne les peaulx dicelles brebis ne sont vẽdues ne despendues au derrenier/Ne leurs toysons ne seront estrãgees delles pour faire langes draps ne couuertoirs aux gẽs estranges/Ne leurs chairs ne seront mengees ne mal mises ne corrompues/ne ne serõt sur princes de maladies. Mais ie ne faiz doubte q̃ le bon pasteur q̃ deuãt luy les maine paistre ne soit vestu de leur laine: si ne les despouille ne desplume de chose q̃ leur puisse couster le pris dune plume. Mais sil luy plaist et semble bon q̃ sa robbe resemble la leur. Encores v̓̃ dys ie q̃ iamais ny virẽt naistre la nuyt: il ny a si non vng seul iour qui iamais au vespre ne vient/ne nul matin cõmencer ny peut tãt le sache auãcier laube du iour/ car le soir se assemble au matin q̃ le resemble. Pareillement est il de chascune heure q̃ tousiours demeure en vng moment. Le seul iour anupticr ne peut tãt sache a luy la nuyt suiuete/ ne ce beau iour q̃ tousiours dure na mesure temporelle. Il sesiouyt et rẽt de sa clarte p̃sente il na tẽps futur ne p̃terit/car en verite les trois tẽps y sont tousiours p̃sens. Et ce p̃sent tẽps y cõpasse le iour/ mais ce present ne ce passe ia mais pour definir en p̃tie/ne dont il soit aucune p̃tie a venir/Ne iamais tẽps p̃terit ny fut p̃sent/ne le tẽps futur iamais p̃sence ny aura tant est de p̃manẽce estable. Car le resplẽdissant soleil q̃ tousiours leur appert fait le iour estre en vng point. Il sont en printemps pudurable tel q̃ oncq̃s nul ne vert si bel ne si pur. Mesmes quãt Saturnus regnoit tenãt ses aages dorez a q̃ Iuppiter son filz fist tant doultrages par le tormẽter q̃ les coillons luy supplãta ne fut de son temps si beau iour sur terre.

¶ Moralite

¶ Apres q̃ genius.a recite lespouẽtable terreur et sure paine q̃ ceulx q̃ sont absorbez et tortorisez au gouffre plutonicque ont a souffrir ppetuelement: il no⁹ enseigne p̃ termes et p̃sonnages de bergerie les admirables incõprehensibles et inep̃timables ioyes de paradis q̃ appceueront ceulx q̃ dignes destre euocquez a la cene de laignel innocent taoie sacrifie a Dieu pour la redẽption humaine. Par le filz de la vierge brebis dõt Gem⁹ fait sa deuise est entendu lenfant de la vierge Marie auestue de toy son blãche: cest a entẽdre du mãtel de virginite/pur/cler/net/entier sans taiche ou quelcõque frature. Les brebisettes q̃ le suyuẽt par le stroicte voye q̃ nest queres hantee/mais bien pou flourie et puissãnt herbue sãt les glorieuses et bienheurees vierges paissans broustãs et cueillãs les verdopãs florettes q̃ sõt courõnes p̃cieuses et resplẽdissans aureoles reflãboyãt par les herbis sintilãs côme les estoilles. Ce tresamene champ fertil et florigere ou les tres doulces et belles brebisettes broustẽt les redolens boutõs et flourettes immarcessibles soubz la cõduite du pasteur eternel est le plus priuilegie et delectable lieu q̃ dieu crea iamais lassus Tousiours y a vie sans mort/ ieunesse sans vi eillesse/iour sans nuyt/sante sans maladie/gloire sans trauail/chāt sans discord/ioye sās tristesse/repos sans solicitude/douleur sans amaritude/grāt beaulte sās turpitude/liberalite sans tenacite/dominacion sans defection/grāt felicite sans ferocite ⁊ saluacion sans dānacion. Cest iherusalē la cite/larche de paix ppetuelle/la souueraine court celeste/le glorieux tēple de dieu/la sacristie de sa mere/Le reuestiaire des poures/les fourmes des saintz patriarches/le silencium des pphetes/le collo/quiū des pscheurs. Le refectoire des apostres le dormitoire des martyrs/le cloistre des moynes cōfez/le chapitre des ptīnes/la nef des Vierges bieheurees. Cest le chorus angelorūz q̄ sōt chantāt Sāctus sanct⁹/⁊ le timbre q̄ no⁹ assigne pour les cōpaigner a la cene. Chascū donc selon sa Vocation p extreme diligence se doit efforcier de puenir a ceste supe'mīnēte beatitude tāt pour auoir fruicion des guerdōs q̄ no⁹ sont pmis cōme pour auoir planiere ⁊ parfaicte congnoissance de la tressaincte trinite. Car la suplatiue ioye ⁊ q̄ toutes autres excede est la tresclere Vision de la tresresplādissāt face de nostre createur. Et cōme dit saint augustin mieulx Vauldroit estre en enfer ⁊ Veoir nostre seigneur en face q̄ destre en paradis et nō Veoir la iouyssance ⁊ Vision de la diunne essence. Dūg ennemy denfer possessant Une ieune fille suffisāment interrogue cōgneut a celluy q̄ le cōiura que se possible estoit dauoir Une colōne toute de fer si lōgue q̄ de la pfundite de la terre elle peust peratteindre la plus haulte espere du ciel/⁊ q̄ icelle colōne feust toute chargee de rasoirs treschās ⁊ cloux fort aguz et q̄ icelluy ennemy feust incarne cōme no⁹ sōmes/il Vouldroit q̄ lon le traynast par les soitz rasoirs ⁊ cloux: de hault ā de bas incessāmēt iusques au iour du iugemēt/moyennant quil peust en fin apparceuoir la pcieuse face de celluy q̄ le crea. Cest le riche douaire/le souuerain bien/⁊ le sempiternel repos que dieu a pp̄pare a ses bōs seruiteurs ⁊ amys: Vl̄tres quiescant a laborib⁹ suis.

c.xxx V.

Le. xc V. chapitre. Cōparacion de ceulx qui sont escoillez a ceulx q̄ nout force dengendrer bonnes oeuures.

Genius.

Ais certes celluy fait au bon preudhōme grāt hontes grāt dōmaige q̄ lescoille/car ia soit ce q̄ ie me taise de son mesaise ⁊ honte q̄l seuffre ie ne doubte mye quil ne luy oste lamour de sa mye quoy q̄l soit bien alye/ou sil est marie puis q̄ si mal Va son affaire cōbien q̄ debonnaire soit il perd lamour de son espouse grant peche est de escoillier hōme/ car celluy q̄ lescoille ne luy tould seulemēt les genitoires sa fēme ne sa chiere amye dōt iamais ne aura bōne chiere. Cela est du moins. Mais il luy tould hardemēt ⁊ humaines humeurs q̄ doyuēt estre es Vaillās hōmes. No⁹ sōmes certains q̄ gens escoilliez sont couars/puers ⁊ chenins pource q̄ femenins sont. Certainemēt nulz escoilliez hont en soy quelq̄ hardement se nest en aucun Vice pour aucun grāt malice faire. Et pource q̄ fēmes sont trop plus hardies q̄ les hōmes a faire grās ōpablet'es escoillez q̄ leurs meurs ressemblēt ⁊ ensuyuēt sōt de mesmes. Et combien q̄ les escoilleurs ne soiēt murdriers ne serres/⁊ ne ayent fait aucun peche mortel: Toutesuoyes ilz ont de tant peche q̄lz ont faiz a nature grāt tort doster les membres genitaulx.

GG ii

Nul ne les sçauroit excuser tant penser p̃ pourroit ne moy mesmes/car se ie y pensoye et recẽ soye la verite plus tost vseroye ma langue q̃ ien excusasse lescouilleur/tant a malfait vers nature de tel pechie et de tel forfait. Mais quĩconque pechie q̃ ce soit iuppiter ne faisoit quelq̃ force descouiller son pere/Affin q̃l peust paruenir et tenir en main son regne. Et quãt il fut deuenu roy et seul pour seigneur du mõde: Il bailla ses cõmandemẽs/establissemẽs et loip̃ et mist tout au deliure pour enseigner gens a viure/et feist en audience cryer son ban/dõt la sentence vous diray.

Moralite

Iuppiter q̃ ne fait extime de p̃science/De chastrer son pere est approprie a lhõme iuste tres eloquẽt pdicateur/lequl̃ voyãt que les tres enormes abhominables vices ppetrez en ce miserable val p̃ les humais criet vengeance deuãt la glorieuse face de nostre seigneur se met en paine de puertir pecheurs p̃ vertueuses salutaires paroles affin p̃ maniere de dire de chastrer rescinder et recouper lindignacion grãde et lyre q̃ sont pceux t engẽdrez en la p̃sẽc du benoist createur/p̃mie iadis firẽt moyse/dauid et autres. Lesq̃lz p̃ afflictiõs penitencielles a p̃ieres d̃notes et admirables faitz debriserẽt les flayaulx et verges q̃ se p̃parerẽt pour chastier le monde: dont pour imitaciõ de si haulte cheualeureuse oeuure ont cõquis sans toute suyte en debouter le roy p̃mie fist iuppiter le royaulme de paradis. Car iuppiter vault autant p̃me coadiuteur du pe/et aussi telz chãpiõs valeureux aident a repeupler leur paternel heritaige q̃ est la gloire des cieulx. Pour tyrer q̃lq̃ moralite de la premiere ptie du chapitre p̃cedent/il no? fault aider du philosophe disant q̃ naturellemẽt to? animaulx engendrẽt leur sẽblable selon leur espece. Et pourtãt gens? cha pelain et orateur de nature deteste horriblemẽt et redargue to? ceulx q̃ sõt exhorbitãt du train teigle de naturelle p̃pagacion souuerainement se chastrẽt ou font chastrer/car cest contre loy

Fueillet

diuine humaine et naturelle a la tres grãt foule et dõmaige de la doulce amoureuse vie/Et sont tenuz pour maniebas renoyez forclos deulx mesmes/deiettez et de salliez de la societe et p̃frairie de cupido le dieu damours. Or est ainsi que la court celeste peut estre acomparee a lamoureuse court/et ainsi cõme gens impotẽs et debilitez sont excusez du seruice amoureux/et ceulx qui par cauteleux malice se desmẽbrẽt/ou se font chastrer en sont banis et expulsez a tousiours mais. Semblablemẽt to? ceulx qui par fragilite pechent contre la puissance du pere/et par ignorance contre la sapience du filz sont aucunement a excuser et dignes dauoir pardon silz le requierent/mais ceulx q̃ par improbre election de franc arbitre et de p̃cogite fait pechent cõtre la bonte et clemence du sainct esperit/cõme gens obstinez/presumptueux/desesperez/impugnãs verite/enuieux de la charite que dieu p̃ste a leurs freres et sans nulle penitence faire sont expilliez/banis et expulsez de la gloire celeste/car iamais nauront remissiõ en ce monde nen lautre se nest p̃ grace especiale ou miracle singulier. Car cõme ceulx q̃ destituent de force genitiue par trẽcher leurs genitoires ne prouffitẽt riens en amour vaine et sole/si ne font ceulx qui se deffient de la misericorde de nostre seigneur/car il ne ont semẽce/forme/fruict/fleur ne fueille qui digne soit dẽtrer au vergier glorieux ne dapprocher la digne et precieuse rose. Ains seront reprouchiez et reputez sterilles/et seront leurs offrandes/prieres et oblaciõs refusees du souuerain p̃stre/se ie ose dire verite sans desplaire aux dames tãt les couille cõme se couillent qui est leur temp d̃enfer seront herbergiez a lhostel au chauderon: Car Gaudium miserorum est habere socium.

Le xcvi. chapitre. Le regne de iuppiter du tout adonne a lasciuite et subricite se conforme a la loy de Mahommet persecuteur de la foy catholique.

f. xxxvi.

Genius.

Iuppiter q̄ le mōde reigle, māde ⁊ establit q̄ chascun pēse soy aisier, et s’il est chose qui luy plaise pour attraire soulas a sō cueur le face se le scait. Oncq̄s autremēt ne sermōna fors ōmunemēt habādonner que chascū fist endroit soy tout ce q̄ delictable soit. Car ōme il disoit delict est la meilleure chose qui soit, c’est le souverain bien de vie humaine, car chascun doit avoir envie de le faire. Et affin q̄ toꝰ lēsuyuissent ⁊ prissent exēple de viure a ses oeuures dāp iuppiter fort ioyeux, p q̄ delict estoit fort prise il faisoit a son corps tout ce q̄ luy plaisoit. Et cōme cellup q̄ bucoliq̄s escriuit dit en ses georgicques, il trouua es liures gregots q̄ iuppiter se trouua si bien q̄ auāt q̄l venist en regne nul nauoit tenu chartrue ne are quelq̄ chāp, ne refouy ne repare ne assis quelq̄ bourne, car la sīple gēt bōne ⁊ plaisant queroient ōmunemēt entre eulx les biēs q̄ venoiēt de leur grē sans labourer. Ce iuppiter ōmāda ptir la terre q̄ lors estoit ōmune, car l’ung plus q̄ l’autre ny queroit part, ⁊ p arpens la diuisa. Et en ce faisant mist le venin es serpēs, ⁊ fist malice mōter en hault degre q̄ les loups apprint a rauir. Il trēcha les chesnes ⁊ les mulliceux, estancha les ruysseaux, il fist estaīdre le feu p tout tant se mesla pour destaīdre g̃s, ⁊ fut bareteur tant subtil quil leur fist querir le feu es pierres, il fit ars diuerses ⁊ nouuelles, il nōbra les estoilles ⁊ leur dōna noms. Et pour prēdre bestes sauluaiges fist tendre latz, relhz et gluez. Et fut cellup q̄ pmier fist huyer les chiens apres elles, dōt lors nestoit coustume d’ce faire. Il dōpta p son malice les oyseaulx d’proye, ⁊ en lieu de batailles mist assaulx entre esprevuiers, pdriy ⁊ cailles, ⁊ fit tournoymēs es nues des grues, daultours ⁊ de faulcons. Si les fist venir au loirres, ⁊ pour retenir leur grace affin q̄ en sa main retournassent les repeust au soir ⁊ au matin. Et ainsi le damoyseau fit tant q̄ l’hōme est serf aux felōs oyseaulx, ⁊ luy q̄ par auāt estoit leur ennemy sest mys en leur seruaige, ⁊ toute suopes il estoit horible rauisseur aux autres paisibles oyselons q̄ ne pouoiēt racōsupure les autres. Vollās en laer si ne pouoit viure sans leur chair, dōt il estoit mangeur, tāt auoit chier les volatilles. Et iuppiter bouta ses furetz es tanieres pour les ōnins assaillir ⁊ les faire saulter es raiceaulx. Il fit tāt eut son chier corps eschaulder rostir ⁊ escorchier les poissons de mer ⁊ des fleuues, ⁊ fit despices de diuerses guises ou il mist maintes herbes les saulces toutes neufues. Ainsi dōcques sont venues auāt les ars, car toutes choses sont valcues p grāt trauail ⁊ dure pourete, p quoy les gēs sont en grāt cure, car les maulx esmeuuēt les gēs p les angoissēt qlz p trouuēt ainsi ōme dit Ouide, q̄ autant ōme il vesqt euit assez de bien, de mal, dhōneur ⁊ d’hōte ōme il racōpte luy mesmes. Brief iuppiter tēdit a tenir terre, il nēntēdit fors muer lestat de lēpire de mal en pire, ⁊ de bien mal, p ce q̄l audit iusticiers fort simples. Il fist appetisser le printēps, ⁊ le diuisa en quatre pties ōme de pnt les parties sont maintenāt este, printēps, autōne et yuer sont les quatre temps q̄ printēps seul soulloit tenir, mais iuppiter en fist autremēt, leqūl quāt il sadressa au regne despiēca les aages dor, ⁊ fist les aages dargent, lesquelz deuindrent darain, car puis ce temps les gēs ne finerēt dempirer p les attirer en mal, ⁊ maintenant ont tant estrāge leur estat qlz sont chan-

B B iii

fueillet

giez darain enfer/ Dont les dieux des salles tousiours salles z tenebreuses sont fort ioyeux ayans enuie sur les hômes tant quilz serôt en vie. Car sont ceulx q̃ en leurs rethz ont atachiees sans estre destachiees/ iamais les noires brebis doloureuses moutineuses/ lasses z che tiues/lesquelles ne vouldrôt point aller la sen te q̃ leur p̃sente le bel aignelet p̃ q̃ toutes afran chies fussent z leurs noires toysons blâchies/ Mais elles tiennêt le grât chemin large z em ple z sen viennêt herbergier auec la planiere côpaignie q̃ toutes la chartiere tiênêt. Iamais beste q̃ aille leans ne portera toyson q̃ vaille/ dôt lon puist faire drap: si nô aucune haire hor rible p̃us ague z poignât quant elle est ioin gnât aux costez q̃ le pelicon de la pel dung her con velu/mais qui vouldroit charpir la laine plaine soueue mole moyenant q̃ il en eust foy son/ z de la toison prinse sur les blâches bestes pour faire draps/ bien en seroient vestus Aux toures des festes empereurs z roys/ voire les anges/ se de drap lâge se vestoient/ par quoy bi en scauoir p̃uez q̃ celluy q̃ pourroit auoir telz robbes moult seroit vestu noblemêt/ z pource q̃l nest gueres de telz bestes les deueroit tenir plus chieres. Ne le pasteur qui nest pas niche gardant les lices z bestial en ce beau parc ne laisseroit entrer beste noire tât luy plaist le de trier les blâches/ lesq̃lles ꝯgnoissent fort bien leur berchier/ z a ceste cause dôt elles herbergi et auec luy/ car bien les cônoist z en sont trop mieulx recreues. Si vo⁹ dys q̃ le plus piteux le plus delicieux z le plus bel de toutes les be stes est le bel aignelet saillât q̃ amaine les bre bis au parc p̃ son trauail z paine/ car bien scait se quelq̃ vne se desuoye z q̃ le loup la voye seu lemêt/ seq̃l ne trasse autre chose si non q̃lle y sse hors de la trace de saignel pesant de la mener/ car sans quelq̃ deffence lemportera si la man gera toute viue/ nest chose viuant q̃ len puist garder. Seigneurs cest aigneau vo⁹ attend/ mais a tant no⁹ tairons de plet de luy fors q̃ nous prierôs dieu le pere q̃ p̃ la requeste de la mere saignelet puist si bien ꝯduire les brebis q̃ les loups ne leur puissent aucunemêt nuyre et

que p̃ voz pechiez ne deffaille q̃ ne aillez en ce beau parc delictable plain d'herbes de flours de violettes/ De roses z de toutes choses bien flairans. Qui vouldroit faire côparaison du beau iardin quarre clos z barre dung guichet petit auq̃l lamât trouua oy seuse z dit deduyt carolas auec sa gent a ce beau parc q̃ lay deui se tât peteux z de grât estime il se mespredroit grâdement/ voire sil ne faisoit sa côparaison côme lon feroit de la chose vraye a bourde ou a fable/ car q̃ seroit dedans le dit parc ou q̃ si seu lemêt il y mist loeil/ il pourroit seurement iu rer q̃ le Iardin ne seroit riens au regard de la closture dudit parc non quarree mais ronde z subtille plus q̃ ne fut iamais barilet de forme bien arrondie. Que voulez vo⁹ plus: parlons des choses q̃l vit lors dedâs z dehors/ z affin q̃ ne vous laissons no⁹ nous en passons en brief. Il vit dix ymagettes fort laides pourtraictes au mur hors du iardin. Mais celluy q̃ quer roit hors du parc il trouueroit toute figure cô me enfer to⁹ les deables moult espouetables et laitz/ ensemble to⁹ les deffaulx z oultrages q̃ leurs estaiges font. Illec mesmes ce berue q̃ tout en serre z engorge. Pareillement il trouue roit toute la terre auec ses anciennes z terrien nes richesses. Il verroit ypremêt la mer/ les poissons/ toutes choses marines/ eaues doul ces troubles cleres z fines z toutes choses grâ des z menues ꝑtenues en elles. Il verroit lact les oysillons/ les mouschettes/ Papillons et tout ce q̃ resonne p̃ le dit aer/ auec le feu q̃ tous les enuirône/ les meubles z les tenemes des autres elemês. Il verroit toutes les estoilles cleres reluysans fort belles tant les errans cô me les fichees z attachees en leurs esperes. Brief q̃ la seroit il verroit toutes choses fort closes d̃ ce beau p̃c/ voire aussi appermêt ꝯme ꝑpremêt apprdrêt estre faictes. Or allons au iardin z p̃lons des choses q̃ sont leâs. Lamant dit ainsi q̃l vit dedûit menât sa tresche sur lher be fresche acôpaigniee de ses gês carolâs sur les flairans flourettes z dit illec herbes/ ar bres/ bestes/ oyseaulx/ ruysseletz fôtenelles p̃ les grauelles bruyre z fremir/ z soubz le pin la Belle fontaine/z se bate lamāt q̄ puis le roy pepin ne fut tel pin trouue en icelle fōtaine tāt estoit plaine de grant beaulte. Pour dieu sei/gneurs p̄nez y garde:q̄ bien regarde les choses illec ptenues a la verite ce sōt truffes ou bour des fafelues z nya quelq̄ rien estable/ tout est corrōpable ce q̄ly dit. Il dit caroles q̄ faillirēt et to⁹ ceulx q̄ les firēt fauldrōt peillemēt z toutes choses encloses leans. Car la nourrice cerber⁹ a la q̄lle nul humain ne peut eschapper q̄ finer ne le face quāt elle veult vser de sa force de laq̄lle elle vse incessāmēt espioit p̄ derriere tous les danseurs fors les dieux s'aucuns en y auoit/ car sans faulte diuines choses ne sont enclines a la mort.

¶ Moralite

¶ Quāt iuppiter du tout habondōne aux lascuies z folz delictz mōdais tit le mōde p̄ la bride pour le regir a volēte il pmāda chascun ensuyuir son train en prenāt deduyt/ soulas et esbatemēt autāt q̄ possible seroit affirmāt q̄ le souuerain bien de vie humaine est p̄ēdre plaisance delectable q̄ est totalement attraire ou regime de bōnes meurs. Ce iuppiter fort replet et acoustre de to⁹ vices vueillās les humais tyrer a sa cordelle est pp̄rement acōpare a mahōmet le faulx prophete dissipateur de nostre foy/ felon meurtrier des ames raisonnables/ leq̄l si tost q̄ p̄ frauduleuse deception mixtionnee dart magicque/ il fut essoute en seigneurie/ il entrejetta vne horrible playe en leglise de dieu/ laq̄lle auāt sa mauldicte naisance luy six cens ou enuiron elle estoit en fleur de p̄spe rite fort epaltee z vigoureusemēt entretenue p̄ les sept climatz du mōde selon la saincte tradicion euāgelicque. Mais ainsi pme iuppiter a son venir pmāda a son peuple viure delicatiuemēt/ ce fin cauestre mahōmet sachāt le vieil z nouueau testamēt p̄ auoir pmuniq auec iuifz z christiens suscita la loy sarrasine disant estre messias/ dōt pour cōplaire aux iuifz ordōna la circōcision/ z pour attraire christiens a soy dōna a entēdre q̄ iesuchrist fut souuerain p̄phete ne de la vierge marie sans virile semence/ mais autre que luy cōme il disoit auoit receu mort z passion. Et fist escrire en son alcoran q̄ vng seul hōme peut auoir quatre femes legi/times/ z se il repudie aunes dicelles/ celluy q̄ la recueile la peut tenir pour sienne. Et affin q̄l peust vser de femes a sa voulēte il faingnit q̄ lange gabriel luy auoit reuele q̄l luy estoit necessaire de ce faire/ affin dengēdrer p̄phetes ho/norables cōme luy pour soubstenir sa loy. Et p̄mist aux simples gens ydiotes z de petit en gin tenās ses pmādemēs les mener en son pa/radis ou les anges sont si grās quilz ont entre deux yeulx la lōgueur dune lieue. Et ainsi cōme du regne iuppiter toute abhōminable iniq̄te estoit en cours z hōteusemēt de surdee/ ainsi en aduint du tēps de mahōmet. Toute char nalite impudicq̄ inomineuse z detestable fut mise en train ce que bestes bruttes et aggres/tes nont inclinacion d̄ faire. Et p̄ ce moyen ce d̄yable incarne mahōmet supsticieux z p̄pha ne peruertit alitia z seduisit a sa mauldicte berefie p̄tye de iuifz z de mauluais christiēs lub̄iq̄s z carneux habādōnez a fetardie z a lasciuite miserable tellemēt q̄ les pays de grece/turq̄uie/ Surie/ barbarie z quasi le tiers du monde sont au iourduy intoxicquez de venin de ce faulx p̄phete si nest encores ceste playe fanee. Et ainsi pme auāt laduenement de iup piter le peuple viuoit paisiblemēt sans arester les chāps sās plāter bournes pour le different des heritaiges z sans riēs app̄oprier/ Mais tout en pmun. Semblablemēt auāt lariure de mahōmet p̄uaricateur execrable le filz de dieu auoit plāte la loy de grace au mōde/ dont les rainceaulx furēt portez p̄ les apostres entez z graffez p̄ tous les angles du descouuert de la terre/ z a lors telle plenitude de biens de/scendirēt du ciel sur les hōmes pacificques et de bōne voulente q̄ besoing nesteit dahanner les chāps ne percer la terre pour querir en son ventre les precieuses pierres z les somptueux metaulx/ affin de aorner seigneurs/ dames z damoiselles ne pour forcer les grosses berses des mādōs auaricieux. Ceulx q̄ estoiēt bn̄dictionez de la main supnelle viuoiēt en pmun

fort contens de ce quil auoient: si ne leur estoit
mestier de planter bournes auāt les chāps pour
desseurer leurs heritages/car les chāpions et
vrays martyrs de nostre seigneur p leffusion
de leur sang tesmoignēt assez que la loy souue
raine q leur maistre a semee en terre est fort
iuste et bien approuuee. Mais mahōmet vil-
lain paillart infame ensupuāt iuppiter ort ri-
bault dissolu imbutz de cauteleux malice ses-
force a lecōmencemēt de son regner de desflo-
rer/aneātir et abōtaigier nostre saincte foy ca-
tholicque tant glorieusemēt dediee/appuyee et
bien fondee sur quatre pilliers de leglise pour
auācer sa poterie et execrable loy telle q dessus
est recitee/p laquelle moderāt les loix/sectes
et religions christiēnes/iuifues et payennes il
suborna les suppos dicelles ayans cueurs las-
ches et effeminez et trespullanimes si les cōta-
mina/sedūpsit et enueloppa en sa faulse mah-
merie/et lors en cōrespondant au sens litteral
du chapitre precedāt a lheure q ce terrible iter-
rempteur cuyda totalemēt exterminer nostre
foyes gueules des serpēs les vēts sespādirēt
les cruex loups rauis les brebis engloutirēt.
Il estādit le feu des charitables cueurs/et lea-
ue restācha des yeulx faisās liqueurs des pier-
res typa feu/mahōmet q ratise ges frois que
marbre bis esprts de couuoitise des Estoilles
du ciel il nōma plus de cent/mais plus ne les
verra seu bas enfer descend. Le sauluaige be-
stail ql print a ses atrappes/furēt ges mescre-
ans tyrans et grās satrappes/petis oyseaulx
happez du grāt oyseau de proye sont les ames
des corps q lennemy guerroye/ Et les furetz
chassans conins en leurs tanieres sont ges ty-
rans fin or et argēt des minieres. Et ainsi que
iuppiter diuisa lay en quatre pties/mahōmet
diuisa/de ptit et mist grāt diuision entre quatre
manieres de peuples/iuifz/christiēs/sarra-
sins et payēs acōparez a quatre elemēs/a qua
tre tēps humeurs ou cōplexions/a quatre aa-
ges de lhōme et a quatre parties du mōde. La
loy iudayque est eqparee au tēps dyuer/a lea-
ue froide et moiste/A lheure de la nuyt et lhu-
meur flegmaticque/car iuifz languissent en
tenebres frois cōme glaces/obstinez en mali-
ce/et a cause de leur antiqte de religion ilz sont
cōparez a vieillesse/et adorēt vers occidēt q est
vng petit sur le tard. Car le vray soleil qlz at
tendēt et dōt ilz douēt estre esluminez sest leue
sur terre et esconse au ciel passe maint iour. La
loy paganicque est cōme le tēps de autōne/sec
et froit cōme la terre en aage virile/car ceulx q
ensupuēt ce train adorent creatures et hōmes
terrestres sans auoir congnoissance du souue-
rain dieu/et sans estre enluminez du tout sont
venus a lheure de vespres q cōme fort melan-
colieux sacrifiēt a leurs ydoles ou qlz soyēt soit
en septentrion ou ailleurs. La loy sarrasine et
machomiste est assez pforme au tēps de ste ar
dant cōme feu chault et sec et de cōplexion cole-
coleriche/car ceux q tuent ceste voye sont cō-
burez rostis et enflāmez de lardant typ son de lu
pure/et adorent vers le soleil de midy/Et sont
ainsi quen aage de ieunesse/car au regard des
autres religions ilz sont cōme nouices puers
et rendus a leur mauldicte heresie. Mais la
loy christiēue est figuree au printēps sembla-
ble a laer fort gracieux et plaine de flouriture
et ainsi cōme la fleur des vierges fut sauluee
de lange en ce mesme tēps et en la cite de naza-
reth q autāt vault cōme fleur/et q le printēps
est humide et chault q est nourriture de vie no
stre loy catholicque y peut estre facilemēt ap-
proprie/et pource q nous feusmes redimez du
sang de nostre seigneur nous deuōs bien estre
de cōplexion sanguine. Laage denfance et pu-
raine innocence a cause q sommes regenez es
sainctz fontz de baptesme et nous deuons leuer de
bon matin tourner la face vers orient en louāt
nostre redēpteur q nous enuoye son tresreflā-
boyant soleil pour nous cōduyre en noz affaires
Et ainsi donc iuppiter et mahōmet extermina
teurs de vertus interēplens de bōnes meurs
lung regnāt auāt lincarnacion du filz de dieu
et lautre apres trouuerēt le mōde en grāt trā-
quilite et reforme p grace/tellemēt q le tēps
estoit nōme laage dor/mais ilz y dōnerēt tant
dempirace et de mauluais aloy q la bonne loy
fut corōpuee et fust trāsmue le temps dor en at

gent/dargent en arain et darain en fer/si q nous approuchons enfer/voire se dieu ne prent misericorde de noz ames. Et prouuent par les imitateurs de iuppiter les disciples et seqlles de mahōmet/lesqlz ont tant eslargy et deffroye la verte sente du pasteur eternel q les blāches brebiettes/cest a entēdre les ames errans p les chemins obliques de la grāt chaleur dauarice et cupiscēce deuiēdront noires puātes et infectes en grāt peril de finer miserablemēt et destres englouties es gargates des loups familleux et horribles/mais celles q congnoissent le bon bergier cheminant par la voye estroicte en suyuant laigneil innocent fort bel/tresdoulx et debonnaire arriueront au tresfructueux pc sans dangier de quelque bestaille. Lacteur fait mēcion tout apres le cōmencemēt de ce liure dūg iardin ou lamāt trouua dame oyseuse/le dieu damours et sa mesgnie lzarolāt/lequel iardin quoy quil ait affluence de beaultez naturelles acomparees a lestat de religion/toutesuoyes ce nest q paille emprès fin grain/fumee emprès cler feu et estoille petite emprès le grāt soleil/au regard du dessusdit parc qui est rōd sub til et tant artificiellement edifie/quengin humain ne le scauroit comprēdre/car toutes choses au dehors situees sōt en fin corrompables perissant et miserables/cest finablemēt la gloire pardurable / ou se trouueront les blanches brebis moutons et aigneaulx cheminās la voye directe/obeissans a la voyx du bon pasteur desquelz il est escrit par le psalmiste. Beati immaculati qui ambulant in lege domini.

¶ Le.xcviii.chapitre.
La fōtaine de paradis a trois sourcions q se reduisent a vng seul nous donne aucunemēt congnoissāce de la trinite glorieuse/et la tresdoulce oliuette en lōbre de laquelle se recreēt les brebiettes est figure de la tressacree vierge.

¶ Genius.
Parlons des belles choses encloses en ce beau parc: Je vous dis en general sans riens pticulariser/car qui en voudroit pler a droit ne scay sil se scauroit faire/qsi detē q cueur ne scauroit pēser ne bouche recenser les beaultez et values des choses contenues illec ne les plaisans ieux grās ioyes et pōurables soulas q demainēt les lzaroleurs manēs en celle pourprise/tous ceulx q lëās se deduisent possedent de toutes ces choses delictables vrayes et admirables cōme droit et raison le veulēt/car ilz puisent a vne fōtaine fort pcieuse/saine/belle/clere/nette et pure q toute la closture arrouse/du ruyssel dicelle boyuēt bestes blāches q doyuēt ou veulēt entrer au parc quāt elles sont desseurees des noires/car puis qlles sont vne fois abeuurees/iamais ne pourrōt auoir soif/ ains ilz viuerōt tant q vouldront sans estre malades ne mortes elles entrerēt es portes. De bōne heure veurēt et suyuirēt laigneslet p lestroit sentier en la garde du saige bergier q herbergier les voult auec luy/ ne iamais homme ne mourroit q boire vouldroit vne fois de ceste eaue. Ce nest pas la fontaine q lamāt trouua au iardin en la pierre de marbre/son suy deueroit faire la moue quāt tant la loue. Car cest

la perilleuse fontaine tant amiere et perilleuse que elle tua narcisus quant par dessus se miroit. Icelluy amant na vergogne de recoistre sa cruaulte que point ne celle, ains le tesmoigne quant perilleux miroir lappelle disant que quant il si mira il en souspira, puis maintesfois tant si trouua grief et pesant. Or regardez donc quel douleur ceste eaue sent, comment peut estre la fontaine doulce sade et bonne ou celluy qui est bien sain deuient malade, fait il bon virer et querir telle pour soy mirer dedans? Il dit oultre que celle fontaine sourt a grans undes par deux dois ou conduis cruieulx et pfons, mais celle que bien scay na ne ses dois ne ses eaues de elles mesmes, car elle ne ptient riens que dailleurs ne viengne. Puis il dit que elle est plus clere que nest fin argent, or voyons donc de quelz truffes il nous applaiste. Car certainement elle est tant laide et tant trouble que chascun qui y boute sa teste pour soy myrer il ny veoit goute, et pour tant ceulx qui ne si cognoissent ilz si angoissent et forssennet. Encores dit il que au fons de ceste fontaine ya double cristal que le soleil fait luyre et respledir quant il y gette ses rays si clerement que celluy qui les aguette voit tousiours la moitie des choses en closes en ce tardiuy, et sil veult seoir au contraire il peut veoir le remanent tant sont come il dit clers et vertueux, mais certes ilz sont troubles et nubileux. Pour quoy quant le soleil y lance ses rays ne font ilz demonstrance ensemble de toutes les choses. Il semble assez que ce ne peult faire pour lobscurite que les empesche, car ilz apparent si troubles a celluy que dedans se mire que pour rendre clarte souffire ne peult deulx mesmes, ains acquierent lumiere dautre part. Voire se les rays du soleil ny fierent et les rencontrent, car autrement nont pouoir de riens monstrer. Mais la fontaine que ie vous deuise est a deuise fort belle. Or leuez les aureilles en hault et vous orrez merueilles de la fontaine desusdicte qui tant prouffite tant est belle que sa vouree que toute beste enlangouree elle guerit, et tousiours rend par trois dois septines eaues viues doulces et cleres, et sont si pres lune de lautre quilz semblent estre une mesme chose. Telle ment que quant les verres vous en trouueres une et trois sil est que vueillez esbatre au copter iamais neu trouueres quatre. Mais cest seur comune propriete que tousiours en trouuerez trois et tousiours une. Iamais ne veisme telle fontaine, car elle sourt delle mesmes ce que ne font autres que sourdent par estranges vaines na mestier de conduit estrange quant elle se conduit a par soy trop plus ferme que roche nayue se tient tousiours viue, en soy na besoing de pierre de marbre ne de grans arbres pour couuerture, car leaue vient dune si haulte sourse que faulte ny peut estre: et aussi les arbres ne peuent attaindre si hault que sa haultesse ne soit plus grande. Si non que ainsi que leaue vient descendant en vng pendant elle trouue une basse oliuette soubz que elle passe. et quant ceste oliuette petite sent la fontaine que luy attrempe ses racines par ses eaues doulces elle prent tel nourissement que grant accroissement en recoit et se charge de fueilles et de fruict. Et deuient tant haulte et large que le pin dont lamant fait son compte ne monta si hault de terre ne descendist si bien ses rays, ne ne rendit si bel umbre. Ceste oliue estend ses rainceaulx sur la fontaine et luy donne tresbel umbrage, soubz laquelle se muffent les bestelettes que succent les doulces rosees que le doulx rainseau fait espandre par les fleurs et la tendre herbette. Voit on illec aucunes petites lettres escriptes en vng rolet pendant a ladicte oliue que demonstrent a ceulx qui les lisent et gisent en lombre soubz loliue. Cy court la fontaine de vie. Qui porta le fruit de salut. Quel fut le pin qui tant valut.

¶ Moralite

¶ Gentius dit que ce beau parc ou sont les brebis blanches ples quilles soy entend les bienurees ames herbergiees en gloire est une pelense fontaine fort admirable et non pareille aux autres arrousant tout le pourpris au ruysselt laquelle les brebzettes boiuent a voulente, tellement que iamais soif nauront, iamais malades ne seront ne iamais mort ne gousterent. Si

ne doit estre acomparee a la fontaine perilleu
se dit iardin amoureux ou narcisus se mira,
car ceulx q si mirēt sains & haitiez y deuiennēt
malades & melācolieux, & les malades y ren
dent lesperit cōme il appert p narcisus & autres
q se mirerēt, q se voyēt & remirēt & se noyēt au
lac de foles amourettes. Mais ceste fōtaine
precieuse a la perilleuse est de nature extraire,
car ceulx q si mirēt malades y recouurēt san
te, & les sainctz gaignēt vie ppetuelle. Cho
se fort singuliere & de grant admiracion se de
mōstre en ceste fontaine, car au millieu dicel
le sapparēt trois sourtions rendans eaue clere
doulce & viue si fort vns lug de lautre qui ne
sont q vne mesme chose, et toutesuoyes il en
ya trois de mesmes auctorite substāce, puissā
ce, qualite & quātite, ne iamais nen trouuerez
quatre, & q plus elle sourd de lie mesme & de sa
ppre vaine sans autre pduit ne adiutoire na
turel ne artificiel. Ceste tresclere viue fontai
ne rendant sa liqueur p trois voines & broche
rons equaulx nous represente la tresglorieuse
et tresadmirable essence de la trinite. A linspe
ction de laquelle toutes creatures ithronisees
en la supreme arche diuine sont refectionnees
premies & psolees de ceste eaue de sapience, et
ainsi cōme le cerf desire les eaues des fōtaines
lame raisonnable appete tousiours la vision
de dieu son createur. Cest leaue viuificatiue
ou chascun se doit bien mirer celle dōt il escrit.
Sicietes venite ad aquas. Cest leaue q fut
offerte a la samaritaine, le don, la courōne, le
loyer & la pmiacion dōt les ames pour leur foy
et credēce seront lassus remunerees. Merueil
le nest se la saincte trinite est a ceste eaue acō
paree, car ainsi cōme la fōtaine engēdre le ruis
sel & lestāg vient tāt de lung cōme de lautre, et
nest q vne mesme eaue. Sēblablemēt le pere
engēdra le filz & le sainct esperit prcede des deux
et ne sont q vng seul dieu en trois personnes.
Or est ainsi q leaue de ceste fontaine prcede de
si tresshaulte source qlle y prcede la haultesse du
plus grāt arbre du mōde: si non quen faisant
sa descēte p vnz pendāt elle treuue vne basse
et petite oliuette soubz laqlle elle passe q luy

attrempe ses racines & luy a dōnee nourriture
et accroissemēt de fruict, de fleur & de fueille.
Leaue deffluāt de hault en bas est la grace de
dieu q descēdit a cause du pendāt, cestassauoir
de nostre seigneur q pēdit en la croix sur la pe
tite oliuette la tresshumble & tressacree vierge
Marie, car cōme loliue mōstre signe de paix
et porte odorāt fruict rendāt lumiere, huyle et
medicine saine la benoiste dame pacifique si
sion a medie bōne paix entre dieu & hōme, tel
lemēt que son precieux fruict enlumine la court
celeste en donnāt paix sante & guerison aux po
ures pecheurs miserables. Cest la tresfructu
euse oliue tant platiuēsement attrēpee nour
rie & arrousee de leaue de vie tant sur rainsse
aulx q sur racines, q iamais pin ne sappin ne
caurrette ne verion ne vergette nestēdirēt ne
leurs fueilletes ne leurs branchettes, ne si
hault ne si loing ne si large cōme fist ceste tres
vertueuse & florissant oliue, car elle penetre p
ses merites les souueraines esperes des hault
cieulx glorieux. En lombre de ceste tresame
ne & redolēte oliue amainct recter boire & sola
cier leurs brebiettes les gracieuses & plaisans
bergerōnettes, lesquelles apres auoir gouste
leaue de vie chantent melodieusement. En
lombre de loliuette va courant leaue de vie,
par q maile brebiette a lame es sainctz cieulx
rauie.

¶ Le .xcviii. chapitre. La tres
tresflamboyant charboucle resplē
dissant en la fontaine est figuree
au precieux corps de nostre seignr.

¶ Genius.

E vous dis chose q folle gent croi
ront a bien grāt paine & le tiendrōt
a fable. Cest quen ladicte fōtaine
luist vng charboucle merueilleux
sur toutes pierres tout rōd & a trois esquarres
seāt tant hault q lon lauoit clerement resflā
boyer p tout le parc sans aucunemēt desroyer ses
rays p vent p pluye ne p nuees tant est sa no
blesse grāde. Or sachez q la vertu de la pierre
est telle q chascun esquarre des trois vault au

c c ii

fueillet

tant q̃ les autres deux/telz sont entre eulx les forces/z cõbien q̃ les deux autres deux soyent belles/si ne vallẽt elles q̃ celle seule. Ne nul tant bien viser y sache ne les peut diuiser ne si bien ioindre ql ne les trouue diuisees/ mais nul soleil ne lenlumine/ cest de fine couleur si clere z resplẽdissant q̃ le soleil q̃ esclaire le double cristal en lautre eaue de la fontaine perilleuse seroit au pres de luy obscur z trouble. Brief q̃ Dõs racõpterap ie/ autre soleil ne luyst illec que ce resplãdoyant charboucle/ cest le soleil q̃ plus habõde en splẽdeur q̃ nul soleil du monde Il ennoye la nupt en exil/ il cause le iour q̃ iay par auãt dit/ seul pardurablemẽt dure sans fin et sans pmcemẽt z se tient en vng point tousiours sans passer signe ne degre ne minuyt ne quelq̃ autre ptie du iour/ p quoy lheure peust estre diuisee ou partie. Encores a ceste pierre le pouoir si merueilleux q̃ tous ceulx q̃ tirent ceste part pour le veoir z mirẽt leurs faces en leaue de ladicte fõtaine tousiours d quelq̃ part quilz soient voyẽt toutes les choses du parc et le cõgnoissent pperemẽt/ z semblablemẽt eulx mesmes se cõgnoissent/ z de puis lheure qlz se rõt illec veuz z mirez iamais deceuz ne serõt de chose quelcõques tant deuiennent saiges z maistres. Encores vo9 diray ie autre merueilles/ cest q̃ les rayõs de cestuy soleil ou escharboucle ne troublẽt ne ne retardẽt les yeulx des regardãs si ne les font esblouyr/ ains font res

toupt renforcer z rauigerer la vue par la vision de sa tresbelle clarte plaine de chaleur attrempee/ q̃ p sa valeur merueilleuse remplyst tout le parc dodeur a cause de la doulceur q̃ sey espand/ z affin q̃ ie ne vo9 tiengne trop lõguemẽt ie vueil q̃l vo9 souuiengne q̃ ayez memoire dung brief mot/ cest q̃ celluy q̃ verroit la forme z la matiere du parc il pourroit bien dire q̃ oncques Adam nostre premier pere ne fut forme iadis en si bel paradis.

¶ Moralite

¶ Genius dit quentre les grãdes speciositez dont le beau parc celeste est decore est vne chose dexcellence admirable z quasi incredible aux gens de simple intelligẽce/ Car en la fontaine de vie q̃ solacie z refectiõne bergiers bergieres z brebis resplẽd vng charboucle tout rond ayant trois esquarres tellemẽt q̃ son lustre reflamboye par tout lestre de ce pourpris sans q̃ vent pluye ou tõnoirre le puist admagier ne q̃ les yeulx de ceulx q̃ le regardent en soyent esbloups/ ains en renouuellent clarte z les cueurs des bieneurez en acquirent esiouyssance. Ceste pierre precieuse est nommee charboucle q̃ vault autant a dire q̃ charbon cler a cause de la conuenience de propriete quil a auec le bon charbon/ car il est fort ardant et rouge/ z gecte sa flame denupt iusques aux yeulx des regardans. La vertu z relucẽce tant du charbon q̃ du charboucle se peut aucune mẽt equiparer a nostre saulueur iesuchrist. Ce fut le bon charbon espris de feruente ardãt charite qui sa chair bõne clere z blanche offrit en larbre de la croix pour la faire rouge p angoisseu se mort z vray sacrifice a son pere. Encores a le bon charboucle telle propriete que quant on la gecte au feu il sestaint entre les charbons/ mais quãt il est arrouse deaue il se rolume et reprent vie. Ainsi en aduint au iour de la passion de nostre createur luy plus resplendissant que nulle pierre fut boute en la fournaise dyte et denute entre iuifz z faulx tyrans charbons du dyable z gros tysons denfer qui luy estain dirēt son corps par dure souffrāce/ mais quāt ce vint ce mesme iour au soir il fut arrouse de larmes doeil ⁊ essuye de gros souspirs tant de sa glorieuse mere ⁊me de la magdaleine ⁊ autres dames prenans compassion et pitie de sa mort. Il resuscita au tiers iour visiblement ⁊ puissamment en recueillant force et clarte piscine. Encores dit Genius que le charboucle de la fontaine est rond/⁊toute suoyes il a trois esquarres de telle condicion et vertu que chascun des trois vault autant que les deux autres/⁊ ces deux autres ne valent que lūg/ et auec ce quil ne les scait diuiser ne si pres ioindre que diuisez ne soient. Tout ce mistere vo pont tournellemēt en lhostie sacree que le prestre tient sur lautel elle est ronde en figure/ Et apres son eleuacion est diuisee en trois ptīes q̄ sont a facon desquarres. Or est ainsi que lune dicelles parties soit grande ou petite vault autant que les deux autres/ car elle cōtient totalement le precieux corps ⁊ lame de nostre seigneur tel cōme il pendit en la croix/ ⁊ chascune des deux parties a parsoy en contient autāt cōme elle/ ⁊ les deux ensemble non plus q̄ lune seule/si nest possible a creature nee de separer le corps de lame ne le corps ⁊ lame de la deite/ nest nul qui les peuhst ensemble ioindre se diuisez estoit/⁊ en contient le precieux sang du calice en espece de vin autāt que la tressaincte hostie en espece de pain. Et pourtant vous humains viateurs de peregrines en ce val miserable prenez viue refection du saint sacremēt de lautel affin que puissez trouuer lassus ⁊ mirer vostre face au trestuisllant et refulgent charboucle/⁊ goustez de la fontaine viue par laquelle de toute ioye aurez lamas. La seres repeuz ⁊ nourris. Quia hauriettis aquas de fontibus saluatoris.

⁋ Le. xcip. chapitre. Ainsi que ceulx sont excommuniez par genius qui ne daignēt acōplir les oeuures de nature. Pareillemēt serōt deboutez hors de la societe des iustes ceulx q̄ ne veulēt obeyr aux cōmādemēs de leglise.

⁋ Genius

POur dieu seigneurs q̄ cy estes assemblez dictes ce quil vous semble du parc ⁊ du iardin: donnez sentences raisōnables des accidens ⁊ substances diceulx. Dictes par vostre loyaulte duquel la beaulte est grande: si regardez lesquelles eaues de ces deux fōtaines sont plus saines/ vertueuses ⁊ pures. Iugez pareillemēt des pierres precieuses du pain et de le liue qui la fontaine viue couure/ ie me tiens a voz iugemēs se voulez dōner vraye sentence selon les enseignemens que vous ay cy dessus recitez/ Ie vous dys hault et bas sans flaterie que sāucun tort faire voulez tant de dire le faulx que de taire ou celer le vray ie ne vous quiers a celer que tantost ailleurs vouldroye appeller/ Et pour vous accorder plus tost briefuemēt recorder vous veueil selon que compte vous ay les vertus et bontez de lune fontaine ⁊ de lautre. Ie vous dys que lune enyure ⁊ mort les viuans/ Et lautre fait les mors reuiure. Seigneurs saichez certainement que se saigement vous conduissez ⁊ faictes ce que faire deuez vous beuuerez de ceste fontaine/ Et pour retenir tout mon enseignement plus legierement considere que la lecon leue a brief motz est de retenue legiere/ retraire vo̅ veueil

fueillet

tout ce que faire deuez. Pensez de nature hon/
norer et par bien labourer la seruez. Se vo[us]
auez rien de laultruy si le rendez/ Et se ne po/
uez rendre les biens que vous auez despedus
et iouez apres voulente de ce faire quant vous
aurez plante de biens. Nul ne sapprouche de
faire occision/ ayez les mains nettes et la bou
che. Soyez loyaulx et piteux vous prez en de
lectable champ en ensuyuant la trace de sai/
gnelet viuant pardurablement z de la fontai
ne beuuerez tant doulce/ clere et saine que ia
mais ne receurez mort/ Vous prez chantant
par ioliuete ioyeusement motetz, rondeaulx z
chanconnettes mignonnement karolant par
my lherbe sur les florettes. Que vous voys
te icy flaiollant: Il est droit et raison de re/
straindre ma plaisance/ Car hault chanter en
nuye souuent: ie vous pourroie tenir trop lon
guement si dueil finet mon sermon. Or y
perra que vous ferez quant serez icy en hault
pour prescher sur la bretesche. ¶ Lamant.

¶ Genius les presche/ les resiouyst/ les
festoye z les solasse comme dit est/ Et lors ge
cta en la place son cierge Dont la flamme eu/
fumee est allumee par tout le monde/ nest da
me qui deffendre sen puisse/ tant le scait bien
espandre la deesse Venus. Le vent le cueil
lit si hault que toutes femmes viuant sont en
censees de ceste odeur/ tant leurs corps, leurs
cueurs que leurs pensees. Et dautre part a/
mours a tellement espandu la nouuelle de la
chartre leue qui nest homme tant soit vaillat
quil ne saccorde a sa sentence. Quant genius
eut tout leu z presche les Barons de lhost fu
rent tant emeuz quilz disoient iamais auoir
ouy si bon sermon: Si nauoient receu aussi
grans pardons depuis lheure quilz furent co
ceuz/ Ne oncques nouyrent si droit excommu
niment. Et affin quilz ne perdissent les par
dons ilz se adheroient a la sentence et respon/
dirent tous ensemble. Amen/ amen/ fiat fi/
at. Et demoura la chose en ce point. Chascun
qui auoit ouy le sermon le nota en son cueur.
mot a mot/ car leur sembla prouffitable pour
le charitable et bon pardon que voulentiers

ouyrent. Et lors Genius se esuanouyst tel
lement q[ue] ilz ne sceurent quil deuint. Et plus de
vingt assistens sans plus attendre crierent a las/
sault en disant qui bien scait entendre la senten
ce: Noz ennemys sont fort greuez. Et adonc
les Barons se leuerent pour la guerre continu/
er pour tout prendre z tout ruer par terre.

¶ Moralite

¶ Genius chappelain de nature se con/
forme au bon prelat et recteur de leglise: Le
quel pour deprimer amour charnelle z viciet
se et exalter le spirituelle z vertueuse: Il prie
aux Barons rendre sentence tant du parc que
du iardin z des fontaines dessusdictes pour sca
uoir laquelle est de plus Grant collaudace/
ou leaue de la fontaine perilleuse ou sont les
cristaulx autronnez du pin/ Ou celle de la fon
taine precieuse ou est lescharboucle arrousant
lolliuette: Ia soit ce que le proces demeure in/
dechis sans arrest de parlement. Il peut sem
bler que la fontaine perilleuse ou narcisus sen
yura ne sert en prenant le sens litteral sans qu
que allegorie que pour terrer auertir et exem/
pler aucuns Gorriers gaudisseurs z verruc
quetz/ Affin non sancier en ceste eaue/ car ilz
seroient absorbez en abisme obscure z damna/
ble. Mais silz se vouloient mirer/ Rafres/
chir z gouster de la fontaine viue en qui res
plend le tresdigne escharboucle eulx vmbroy/
ant par dessus lolliuette dieu leur donneroit sa
gloire pardurable. Genius continuant son
sermon affin dexciter leurs couraiges z corro
borer leurs bonnes voulentez leur donne cer/
taines instructions fort honnestes z salutaires
par lesquelz pourront paruenir au parc de sai/
gneul innocent/ Puis soubdainement tua em
my la place vng cierge allume en denoncant
excommuniez/ Condamnez et renoyez tous
ceulx qui accomplir ne vouldront les oeuures
de nature. Cest a entendre ceulx qui se tien
nent en oiseuse z ne daignet labourer au chap
ne la vigne de nostre seigneur. Ilz seront re
pellez de la saincte communion des bienheu/

rez par la protection du cierge enflamme qui signifie le corps et lame ensemble. Quant le cierge sera estaint la flame qui autant vault comme lame sera logie au bas infernal gouffre/et le corps demourra sur terre surattendant son piteux jugement. La cerimonye de sex communication parachevee sur ceulx qui ne veulent rendre le dieu de nature par lesquelz l'on entend les desobeissans aux dix commandemētz de leglise: la deesse Venus/cestassavoir la divine bonte espartit sa flame par le mode universel/Et le vent espirituel le sleva iusqs aux cueurs des bons seigneurs/Dames et damoiselles qui amoureusement le receurent, tant pour acquerre les pardonnāces que pour la crainte destre damnez. Ainsi appert tant par la fontaine vive ou gist le scharboucle a trois esquerres/tant par lolivette portāt la saincte unction/que par le feu charitable qui les bōs courages allume que nostre createur est Lux Beata trinitas/le vray Alpha/et le bon O. Fons vivus/ignis/caritas et spiritalis unctio

¶ Le E chapitre. Le trait que Venus envoye de son Arc bende pour conquerre le chasteau ou se tient Belacueil/se conforme a levāgile de Missus est: Mistere de redemption humaine.

¶ Lamant.

Venus prestre pour assaillir admonneste premierement ses ennemys quilz se rendent; A laquelle honte et paour respondirent. Certes Venus cest pour neant/jamais ceans ne mettrez les pieds. Non dit honte quant il ny auroit que moy. Je ne me esmaye de riens Quant la deesse entendit honte.

¶ Venus. ¶ Luy dit qui vous meut di se orde garce de moy contrester. Se le chasteau ne mest rendu tantost tempester le verrez/Car par vous deffendu ne sera. Et finablement le rendrez ou comme douloureuses chetives toutes vives vous arderay. Je veil embraser tout le pourpris/Et arraser toutes et tourelles/Les naces vous reschaufferay bruslant pilliers/murs et estaches. Voz fossez seront remplis de voz barbacanes. Illec dressiez ia si haultes ne seront que ie ne les face estendre par terre. Je scay de vray que bel acueil laissera tout prendre et habandonnera boutōs et Roses une heure en verite une autre non. Ja si fiere ne serez que tout le monde ne si fiere. Tous viendront a procession sans exception nulle par Rosiers et par roses tant descloses seront les lices. Et pour despiter ialousie feray defoler par tous les preaulx et les herbaiges/Et les passaiges tant eslargiray que toutes gens sans delay nul/Et clerc et layc/Religieux et seculier y ceuilliront boutōs et Roses/nest nul qui reculler en puist/ Car tous y feront penitēce. Voire indifferamment aucuns secretemēt viendront a la couverte seront tenuz pour preudhōmes/mais les autres en serōt diffamez et clamez ribauldz et voz deliers/ia soit ce q̄ coulpe ny ayēt/ōme ont aucuns q̄ nul ne accoulpe. Et sil aduiēt q̄ aucūs mauluais hōmes delaissēt les roses pour pis faire que dē user cōme il appartient/de dieu et de sainct pierre de rōme soient ilz confonduz

cc iiii

fueillet

enfemble ⁊ tout leur affaire. Le dyable q̃ or/
tie les pecheurs feur donnera chappeaulx dorti/
es/ Car par naturelle ordonnance pour leur vti/
lite ⁊ ordure les a tous tps a fentẽce auec noz
autres ennemys. Honte vo⁹ ne prifez gueres
mon art ne mon engin/ toutesuoyes ie ne men
prendray q̃ a vous/ car iamais ne vo⁹ ne rai/
fon voftre mere naymeray q̃ trop amere eft
aux amans. Qui croiroit vo⁹ ⁊ voftre mere
iamais nul naymeroit p̃ ꝛ amours. ¶La/
mant. ¶Venus q̃ plus riens dire ne tendoit
car bien luy fuffifoit. A tant fe fcourfa hors bi/
en hault/ car bien fembloit fẽme courroufſee
benda fon arc non plus loing dune toife/ mift
le brandon en coche/ puis entoifa iufques a lau/
reille ⁊ print fa vifee ⱳe bonne archiere fur
vne achure petite quelle vit mufee en la tour
par deuãt non pencofte q̃ nature par grãt mai
ftrife auoit affife entre deux pilliers. Les pil/
fereaux eftoiẽt droyte moult gents ⁊ faits p̃
art gent: lefquelz en lieu de chaffe foubftenoiẽ
tent vne ymage q̃ neftoit trop hault/ trop baf
fe/ trop groffe ne trop greffe/ mais par cõpas
fi bien taillee de bras ⁊ de mains que plus ne
moins ny failloit. Tous autres mẽbres eftoi/
ent fort gents ⁊ auoit dedans vng fanctuaire
couuert dung fuaire odorant cõme pommie de
ambre le plus noble ⁊ gẽtil q̃ fut iufques a cõ
ftantinoble. Et fe quelque vng vfant de rai/
fon comparaifon en vouloit faire de ymage a
autre bien pourtraite faire fe pourroit a ly ma
ge q̃ pymalion feift/ Mais certes elle valoit
mieulx de autãt que le lyon precede la fouris.

¶Moꝛalite

¶Il pourroit fembler aux aucuns lubri/
ques gorriers danfeurs la doufaine q̃ ce que
dit eft dõne feulemẽt auantaige de cueillir la
rofe vermeille embzafee de vicieufe amour/
car les gros chatz fort bien nourris ne fongẽt
que ratz ⁊ fouris/ Mais pour les bouter hors
de cefte fantafie ⁊ eftaindre leur vilain penfe/
ment il leur fera mõftre q̃ la redemption d̃ hu
main lignaige y eft comprinfe ⁊ figuree. Pre

mierement ainfi que paour ⁊ honte deffendo/
ient la tour de bel acueil/ fi que lon ny cueilloit
ne bouton ne rofette. Semblablemẽt paour/
ceft a entẽdre lennemy du genre humain q̃ le
mõde efpouentoit auec honte de pechie mortel
tenoient les viuans en tel fubiection apres la
defobeiffance des premiers parẽs/ ⁊ donnoiẽt
tel empefche a lentree de paradis q̃ nul ny po/
uoit aborder pour y cueillir flouron ne violet
te. Oꝛ eft ainfi q̃ par appointemẽt fait laffus
entre iuftice/ verite/ paix ⁊ mifericorde/ dõt la
caufe pendoit par deuãt le fouuerain iuge tou
chant redemption humaine charite diuine fi/
guree p̃ dẽ⁹ defcẽdit ca bas/ ⁊ par plufieurs
menaffes q̃ font les fainctes prophecies/ deffia
bonte ⁊ paour leur fignifiãt bien acertes que
a toufiours mais ne tiendroiẽt le mõde en fub
iection fi ne feroiẽt gardiẽs de la rofe ne du cha
fteau/ mais elle y feroit fi bõne ouuerture que
les rofiers ⁊ les boutons y feroiẽt habãdonnez
a toutes gens/ tellemẽt q̃ clercs ⁊ layes reguli
ers ⁊ feculiers p̃ viedrõt a proceffion ainfi que
nous voyds maintenãt q̃ fans quelque excep
tion tous ceulx q̃ fifchẽt leur cueur en lamour
de noftre feigneur fe de bien en mieulx pfeue/
rent ilz feront couronnez laffus de flourons pre
cieux ⁊ dignes. Et q̃ plus eft les riches les pe/
uent achapter aux poures fe ilz ont defir de fe
auoir. Quãt venus eut fommee hõte ⁊ paour
de rendre le fort leur aduertiffant de tout met/
tre en feux en flãme: tãt eulx cõme leurs bar
bacanes. Quoy q̃ fes ennemys feuffent fort
eftonnez ilz ne fonnerẽt mot. Lors charite di/
uine delibera cõme feift venus de leur dõner
laffault: print fon arc a main fort et droit q̃ fe
nõmoit iuftice/ Et pour bender ⁊ ployer ledit
arc ⁊ appaifier mifere auecques difcorde: elle
faifift la corde de mifericorde/ Puis tira hors
de fon coffin celefte vng trait fort bien empẽ
ne. Et pour donner ouuerture aux loyaulx
amoureux querans le bouton eternel print
fa vifee fur vne petite et baffe Archure qui
fe nommoit Paradifi porta. Cefte propre
et baffe Archure fondee fur deux pilliers
aulx Dyuoire eftoit la treshumble et Glo/

rieuse vierge fondee sur humilité et virginité blanches come yuoire. Les deux pilliereaulx soubstenoiêt en lieu de fertre ung chief deouire dymage la plus precieuse q iamais fut au monde. La pourtraiture q fabricqua pymalion est de poure extime au regard delle/ car en elle estoit paré le tresdigne suaire/ & la belle ciboire ou deuoit reposer le filz de dieu tresnoble sainctuaire. Quant charité la bonne archiere eut mys en chose son pennon elle entoisa son trait bien doré & estoffé dung bon salut/ & assena lymage de la vierge en lanteille sans la blessier gueres. Toutesfois paour qui fut au pres de elle la surprist merueilleusement. Mais elle fut reconfortee en regardant lescripture de la saiette ou il y auoit. Ne timeas maria. Neantmoins honte luy vient au deuant disant q chose admiratiue seroit d demourer vierge & concevoir enfant. Mais pour remparer ceste doubte la gracieuse vierge ouyt la bonne diuine qui nestoit gueres loing luy embrasa le cueur de ung brandon de feu tant espirituel q honte auecques paour se departirent delle: si q dieu deuint homme/ et vierge deuint mere a lheure que de sa bouche virginale respondit. Ecce ancilla domini.

¶ Le. E. i. chapitre. Similitude de lymage Pymalion a nostre mere saincte eglise.

¶ Lamant.

Pymalion entailleur pour traiant en fustz/ pierres/ metaulx/ os/ cires & autres matieres couenables a tel oeuure faire pour esprouuer son grât engin se voulut deduire De pourtraire une ymage de yuoire/ & mist tellemêt son entente a le faire plaisant & gêt quelle sembloit estre aussi viue q la plus belle q soit viuant/ car oncques Helaine ne lauine ne furent de si fine couleur ne de si bône facon tât feussent elles bien faconnees/ ne neurent la disme de sa beaulté. Pymalion mesmes qle regardé sen esbahit & ne se donne de garde quât amour le lasce en ses roseaulx si fort qil ne scait q faire. Il se complaint a soy mesmes/ et son plaingt ne peut estâchier. Las dist. ¶ Pymalion. ¶ Que feray ie maintenât/ iay fait & forgie maint ymages tât riches q le pris ney scauoye/ noncques ne fuz surpris de les aymer. Or suis ie mal bailly p celle/ car tous mes sens me sôt faillis. Las dôt me vièt ceste pensé/ & mêt fut pensee ceste amour. Iayme vne ymage q ne sca t ce ne remue/ sourde & mue: ne iamais naura mercys de moy. Ne scais q mêt tel amour me naura/ il nest nul q en oye parler qil ne sen doyue esbahir. Or suis ie le plus fol du siecle q telle chose en puisse ie faire. Se iay moye vne reyne ien esperercye auoir aucun mercy/ car possible luy seroit de ce faire. Mais cest amour est tant horrible qelle me desnature du tout/ pour ce q de nature ne precede q en moy a ung mauluais filz. Quât elle me feist elle se auilla forment/ toute suoyes blasmer sa doy/ car se ie vueil aymer folemêt ne mey doys si nô a moy prendre. Et moy nôme pymalion ne ouys oncques plêr de tel amour aussi loing q iay peu aller de mes deux piedz: Toutesuoyes ie nayme trop folemêt/ car mait hôme a plus folement aymé se lescripture ne mêt. Nest il escrit q iadis au boys tame narcisus sa ppre figure apyta a la fôtaine clere & pure quât restâchier de

fueillet

soif se cuyda/ne oncques reuegier ne sen peut/ Ains mourut illec selon lhystoire/ dont la memoire est encores grande. Toutesuoyes ie suis moins fol q̃ luy. Car quãt il me plaist pour solacier mon mesaise ie voy a ceste ymage si le prẽs et lacolle et baise/ celluy ne pouoit auoir celle q̃ en la fõtaine veoit. Dautre part est aduenu en maintes cõtrees q̃ mains amans ont ayme maintes dames/ lesqlz ilz seruirent autant q̃ possible leur fut/ et oncques nen peurent auoir vng seul baiser/ quelq̃ paine qlz en ayẽt prins. Antõurs donc ma trop mieulx assene. Non a/ car a quelq̃ doubtance q̃ ce soit ont ilz eu esperance/ et du baisier et dautre chose auoir/ mais lesperãce mest forclose quãt au delit q̃ ceulx entendent auoir q attendent les deduitz amoureux. Car quãt aisier me veulx/ soit de baisier et daccoler ie trouue mamye roidde cõme vng pet/ et tant froide q̃ quãt ie la touche pour baisier elle me refroide la bouche. Ha trop ay rudemẽt parle ie vo' en demãde mercy doulce amye puantq̃ en vueillez prẽdre la mẽde/ car de tant q̃ vo' mauez daigniez regarder et rire doulcement/ il me doit bien suffire/ car doulx regardz et ris piteux sont delicieux a moult damans.

Lamant. Pymalion sagenoulle deuant lymage et mouille sa face de larmes luy presentãt son gaige pour amende/ mais icelle de quelq̃ amende na cure/ car elle nentend/ ne

sent ne luy ne son present. Et par ainsi crye sa paine põre quãt il se paine d̃ telle chose aymer si ne peut rauoir sõ cueur/ car amour luy toult le sens et le scauoir/ tellemẽt quilz se descõforte du tout/ ne scait se elle est viue ne morte. Souuent luy taste les mains doulces cõme paste/ et cuide q̃ sa chair luy sue/ mais cest sa propre main q̃ est appuye a la sienne. Ainsi Pymalion est m̃e sans mettre paix ne trieues a son estrif/ iamais ne demeure en vng estat. Or ayme/ or hayt/ or ryt/ or pleure/ or est a mal aise/ or est lye/ or se rappaise/ or se tormẽte/ et puis reuest son ymage en maintes guises de robbes p̃ grãt maistrises faictes de blancs draps de layne souefue/ de scarlate/ de tyretaine/ de verd/ de pers/ de brunette/ de fine et nette fresche couleur/ ou sont mises plusieurs riches petites herminees/ vaires et grises. Puis les oste et tãtost luy essaye cõbien vne robbe de soye luy siet. Pareillemẽt luy veest cẽdaulx/ meledmes yndes/ vermaulx/ iaunes ou bis/ samys/ dyaspres et camelotz cõme se vng angelot estoit tant est de simple cõtenance. Et autresfois luy met sur la teste vne guimphe/ vng coeuure/ chief par dessus q̃ tout couure si non le visaige/ car lusaige ne veult tenir des sarrazins q̃ les faces de sarrazines couurẽt destamines/ affin les trespassans ne les voyẽt passans par les voyes p̃ grãt rage de ialousie. Autresfois Pymalion reprẽt courage de oster ches achemez/ et de mettre guides verds/ yndes/ iaunes ou vermaulx et treceures gentes et gresles de soye et dor a perles menuz/ et attache dessus les crispines vne attache moult precieuse/ et plus vne couronne dor fort gresslette de pierre riche en beaulx Chastons a quatre esquarres/ et a quatre demy compas/ sans que ie vous compte la menue pierrerie seant la entour fort espesse et drue. Puis met deux verges dor greslettes a ses aureillettes pendant. Et pour sa cheuechaille tenir luy baille deux fermaulx dor. Puis luy en met vng emmy le pis/ Et sentremet de ceindre dung si tresriche ceint Que iamais pucelle ne ceindit le pareil. Audit ceint pendoit vne moult chiere et pcieu se au mosniere a cinq petites pierrettes prises et esleues au riuage de la mer/dont pucelles se iouent quāt les trouuent rondes & belles. Et puis luy chausse par grāt entēte a chascū pied souler & chausse ioliettemēt entaillez a deux doigs pres du pauemēt. Et pource quelle nest natifue d paris elle nest estriuee de hauseaulx cat la chaussure trop rude seroit a pucelle d telle ieunesse. Et pour mieulx estre vestue luy a cousu bien estroit ses māches dune esguille affilee bien enfilee de file de fin or. Si luy porte fleurs nouuellettes/dont pucelettes fort iolies font leurs chapeletz en printemps des pelottes/des oyseletz & de toutes choses diuerses et nouuelles aux damoiseletz delictables/Et luy fait chappeletz de flours/iamais si fetz ne veistes/car il y met toute son entēte. Puis luy boute aneletz dorez es doigs comme font espoux soy aulx/en luy disant, Belle tresdoulce amye ie vous espouse deuiens vostre & my enne serez/prineuus & Iuno me veulēt ouyr/ et estre a noz nopces presens autres prestre ne clerc ny vueil auoir/ne crosses ne prelatz mittrez. Car il sont les vrays dieux des nopces. Lors pymalion chāte a voix serie de grās entrop series plaines du secret Damourettes les chāsonnettes en lieu de messe/& fait sonner ses instrumēs tant hault q son neust ouy dieu tonner/ desqlz il auoit de trop plus de manieres q nauoit amphion de thebes/harpes/guitternes rubebes & lucz bien esleuz pour soy resioyr. Puis psales & loges fist sonner orloges ayās subtiues roes & pōdurable mouuemēt. orgues a main portables & maniables ou il souffle et touche &chāte a bouche plaine/mottez a treble & a tenire. Puis met sa cure en cymbales et fretele ses freteaulx/chalemeles et chalemeaulx/iābours/fleustes/timbres/tipanes/ citoles/trōpe/cors/cheurie/psalterion & vielle Puis prēt a muse sa trauaille & aux istrumēs de cornuaille espringueBale sautelle & fiert du pied p my la sale. Il prēt son amye pla main & dāce/mais grāde desplaisāce porte a son cueur de ce q pour prier ou semōre ne veult respondre ne chāter. Puis lēbrasse & la couche dedās

sa couche entre ses bras/& de rechief la baise & accole/mais bōne escole nest ce pas quāt deux pfōnes sentrebaisēt/& le baisier ne plaist a chascun deulx. Amsi soccit pymalion & saffole, en sa fole pēsee surpris &deceu fort esmeut pour ly miage sourde/laqlle il attourne & pare a soy possible & sabādōne a la seruir/ & toute suopes elle ne appt moins belle nue q vestue. Lors aduint q en ceste ptce celebree fut vne feste ou grās merueilles aduenoiēt & vindrēt aux veilles du tēple venus tout le peuple a senuiron. Pymalion q moult se fioit en vēus vint illec veiller pour soy pseiller de son amour/ & lors se gemete & plait aux dieux de samour q le tormente: sa priere faisant dit en ceste maniere.

¶ Pymalion. ¶ Beaulx dieux q tout pouez oyez ma reqste sil vo9 plaist/& toy saincte ven9 dame de ce tēple emplis moy de grace ie scay q tu es moult courroucee quant emprinse est la chastete q iay serui lōg tēps/ dōt iay grāt paine desseruie de quoy me repēs grādement/ ie prie q le me pōdne & mottroye p ta pitie doulceur & amytie p euenāt q grāt meschief mad/ uiengne se chastete ne delaisse/ or ie te requier q la belle q mon cueur embe & te sēble puoire deuiēgne ma loyalle amye ayāt corps de femme ame & vie/& se tu te hastes de ce faire & iamais suis trouue chaste ie ottroye estre pendu ou pour sōdu a grāt haste/ou q cet betus porti et defer me trāgsoutisse & engorge dedās sa tē ple gueulle ou il me lye illec en enfer. ¶ Lamāt. ¶ Ven9 q ceste priere ouyst sen resiouyt grādemēt pource qil delaissoit chastete & prometoit la seruir cōme sil feust hōme de bōne repentāce prest pour penitence faire tout nud ētre les bras de samye. Voire se en vie la peut tenir. Et adonc venus enuoya ame a ly mage dyuoire/ &deuint si belle dame q iamais en la contree ne fut rencōtree si belle. Et lors pymalion sa reqste accorde sans plus seiourner au tēple sen est retourne a son ymage/car plus tarder ne pouoit de la tenir/ et vers elle court faisant les sault menuz tant ql est venu iusques la no saichāt le miracle aduenu: mais il auoit es dieux grāt fiance. De tant plus se re-

garde pres de tant plus art son cueur frit z lar̃
de. Voyant quelle est viue z chatnue sa chair
nue luy manie/z voit ses beaulx crins blonde
letz vndoyans ensemble ome vndes sentãt les
os z voines toutes plaines de sang z debatre
le poulx/ne scait se cest mensonge ou voir: ne
scet ql doit faire vne fois se tyre arriere vne
autre approuche il a grãt paour destre enchan
te z dit. ¶ Pymalion. ¶ Quest cy suis ie
tempte veille ie pas/nẽ ny ie songe/iamais si
expert songe ne vis. Songe ie/nõ faiz non ie
veille/cest merueille icy dont me viẽt elle est
ce fãtosme ou ennemy q sest mys en mõ yma
ge. ¶ Lacteur. ¶ Lors la pucelle aduenant
qui auoit crine blonde z belle luy respondit.
¶ La pucelle. ¶ Doulx amy ce nest enne/
my ne fãtosme, ains vostre amye suis preste
de receuoir vostre cõpaignie/ie vo⁹ offre mon
amour se tel offre vo⁹ plaist receuoir. ¶ La/
mant. ¶ Pymalion voit q la chose est acer/
tes p apptes miracles si se trait pres delle z sas
seure ome seure chose/si se ottroye z offre vou
lentiers a elle ome celluy q est sien entieremt.
A ces paroles sentrailliẽt z remercient. De
leur amour nest ioye qlz ne sentrefacẽt ensem
ble amoureusemẽt/z qlz ne sentrembracent z
ne sentrebaisent ome deux coulõbs/z sentray
ment z sentreplaisent rendãt grãs graces aux
dieux qui leur firent telle courtoisie/souuerai
nement a Venus qui mieulx que nulz des au
tres leur aida.

¶ Moralite

¶ La tresadmirable incarnacion z natiui
te de Jesuchrist a este figuree p la iuste archie
re Bouton emp̃ne q embrasa le cueur de la no/
ble pucelle/maintenãt fault il p̃ler da maria/
ge de nostre seigneur/car aucuns tiennent q a
lheure q la deite se toingnit a lhumanite le fiã
chaige en fut si cõme fait. Mais pour scauoir
q sera lespousee trouuer la fault en qlq noble
maison soit iherusalem ou autre. Aucũs iuifz
de rude entendement luy ont voulu bouter en
main vne sotte matrone fort vieille radotee
nõmee Synagogue/mais il la cognoit estre

fueillet

lippue cõme ly a z rebelle cõme vasty/z q pis
est incredule iusqs au iourdhuy: pourquoy il
veult chercher meilleur alliãce/z de fait a fi/
che son amour en vne gracieuse dame fort pru
dente z de sa cognacion nõmee leglise/belle cõ
me rachel/humble cõme hester/laqlle il a nour
rie des sa ieunesse/esluee z repue de son corps
et de son sang. Et est ceste eglise nõ point ma
terielle de pierres z de cailloux/Mais espiri
tuelle z catholicq vniuerselle quocation d peu
ple fidele z bien vny. Et cõme lhõme z la fe/
me ensemble mariez sont deux persõnages et
nest q vne mesme chair/pareillemẽt iesuchrist
et leglise sont ome espoux z espouse ensemble
vnis p amour charitable. Et ome pymalion
subtil dengin z fort imbuit en lart de sculpture
entailla vne ymage duoire fort blãche z cle/
re en semblance dune tresdoulce vierge la mi
eulx dimẽsionee en pourtraiture q iamais fut
sur terre/tellemt q par son extreme beaulte il
senamoura delle/Puis la reuestit/chaussa/
agẽcit z achesma de diuers habis et achesmes
destrãges facõs z couleurs. Semblablemẽt no
stre seigneur bouta son amour au cueur de le/
glise/laqlle il auoit a grãt trauail z paine pro
duit z essluee/fort gẽte/nette/pure z blãche cõ
me yuoire/z la reuestue de diuerses sortes dha
bitz: cõme il appert p les supostz dicelle q sont
prelatz enchappez de riches aornemẽs abbez
chanoynes/moynes z plusieurs autres. Et
ainsi q pymalion assist sur le chief de lymage
vne couronne dor aornee de pierres en beaulx
chastõs a quatre esquerres luy mist deux ver
ges dor pẽdãs a deux aureilles/deux fermãs
dor au col/vng riche fermail sur le pis/vne
ceinture p my le corps au pendoit vne aumos
niere a cinq boutõs dargẽt. Semblablement le
chief de leglise nostre sait pere le pape est tres
richemẽt couronne et aorne de pierres p̃cieuses
esquatres q sont cardinales vert⁹. Les deux
fermailles ou fermans dor q luy sont mis au
col sont les deux puissãtes riches z fortes glai
nes/tãt de ladicte eglise q du bras seculier q le
soubstiennẽt en vigueur z deffendãt/les deux
verges dor q luy pendẽt aux aureilles sont la

nel de mariage a le seel de confession. La tres-
tresplendissant assicque deuāt la poictrine don-
ne aduertāce q̄ les ministres de leglise doyuēt
estre miroir aux autres de bien viure/ a plau
mosniere pendāt a sa ceinture q̄ luy serre les
rains est entendu q̄lz doyuent ouurir leurs gros
ses bourses aux poures honestes gens a leur di
stribuer le surplus de leurs biens. Pymalion
pour cōplaire a son ymage luy presentoit chape
let d fleurettes a chātoit melodieux rōdeaulx
au son d diuers instrumēs/ainsi q̄ maintenāt
nous oyons en leglise les doulces armonyes
dhumaines voix/ dorgnes a de clochettes/ et
luy offrons chapeletz de cinquāte patenostres
Et pource q̄ lymage Pymalion dont il estoit
surprins damours a piteusemēt affuble ne sça
uoit aller ne pler: il se tyra au temple de ven'
et tāt pria la amoureuse deesse q̄lle luy dōna for
ce/ esperit a vie. Et aussi nostre mere saincte
eglise en sa primitiue naissance estoit come sta
tue aueugle/ mute a sourde. Mais nostre sei-
gneur iesuchrist fort amoureux dicelle/ de pria
tant la puissance a bōte de son pere q̄ par sa di
uine clemence il linspira de ame a de vie. Et
ainsi q̄ Pymalion espousa lymage diuoire a
tresgrāt liesse de cueur a sentrayment comme
deux coulōbeaulx/ pareillemēt nostre seigr̄
iesus voulut espouser leglise militāt. Et pour
estre a la solēnite des nopces aucūs iuifz tou-
chiez de bon esperit habandōnerēt leur vieille
synagogue pour rōpaigner le glorieuse espoux
Et daultre part sainct pol apostre enuoya ses
epistoles aux ebrieux/ aux romains/ aux co-
rinthois/ aux gallatees/ a en diuers quartiers
du mōde. Et q̄ plus est appella p̄ sa tresdoulce
eloquēce les gentilz hommes des loingtaines
pays foulans aux piedz leur faulse ydolatrie
Et en presence diceulx fut ce noble mariage
acomply. Et adonc le gracieux espoux regar
dāt par admiracion la grant beaulte de sa tres
digne espouse se print a dire. Tota pulchra es
amica mea columna tuum vt columpna velut
intus eburnea.

¶ Le. c. iii. chapitre. Lhystoire de
mirra semblable a la conuersion
de la magdalene.

¶ Lamant.

Or est pymalion a son aise/ Nest
rien q̄ deplaire luy puist celle ne
luy reffuse chose q̄l desire/car sil
oppose elle se rend pfuse: il obeist
elle cōmāde pour riens ne ctrediroit a son veu
loir. Or peut il iouer auec son amye sans plai
te ou dāgier. Finablemēt tant ont ioue ensem
ble q̄lle est enceinte dung enfāt nōme paphus
hōme de grāt renom: par q̄ lisle de paphos fut
nōme. De cellui paphus nasquist le roy Cy-
natas plain de prouesse/ q̄ de bon heur eust ac-
queste ne fust vng seul cas p̄ leq̄l il fut deceu.
Iladuint q̄ vne vieille q̄ dieu pfonde pource q̄
iamais ne doubte peche luy amena de nuyt a
son lict sa ppre fille a blōde nōtice mirra: sa fē
me du roy estoit lors allee a q̄lque feste le roy
saisit hastiuemēt la pucelle ignorāt gesit auec
sa fille q̄ fut chose moult estrāge. Quāt la vi
eille les eust assēblez elle se retira a les laissa,
tellemēt besongnent ensēble q̄ mirra enfāta le
bel adonis apres q̄lle fut muee en vng arbre.
Et se son pere eust sceu la deception du trippot
il leust tuee/ car il feist apporter vng cierge al-
lume pour la querir. Mais elle q̄ vierge nestoit

garde pres de tant plus art son cueur frit & lar
de. Voyant quelle est vive & charnue sa chair
nue luy manie,& voit ses beaulx crins blonde
letz vndoyás ensemble come vndes sentát les
os & voines toutes plaines de sang & debatre
le poulx, ne scait se cest mensonge ou voir: ne
scet ql doit faire vne fois se tyre arriere vne
autre approuche il a grãt paour destre enchan
te & dit. ¶ Pymalion. ¶ Quest cy suis ie
tempte veille ie pas, neny ie songe, iamais si
expert songe ne vis. Songe ie, nõ faiz non ie
veille, cest merueille icy dont me vient elle est
ce fãtosme ou ennemy q sest mys en mõ yma
ge. ¶ Lacteur. ¶ Lors la pucelle aduenant
qui auoit crine blonde & belle luy respondit.
¶ La pucelle. ¶ Doulx amy ce nest enne-
my ne fãtosme, ains vostre amye suis preste
de receuoir vostre cõpaignye, ie vo9 offre mõ
amour se tel offre vo9 plaist receuoir. ¶ La-
mant. ¶ Pymalion voit q la chose est acer-
tes y apptes miracles si se trait pres delle & sas
seure come seure chose, si se ottroye & offre vou
lentiers a elle come celluy q est sien entiere mt.
A ces paroles sentraillét & remercient. De
leur amour nest roye qlz ne sentrefacét ensem
ble amoureusemét, & qlz ne sentrembracent &
ne sentrebaisent come deux coulõbs, & sentray
ment & sentreplaisent rendãt grãs graces aux
dieux qui leur firent telle courtoisie, souuent ai
nement a Venus qui mieulx que nulz des au
tres leur aida.

¶ Moralite

¶ La tresadmirable incarnacion & nativi
te de Jesuchrist a este figuree p la iuste archie
te bouton empéne q embrasa le cueur de la no
ble pucelle, maintenãt fault il pler da maria-
ge de nostre seigneur, car aucuns tiennent q a
lheure q la deite se toingnit a lhumanite le fiã
chaige en fut si come fait. Mais pour scauoir
q sera lespousee trouuer la fault en qlq noble
maison soit iherusalem ou autre. Aucũs iuifz
de rude entendement luy ont voulu bouter en
main vne sotte matrone fort vieille radotee
nõmee Synagogue, mais il la cõgnoit estre

fueillet

lippue cõme ly a & rebelle cõme vasty, & q pis
est incredule iusqs au iourdhuy: pourquoy il
veult chercher meilleur alliãce,& de fait a fi-
che son amour en vne gracieuse dame fort pru
dente & de sa cognacion nõmee leglise, belle cõ
me rachel, hũble cõme hester, laqlle il a nour
rie des sa ieunesse, esluee & repue de son corps
et de son sang. Et est ceste eglise nõ point ma-
terielle de pierres & de cailloux, Mais espiri-
tuelle & catholicq vniuerselle conuocation dẽ peu
ple fidele & bien vny. Et cõme lhõme & la fe-
me ensemble mariez sont deux personages et
nest q vne mesme chair, pareille mt iesuchrist
et leglise sont come espoux & espouse ensemble
vnis p amour charitable. Et come pymalion
subtil dengin & fort imbut en lart de sculpture
entailla vne ymage d yuoire fort blãche & cle
re en semblance dune tresdoulce vierge la mi-
eulx diménsionee en pourtraiture q iamais fut
sur terre, tellemẽt q par son extreme beaulte il
senamoura delle, puis la reuestit, chauffa,
agecit & achẽma de diuers habis et achẽmes
destrãges facõs & couleurs. Semblablemẽt no
stre seigneur bouta son amour au cueur de le-
glise, laqlle il auoit a grãt trauail & paine pro
duit & esluee, fort géte, nette, pure & blãche cõ
me yuoire, & la reuestue de diuerses sortes dha
bis: cõme il appert p les supostz dicelle q sont
prelatz enchappez de riches aornemés abbez,
chanoynes, moynes & plusieurs autres. Et
ainsi q pymalion assist sur le chief de lymage
vne couronne dor aornee de pierres en beaulx
chastõs a quatre esquerres luy mist deux ver
ges dor pẽdãs a deux aureilles, deux fermãs
dor au col, vng riche fermail sur le pis, vne
ceinture pmy le corps au pendoit vne aumos
niere a cinq boutõs dargét. Semblablement le
chief de leglise nostre saict pere le pape est tres
richemét courõne et aorne de pierres pcieuses
esquarres q sont cardinales vert9. Les deux
fermaillez ou fermans dor q luy sont mis au
col sont les deux puissãtes riches & fortes glai
ues, tãt de ladicte eglise q du bras seculier q le
soubstiennét en vigueur & deffendãt, les deux
verges dor q luy pendét aux aureilles sont la

re a lheure de la passion celle benoiste magda
leine par grant amertume de cueur embrassa
cest arbre de penitence par si grāt amour quel
le en ploura grosses larmes/ Dont les gouttes
sont plus odoriferans q̄ nest fin basme. De la
cōment la magdaleine est le vray mirre odorāt
qui les gens admire/ ce lest miroir le saige mir
re en q̄ maint grāt pecheur se mire q̄ de mirre
son maistre oingdit a lheure que ou le despen
dit qui dire peut aux cueurs contris. Et mirt
ra electa dedi suauitatem odoris.

¶ Le.c.iii.chapitre. Lembrase
ment que fait venus au chasteau
de Jalousie nous preauise de la fi
nale destruction de lunivers mō
dain fabrique.

¶ Lamant.
Venus sans plus attēdre laissa vo
ler le brādon tout empēne plain de
feu ardant pour affoler ceulx du
chasteau tant subtillement q̄ nulz
ne peurent choisir/ cōbien q̄ a loisir le regardas
sent. Quāt ceulx de leans furent affolez par le
vol du brādon il se tindrēt pour prins/ car tout
le pourprins fut esprins du feu. Tous se secrient
trahy trahy nous sōmes mors fuyons hors du
pays/ comme esbahys iettons noz clefz. Lors

quant ce terrible mauffe dangier eschauffe se
sentit il sen fuyt plus fort q̄ ne fait cerf en lāde.
Ny a nul q̄ attēde lautre. Chascun deulx met
sa cure a bien fuyr/ ca sa ceinture met les paulx.
Paour senfuyt delaissant hōte q̄ laisse le cha
stel tout embrase/ ne oncq̄s puis ne prisa tout
ce q̄ raison luy auoit apprins. Et subit arriua
courtoisie la bien prisee/ la preux/ la belle quāt
la desconfiture regarda affin de oster son filz
hors de laidure/ elle appella pitie et franchise q̄
en la pourprise sortirēt sans crainte du feu ne
cesserent tāt q̄ parlerēt a bel acueil Courtoisie
q̄ nest lēte de bien dire porta la parolle p̄miere a
Bel acueil/ et dit. ¶ Courtoisie. ¶ Beau filz
iay este moult dolēte/ car grant tristesse mest
tytee au cueur a cause q̄ tāt longuemēt quez te
nu prison. Mal feu et male flāme arde cellup
q̄ en tel garde vous auoit mys. La mercy dieu
vous estes au dessus/ car malebouche le mesdi
sant putōgne gyst la hors en ces fossez froit et
mort auec ces normās/ maintenant ne peut rī
ens veoir ne escouter: si ne fault doubter ialou
sie a bonne vie mener/ ne a soy solacier prince
mēt/ mesmēt auecques son amy veu q̄ icelle
pouoit na de riens ouyr ne veoir. Nul nest icy
q̄ riens luy puisse dire ne q̄ nous sachē icy trou
uer/ et les autres ses conseilliers tous espilles se sōt
fuys les feldz les oultrecuydez sont vuidez
du pays. Beau tresdoulx filz pour dieu mer
cy: ne vous laissez icy brusler. Moy courtoisie/
franchise et pitie p amytie vous prions q̄ vueillez
ottroyer a cest amāt ce q̄l vous demāde/ car plu
sieurs maulx a long tēps endure pour vostre
amour/ ne oncq̄s vng faulx trait ne vous feist
ne ne traffiqua tāt est loyal et franc/ receuez le
en vostre mercy/ il vous offre lame/ le corps et
tout ce q̄l a. Pour dieu beau doulx filz ne refu
sez tel offre/ ains le receuez le vous en requers p
amours qui sen efforce/ et qui sa force a mys
vous aider/ et p la foy q̄ me deuez. Beau filz a
mours vault toutes choses q̄ encloses sōt soubz
sa clef. Vierge ille le ferme mesme p courtoi
sie et ferme sentēce quāt cherccherez bucoliq̄s
vous trouuerez amours saint tout. Et certes
nous deuōs receuoir son dit/ car il dit voir. Il

Fueillet

se nous cõpte en vng seul Vers meilleur cõp/te ne peult on auoir. Beau filz secourez cest amãt/ dieu vo9 doint ioye/ vo9 deux/ Ottroy ez luy la Rose en fin don. ¶ Bel acueil re spõd. ¶ Dame ie luy habãdonne Voulêtiers cueillir la peut pẽdant le tẽps q̃ sommes icy no9 deux pieca receuoir le deuoye/ Ie voy bien q̃ ay mis soy au lietmẽt: Dequoy ie luy rendz cent mille mercys.

¶ Moralite

¶ Le trop horrible brandon de feu ardãt soubdainemẽt ennoyez de la deesse Ven9 pour exterminer la forteresse de ialousie ses adhe/tens faulteurs ⁊ garnemẽts est cõme presage en aduertissemẽt de la fraction/ cõbustion ⁊ finale destruction de tout lentier mõdain fabrique. Car cõme le mõde fut iadis releue ⁊ net toye de son ordure charnelle par naufrage du deluge/ il fault puis q̃ charite est en luy refroi die q̃l soit vng petit reschauffe. Non vng pe tit q̃ ie ne mẽte/ mais tant grandemẽt subit et oultrageusemẽt q̃ les potestes angeliques trẽ bleront cõme fueille en arbre. Et ainsi q̃ ven9 iectta son brandon de feu allume/ la diuine puis sance assemblera le feu mesmes estant en son espere tous autres feux q̃ sunt sur terre ⁊ des soubz terre si leur dõnera telle force ⁊ vigueur quilz brusleront soubdainemẽt tout le mõde aus si grãt q̃ l est ensemble toutes creatures vinãs en ce mõde vniuers/ mais indifferãment: car les esleuz ⁊ iustes ne sentiront douleur/ ne an goisse ne que firent les trois freres au chault fourneau de Babyloine. Ceulx q̃ sont en train de salut ⁊ nont du tout satisfait seront par pur gez. Mais ceulx q̃ seront trouuez obstinez ini ques ⁊ hordez de pesche mortel seront bruslez de corps ⁊ dame par la vertu de ce dit feu a q̃ dieu dõra ceste office/ car il sera cõme feu infernal feu purgatif/ feu terrestre ⁊ feu elementaire pour tormenter tous ceulx de ces quatre quar tiers. Et en cõtinuant ceste histoire cõme dan gier paour ⁊ honte gardiens de la rose courru rent la beausse a bride aualee quãt ilz sentirẽt

le chault si feront dangier de mort par penitẽ ce faire/ honte de gehir son pesche/ et paour de stre miserable par aumosner q̃ empeschoient lentree de paradis sey trotoient les galos com me boutons de spence. Mais pour consoler le spirituel amãt q̃ vigoureusement auoit persé uere en lamoureuse queste dõt il esperoit restitution vne tresinclite dame nõme courtoisie acõpaigne de frãchise ⁊ pitie se trouuerent en ce piteux destroy ou courtoisie prie son filz Bel acueil que il vueille receuoir lamãt en sa gra ce. Courtoisie mere aduocate des poures pes cheurs suppliant Bel acueil son enfant iesu christ nostre redempteur iadis prisonnier en ce monde quil vueille en regart dãt pitie ⁊ frãchi se q̃ sont de sa chãbree receuoir a mercy ce loy al amoureux en luy donnãt la precieuse Rose par qui ientens haulte gloire diuine/ lors Bel acueil son tresdoulx filz q̃ riens ne veult refu ser a sa glorieuse mere luy ottroya beguinemẽt en prenant vng chapeau de rose luy dit. Ve ni coronaberis. La vierge dit a lamant. Intra in gaudium domini tui. Et icelluy respond. Hic habitabo quoniam elegi eam. Pensez ley aulx amians prẽsez le tresdigne ⁊ riche guerdõ que Bel acueil roy eternel vous donra en fin de voz iours. Et vous autres amoureux im pudicques villains paillars traffiqueurs des loyaulx q̃ nuyt ⁊ iour labourez a cueillir vne charnelle Rose mondaine tendre caducque et corruptible/ quelz oeillades/ quelz gambades quelz dances/ quelz ieux/ quelz balades recor derez vous deuant la face de Dieu au iour du iugement. Se vous regardez en hault vous verrez iuge rigoureux/ enfer en bas ouuert et fort crueulx/ par dedans vous conscience mor dant ⁊ par dehors ciel/ mer ⁊ terre ardant. A dextre autres pechez q̃ vous condãnent/ a sene stre deables qui vous attendent. Espouente ment aurez trop terrible/ horreur incredible et pene infinie. Mieulx vous sera lors du sant le viser que le iubiser ⁊ le mauldire que le tire et le muser que le denser. Chascun de vo9 par courroux apres dira. Dies illa dies yre

¶ Le.c.iiii.chapistre. Le bour/
don du pelerin a les deup marte
aulp de lescharpe nous demon/
strent les trois puissances de la/
me / entendement / memoire et
voulente qui sont au corps hu/
main qui est lescharpe / par les/
quelz il visite les maisons a bou
ticles des sept pechez mortelz.

¶ Lamant

Ant come bon pelerin hastif ser/
uiteur etier d cueur a loyal amou
reup apres ce sauoureup ottroy ie
acueillay mon voyage vers lat/
chiere pour fournir mon pelerinage / a p grāt
effort portay auec moy escharpe a bourdon roi
de a fort tel q mestier nauoit de ferrer pour er
rer ne pour tournoyer. Lescharpe est de factu/
re fort bonne dune pel souple sans cousture /
mais nya riens de vuyde / car nature q me la
bailla par grāt estude y mist ōme il me seble
deup martelez ensemble quant les tailla pre
mierement. A grant diligence forgie les auoit
subtillemēt come celle qui bien le scauoit fai/
re mieulp que Dedalus. Je croy moy que faic
tes auoit pensant q quāt ie erreroye ten forge/
roye en vnt p ise croy / come certainemēt ie fe
tay se laisement en puis auoir. La mercy dieu

ie scay bien forgier / a si vous dis bien que iay
plus chier mes deup martelez a mescharpe q
ma harpe ne ma citole. Moult me fist natu/
re grant honeur quāt de ceste armeure me ar/
ma / car lusaige men enseigna tant bien q ien
suis saige a bon ouurier. Nature mesmes ma
uoit appareille le bourdon pour don / et voult
mettre la main au doler ains que ie fusse mis
a lettre / mais ne luy chaloit du ferret pour ce
quil nen valloit riens moins / et depuis q lay
receu tousiours lay tenu au pres de moy / on/
ques puis ne le perdis ne perderay se ie puis /
car deliures nen vouldroye estre pour cinq cēs
fois cent mille liures / nature me fit vng don
et pourtant ie le garde. Aussi quāt ie le regar
de moult suis ioyeulp de son present grande/
ment len remercie. Quāt ie le sens ien suis lie
et ioly / Car il ma pforte maintesfois en plu/
sieurs lieup ou ie lay porte. Il me duist fort bi
en a vient a point. Scauez de quoy. Il me sert
quāt aucunesfois ie me treuue en lieu coy ain
si q lon chemine / a le boute souuēt es fesses ou
ie ne voy goute / ainsi q pour reper les gaitz.
Et bien vēter me puis que nay garde de moy
noyer tāt bien les essaye / toutesvoyes ie fiers
par riues a par fons / mais si par sons les tre/
ut / ont les riues tant larges que moins me
greueroit esbanoyer la longueur de deup lie/
ues sur la marine en costoyant le rinage a me
lasseroie moins q passer ces guetz perilleup /
combien q iaye essaye les plus grans si ne my
suis ie noye / car quāt ie les tempoye a mettre
mettoye dentrer ens / telle nuit esprouuiez que
iamais fons ny fut trouue ne par aduiton ne
par perche. A lenuiron men alloye moy tenāt
pres des riues tāt que fin veneye hors / mais
iamais nen peusse yssir se neusse eu les armeu
res q nature mauoit donne. Or laissons che/
miner les voyes larges a lees a ceulp q volu
lentiers les vont a nous tirons sur les setiers
plaisans non pas les chemins aup chariottes
mais nous qui menons la ioyeuse vie tenons
les senteletes iolies a rennoisies.

¶ Moralite

fueillet

¶ Ainsi que lamoureux pelerin delicatif et charnel desirāt visiter la chiere auec le sain ctuaire cōme dessus est dit se fournit de bour don propice a taster le fons des passaiges: Auec lescharpe de mesmes ou sont deux plaisans martelletz. Pareillemēt lamāt espirituel chemināt en ce mōde ōme pelerin en esperāce dentrer en la gloire celeste p lestroicte arcure ou royere/se pourroit descharpe et de bour don/ lescharpe ql porte sur luy est ronde cōme vne soule a vesue par de hors estoffee de martelletz de mesmes pour subuenir aux accidens que lon pourroit trouuer en voye. Et est ceste escharpe acōparee a la teste de lhomme/ a les deux martelletz sont entendemēt a la memoire q se tient sur le derriere. Ces deux ne cessent iour a nuyt de marteler la fantasie/ Mais le bourdon bel a bon qui precede du mesmes est la voulēte humaine/ ou pour en pler rondemēt cest lesprit radical/ nutritif/ vital/ gentif et augmētatif/ fort subtil/ doulx/ aerin a q sestēt par tout le corps/ puis le sommet du chief iusques aux plātes des piedz. Le bourdon q est la voulēte espirituelle entēdement a memoire troussez en vne malette sont trois puissances de lame rasonnable/ desquelles le pelerin sest acoustre pour eschaper des dangereux passaiges/ car ains q lon puist puenir a la montioye de eternelle beatitude lon trouue tant de mon taignes de valees/ de bops estrāges/ de noees de pertōs/ de buissons/ de pendās/ de tournās de chemins fourchus et de sentiers cornus ql nest si iuste alfāt la voye qui bien souuēt ne se fouruoye. Le bon pelerin au departir se recōmāda au dieu damours q lhōme rachapta a sa vierge mere puis marcha en pays a de prime venue se destourna hors de la droicte voye pour querir les vmbrages: a assez pres dung chemin au millieu dung bosquet par ou il deuoit passer trouua vng vieulx puis a marle duquel yssoient piteuses voix a cōplaintes lamentables. Adonc le poure pelerin fut ainsi quau bout de sa roye/ toutesuoyes il lanca son bourdon tout ens pour taster le fons/ entendement cōme saige a memoire pou hardie se tindrēt sur le derriere/ a le pelerin retira son bourdon tout ensanglāte/ car il sauoit boute en la ppre cuuelle ou la royne thamaris auoit rue le chief cyrus pour luy faire boire son sang. Entendemēt q gecta son oeil par dessus y cōpta plus de cēt corps mors decouppez esgorgez a meurdris q les enfās dire a defier courtroup auoiēt occis a murtris. Le pelerin se tyra autre pt disant aux siens/ virōs virōs cest la grāde fosse aux larrōs. Dillec tyra tousiours auāt si apperceut le feu la flāme a la fumee mōtant en lair de quelq grāt chault four. Et quāt vit a lapprouchet/ il choisit vne vielle matrosne bien assilee du bec toute rēstrongnee par grant mauluaistie q prenoit gēs a gētes tous en vie plus secs q pelle de fournier: si les tuoit en son fourneau ōme lon fait grosses bourrees. Vng borgne malheureux/ lequel auoit prie au roy quil luy ottroyast vng don/ affin q son sochon eufist le double/ si demāda dauoir vng oeil creue/ a son pcompaignon en eust deux. Le poure deable pour cōplaire a sa dame dāsoit cōme vng fondeur de cloches sur deux souffletz de matēschal pour embraser les typsons venimeux. Entendemēt q dessus estudie iugea q cest la fournaise denuie. Quant le pelerin se fut elōgne dillec la longueur de deux petites lieues il se trouua deuant vne grosse tour quarree/ espesse de vingtz piedz seant a terre seiche couuert de blanc fer merueilleusement tournee a deffence/ ny auoit que vng seul huys tellement bende/ serre et ferre que lair ny auoit quelque entree/ Mais dessus ledit huys enuiron deux piedz pour happer lair estoit vne treille de fer puissamment forte/ par laquelle entendement soubtil trouua facon/ moyennant le bourdon de regarder par icelle laffaire et disposition de ledifice par dedans ouuerte et gecta son regard sur vne vielle satrappe/ maigre/ sesche/ affamee/ barbue fort triste a mincemēt vestue dune robbe grisette sāgle. Illec trembloit la vielle dent a dent sans feu/ sans lict/ sans charbon et sans busche/ Et pour nourriture de son corps nauoit pour tout potaige que vng huquet de puy bis/ vng pot de terre plain d'eaue & vng grant plat de chiches dessus. Vne vieille scabelle sans toaille & sans nappe, toutesfoyes elle estoit enuironnee de tous biens, car l'on veoit coffres plusieurs de cuyr bouly tous ouuers garnis de vaisselle, de ioyaulx, de grosses chaines d'or et riches pierreries, lingotz gros & pesans, cocqtz d'or, monoies etassees au mailletz, saichetz, gibecieres, bourses moult bien fournies d'escus et de lyons. La vieille Sathanas auoit vne tablette deuant elle chargie de bignetz & de clicqtz de billons & craucqllons & q pis est p̃ la grant merderie dont elle estoit plaine, & ne vouloit desbourser deux blācs pour auoir vng coustel. Elle detrēchoit & rongeoit a ses pures dens les grandes pieces d'or de bōne mise & de fort iuste poix. Deuāt ses yeulx pēdoit l'hystoire du roy Mydas, & mēt il fist sa requeste aux dieux que tout ce quil atoucheroit fust querty en suy or. Mais quant il boutoit pain en bouche il se burfoit dens & macboires & ne sentoit goust ne saueur, cōme auiourdhuy plusieurs q̃ meurent de faim empres leur auoir. Quāt le pelerin entēdit q̃ la bō̄ faisoit pescher, il supplia entendemēt de mettre vng hauet au bout d̃ son bourdon pour attraper vne bien grosse bourse. Entendemēt luy respōdit, mon amy passez voꝰ atant se voꝰ robez la bourse grāde, le gibet voꝰ dōta le pendāt, ce n'est pas tout q̃ d'estre riche, portons ailleurs nostre panier, laissons le buffet d'auarice en la tour d'atrappe denier. Le pelerin tyra en autre quærtier & se trouua en vng grant chemin royal tout d̃ scope de cheuaucheurs & de pietōs, & choisit de loing vne haulte mōtaigne ou les gaudisseurs du pays tyroient a toute diligēce pour mōstrer leur pōpes, leurs triūphes & leurs bobās. Il demāda a la chāberiere d'une damoyselle a larges mācbes nōmee porte queue ou elle alloit si roidement, car il luy sembloit q̃ iamais n'y pourroit venir a temps. Si respōdit q̃le entēdoit a monter sur le mont d'orgueil ou chascun se monstre et eppalle, affin d'estre prise & honore, car non seulement gorriers de court, marcheurs de paue, mareschaulx d̃ quarles ne fins vertus ne per

tucquetz y courent a grandes engēbees, mais bossus, crochus, esbanchiez, escloppez & belitz marguet y attriuēt a tous coustez p vng seul rein de oultrecupidāce q̃ leur enflāme la caboche. Quāt le pelerin fut au pied de la montaigne il ficha son bourdon en terre pēsāt s'il mōtetoit ou non. Et adonc memoire q̃ estoit encores derriere luy vint soubdainemēt au front et luy dist ainsi. O miserable & simple pelerin quas tu propose de faire, ne soyes si fol ne si hardy q̃ de marchier vng pas auāt. Il me visēt en souenāce q̃ les plus grans princes qui iamais furēt tant au ciel cōme en la terre puis qu'ilz se sont esleues & glorifiez en hault throsne d'orgueil sont trebuschez de hault en bas tant lourdemēt q̃ le record en est fort espouētable a tous ceulx q̃ ont voulsue oy monter. Et se croire ne me veulx, regarde au fons de ceste grāt valee tu trouueras le plus horrible mōstre q̃ iamais fut de dieu cree. Ces motz finez luy monstra la teste d'ung grant serpent a gueule ouuerte plus large que vng vaisseau de mer aspirant & tandāt le col en hault pour englontir sa malheureuse proye, & atend que vent de saine gloire luy soufle en la gorge tous ceulx q̃ se gaudissent sur le hault mont d'orgueil. En l'inspection de ce cruelx serpēt fut le pelerin tant perplex quil perdit tout sens & memoire. Non sans cause, car ceste espouētable beure estoit la teste Lucifer qui par son orgueil exectable auoit iadis fait vng grant sault du plus hault lieu d̃ paradis iusques au parfont puys d'enfer. Quant le pelerin eut recouure sens, memoire & entendemēt il se tenēt la de ce hydeux spectable menāt dieu & disant a part soy. Or suis ie heureux d'estre ainsi eschape, il n'est orgueil que de poure entrichy. Le pelerin v̥epe de longue vope fort eschauffe de la chaleur du temps ne desiroit si non rafreschir sa memoire, & recrer ses espris, & en descendāt d'ung grāt tertre il trouua au pied d'une roche vne grāt & large fontaine enuironnee de gens de toutes types qui la buuoient, La mouilloient leurs souppes gens fort nices de la pftairie sainct l'affart plains de pigriete pe fans desperit,trop lens/pusillanimes/ melancoliqux ⁊ fort attediez ɔme ceulx q̄ boutent le tour a lespaule q̄ besonguēt aux cozuees q̄ font les lasches iournees/⁊ q̄ cōptent dessus leurs dois quatre septmaines pour vng mois. Tendeurs aux alouettes/chasseurs de blācs moisos ⁊ pescheurs a la ligne/cueurs faillis/bras croisiers/tābes sur auiies/gēs sans si sans sel ⁊ sans soing. Dame oyseuse se stoit illec endozmie sur le bozt d̄ la fōtaine/⁊ auoit deux chābetieres de mesmes pousile ⁊ hautelaine/ mais lunx espluchoit ses soulcies ⁊ lautre effōdroit ses vecies. Sardaniapalus roy des assiriens q̄ pmier trouua lusage de mettre lozeillier de s soubz le chief beut vng si tresgrāt trait de ceste fontaine q̄l deuint tout ydiot. Il print habit de damoiselle ⁊ vint filler auec les femes ⁊ sendormit en setardie/⁊ fut tellement assomme de paresse q̄l laissa pdre a tousiours mais la monarche de son royaulme. Et pource q̄ ceste fōtaine estoit clere ɔme eaue de roche le poure pelerin q̄ bailloit de soif appetoit en boire/ mais entēdement cōgnoissant la nature dicelle len garda bien/⁊ lay dist q̄ si pou gouster nen scauroit q̄l ne fust pesant fort endozmy et ne pourroit acheuer son voyage. Neantmoins pour en taster le fons il y bouta son bourdon/ mais il trouua q̄ fort la fontaine se diminuoit/⁊que son cours ne pourroit suffire aux buueurs, tāt y auoit grāde allee, au ptir dillec enq̄st le nom de la fontaine/si luy respōdit dame oyseuse. Cest la fōtaine paresseuse. Le pelerin fort oppresse de faim/de soif ⁊ de mesaise/passa oultre et ainsi ɔme il cheminoit ptre vent il sentit cōme fumee de pastez chaulx/ et oyt bzupre les pesteaulx bzoyans les saulses que lon faisoit pour solemser la feste sainct passart. Tant au flairer des pastes comme au son des pillettes trouua vne maison couuerte de flans maconnee de miches blāches/dōt le mortier si estoit de mol frōmaige/les fenestres de croustes de raton/les cheuilles de queues d̄ mouton/le pauemēt de gasteaulx grās ⁊ lez/les goustieres de croustes d̄ pastez/les plāchiers sont craquelis/darioles/⁊ les posteaulx grādes ⁊ grosses

cuignoles? Dame saffresicque seoit a lhuys pour appeller les passans ⁊ leur donnoit pour les attraire vng friāt musqun de maleuoysie. Le poure pelerin fort las sarresta illec pour refauillier ses esperitz, mais quant lhostesse sappceut q̄ sestoit vne maigre mousche il fut seruy du groing dūg tourreau/ dune espaule froide ⁊ du pis de la vache. Entendement fort honneste ne daigna gouster ne de rousty ne de boully, il se passa du sentemēt/ tāt des aulx come des oignos q̄ luy vindzēt ferir au nez: puis getta son regard en la grāt salle/ si ne veoit q̄ tournebodins souffle tousiees ⁊ toustisseurs d̄ charbōnees/quentenaires/pansars/tastebauldeurs/drincquars/yurōgnes ⁊ gourmās couchez soubz tables ⁊ sur bācs faisans illec leur fosse aux dens, lesq̄lz Iehan des vignes auoit prins en ses latz. Pour quoy entēdement voyant ce destroy dist au pelerin. Tirons auāt tirōs laissons ceste maignie/ car cest le cabaret d̄ dame gloutōnie. Le pelerin desirāt venir en lieu de recreacion expediāt chemin sapprocha dūg estang fort puant ⁊ plain de souffre a maniere dung viuier garny de fange ⁊ dozdure. Et pource q̄ lestoit chault ⁊ plain de feu ɔme il apparoissoit ples grosses fumees q̄ en sortissoiēt gens de tous estatz si lācoiēt/⁊ q̄ plus est tous nudz se d̄spouilloiēt pour mieulx baigner leur corps a leur plaisir, inces/mais ilz nauoient si tost mis le pied ens q̄ grādes ⁊ horribles sangsues les ahertdoient p les cuisses tāt aspres d̄ sucer ⁊ mozdre que les poures gēs nauoient ne vigueur ne force de culx d̄ffendre/ ains leur mangoient ⁊ succoiēt ⁊ piedz ⁊ mains ⁊ chair ⁊ sang et corps ⁊ ame ⁊ ne stoit orauson/ veu/ promesse/ne messe du sainct esperit q̄ les peust separer/ car tāt plus sefforcoit lon de les tirer arriere tant plus y boutoit on le feu. Et ia soit ce q̄ aucunes simples sangsuettes assez sensibles ⁊ q̄ becquotent a la chair en passant se d̄splorēt du iour au landemain ployēt vne offrende a sainct vas ou en vertu du sauement ou il y auoit trop plus de vin q̄ de eaue. Toutesuoyes les fines ⁊ viues sangsues fort entacinees es corps mirables iamais ne se d̄stacheront tāt quitz auront goutte de sang/voire se dauanture ne se creuse. Et quāt lung sera tout mange elles saherderōt a lautre / se succerōt tellement quil ne aura q̄ pel / os. Le poure ignorāt pelerin desiroit fischer son bourdon en cest estang pour taster q̄l fons il y a. Mais memoire luy rōpit son emprise disāt y auoir veu bouter plusieurs longues perches et gros bourdōs / mais oncques nul ny trouua fons. Tout le terrour a senuiron est attractif pres tenāt et plaine dargille. Ce sont quasi toutes crollieres / chasse marees q̄ la passēt boutēt en grāt dāgier leurs bestes. Cest vne abysme insaciable / cest vng goffre de sathānie / dōt le retour est perilleux. Cest lestang des luxurieux. Quāt le pelerin eut chemine tout le iour en passant par sept destrois fort estrāges et mortelz il estoit en grāt soucy ou il pourroit hebergier / car le soleil estoit couchie / le vespre tendoit ses tenebreuses courtines / et le ciel alumoit ses petites chādeses. Memoire ne pouoit auāt / mais entendement q̄ veoit moult cler apperceut vng petit monastere a maniere dune maison de repeties. Et le pelerin dist / Cest trop bien nostre fait. Car ie me vueil repētir des delictz q̄ iay ōmis en ce dāgereux voyage. Et en approuchāt la porte il busqua de son bourdon. La maistresse q̄ premiere loyt ouurit lhuis en demandant q̄l luy plaisoit. Ie suis dist il vng pelerin eppaue pourchassant lamoureuse queste acōpaignie dentēdemēt et de memoire auec ma bōne voulente mon bel acueil et gracieux bourdon. La bōne dame respōdit. Sil vo⁹ plaist prēdre en paciēce vo⁹ coucherez hors du cloistre en la chābre des hostes acōpaignie de voz gens / car de vostre escharpe me passerap ie bien meshuy / mais ie logerap ceste nuyt vostre bourdon q̄ est vostre doulcete. Cōbien q̄ sainct iheros̄me dit. Facilius relinq̄tur sacculus q̄ volūtas. Le pouure pelerin q̄ en uuis q̄ voulentiers luy bailla son bourdon en gaige / la fut logie et fort bien couchie tant q̄l sendormit. Quāt laube du iour fut creuee memoire et son entendemēt se prindrent a marteler a loreille du poure hōme tāt rudemēt q̄l fut cōstraint soy esueiller. Pē

dāt le temps quil sabilsa ces deux marteleurs vindrent busq̄r a tarabusq̄er a la porte des bōnes seurs tāt sourdemēt q̄ le guet en fut tout estōne. le pelerin print gracieux ōgie / et la maistresse luy rēdit son bourdon en luy disāt. Mō chier amy tu as eu grāt fiāce en moy q̄ mas fait dame et maistresse de ta voulēte ceste nuyt. Ces marteleurs et tabucq̄ueurs mōnt resueille / car trop rudes gēs sont. Mais virga tua et baculus tuus ipsa me consolata sunt.

℃ Le. c. v. chapitre. Les vieilles ridees et les iouuencelles / les larges voyes et les estroictes se cōformēt asses au religions difformees et reformees

℃ Lamant.
E vieil chemin rēd plus de gaig
q̄ le sentier nouuel. Car sauoir si treuue / dont lon peut auoir grāt prouffit. Mesmes dit Iuuenal q̄ celuy q̄ met son amour en femme vieille et riche tenir ne peut plus brief chemin s̄l veult venir a grāt estat / car icelle en hault degre se boute selle prēt en gre son seruice Ouide afferme pareillemēt par sentēce ferme et esprouuee q̄ celuy q̄ se veult prēdre a la vieille il en peut attēdre loyer / car grāt richesse p̄ mener telle marchādise est tost acq̄si / mais bien se doit garder

celluy qui prie la vieille quil ne face ne ne die riens ou il y ait couleur de barat quāt son amour embler veult ou mesmes quāt il le veult acquerre loyaulmēt/sil est ainsi quamours sen serre en ses bras. Car les vieilles chanues et dures q̄ sont venues de iunesse ont este tāt flustees par cy deuāt baratees et surprises q̄ quāt plus ont este deceus tant se sont apperceues plustost des faulses bargteresses q̄ pucelles tēdres q̄ ne se doubtēt des traficques quāt elles escoutent les flateurs/ains croient q̄ barat et deception soient voir ōe leuangile/car iamais eschauldees nen furēt/mais les dures malicieuses et recuites vieilles rideez sont si faictes et duites en lart de baraterie dōt la sciēce ont par tēps et expperiēce/q̄ quant les flatolleurs bien nent q̄ les detiēnent de bourdes en tanburāt en leurs ozeilles/et lassourent pour estre en leur grace ilz se humiliēt/ilz priēt mercy les mains iointes/ilz senclinēt et sagenoillēt tāt quilz se mouillēt to9 par force de plourer/si se crucefiēt deuāt elles pource q̄z si fiēt. Et par fainti ses leur prmettes cueur corps auoir et seruice/ ilz leur fiācēt et iurēt par to9 les sainctz q̄ sont q̄ seront et q̄ iamais furent. Et ainsi decoiuent les poures maleureuses p paroles ou nya que vent cōme fait loyseleur q̄ ōe lierre tēd quy oy scaulx quāt il est musse entre les buissōnetz par doulx sōnetz les appelle pour les faire venir a son bray/tellemēt quil les puist tenir de pres. Ainsi donc le fol oyseau sapriue de luy et ne scait respondre au sophismie q̄ par figure de diction la mis ōme fait le cailler qui la caille suit/affin q̄ elle entre en sa rethz/laq̄lle point si ne cōgnoist. Elle escoute le son du cailler puis sen approche et se boute soubz la rethz q̄ cellup en printēpz a tēdu sur lherbe verte et drue se ce nest aucune vieille caille q̄ ne veille venir au caillier par ce q̄ autrefois a este eschauldee et batue et a veu la rethz dōt elle est eschappee lors q̄ happee y deuoit estre par entre les petites herbes. Ainsi dōc les vieilles dessusdictes reqses iadis et surprises des requereurs apperceuoiēt de loing les faulsettes p les poles et cōtenāces q̄lles oyent et voyent/ou sil est ainsi q̄

pour auoir les dessertes damours ilz le facent a bōne intēciō cōme font ceulx qui sont prins aux latz dōt les soulatz sont tāt plaisans/c est tant delictable le trauail q̄ riens ne leur est greuable ōme est ceste griefue esperāce q̄ tāt leur plaist et griefue/elles sont en suspeciō destre prises/elles orrillent et estudiēt a scauoir se ce q̄l leur diet est voir ou fable/et surpoisēt leurs poles tant redoubtent la trōperie p le sqlles elles sont passe iadis et encores assez leur en souuient/car chascune vieille cuyde tousioure q̄ chascuny sa vieille deceuoir. Et sil vo9 plaist a ce fleschit et enclinet voz cueurs pour plus tost enrichit/ou vo9 q̄ y scauez aucun delict se vo9 y quez regard bien pouez pour vo9 deduite et solacier chercher ce chemin. Et vous autres q̄ voulez les iennes affin q̄ par moy ne soyez foulez quoy q̄ mon maistre me prmāde ses prmademēs sont tous beaulx. Je vo9 dis pour chose voire me croye q̄ vouldra q̄ bon fait essayer de tout pour soy mieulx reiouyr es biens cōme fait le fescheut cōgnoissans les bōs et frians morceaulx q̄ taste de plusieurs viādes et diuers mies en pot/en rost/en saulse/en paste/ en friture/en galentine quāt en sa cuisine peut entrer/et scait louer et blasmer lequel est doulx ou lequel est amer ou trop pou cuit ou trop sal se/car ilz goustēt de plusieurs mes. Ainsi dōc sachez et ne faictes doubtes q̄ qui naura essaye du mal il ne scaura gueres ō bien/ne q̄ ne scait q̄ cest dhōneur/ia ne scaura cōgnoistre hontes Ne cellup ne scait q̄ cest de estre aise se le messaise il nq apprins. Et nest point digne de la uoir se scauoir ne le veult/et qui souffrit ne se peut nul ne luy doit offrir. Ainsi va des choses ptraires les vnes sont gloses des autres/et q̄ diffinir en veult lune de laultre luy doit souuenir/ou iamais p nulle intēciō q̄l ait diffinicion ny mettra/car q̄ na congnoissance des deux ia mais differēce ny cōgnoistra fās laquelle q̄lq̄ diffinition q̄ lon en face en place ne peut venir

ℂ Moralite

ℂ Iuuenal et Ouide denp vieulx paillars

recreans qui enseignent le pelerin amoureux fatuel z vicieux fourny de bourdoy z escharpe tent les voyes larges plustost q̃ les sentelet tes z aymer les vieilles matrosnes plus que les ieunes fillettes sont cõparez a deux vielz sathanas trebuschez en enfer lyez z enferrez p̃ leurs demerites/lesq̃lz introduysent vng po ure dyablement il prendra les ames des crea tures raisonnables disant q̃ sil veult gaigner grãt richesse z cõplaire au grãt maistre Luci fer il se preigne aux vie illes plustost q̃ aux ieu nes/Car elles sont plus hordees de gros z vi eulx pechez q̃ ne sont les autres. Toutesuoyes il y a bien maniere de saherdre au vieilles/car selles ont este batues de tẽptacions/z quelles en soyent eschappees/cõme les fines cailles cõ gnoissent le cailler/forte chose seroit de les pren dre a la rethz/z qui plus est se elles ont este en leur ieunesse achemees de flateries/blandisse mens z barateries par auoir preste oreilles a lennemy q̃ les vouloit seduire/z elles ayẽt con gneu son cauteleux malice/point ne les aura descoussu de bras/se nest par force de flatosser de p̃mettre z de tambourer. Et pourroit telle mẽt enchãter lame dũg bon religieux p̃ ambi cion dõneur z couuoitise de biẽs mondains q̃l se feroit saulter de cloistre en court/de sobriete en ebriete/de deuocion en derision/de hault tri umpher au plus bas denfer. Car lennemy cõ gnoist par viuacite dengin z longue experien ce les inclinacions des gens/si quiert mille fa cons pour les attrapper en ses graulx/cõme le fin oiseleur q̃ se musse entre les fueilles z sif fle pour prendre z mettre en caige les simples oiseletz. Et ainsi q̃ ieunes tẽdres pucelles trop pou rusees de la chasse damoureuse folie sont facilement prinses au trebuschet/si sont les a mes des poures creatures ieunes de sens/De vertus z de meurs tost enueloppees es lacz d̃ lennemy. Par ce ne seruent les aguettes/les deffeces ne les deffaictes pour resister aux dã gereux assaulx. les vieilles ridees riches fort larges a demy dissolutes/z qui souuẽt brisent leurs mariages/peuẽt estre figurees aux reli gions difformees riches dargent proprietaire

fort larges sans restriction au monde trop ha bandonees q̃ par grãt ayr desirẽt leur veu en presence du bon pater le souuerain roy eternel Et sil est aduenu q̃ aucunes dicelles ayẽt par cy deuãt acquis maulaise grace/si sont elles maintenãt reformees. Mais les religions q̃ ne sont ne difformees ne reformees/sont p̃me les bõnes z gracieuses pucelles entieres z non defflorees/q̃ moyennãt la diuine bõte sans tat che z sans Reprouche persistent tousiours en leur seruir propos. Et cõme dit lacteur en fin de son chapitre/q̃l est bon d̃ tout essayer/pareil lement cestuy q̃ pour la saluacion de son ame se veult tirer hors de la mer du monde doit choi sir la q̃lle/cest a entẽdre la religion q̃ luy est plus propice/z doit ognoistre le patron le mai stre/le voille z le droit nauiron. Et quãt vo' aurez tout taste. Quod bonum est tenete.

¶Le C. vi. Chapitre. Le pelerin arriue au digne sainc tuaire desirãt bouter son bour don en larchiere dõne vif exẽ ple au iuste viateur paruenu q̃ la porte de padis fort estroi cte/cõme il luy est permis la cer son ame leans/Mais le corps demeure derriere.

❡ Lamant.

Ouãt mõ harnois tel que ie le por-
te se iusques au port porter le puis
ie le Bourdray touchier au[...]
ques/ voire sa prouchier les puis.
Or ay ie maintenãt a tout bourdon õferre tãt
erre ⁊ tãt fait q̃ sans demouree ie magenouil
lay cõme vigoureux ⁊ legier estre [...]
[...] pour le grãt desir q̃ iauoye daozer de
cueur pitoyable ⁊ deuot le beau [...] hõ
norable tout estoit la tombe par terre/ car riẽs
ne pouoit gueres tenir q̃ le feu damours neu-
sist tout aterre/ puis sans ce q̃ riens loy veist
ensuy tiray la courtine q̃ encourtin[...]
puis mapprochay de lymaige q̃ ie scay estre
pres du [...] deuotemẽt la baisay ⁊ pour
saulvemẽt garder mon bourdon ou lescharpe
pẽdoit derriere en larchiere/ le voulus mettre
[...]/ bien lancer luy cuyday. Il sortit hors
et ie se[...]/ mais le rebouter ny vault il
reculle tousiours/ pour nulle chose qui soit ny
peut [...]/ car ie trouuay vng palis par de
dans q̃ bien sentis sans le voir/ duq̃l larchiere
si est bourdee des que premier fondee fut assez
pres de la bordure/ par quoy elle est plus forte
et plus seure. Assaillir bissemẽt me la puint
souuent hurter souuẽt saillir. Se me veissiez
behourder et eussiez dessus prins bonne regard
Hercules vo9 peussiez remembrer quãt desme-
brer voult cacus/ trois fois lassaillit/ a sa por-
te trois fois hurta ⁊ trois fois faillit/ ⁊ pour se
mettre en sa saine trois fois sassist en la val-
lee. Tant souffrist de trauail ⁊ de paine ⁊ moy
qui me trauaille ⁊ suis tout entressue dãgoisse
quant ne destrousse ce palis/ suis ce me semble
autant lasse ou plus assez q̃ ne fut hercules.
Toutesuoyes iay tant hurte q̃ me suis appar-
ceu dune estroicte voye par ou cupdoye passer
oultre/ mais il me conuint casser le palis. De
fait ie le brisay au bourdon par la [...] des-
susdicte estroicte ⁊ petite ou ie quis le passaige
et par icelle fus mis en larchiere/ touteffois ie
ny entray pas [...] ce poise moy q̃ plus a-
uant ny entroye/ mais riens ne pouoie dessus

ne cõtrepouoir/ neantmoins pour riẽs ne lais-
sasse q̃ [...] tout le bourdon sans demeu-
re. Je le passay oultre/ mais lescharpe demeu-
re dehors auec les resueillans martelets q̃ pen
dillans furẽt hors. Toutesuoyes ie mey mis
en grief destroit tant trouuay [...] le [...]
Mais ce ne fut pas largement/ car autre
ment ie fusse trespasse/ ⁊ se ie scay bien lestre
du pas iamais [...] auec [...] le premier
[...]/ car le lieu nestoit coustumier de rece-
uoir payage/ ⁊ ie scay sil fit autãt dauantaige
aux autres cõme a moy. Je vous dys bien q̃
tant lamoye q̃ ie le peuz oncq̃s croire ne scay
se cest verite/ car nul ne mescroit de legier cho
se aymee tant diffamee soit ne encores ne le
croy ie pas/ mais en scay tant q̃ lors ledit pas
saige ne estoit ne froye ne batu/ ⁊ a ceste cause
embatu my suis/ car il nya poit dautre entree
pour cueillir appoint le [...] Tantost scau
tes amẽt ie my prins quãt ie le tins a mon gre

❡ Moralite

❡ Par lhystoire precedente se peut cõgnoi
stre lẽtree de lame en paradis apres quelle est
separee du corps lamoureux pelerin fourny
descharpe et de bourdon nous signifie le iuste
viateur garny de corps et dame paruenu a la
montioye de son voyage qui pour la feruente
amour q̃ l a au sainctuaire par lequel ientẽ le
sancta sanctorum en q̃ resplend la rose glorieu
se se prosterne par humilite de uãt lymage tire
les courtines arriere q̃ sont vaines pẽsees mõ
daines luy empeschãt ses cõtẽplacios/ puis
se rue a genoulx pour baisier ⁊ reuerender les
reliques des benoist sainctz/ affin q̃ par leur
suffrage il puist entrer en gloire passant par
larchiere ou archure fort estroicte soubstenue
sur deux pilliers de pierre qui sont les deux ta
bles q̃ dieu donna a moyse ou furent cõtenus
les dix mandemens de la loy sans lesq̃lz nul
ne paruient a felicite pardurable. Or est ainsi
que le pelerin fut tant espring de charite en la
vision du sainctuaire q̃ l cupda de prime venue
lancer son bourdon dedãs q̃ est son ame/ mais

il y sentit aucuns palis/ & des obstacles qui luy firent empeschement. Non sans cause/ car le lieu est tant sanctifie & digne q̄ souffrir ne peult entree de quelque ame q̄ de pechie soit souillee et hourdee cōme il appert par lucifer & Adam de paradis banis & expulsez. Non obstant ce le pelerin luy dōna nouuel assault tāt du bourdon que de lescharpe/ mais le hurter ne le bes hourder riens ne luy vault/sil assaillit fort bi en il fut mieulx deffendu. Merueille nest se a son venir eut ung grāt redoutement. Car pme dit lacteur quāt hercules le plus fort des fors de son tēps dōna lassault a la porte du grāt lar ron Cacus q̄ luy auoit robe ses beufz p̄ trois fois lassaillit/ par trois fois y hurta & par trois fois y faillit & se trouua tant altere de trauail et mesaise q̄l se retira en vne valee pour recou urer force & vigueur. Finablement ce faulx ly erre Cacus q̄ pēche macula tant bacula & ac cusa Hercules q̄l sen recula. Nostre seigneur iesuchrist plus hardy q̄ cent Hercules et plus fort q̄ mille sansons si tost q̄l descendit au lim be pour desprisonner le pithoploste & noz grās peres q̄ lennemy tint en ses latz. Il hurta de son pied a la porte denfer/ & cria p̄ trois fois attolite portas/ ainsi q̄ sa proye luy fusist rendue. Ne doit doncques le poure viateur humain pren dre paine corporelle pour ioye eternelle/ estre triste & las pour gaigner soulas/ bien finer ses iours pour viure a tousiours/ Et plourer des yeulx pour chanter es cieulx. Quāt ce seroit vng charlemaigne auoir ne doit nul bien sans paine. Quāt le doulent voyager cōsidera ce q̄ dit est & que son ame qui est son vray bourdon estoit mal acoustree de vertus pour faire son entree en si glorieuse cite il luy dōna affliction si le liura es mains de tribulacion/ son corps mesmes q̄ estoit son escharpe trauailla & pena tant sa chatoigne & de si tresbon cueur q̄ la su eur luy vyde par les yeulx/ la langue et les deux mains q̄ sont ces propres marteleurs ne cesseret iour & nuyt de marteler a tous lez/ La langue de faire cōfessiōs & oraisons/ & les deux mains de dieu louer & faire restitucion. Quāt le poure hōme se sentit bien purifie/ iustifie et

clarifie/ & que son determine periode estoit es cheu/ il reprint couraige en soy/ & p̄ grāt auda ce quelque resistēce q̄ lon y mist/ il lance son a me qui est son vray bourdon totalement dedās larchiere/ mais lescharpe q̄ fut son corps et ses marteleurs demouretēt derriere/ de quoy cha scun des trois tresmal se cōtenta et menoient ung grant offroy. Les poings temburoient a force sūt cōe marteaulx sur enclumes/ & la bouche qui ne se saignit mye menoit ung mer ueilleux tintin & murmuroit fort contre lame disant que bien auoit desserui destre boutee en gloire aussi auāt q̄ lame/ pn̄ dere les bons ser uices q̄ fais luy auoit & les grās louēges & de uotes oraisonnettes que souuēt auoit profere/ pourquoy selle nestoit illec logee elle pretoit appeller deuāt la face de dieu qui tout du iuge ment. Iustice q̄ bien auoit pese ce fait respōdit tant a lescharpe cōme aux marteleurs que la porte estoit trop estroicte pour entrer si rudes et gros p̄sonnaiges. Et leur enhorta bien de prendre pacīēce. Vng iour viēdra que la do ye sera eslargie/ si ne faictes doubte/ vostre droit sera bien garde. Et de ces motz chascun se tint pour content: Ainsi appert q̄ le pelerin amoureux esp̄ins dung tresvertueux zele na cause de soy douloulser & cōplaindre sen trescō pant ce desert miserable sest vng pou trauail le de son corps/ cōsidere q̄ son ame est arriuee au vergier celestin/ & bel acueil son espoux p̄ durable luy offre apres don de m̄ cy la rose espāme & vermeille/ par q̄ ientēs gloire sem piternelle/ en laquelle dit sainct Augustin est sommiere securite/ seure trāquillite/ trāquil le iocundite/ ioyeuse felicite/ tresheureuse eter nite/ eternel beatitude/ & tressaincte certitude/ affluēce de richesse/ influence de delices & con fluence de tous biēs. Encores peut on propre ment acōparer le bourdon & les deux marte leurs a trois vertus theologalles. Foy/ cha rite & esperance. Quant lame du iuste acou stree de ces trois vert⁹ sortit hors de son corps pour entrer en paradis/ charite luy tient cōm paignie/ & les deux autres demeurent derrie re et si ny entrent pas. Maior autem ho

e e iii

fueillet

rum est Caritas.

¶ Le .C. vii. chapiter. Lenseigneme̅t de cueillir la Rose nous reduyt en memoire le mistere q̅ fist ioseph darimathie qua̅t il cueillit de la croix le corps de nostre seigneur la glorieuse et redole̅te rose de q̅ chascun se doit enamourer pour paruenir en gloire pardurable.

¶ Lamant.

Seigneurs et serviteurs pource q̅ mestier vo9 sera qua̅t viendra la doulce saison q̅ vie̅dra auoit les roses sont les closes ou les ouuertes vo9 en orrez le fait et la maniere/ affin que tant saigeme̅t y aillez q̅ ne faillez a la cueillir faictes ainsi q̅ dire me orrez se mieulx ne̅ scaues venir a chief/ et se vo9 poues passer le passaige pl9 largette̅me̅t soubtilleme̅t ou mieulx sans vo9 destraindre ne lasser/ passez le a vostre guise qua̅t apres aurez la moye/ au mois auez tant dauantaige q̅ mon vsaige vo9 apprent sans riens prendre de vostre auoir/ pour quoy scauoir men deuez bon gre. Quant ie me trouuay approuche du rosier si tres pres q̅ ie pouoie tendre les mais a mon vouloir vers les rainceaulx pour prendre le bouto̅/ Bel acueil me pria pour dieu q̅ nul oultraige ny fust fait/ et ie luy promis et eux en co̅uenant pour ce q̅ souue̅t men auoit prie q̅ ia ny feroye nulle rien/ si non p̅ sa voule̅te et la moye. Je choisi le rosier pl9 es rais plus fra̅c q̅ nul osier/ et qua̅t ie my peuz ioindre sans moy poindre tout doulceme̅t ie prins a esclochier le bouton/ car fort e a̅uys leusse eu sans hochier. Toutesfois ie̅ fis croller et mouuoir bra̅ches sans despiecer nulz des rains/ car ri l̅s blesser ny voulope/ si non qua force me vint vng pou de l'escorce entamer/ autreme̅t ne scauoye auoir ce/ dont si gra̅t desir auoye. Je vo9 en dys tant quen la fin ieuz esclochie le bouto̅ apres q̅ touchie ie leuz ien respedy vng pou de graine sans addo̅maiger les fueilletes/ car ie vouloie tout chercher le boutonet iusques au fons ainsi q̅ bon me sembloit. Lors fis telleme̅t messer les graines qua paine se fussent demeslees/ si fis este̅dre le tendre boutonet. Je ny fis autre forfaicture/ mais de ta̅t fus ie bien seur filz q̅ bel acueil fort doulx q̅ nul mal ny pensoit ne mesceut oncq̅s mauluais gre/ ains me p̅sent et faire seuffre tout ce q̅l scait q̅ bien me doit plaire. Toute suoyes il me reproche q̅ ne luy ay tenu couena̅t luy faisant grant desauance̅me̅t disant q̅ ie suis trop oultrageux mais nul p̅tredit ny met q̅ ie ne cueille et pre̅ne et baille rosier et rose et fleur et fueille. Qua̅t ie me vy en si hault ogre q̅ ieuz cheuy si nobleme̅t mon fait et q̅ mon prees estoit hors de doubte a fin destre agreable vers lo9mes bie̅ffaicteurs ainsi q̅ bon debteur doit faire p̅me iestoie tenu car p̅ ieeulx ta̅t riche deuins q̅ certaineme̅t loffice de richesse iamais ne fut si riche. Je rendis graces dix ou vingtz fois entre les baisiers sa noureux au dieu damours et a ven9 q̅ mieulx q̅ nulz mauoye̅t aide/ et a to9 les barons de lost priant dieu q̅ iamais ne laisse en da̅gier d̅ secors les fins et loyaulx amoureux/ mais il me souuint de raison q̅ ta̅t de paine print et gasta pour moy/ car ie suis au dessus mal gre richesse la villaine q̅ oncq̅s ne vsa pitie enta̅t q̅lle me refusa le sentelet q̅lle gardoit/ mais point negat doit celluy y q̃ faisãt les menus faulx/ ie suis ceans venu secretemẽt mal gre to9 mes enne mis mortelz q̃ tãt me bouterẽt arriere ialousie especialemẽt a tout son chappel de soulcies/ la q̃lle garde les roses des amãs. Toutesuoyes quelq̃ garde q̃lle en ait fait iay cueilly p̃ grãt iolyuete la fleur du beau fueillu rosier. Ainsi euz la vermeille rose/ a tant ful tout q̃ ie mes̃ ueillay.

¶ Moralite

¶ Louẽge soit au dieu damours pdurable et a sa mere tressacre vierge quãt no9 voyons ce romãt reduyt a ses moral iusq̃s a cueillir la ro se. Plusieurs hõgnars disciples de murmure ont souuent tire a demy les courtes espees de leurs bouches pour dõner dessus lacteur de ce stuy liure/ disãt q̃l auoit oultrageusemẽt deshõ nore le sexe feminin p̃ ses mordãs escriptures mais il leur doit estre pdõne vne aux poures innocẽs ignorãs q̃l y a double epposicion dessus le teste dudit liure. Aucũs amãs solz et terre̅ stres addõnez a lubricite et plais de lasciuite se glosent a leur aduãtaige et selon leur affectiõ. Qui de terra est/de terra loq̃tur/ mais ceulx q̃ sont amoureux du deduit espirituel: Qui de celo venit ils y trouuẽt bon fruict/ bon heur et honeur salutaire. Et nest a psumer q̃ vng tel esperit dõnoye q̃ fut maistre Iehan de meung trop plus angelicq̃ q̃ humain eusist voulu tou iller la queue de sa vieillesse en ordure de pail lardise/ et deturper sa renõmee sans en tirer do ctrine puffitable. Que peut on scauoir du bie̅ q̃ ne cõgnoist le mal ne q̃ cest de aymer sõ crea teur q̃ ne scait aymer sa creature. Et oine cel luy q̃ est naure de fol amour ne pẽse tousiours qua sa ptie ou q̃l voise ou q̃l soit/ quoy q̃l face ou quoy q̃l die. Semblablement cellui q̃ est en flãme de lamour de nostre seigneur soit en dor mant ou en veillãt/ en beuuãt on en mãgeant il y a tousiours le cueur et la pẽsee. escrite est q̃ maistre iehã iarson fort auctorise en theologie et de tresclere renõmee a la req̃ste faueur dau cunes notables dames cõposa vng petit liure intitule la reprobacion du romãt de la Rose/

mais en ce faisant il sarresta sur le sens litte̅ ral sans destouiller la fusee. Et fit ainsi q̃ le pe tit enfant auq̃l on dõne vne grosse noix verde de geauge/ si tost q̃l la tient dedãs sa main il la porte en sa bouche cuydãt q̃ ce soit vne põme et quant il la sent si amere il la rue a ses pieds. Mais se il auoit laduisemẽt de la mettre et os ter hors de lescorce et de la coq̃lle et puis la peler il trouueroit le cerneau moult bon/ et fort friãt. Le venerable docteur maistre iehan iarson q̃ nestoit pas enfãt/ mais lung des plus grans clerez de tout le mõde sarresta seulement a re̅ gar̆der la verdure de ce romãt/ cest amour folle q̃ pou dure en detestãt paillardise pour la mertume q̃ se treuue en fin/ Et a p̃ ma mieulx applicq̃er la subtillite de son engin en matieres ardues et de plus haulte speculaciõ q̃ chercher fruit fort doulx et sauoureux en escaille dure et amere. Or donc q̃s puis q̃ lacteur en son derrenier chapitre no9 enseigne iustemẽt et par q̃lle maniere lon doit cueillir la rose/ a q̃ selon les diuersitez des pays/ ilz sont plusieurs manie̅ res de roses/ de blãches/ de vermeilles/ despa nies en iherico/ en angleterre/ en barbarie. Il fault scauoir q̃lle Rose no9 choisiros pour la meilleur/ affin que en fin no9 en puissons tirer p̃uffit/ hõneur et gloire. No9 lisons q̃ durãt le tẽps de Octouien ẽpereur tresaugusle gouuer noit paisiblemẽt la monarchie mõdaine vng petit auãt lan de grace/ aduint en nazareth cite fort renõmee dauoir fleurs dexcelleẽce vne tresbelle verge yssue de topalic Racine fort droite/ bien pduite sans humaine labeur/ Et croissant entre les Espines receut les regarz du respledissãt soleil/ et fut tellemẽt nourrie de la rousee celeste q̃lle pduysit vng gracieux botõnet tout nud/ tout net a maniere dune plai sant rosette. Mais quãt suruit le tẽps de meu̅ rison et q̃ deuoit estre espandue. La verge q̃ se portoit fut trãsferee de nazareth en bethleem a cause q̃ lẽpereur desse soit desiroit scauoir le nõ bre des arbres et des plãtes du mõdain iardina ge. et tost aps a lheure de minupt sãs violẽce ou fracture le boutõnet meur et bien saisone cheut dessus lherbette/ et la pp̃e vci gette qui sauoit

c c iiii

porte sabbaissa iusques en terre/Et entre ses
plaisans rainceaulx le recueillit honnestemēt.
Chose admirable aduint de ceste fleur/car sa
beaulte estoit tant clere/⁊ son odeur tant excel
lēte q̄ non seulemēt les bergeronnetz des chāps
y arriuerent pour le regarder/Mais aucuns
roys des marches longtaines le vindrent re-
uerender/luy dōnāt offrādes q̄ ne faisons aux
dois de noz prestres. Et pour dōner a congnoi-
stre sa digne preciosite fut trāsportee en tēples
citez/villes ⁊ chasteaulx/si q̄ par son attouche-
ment ⁊ en vertus de son odeur elle dōna guer-
son a plusieurs gens debilitez. Et qui plus est
aucuns diceulx furēt de mort ressuscitez. Et
pource q̄ ceste Rose excedoit les beaultez de
nature/ensemble toutes les fleurs/fruictz et
boutons de la terre ou elle espādit sa Vertus.
Non seulemēt les iardineurs ⁊ ortolains du
pays cōceurent enuye a lencōtre delle/Mais
aucuns grans maiofas longues robbes/gros
ses bourses ⁊ dieulx sathanas proposerent le
robber ⁊ destruire/si que finablemēt vng fin
marchāt faulx ⁊ traistre acōpaigne de faulx
semblāt soubz lombre dung franc baisier/plus
par hayne q̄ par amour le print de nuyt au iar
din doliuet/Puis le liura aux enuieux mesdi-
sans q̄ sans paour de dāgier ⁊ honte/mais par
laueu de male bouche en firent present a vng
tas de cornuz sattrappes ⁊ a vng requignie ti-
rāt rope q̄ nen fit quelque extime Ainsi la tres
doulce rosette redolēte choulee aux piedz et de
iettee de lūg a lautre au reboutemēt de la ver
ge qui tant souef sauoit nourrie. Finablemēt
Elle cheut es mains de maistre Ponce vng
mauluais ydolatre/lequel apres q̄ faulse mer
daille eurent craichie sur elle ⁊ boute au mil-
lieu dung cercle de poingnās roncz labandōna
a ses faulx garnemēs q̄ de vertons ⁊ de leurs
mains polues ⁊ plaines de sang le toucherent
tant oultrageusemēt que ceste precieuse Ro-
se plus blanche que neige cheat des cieulx de-
uint toute Vermeille/⁊ ny auoit en elle quelq̄
speciosite tant estoit rouge ⁊ fort deffiguree.
Encores ne furēt assouffis ces cruelx satelli-
tes luy auoit descire ses gētes ⁊ tēdres fueillet

Fueillet

tes/mais pour le plus ahontagier ⁊ luy faire
plus grant obprobre le tiretēt hors la Ville/le
stendirēt sur le bancq dung gybet ⁊ de trois ou
quatre espinceaulx de fer que ilz auoiēt luy fi
scherēt illec quatre de ses mēbres/⁊ luy firent
ce grāt esclādre en presence de Bel acueil la tres
doulce ⁊ ployāt vergette/⁊ en ceste tresdure in
solēce blasphesme ⁊ grāt derision deuint mat-
te ⁊ deffaicte ceste tresnoble et digne Fleur la
plus belle q̄ iamais creut sur terre. Et pour le
plus hōnir ⁊ ledēgier ces insactables sachmēs
plus rabis q̄ gros chiēs deruez amenerēt illec
Vng dieulx toutier de guerre aux esperōs do-
rez/auql̄ les chādelles de son chief furēt estal-
tees. Icelluy print vng lāchart moult affile et
de coste le ferit tant angoisseusemēt/cōbiē que
ce fut coup daueugle q̄ ce tantet de sueur ⁊ de l
queur q̄ dmoure estoit en la rose luy degouta p
my la face/tellemēt q̄ ses deux chādelles estal
tees en furēt fort bien talumees. De ceste horri
ble ⁊ grāt offence nature moult se esmerueilla
tenebres en vindrēt/sa terre crola/les pierres
fendirēt/tout sen desteigla. Or pēse chascun a
soy mesmes se ceste Rose ainsi Vilenee dure-
ment traictee ⁊ Vilipēdee ne se peut licitemēt
appropriar au prieux corps de nostre createur.
Certes cest la tresamoureuse Rose ⁊ larbre d
la croix le trespoingnāt rosier ou fut pēdu hon
teusemēt pour no[us] bouter hors de mortel dan-
gier. Et pourtāt nous y deuōs auoir loeil par
pitie ⁊ cōpassion les mains par supplication ⁊
le cueur y affection. Et cōme la rose est la roy
ne des fleurs/le chief doeuure de toutes floris-
tures/rode ⁊ verte de corps/blāche de fueilles
ains quelle soit es mains des hōmes apres la
graine de couleur auteine: pareillemēt nostre
sauueur vivāt sur terre estoit le roy des roys
estoit rond en sa puersation/sans estre trop lar
ge ne trop estroit/auoit le corps Vertueux/la-
me tresblāche par innocēce/⁊ la graine auter-
ne qui est la deite ce que nulle creature ne peut
en ce mōde auoir. Et cōme la Rose espannie
a cinq principaulx fueillons de mesmes cou-
leur et essence du corps/semblablement nostre
seigneur eut quatre mēbres de son corps es

tenduz et clouez sur la croix, et le cinquiesme q̄
estoit son precieux chief clinoit en bas regar-
dant vers la terre. Et cōme la rose conforte hu-
main cerueul par son odeur resiouyst l'oeil par
sa couleur, donne appetit par sa doulceur, guerit
le corps par sa liqueur, et soubstiēt le cueur en
vigueur. Pareillemēt nostre saulueur p̄ son
odeur nous attraira de sa liqueur nous sauera ou
sa couleur vestira par sa doulceur nous pardon-
nera, par sa vigueur nous saulueura. C'est la ro-
se incōpreēsible, perpetuelle, ineptimable
tousiours verde et immarcessible, laq̄lle a ex-
pose mēbres verdz, fueillōs, fueillettes et
graines, son ame, son corps, son sang et voyne s
pour nous redimer d'eternelles paines. Depuis
que nous auōs trouue la tresdouce rose conso-
latiue pour rafreschir et refectionner lardāt de-
sir des loyaulx amoureux querōs façon de cu-
eillir selon le cōtenu du texte. Pour tirer fruit
de ceste grāt labeur, et si ne sçauōs la mode sui-
uōs le train du noble et discret cheualier vray
chambellay du dieu d'amours Joseph d'arima-
thie. Car ainsi q̄ Joseph de q̄ flourit la verge lo-
yal espoux et vierge de la benoiste et tressacrée
vierge, fut nutriteur et ministrateur de ceste
redoulente rose en sa primitiue naissance. Jo-
seph d'arimathie tresprudēt et secret amāt fut co-
lecteur de ceste rose apres sa douloureuse mort
en luy donnāt honeste sepulture. Car comme
preux et vaillāt champion esprit d'amour ardāt
et charitable reboutant hōte en sa musotte ru-
ant paour dessoubz ses piedz se approucha de
pylate le trescruel et horrible d'āgier, si lembas-
ma tellemēt de belles paroles et de doulx oigne-
mens q̄l luy offrit cueillir la rose pour en faire
son bon plaisir. Et ainsi q̄ ce vray amant Jo-
seph acōpaigne d'amys, le bon Nychodemus
son escuier coadiuteur se tira vers la croix q̄
estoit le poingnāt rosier arouse de liqueur ver-
meille et sanguine cōme la rose. Il trouua il-
lec en lōbre de ce fructueux arbre aucunes gra-
cieuses dames languissans p̄ force d'aymer q̄
au destroit ne l'auoient habandōne. Ains desi-
roient le cueillir, le tenir et embrasser, et par la
grant ayde quil eut d'amys il tira hors de ses

membres les gros et hideux espinceaulx,
dont les oultrageux mesdisans attachié lauo-
ient. Puis le print par les rains en estochāt la
croix, ne sçay sil enlama quelque pou de l'es-
corce, Mais ne fault demāder se bel acueil sa
flourissant verge royale q̄ le tresbeau bouton
auoit porte ne fut en grāt amertume de cueur
quāt apparceut le fin or trop obscur, et q̄ sa tres
belle et bōne couleur blanche et viue estoit in
transmuee en vermeil sang fouie. La triste et
desolee dame faisans pleurs et gemissemens
les plus angoisseux de iamais tendoit les ma
ins au hault pour receuoir son souuerain desir
en ses bras, et disoit au tresbon Joseph qui se em
ployt honestemēt tout doulcemēt. Joseph mō
amy, Joseph mon amy tout doulcettement.
Ces motz finies elle se assist sur terre, et tint le
chief sur son geron de son tresglorieux enfant,
et le baisant fort doulcemēt disoit. Fasciculus
mirre dilectus meus mihi inter vbera mea cō-
morabitur. Tant piteusemēt ploutoit la tres-
doulente mere, et a si grant habondance de lar
mes, quelle nettoya partie des infections que
les faulx iuifz luy crachetēt en face. Magda-
leine qui bien estoit visitee de ce faire ne se fain
gnoit de arrouser ses piedz de larmes, si ne fi-
cent ses tantes faisans regretz piteux et dueil
oultremesure. Et quant vng hōme auroit le
cueur plus dur q̄ pierre, si seroit il amolye par
pitie et compassion, sil pouoit ietter l'oeil sur ce
ste doleance. Car c'estoit la plus triste et deso-
lee compaignie, voire et des plus grās person-
nages qui iamais furent nez au monde. Voi-
la la vraye rose excellente et parfaicte qui par
son odeur admirable tous loyaulx amās recō-
forte. Autres roses sont batues de ventz, ver-
saudees de pluyes, fort caducques et tost fe-
nees. Mais de ceste rose infalible tousiours
la verdure dure, des fleurs est regente gen-
te sans quelque laidure. Et pourtant gaudis-
seurs de court empantousflez de cocquatdise,
enueloppez de fole amour, Tous ennuyez
d'oultrecuydāce, laissez faire les gābades aux
marcheurs de paue, Tournez icy voz oeilla-
des, sacrez icy vostre amour, fouttez y vostre

Fueillet

desir/sans le fischier en fines gouges plus af-
finées & plus douilles que ung pourpoint de
sept poulx despes. Vecy la precieuse face qui
vo9 donnera don de mercy ne accueillez autre
bel acueil/ne boutez daultre bouton/ na trou-
sez autre rose/ naymez autre amy. Il ne vous de-
mande Ceintures ne vestures/ ne joyaulx ne
dyamans/ne fins regardz ne faulx semblans/
voz amectes ancolies/ ne voz chappeaulx de
souspes/ mais voz cueurs & penses fort iustes
& bien pesées. Il a la face enclinée pour vous
baiser/ les bras ouuers pour vo9 embrasser &
le cousté ouuert pour voz cueurs loger/ et au
pres du sien. Et pource que tout loyal amāt se
doit enforcer de cōplaire a sa ptie/ & tellement
estre unys ensemble qlz nayt q vng cueur &
vng vueil. Dōcques se voulez estre amez de
vostre createur si le cōpaignez en cōplaignāt
son descōfort piteux & lamētable/ & plourez a-
uec sa douloureuse mere/ leuāgeliste son nep-
ueu & son desole parētaige. Je vo9 dys bien q̄ la
cōtinue memoire de son acerbe passion est tāt
prouffitable au pecheur pour grace acquerre
q̄ se Leglise prioit pour luy ensemble tous les
sainctz q̄ sont. Nest rien q̄ plus luy doit plaire
nest rien q̄ plus tost lencline/ ne chose plus sa-
lutaire. Et dit le grāt Albert q̄ la simple medi-
tacion de la passion Iesuchrist cōme quant lhō
me pense tant seulemēt a vne pierre ou a quel
q̄ piece de boys cela luy vault plus q̄ sil ieus-
noit vng an entier au pain & a leaue q̄ sil se ba-
toit de verges iournellemēt iusques a leffusi-
on de son sang/ ou q̄ sil lisoit vng grāt psaulti-
er chascun iour. O gentes & mignōnes gorrie-
res triumphes de beaulté/ exquis chief doeu-
ure a demy deificques/ peulx tyans angelic-
qs faces/ bet saulx a tirer doulx regardz/ amor-
se a prendre cocquars q̄ tant de poures malheu-
reux auez boute en voz attrappes/ Ruez ius
voz atours, ruez ius voz boistes & voz fardel-
mes/ emplissez voz masches larges de pretieux
oignemēs pour enoindre & sepulturer le vray
champion des dames q̄ pour vo9 est mort en trop
crueuse bataille & puisez grosses larmes au pl9
parfond de vostre cueur/ & par force de souspi-

rer les esleuez aux ruisseaulx de voz yeulx.
Plourez auec la magdaleine plourez & de voz
cheueulx au reins luy essuyez les playes d̄ ses
douloureux piedz. Et vous dignes prelatz de
glise q̄ viuez de son patrimoyne changez voz
chans armonieux en dures lamētacions/ si ve-
nez condoloir la mort de vostre bon pere & pa-
tron/ sil a le chief casse ce nest pas de porter les
riches pesans mitres/ sil a les mains affolées
ce nest pas de chausser les fringans gandz ne
dempoingner trop grosses crosses/ sil a sentu
tresdouloureuse pointure a son costé ce nest po-
int de faire les grans expces de boire les vins
frians ne de mangier les gloup morseaulx.
Mais il a chapeau verd en chief & rouges gā-
teletz es mains. Se les enseignes en voulez
porter comme fit sainct Françoys vous nen
vauldrez point moins. Et vous haulx prin-
ces terriens qui par la puissance de vostre che-
ualerie donez espouentement au monde trou-
bles les elemēs faictes resplendir le soleil en
voz harnoys fort bien polis & trēbler les gros-
ses citez deuant les fondres & eclistres des gu-
eulles serpētines/ drachōmeques & colubrines
pacifiez voz ennemys/ laissez dames & damoi-
selles/ acourez tost le spée au poing pour ven-
gier la hōteuse mort du roy des roys vostre
maistre & seigneur expectāt sepulture honne-
ste. Et se pour plourer cest oultrage ne auez
souspirs ne chauldes larmes au moins mettez
la main aux armes. Mōstrez vostre prouesse
en gardant son sepulchre/ affin q̄ ces faulx chi-
ens mastins qui son corps ont murdri & decité
ne le viennent tomber de nuyt plus grant hon-
neur en acquerrez que de hurter cōtre voz fre-
res par exploits de grosses batailles. Et vous
ioyeux pastoureaulx q̄ a si grāt leesse sauez vi-
site au tour de sa natiuite en la cite de bethleem
venez maintenāt aupres de iherusalem plou-
rer la mort de leternel pasteur/ Qui pour reti-
rer ses brebiettes hors des pates des fins lu-
tons est diuene des chiens felons. Getez ber-
gronnettes qui soubz les Espinettes tendez
voz Brebisettes au son de voz Musettes/
plourez auec la mere des bergieres hōnestes

changiez voz chãsonnettes, fleustes, sõnettes
et voz voix qui sont nettes en grant doulceur a
mere. Jeunes pucellettes, pucelles tẽdrettes,
tendres gõlelettes, gentes mignõnnettes trop
plus qua demy faictes voz appstes, ayez lar
mes prestes, promptes & pprettes, et p amou
rettes plourez vostre amy. Il est pere des po
ures orphenins, filz du roy pardurable et de
la royne du ciel, espoux a lame raisonnable,
loyal & certain amãt de toute creature humai
ne. Chascun le doit aymer, craindre, seruir et
honorer. Ne prez autre Mary fillettes a ma
rier ne querez autre mary. Contẽnez richesses
mondaines & successions paternelles, approu
chez voº de vostre bon amy piteusemẽt naure
a mort. Et pour gaigner riche doaire pparez
luy ung douly suaire, si le semez de larmes de
oeil & essuyez de voz souspirs, car a tresgrant
leesse de cueur messonnerez en paradis. Il tien
dra ce ql a pmis a ceulx q pleurent son tormẽt
Qui seminãt in lachrimis: in exultatione me
tent. Et voº femmes mal mariees q tant voº
douloufez de la rudesse de voz marys, & pẽdez
tousiours aux aureilles des officiers pour es
tre deuosees querez ce bon amy querez, il lan
guist apres voº par fines amourettes. Il voº
attend les bras ouuers, ioingnez vostre cueur
au sien & laissez le ialoup reposer en son lict.
Et voº tresdeuotes religieuses, nõnettes, be
guinettes & seurrettes filles de dieu le pere, es
pouses de son tresaym filz se voº estes cõtre
raison oultrageusemẽt deboutees, battues ou
disciplinees iusques a effusion tãt du sang cõ
me des larmes lyez tout en vng pacquet, saul
tez par dessus les murailles des chãbres ryo
teuses & esleuez voz cueurs par cõtemplacion
iusques a la mõtaigne de caluaire, la trouue
rez vostre loyal amy entre les bras des graci
euses dames q sensforcẽt o se plourer, ynie on
fait le premier enfant denõmez leur plain se
cours d larmes, car vostre angoisseuse tristes
se sera cõmune en grãt ioye. Et pareillement
vous autres deuotes creatures notez & fichez
en voz cueurs ce piteable desconfort faisant cõ
memoration de sa douloureuse souffrãce dont

vous aurez leesse pdurable. Vng iour ressu
sciterez & serez esleuez comme loyaulx amou
reux & victorieux chãpions serez coutõnez de
lautier & porterez en frõc la resplendissant et
precieuse Rose dont ce Romant est renõme,
qui est la gloire supernelle, infinie & perpetuel
le. La remercierez vostre benoist createur le
dieu damours, sa tressacree vierge mere, en
semble les barons de lhost. Et serõt sainct Je
han, sainct Pol & sainct Pierre voz intercef
seurs & mediateurs principaulx q vous aurõt
fait ceste adresse, & de la benigne face du Glo
rieux roy triũphant vous serez esiouyssans,
bien nourris en flourissãt bien flouris en meu
rissant & serez fructifiant. Quasi plantacio
rose in iherico.

Vrays chãpions damours plus fors que fer
Qui triumpher querez en faulte tente
De leternel bouton voulez trouuer
Pour vous saulver, pensez de bien aymer
Et vous armer, quãt lennemy vous tempte
Je vous prensente & monstre voye & sente
A double entente, & touchant cest affaire
Laissez le mal se visez du bien faire.

Lan quinze cens tournay molin au vent
Et le couuent damours ouury ma baille
Chairgie de grayn sengrenay tellement
Que rudement a mon entendement.
Prins du fromẽt, la fleur que ie voº baille
Ruez la paille, apres qui maint sot baille
A la happaille, & loings du iardinet
Le monnier doit tenir son molin net

¶ Ly finist le Romant de la Rose trãs
late de ryme en prose Imprime a Lyon lan
Milcinq cens & trois par maistre Guillau
me balsarin libraire & Imprimeur, demourãt
en la Rue merciere pres sainct Anthoine, au
trement corrige & amende quil nestoit par de
nant, cõme il appert clerement en diuers pas
sages & chapitres.

Gloire soit a dieu Et prouffit es humains

www.ingramcontent.com/pod-product-compliance
Lightning Source LLC
Chambersburg PA
CBHW071532160426
43196CB00010B/1749